250 TÉCNICAS DO CHEF EXPLICADAS PASSO A PASSO EM 1800 FOTOS

INSTITUT PAUL BOCUSE

A escola de excelência culinária

Editora Melhoramentos

Institut Paul Bocuse – a escola de excelência culinária: 250 técnicas do chef explicadas passo a passo em 1800 fotos / tradução Marcia Francener e André Boccato; fotos de Aurélie Jeannette e Jonathan Thevenet. São Paulo: Editora Melhoramentos, 2020. (Arte culinária especial)

Título original: Institut Paul Bocuse: L'école de l'excellence culinaire
Contém o Prefácio de Paul Bocuse.
ISBN 978-85-06-08485-4

1. Culinária francesa. 2. Gastronomia – Escolas. 3. Livros de gastronomia. I. Boccato, André. II. Francener, Marcia. III. Jeannette, Aurélie. IV. Thevenet, Jonathan. V. Série.

20/020   CDU-641.5

Índices para catálogo sistemático:
1. Culinária 641.5
2. Culinária francesa 641.5(44)
3. Escolas de Gastronomia
4. Receitas culinárias francesas 641.5(44)

(ficha elaborada por LVM – bibliotecária – CRB: 8/583)

Título original: *Institut Paul Bocuse: L'École de l' Excellence Culinaire*
© Larousse 2015

Direitos de publicação no Brasil:
© 2020 Editora Melhoramentos Ltda.
Todos os direitos reservados.

Diagramação: Amarelinha Design Gráfico
Tradução: Marcia Francener e André Boccato

1.ª edição, 2.ª impressão, outubro de 2023
ISBN: 978-85-06-08485-4

Atendimento ao consumidor:
Caixa Postal 169 – CEP 01031-970
São Paulo – SP – Brasil
Tel.: (11) 3874-0880
sac@melhoramentos.com.br
www.editoramelhoramentos.com.br

Impresso na China

Comitê de Gastronomia do Institut Paul Bocuse

Chefs de cozinha
Referências: Alain Le Cossec (MOF Cuisine 1991); Hervé Oger; Christophe L' Hospitalier; Florent Boivin (MOF Cuisine 2011)
Sébastien Charretier; Éric Cros;
Jean-Paul Naquin; Cyril Bosviel;
François Vermeere-Merlen (graduado)

Maîtres
Referências: Philippe Rispal; Bernard Ricolleau;
Alain Dauvergne; Xavier Loizeil; Paul Dalrymple;
Thierry Gasparian

Coordenação Géraldine Derycke

Comitê de Redação
Os chefs do Institut Paul Bocuse (receitas)
Blandine Boyer (técnicas do passo a passo)
Yvelise Dentzer (textos de introdução dos capítulos e textos dos capítulos "A arte de bem servir" e "A harmonização de pratos e vinhos")

250 TÉCNICAS DO CHEF EXPLICADAS PASSO A PASSO EM 1800 FOTOS

INSTITUT PAUL BOCUSE

A escola de excelência culinária

Direção de Hervé Fleury, diretor-geral do Institut Paul Bocuse

Prefácio de Paul Bocuse

Fotos de Aurélie Jeannette e Jonathan Thevenet

Editora Melhoramentos

Prefácio

Que prazer e orgulho apresentar este livro, que traz mais de 700 páginas de ensino a serviço de apreciadores e entusiastas ansiosos em descobrir os segredos do *savoir-faire* da culinária francesa. E isso é feito exatamente como ensinado aos alunos do Institut Paul Bocuse em Écully, por meio de chefs experientes, incluindo alguns dos maiores especialistas no assunto!

São, aproximadamente, 70 receitas exclusivas, além de 250 fichas técnicas com o passo a passo, cuidadosamente classificadas por famílias de ingredientes. Esta obra, amplamente ilustrada, celebra os 25 anos da instituição, criada em 1990 sob os auspícios de Jack Lang, o Ministro da Cultura da França à época, com um desejo de elevar a cozinha à categoria de ofício de criação: a arte culinária.

Costumo dizer que a felicidade está na cozinha. É preciso que haja lugares para compartilhar essa felicidade. Nossa escola é esse lugar: um apoio, uma base para preservar e transmitir, através das fronteiras e das gerações, a identidade culinária francesa, à qual estou ligado. O instituto, instalado no castelo de Vivier, totalmente restaurado, em meio a quatro hectares de vegetação, abriga cerca de 650 estudantes originários de 37 países. Desde a primeira turma, o marketing boca a boca vem funcionando. E esse foi o começo de uma grande aventura. Os graduados tornam-se verdadeiros embaixadores, trabalhando em várias instituições internacionais como profissionais notáveis. Assim, por meio de seus alunos e parceiros, o Institut Paul Bocuse irradia-se pelo mundo e transmite os valores que me são tão preciosos.

Nessa aventura, saliento a determinação de Gérard Pélisson, copresidente fundador do grupo AccorHotels e presidente da escola desde 1998, que continua a monitorar a execução dos projetos de nosso estabelecimento de ensino. Reverencio também toda a energia empregada pelo diretor-geral, Hervé Fleury, que soube instaurar o respeito aos valores que contribuem para a prática da profissão de cozinheiro e da hotelaria. Ele trouxe uma nova energia para a instituição. O sucesso do instituto deve muito a ele.

Os países e as instituições que têm a sorte de cultivar a arte do bem viver e do bem servir bem como da hospitalidade e da convivência, devem se antecipar e refletir sobre as formas de valorizar e preservar esse capital, com o gosto pelo gesto adequado e pelo trabalho bem-feito. Essa é a excelência dos companheiros do Tour de France (importante competição de ciclismo realizada na França) e dos Meilleurs Ouvriers de France (prêmio concedido aos melhores artesãos da França em suas áreas). Eles buscam transmitir tanto uma experiência e uma habilidade manual específica quanto um conhecimento mais teórico. Um trabalho que se baseia na paciência, no melhor aproveitamento do tempo e na noção do tempo que passa; que ouve as tradições para receber o melhor delas e poder fecundar o futuro.

Nunca conseguiremos dizer o suficiente. A cozinha francesa defende a diversidade e aqueles que valorizam os produtos de qualidade e a boa comida. Ela reconhece as cozinhas do mundo, fundamenta-se no intercâmbio de hábitos, de costumes e de produtos específicos de cada país, de cada região. A cozinha francesa é rica em suas diferenças e pela troca entre cozinheiros e produtores.

Todos os chefs e especialistas na arte do bem servir do Institut Paul Bocuse mobilizaram-se para compartilhar sua experiência. Este livro foi concebido graças a essa sinergia. Esta obra tem o papel maravilhoso de transmitir e interpretar. Tornar o apreciador, o entusiasta, o curioso, capaz de se adaptar à cozinha dos seus desejos, sem ceder à facilidade e à imprecisão. Este livro permite descobrir a técnica sem ter de se submeter à tirania do tempo, do lugar, da idade e da formação.

Faço votos que tenha muito sucesso e espero que ele se torne seu melhor companheiro de cozinha, para que você possa transmitir e compartilhar o prazer da gastronomia francesa.

Desejo-lhe, através destas páginas, um bom apetite e uma sede enorme!

Paul Bocuse

In memoriam
2015

Sumário

Institut Paul Bocuse, um lugar de exceção	8
As noções básicas	16
Os ovos	116
As Carnes	134
Carne bovina	142
A Vitela	162
O Cordeiro	178
As Aves	200
Os Miúdos	268
As Carnes de caça	286
Os peixes e os crustáceos	298
Massas, cereais e leguminosas	370
Os legumes	416
Os cortes e o serviço	490
As receitas dos chefs	514
A harmonização de pratos e vinhos	662
A arte de bem servir	680
Apêndices	694
Glossário	696
Índice das técnicas	701
Índice das receitas	703
Índice por ingrediente	705

Institut Paul Bocuse,
UM LUGAR DE EXCEÇÃO

A ARTE DE ENSINAR

Nós transmitimos somente o que recebemos. E só podemos propagar o que sabemos para uma comunidade.

A identidade de um idioma, de uma geração e de sua culinária reside no que ela aprecia, retém e perpetua de seu passado.

Esse legado contribuiu para a inscrição das "boas maneiras à mesa francesa" na lista do Patrimônio Imaterial da Unesco, símbolos da coesão familiar e da amizade, ritos de convivência e celebração, prazeres desejados, planejados e, finalmente, organizados.

Transmitir essa arte do bem viver, esse "toque francês" é a missão do Institut Paul Bocuse, pelo ensino do *savoir-faire* que caracteriza a cozinha francesa. E quem melhor que a Editora Melhoramentos, cujo propósito de transmitir conhecimento não precisa ser comprovado, para concretizar a vontade de levar esse conhecimento ainda mais longe? A questão da necessidade da arte surge com frequência, inclusive da arte culinária. No entanto, tenho certeza de sua utilidade em nossa vida diária. Assim, gostaria que você descobrisse, com as técnicas da culinária francesa, uma gramática que lhe permitirá criar e reinventar associações ou contradições! Gostaria que você se apropriasse de uma tradição que ainda passa por um corpo, por um rosto, por uma pessoa e pelo tempo. Aqui reside a utilidade das artes culinárias: resgatar outra época para complementar esta, tão acomodada ao consumo padronizado, suscitando o prazer!

Acredito veementemente que cozinhar é sempre uma abertura em direção aos outros. Uma refeição bem-sucedida é baseada em três pilares:

- **o produto**: o prato, a comida, a bebida, a harmonização da comida com a bebida, a escolha dos pratos;
- **o *gourmet***: seus valores, sua cultura, seus hábitos, suas expectativas, suas necessidades;
- **o ambiente**: a atmosfera, o contexto, o nome do prato, sua apresentação, os recipientes, as interações sociais.

Cozinhar é, portanto, fazer uma pergunta à inteligência do coração, pois, quando falamos da necessidade de vínculo social, as artes culinárias e as boas maneiras à mesa oferecem uma grande fonte de inspiração para a convivência.

Que este livro contribua para que os apreciadores e aficionados e, por que não, os profissionais encantem-se com o ato de cozinhar. Que os incentive a encontrar um significado e uma coerência nas preparações culinárias diárias. Que ele nos ajude a perceber que alguém pode agir de fora e nos tocar por dentro, isto é, amar.

PAUL BOCUSE E GÉRARD PÉLISSON

Em uma sociedade cheia de agitação, prisioneira de pequenos sonhos consumistas, Paul Bocuse e Gérard Pélisson encarnam esta coisa rara: a vontade.

Homens simples, visionários, muitos vêm consultá-los e temem seus pareceres. Eles são corajosos, enquanto outros são obstinados; são inovadores, enquanto outros simplesmente copiam; eles permanecem, enquanto outros simplesmente passam.

Fundado em 1990, o instituto é a consequência e o desenvolvimento natural do bom senso, da benevolência e da confiança de Paul Bocuse. Ele respeita a cozinha e aqueles que a fazem nascer; a cozinha que faz você ter vontade de compartilhar, com espinhas de peixe e ossos. No entanto, para "criar" um estabelecimento de ensino superior, para administrá-lo e mantê-lo na vanguarda, é necessário fazer parte dela. Portanto, se Paul Bocuse continua sendo reconhecido pelos chefs do mundo inteiro, é porque ele é verdadeiro, íntegro, confiante e possui um grande rigor. Ele é a alma de nossa escola.

Gérard Pélisson, cofundador do grupo AccorHotels, tem presidido nossa escola com coração e generosidade desde 1998. Ele é leal, e sua maneira de empreender nos oferece um modelo perfeito.

É por isso que, com a influência de Paul Bocuse e de Gérard Pélisson e seu caráter empreendedor, estudantes, profissionais e apaixonados pela arte culinária têm belos exemplos a seguir.

Eles são verdadeiros presentes para nossa escola, com a missão de garantir a perenidade do conhecimento, já que, para eles, ensinar é um dever. E se o instituto brilha, é porque está dependurado na estrela de cada um deles.

Paul Bocuse & Gérard Pélisson
2015

EXPERIÊNCIA E PEDAGOGIA:
GASTRONOMIA FRANCESA NO MAIS ALTO NÍVEL, TRANSMITIDA POR CHEFS EXPERIENTES

Estou totalmente de acordo com o historiador Pascal Ory quando ele diz: "A gastronomia não é nem a comida cara, nem a cozinha sofisticada. É o protocolo do comer e do beber (ter procedimentos normativos), transformado, portanto, na arte da boa mesa".

A arte culinária é fazer nascer de técnicas clássicas, usadas há mais de duzentos anos, pratos que atendem aos gostos de hoje. Mas o que significa *clássico*? Eu diria que uma receita clássica é uma receita simplesmente inesgotável. Nós a fazemos, a refazemos, a reinterpretamos e, de repente, ela é quase uma novidade! É uma experiência quase fisiológica, o choque do *déjà-vu* que se vê sob um novo dia, um novo olhar. Retomamos um clássico de Carême ou de Escoffier, dizendo: "Sim, eu conheço isso de cor". E não o conhecemos de forma alguma. Nós não havíamos entendido. Esse potencial de renovação é parte integrante de um clássico que vai resistir a interpretações, a adaptações ruins ou à moda! São bons exemplos disso a cozinha regional e a gastronomia camponesa.

O domínio do *savoir-faire* da culinária francesa, enriquecido com suas experiências, permitiu aos chefs do Institut Paul Bocuse adquirir tal competência. Dessa forma, os chefs cozinheiros, detentores das técnicas adquiridas ao longo de suas carreiras, confiam em seus conhecimentos, em sua sensibilidade e em seu senso artístico para transmitir a cada aluno, em uma relação de mestre para aprendiz, sua experiência profissional e sua sabedoria para a vida. Essa transmissão baseia-se obviamente na técnica, que deve ter em conta restrições materiais (especificidade dos produtos, técnicas de cozimento e custos), mas também na compreensão de tudo o que pode influenciar a pessoa durante a degustação do prato (a experiência, o ambiente, a atmosfera etc.).

O objetivo da culinária é simples: dar de comer. Mas não apenas isso, pois o propósito de nosso ensino é fazer com que qualquer pessoa interessada na arte culinária possa criar, em qualquer contexto, uma surpresa, uma sensação inexplicável, um mundo de emoções.

Com este livro, convido-o a descobrir o profissionalismo, o empenho e o espírito, enfim, a excelência que inspira e caracteriza os alunos e chefs do Institut Paul Bocuse, a serviço da boa mesa.

A ARTE DA EXCELÊNCIA

Se cozinhar tem um propósito simples – nutrir e agradar –, a excelência é tanto um acessório quanto essencial. E é precisamente essa ambiguidade que a torna tão interessante.

Um dos caminhos para a excelência passa, hoje e sempre, pelo domínio das técnicas e dos conhecimentos básicos que caracterizam os profissionais desse ofício, que permitem a livre expressão de sua sensibilidade e criatividade. O cotidiano se torna, dessa forma, uma fonte de cumplicidade e de invenção. Somos livres para inventar o luxo ou o banal, o excesso ou o trivial. Cozinhar é fazer reviver um espaço e seus componentes, pondo em evidência todos os recursos disponíveis. Esses recursos, invisíveis ou insignificantes para os desinformados, participam subitamente, graças a uma mão experiente, do desejo e da emoção.

A excelência é um nível excepcional de qualidade e de sustentabilidade. Ela realmente deve atender às expectativas.

A arte da excelência é saber entender, saber agir. Mais do que uma mistura sutil de ingredientes, cozinhar é criação e incentiva, cada vez

mais, a busca por um prazer sensorial. A cozinha é feita de cores, de cheiros, ela toca ao mesmo tempo a visão e todos os outros sentidos, a cozinha é poesia. A excelência permite à cozinha se tornar arte, a arte culinária.

É uma sorte, para o setor de alimentação e hotelaria, estar nesse lugar onde a excelência é destacada.

UM LUGAR EXCEPCIONAL A SERVIÇO DA TRANSMISSÃO DE CONHECIMENTO

O Institut Paul Bocuse foi uma das primeiras instituições de ensino superior e pesquisa com vocação internacional, detentora de uma cultura de excelência na grande tradição da arte de viver à francesa. Foram treinados 650 estudantes, de 37 nacionalidades diferentes, para uma profissão na indústria hoteleira, no setor de alimentação e nas artes culinárias.

Três parceiros pedagógicos, o IAE (Instituto de Administração) da Universidade de Lyon III, a EM Lyon (Escola de Negócios de Lyon) e a Haaga Helia (Universidade de Ciências Aplicadas da Finlândia), que são associados a membros nacionais e internacionais, participam com os professores na prática e na singularidade da nossa formação. Nossos dois programas de bacharelado estão inscritos no Registro Nacional de Certificação Profissional para a hotelaria-restaurante (desde 2009) e para as artes culinárias (desde 2012). Uma licença de Hotelaria-Alimentação permite que nossos alunos recebam um diploma duplo, o do Institut Paul Bocuse e o da universidade.

Para os programas de mestrado, também oferecemos um diploma duplo na EM Lyon (para o mestrado em Administração em Hospitalidade Internacional) e na Haaga Helia (para o Master em Inovação e Gestão Culinária).

Transmitir o gesto culinário preciso, a técnica e a elegância é o que chamo de *inteligência da mão*. Para isso, temos oito restaurantes, três dos quais abertos ao público, além da Escola de Chá, do Studio Café, da Casa de Degustação e do espaço Artes da Boa Mesa. Esses lugares ajudam a revelar as sutilezas da prática da realização e do saber ser para os alunos.

Propriedade do Grupo AccorHotels e gerido pelo instituto desde 2002, nosso hotel-escola Le Royal (72 quartos e suítes), de categoria cinco estrelas, localizado no centro de Lyon, foi decorado por Pierre-Yves Rochon. Nesse local, nossos alunos do primeiro ano aprendem os fundamentos da profissão hoteleira e sua abordagem gerencial.

Nas dependências do Le Royal, o restaurante-escola do instituto tem o objetivo pedagógico de conscientizar cada aluno de que sua atitude e seus gestos desempenham um papel importante e contribuem para a atmosfera do restaurante, qualquer que seja sua posição, seu cargo, sua função na cozinha, na confeitaria ou no salão. Em Xangai, no pavilhão da região Rhône-Alpes, quarenta estudantes

chineses são formados, anualmente, por vinte estudantes do Institut Paul Bocuse que estão fazendo o segundo ano de estágio. Eles são supervisionados por sete graduados, que transmitem as técnicas culinárias francesas e as técnicas de serviço adquiridas durante o treinamento. É uma ótima experiência multicultural e gerencial.

Outra singularidade de nossa escola é o **Centro de Pesquisa**, que se articula em torno de três áreas:

• **a pesquisa**, para desenvolver o conhecimento científico de ponta sobre questões relacionadas aos alimentos, à hotelaria, a restaurantes e bares, em um ambiente industrial ou social;

• **o estudo e a consultoria**, para realizar missões aplicadas, a serviço de empresas;

• **a formação**, para proporcionar aos alunos um alto nível de educação, por meio de um programa de doutorado multidisciplinar, a partir de um estudo de caso (por exemplo, a linguagem e os gestos utilizados nos restaurantes, em colaboração com o Sofitel-AccorHotels).

O Laboratório de Serviços é uma plataforma experimental de 250 m^2, na qual são realizados estudos em situação real, para analisar o atendimento prestado na indústria hoteleira, e de restaurantes e bares. Ele também atende setores em que esses serviços representam o centro de desempenho corporativo, em que a qualidade do relacionamento com os clientes é o diferencial.

O Institut Paul Bocuse é membro da Associação Esprit de Service France*.

* Reunindo quarenta das maiores marcas de serviços francesas, vários setores de atividade combinados, o Esprit de Service France (Espírito de Serviço Francês) é um espaço de cocriação das melhores práticas para encantar os clientes e fazer da excelência a assinatura do serviço à francesa.

UM INSTITUTO PARA FUTUROS PROFISSIONAIS E PARA APRECIADORES ESCLARECIDOS

"Formar homens não é como encher um vaso, é acender uma chama." Aristófanes (dramaturgo grego, 447-385 a.C.)

Desenvolver em cada um a capacidade indispensável de despertar – para poder adaptar-se aos acontecimentos e aos homens – é o cerne da missão de ensino do Institut Paul Bocuse. Recebemos não somente estudantes, mas também profissionais que desejam desenvolver suas habilidades e pessoas que querem fazer uma reciclagem – onze semanas para dar aos empreendedores as bases práticas e administrativas de como gerenciar restaurantes. Oferecemos também a empresas públicas e privadas programas de treinamento sob medida, em torno de técnicas culinárias, de serviços e de hospitalidade. Nos últimos anos, temos ajudado os enfermeiros dos hospitais civis de Lyon a "dar um maior sentido à refeição nas unidades de cuidados".

Enfim, o Institut Paul Bocuse desperta os sentidos dos *gourmets* em torno dos conselhos e das sugestões dos nossos grandes chefs. Dessa forma, mais de mil apreciadores e entusiastas são recebidos, todos os anos, para acompanhar *workshops* de culinária, de confeitaria, de panificação, de *sommellerie*, de chá, de café ou de queijos, dentro da nossa Escola de Culinária Gourmet.

UM INSTITUTO QUE TRANSMITE CONHECIMENTO, QUE RESPEITA AS TRADIÇÕES E ESTÁ ABERTO PARA O MUNDO

Nossa escola transmite técnicas, hábitos e costumes que impõem aplicação e método, sabendo que, como disse Cocteau, "a tradição consiste num movimento perpétuo, ela avança, ela muda, ela vive. A tradição viva está em toda parte, tente mantê-la no estilo do seu tempo".

Temos valores, portanto. A intenção que direciona nossas escolhas é de nos mostrarmos dignos de um nome, o de Paul Bocuse, mas também o de Gérard Pélisson; de uma herança, nossa arte de viver; e de uma missão, a preservação e a transmissão da tradição culinária e da hotelaria francesa.

Estes valores dirigem-se ao mesmo objetivo: ser excelente.

- **Disciplina**: disposição para fazer o melhor.

- **Ética**: moralidade do comportamento pessoal e das regras da profissão.

- **Generosidade e respeito**: dois valores que qualificam as relações, inspiram a maneira de ser e de fazer. Respeito por si mesmo, respeito pelos outros – diga "Bom dia, senhora! Bom dia, senhor!". Cuide da vestimenta, da pontualidade etc.

Graças a esses valores, é possível satisfazer, proporcionar emoções simples, verdadeiras e duradouras. Pensar nos pequenos detalhes da restauração não significa pensar pequeno, mas interpretar a arte de viver. Esse estilo de vida que caracteriza a França, o "toque francês", é um grande trunfo da economia do nosso país e de muitos outros que se inspiram em nossos ensinamentos para valorizar e preservar sua cultura e tradições.

O Institut Paul Bocuse, portanto, treina principalmente para uma profissão e para a gestão nesse ramo. Aprender um ofício e fazê-lo bem pode, à primeira vista, parecer simples. Contudo, fazê-lo bem em equipe exige mais rigor, mais disciplina e, por outro lado, tolerância e confiança mútua. Exige desenvolver o gosto e o amor pelo trabalho bem-feito. Quanto mais sabemos sobre o vinho, menos o bebemos, mais o degustamos. Em primeiro lugar, qualquer aprendizado deve impregnar-se de inteligência, a inteligência meticulosa das coisas.

É através da vivência, em nossos vários ambientes de aplicação, que podemos entender, aprender o gesto adequado, o gesto culinário, a inteligência da mão: cortar um legume, saber cortar uma carne, arrumar uma mesa, servir um vinho com a atitude adequada. Um aprendizado de mestre para aluno. A esses gestos básicos e conhecimento serão acrescentadas a reflexão, a análise e a capacidade de tomar uma decisão; em uma palavra: a gestão.

Assim que as noções básicas são adquiridas, levamos nossos alunos a desenvolverem a criatividade e a sensibilidade, graças a projetos criados em equipe.

Enfim, a última etapa é a formação em empreendedorismo.

É assim que o Institut Paul Bocuse difunde no mundo inteiro o conhecimento prático, a cultura da gastronomia e a arte de receber à francesa. Treze escolas e universidades escolheram nossa filosofia de ensino e pedagogia. O instituto as acompanha em sua engenharia pedagógica e na formação de seus professores. Todos os anos, cinco de seus melhores alunos participam de uma formação prática de dezesseis semanas na Écully.

Dentro da perspectiva de difusão de nossa cultura, criamos o Bachelor Arts Culinary & Management de la Restauration Institut Paul Bocuse, em Singapura (Malásia) e em Lima (Peru).

Atualmente, temos mais de 2 mil graduados em 22 países. Mais de 30% deles criam uma empresa de hotelaria ou restaurante em até quatro anos após deixar a escola.

POR QUE UM LIVRO SOBRE O INSTITUT PAUL BOCUSE?

A singularidade de nosso ensino reside no desejo de treinar pessoas que terão um papel importante a desempenhar. Considero que o gosto e a forma de receber, que caracterizam a cultura francesa, são essenciais no mundo de hoje e, sem dúvida, no mundo de amanhã.

Esse *savoir-faire*, essas técnicas culinárias e essa originalidade que nos são admiradas merecem ser amplamente difundidas. É, portanto, com consciência de seu papel de mantenedores do emblema da arte culinária francesa que os nossos melhores chefs e professores do Institut Paul Bocuse o convidam, graças à Editora Melhoramentos, a compartilhar o amor por essa profissão e todo seu conhecimento.

Adapte os conhecimentos aqui transmitidos, interprete-os e torne-os seus. Como disse Brillat-Savarin, mestre dos gastrônomos: "Receber alguém é cuidar de sua felicidade durante todo o tempo em que estiver sob nosso teto".

E como Paul Bocuse também gostava de dizer: "a felicidade está na cozinha!".

Hervé Fleury,
Diretor-Geral do Institut Paul Bocuse

As NOÇÕES BÁSICAS

Sumário

Amar cozinhar é amar e cozinhar	18
Óleos, vinagres e condimentos	22
Ervas aromáticas	24
Especiarias	26
Vinagrete	28
Molho de mostarda	29
Molho ravigote	30
Maionese	31
Molho tártaro	32
Molho gribiche	34
Molho de raiz-forte	35
Molho verde	36
Molho bechamel	38
Molho Mornay	39
Molho Soubise	40
Molho holandês	42
Molho mousseline	44
Molho maltês	45
Molho de vinho branco	46
Molho à glacer	47
Molho béarnaise	48
Molho Choron	50
Molho Foyot	51
Beurre blanc	52
Beurre blanc de Nantes	53
Manteiga de vinho tinto	54
Manteiga clarificada	56
Beurre blond ou noisette	57
Molho bigarade	58
Molho supremo	60
Molho à bordalesa	62
Molho poivre	64
Fundo claro de ave	66
Fundo escuro de vitela	68
Demi-glace e glace	70
Molho concentrado de ave	72
Caldo de galinha	74
Caldo de carne	76
Consomê (caldo clarificado)	78
Caldo de legumes	79
Molho de pimentão	80
Molho de tomate	81
Molho diable	82
Molho Madeira (ou molho de vinho do Porto)	84
Molho Périgueux	85
Court-bouillon para peixe	86
Fumet de peixe	88
Fumet de crustáceos	90
Molho Nantua	92
Manteiga de lagostim	96
Molho americano	98
Massa (pâte à foncer)	100
Massa folhada com três voltas duplas	102
Cobrir um molde de torta	104
Massa para pâté en croûte	106
Forrar com massa uma fôrma de pâté en croûte	108
Pâté en croûte (terrine com crosta)	110
Marinada para frango grelhado	114
Marinada para filé de peixe grelhado	115

As noções básicas

AMAR COZINHAR É AMAR E COZINHAR

Cozinhar. Cozinhar para alguém, seja em um dia de festa ou em uma refeição diária, não é nada trivial. É uma questão de escolher, preparar, oferecer pratos a serem consumidos, incorporados. Incorporados, pois eles farão parte daquele que o come, o farão feliz, por um momento, antes de constituí-lo. É um ato essencial, de extrema cumplicidade, tanto para quem oferece como para quem recebe. As receitas, o *savoir-faire* e os conselhos dos chefs são fundamentais. Essas são as estruturas sólidas e básicas sobre as quais repousa nosso desejo de fazer bem-feito, de satisfazer, de dar corpo e vida às ambições que temos como apreciadores de boa comida.

A ADMINISTRAÇÃO E SUAS REGRAS

Preparar uma refeição envolve transformar e ampliar a utilização dos alimentos básicos. Para fazer isso, é necessário determinar rigorosamente o essencial e o supérfluo, antes de selecionar os ingredientes, depois trabalhá-los respeitando as regras desta arte tão delicada quanto complexa que é a culinária.

ARMAZENAR

Antes de cozinhar, começamos procurando os melhores produtos. Em seguida, devemos conservá-los entre o momento da compra e o do consumo. Muitas vezes, os ingredientes necessários para as refeições excepcionais são comprados apenas no dia anterior ou no dia de sua preparação, tornando sua conservação bastante simples. Isso é muito mais complexo quando se trata de produtos usados cotidianamente, às vezes comprados para uma semana inteira.

Portanto, é importante diferenciar os produtos industrializados, armazenados facilmente por vários meses, dos produtos frescos, que duram apenas alguns dias na geladeira. O aumento de pontos de abastecimento (açougue, peixaria, mercados ou feiras etc.) toma, é claro, um pouco mais de tempo e nos força a uma melhor organização, mas permite-nos comprar os produtos em quantidades menores, para evitar o desperdício. Isso é especialmente importante quando se procuram produtos de qualidade, muitas vezes mais caros.

Escolher os produtos é um ato importante. Quando fazemos compras, determinamos o que nós e nossos convidados consumirão. Realizamos uma verdadeira escolha, que vai além do universo culinário. De fato, nossas compras são um ato político, permitindo-nos participar de modelos de desenvolvimento econômico ou rejeitá-los.

Pelos mesmos motivos, os consumidores estão cada vez mais atraídos a comprar diretamente dos produtores. Paradoxalmente,

POR UMA ESTÉTICA DO APROVEITAMENTO

Embora a consciência sobre a necessidade de controlar o desperdício e o custo de energia seja atualmente maior em relação à alimentação, estamos apenas começando a pensar essas questões, tanto de forma individual quanto coletivamente. A partir dessa preocupação econômica, ambiental e social, surgiu uma forma de pensamento que promove o consumo integral, de frutas e legumes fora do tamanho padronizado e de produtos industrializados próximos à data de validade.

essa é a forma mais antiga de fornecer os produtos – data da França do Antigo Regime – e, hoje, é considerada a mais inovadora.

Vários selos foram instituídos, desde as primeiras AOCs (Apelação de Origem Controlada) criadas no início do século XX para apoiar a indústria do vinho. Eles podem ajudar em nossas decisões. Contudo, a variedade dessas referências, às vezes, pode tornar a escolha complexa.

O Label Rouge (selo vermelho) na França indica produtos de qualidade superior entre os seus semelhantes. A menção Agricultura Orgânica certifica uma forma de produção, de cultivo ou de criação certificada, que respeita o meio ambiente e o desenvolvimento sustentável. Já o Certificado de Bem-Estar Animal garante métodos de criação menos traumáticos.

Alimentar-se de produtos saborosos e saudáveis já não é mais suficiente. Também é importante escolher produtos eticamente adequados. Não aceitamos mais, ou é muito difícil aceitar, que um animal sofra pelo nosso prazer da gula.

AQUI E AGORA

Para evitar contratempos na hora das compras por não conseguir encontrar determinado ingrediente, é importante conhecer a sazonalidade dos produtos ao determinar o menu. Essa também é a melhor forma de comprar ingredientes mais saborosos e mais baratos. Se, por um lado, estamos mais conscientes da sazonalidade de frutas e legumes, muitas vezes desconhecemos as épocas de outros produtos frescos, como carnes, peixes e queijos.

No século XIX, escolher as refeições sem se preocupar com as estações do ano ou com a origem dos produtos – e até mesmo desprezar totalmente as restrições da natureza – era um sinal de luxo e poder. De fato, oferecer aos convidados pratos fora de época ou vindos de terras distantes, inclusive exóticas, custava uma fortuna. Esses produtos foram democratizados durante o século XX, infelizmente em detrimento de sua qualidade sensorial. O impacto ambiental também se tornou grande à medida que as quantidades demandadas aumentaram massivamente.

Atualmente, os chefs mais renomados dão um excelente exemplo, promovendo produtos sazonais, utilizados no momento de sua maturação. Muitos são aqueles que também desenvolvem parcerias com produtores locais, trabalhando com ingredientes exclusivos, para valorizar sua região e para diminuir o transporte oneroso, demorado, poluente e prejudicial ao frescor do ingrediente. Inspirados por esses princípios, temos a oportunidade de redescobrir ingredientes raros ou esquecidos, locais e regionais, que nos oferecem novos sabores a serem explorados.

TUDO PARA SER UM CHEF

Os ingredientes estão disponíveis, o menu está definido e as melhores receitas explicam o que fazer, como e por quê. Tudo está pronto? Não exatamente.

O ETERNO CUIDADO COM OS ALIMENTOS

Antes de começar, certifique-se de que as condições para cozinhar são adequadas. Por utilizarmos ingredientes industrializados, cujos prazos de validade são distantes da data de vencimento, nos esquecemos de verificá-los e acabamos negligenciando a fragilidade dos produtos frescos, aqueles que usamos quando cozinhamos de verdade.

Portanto, não é suficiente lavar as mãos, prender o cabelo e trocar regularmente os panos de prato usados. Também é importante respeitar as regras simples e essenciais. Por exemplo, conhecer os compartimentos mais frios da geladeira para colocar, devidamente embalados, os diferentes ingredientes adquiridos e evitar colocar lado a lado produtos que possam se contaminar.

Convém armazenar os ingredientes na geladeira em recipientes adequados à conservação e que limitem o risco de contaminação por bactérias. Portanto, caixas de papelão que embalam produtos como laticínios não devem ser colocadas na geladeira. Elas não são apenas portadoras de germes, mas também podem dificultar a refrigeração. Por isso, é aconselhável desembalar os produtos que compramos de suas embalagens externas (geralmente de papelão) e substituí-las por recipientes apropriados.

Durante o cozimento, evitamos manter os preparos à temperatura ambiente, para limitar o crescimento microbiano. Assim, não devemos descongelar os alimentos sobre a bancada, mas na geladeira ou, para ser mais rápido, no micro-ondas.

O SIGNIFICADO DA ORDEM

Cozinhar requer espaço suficiente para poder organizar-se, separar os diferentes ingredientes e evitar qualquer contato entre o que já está cozido e o que ainda está cru. Quando o espaço disponível é pequeno, é necessário livrar-se de tudo o que não é realmente útil e ocupa um lugar precioso.

Cozinhar corretamente requer, afinal, mais espaço do que utensílios. Mesmo se formos constantemente tentados a comprar os mais variados objetos para nos ajudar a cozinhar, os utensílios realmente essenciais não são muitos: algumas facas afiadas, um ou dois utensílios para pesar e medir, alguns recipientes para cozinhar, espátulas e um processador multifuncional. De acordo com seus hábitos e

preferências, é essencial separar o indispensável do supérfluo para se beneficiar do maior espaço de trabalho livre possível.

O MESTRE DO TEMPO

O *timer* de cozinha faz parte dos utensílios essenciais para controlar os tempos de cozimento, de resfriamento, os períodos de descanso etc. Tudo é muito mais demorado do que imaginamos; alguns preparos devem ser feitos inclusive no dia anterior, como a massa do pâté en croûte (terrine com crosta, pág. 110) e algumas marinadas.

Embora tudo deva ser servido e apresentado no tempo muito curto de uma refeição, o trabalho total prolonga-se por um dia inteiro ou mais!

ÁREAS REFRIGERADAS

Na geladeira, não devemos armazenar os ingredientes de acordo com o lugar disponível que temos, mas de acordo com as temperaturas dos diferentes compartimentos:

- Porta: 7 °C a 8 °C. Ovos, bebidas e produtos industrializados fechados.

- Parte baixa (gaveta de legumes): 5 °C a 8 °C. Alguns legumes frescos.

- Parte mediana: 3 °C a 5 °C. Pratos caseiros e comprados prontos.

- Parte superior: 0 °C a 3 °C. Produtos mais frágeis: carnes, peixes, frutos do mar.

Embale hermeticamente (recipientes de plástico, filmes de PVC para alimentos e folhas de papel-alumínio) os produtos frágeis que possam contaminar outros ou ser contaminados por eles.

NOÇÕES BÁSICAS DO EQUILÍBRIO

Para preparar uma refeição, é importante refletir sobre os ingredientes escolhidos, garantindo que os convidados lembrem-se dela de forma agradável em suas memórias, e não de forma pesada em seus estômagos.

Para a alimentação diária é fundamental pensar nos benefícios para a saúde daquilo que é preparado, através do equilíbrio e variedade das refeições.

Refeições festivas não precisam ter, é claro, a mesma preocupação com a saúde. No entanto, devem apresentar certo equilíbrio de modo que os convidados sintam-se bem após comer. Até a revolução da Nouvelle Cuisine na década de 1970, tolerávamos certo peso das refeições, o que provocava uma agradável sensação de torpor aos convidados. Essa sensação não é mais aceita na sociedade atual, bem mais preocupada com a vitalidade. Além disso, há de se levar em conta as intolerâncias e as restrições pessoais, relacionadas a saúde, religião, filosofia, ou simplesmente a escolhas pessoais.

NÃO SE COZINHA SEM GENEROSIDADE

A vontade de agradar é decisiva no entusiamo e na energia empregada ao cozinhar.

Os primeiros pensadores teóricos de gastronomia afirmaram veementemente o quanto ela está relacionada à arte de viver. Na primeira metade do século XIX, em sua *Fisiologia do gosto*, Anthelme Brillat-Savarin escreve que "convidar alguém é encarregar-se de sua felicidade o tempo todo enquanto ele está sob o nosso teto".

PREPARAR, OFERECER, AGRADAR

Pela escolha dos ingredientes, das receitas, das lembranças que evocam os pratos ou das descobertas que eles possam proporcionar, uma refeição é um convite a redescobrir territórios bem conhecidos ou para explorar aqueles ainda inéditos.

A preocupação em fazer bem-feito não é mero orgulho do anfitrião, mas sim o cuidado de um guia, feliz em compartilhar seus conhecimentos e maestria com os convidados. Convidar significa fazer tudo para agradar.

Por ser imaginado e composto como um presente, durante muito tempo, tanto na França como nos países latinos, a regra foi servir o mesmo menu para todos os convidados.

Atualmente, estamos começando a aceitar a ideia de que comer juntos não significa necessariamente comer exatamente o mesmo prato.

> "Quando tudo havia terminado, foi feito e oferecido exclusivamente para nós, mas dedicado mais especificamente ao meu pai, que era um apreciador, um creme de chocolate leve e cremoso, uma obra de circunstância, inspiração, uma atenção pessoal de Françoise."
>
> Marcel Proust
> (escritor francês, 1871-1922)

O PODER DA CRIATIVIDADE

Quando entendemos os processos, a partir das receitas que conhecemos podemos criar outras. Substituindo um ingrediente, transformando a apresentação, adicionando uma especiaria ou uma erva aromática, novos sabores podem ser explorados, e as receitas do repertório clássico podem ser reinterpretadas.

O sucesso nem sempre está garantido. O fracasso, o "queimado sem estar cozido", faz parte da experiência. Errar é importante, é um aprendizado, e às vezes pode gerar resultados brilhantes. Se a lenda é verdadeira – e é provável que seja –, ao deixarem cair uma torta de maçã, as irmãs Tatin deram à confeitaria francesa um dos seus melhores clássicos: a tarte tatin.

O GOSTO PELO EFÊMERO

Quando cozinhamos, todos os esforços, toda a atenção, todo o tempo usado no preparo vão junto da refeição. As emoções gustativas são particularmente difíceis de transmitir. Contudo, ao compartilhar um prato bem-feito, conseguimos transmitir uma memória tão emocional quanto saborosa.

Atualmente, os clientes dos restaurantes tendem a fotografar os pratos indiscriminadamente, em vez de olhá-los e senti-los, antes de prová-los. Trata-se de uma tentativa de conservar essa lembrança e compartilhá-la. Contudo, nisso, achatam as composições, distorcem as cores e ignoram aromas e texturas. Os chefs muitas vezes se opõem a essa prática, não apenas porque ela desvaloriza os pratos, apresentando-os de forma incompleta, mas também, e acima de tudo, porque as artes culinárias são uma paixão efêmera, uma arte do momento.

Investir tanta energia a tal prazer efêmero, dedicar tanto cuidado ao preparo de um prato que é admirado, sorvido, imediatamente provado e comido, requer alguma forma de humildade. Especialmente porque se pode cozinhar para pessoas que, por gosto pessoal, não necessariamente apreciarão os preparos.

Perguntamo-nos muitas vezes se cozinhar é uma arte. Os chefs tendem a fazer essa afirmação, assim como os *gourmets*, talvez porque se refiram às "artes culinárias". No entanto, muito mais do que arte, a cozinha dos chefs – seja a da vida cotidiana, seja a dos dias festivos – é uma história de sentimentos e de delicada atenção, de trabalho e de esforço, de criatividade e de rigor. É uma explosão de generosidade e um sinal de amor.

> "Se você não é capaz de um pouco de feitiçaria, não vale a pena se atrever a cozinhar."
>
> Colette (escritora francesa, 1873-1954)

Óleos, vinagres e condimentos

VINAGRE DE XEREZ

VINAGRE BALSÂMICO

ÓLEO DE AMENDOIM

AZEITE DE OLIVA

VINAGRE DE FRAMBOESA

ÓLEO DE GERGELIM

ÓLEO DE NOZES

Vinagrete

NÍVEL DE DIFICULDADE: 🧑‍🍳
RENDIMENTO: 200 ML
PREPARO: 5 MIN

INGREDIENTES
3 colheres (sopa) de vinagre de vinho tinto (ou suco de limão, para um citronete) – 9 colheres (sopa) de óleo – sal e pimenta-do-reino moída na hora

UTENSÍLIO: fouet

■ Você pode usar um óleo clássico neutro (girassol, amendoim, semente de uva) ou azeites aromáticos prensados a frio (oliva, semente de abóbora, semente de gergelim). ■

1 Coloque o vinagre (ou o suco de limão) em um bowl e adicione 3 pitadas de sal. Em seguida, bata até dissolver.

2 Com o fouet, incorpore o óleo pouco a pouco, e depois a pimenta.

Molho de mostarda

NÍVEL DE DIFICULDADE:

RENDIMENTO: 200 ML

PREPARO: 5 MIN

INGREDIENTES
3 colheres (sopa) de vinagre de vinho tinto (ou suco de limão) – 2 colheres (café) de mostarda – 150 ml de óleo – sal e pimenta-do-reino moída na hora

UTENSÍLIO: fouet

1 Coloque o vinagre (ou o suco de limão) em um bowl, adicione a mostarda e 3 pitadas de sal. Misture com o fouet até dissolver.

2 Junte o óleo pouco a pouco, incorporando-o com o fouet, para emulsionar.

Molho ravigote

NÍVEL DE DIFICULDADE: 👨‍🍳
RENDIMENTO: 200 ML
PREPARO: 10 MIN
UTENSÍLIOS: tábua de corte, faca de cozinha e fouet

INGREDIENTES
1 cebola pequena – 1 maço de ervas finas (salsa, cerefólio, cebolinha, estragão) – 2 colheres (sopa) de vinagre de vinho tinto – 2 colheres (café) de mostarda – 6 colheres (sopa) de azeite de oliva ou óleo de girassol – 1 colher (sopa) de alcaparras pequenas – sal e pimenta-do-reino moída na hora

1 Descasque e corte a cebola. Lave e seque as ervas, e pique-as sobre a tábua de corte.

2 Em um bowl, misture o vinagre, a mostarda, o sal e a pimenta.

3 Incorpore o azeite com o fouet.

4 Adicione as ervas e a cebola picadas e as alcaparras.

Maionese

NÍVEL DE DIFICULDADE: 👨‍🍳👨‍🍳

RENDIMENTO: 250 ML

PREPARO: 5 MIN

INGREDIENTES

1 gema de ovo à temperatura ambiente – 1 colher (café) de mostarda – 200 ml de óleo de girassol – suco de ½ limão (ou 2 colheres (sopa) de vinagre de vinho branco) – sal e pimenta-do-reino moída na hora

UTENSÍLIO: fouet

1 Coloque a gema e a mostarda em um bowl. Misture com o fouet e acrescente o sal e a pimenta.

2 Despeje o óleo, inicialmente quase em gotas, depois, em fio, enquanto mexe vigorosamente com o fouet para incorporá-lo.

3 Quando a maionese firmar, continue adicionando o óleo de forma mais abundante.

4 Adicione o suco de limão (ou o vinagre) para soltar a maionese e ajuste o tempero.

Molho tártaro

NÍVEL DE DIFICULDADE: 👨‍🍳👨‍🍳

RENDIMENTO: 250 ML

PREPARO: 10 MIN – **COZIMENTO:** 5 MIN

UTENSÍLIOS: tábua de corte, faca de cozinha, panela pequena e fouet

INGREDIENTES

½ maço de cebolinha – 1 cebola-branca pequena – 1 ovo à temperatura ambiente – 1 colher (café) de mostarda – 200 ml de óleo de girassol – 2 colheres (sopa) de vinagre de vinho branco – sal e pimenta-do-reino moída na hora

1 Lave a cebolinha, escorra e pique-a. Descasque e pique a cebola.

2 Cozinhe o ovo por 5 minutos em água fervente (ovo mollet), retire e separe a gema. Em um bowl, bata a gema com a mostarda, utilizando um fouet. Tempere com sal e pimenta.

Dica

O MOLHO TÁRTARO tradicionalmente acompanha peixe frito, empanado ou tempurá.

3 Mexa vigorosamente com o fouet para incorporar o óleo, despejando-o em fio.

4 Adicione o vinagre, a cebolinha e a cebola-branca. Acerte o tempero.

Molho gribiche

NÍVEL DE DIFICULDADE:

RENDIMENTO: 250 ML

PREPARO: 15 MIN – **COZIMENTO:** 7 MIN

UTENSÍLIOS: tábua de corte, faca de cozinha, panela pequena e fouet

INGREDIENTES

1 maço com uma mistura de ervas (tradicionalmente salsa, cerefólio e estragão, mas pode incluir manjericão ou coentro) – 1 ovo à temperatura ambiente – 150 ml de azeite de oliva ou óleo de girassol – 2 colheres (sopa) de vinagre de maçã – 1 colher (sopa) de alcaparras pequenas – 1 colher (sopa) de pepinos em conserva, picados – sal e pimenta-do-reino moída na hora

1 Lave e escorra as ervas, e pique-as na tábua de corte.

2 Cozinhe o ovo por 7 minutos em água fervente. Pique a clara, e reserve. Coloque a gema em um bowl.

3 Amasse a gema com o fouet, depois adicione o óleo, primeiro quase em gotas, depois em fio, batendo vigorosamente.

4 Adicione o vinagre, a clara, as alcaparras, os pepinos e as ervas picadas. Corrija o tempero.

Molho de raiz-forte

NÍVEL DE DIFICULDADE: 🎩
RENDIMENTO: 200 ML
PREPARO: 15 MIN

UTENSÍLIOS: ralador e fouet

INGREDIENTES
50 g raiz de rábano fresco – 1 colher (sopa) de mostarda – 1 pitada de pimenta-de-caiena em pó – 3 colheres (sopa) de creme de leite espesso – 1 colher (sopa) de vinagre de vinho branco – sal e pimenta-do-reino moída na hora

1 Rale o rábano finamente em um bowl.

2 Adicione a mostarda, a pimenta-de-caiena e o creme de leite.

3 Misture tudo com o fouet.

4 Adicione o vinagre e bata novamente. Acerte o tempero.

Molho verde

NÍVEL DE DIFICULDADE: 👨‍🍳👨‍🍳

RENDIMENTO: 300 ML

PREPARO: 15 MIN – **COZIMENTO:** 2 MIN

UTENSÍLIOS: panelas grande e pequena, peneira grande, escumadeira, mixer e fouet

INGREDIENTES

1 maço grande de ervas e/ou folhas verdes (brotos de espinafre, agrião, azedinha, salsa etc.) – 1 gema de ovo – 1 colher (café) de mostarda – 150 ml de óleo de girassol – 100 ml de creme de leite fresco batido – ½ limão siciliano – sal e pimenta-do-reino moída na hora

1 Selecione e lave as ervas e as folhas verdes. Então, mergulhe-as por 2 minutos em uma panela grande com água fervente.

2 Resfrie-as em um bowl com água fria e cubos de gelo. Em seguida, pressione-as firmemente na peneira com as costas de uma escumadeira.

3 Triture-as com o mixer.

4 Em um bowl, misture a gema do ovo e a mostarda com o fouet. Tempere com sal e pimenta.

5 Despeje o óleo, primeiro em gotas, depois em fio, mexendo vigorosamente com o fouet para incorporá-lo.

6 Adicione o creme de leite e as ervas picadas ao molho. Em seguida, tempere com suco de limão a gosto.

Molho bechamel

NÍVEL DE DIFICULDADE: 👨‍🍳👨‍🍳

RENDIMENTO: 250 ML

PREPARO: 5 MIN – **COZIMENTO:** 10 MIN

INGREDIENTES

250 ml de leite integral – 15 g de manteiga – 15 g de farinha de trigo – noz-moscada – sal e pimenta-branca moída na hora

UTENSÍLIOS: 2 panelas, fouet e ralador

1 Aqueça o leite em uma panela. Na outra, derreta a manteiga com a farinha de trigo. Mexa com o fouet, até obter um roux de cor dourada clara. Espere esfriar.

2 Adicione o leite quente, mexendo sempre com o fouet para evitar a formação de grumos. Espere o molho ferver.

3 Engrosse o molho em fogo baixo, por pelo menos 7 minutos, mexendo sempre com o fouet, até ficar espesso, liso e homogêneo.

4 Tempere com sal e pimenta-branca e polvilhe noz-moscada ralada a gosto.

Molho Mornay

NÍVEL DE DIFICULDADE: 👨‍🍳👨‍🍳

RENDIMENTO: 300 ML

PREPARO: 10 MIN — **COZIMENTO:** 15 MIN

- Este molho é uma variação do bechamel.

INGREDIENTES

250 ml de molho bechamel sem tempero (pág. 38) – 1 gema de ovo – 1 colher (sopa) de creme de leite – 350 g de queijo gruyère ralado – sal e pimenta-branca moída na hora

UTENSÍLIOS: panela e fouet

1 Em um bowl, coloque a gema de ovo e o creme de leite, e misture com o fouet.

2 Adicione essa mistura ao molho bechamel morno em uma panela fora do fogo, mexendo rapidamente.

3 Leve ao fogo baixo e adicione o queijo ralado.

4 Misture com o fouet, aquecendo apenas o necessário para derreter o queijo (não deixe ferver). Tempere com sal e pimenta-branca.

Molho Soubise

NÍVEL DE DIFICULDADE: 👨‍🍳👨‍🍳

■ Este molho é uma variação do bechamel. ■

1 Descasque as cebolas e corte-as sobre a tábua de corte.

2 Coloque-as na panela em fogo brando, junto da manteiga. Tempere com sal e pimenta e adicione o açúcar.

3 Cubra e espere suar, sem deixar dourar, por cerca de 15 minutos.

4 Então, misture o bechamel com as cebolas na panela.

RENDIMENTO: 400 ML

PREPARO: 15 MIN – COZIMENTO: 30 MIN

UTENSÍLIOS: tábua de corte, faca de cozinha, panela, mixer e fouet

INGREDIENTES

2 cebolas-brancas grandes – 50 g de manteiga – 1 pitada de açúcar refinado – 250 ml de molho bechamel sem tempero (pág. 38) – 5 colheres (sopa) de creme de leite – sal e pimenta-do-reino moída na hora

5 Cozinhe por mais 15 minutos.

6 Bata o molho com o mixer.

7 Aqueça o molho e adicione o creme de leite.

8 Misture bem e ajuste o tempero.

Molho holandês

NÍVEL DE DIFICULDADE: ♟♟♟
RENDIMENTO: 300 ML
PREPARO: 10 MIN – **COZIMENTO:** 10 MIN

INGREDIENTES
250 g de manteiga – 2 colheres (sopa) de vinagre de vinho branco – 4 gemas de ovo – ½ limão siciliano – sal e pimenta-do-reino moída na hora

UTENSÍLIOS: 2 panelas pequenas de fundo grosso e fouet

Dica

ESTE É O MOLHO DE REFERÊNCIA para acompanhar peixe escalfado, ovos benedict e aspargos

1 Derreta a manteiga lentamente em uma das panelas, reserve. Na outra, coloque 2 colheres (sopa) de água e o vinagre. Em fogo baixo, reduza pela metade.

2 Coloque a panela em banho-maria (sem encostar o fundo da panela na água) e adicione as gemas.

3 Bata até a mistura ficar espumosa.

4 Retire a panela do banho-maria e incorpore a manteiga derretida, pouco a pouco, sem parar de mexer com o fouet.

5 Tempere e adicione o suco de limão.

6 O molho deve ficar acetinado e cremoso. Sirva imediatamente.

Molho mousseline

NÍVEL DE DIFICULDADE: 🎩🎩🎩
RENDIMENTO: 450 ML
PREPARO: 5 MIN

INGREDIENTES
150 ml de creme de leite batido – 300 ml de molho holandês (pág. 42)

UTENSÍLIO: fouet

■ Este molho é uma variação do molho holandês. ■

1 Adicione o creme de leite ao molho holandês.

2 Misture delicadamente com o fouet e sirva imediatamente.

Molho maltês

NÍVEL DE DIFICULDADE: ♟♟♟

RENDIMENTO: 350 ML

PREPARO: 5 MIN – **COZIMENTO:** 9 MIN

INGREDIENTES
raspas de 1 laranja – suco de ½ laranja – 300 ml de molho holandês (pág. 42)

UTENSÍLIOS: panela e fouet

■ Este molho é uma variação do molho holandês. ■

1 Ferva as raspas de laranja por 3 minutos em água. Enxágue-as e repita o processo mais 2 vezes.

2 Adicione as raspas de laranja e o suco de laranja reduzido à metade do molho holandês. Misture com o fouet apenas até incorporar e sirva imediatamente.

Molho de vinho branco

NÍVEL DE DIFICULDADE: 👨‍🍳👨‍🍳

RENDIMENTO: 250 ML

PREPARO: 15 MIN – **COZIMENTO:** 25 MIN

UTENSÍLIOS: frigideira, panela e fouet

INGREDIENTES

150 ml de fumet de peixe (pág. 88) – 150 ml de vinho branco seco – 40 g de manteiga – 10 g de farinha de trigo – 50 ml de creme de leite fresco – sal e pimenta-do-reino moída na hora

1 Despeje o fumet de peixe e o vinho branco na frigideira e reduza a um terço.

2 Na outra panela, faça um roux branco, derretendo 10 g da manteiga e misturando com a farinha de trigo. Resfrie.

3 Despeje a redução sobre o roux e misture bem.

4 Cozinhe em fogo baixo por 15 minutos.

5 Adicione o creme de leite.

6 Junte o restante da manteiga, mexendo com o fouet. Tempere com sal e pimenta.

Molho à glacer

NÍVEL DE DIFICULDADE: ♟♟♟

RENDIMENTO: 550 ML

PREPARO: 10 MIN

■ Usa-se esta variação do molho de vinho branco para cobrir o peixe em uma travessa. O prato deve ser colocado, por alguns instantes, sob a salamandra ou o grill do forno, apenas para dourá-lo. ■

INGREDIENTES

200 ml de molho holandês (pág. 42) – 250 ml de molho de vinho branco (pág. 46) – 100 ml de creme de leite fresco batido – sal e pimenta-do-reino moída na hora

UTENSÍLIOS: panela e fouet

1 Fora do fogo, incorpore o molho holandês ao de vinho branco.

2 Incorpore delicadamente o creme de leite batido. Tempere com sal e pimenta

Molho béarnaise

NÍVEL DE DIFICULDADE: ♟♟♟

RENDIMENTO: 250 ML

PREPARO: 15 MIN – **COZIMENTO:** 25 MIN

UTENSÍLIOS: tábua de corte, faca de cozinha, 2 panelas de fundo grosso, sauteuse, fouet, escumadeira e peneira

INGREDIENTES

1 maço pequeno de estragão – 3 cebolas – 150 ml de vinagre de vinho tinto – 1 colher (café) rasa de pimenta-do-reino triturada – 150 g de manteiga – 3 gemas – sal

1 Lave e escorra o estragão, picando-o sobre a tábua de corte. Descasque as cebolas e pique-as finamente.

2 Aqueça o vinagre em uma panela, adicione as cebolas e a pimenta triturada.

3 Espere reduzir até que fique quase seco, em fogo alto.

4 Em outra panela, derreta a manteiga lentamente, retirando a espuma com uma escumadeira.

5 Coloque a panela com a redução de cebola em banho-maria (sem que o fundo da panela encoste na água), e adicione as gemas.

6 Bata até obter uma textura espumosa.

7 Retire do fogo e incorpore a manteiga em fio, com o fouet.

8 Passe o molho pela peneira, com ajuda de uma colher.

9 Adicione o estragão.

10 Tempere com sal. Sirva imediatamente.

Molho Choron

NÍVEL DE DIFICULDADE: 👨‍🍳👨‍🍳
RENDIMENTO: 300 ML
PREPARO: 5 MIN

INGREDIENTES
1 colher (sopa) de molho fondue de tomate (pág. 460) –
250 ml de molho béarnaise (pág. 48)

■ Este molho é uma variação do béarnaise. ■

1 Adicione o molho de tomate ao béarnaise.

2 Misture delicamente.

Molho Foyot

NÍVEL DE DIFICULDADE: 👨‍🍳👨‍🍳

RENDIMENTO: 250 ML

PREPARO: 5 MIN

INGREDIENTES
1 colher (sopa) de glace de carne (pág. 70) –
250 ml de molho béarnaise (pág. 48)

▪ Este molho é uma variação do béarnaise. ▪

1 Adicione a glace de carne ao molho béarnaise.

2 Misture delicamente.

Beurre blanc

NÍVEL DE DIFICULDADE: 👨‍🍳👨‍🍳

RENDIMENTO: 250 ML

PREPARO: 10 MIN – **COZIMENTO:** 10 MIN

UTENSÍLIOS: tábua de corte, faca de cozinha, panela e fouet

INGREDIENTES

2 cebolas grandes – 150 ml de vinho branco seco – 2 colheres (sopa) de vinagre de vinho branco – 200 g de manteiga, à temperatura ambiente, cortada em cubos – sal e pimenta-do-reino moída na hora

Dica: espere a panela amornar antes de adicionar a manteiga. Caso contrário, o molho não vai emulsionar.

1 Descasque e pique finamente as cebolas.

2 Coloque as cebolas, o vinho branco e o vinagre em uma panela. Reduza quase até secar.

3 Adicione a manteiga em pedaços, pouco a pouco, mexendo com o fouet, em fogo muito baixo.

4 Continue mexendo até obter uma mistura leve e espumosa, acrescente sal e pimenta e sirva imediatamente.

Beurre blanc de Nantes

NÍVEL DE DIFICULDADE: 👨‍🍳👨‍🍳

RENDIMENTO: 300 ML

PREPARO: 10 MIN – **COZIMENTO:** 10 MIN

UTENSÍLIOS: tábua de corte, faca de cozinha, panela e fouet

INGREDIENTES

2 cebolas grandes – 150 ml de vinho branco seco – 2 colheres (sopa) de vinagre de vinho branco – 100 ml de creme de leite fresco – 200 g de manteiga à temperatura ambiente, em cubos – sal e pimenta-do-reino moída na hora

■ Este molho é uma variação do beurre blanc. ■

1 Repita os passos 1 e 2 do beurre blanc (pág. 52).

2 Adicione o creme de leite e reduza ligeiramente.

3 Adicione a manteiga, pouco a pouco, mexendo com o fouet, em fogo brando.

4 Continue mexendo até obter uma mistura leve e cremosa. Acerte o tempero e sirva imediatamente.

Dica: antes de servir, você pode passar esse molho por um chinois (peneira cônica) para eliminar os sólidos.

Manteiga
DE VINHO TINTO

NÍVEL DE DIFICULDADE: 👨‍🍳👨‍🍳

RENDIMENTO: 200 G

PREPARO: 10 MIN

COZIMENTO: 10 MIN – **REFRIGERAÇÃO:** 2 H

UTENSÍLIOS: tábua de corte, faca de cozinha, panela e fouet

INGREDIENTES

2 cebolas médias picadas finamente – 200 ml de vinho tinto – 200 ml de consomê de carne (pág. 78) – 100 g de manteiga sem sal (temperatura ambiente) – 1 colher (sopa) de salsa picada – sal e pimenta-do-reino moída na hora

Dica

DEPOIS DO PASSO 5, você pode cortar a manteiga em fatias e congelá-las embrulhadas em papel-manteiga, antes de colocá-las em um saco plástico ou em um recipiente hermeticamente fechado.

1 Coloque as cebolas em uma panela com o vinho tinto.

2 Reduza até quase secar.

3 Adicione o consomê de carne e espere reduzir novamente, até que o líquido atinja ponto de xarope. Espere esfriar, em um bowl, à temperatura ambiente.

4 Incorpore a manteiga com uma espátula. Tempere com sal, se necessário, e adicione a pimenta e a salsa.

5 Coloque a manteiga sobre um retângulo de plástico filme e envolva-a de modo a obter um rolo de 4 ou 5 cm de diâmetro. Amarre as pontas e refrigere por pelo menos 2 horas.

6 Na hora de usar, corte algumas fatias e sirva sobre uma carne grelhada (bisteca, fraldinha, maminha, alcatra).

Manteiga clarificada

NÍVEL DE DIFICULDADE: 👨‍🍳👨‍🍳

UTENSÍLIOS: panela pequena e escumadeira

Dica

ESTA RECEITA também pode ser feita em banho-maria.

1 Coloque a manteiga picada na panela.

2 Derreta-a bem lentamente, sem dourá-la.

3 Remova a espuma com a escumadeira, com cuidado, conforme se formar.

4 Despeje a manteiga delicadamente em um recipiente, descartando a camada aquosa do fundo.

Beurre blond
OU NOISETTE

NÍVEL DE DIFICULDADE: 👨‍🍳👨‍🍳

UTENSÍLIOS: frigideira antiaderente e peneira fina

1 **COLOQUE A MANTEIGA**, cortada em cubos, na frigideira.

2 **COZINHE LENTAMENTE** até que o soro evapore e a manteiga comece a escurecer e a crepitar (beurre blond).

3 **PARA A BEURRE NOISETTE**, continue cozinhando até que a manteiga pare de crepitar e fique dourada, com cheiro de avelã.

4 **COE** em seguida.

Molho bigarade

NÍVEL DE DIFICULDADE:

1 Retire a casca da laranja e corte-a finamente, à julienne. Em seguida, esprema a laranja.

2 Na panela pequena, escalde a casca da laranja, começando com água fria.

3 Quando ferver, escorra a casca da laranja e depois enxágue com água fria. Repita o processo mais 2 vezes.

4 Na panela grande, caramelize o açúcar e deglaceie com o vinagre.

RENDIMENTO: 200 ML

PREPARO: 15 MIN – COZIMENTO: 15 MIN

UTENSÍLIOS: tábua de corte, faca de cozinha, panela pequena e grande

INGREDIENTES

1 laranja – 2 colheres (café) de açúcar refinado – 1 colher (sopa) de vinagre de vinho tinto – 250 ml de fundo escuro de vitela (pág. 68) – 30 g de manteiga – sal e pimenta-do-reino moída na hora

5 Ferva lentamente até reduzir à metade, por cerca de 10 minutos. Tempere com sal e pimenta.

6 Fora do fogo, adicione a manteiga.

7 Derreta-a apenas mexendo lentamente a panela.

8 Finalize com a casca de laranja escaldada.

Molho supremo

NÍVEL DE DIFICULDADE:

Dica

VOCÊ PODE ADICIONAR algumas gotas de suco de limão para revigorar o molho na hora de servir.

1 Derreta metade da manteiga na panela e adicione a farinha de trigo.

2 Cozinhe, mexendo com o fouet, até obter uma coloração dourada.

3 Junte o caldo, mexendo constantemente para evitar a formação de grumos.

4 Ferva o molho e depois cozinhe em fogo baixo por mais 10 minutos.

RENDIMENTO: 500 ML

PREPARO: 10 MIN — **COZIMENTO:** 25 MIN

UTENSÍLIOS: panela grande de fundo grosso, fouet e peneira

INGREDIENTES
40 g de manteiga – 30 g de farinha de trigo – 500 ml de caldo de galinha frio (pág. 74) – 2 colheres (sopa) de creme de leite fresco – sal e pimenta-branca moída na hora

5 Adicione o creme de leite. Deixe reduzir por mais 10 minutos, mexendo algumas vezes.

6 Ajuste o tempero e passe o molho pela peneira.

7 Por último, incorpore o restante da manteiga.

8 Bata vigorosamente até que o molho fique bem liso.

Molho à bordalesa

NÍVEL DE DIFICULDADE: 🧑‍🍳🧑‍🍳🧑‍🍳
RENDIMENTO: 200 ML
PREPARO: 15 MIN
LIMPEZA: 1 H – **COZIMENTO:** 15 A 20 MIN
UTENSÍLIOS: 2 panelas pequenas, panela grande, tábua de corte, faca de cozinha, escumadeira e peneira

INGREDIENTES
tutano retirado de 2 ossobucos de pernil de vitela (com aproximadamente 8 cm) – 2 cebolas finamente picadas – 60 g de manteiga – 200 ml de vinho Bordeaux tinto – 1 ramo de tomilho – ½ folha de louro – 200 ml de Demi-glace (pág. 70) – 1 colher (sopa) de salsa picada (opcional) – sal e pimenta-do-reino moída na hora

1 Deixe o tutano de molho por 1 hora em água fria. Depois, escalfe-o por 8 minutos em água recém-fervida, em uma panela. Espere esfriar.

2 Escorra, utilizando uma escumadeira, e corte-o em cubos.

3 Na panela grande, coloque a cebolas com metade da manteiga e deixe suar, sem dourá-la.

4 Adicione o vinho tinto.

5 Deixe ferver até evaporar o álcool.

6 Adicione o tomilho e o louro. Cozinhe até a redução quase completa.

7 Junte o Demi-glace e espere reduzir até que o molho cubra as costas de uma colher (ponto napé).

8 Peneire o molho sobre a panela pequena.

9 Tempere e adicione o restante da manteiga.

10 Derreta fora do fogo, mexendo suavemente a panela. Adicione o tutano e, opcionalmente, a salsa picada no momento de servir.

Molho poivre

NÍVEL DE DIFICULDADE: 👨‍🍳👨‍🍳

RENDIMENTO: 250 ML

PREPARO: 20 MIN – **COZIMENTO:** 20 MIN

Dica

VOCÊ PODE INCORPORAR qualquer creme na etapa 8.

1 Corte o bacon em cubos pequenos.

2 Derreta a manteiga com o bacon, na frigideira.

3 Adicione os legumes, e em seguida o bouquet garni e metade da pimenta.

4 Refogue por aproximadamente 10 minutos, em fogo brando, mexendo sempre.

INGREDIENTES

50 g de bacon fresco – 20 g de manteiga – 1 cenoura + ½ talo de aipo + ½ cebola cortada em mirepoix (pág. 440) – 1 bouquet garni – 20 grãos de pimenta-do-reino – 150 ml de marinada à base de vinho (pág. 290) – 80 ml de vinagre de vinho tinto – 250 ml de Demi-glace (pág. 70) – 1 colher (sopa) de creme de leite fresco (opcional)

UTENSÍLIOS: tábua de corte, faca de cozinha, sauteuse, panela pequena e peneira

5 À parte, ferva a marinada e coe sobre a frigideira.

6 Acrescente o vinagre e reduza bastante.

7 Adicione o Demi-glace e reduza lentamente por 15 minutos.

8 Moa o restante da pimenta, adicione-a e ferva por 5 minutos. Tempere com sal. Peneire o molho.

Fundo claro
DE AVE

NÍVEL DE DIFICULDADE:
RENDIMENTO: 750 ML
PREPARO: 15 MIN – **COZIMENTO:** 2H30

INGREDIENTES
1 kg de ponta de asa de ave – 1 cenoura + 1 alho-poró cortado em pedaços – 1 cebola + 1 cravo-da-índia – 2 dentes de alho, com casca – 1 bouquet garni – 1 talo de aipo

UTENSÍLIOS: panela grande e peneira

Dicas

O FUNDO DE AVE se conserva por 2 dias na geladeira; além disso, pode ser congelado.

FAÇA UM FUNDO CLARO de vitela usando o pernil de vitela, no lugar das pontas de asa de ave.

1 Na panela, coloque as pontas de asa e cubra com 2 litros de água.

2 Deixe ferver por 2 minutos. Descarte essa primeira água e junte mais 2 litros.

3 Adicione os legumes, o alho esmagado e o bouquet garni.

4 Cozinhe lentamente, sem tampar a panela, por aproximadamente 2h30 (retire a espuma, conforme se formar).

5 Passe o caldo de ave pela peneira.

6 Espere esfriar e o coloque na geladeira. Se necessário, retire a parte gordurosa com uma escumadeira.

Fundo escuro
DE VITELA

NÍVEL DE DIFICULDADE:

Dica

O FUNDO ESCURO DE VITELA é imprescindível em molhos e pratos assados. Ele serve também como base para o glace e o Demi-glace (pág. 70).

1 Corte os legumes em mirepoix grandes (pág. 440). Preaqueça o forno a 220 °C.

2 Coloque a carne de vitela em uma assadeira com uma colher (sopa) de óleo. Asse por 20 minutos, até dourar a carne.

3 Adicione os legumes e o alho. Espere dourar por 15 minutos no forno à temperatura de 200 °C.

4 Transfira o conteúdo da assadeira para uma panela grande.

RENDIMENTO: 1 LITRO

PREPARO: 25 MIN — COZIMENTO: 5 H

UTENSÍLIOS: tábua de corte, faca de cozinha, assadeira, panela grande e chinois

INGREDIENTES

1 kg de carne de vitela em pedaços (canela, osso da costela e peito) – 2 cenouras – 2 talos de aipo – 2 cebolas – 3 dentes de alho descascados – 1 colher (sopa) de purê de tomate – 1 bouquet garni

5 Deglaceie com água, raspando bem com a espátula.

6 Adicione esse deglaceado à panela e cubra com água. Junte o purê de tomate e o bouquet garni e deixe ferver.

7 Retire a espuma que se formar na superfície e cozinhe em fogo brando por, pelo menos, 4 horas.

8 Coe o fundo de vitela no chinois.

Demi-glace
E GLACE

NÍVEL DE DIFICULDADE: 👨‍🍳👨‍🍳

1 Leve o fundo escuro de vitela (pág. 68) à ebulição.

2 **PARA O DEMI-GLACE,** reduza lentamente, em fogo médio, até obter um molho brilhante que cubra as costas de uma colher (ponto napé).

Dica

ESTES MOLHOS podem ser mantidos por 2 dias na geladeira.

3 **PARA O GLACE** prolongue o cozimento, até obter a consistência de caramelo. Assim, o molho adquire sabores ainda mais concentrados.

4 Quando resfriado, o glace adquire a consistência de geleia mais ou menos dura.

Molho concentrado
DE AVE

NÍVEL DE DIFICULDADE:

RENDIMENTO: 150 ML

PREPARO: 10 MIN – **COZIMENTO:** 1H15

UTENSÍLIOS: frigideira, peneira fina

INGREDIENTES

500 g de ponta de asa de frango, cortada em pedaços – 2 colheres (sopa) de óleo de amendoim – 1 bouquet garni – 1 cenoura + 1 cebola cortada em mirepoix grande (pág. 440) – 500 ml de fundo claro de ave (pág. 66)

Dica

O MÉTODO É IDÊNTICO PARA OUTROS MOLHOS CONCENTRADOS: vitela, porco, cordeiro etc.
Para isso, utilize pequenos pedaços ou aparas.

1 Em uma frigideira, doure os pedaços de frango no óleo, em fogo alto, até ficarem bem dourados de ambos os lados.

2 Adicione o bouquet garni e os legumes e doure por mais alguns minutos.

3 Junte o fundo de ave.

4 Cozinhe em fogo baixo por pelo menos 1h30, até que o molho seja reduzido em dois terços.

5 Passe pela peneira fina.

6 Retire as impurezas (remova a película de gordura que se formar na parte superior).

Caldo
DE GALINHA

NÍVEL DE DIFICULDADE: 👨‍🍳

RENDIMENTO: 1 LITRO

PREPARO: 15 MIN – **COZIMENTO:** 2H30

UTENSÍLIOS: tábua de corte, faca de cozinha, panela grande, panela média, peneira fina e escumadeira

INGREDIENTES

2 ou 3 carcaças de frango (ou 1 frango cortado em pedaços) – 1 cebola + 2 cenouras + 1 alho-poró + 1 talo de aipo cortado ao meio – 1 bouquet garni – 1 cravo-da-índia

Dica

A GALINHA ADULTA, DE PREFERÊNCIA VELHA, proporciona ao caldo um sabor único. Este caldo é delicioso puro ou se adicionado a ele, quando pronto, uma pequena brunoise de legumes (pág. 443), levemente cozida, para manter a crocância.

1 Coloque as carcaças (ou o frango) em uma panela grande e cubra com água fria. Deixe ferver.

2 Enquanto isso, na outra panela, corte a cebola ao meio e a doure a seco sobre o lado fatiado, em fogo brando, até que fique bem caramelizada (cebola brûlée).

3 Retire a espuma do caldo com uma escumadeira. Então, adicione os legumes, o bouquet garni e a cebola brûlée.

4 Cozinhe lentamente por 2 horas sem cobrir a panela, adicionando água, se necessário (a água deve sempre cobrir completamente os pedaços).

5 Coe o caldo.

6 Deixe esfriar e coloque na geladeira. Se necessário, retire a parte gordurosa com uma escumadeira.

Caldo
DE CARNE

NÍVEL DE DIFICULDADE:

Dica

O CALDO DE CARNE pode ser conservado por 2 dias na geladeira.
Para mantê-lo por mais tempo, congele-o.

1 Descasque os legumes. Corte a cenoura, o alho-poró e o aipo ao meio.

2 Coloque a carne na panela grande.

3 Cubra com água fria, deixe ferver e retire a camada de gordura com uma escumadeira.

4 Lave a carne com água fria e lave também a panela. Volte a carne para a panela e cubra novamente com água fria.

RENDIMENTO: 1 LITRO

PREPARO: 15 MIN – COZIMENTO: 3H30

UTENSÍLIOS: tábua de corte, faca de cozinha, panela grande e peneira

INGREDIENTES

1 cenoura – 1 alho-poró – 1 talo de aipo – 2 kg de carne bovina para ensopado (paleta, músculo, pernil dianteiro, costela, cauda etc.) – 1 cebola – 1 cravo-da-índia – 1 dente de alho com casca – 1 bouquet garni

5 Enquanto isso, em outra panela, corte a cebola ao meio e a doure a seco sobre o lado fatiado, em fogo brando, até que fique bem caramelizada (cebola brûlée).

6 Espete a cebola com o cravo e coloque-a na panela com os legumes, o alho e o bouquet garni.

7 Cozinhe lentamente por 3h30, sem tampar a panela, retirando a espuma sempre que se formar.

8 Retire a carne (que pode ser usada para um *parmentier* – prato com carne moída e purê de batata) e coe o caldo. Deixe-o esfriar e coloque-o na geladeira. Se necessário, retire a camada de gordura que se formar.

Consomé
(CALDO CLARIFICADO)

NÍVEL DE DIFICULDADE: 👨‍🍳👨‍🍳

RENDIMENTO: 800 ML

PREPARO: 10 MIN – **COZIMENTO:** 15 MIN

UTENSÍLIOS: tábua de corte, faca de cozinha, panela, chinois e concha pequena

INGREDIENTES

100 g de carne moída – 1 clara de ovo – 150 g de legumes picados finamente (alho-poró, aipo, cenoura, tomate etc.) – 1 litro de caldo de carne (pág. 76)

1 Misture a carne, a clara de ovo e os legumes. Em seguida, despeje-os no caldo de carne.

2 Deixe ferver. Reduza o fogo e deixe borbulhar, sem tocar a camada de impurezas aglomeradas na superfície.

3 Faça uma pequena abertura no centro dessa camada para pegar o caldo com um concha pequena.

4 Quando o caldo estiver claro, coe-o no chinois forrado com etamine (ou com um filtro de café), retirando-o através da abertura sem romper a crosta que se formou.

Caldo
DE LEGUMES

NÍVEL DE DIFICULDADE:
RENDIMENTO: 1 LITRO
PREPARO: 10 MIN – **COZIMENTO:** 35 MIN
UTENSÍLIOS: tábua de corte, faca de cozinha, frigideira e peneira

INGREDIENTES
1 cenoura + 1 alho-poró (parte branca) + 1 talo de aipo com as folhas + 3 cebolas + 2 tomates fatiados ou cortados em cubos – 2 colheres (sopa) de azeite – 1 dente de alho – 1 bouquet garni – sal

1 Coloque os legumes na frigideira com o azeite.

2 Adicione o alho e o bouquet garni. Refogue ligeiramente os legumes, em fogo alto, por alguns minutos, sem deixar que fiquem escuros.

3 Cubra com bastante água, tempere com sal e deixe ferver. Cozinhe, em fogo brando, por 30 minutos.

4 Coe na peneira.

Dica: o caldo de legumes pode ser conservado por 2 dias na geladeira. Para uma duração maior, congele-o.

Molho de pimentão

NÍVEL DE DIFICULDADE: 👨‍🍳

RENDIMENTO: 500 ML

PREPARO: 10 MIN – **COZIMENTO:** 25 MIN

UTENSÍLIOS: tábua de corte, faca de cozinha, panela e mixer

INGREDIENTES

1 cebola – 2 dentes de alho – 3 colheres (sopa) de azeite – 1 pimentão vermelho (ou amarelo) descascado e cortado em cubos – 1 bouquet garni – 250 g de tomate triturado (pág. 460) – pimenta de Espelette – sal

1 Descasque e pique a cebola e o alho.

2 Coloque o azeite na panela, adicione a cebola, o alho e o pimentão. Deixe suar.

3 Adicione o bouquet garni e o tomate. Tempere com sal, tampe a panela e cozinhe por 20 minutos.

4 Retire o bouquet garni e triture com o mixer. Por fim, junte a pimenta de Espelette.

Molho de tomate

NÍVEL DE DIFICULDADE:

RENDIMENTO: 500 ML

PREPARO: 10 MIN – COZIMENTO: 25 MIN

UTENSÍLIOS: tábua de corte, faca de cozinha, panela e mixer

INGREDIENTES

1 cebola – 2 dentes de alho – 3 colheres (sopa) de azeite – 500 g de tomate triturado (pág. 460) – 1 bouquet garni – sal e pimenta-do-reino moída na hora

1 Descasque e pique a cebola e o alho.

2 Aqueça o azeite na panela. Acrescente a cebola e o alho e deixe suar por alguns minutos.

3 Adicione o tomate e o bouquet garni. Tempere com sal e cozinhe por 20 minutos, sem tampar.

4 Retire o bouquet garni e triture com o mixer. Tempere com pimenta-do-reino.

Molho diable

NÍVEL DE DIFICULDADE: ♟♟♟
RENDIMENTO: 250 ML
PREPARO: 10 MIN – **COZIMENTO:** 20 MIN

1 Em uma panela, coloque as cebolas, o bouquet garni, o vinagre e o vinho branco.

2 Reduza em dois terços, em fogo alto.

3 Adicione o molho de tomate e o Demi-glace e deixe reduzir por mais 10 minutos.

4 Adicione a pimenta.

UTENSÍLIOS: tábua de corte, faca de cozinha, 2 panelas, peneira, papel-manteiga e fouet

INGREDIENTES

2 cebolas picadas finamente – 1 bouquet garni – 1 colher (sopa) de vinagre de vinho tinto – 150 ml de vinho branco seco – 1 colher (sopa) de molho de tomate reduzido (pág. 460) – 200 ml de Demi-glace (pág. 70) – 30 g de manteiga – 1 colher (café) de salsa e de estragão picados – sal e pimenta-vermelha grosseiramente picada

5 Corte um pedaço de papel-manteiga do tamanho da panela e cubra. Deixe ferver lentamente por 2 minutos.

6 Peneire o molho na outra panela, sobre o fogo.

7 Incorpore a manteiga com o fouet.

8 Corrija o sal e adicione as ervas aromáticas.

Molho madeira
(ou molho de vinho do Porto)

NÍVEL DE DIFICULDADE: 👨‍🍳👨‍🍳

RENDIMENTO: 250 ML

PREPARO: 10 MIN – **COZIMENTO:** 25 MIN

UTENSÍLIOS: tábua de corte, faca de cozinha, panela e fouet

INGREDIENTES
2 cebolas fatiadas – 40 g de cogumelos Paris fatiados (pág. 458) – 50 g de manteiga – 100 ml de vinho da Madeira (ou vinho do Porto) – 300 ml de Demi-glace (pág. 70)

1 Coloque as cebolas e os cogumelos na panela. Acrescente metade da manteiga e deixe suar.

2 Regue com o vinho da Madeira (ou vinho do Porto) e deixe reduzir em três quartos.

3 Adicione o Demi-glace e cozinhe lentamente por 15 minutos, até obter uma textura de xarope.

4 Junte o restante da manteiga com o fouet. No final, você pode adicionar um fio de vinho da Madeira ou vinho do Porto.

Molho
PÉRIGUEUX

NÍVEL DE DIFICULDADE: 👨‍🍳👨‍🍳

RENDIMENTO: 250 ML

PREPARO: 5 MIN – **INFUSÃO:** 5 MIN

▪ Este molho é uma variação do molho madeira (ou molho de vinho do Porto). ▪

INGREDIENTES

250 ml de molho madeira ou do molho de vinho do Porto (pág. 84) – 20 g de trufa picada ou ralada finamente, de preferência fresca

UTENSÍLIOS: panela e termômetro

1 Coloque o molho e a trufa na panela.

2 Aqueça até 65 °C por 5 minutos (uma temperatura mais elevada arruinará o aroma).

Court-bouillon
PARA PEIXE

NÍVEL DE DIFICULDADE: 🎩
RENDIMENTO: 1 LITRO
PREPARO: 10 MIN
COZIMENTO: 15 MIN – **INFUSÃO:** 15 MIN

1 Descasque os legumes e corte em rodelas.

2 Coloque os legumes na frigideira. Adicione o vinagre, 1 litro de água, a pimenta, o coentro, o tomilho (ou manjericão) e o sal grosso. Deixe ferver por 15 minutos.

UTENSÍLIOS: tábua de corte, faca de cozinha, frigideira, peneira

INGREDIENTES

1 cenoura pequena – 1 talo de aipo (ou ¼ de bulbo de erva-doce) – ½ alho-poró – 2 cebolas – 100 ml de vinagre de vinho branco – 5 grãos de pimenta-branca – 5 grãos de semente de coentro – 1 ramo de tomilho fresco (ou manjericão) – 3 colheres (café) de sal grosso – ½ limão siciliano em rodelas

3 Desligue o fogo, adicione o limão e deixe em infusão por 15 minutos.

4 Coe o court-bouillon com a peneira.

Fumet
DE PEIXE

NÍVEL DE DIFICULDADE: 👨‍🍳👨‍🍳
RENDIMENTO: 750 ML
PREPARO: 15 MIN – **COZIMENTO:** 20 MIN

UTENSÍLIOS: tábua de corte, faca de cozinha, tesoura de cozinha, frigideira e peneira fina

INGREDIENTES
750 g de espinha de linguado e aparas de peixe –
50 g de alho-poró (parte branca) – 50 g de cogumelos
Paris – 2 cebolas – 30 g de manteiga –
1 bouquet garni – 150 ml de vinho branco seco

Dica
O FUMET DE PEIXE pode ser conservado por 2 dias na geladeira.

1 Lave bem as aparas e a espinha de linguado em água corrente. Corte-as de forma rústica.

2 Descasque os vegetais e corte-os em fatias.

3 Na frigideira com manteiga, deixe os legumes suarem junto das aparas e da espinha de peixe, sem dourá-los.

4 Adicione o bouquet garni e o vinho branco. Acrescente 1 litro de água e deixe ferver.

5 Retire a espuma que se formar e cozinhe em fogo baixo, sem tampar, por 20 minutos.

6 Coe com a peneira.

Fumet
DE CRUSTÁCEOS

NÍVEL DE DIFICULDADE: 👨‍🍳👨‍🍳

RENDIMENTO: 750 ML

PREPARO: 20 MIN – **COZIMENTO:** 20 MIN

UTENSÍLIOS: tábua de corte, faca de cozinha, frigideira, peneira e escumadeira

INGREDIENTES

2 cabeças de lavagante (ou lagosta) sem a veia de fel na parte superior do corpo (ou 600 g de siri, ou carapaças e cabeças de 1 kg de lagostins, camarões etc.) – ¼ de funcho – 1 talo de aipo – 2 cebolas – 1 colher (sopa) de azeite de oliva – 1 tomate sem pele, cortado em cubos (pág. 460) – 1 colher (café) de extrato de tomate – 1 bouquet garni – 1 ramo de estragão – 1 litro de fumet de peixe (pág. 88) ou de água – 1 pitada de pimenta-de-caiena – sal

Dica

O **FUMET DE CRUSTÁCEOS** pode ser guardado por 2 dias na geladeira.

1 Triture o lavagante com uma faca.

2 Descasque os legumes e corte-os em mirepoix (pág. 440).

3 Na frigideira com azeite, junte os legumes e o lavagante e deixe suar, amassando bem os ingredientes para obter mais sabor.

4 Adicione o tomate sem pele, o extrato de tomate, o bouquet garni, o estragão e o fumet de peixe. Acerte a pimenta e o sal. Deixe ferver.

5 Deixe cozinhar por 20 minutos em fogo baixo, sem tampar. Retire a espuma que se formar com uma escumadeira.

6 Coe com a peneira.

Molho Nantua

NÍVEL DE DIFICULDADE: 👨‍🍳👨‍🍳

RENDIMENTO: 1 LITRO

PREPARO: 40 MIN – **COZIMENTO:** 30 MIN

UTENSÍLIOS: 2 panelas, fouet, frigideira, chinois, escumadeira e pilão

INGREDIENTES

30 g de manteiga clarificada (pág. 56) – 1 kg de lagostins – 1 cenoura + 1 talo de aipo + 2 cebolas cortada em mirepoix fino (pág. 440) – 1 colher (sopa) de extrato de tomate – 50 ml de conhaque – 1 tomate sem pele, cortado em cubos (pág. 460) – 150 ml de vinho branco seco – 1 bouquet garni – 500 ml de fumet de peixe (pág. 88) – 200 ml (sopa) de peixe cremosa – 2 colheres (sopa) de creme de leite – 40 g de manteiga (ou manteiga de lagostim, pág. 96) – pimenta de Espelette – sal

1 Aqueça a manteiga clarificada na frigideira e adicione o lagostim.

2 Refogue em fogo alto.

3 Adicione o mirepoix e deixe suar por alguns minutos.

4 Adicione o extrato de tomate.

5 Flambe com o conhaque.

6 Adicione o tomate fresco e o vinho branco, depois reduza a três quartos.

7 Adicione o bouquet garni e o fumet de peixe.

8 Cozinhe por 2 ou 3 minutos (dependendo do tamanho do lagostim), retirando a espuma que se formar com uma escumadeira.

9 Retire o lagostim com uma escumadeira e pique-o. Reserve a cauda para decorar o prato.

10 Usando um pilão, triture as cabeças e coloque-as de volta na frigideira.

11 Cozinhe por 20 minutos, adicione a sopa de peixe cremosa e deixe reduzir por mais alguns minutos.

12 Coe com o chinois, pressionando com as costas de uma concha.

13 Junte o creme de leite e deixe reduzir por mais 5 minutos.

14 Adicione a manteiga (ou a manteiga de lagostim). Acerte o tempero com o sal e a pimenta.

Manteiga de lagostim

NÍVEL DE DIFICULDADE: 🎩🎩

RENDIMENTO: 250 G

PREPARO: 20 MIN

COZIMENTO: 1 H – **REFRIGERAÇÃO:** 2 H

UTENSÍLIOS: pilão, assadeira e chinois

INGREDIENTES

pinça, cabeça e abdômen de 20 lagostins (reserve uma cauda para decorar o prato) – 250 g de manteiga

Dica

VOCÊ PODE CORTAR A MANTEIGA em cubos e congelá-la embrulhada em uma folha de papel-manteiga, antes de colocá-la em um saco plástico ou recipiente hermético.

1 Com um pilão, triture a cabeça, a pinça e o abdômen dos lagostins em um recipiente.

2 Coloque-os em uma assadeira e espalhe a manteiga cortada em cubos.

3 Cubra com papel-alumínio e leve ao forno preaquecido (150 °C), durante 1 hora.

4 Coe com o chinois.

5 Adicione 150 ml de água fria. Em seguida, leve ao refrigerador por pelo menos 2 horas.

6 Assim que a preparação tiver coagulado, retire a camada de manteiga da superfície e descarte a água com as impurezas.

Molho
AMERICANO

NÍVEL DE DIFICULDADE: 👨‍🍳👨‍🍳
RENDIMENTO: 600 ML
PREPARO: 20 MIN – **COZIMENTO:** 30 MIN

1 Amasse as cabeças com uma faca.

2 Em uma frigideira, refogue as cabeças no azeite e adicione o mirepoix.

3 Flambe-as com conhaque. Em seguida adicione o vinho branco, o alho, o bouquet garni, o tomate descascado e o extrato de tomate. Adicione o sal.

4 Junte o fumet e cozinhe lentamente, por cerca de 20 minutos.

UTENSÍLIOS: tábua de corte, faca de cozinha, sauteuse, 2 peneiras e panela pequena

INGREDIENTES

2 cabeças de lavagante (ou de lagosta) sem a veia de fel da parte superior do corpo (ou 600 g de siris ou carapaças e cabeças de 1 kg de lagostim ou camarão) – 2 colheres (sopa) de azeite – 1 cenoura + 2 e ½ cebolas, cortadas em mirepoix (pág. 440) – 2 colheres (sopa) de conhaque – 200 ml de vinho branco seco – 2 dentes de alho – 1 bouquet garni – 1 tomate sem pele, cortado em cubos (pág. 460) – 1 colher (sopa) de extrato de tomate – 1 litro de fumet de peixe ou de crustáceos (págs. 88 e 90) – 150 ml de creme de leite fresco – pimenta-de-caiena ou de Espelette – sal

5 Coe sobre uma panela.

6 Adicione o creme de leite e deixe reduzir até que o molho cubra as costas de uma colher (ponto napé).

7 Coe o molho com uma peneira fina.

8 Adicione a pimenta a gosto e corrija o tempero.

Massa
(PÂTE À FONCER)

NÍVEL DE DIFICULDADE: 👨‍🍳

RENDIMENTO: 425 G

PREPARO: 10 MIN – **REFRIGERAÇÃO:** 1 H (NO MÍNIMO)

INGREDIENTES

250 g de farinha de trigo – 125 g de manteiga – 1 ovo – 1 pitada de sal

Dica

A MASSA FICA MELHOR depois de 24 horas na geladeira. Ela também pode ser congelada.

1 Deposite a farinha de trigo sobre a área de trabalho. Incorpore a manteiga cortada em cubos e, depois, o ovo e o sal.

2 Comece incorporando lentamente o ovo.

3 Amasse pelo menor tempo possível.

4 Assim que estiver homogênea, pare de amassar.

5 Faça uma bola com a massa.

6 Envolva com filme plástico e coloque-a na geladeira.

Massa folhada
COM TRÊS VOLTAS DUPLAS

NÍVEL DE DIFICULDADE: 🧑‍🍳🧑‍🍳🧑‍🍳

RENDIMENTO: 1 KG

PREPARO: 30 MIN – **REPOUSO:** 6 H

INGREDIENTES

500 g de farinha de trigo – 2 colheres (café) de sal – 250 ml de água – 380 g de manteiga gelada

1 Sove a farinha de trigo e o sal com a água, até obter uma massa bem lisa. Envolva-a com filme plástico e deixe na geladeira por 2 horas.

2 Cubra a superfície de trabalho com farinha de trigo e abra a massa em forma de quadrado.

3 Coloque a manteiga no centro. Dobre o primeiro canto sobre a massa.

4 Dobre os demais cantos da massa, um de cada vez, sobre a parte superior, para reter a manteiga.

5 Vire a massa ¼ de volta e abra-a.

6 Dobre a massa em três, em forma de carteira.

7 Abra-a novamente.

8 Dobre-a novamente em forma de carteira e gire ¼ de volta. Envolva a massa com filme plástico e coloque no refrigerador por 2 horas.

9 Repita os passos 5 a 8. Envolva a massa com o filme plástico e a coloque no refrigerador novamente por 2 horas.

10 Repita os passos 5 a 8.

Cobrir um molde
DE TORTA

NÍVEL DE DIFICULDADE: 👨‍🍳👨‍🍳

UTENSÍLIOS: molde de torta e pinça

• Você também pode cobrir uma torta dessa maneira. •

Dica

RECOMENDA-SE SEMPRE pré-assar a massa antes de rechear. Cubra a massa com papel-manteiga e encha a fôrma com bolinhas de cerâmica para evitar que ela estufe.

1 Se você trabalha sobre o mármore, coloque o molde diretamente sobre ele; senão, coloque-o sobre a assadeira, com uma folha de papel-manteiga (opcional).

2 Espalhe a massa.

3 Abra a massa sobre o molde.

4 Pressione a massa para dentro do molde com uma das mãos e, usando o dedo indicador da outra mão, marque um ângulo reto ao redor do círculo (pressionando bem no canto do molde).

5 Passe o rolo de massa sobre a borda, pressionando-o firmemente, para cortar o excesso.

6 Retire o excesso. Tradicionalmente, finalizamos a borda marcando-a com uma pinça.

Massa para pâté
EN CROÛTE

NÍVEL DE DIFICULDADE:

1 Reúna os ingredientes.

2 Coloque a farinha de trigo sobre a superfície de trabalho. Incorpore a manteiga e a banha cortadas em cubos. Adicione o sal.

RENDIMENTO: 1 FÔRMA DE 40 CM DE DIÂMETRO
PREPARO: 10 MIN – **REPOUSO:** 30 MIN

INGREDIENTES
500 g de farinha de trigo – 75 g de manteiga (gelada ou à temperatura ambiente) – 75 g de banha de porco – 1 ovo – 2 colheres (café) rasas de sal – 125 ml de água

3 Em seguida incorpore lentamente o ovo e a água na farinha de trigo.

4 Sove a massa rapidamente e faça uma bola. Deixe descansar por, pelo menos, 30 minutos.

Forrar com massa
UMA FÔRMA DE PÂTÉ EN CROÛTE

NÍVEL DE DIFICULDADE: 👨‍🍳👨‍🍳

UTENSÍLIO: fôrma de pâté de 40 cm de comprimento

1 Enfarinhe a superfície de trabalho e abra a massa sobre ela.

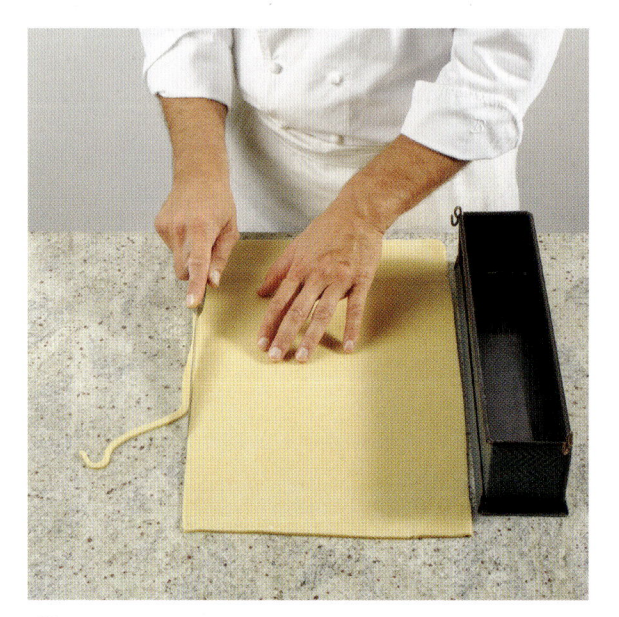

2 Corte um retângulo grande o suficiente para forrar o fundo e as laterais da fôrma.

3 Dobre as laterais maiores em direção ao centro.

4 Dobre as laterais menores em direção ao centro.

Dica

NA FALTA DE UMA FÔRMA ESPECIAL, o pâté en croûte pode ser feito em uma fôrma redonda com fundo removível ou em uma fôrma para torta salgada. Neste caso, preencha o fundo com dois terços da massa e depois cubra com o restante. Faça uma cavidade (como uma chaminé) para o vapor sair. Pincele gema de ovo sobre a massa para que fique brilhante.

5 Centralize a massa dobrada no fundo da fôrma.

6 Com delicadeza, vá desdobrando a massa enquanto cobre as laterais da fôrma, pressionando bem nos cantos.

7 Recorte o excesso da massa, deixando uma borda de aproximadamente 2 cm em volta da fôrma.

8 A fôrma está pronta para ser recheada.

Pâté en croûte
(TERRINE COM CROSTA)

NÍVEL DE DIFICULDADE: ♟♟♟

RENDIMENTO: 2,5 KG – FÔRMA DE 40 CM DE COMPRIMENTO

PREPARO: 30 MIN

COZIMENTO: 1H05 – **DESCANSO:** 24 H

UTENSÍLIO
Fôrma forrada de massa (pág. 108)

INGREDIENTES
400 g de carne de pato ou de marreco, cortada em tiras – 150 g de foie gras cru, cortado em cubos – 1 ovo

PARA MOER: 750 g de pescoço de porco fatiado e temperado com pimenta-do-reino – 250 g de fígado de pato cortado em pedaços e temperado com pimenta-do-reino

TEMPEROS: 1 dente de alho cortado finamente – 30 g de pistaches inteiros – 3 colheres (sopa) de molho madeira (pág. 84) – 3 colheres (sopa) de vinho tinto – ½ colher (café) de açúcar – 4 pitadas de raspas de noz-moscada – 1 ramo pequeno de tomilho (só as folhas) – 30 g de sal

PARA PINCELAR A MASSA: 1 gema de ovo

ACABAMENTO: 200 ml de gelatina líquida (gelatina em pó hidratada) – 20 g de pistache picado

1 Reúna todos os ingredientes do recheio.

2 Moa bem a carne de porco e o fígado de pato.

3 Em um bowl, misture delicadamente as tiras de pato com o *foie gras*, os temperos e o ovo.

4 Misture a carne moída a este preparo e coloque a mistura na fôrma forrada com a massa (pág. 108).

5 Dobre as bordas da massa em direção ao centro, apertando-as com a ponta dos dedos para fechar.

6 Pincele a massa com a gema de ovo.

7 Cubra a torta com papel-alumínio. Asse em forno preaquecido a 230 °C, por aproximadamente 15 minutos, e depois reduza para 180 °C por 50 minutos.

8 Depois de assar, retire a folha de papel-alumínio.

9 Depois de esfriar, despeje um pouco da gelatina para preencher possíveis rachaduras.

10 Polvilhe o pistache picado.

11 Deixe a terrine descansar por pelo menos 24 horas em um local fresco.

12 Para servir, fatie delicadamente.

Dicas

A CARNE E O FÍGADO DE PATO podem ser substituídos pela carne e pelo fígado de outras aves (faisão, galinha-d'angola, codorna etc.), carne de caça ou de coelho.

SE VOCÊ QUISER PREPARAR UMA GELEIA PARA ACOMPANHAR, misture 800 ml de consomê (pág. 78) a 16 g de folhas de gelatina previamente amolecidas em água fria.

Marinada

PARA FRANGO GRELHADO

NÍVEL DE DIFICULDADE:

UTENSÍLIO: travessa refratária não metálica

1 Junte os ingredientes: azeite, páprica, gengibre descascado e picado, suco de limão, tomilho e pimenta-do-reino.

2 Misture todos os ingredientes e marine o peito de frango no molho por aproximadamente 1 hora. Retire-o da marinada e grelhe, regando várias vezes com a marinada coada.

Marinada
PARA FILÉ DE PEIXE GRELHADO

NÍVEL DE DIFICULDADE:

UTENSÍLIO: travessa refratária não metálica

1 Junte os ingredientes: suco de limão, cebolinha picada, suco e a raspa de limão, azeite, tomilho, endro, pimenta-rosa e pimenta-do-reino.

2 Marine os filés (aqui foi usada a tainha) na mistura por aproximadamente 20 minutos. Retire-os da marinada e grelhe, regando várias vezes com a marinada coada.

Os OVOS

Sumário

Os ovos, indispensáveis na cozinha — 118

Cozinhar ovos na casca — 124
Fazer uma omelete — 126
Preparar ovos cocotte — 128
Ovos mexidos — 130
Ovos pochês — 132

Os ovos

INDISPENSÁVEIS NA COZINHA

Os ovos são um ótimo exemplo de como ocorre a fusão das práticas culturais, alimentares e religiosas.

Na Idade Média, seu consumo era proibido durante a Quaresma pela religião católica. Na Páscoa, eles eram tingidos com corantes vegetais e oferecidos como presente. Dessa tradição permanecem, entre outros, os ovos da Romênia, lindamente trabalhados, os famosos ovos Fabergé, russos, e principalmente os ovos de Páscoa, feitos de chocolate.

De forma oval perfeita, delicados e frágeis (apesar de sua casca suportar uma pressão de mais de 60 vezes seu peso), eles ocupam um lugar essencial em nossas culturas e em nossas cozinhas.

Sozinhos ou associados a outros ingredientes, parcial ou totalmente cozidos, brilham em muitas receitas.

COM OU SEM A CASCA?

Os ovos são incríveis! Basta observar a facilidade com que podemos cozinhá-los de maneiras diferentes.

Alimento básico, são nutricionalmente completos. Sua casca tem uma vantagem oportuna, cozinhando com muita facilidade, de modo que não é preciso quebrá-los de antemão.

OVOS COZIDOS NA PRÓPRIA CASCA

Ovos ficam mais saborosos se cozidos da maneira mais simples possível. Quando mergulhados inteiros e com casca em uma panela de água fervente, podemos fazer ovos quentes, mollets ou cozidos, variando somente o tempo da imersão. A técnica é simples e idêntica nos três casos, mas devemos observar cuidadosamente alguns princípios para obter um ótimo resultado.

Os ovos devem ser retirados da geladeira algumas horas antes de prepará-los para que cheguem à temperatura ambiente. Isso evita um choque térmico abrupto com a água fervente, que pode rachar a casca. A panela deve ser funda o suficiente para que a água cubra completamente os ovos. Além disso, não pode ser muito pequena, para evitar que os ovos fiquem empilhados e batam uns contra os outros; nem muito grande, para que não quebrem ao chocar-se com a lateral da panela. Colocar um fio de vinagre branco na água do cozimento impede que a clara se espalhe, coagulando-se rapidamente se acontecerem microtrincas por choque físico ou térmico.

O tempo de cozimento varia ligeiramente, dependendo do tamanho dos ovos (os menores cozinham mais rápido). Além disso, se estiverem gelados, seu cozimento demora mais. Depois de

a saber

DE ONDE VEM O OVO?

Atualmente, tanto na culinária como em outros domínios, quando dizemos "ovo" sem mais detalhes, nos referimos ao ovo de galinha.

Antigamente, era mais comum usar ovos de outras aves, como pato e ganso. Se na cultura ocidental aprecia-se comer ovas de alguns peixes – como esturjão (caviar), salmão e truta –, desprezamos os ovos de cobra e os de insetos, apreciados por outras sociedades.

cozidos, descascam-se os ovos sob um fio de água fria, para facilitar esse trabalho; exceto os ovos quentes, comidos diretamente na casca. A clara deve estar totalmente coagulada para não desmanchar ao remover a casca. Comer um ovo quente em um porta-ovo é um prazer ao mesmo tempo nostálgico, lúdico e *gourmand*.

Quanto aos ovos cozidos e duros, evitamos descascá-los muito antes de serem consumidos, pois a casca os protege.

Os ovos quentes são extremamente adaptáveis. Podemos dá-los às crianças a partir de 1 ano. Eles estão presentes em todos os brunchs, ou mesmo nos cafés da manhã sofisticados. Sua simplicidade exalta os ingredientes mais chiques, da trufa ao caviar. A escolha dos acompanhamentos de luxo para os ovos quentes não é a simples expressão de esnobismo excêntrico. Ela também atende ao desejo de sublimá-los pela textura derretida, leve e delicada da gema, que aumenta seus preciosos sabores sem alterá-los.

Claro que sua simplicidade combina com outros pratos bem mais baratos, mas igualmente deliciosos: uma simples torrada de pão caseiro com manteiga de Isigny e flor de sal, aspargos, queijo parmesão e presunto. Podemos imaginá-los inclusive como sobremesa, polvilhados com gotas de chocolate, com torradas de brioche grelhadas.

Os ovos cozidos são consumidos sozinhos e como prato principal, cuja mera evocação já é uma fonte de prazer gustativo: ovos escalfados à florentine (combinado com espinafre refogado e molho bechamel), ovos cozidos com molho Nantua (à base de manteiga e lagostim – pág. 92).

Os ovos cozidos enriquecem muitas entradas e acompanham saladas mistas, como a niçoise. Eles são usados para preparações bem clássicas, como o aspic de ovo ou os ovos mimosa. Apesar da relevância desses pratos, a cozinha contemporânea os negligencia em favor de formas mais suaves, como o ovo pochê (escalfado) e o ovo cocotte. É certamente em piqueniques que os encontramos com maior frequência.

Para decorar os pratos, os chefs atuais preferem usar os ovos de codorna, cuja pequenez corresponde perfeitamente à busca pela delicadeza.

Os ovos de codorna são cozidos da mesma forma que os ovos de galinha, mas apenas entre 3 e 4 minutos.

OVOS COZIDOS SEM A CASCA

Você também pode cozinhar os ovos inteiros, sem misturar a gema com a clara, depois de retirá-los da casca.

Para isso, é melhor usar ovos bem frescos, pois a membrana fina que envolve a gema estará um pouco mais resistente (sendo menor o risco de furá-la). Uma vez quebrados delicadamente, podemos cozinhá-los na água ou na gordura.

Para os ovos pochês (escalfados) na água, devemos partir o ovo em um recipiente pequeno e só depois colocá-lo em uma panela com água fervendo, juntamente com meio copo de vinagre branco, para que a clara coagule rapidamente.

Em seguida, baixa-se o fogo, para que a água não ferva novamente: um ligeiro tremular é suficiente, durante 2 minutos aproximadamente. Verifica-se o cozimento pressionando com o dedo: a clara deve estar perfeitamente coagulada, mas ainda flexível, em volta da gema ainda cremosa. Muitas vezes, os ovos pochês (escalfados) são preparados antecipadamente e reaquecidos na hora de servir. Por isso, é melhor interromper o cozimento assim que a clara firmar.

Para isso, retiramos os ovos da água com uma escumadeira e os mergulhamos em água gelada. Podemos, em seguida, apará-los delicadamente para melhorar sua forma.

Os ovos meurette (ovos escalfados em molho meurette), à bordalesa ou à vigneronne são escalfados em vinho puro ou diluído em água. Nas regiões setentrionais da França, há receitas em que os ovos são escalfados na cerveja.

O ovo frito e o ovo estrelado são bem parecidos, mas o primeiro é mais crocante que o segundo. Em ambos os casos, cozinha-se o ovo sem a casca, partindo-o delicadamente em uma frigideira untada. O ovo estrelado cozinha lentamente em fogo baixo, para a clara coagular sem dourar. Geralmente, usamos manteiga para preparar os ovos, evitando que grudem na frigideira ou na chapa. Já o ovo frito cozinha em uma chama um pouco mais forte, para que a clara fique dourada e crocante. Podemos prepará-los com manteiga noisette, azeite ou óleo de nozes (semirrefinado, para tolerar melhor o calor e ao mesmo tempo porporcionar um sabor excepcional). Os ovos fritos ficam deliciosos sozinhos. Ainda assim, no café da manhã ou no brunch, costumamos acompanhá-los com bacon ou algum embutido grelhado. Podemos também colocá-lo em sanduíches, como no hambúrguer. O ovo estrelado, considerado mais gastronômico e leve, acompanha bem uma fritada de cogumelos, de fígado de ave ou de frutos do mar.

O preparo dos ovos cocotte está entre os mais apetitosos. Seu creme pode ter os acompanhamentos mais variados. O princípio é simples: o ovo é cozido em um ramequim, no forno em banho-maria, com um creme simples, ou saborizado com cogumelo, queijo ralado, presunto picado etc.

O calor do forno não deve exceder a 160 °C. Se os ramequins forem muito espessos, retiramos os ovos do forno antes do

a saber

TRÊS, SEIS, NOVE

Essa é a quantidade de minutos necessária em média para cozinhar os ovos, após início da ebulição (quando a água começa a ferver): 3 minutos para ovos quentes, 6 para ovos mollets e 9 para ovos cozidos.

---

cozimento completo (pois eles terminarão de cozinhar com o calor dos recipientes).

Apesar de saborosos, os ovos na fritura são cada vez menos comuns devido ao excesso de gordura. Eles podem ser vantajosamente substituídos por ovos empanados, mais saudáveis. Além disso, a farinha de rosca do empanamento pode ser saborizada com farinha de avelã, queijo parmesão, ervas aromáticas, especiarias etc.

OVOS BATIDOS

Omelete e ovos mexidos são as duas principais formas de preparar ovos batidos, sem a casca, com clara e gema misturadas. Puros ou enriquecidos com cogumelos, ervas finas, queijos, trufas etc., são perfeitos para o café da manhã ou para um jantar relativamente leve.

Para fazer uma omelete, bata os ovos vigorosamente antes de despejá-los em uma frigideira aquecida com um pouco de gordura a escolher, de acordo com o que vai rechear ou temperar (azeite combina com ervas finas; manteiga, com queijo, por exemplo). Despeja-se a preparação de uma vez na frigideira e, à medida que as bordas coagulam, empurramo-as com uma colher ou uma espátula para o centro, para que cozinhem de forma homogênea.

Dependendo do gosto pessoal, a omelete é servida cremosa ou bem cozida. Para isso, o principal é cuidar dos últimos instantes do cozimento, extremamente difíceis de dominar, pois a finalização é rápida. Em um instante, a omelete vai de cremosa a queimada. Antes de servir, enrole-a ou simplesmente dobre-a em três. Mais uma vez, é uma questão de preferência.

Os ovos mexidos são misturados levemente antes de serem colocados em uma frigideira com bordas altas e fundo duplo, aquecida lentamente sobre uma chapa ou em banho-maria. Durante todo o tempo do cozimento, devemos desgrudar os ovos coagulados da borda da frigideira em direção ao centro, para que a mistura fique o mais homogênea e cremosa possível. No final do cozimento, podemos deixar os ovos mexidos ainda mais untuosos com a adição de manteiga e/ou creme de leite.

Essas duas técnicas parecem simples, mas, para ter sucesso, requerem muita precisão e treino.

AS PROPRIEDADES DO OVO

O ovo é o único ingrediente encontrado frequentemente tanto como principal quanto incorporado a outros em uma receita. Com muitas propriedades, pode ser usado em preparações com legumes, carnes, peixes, cereais, além de serem fundamentais em doces.

Pessoas familiarizadas com restrições alimentares ao ovo sabem como é difícil cozinhar sem ele.

Não vamos apresentar aqui todas as preparações com ovos, mas trataremos de suas três principais propriedades: fazer espuma, emulsificar e coagular.

Além de todos esses usos, os ovos costumam ser usados para decorar muitos pratos.

CLARA EM NEVE

A clara de ovo é essencialmente composta de água, proteínas e sais minerais que, juntos, formam o albúmen. Quando batemos a clara vigorosamente, esse albúmen se distende em uma película, incorporando bolhas de ar. Assim a tornamos espumosa. Para obter uma clara em neve de qualidade, bata-a com vigor e por tempo prolongado, sempre de forma circular, para capturar o máximo de ar.

Cruas ou cozidas, a gema em ponto de espuma ou a clara em neve são perfeitas para aerar e tornar mais leves diferentes misturas doces e salgadas: recheios e molho mousseline, molhos e musses, bolos e biscoitos, suflês, diferentes massas de panificação, bolinhos fritos, empanados, merengues etc.

Obter clara em neve não é complicado: é aconselhável apenas evitar que qualquer gota de gema – ou melhor, qualquer impureza – se misture à clara. As recomendações de adicionar uma pitada de sal ou suco de limão são tão divulgadas quanto fantasiosas, mas de nenhuma utilidade se confiarmos na abordagem científica da cozinha molecular. Para um resultado mais homogêneo – e

> ## citação
> "É terrível, o ruído do ovo cozido quebrado sobre um balcão metálico, é terrível esse ruído, que mexe na memória do homem faminto." Jacques Prévert (1900-1977) em "La grasse matinée", *Paroles*, mostrando com clareza a intensidade do valor simbólico do ovo na alimentação.

para evitar encontrar um fiozinho resistente e de consistência borrachuda ao degustar – antes de bater, retire as chalazas: dois fiozinhos gelatinosos que mantêm a gema em seu lugar e são mais firmes quando o ovo está fresco.

O OVO E A LIGA

As proteínas da gema são ao mesmo tempo hidrofílicas e hidrofóbicas, ou seja, apresentam a dupla característica de atrair e repelir a água. Dessa maneira, são emulsificantes perfeitos, pois permitem e estabilizam a dispersão de um líquido em outro, que de outra forma não se misturariam. É o que acontece com o óleo e a água na maionese. Isso faz da gema um aglutinante excepcional. Assim, adicionar gema a um molho, purê ou sopa trará uma suavidade e uma untuosidade difíceis de obter de outra forma.

O OVO E A SOLIDIFICAÇÃO

A gema e a clara não coagulam na mesma temperatura: a clara coagula mais rápido que a gema, respectivamente a 57 °C e 65 °C. Essa diferença torna possível preparar ovos quentes e ovos mollets.

Associado a ingredientes líquidos que sozinhos não se solidificariam no cozimento, o ovo possibilita essa mudança de estado. É por isso que, ao colocar ovos em uma preparação líquida, ela atinge uma consistência firme ao cozinhar. É o que dá textura e firmeza aos zabaiones e flans.

O OVO E A GEMA

A gema de ovo é brilhante, de tom amarelo intenso, e o cozimento não altera sua cor. É comum misturar gema com o leite (ou com um pouco de água) para pincelar algumas preparações, como tortas, dando-lhes uma aparência brilhante e lisa após o cozimento. Dependendo do tempo de cozimento, a cor conferida vai de um dourado intenso ao caramelo. Associada às preparações, a gema confere uma bela cor amarela. É por isso que alguns alimentos industrializados incluem corantes amarelos para nos fazer acreditar que foram utilizados muitos ovos.

NUTRIÇÃO E SAÚDE

Antigamente, nutricionistas se preocupavam com os lipídios contidos no ovo, especialmente na gema. Contudo, hoje em dia, constataram que ele é um incrível reservatório da rara vitamina D e de proteínas.

OS OVOS E O SOL

A vitamina D é essencial para o corpo humano, pois é ela que promove a assimilação do cálcio. Para isso, depende da ação do sol na pele. Ela ajuda a combater a fadiga muscular, problemas dentários e distúrbios ósseos, como a osteoporose. Muito rara em nossa alimentação, só é encontrada em quantidade satisfatória no óleo de fígado de bacalhau – que traumatizou muitas crianças de gerações anteriores –, na cavala, no salmão e nos ovos.

PROTEÍNAS E SACIEDADE

O ovo é um concentrado de proteínas notável pelo equilíbrio entre os diferentes aminoácidos. Isso faz com que seja altamente digerível e benéfico para a saúde, especialmente quando ingerimos o ovo inteiro, seja qual for o modo de cozimento. Consideramos que dois ovos médios fornecem tanta proteína quanto 100 g de carne branca, com menos calorias.

As proteínas aumentam a sensação de saciedade, diminuindo a ingestão de alimentos e ajudando na perda de peso.

UMA HISTÓRIA DE COLESTEROL

Por muito tempo, os ovos foram sinônimo de aumento do colesterol e, como tal, proibidos por muitos a fim de evitar doenças cardiovasculares. No entanto, pesquisas mais recentes mostram que o colesterol trazido pela alimentação é menos nocivo do que aquele produzido pelo nosso próprio organismo. Os lipídios contidos no

a saber

SEPARAR A CLARA DA GEMA

Para isso, partimos o ovo delicadamente sobre uma tigela, recuperando nela a clara que escorre, enquanto passamos a gema de uma metade da casca para a outra, tantas vezes quanto forem necessárias, tomando o cuidado para não deixá-la cair. Para separar várias claras, faça isso quebrando um ovo por vez sobre uma tigela pequena, para depois passar para um bowl maior, a fim de ter certeza de que a clara está pura e fresca antes de misturá-la com as demais. Além disso, evite o contato do ovo com o exterior da casca, pelo risco de contaminação.

---

ovo não são ruins para a saúde. De acordo com a maioria dos nutricionistas, podemos comer de quatro a seis ovos por semana sem risco. O que os torna mais ou menos saudáveis é a forma de prepará-los e armazená-los.

No entanto, é importante notar que os ovos são tão frequentemente incorporados às preparações que podemos chegar muito rapidamente a essa quantidade sem nos darmos conta.

Além disso, apesar do raciocínio simplista, a alimentação da galinha é um fator importante para determinar o valor nutricional do ovo.

ESCOLHER OS OVOS

Na França, procuramos ovos cuja coloração da casca esteja entre o marfim e o linho, enquanto em outros países, como nos Estados Unidos, preferem-se os ovos brancos. Esse aspecto é tão importante que levou à adição de suplementos que agem diretamente sobre a coloração dos ovos na ração das galinhas.

NÃO HÁ ESPAÇO PARA O ACASO

Observamos nas caixas de ovos (e sobre as cascas, muitas vezes), códigos impressos que deveriam ser decifrados para nos ajudar a escolher corretamente aqueles que queremos comprar. As caixas incluem informações sobre a data em que os ovos foram postos (informação obrigatória para os ovos extrafrescos na França), a data de consumo recomendada, o peso dos ovos e a maneira de criação das galinhas. O peso dos ovos de galinha varia de tipo 1 (ou extra), com peso mínimo de 60 g, até tipo 4 (ou pequenos), com peso entre 45 g e 50 g. Na maioria das receitas, por convenção, considera-se que um ovo tem entre 53 g e 63 g.

A maneira como as galinhas são criadas afeta tanto o bem-estar dos animais quanto a qualidade nutricional dos ovos. Na França, esta indicação aparece registrada de 0 a 3. Os ovos de grau 2 e 3 não são recomendados, pois são muito menos saudáveis e sua produção causa um sofrimento significativo ao animal.

Por fim, os ovos estão entre os produtos mais baratos. Dessa maneira, comprá-los com uma melhor qualidade impõe um custo adicional, mas bem mais aceitável do que em produtos com preço mais elevado.

Os ovos extra frescos não devem ser conservados por mais de 9 dias após serem postos. Eles são recomendados para preparações com cozimento parcial. Os ovos frescos devem ser consumidos até 28 dias após serem postos. Quanto menos frescos são os ovos, mais cozimento é necessário.

Quando um ovo não é mais adequado para o consumo (porque está muito velho, porque não foi devidamente conservado ou porque a casca está levemente trincada), sua pequena bolsa de ar, localizada na parte mais larga, se esvazia.

Uma forma de testar o frescor de um ovo é mergulhá-lo em um recipiente com água: quanto mais ele afundar, mais fresco estará.

REGRAS INDISPENSÁVEIS DE HIGIENE

Os ovos são produtos frágeis. O que melhor os protege é a casca. Ela é porosa, protegida por uma fina película solúvel que obstrui os poros e os preserva de certas bactérias, incluindo a famosa salmonela, comum de ser encontrada nas cascas.

É por isso que devemos respeitar estritamente dois princípios:

Primeiro: evite o contato entre o ovo e o exterior da casca, especialmente quando separar a clara, lavando as mãos depois de tocar a casca, limpando bem a mesa de trabalho e os utensílios.

Segundo: não umedeça a casca do ovo, pois o filme que a protege é sensível à água. Mesmo que a casca pareça suja, não deve ser lavada (pode-se limpar com um pano seco). Devemos evitar também mudanças bruscas de temperatura, que favorecem a condensação de umidade na casca.

Não devemos preparar para pessoas debilitadas ou vulneráveis (crianças, doentes ou idosos) receitas com ovo cru ou pouco cozido: ovo quente, ovo mollet, maionese etc.

Apesar dessas poucas restrições, o ovo é um ingrediente absolutamente indispensável na cozinha e na confeitaria.

Ele ocupa um lugar único no imaginário coletivo. Raros são os ingredientes que se tornaram uma impetuosa fonte de inspiração de artistas tão importantes quanto diferentes, de Hieronymus Bosch a Salvador Dalí, passando por Brancusi.

a saber

UM CÓDIGO FRANCÊS PARA SER CONHECIDO

0 - As galinhas são criadas ao ar livre com pelo menos 2,5 m² de terreno não coberto por galinha. Elas recebem uma alimentação com certificação orgânica.

1 - As galinhas também são criadas ao ar livre, na mesma superfície. A alimentação é controlada.

2 - As galinhas são criadas diretamente em contato com o chão, em criação intensiva dentro de grandes galpões, com 9 galinhas/m².

3 - As galinhas são criadas em gaiolas ou em cercados, com 18 galinhas/m².

Cozinhar ovos
NA CASCA

NÍVEL DE DIFICULDADE:
RENDIMENTO: 6 OVOS
PREPARO: 5 MIN – **COZIMENTO:** 3, 6 OU 9 MIN

UTENSÍLIOS: panela pequena e escumadeira

INGREDIENTES
ovos em temperatura ambiente

Dica

PARA PREPARAR OVOS QUENTES, escolha ovos frescos. Para fazer ovos mollets e cozidos, prefira os que têm pelo menos uma semana, pois são mais fáceis de descascar.

COM UMA ESCUMADEIRA, disponha delicadamente os ovos, retirados do refrigerador com antecedência, em uma panela com água fervente.

DEIXE COZINHAR por 3 minutos para ovos quentes, 6 minutos para ovos mollets e 9 minutos para ovos cozidos.

PARA OS OVOS QUENTES, sirva imediatamente.

PARA OS OVOS MOLLETS E COZIDOS, esfrie-os em um bowl com água fria.

DESCASQUE os ovos mollets ou os cozidos.

A GEMA DO OVO MOLLET ainda deve estar mole e escorrer (à esquerda), enquanto que a gema do **OVO COZIDO** deve ficar bem firme (à direita).

Fazer
UMA OMELETE

NÍVEL DE DIFICULDADE: 👨‍🍳

PARA UMA PESSOA

PREPARO: 5 MIN – **COZIMENTO:** 4 MIN

UTENSÍLIOS: frigideira e espátula

INGREDIENTES

3 ovos – 1 colher (sopa) de ervas de sua escolha, picadas – 25 g de manteiga – 1 colher (sopa) de óleo de amendoim – sal e pimenta-branca moída na hora

Dica

PARA FAZER UMA OMELETE UNIFORME, vire a omelete quase cozida em um prato e, em seguida, deslize-a na frigideira para cozinhar o outro lado.

1 Quebre os ovos em um bowl, tempere com sal e pimenta. Adicione as ervas picadas.

2 Bata os ovos vigorosamente com um garfo, até fazer espuma.

3 Em uma frigideira, doure a manteiga junto do óleo e, em seguida, despeje os ovos batidos.

4 Quando a parte inferior estiver cozida e a parte de cima ainda estiver mole, dobre um terço da omelete em direção ao meio com uma espátula flexível.

5 Dobre o outro terço da omelete em direção ao meio.

6 Vire a omelete sobre uma travessa, com a dobra para baixo.

Preparar
OVOS COCOTTE

NÍVEL DE DIFICULDADE:

Dica

VOCÊ PODE COLOCAR UMA COLHER CHEIA dos seguintes recheios no fundo dos ramequins antes de partir os ovos: duxelle de cogumelos (pág. 458), espinafre ou azedinha salteados na manteiga, presunto picado...

1 Preaqueça o forno a 160 °C. Distribua um ovo por ramequim.

2 Disponha os ramequins em uma assadeira e despeje água quente até a metade de sua altura. Asse por 15 minutos. A clara do ovo deve ficar opaca, e a gema deve se manter líquida.

RENDIMENTO: 4 OVOS

PREPARO: 10 MIN – COZIMENTO: 15 MIN

UTENSÍLIOS: panela pequena, 4 ramequins e assadeira

INGREDIENTES

4 ovos – 4 colheres (sopa) de creme de leite – 2 colheres (sopa) de ervas de sua escolha, picadas – sal e pimenta-do-reino moída na hora

3 Enquanto isso, aqueça o creme de leite em uma panela e adicione as ervas. Deixe reduzir ligeiramente. Tempere com sal e pimenta.

4 Coloque um fio do creme preparado quente ao redor das gemas e sirva imediatamente.

Ovos

MEXIDOS

NÍVEL DE DIFICULDADE: 👨‍🍳👨‍🍳

Dica

PREPARE OS OVOS MEXIDOS sempre na hora de servir, mas retire-os do fogo um pouco mais cremosos do que você deseja que fiquem, pois eles continuam a cozinhar depois que o fogo é desligado.

1 Bata levemente os ovos com um garfo, sem misturar demais, nem fazer espuma. Tempere com sal e pimenta.

2 Derreta metade da manteiga com o óleo em uma panela.

3 Junte os ovos batidos e diminua o fogo.

4 Cozinhe em fogo baixo, mexendo sempre e raspando bem a borda da panela, até que os ovos estejam meio cozidos e cremosos.

PARA 2 PESSOAS

PREPARO: 5 MIN – COZIMENTO: 8 MIN

UTENSÍLIOS: panela de fundo duplo e fouet

INGREDIENTES

4 ovos – 50 g de manteiga – 2 colheres (sopa) de óleo de girassol – 4 colheres (sopa) de creme de leite líquido integral – sal e pimenta-do-reino moída na hora

5 Adicione o restante da manteiga.

6 Incorpore a manteiga vigorosamente com o fouet.

7 Em seguida, adicione o creme de leite. Acerte o tempero.

8 Misture novamente com o fouet e sirva imediatamente.

Ovos
POCHÊS

NÍVEL DE DIFICULDADE: 👨‍🍳
RENDIMENTO: 4 OVOS
PREPARO: 10 MIN – **COZIMENTO:** 5 MIN

UTENSÍLIOS: panela e ramequim
INGREDIENTES
3 colheres (sopa) de vinagre branco – 4 ovos extra frescos – sal

Dica
PREFIRA OS OVOS EXTRA FRESCOS porque, quanto mais frescos, menos a clara se espalha ao cozinhar.

1 Encha a panela com três quartos de água. Junte o vinagre e deixe ferver. Quebre um ovo em um ramequim e, em seguida, coloque-o delicadamente sobre a superfície da água.

2 Espere que o ovo suba à superfície e, em seguida, dobre delicadamente a clara sobre a gema com uma espátula.

3 Deixe ferver até que a clara fique opaca e retire o ovo com uma escumadeira.

4 Imediatamente, resfrie o ovo em um bowl com água fria.

5 Em seguida, apare as bordas do ovo para melhorar sua forma.

6 A clara deve ficar cozida, e a gema, mole e tenra.

As CARNES

CARNE BOVINA
A VITELA
O CORDEIRO

Sumário

As carnes, sabor, prazer e energia	136
Carne bovina	142
Preparar um bife	144
Preparar um filé-mignon	146
Preparar uma costela bovina	148
Grelhar uma costela bovina	150
Preparar tournedos (medalhões de filé-mignon)	152
Preparar tournedos (medalhões de filé-mignon) com molho madeira	154
Preparar uma paleta com bacon	156
Preparar uma paleta com vinho tinto	158
A vitela	162
Cortar escalopes	164
Preparar um assado de vitela	166
Preparar um carré de vitela (ou de porco)	168
Glacear um carré de vitela	170
Escalope de vitela à inglesa	172
Polpettones	174
O cordeiro	178
Preparar um pernil de cordeiro	180
Preparar um pernil de cordeiro temperado com alho	181
Assar um pernil de cordeiro e preparar seu molho	182
Desossar e enrolar uma paleta de cordeiro	184
Preparar uma carré de cordeiro à francesa	186
Desossar e enrolar uma sela de cordeiro	190
Preparar filés e cortar noisettes de cordeiro	194
Navarin de cordeiro	196

As carnes

SABOR, PRAZER E ENERGIA

Cozidas nas noites de inverno ou assadas como churrasco no verão, as carnes são base em nossas refeições. Na Idade Média falava-se de "viandas" para se referir às carnes, termo que vem de "vida", ou seja, o que precisamos para viver, o alimento. Esse termo expressa a importância das carnes em nossa alimentação. Assim, a primeira coleção de receitas medievais, compilada no século XIV por Guillaume Tirel, foi intitulada *Le viandier* e propõe receitas para todas as principais famílias de alimentos.

Geralmente, a carne é considerada o elemento mais importante das refeições. Razões históricas explicam isso, mas não somente. No geral, ela apresenta um custo mais elevado do que os demais produtos alimentícios, e o esforço para comprá-la está diretamente relacionado a seu destaque. Durante muito tempo, a cozinha familiar era atribuição feminina. Já as carnes representavam a parte masculina desse universo, relacionadas aos prazeres da caça: poder, energia, manuseio de armas etc., ou seja, atribuições tradicionalmente masculinas. Ainda hoje, o preparo do churrasco costuma ser uma função predominantemente exercida por homens.

CARNE E CULTURA

Apesar de (ou por causa de) sua importância fundamental, o consumo de carne não é algo simples para as diversas culturas.

O hinduísmo, o islamismo e o judaísmo controlam, de perto, a relação das pessoas com a comida, especialmente com a carne. Até a religião cristã, mais flexível, proíbe a carne e seu derivados durante a Quaresma.

Mesmo abstraindo as considerações religiosas, o consumo de carne é difícil de ser entendido. Ele traz um tabu essencial: a morte de outro ser vivo para servir de alimento e proporcionar prazer (gustativo). Ele nos interroga também sobre a distinção que fazemos entre os animais: de estimação, de tração e carga, ou aqueles para alimento. A isso, adicionamos as questões éticas relacionadas às condições da pecuária.

Seu impacto sobre o meio ambiente pode representar um problema moral para os consumidores, uma vez que extensas áreas naturais são devastadas para servir de pasto. Hoje sabemos que o efeito ambiental da pecuária intensiva é muito mais pesado que o da pecuária sustentável e extensiva, que procura manter a diversidade das paisagens e das espécies vegetais.

Além disso, algumas correntes de pensamento não recomendam a carne por fazer mal à saúde, muitas vezes em resposta a crises alimentares, como a conhecida "vaca louca", que, em 1996, mudou nossa percepção em relação à carne. Essa e outras crises levaram, contudo, à regulamentação mais rigorosa da criação de gado, sua dieta, seus suplementos alimentares e sua rastreabilidade. As certificações podem nos ajudar em nossas escolhas.

A carne é um trunfo valioso para a saúde, desde que de boa qualidade e se prestarmos atenção à sua proveniência, o que atualmente tem se tornado mais fácil. É rica em vitamina B, essencial para a renovação celular, para o sistema imunológico, para o sistema nervoso e para limitar os efeitos negativos do estresse e da depressão. Ela é uma fonte excepcional de proteínas, de vários minerais e oligoelementos de boa qualidade, incluindo zinco e ferro.

SELECIONAR, PRESERVAR E CONSERVAR

O ideal, é claro, é recorrer a um açougueiro de confiança, capaz de aconselhar e informar. Nos supermercados, geralmente a origem das carnes é indicada, mas há poucas informações complementares. Em contrapartida, neles encontramos cada vez mais cortes diferentes congelados. Nas feiras, o ponto fraco é a qualidade da refrigeração, uma vez que a carne é bastante perecível.

A carne pode ser conservada no refrigerador de 1 a 4 dias (0 °C a 4 °C), em contato direto com embalagem adequada, usada pelos açougueiros, ou em bandejas, nos grandes varejistas. Na embalagem deve constar obrigatoriamente a data-limite de consumo. A carne moída deve ser preparada no mesmo dia. O bife já fatiado também

a saber

SELOS OFICIAIS DE QUALIDADE

Na Europa, estas certificações oficiais ajudam a distinguir produtos de qualidade. São selos que garantem o bom tratamento do gado, as condições de higiene, a segurança satisfatória e a qualidade da carne, tanto em termos de sabor quanto em termos de benefícios para a saúde.

O Label Rouge (selo de garantia de qualidade, na França) refere-se à superioridade de sabor de um produto, envolvendo o compromisso de toda a linha de produção industrial.

A denominação de origem controlada AOC certifica que as suas características são provenientes da região de onde ela se originou. Onde se desenvolveu um *savoir-faire* reconhecido.

O rótulo Agricultura Orgânica garante um método de pecuária sustentável, que respeita tanto a produção quanto o meio ambiente.

é um produto bastante perecível. Peça ao açougueiro para cortá-lo na hora e evite o cozimento malpassado. Também é imprescindível usar saco ou sacola térmica para transporte.

Antes de cozinhar a carne, deixe-a voltar à temperatura ambiente, para evitar que suas fibras se retraiam por choque térmico. Se congelada, deixe-a descongelar na geladeira.

Entre as carnes indispensáveis em nossa tradição culinária estão a carne de vaca, a vitela e o cordeiro. A carne de porco também é uma carne interessante, que muitas vezes pode ser cozida como o cordeiro.

De acordo com a tradição francesa, é na forma de embutidos que a carne de porco expressa melhor os seus sabores e fragrâncias. Portanto, não vamos apresentá-la neste capítulo.

DO CRU AO COZIDO

As formas de cozimento das carnes exigem precisão, mas é fácil escolhê-las, porque essa opção depende da natureza do corte. Os cortes mais macios devem ser pouco cozidos – às vezes, nem cozidos –, enquanto os cortes mais rígidos exigem longo cozimento, eventualmente precedido por uma marinada.

COZINHAR SEM FOGO

Podemos comer a carne bovina crua, principalmente a vitela, sob a forma de tartar ou carpaccio, ou levemente "cozida" com a acidez do limão ou com sal.

O tartar é uma carne bem picada, misturada com condimentos e ervas aromáticas. Apesar da acidez, o tempero não chega a cozinhar a carne, pois seu preparo é rápido e deve ser servido imediatamente. Utiliza-se uma carne de qualidade superior em termos de frescor e de maciez. Para maior untuosidade, adicione um generoso fio de azeite e uma gema de ovo crua. Para quem teme comer carne totalmente crua, o tartar também pode ser rapidamente frito (tartar César).

O carpaccio é levemente "cozido" pela acidez do limão. São fatias extremamente finas de carne de vitela ou alcatra, cuja temperatura foi reduzida para -1 °C ou -2 °C, para permitir cortá-la de forma regular. A carne é regada uniformemente com uma marinada fria à base de limão, azeite de oliva, manjericão, sal e pimenta.

A carne de vitela revela sabores sutis e extremamente delicados sob a forma de tartar e, especialmente, como carpaccio.

Por fim, o "cozimento" mais eficiente sem o uso de calor é a combinação de tempo e sal. Colocamos um filé bem macio (de 2 cm de espessura ou mais), untado com azeite de oliva e ervas aromáticas em uma quantidade de sal grosso suficiente para cobri-lo. Em seguida, o pedaço de carne é colocado na geladeira por 24 horas. Para servir, basta retirar bem o sal.

Tais preparações eram preconizadas no século XIX para pessoas anêmicas. Hoje, os amantes da carne privilegiam esse método como forma de exaltá-la, transformando-a o mínimo possível.

DE VOLTA À PRÉ-HISTÓRIA

Assar na brasa, na pedra, na chapa etc. são formas de cocção que nos fazem sair da cozinha. Elas evocam uma rusticidade quase selvagem. São sinônimos de dias agradáveis de verão e de confraternizações.

Na chapa ou na pedra, o calor é bem homogêneo, intenso, sem ser excessivo. Isso permite cozinhar rapidamente sem queimar as porções, e em quantidade suficiente para muitos convidados. Os cortes de boa qualidade não devem ser muito grandes, nem muito grossos. Algumas carnes comuns para esse tipo de cocção são a fraldinha e a aranha da alcatra (bovinas) ou a paleta de cordeiro, pois são próprias para um cozimento rápido e em fogo alto. Podemos também fazer almôndegas dessa forma. Para esse tipo de cocção é possível usar marinadas como tempero, mas isso obriga que a chapa seja constantemente limpa.

No churrasco, não deixe as labaredas encostarem na carne! Isso a carbonizaria, tornando-a tóxica e sem qualquer outro sabor a não ser o de carvão.

No churrasco, a cocção é feita sobre a brasa de lenha natural, após sua combustão. Quando o calor é muito forte ou quando as chamas permanecem, a carne deve ser removida para a lateral da grelha, onde há menos chamas.

Para cozimentos mais longos, é necessário elevar a grelha e virar os pedaços de carne, regularmente, com uma pinça. Podemos também cobri-los com uma marinada à base de mel, mostarda e especiarias. As marinadas com caldas mais espessas formam uma crosta em volta da carne e a perfumam intensamente, preservando seu suco e protegendo-a do calor excessivo.

ASSAR NO FORNO, GRELHAR NA FRIGIDEIRA E SUBLIMAR

Assar ou grelhar exalta fragrâncias e texturas. Assim, a carne bovina assada ou grelhada é frequentemente feita com contrafilé, lombo e alcatra; o assado de vitela é feito com lagarto, coxão duro, coxão mole e picanha; e o assado de cordeiro é feito com paleta ou pernil.

Para o assado, se a carne for magra, cubra-a com tiras de bacon ou com toucinho ou envolva-a com óleo ou gordura. Isso não é necessário, por exemplo, para o assado de cordeiro, que já tem gordura suficiente. Então, doure-a em uma frigideira bem quente. Esse é um passo importante para o cozimento por concentração. O tempo de cozimento depende, evidentemente, do tamanho do assado e do resultado que queremos obter, da cor rosada ao bem-passado. E é uma questão de gosto, mesmo que os apreciadores de carne costumem preferir menos tempo de cozimento para a carne bovina. As carnes vermelhas (bovina e de cordeiro) são cozidas em forno bem aquecido, as carnes brancas (como vitela) pedem uma temperatura mais branda. Durante o cozimento, deve-se regar o assado com o molho do seu cozimento regularmente.

A assadeira deve ser pouco maior que o assado, caso contrário a camada de molho do cozimento ficará muito fina, podendo queimar. Se o cozimento for longo – de várias horas, para peças grandes –, é necessário virar o assado com uma pinça ao longo do tempo ou colocá-lo sobre uma grelha, evitando que a carne grude na assadeira.

No final do cozimento, retire as tiras de bacon ou toucinho para que a superfície fique dourada. Depois de retirar o assado do forno, deixe-o descansar por alguns minutos, coberto com papel-alumínio para manter o calor. Esse tempo é necessário para que o molho da carne e o calor se distribuam uniformemente.

PREPARAR NA FRIGIDEIRA E REFOGAR

Grelhar em uma frigideira ou na wok é um método de cozimento simples, rápido e perfeitamente adequado para todas as carnes bovinas servidas como bife.

A ponta de contrafilé, o miolo ou a aranha de alcatra e a fraldinha são perfeitos para isso. Suas longas fibras musculares asseguram uma carne suculenta, pois retêm os sucos.

---

a saber

CONCENTRAÇÃO E EXPANSÃO

O cozimento por concentração é intenso e rápido. Exige selar o alimento em fogo alto, na maioria das vezes na frigideira ou numa panela rasa, transformando os sucos em uma crosta, pela coagulação das proteínas da carne e pela caramelização de carboidratos. É um processo que preserva a riqueza aromática e a maciez do ingrediente.

Já o cozimento por expansão é feito com uma grande quantidade de líquido. Ele favorece a troca de sabores entre a carne e seu líquido de cozimento. Esse tipo de cozimento também ajuda a amolecer peças mais resistentes.

Pode-se também preparar, grelhado na frigideira, escalope de vitela ou de cordeiro. O cozimento da carne bovina precisa ser em fogo alto e mais rápido do que a carne de cordeiro e de vitela, que pedem um cozimento mais lento, que respeite a sua maciez e delicadeza.

Essas carnes também ficam deliciosas e muito saudáveis se cortadas em fatias finas e saborizadas com um leve tempero exótico (com ou sem marinada), salteadas na panela wok.

DEIXAR O TEMPO DE FERVER

Na Europa medieval, preparar as carnes em forma de cozido era sinal de distinção. Com o passar do tempo, essa forma de cozimento tornou-se típica da cozinha popular de melhor qualidade. Essa popularização tem uma base econômica: os melhores pedaços de carne para os cozidos são aqueles tradicionalmente considerados menos nobres e mais baratos, aqueles cuja fibra, mais resistente, precisa ser amaciada. Esses pedaços são ricos em colágeno, que dão sabor e encorpam o caldo desses preparos.

O cozimento é lento, em fogo brando, com água suficiente para cobrir completamente a carne. Para dar mais sabor ao prato, é indicado combinar peças com diferentes características: gordas, magras e gelatinosas. Assim, o guisado de carne combina maravilhosamente com a bochecha bovina, o músculo traseiro, a ponta e o miolo da paleta e, evidentemente, o tutano de boi. Os legumes (nabo, cenoura, alho-poró) devem estar firmes, para não desmancharem. O precioso caldo do cozimento deve ser reservado para ser servido antes ou como acompanhamento de carnes e legumes: extremamente rico em sabor, pode ser consumido puro, com arroz ou até mesmo com pão tostado.

Os pratos preparados com cordeiro cozido são mais raros; eles vêm principalmente da culinária inglesa e não são tão bem-aceitos na França.

DOURAR E COZINHAR LENTAMENTE (OU ASSAR): O MELHOR DE CADA COZIMENTO

Dourar a carne e depois cozinhá-la em fogo baixo é uma forma de preparo excepcional, pois concilia o melhor do cozimento por concentração e por expansão.

Para isso, escolhemos diferentes tipos de corte, principalmente os mais baratos, e começamos refogando-os antes de deglaçar os sucos liberados por eles. Em seguida, os pedaços de carne são cozidos por um longo tempo, em fogo baixo, com uma guarnição de legumes e ervas aromáticas em uma grande quantidade de molho bem líquido, sempre com a panela tampada. A carne se torna tenra com o cozimento, enquanto os sabores do molho se fundem a ela. A combinação se torna macia e untuosa. Geralmente para a carne vermelha usam-se molhos marrons e, para as brancas, molhos brancos.

Boeuf bourguignon (carne bovina à moda da Borgonha), ensopado de cordeiro, paleta de vitela assada com temperos cítricos... A carne refogada/cozida/assada combina com o inverno, com o aconchego e com os prazeres gastronômicos mais tradicionais.

BOI, EQUILÍBRIO E VIGOR

A carne bovina pode advir de vacas leiteiras velhas (no final da vida) e de machos adultos (com mais de 24 meses) castrados. São mais de vinte raças bovinas na França, cada uma adaptada a um ambiente específico: solo, clima e natureza das pastagens. Às mais conhecidas, como a Charolesa e a Limousin, somaram-se raças raras e de origem antiga, como a Aubrac e a Salers. Esses rebanhos muitas vezes têm certificações, a garantia de qualidade sanitária e ética. Eles fornecem produtos com qualidades organolépticas superiores e específicas para cada raça. Assim, a "raço di biou", comercializada sob a AOC touro de Camarga, tem um sabor único e intenso, sem ser forte, e uma maciez considerável.

TANTO AS CARNES DE SEGUNDA QUANTO AS DE PRIMEIRA SÃO EXCEPCIONAIS

A carne bovina recebe destaque na França. É preponderante nos pratos mais tradicionais – desde o boeuf bourguignon ao cozido de carne – e nas refeições cotidianas, como no famoso bife com batatas fritas e salada.

Pela variedade de cortes e pela maneira de prepará-los, a carne bovina adquire na cozinha as diferentes formas que apreciamos. Os cortes são classificados por sua delicadeza. Apesar de seu preço indicar uma espécie de hierarquia, a verdade é que cada tipo é indicado para um preparo diferente.

Na terminologia tradicional, distinguimos os cortes "de primeira" e os "de segunda". As aspas são necessárias porque, na verdade, os cortes "de segunda" são ótimos quando se dispõe de tempo para prepará-los, ficando extraordinariamente macios, aromáticos e saborosos.

Entre os pedaços nobres, constam os nomes evocativos de carnes tenras e suculentas: bisteca bovina (filé de costela), filé-mignon e contrafilé, ponta de contrafilé, alcatra etc. Os cortes denominados "de segunda" incluem carnes gelatinosas, gordas e magras.

a saber

CRENÇAS E MAUS HÁBITOS

Muitos maus hábitos se repetem na cozinha e minam a qualidade das preparações. Por isso, ao contrário da prática comum, não se deve salgar a carne antes de cozinhá-la por concentração. O sal causa a liberação dos sucos da carne, deixando-a ressecada. Por essa mesma razão, não devemos perfurar a carne, mas pegá-la com uma pinça. Também não se deve retirar a gordura antes do cozimento, mas somente depois, para que possa passar seu sabor e suculência para a peça. Por outro lado, em alguns bifes é necessário fazer uma incisão na borda, evitando sua retração sob efeito do calor.

Os cortes mais gordos são aqueles que chamamos de "marmorizados", quando o músculo é entremeado por delicados filamentos de gordura. Isso dá ao gado Wagyu seu sabor excepcional, além da maciez comparável ao do foie gras.

O TRUNFO SAUDÁVEL DA CARNE VERMELHA, POR EXCELÊNCIA

Como outras carnes, a carne bovina é rica em vitaminas B: B2, que promove o crescimento e a formação de glóbulos vermelhos, e B3, que nos permite produzir energia a partir dos alimentos.

Dependendo do corte, a carne contém de 25% a 30% de proteínas, para um teor lipídico de 2% a 15%. Em geral, o modo de preparo não altera muito a riqueza lipídica do produto.

Além de ferro, a carne bovina é rica em outros minerais e oligoelementos: selênio (antioxidante), zinco e cobre, que permitem a formação de colágeno e de hemoglobina no corpo. Por muitos anos, o consumo de proteína animal foi visto como um risco para a saúde. Contudo, estudos mais recentes mostram que o excesso é que é perigoso, favorecendo o aparecimento de diferentes tipos de câncer e doenças cardiovasculares, mas que, ao contrário, um consumo razoável – inferior a 140 g/dia – é benéfico.

Portanto, para nosso prazer, nossa saúde e por razões éticas, é melhor consumir um pouco menos de carne bovina, mas que tenha excelente qualidade (proveniência e condições de criação).

A VITELA, DELICADEZA E LEVEZA

O bezerro é o filhote da vaca, macho ou fêmea, com menos de 6 meses de idade. Diferenciamos o bezerro, aquele que foi alimentado única e exclusivamente com leite – não necessariamente pela mãe – do novilho, que se alimenta no pasto.

Desde a Antiguidade, a carne de vitela era estritamente reservada aos mais ricos. Foi somente a partir da segunda metade do século XIX, com a industrialização da produção de leite, que ela começou a ser democratizada, quando os criadores poderiam finalmente dispor dos subprodutos lácteos, úteis para alimentar os pequenos bezerros.

Sua carne é extraordinariamente delicada e macia. A cor deve ser rosa pálida ou um pouco mais intensa se for desmamada. A gordura, se houver, é de um branco perolado.

A RIQUEZA DA CARNE MAGRA

A aparência da carne de vitela e a da carne bovina são bastante próximas, mas se distinguem por algumas especificidades. O vitelo é menos rico em lipídios, porque a gordura não penetra em sua carne. Rica em proteína sem conter muita gordura, é uma carne magra que traz um toque de iguaria, pouco calórica para a dieta. Devido à alimentação láctea do bezerro, sua carne não oferece tanto ferro quanto a carne de boi. Contudo, isso não a torna menos interessante para a saúde, especialmente por sua riqueza em selênio, que ajuda a proteger o coração contra doenças cardiovasculares. Por fim, ela é uma excelente fonte de ácido oleico, que promove a oxidação de gorduras e sua transformação em energia.

A ELEGÂNCIA DAS TRADIÇÕES

Leve, a carne de vitela oferece pedaços com maciez variável, podendo-se prepará-la por concentração ou por expansão, dependendo do corte.

Os diferentes cortes nunca são muito grandes e cozinham rapidamente. Por exemplo, são apenas 3 ou 4 minutos para um escalope ao ponto e 30 minutos para um assado de vitela de 500 g. O blanquette de vitela, considerado o prato favorito dos franceses, é um dos preparos clássicos mais conhecidos.

A vitela fica perfeita também ensopada com legumes, como bife rolê, assada ou simplesmente grelhada (costelas).

Algumas receitas italianas com vitela também são muito parecidas e famosas: o ossobuco, a saltimbocca romana e o escalope de vitela à milanesa. Tenra e delicada, apresentando cortes quase tão variados quanto a carne bovina, a vitela é a aliada ideal das refeições saudáveis e prazerosas.

CARNE DE CORDEIRO PARA COMEMORAR

O cordeiro é o filhote da ovelha com menos de 12 meses. Até seu desmame, em torno de 6 semanas, ele é exclusivamente alimentado com leite.

Com mais de trinta raças de ruminantes, a França valoriza e mantém regiões montanhosas em áreas secas, muito difíceis de serem cultivadas. Assim, a biodiversidade é preservada, especialmente a das zonas rurais afastadas.

a saber

O CORDEIRO PASCAL OU A RELIGIÃO GOURMANDE

Apesar de ser uma data da religião judaico-cristã, a comemoração da Páscoa é uma ocasião festiva em muitas famílias, independentemente da fé. Símbolo de pureza absoluta, está tradicionalmente associado ao sacrifício. Com um sabor delicado, é também consumido em outras ocasiões, com uma aura mista de tradição e prazer.

EXPLOSÃO GUSTATIVA DELICADA E PODEROSA

A carne de cordeiro é mais clara do que a da ovelha, deliciosamente tenra. Seu poderoso sabor combina perfeitamente com ervas aromáticas (principalmente as de Provence, como o tomilho e o alecrim). No espeto, ela fica suculenta e oferece sua melhor palatabilidade quando ainda está rosada ou, no máximo, bem-passada. A partir daí, perde a maciez e o seu sabor. Ela não deve ser furada durante o cozimento e apenas salgada antes de saboreá-la.

Embora algumas tradições valorizem as marinadas, a carne de cordeiro é tão saborosa que dispensa essa técnica culinária. Suas partes mais valorizadas, como assados, são o pernil e a paleta. As costelas, servidas como carré, também são uma iguaria. O ensopado de carneiro com legumes é extremamente delicioso, de uma untuosidade saborosa, pois a carne cozinha por muito tempo com uma guarnição aromática e legumes pequenos, colhidos na primavera.

As cozinhas da Índia e do norte da África usam o cordeiro no lugar da carne de carneiro para transformar pratos cotidianos em pratos festivos e mais refinados.

AS VIRTUDES DA GORDURA

Como todas as carnes vermelhas, a carne de cordeiro é rica em proteínas, vitaminas B (especialmente B2, B3 e B12), ferro e zinco.

Há também uma boa quantidade de fósforo, essencial para a saúde dos ossos, dos dentes e para a firmeza das membranas celulares.

O cordeiro é significativamente menos gordo que a ovelha, mas é importante salientar que seu ácido esteárico – que faz parte dos ácidos graxos saturados – tem a particularidade de aumentar o colesterol HDL (o "bom"), mas não o colesterol LDL (o "mau").

VARIAR OS PRAZERES

Mesmo que tenham características nutricionais semelhantes, as carnes que apresentamos não são idênticas. É muito importante, para o prazer do paladar e para a manutenção de uma boa forma física, alterná-las tanto quanto possível e escolher cortes cuja procedência e qualidade sejam bem controladas, favorecendo uma alimentação saudável.

Carne bovina

CHULETA DE BOI (FILÉ DE COSTELA)

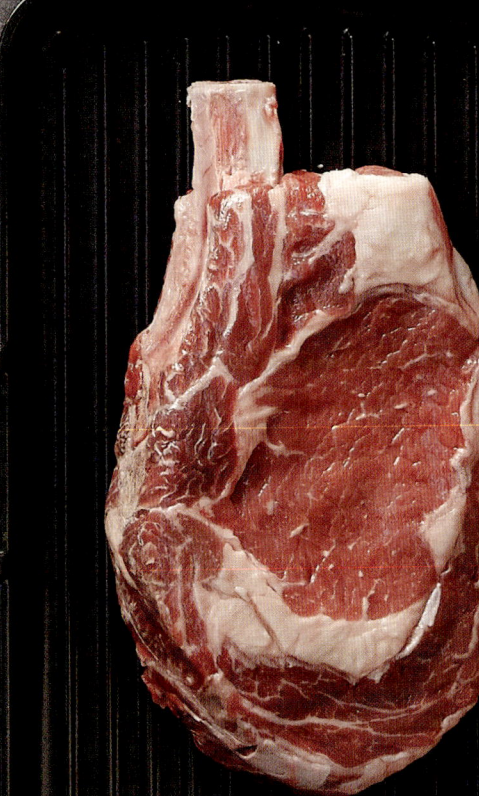

TOURNEDOS

CONTRAFILÉ

PEÇA DE ALCATRA

CHULETA

- ONGLET
- FRALDINHA
- PONTA DE CONTRAFILÉ
- FRALDINHA DO DIAFRAGMA
- PALETA
- RABADA
- ARANHA DA ALCATRA
- RAQUETA

Preparar
UM BIFE

NÍVEL DE DIFICULDADE: 👨‍🍳👨‍🍳

UTENSÍLIO: frigideira

Dica

PARA UM COZIMENTO IDEAL, recomendamos que você retire os bifes da geladeira 15 minutos antes de cozinhá-los. Lembre-se de temperar com sal e pimenta-do-reino durante o cozimento.

1 Coloque partes iguais de manteiga e óleo na frigideira, em fogo alto, e junte a carne temperada com sal.

2 Quando tiver formado uma crosta no lado de baixo, vire o bife usando uma pinça ou uma espátula (não use garfo).

3 Reduza levemente o fogo e cozinhe o outro lado, até o ponto desejado, verificando-o com a pressão do dedo.

SELADA: a carne fica macia sob a pressão do dedo, o interior fica vermelho homogêneo e morno (37 °C a 39 °C).

MALPASSADA: a carne fica flexível sob a pressão do dedo, a borda fica cozida, e o interior ainda vermelho e quente (50 °C a 52 °C).

AO PONTO: a carne fica mais resistente sob a pressão do dedo, a borda fica cozida e o interior fica ligeiramente rosa e bem quente (53 °C a 58 °C). O cozimento "bem-passado" é fortemente desaconselhado para os cortes nobres bovinos. Tempere com pimenta-do-reino no último momento.

Preparar um
FILÉ-MIGNON

NÍVEL DE DIFICULDADE:

UTENSÍLIOS: tábua de corte e faca de cozinha

1 Coloque o filé com a parte arredondada para cima. Retire a membrana que liga o filé à fáscia (película branca que fica entre os músculos).

2 Remova a fáscia e reserve.

3 Limpe a parte de cima do filé.

4 Vire o filé e limpe a parte de baixo, removendo o excesso de gordura. Guarde as aparas para saborizar caldos.

5 Corte a cabeça (a ponta maior) do filé.

6 Separe também o miolo do filé da sua ponta.

7 Com a cabeça, faça filés Chateaubriands (300 g a 350 g, para duas pessoas).

8 Com o miolo, corte os tournedos (150 g a 180 g/filé).

9 Com a ponta, corte cubos ou tiras para serem refogadas, por exemplo, para fazer um estrogonofe.

10 Limpe a fáscia, que poderá ser moída.

Preparar uma costela
BOVINA

NÍVEL DE DIFICULDADE: 👨‍🍳👨‍🍳

UTENSÍLIOS: tábua de corte e faca de cozinha

1 Corte a gordura que cobre o osso com 6 ou 7 cm.

2 Remova o excesso de gordura da parte de cima.

Dica

PREFIRA UMA COSTELA DE BOI de uma raça de corte, pois ela será mais macia.

3 Limpe a ponta do osso com 6 ou 7 cm, removendo a carne que a envolve, e raspe o osso (deixando-o aparente).

4 A costela está pronta para ser preparada.

Grelhar uma costela
BOVINA

NÍVEL DE DIFICULDADE: ♟♟

UTENSÍLIOS: grelha (ou chapa), pincel, tábua de corte e faca de cozinha

1 Pincele levemente a costela de boi com azeite, opcionalmente aromatizado com ervas frescas.

2 Aqueça a grelha (ou a chapa) em temperatura média. Coloque a costela sobre a grelha.

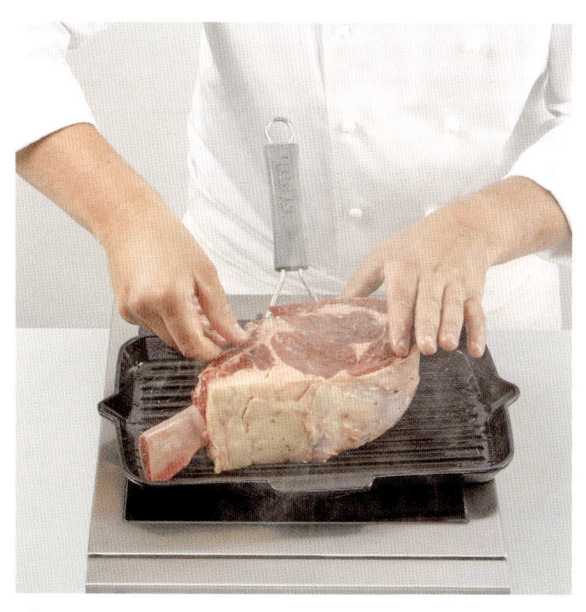

3 Quando a costela estiver bem marcada pela grelha, vire um quarto de volta e deixe tostar (dourar). Cozinhe por 5 a 8 minutos, dependendo da espessura. Reduza o fogo, se necessário.

4 Vire a carne com uma pinça.

5 Toste-a novamente.

6 Quando estiver bem tostada (dourada), vire um quarto de volta e cozinhe por 5 a 8 minutos, conforme o cozimento desejado.

7 Verifique o cozimento com o dedo (pág. 145).

8 Cubra a costela e deixe descansar por 10 minutos.

9 Remova o osso da costela.

10 Corte-a em fatias grossas.

Preparar tournedos
(MEDALHÕES DE FILÉ-MIGNON)

NÍVEL DE DIFICULDADE:

UTENSÍLIOS: tábua de corte e faca de cozinha

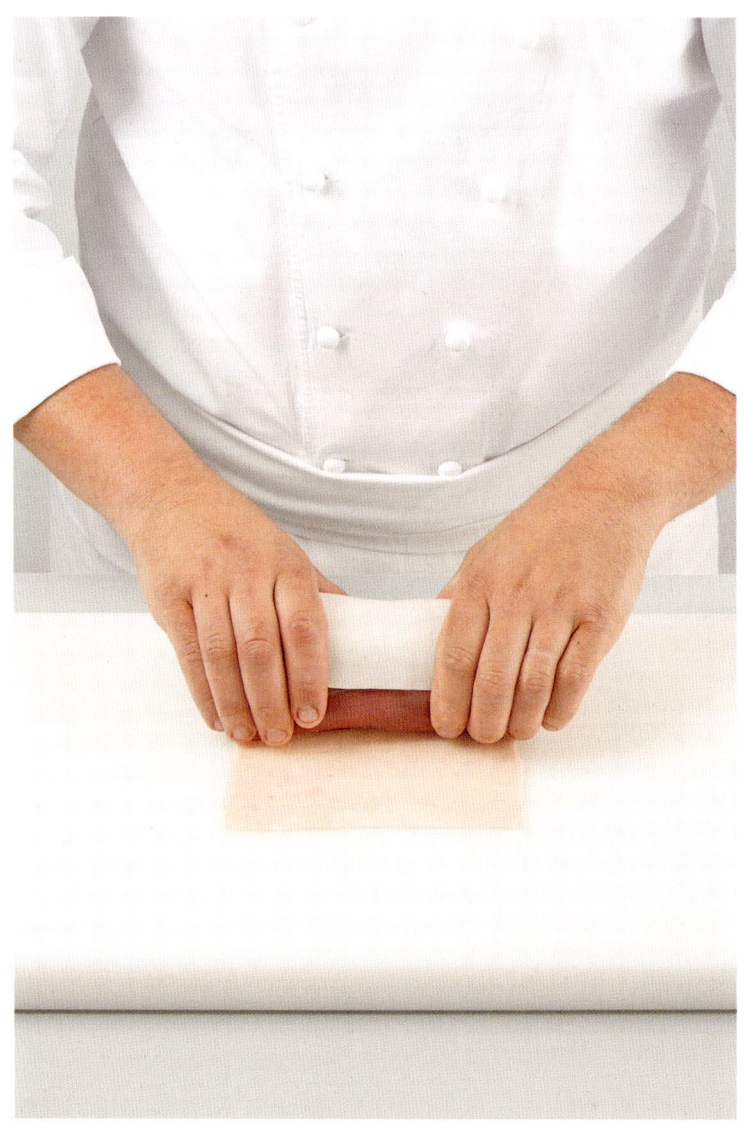

1 Envolva o filé-mignon em um retângulo de bacon (ou toucinho).

2 Enrole o barbante em volta do bacon e corte o excesso, deixando 1 cm de sobreposição.

Dica

OS TOURNEDOS são fatiados, cortando-os entre dois fios. Espace-os, conforme quiser que fiquem mais ou menos espessos.

3 Amarre "fio por fio" (tantos nós, quanto tournedos a serem feitos).

4 Fatie os tournedos.

Preparar tournedos
(MEDALHÕES DE FILÉ-MIGNON) COM MOLHO MADEIRA

NÍVEL DE DIFICULDADE: 🧑‍🍳🧑‍🍳
RENDIMENTO: 4 PORÇÕES
PREPARO: 10 MIN – **COZIMENTO:** 20 MIN
UTENSÍLIO: frigideira

INGREDIENTES

50 g de manteiga – 1 colher (sopa) de óleo de amendoim – 4 tournedos – 50 ml de vinho da Madeira – 150 ml de molho madeira (pág. 84) – 150 ml de creme de leite – sal e pimenta-do-reino moída na hora

1 Derreta a manteiga e o óleo de amendoim em fogo alto, na frigideira. Coloque os tournedos temperados com sal.

2 Quando um dos lados estiver bem marcado (tostado), vire-o com uma pinça ou com uma espátula (não use o garfo).

3 Reduza ligeiramente o fogo e cozinhe o outro lado, até o ponto desejado (pág. 145).

4 Retire a carne e a mantenha aquecida entre dois pratos. Remova o excesso de gordura.

5 Coloque o vinho da Madeira na frigideira.

6 Deglaceie com uma espátula e espere reduzir, mantendo em fogo alto.

7 Junte o molho madeira.

8 Em seguida, adicione o creme de leite.

9 Deixe reduzir em fogo baixo até que o molho cubra a espátula (ponto napé).

10 Ajuste o tempero e cubra os tournedos. Em seguida, tempere com pimenta-do-reino.

Preparar uma paleta
COM BACON

NÍVEL DE DIFICULDADE:

UTENSÍLIOS: tábua de corte, espeto e faca de cozinha

1 Remova as maiores fáscias (membranas fibrosas que envolvem os músculos) da paleta.

2 Retire a pele (o couro) de um pedaço de bacon gordo salgado. Corte-o em fatias de 1 cm de espessura.

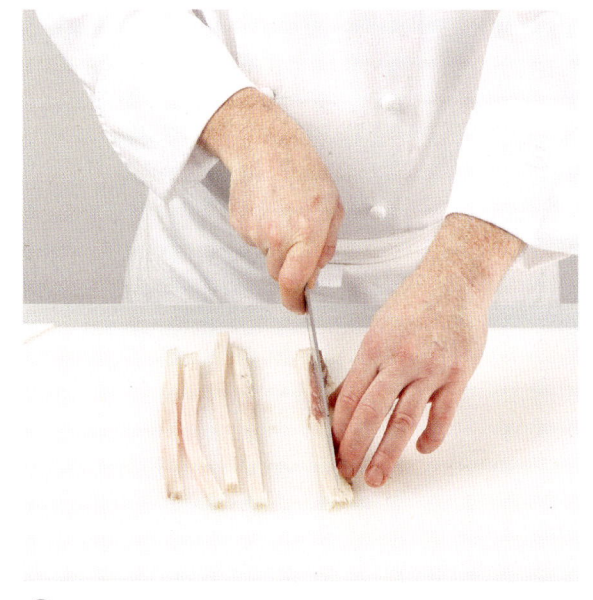

3 Corte cada fatia em tiras com aproximadamente 15 cm de comprimento.

4 Tempere com pimenta-do-reino, adicione 50 ml de bebida alcoólica (de acordo com a receita). Coloque na geladeira para endurecer, por 30 minutos.

Dica

CORTE AS TIRAS de bacon de acordo com o tamanho do espeto. Elas devem estar bem encaixadas, para evitar que caiam.

5 Perfure a paleta com o espeto e coloque uma tira de bacon na cavidade.

6 Puxe delicadamente o espeto, girando-o.

7 O bacon deve ficar atravessado na carne, de uma extremidade a outra.

8 Repita a operação, colocando o bacon de forma regular, a cada 4 ou 5 cm. A paleta está pronta para marinar.

Preparar uma paleta
COM VINHO TINTO

NÍVEL DE DIFICULDADE:

1 Na véspera, introduza o bacon na paleta e deixe marinando no vinho tinto com os legumes e o bouquet garni.

2 No dia seguinte, retire a carne da marinada e seque-a.

3 Coe a marinada e reserve os legumes.

4 Na panela de ferro fundido, sele a paleta de todos os lados no azeite, girando com uma pinça. Tempere.

RENDIMENTO: 4 A 6 PORÇÕES

PREPARO: 15 MIN – COZIMENTO: 3 A 4 H

UTENSÍLIOS: panela de ferro fundido, chinois

INGREDIENTES

uma paleta de carne bovina, recheada com bacon (pág. 156) – 750 ml de vinho tinto encorpado – 1 cenoura + 1 ramo de aipo + 1 cebola cortada em mirepoix (pág. 440) – 1 bouquet garni – 4 colheres (sopa) de azeite – 300 ml de fundo escuro de vitela (pág. 68)

5 Retire a carne da panela e adicione os vegetais.

6 Refogue por alguns instantes.

7 Adicione a marinada coada.

8 Junte o fundo de vitela e deixe ferver. Retire a espuma que formar na superfície.

9 Coloque a paleta novamente na panela.

10 Cozinhe, sem tampar, enquanto o cheiro do vinho se dissipa.

11 Cubra a panela e cozinhe em fogo baixo por 3 ou 4 horas, no mínimo.

12 Você também pode assar a paleta no forno preaquecido a 140 °C.

13 Escorra a paleta e mantenha-a aquecida.

14 Coe o molho no chinois, pressionando bem para extrair o máximo do suco.

15 Coloque o molho para reduzir, até que atinja o ponto de cobrir as costas de uma colher (ponto napé). Desengordure-o (se a paleta for gorda).

16 Coloque a paleta para reaquecer no molho. Sirva com massa fresca e cenoura glaceada (pág. 471).

A vitela

ALCATRA DE VITELA

MEDALHÃO DE VITELA

COSTELETA DE VITELA

ESCALOPE DE VITELA

CARNE DE PESCOÇO DE VITELA

OSSOBUCO

PEITO DE VITELA

LOMBO DE VITELA

HAUT DE CÔTE
(FILÉ DE COSTELA)

Cortar escalopes

NÍVEL DE DIFICULDADE: 👨‍🍳👨‍🍳

UTENSÍLIOS: tábua de corte, faca de cozinha, batedor de carne e papel vegetal

1 Corte uma fraldinha de vitela em fatias de 1 cm de espessura, aproximadamente.

2 Corte novamente cada uma das fatias ao meio na espessura, parando de cortar a 1 cm da borda.

Dica

UTILIZE O MESMO MÉTODO para cortar escalopes de carne de porco
(pernil) ou de carne de peru (peito).

3 Abra o escalope.

4 Coloque-o entre duas folhas de papel vegetal e bata com o batedor de carne para afiná-lo.

Preparar um assado
DE VITELA

NÍVEL DE DIFICULDADE:

UTENSÍLIOS: tábua de corte e faca de cozinha

1 Separe um pedaço de fraldinha de vitela, um pedaço de toucinho e barbante.

2 Corte uma tira de 5 ou 6 cm de largura do toucinho, suficientemente longa para envolver completamente a carne.

3 Corte também uma tira pequena, do mesmo comprimento do pedaço de carne, com 2 cm de largura.

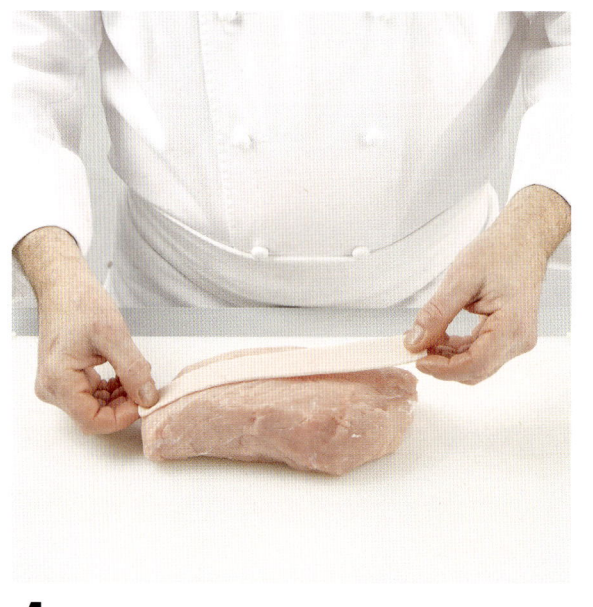

4 Coloque o pedaço de toucinho sobre a carne a ser assada.

5 Envolva a carne com o pedaço grande de toucinho e cruze as extremidades.

6 Amarre a carne com o barbante.

7 Vire a carne de lado para dar os nós.

8 Enrole o barbante em volta da carne e faça um segundo nó na parte de cima.

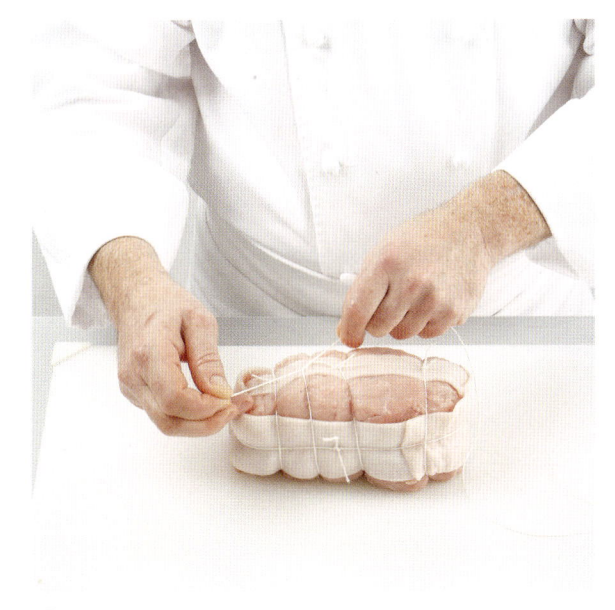

9 Dependendo do comprimento da carne a ser assada, faça dois ou três nós em ambos os lados do nó central.

10 A carne está pronta para ser assada.

Preparar um carré
DE VITELA (OU DE PORCO)

NÍVEL DE DIFICULDADE: 👨‍🍳👨‍🍳

RENDIMENTO: 6 PORÇÕES

PREPARO: 25 MIN – **COZIMENTO:** 45 MIN

UTENSÍLIOS: tábua de corte, faca de cozinha e panela de ferro fundido

INGREDIENTES

2 cenouras – 2 cebolas cortadas – 1 tomate – 1 bouquet garni – 1 carré de vitela ou de carne de porco com 3 costelas (aproximadamente 1,5 kg) – 4 colheres (sopa) de óleo de amendoim – 50 g de manteiga – 250 ml de fundo claro de vitela (pág. 66) – sal e pimenta-do-reino moída na hora

1 Prepare uma guarnição aromática.

2 Prepare o carré de vitela conforme a receita da pág. 186 (Preparar um carré de cordeiro à francesa).

3 Em uma panela de ferro, doure lentamente todos os lados do carré em uma mistura de manteiga com óleo.

4 Adicione a guarnição aromática em volta do carré e deixe suar por alguns minutos.

Dica

A ALCATRA e a fraldinha também podem ser assadas da mesma maneira.

5 Adicione o fundo claro de vitela.

6 Tempere com sal e pimenta, cubra e cozinhe em fogo baixo ou no forno (170 °C) por cerca de 35 minutos.

7 Regue a carne regularmente com o seu suco, adicionando um pouco mais de caldo se necessário.

8 Quando a carne estiver cozida, reserve-a em local aquecido, cobrindo com papel-alumínio.

Glacear
UM CARRÉ DE VITELA

NÍVEL DE DIFICULDADE: 👨‍🍳👨‍🍳

UTENSÍLIOS: peneira e concha

▪ Na cozinha tradicional, coloca-se o pedaço de vitela sobre uma grelha (com uma chapa quente embaixo) em uma salamandra e, em seguida, rega-se com molho repetidamente até obter uma aparência laqueada. ▪

Dica

PODE-SE OBTER o mesmo resultado, utilizando a parte superior do forno quente no modo grill.

1 Refogue a vitela (pág. 168), depois coloque o conteúdo da panela para reduzir até dourar os sucos. Deglaceie com 250 ml de fundo escuro de vitela (pág. 68).

2 Raspe bem os sucos.

3 Com uma peneira, coe o conteúdo da panela sem espremer.

4 Retire o máximo de gordura da superfície.

5 Em fogo alto, espere reduzir até obter um suco de aparência brilhante, quase como um caramelo.

6 Derrame sobre a carne e sirva imediatamente.

Escalope de vitela
À INGLESA

NÍVEL DE DIFICULDADE: 👨‍🍳👨‍🍳
RENDIMENTO: 4 porções
PREPARO: 10 MIN – **COZIMENTO:** 6 MIN

UTENSÍLIO: frigideira

INGREDIENTES
farinha de trigo – ovo batido – farinha de rosca – 4 escalopes de vitela – 4 colheres (sopa) de óleo de amendoim – 50 g de manteiga – sal e pimenta-do-reino moída na hora

1 Em bowls diferentes, coloque nesta ordem: a farinha de trigo, o ovo batido com um garfo e a farinha de rosca.

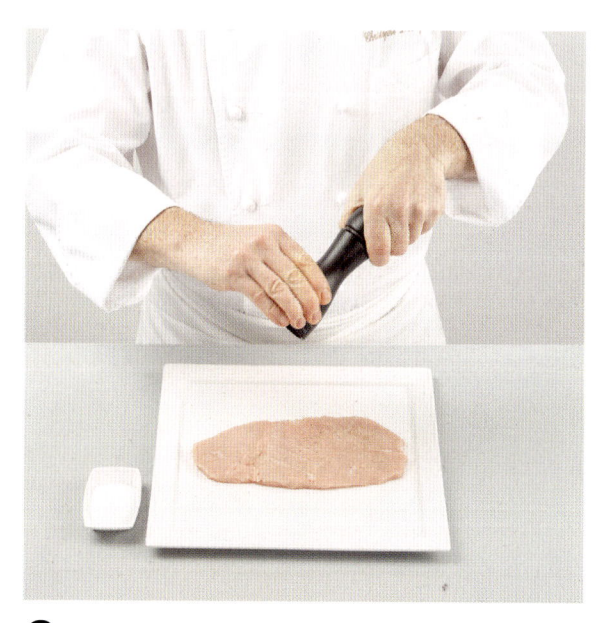

2 Tempere os escalopes com sal e pimenta.

3 Passe os dois lados da carne primeiro na farinha de trigo, dando batidinhas leves com os dedos para remover o excesso.

4 Em seguida, passe-os no ovo batido.

5 Para finalizar, passe a carne na farinha de rosca.

6 Em uma frigideira grande, aqueça uma mistura de manteiga com óleo e coloque a carne.

7 Quando um dos lados estiver dourado, vire a carne com uma pinça.

8 Cozinhe o outro lado.

9 Retire a carne e coloque-a sobre papel-toalha.

10 Sirva imediatamente com uma fatia de limão.

Polpettones

NÍVEL DE DIFICULDADE: ♟♟♟

RENDIMENTO: 10 PORÇÕES

PREPARO: 20 MIN – COZIMENTO: 30 MIN

UTENSÍLIO: frigideira

INGREDIENTES

10 escalopes de vitela (pág. 164) cortados em pedaços de 12 cm, aproximadamente – 10 quadrados pequenos de peritônio, com aproximadamente 20 cm de lado, lavados em água corrente e secos com papel-toalha – 10 retângulos pequenos de toucinho com 25 cm × 3 cm

Para o recheio: 300 g de carne de vitela moída (aparas dos escalopes cortados) – 150 g de cogumelos Paris picados em duxelle (pág. 458) – 3 colheres (sopa) de salsa picada (ou cerefólio, ou estragão) – 1 fatia de pão de miga umedecida no leite e espremida – 2 cebolas picadas finamente – sal e pimenta-do-reino moída na hora

Para cozinhar: 50 g de manteiga – 1 colher (sopa) de óleo de amendoim – 1 cenoura + 1 talo de aipo + 1 cebola cortada em mirepoix (pág. 440) – 1 bouquet garni – 100 ml de vinho branco seco – 150 ml de fundo escuro de vitela (pág. 68)

1 Prepare o recheio, misturando os ingredientes em um bowl.

2 Tempere com sal e pimenta.

3 Abra os escalopes e coloque o recheio no meio.

4 Dobre duas extremidades opostas em direção ao meio.

5 Dobre as outras duas extremidades, também em direção ao meio (como um envelope).

6 Envolva cada polpettone com o peritônio.

7 Envolva cada polpettone com uma fina camada de toucinho.

8 Amarre o toucinho para mantê-lo seguro.

9 Amarre cada polpettone como uma bolinha.

10 Em uma frigideira, doure os polpettones dos dois lados na mistura de manteiga com óleo, em fogo alto.

11 Adicione o mirepoix e deixe suar por alguns instantes.

12 Adicione o bouquet garni e junte o vinho branco.

13 Deixe reduzir por alguns instantes, depois adicione o fundo de vitela.

14 Cubra a panela e ferva por 30 minutos, em fogo baixo.

O cordeiro

PERNIL DE CORDEIRO

PALETA DE CORDEIRO

LOMBO DE CORDEIRO (CARRÉ E SELA)

PONTA DA COSTELA DE CORDEIRO

PESCOÇO DE CORDEIRO

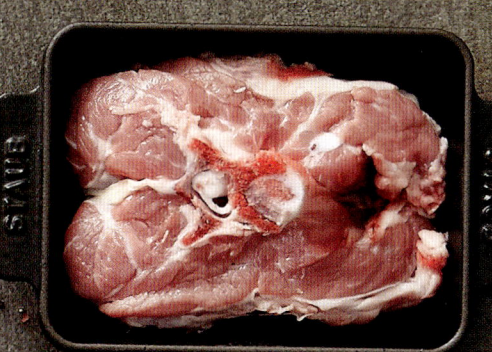

TENDÃO DE CORDEIRO

PRIMEIRAS COSTELAS

SEGUNDA COSTELA

Preparar um pernil
DE CORDEIRO

NÍVEL DE DIFICULDADE: 👨‍🍳👨‍🍳

UTENSÍLIOS: tábua de corte e faca de cozinha

1 Retire o excesso de gordura.

2 Remova a carne que cobre o osso do quadril.

3 Remova o osso do quadril.

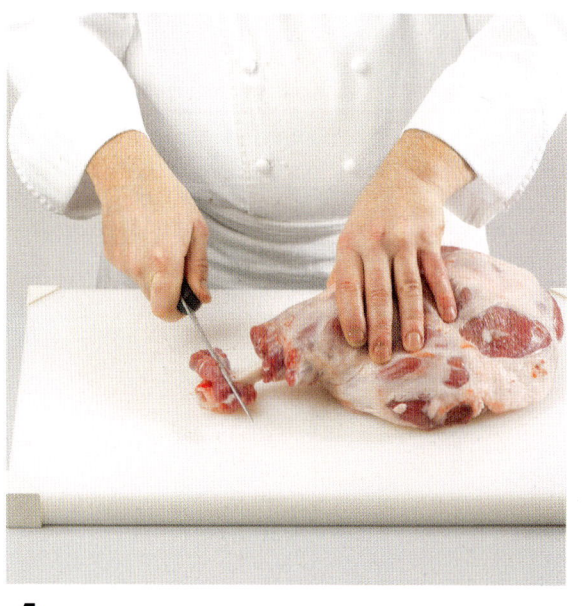

4 Raspe a carne que cobre a extremidade do osso (aproximadamente 5 cm).

Preparar um pernil
DE CORDEIRO TEMPERADO COM ALHO

NÍVEL DE DIFICULDADE: 👨‍🍳👨‍🍳

UTENSÍLIOS: tábua de corte e faca de cozinha

1 Separe um ramo de alecrim e um de tomilho. Faça incisões regulares no pernil.

2 Insira nelas dentes de alho descascados e cortados ao meio.

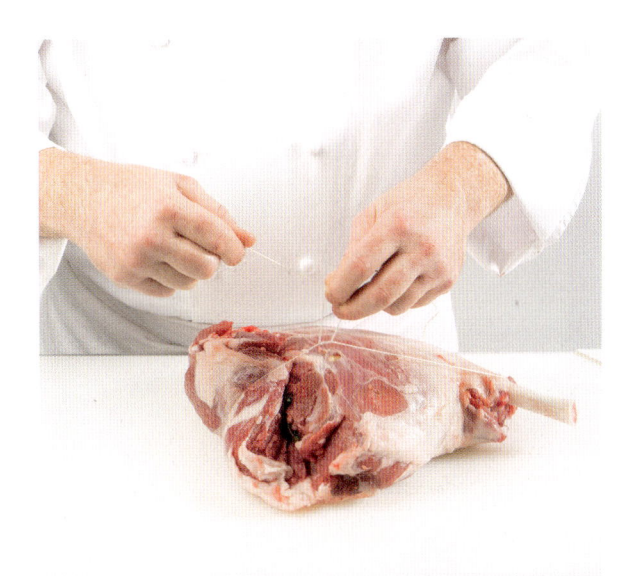

3 Dobre a parte inferior do pernil até o osso para conter as ervas aromáticas, amarrando-o com um barbante duas vezes ao longo do seu comprimento.

4 Amarre o pernil transversalmente a cada 2 cm ou 3 cm. O pernil está pronto para ser cozido.

Assar um pernil de cordeiro
E PREPARAR SEU MOLHO

NÍVEL DE DIFICULDADE:

UTENSÍLIOS: assadeira refratária, peneira e panela

1 Preaqueça o forno a 220 °C. Prepare o pernil de cordeiro (pág. 180). Regue com azeite e tempere com sal e pimenta-do-reino.

2 Doure de todos os lados por cerca de 15 minutos. Baixe para 180 °C. Cozinhe por 15 minutos (malpassado) ou por 25 minutos (ao ponto) por quilo.

3 Retire a carne da assadeira e mantenha a peça coberta, em local aquecido, por 15 minutos.

4 Enquanto isso, raspe bem o fundo da assadeira com uma espátula.

5 Deglaceie o prato com 200 ml de fundo de cordeiro (ou caldo de legumes, ou água).

6 Coe sobre uma panela pequena.

7 Deixe reduzir pela metade.

8 Desengordure o molho o máximo possível. Quando cortar o pernil, adicione o sangue que escorrer ao molho, antes de reaquecer.

9 Se você quiser um molho mais consistente, adicione 1 colher (café) rasa de amido de milho diluído em um pouco de água fria.

10 Ferva bem, apenas por um minuto, para engrossar o molho.

Desossar e enrolar
UMA PALETA DE CORDEIRO

NÍVEL DE DIFICULDADE: 🎩🎩

UTENSÍLIOS: tábua de corte e faca de cozinha

1 Retire um pouco da gordura e a pele da parte superior.

2 Remova o osso da escápula.

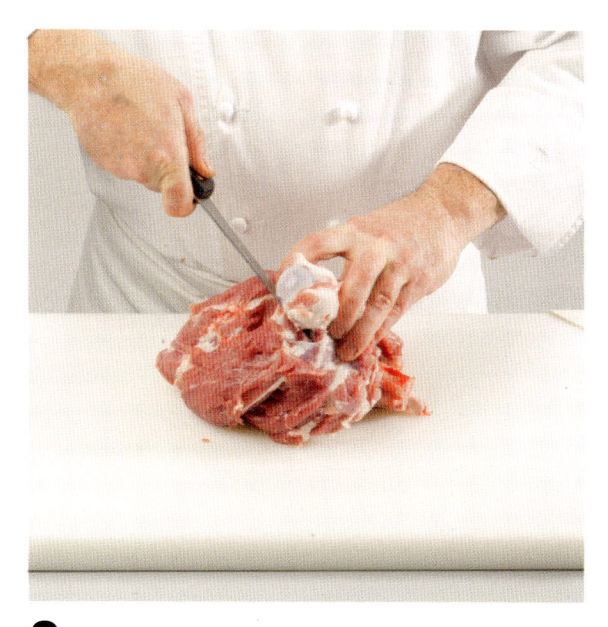

3 Descole a carne ao redor do osso grande.

4 Separe o osso.

Dica

A PALETA DESOSSADA também pode ser amarrada com barbante em formato arredondado, como uma "bola". Para isso, embale-a em um peritônio e coloque-a sobre 4 fios de barbante, ao longo do comprimento, dispostos em forma de estrela, de modo a amarrá-la dando-lhe a forma de uma esfera achatada.

5 Remova o osso da carne.

6 Com força, enrole a paleta sobre ela mesma.

7 Amarre com o barbante em forma de cruz.

8 Amarre a cada 2 cm ou 3 cm. A paleta está pronta para ser cozida.

Preparar um carré
DE CORDEIRO À FRANCESA

NÍVEL DE DIFICULDADE: ♟♟♟

UTENSÍLIOS: tábua de corte, faca de cozinha e cutelo

Dica
PARA UM CARRÉ PERFEITAMENTE ASSADO você pode fazer fendas bem finas (sem cortar a carne) com uma faca afiada através da camada de gordura.

1 Um carré de cordeiro deve ser preparado com 4 ou 8 costelas (aqui, as 4 superiores e as 4 inferiores).

2 Remova a espinha dorsal do filé.

3 Usando o cutelo, retire a série de vértebras.

4 Corte o excesso de gordura ao longo do filé.

5 Faça uma incisão na carne que cobre os ossos, a 2 cm da base aproximadamente.

6 Ao cortar, separe a carne entre os ossos no nível dessa incisão.

7 Faça uma incisão na carne em ambos os lados dos ossos.

8 Raspe os ossos para limpá-los.

9 Aos poucos, a carne que cobria os ossos começa a se soltar.

10 Remova a pequena camada de carne gordurosa das costelas inferiores.

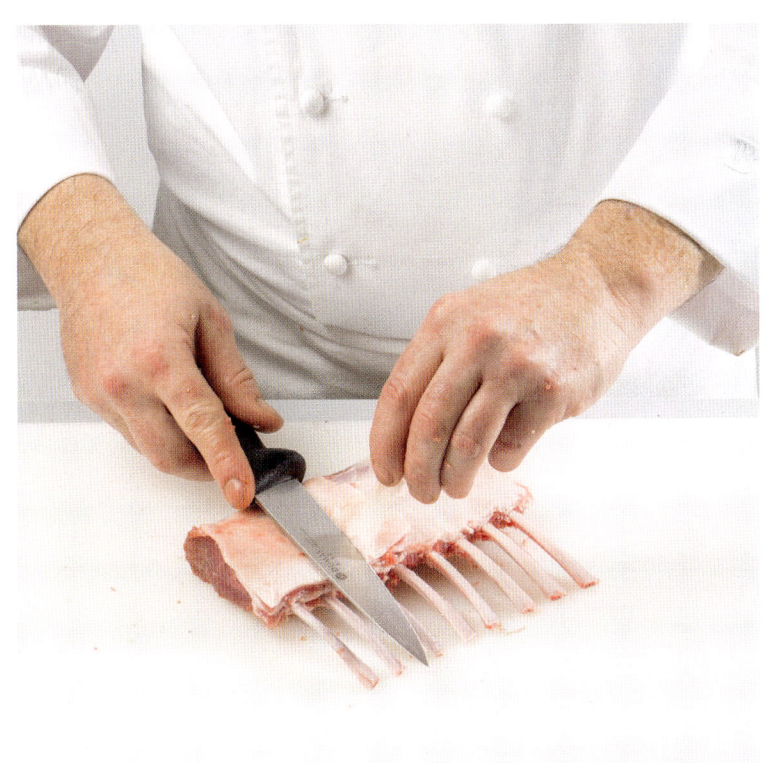

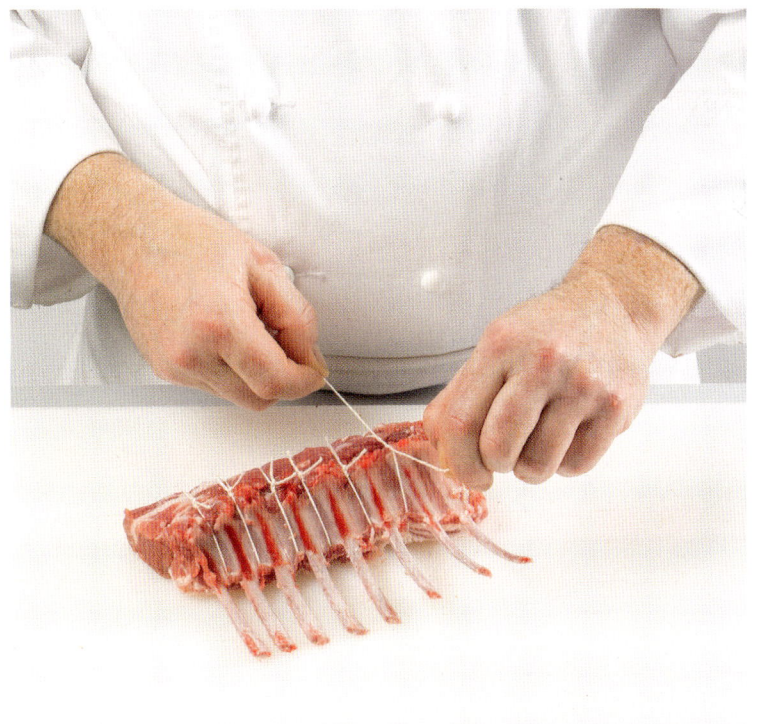

11 Deixe a gordura sobre as costelas superiores.

12 Com barbante, amarre o carré entre as costelas.

13 Para assar todo o carré, proteja os ossos com uma tira de papel-alumínio.

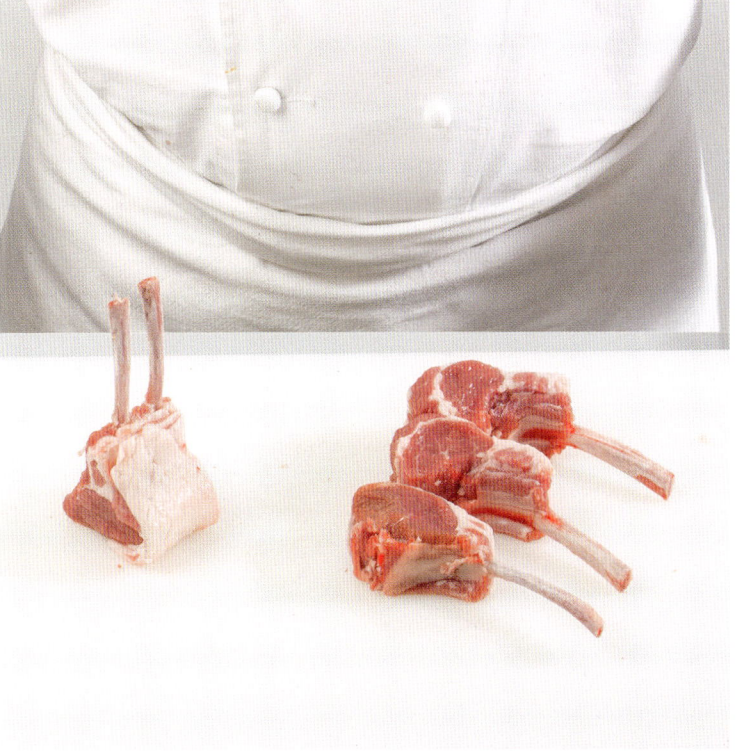

14 Você também pode cortar o carré em costelas simples ou duplas e prepará-las na frigideira.

Desossar e enrolar
UMA SELA DE CORDEIRO

NÍVEL DE DIFICULDADE: ♟♟♟

UTENSÍLIOS: tábua de corte e faca de cozinha

Dica

<u>ANTES DE ENROLAR A SELA DE CORDEIRO</u> você pode espalhar sobre ela um recheio aromático simples (alho picado, tomilho e manjericão frescos, sal e pimenta-do-reino) ou duxelle de cogumelos (pág. 458).

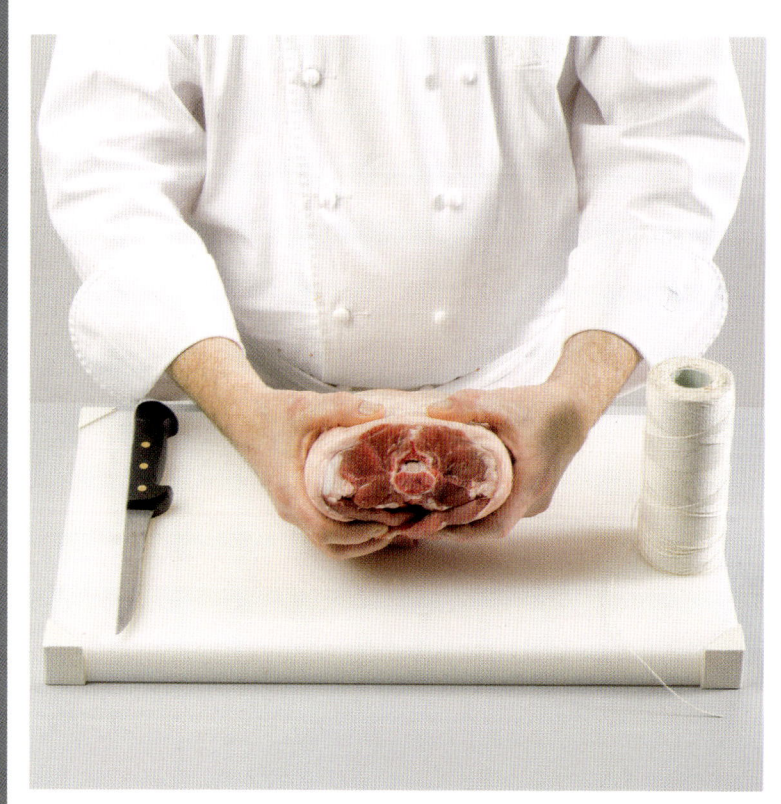

1 Uma sela de cordeiro é um pedaço composto por 6 vértebras lombares.

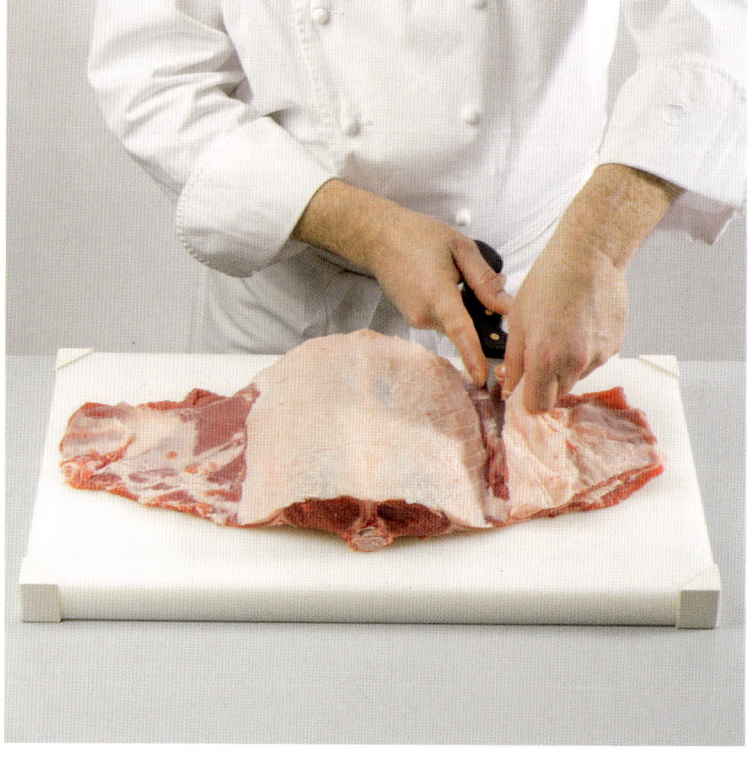

2 Desengordure levemente a parte de trás da carne, se necessário. Faça leves incisões sobre a gordura com uma faca.

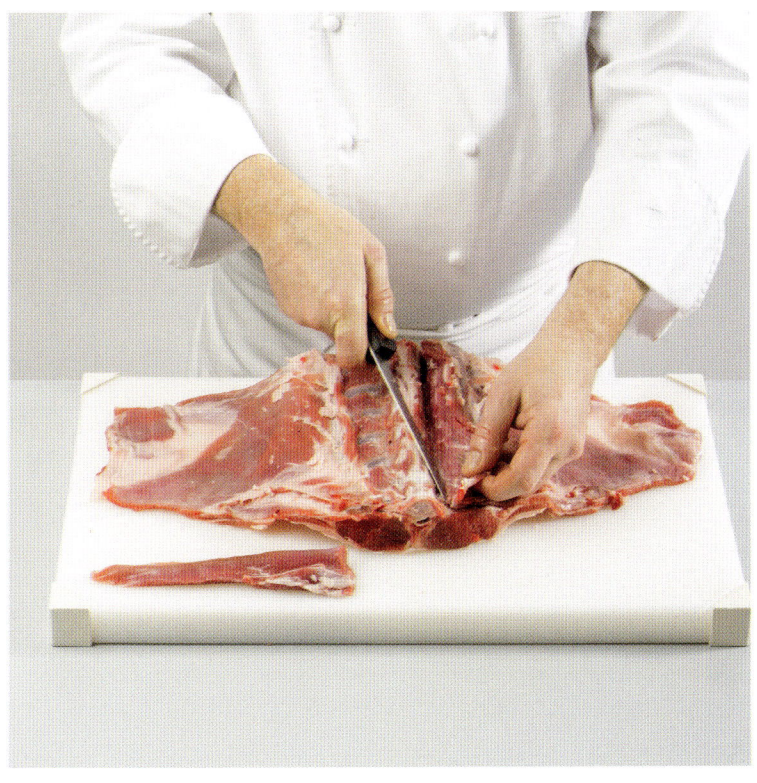

3 Corte e retire os filés-mignon.

4 Retire a carne, deslizando a faca entre o filé e as costelas.

5 Continue deslizando a faca entre o filé e as vértebras, tomando cuidado para não perfurar a pele do outro lado.

6 Repita a operação do outro lado.

7 Remova cuidadosamente a ponta das vértebras da pele da parte superior da carne; em seguida, a totalidade dos ossos. Reserve ossos e aparas para o cozimento.

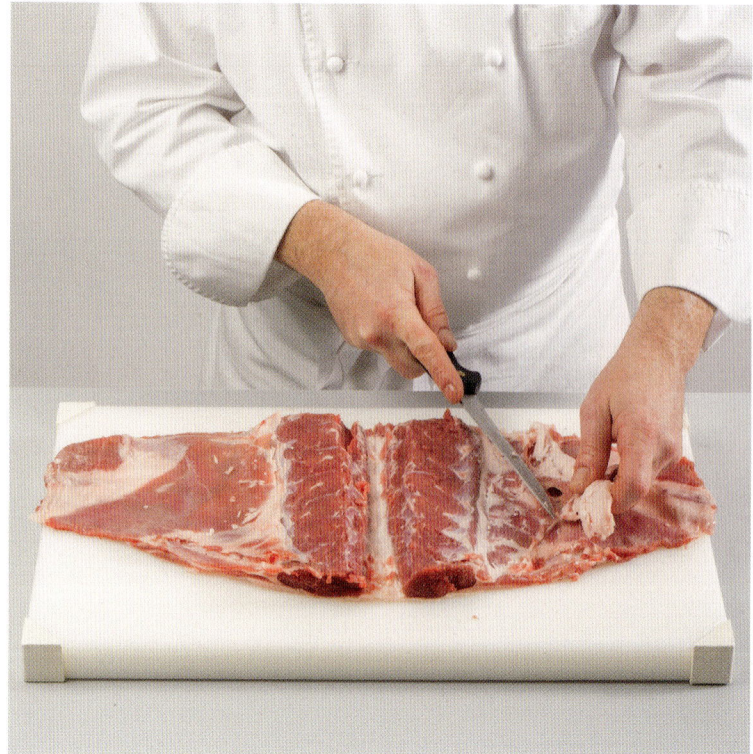

8 Coloque a carne na horizontal e retire levemente a gordura, se necessário.

9 Apare a parte superior, se precisar, formando uma capa.

10 Recoloque os filés-mignon sobre a capa formada, temperando com sal e pimenta-do-reino.

11 Dobre a capa sobre os filés-mignon.

12 Enrole bem a carne.

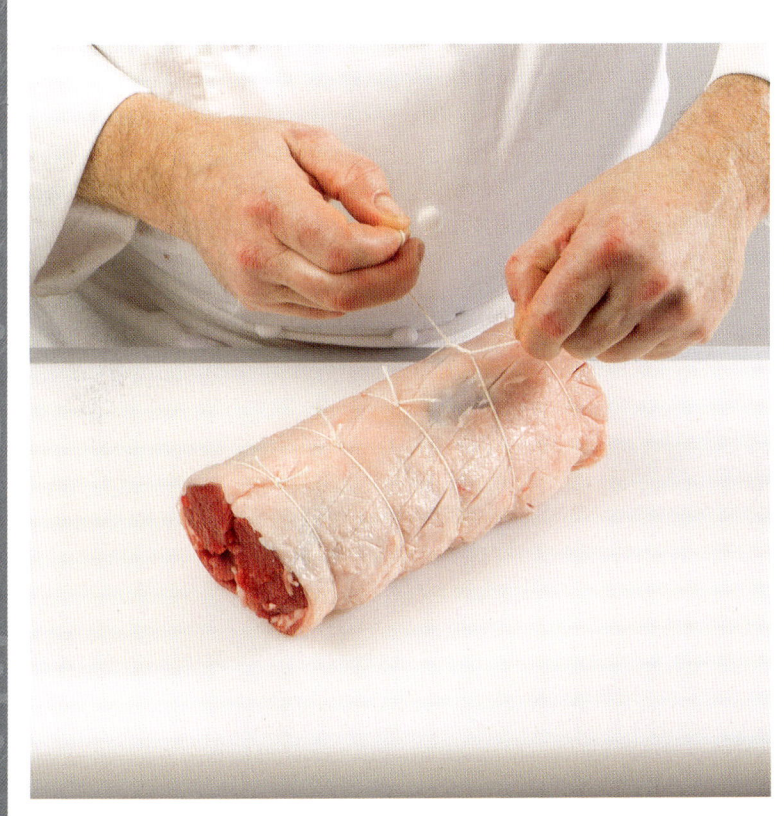

13 Amarre com barbante a cada 4 cm.

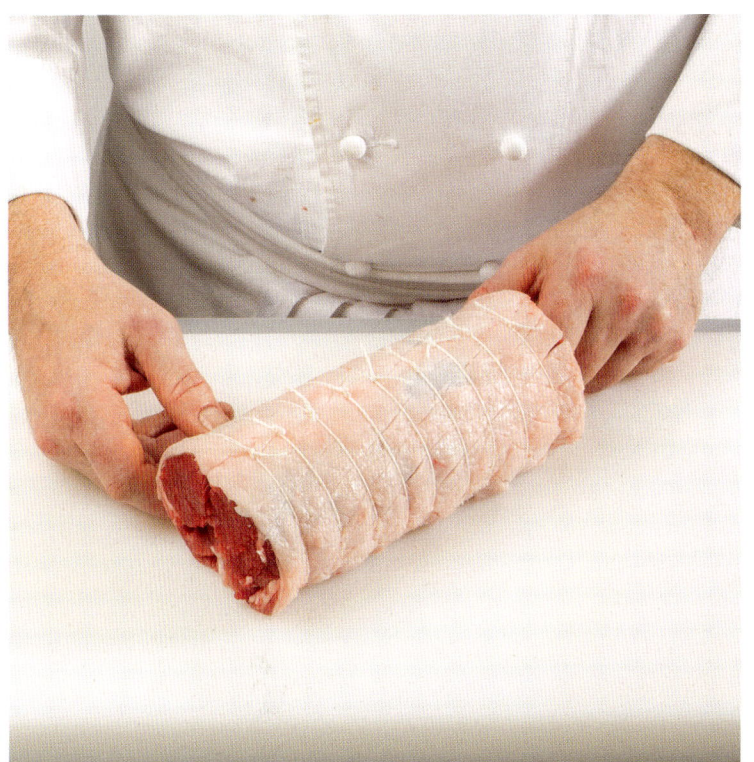

14 Finalize a amarração.

Preparar filés
E CORTAR NOISETTES DE CORDEIRO

NÍVEL DE DIFICULDADE: ♟♟♟

UTENSÍLIOS: tábua de corte e faca de cozinha

Dica

A CARNE DA CAPA DA SELA é ideal moída, para molho à bolonhesa, em substituição ou em complemento à carne bovina.

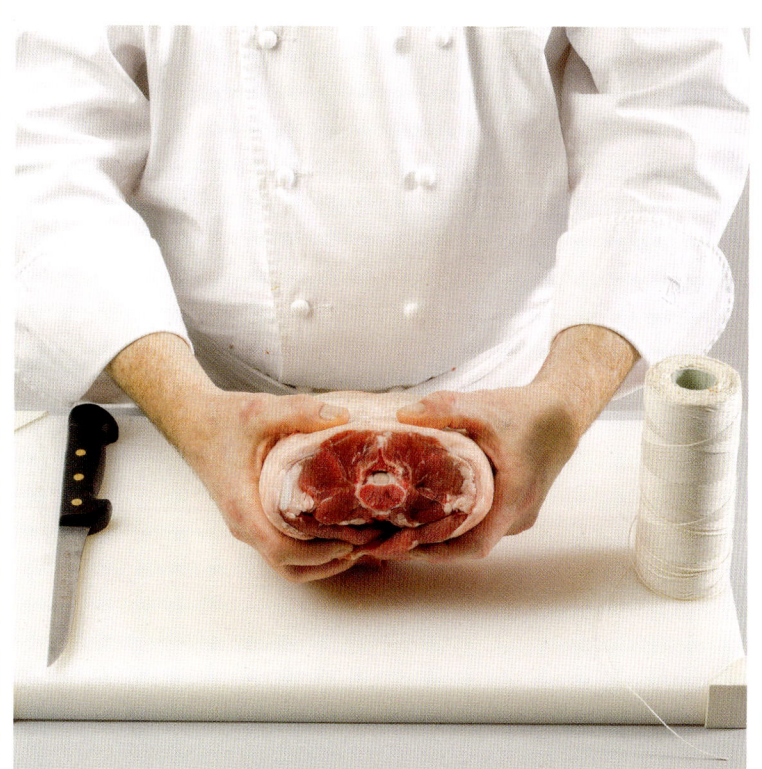

1 Repita os passos 1 a 3 do preparo da sela de cordeiro (pág. 190). Como último passo, remova os filés-mignon.

2 Corte e retire o filé de ambos os lados da coluna vertebral.

3 Faça um contorno pelas vértebras, raspando cuidadosamente os ossos para não danificar o filé.

4 Corte a capa (esta carne pode ser moída).

5 Retire a camada gordurosa que cobre os filés e, em seguida, corte as aparas.

6 Se a receita pedir, você pode cortar a peça em noisettes.

Navarin de cordeiro

NÍVEL DE DIFICULDADE: 👨‍🍳👨‍🍳

RENDIMENTO: 4 PORÇÕES

PREPARO: 35 MIN – **COZIMENTO:** 50 MIN

UTENSÍLIOS: 2 panelas de ferro e peneira

INGREDIENTES

uma paleta de cordeiro desossada (pág. 184) e cortada em cubos grandes (ou pescoço ou peito de cordeiro, com osso) – 30 g de manteiga – 2 colheres (sopa) de azeite – 1 cenoura + 1 cebola cortada em mirepoix (pág. 440) – 1 colher (sopa) rasa de farinha de trigo – 1 colher (sopa) de extrato de tomate – 3 dentes de alho descascados – 1 bouquet garni – 300 ml de fundo escuro de cordeiro (a mesma receita do fundo escuro de vitela – pág. 68 –, feita com aparas de cordeiro) ou caldo de legumes (pág. 79) – 1,5 kg de legumes da estação, limpos (cenoura, tomate, batata, cogumelo, nabos pequenos, cebolas, vagem) – 2 colheres (sopa) de salsa picada – sal e pimenta-do-reino moída na hora

1 Em uma panela, doure bem a carne na manteiga misturada com o óleo. Tempere com sal e pimenta.

2 Adicione o mirepoix e deixe suar por alguns minutos.

3 Polvilhe a farinha de trigo e deixe dourar em fogo alto, mexendo a carne.

4 Adicione o extrato de tomate, depois o alho e o bouquet garni.

5 Regue com fundo escuro em fogo moderado.

6 Cubra e deixe ferver lentamente por 35 a 40 minutos (aproximadamente 1h15 para o pescoço e o peito).

7 Enquanto isso, cozinhe os legumes (pág. 420).

8 Cerca de 20 minutos antes do final do cozimento, transfira a carne para a outra panela.

9 Coe o molho sobre a carne.

10 Adicione os legumes.

11 Adicione a salsa picada.

12 Termine de cozinhar e sirva quente.

Dica

SE VOCÊ USAR O PESCOÇO OU O PEITO, lembre-se de retirar a parte gordurosa do molho após coá-lo, antes de colocá-lo de volta na carne. Para isso, aqueça-o em fogo baixo e retire o máximo de gordura possível.

As AVES

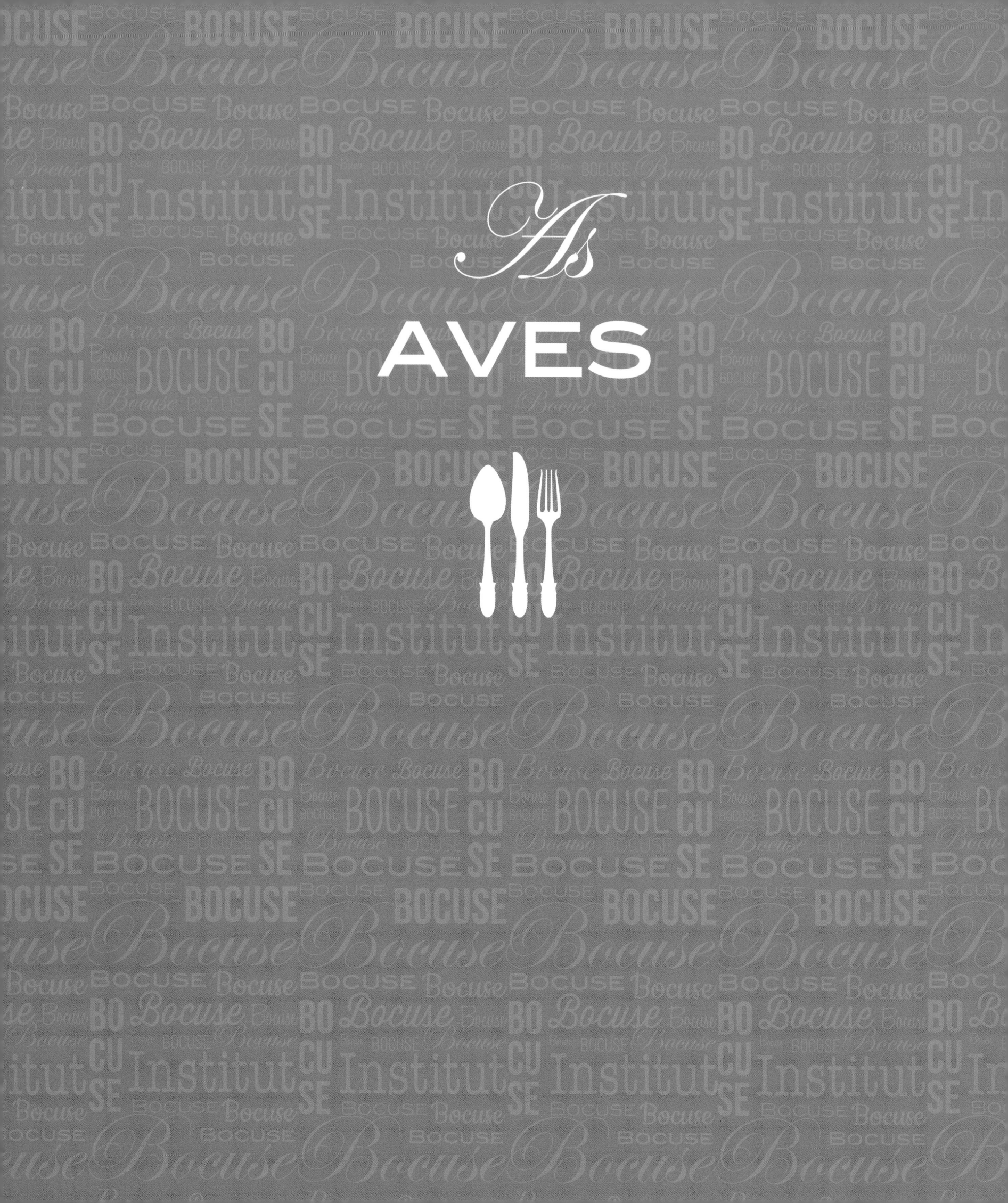

Sumário

As aves, vantagens e benefícios da carne branca	**202**
O frango	**206**
Limpar uma ave e seus miúdos	**208**
Costurar uma ave	**214**
Corte e desossa: coxas e peito	**216**
Corte sem desossa	**220**
Ave caipira ao creme	**224**
Galeto à crapaudine	**226**
Galeto à americana	**228**
Cortar um pato gordo	**230**
Gordura de pato	**234**
Confit de coxas de pato	**236**
Presunto de pato	**238**
Preparar peito de pato	**240**
Preparar uma pata jovem	**242**
Rechear e costurar uma pata jovem	**244**
Assar uma pata jovem	**246**
Cortar uma pata jovem	**248**
Preparar carne de pombo em dois cozimentos	**250**
Retirar as veias do foie gras e cozinhá-lo em terrina	**252**
Preparar foie gras com framboesas	**256**
Cortar um coelho	**258**
Desossar e rechear uma sela de coelho	**262**
Coelho a caçador	**264**

As aves

VANTAGENS E BENEFÍCIOS DA CARNE BRANCA

Há uma famosa frase de boas-vindas do rei Henrique IV que diz: "Não há lavrador em um reino que não tenha meios de ter uma galinha em seu tacho".[1] Ela atesta a importância das aves de criação.

Por muito tempo, a única carne com a qual todos (mesmo os menos afortunados) podiam se alimentar, pelo menos uma vez por semana, era a de ave. Aves têm qualidades próprias que tornam sua criação muito mais fácil: podem ser criadas "em quintal" (no galinheiro ou em fazendas), se alimentam com pouca comida ou até de restos e, por serem de pequeno porte (assim como os coelhos), a conservação após o abate não é um problema.

Atualmente, a avicultura tem uma imagem dúbia, reunindo extremos absolutos: por um lado, a indústria agroalimentar e o que se produz de pior – as galinhas de granja; por outro, alguns pratos que estão entre os mais nobres e mais luxuosos, com as galinhas de manejo e os galos capões.

Aqui, nos preocuparemos com carnes de boa qualidade gustativas e sanitárias, satisfatórias não somente para a gula, mas também para o paladar e para a saúde, por razões éticas.

ALEGRIA DAS CRIANÇAS, DELÍCIA DOS *GOURMETS*

O termo genérico "aves caipiras", ou aves de criação, refere-se a vários animais: codorna, pato, capão, galo, galo jovem, peru, peru jovem, ganso, galinha-d'angola, galinha, frango, faisão e pombo, entre outros. Essas aves, quando domesticadas, não são mais consideradas carne de caça.

UMA GRANDE FAMÍLIA

A família das aves caipiras inclui muitas espécies reprodutoras, sendo que operações como castração e engorda afetam o sabor e a textura da carne. Um galo, um frango e um capão terão texturas bem diferentes. Cada ave pode ser preparada de diversas formas.

Não há nada em comum entre os nuggets e a galinha jovem de Bresse. A composição dos nuggets permanece, na melhor

---

a saber

GALINHAS DE LUXO

Criado em Bresse, na França, o capão é um frango castrado e escolhido pela qualidade tenra e delicada de sua carne. Privado de luz, tem uma dieta muito controlada, composta de cereais e produtos lácteos, que impregna de gordura toda a sua carne e não apenas a sua pele, ao contrário das outras aves caipiras.

A galinha jovem não poedeira (que não bota ovos) também passa por engorda. Trata-se de uma galinha cujos ovários são inibidos para favorecer o processo. Atualmente, isso é feito por meio de dieta (semelhante aos capões) e por uma forma de vida sedentária. Na França, as galinhas jovens vêm de Bresse, mas também de Loué ou de Le Mans, quando são rotuladas como orgânicas ou Label Rouge (selo de qualidade superior).

---

[1] *A História de Henrique, o Grande*, de Hardouin de Péréfixe, arcebispo de Paris, tutor do rei Luís XIV, 1661.

das hipóteses, misteriosa e, na pior, chocante. Já sob a pele da galinha jovem de Bresse, são inseridas fatias finas de trufas. Entre esses dois extremos, temos o frango assado dos domingos em família. Símbolo de certa doçura da vida e de memórias de infância.

Podemos comprar aves caipiras em supermercados ou, raramente, diretamente com pequenos produtores. Mesmo quando uma ave é vendida inteira ela já está limpa e, na maior parte das vezes, pronta para ser cozida.

Nos supermercados e nos açougues, é possível escolher pedaços específicos (coxas, filés, peito etc.). Também são encontrados pedaços já cozidos: escalope, cordon-bleu, ou mesmo charcutaria feita com carne de ave caipira, como presunto e linguiças. Esse tipo de embutido tem a vantagem de respeitar algumas proibições religiosas, além de ser significativamente menos gorduroso que os preparados com carne de porco.

A ave caipira pode ser encontrada congelada, algumas vezes já cozida, em pedaços ou ainda inteira. No caso das peças congeladas, deve-se descongelar na geladeira ou em forno micro-ondas (em último caso), para não deixá-la por muito tempo à temperatura ambiente, sob risco de contaminação.

É um produto com boa capacidade de conservação (2-3 dias) caso mantido na parte mais fria da geladeira. Contudo, deteriora-se rapidamente em temperatura ambiente.

a saber

OS MIÚDOS E OS PEQUENOS PRAZERES

Os miúdos são partes comestíveis que não são derivadas da carne do animal. Entre eles temos as asas, a cabeça, o pescoço e os pés. Também temos alguns órgãos, como a moela, os rins, o coração, o fígado e, inclusive, a crista de galo. Conhecido desde a Antiguidade, o consumo da crista, delicada e refinada, é disseminado apenas entre os *gourmets* mais experientes no Ocidente. No entanto, é muito mais popular na Ásia.

a saber

VERIFIQUE O COZIMENTO SEM DANIFICAR O ANIMAL

Para saber se uma ave inteira está pronta, perfure-a cuidadosamente com uma faca de cozinha pequena entre a parte superior da coxa e o corpo. Se o suco que escorrer for amarelo-claro (sem tonalidade rosa), a ave está pronta!

SE O SEU FORNO FOR SUFICIENTEMENTE GRANDE...

Durante muito tempo, os fornos domésticos não eram grandes o bastante para assar em casa algumas aves como o peru ou o ganso. Assim, na ocasião das festas, levava-se a ave para assar no forno de padarias, cujos padeiros sabiam como cuidar do assunto.

Depois da década de 1950, com a modernização das cozinhas, assar uma ave inteira em casa deixou de ser uma operação complicada, desde que respeitados alguns princípios. Normalmente as aves grandes e festivas são assadas recheadas. O recheio exala aromas que enriquecem seu sabor, e a gordura "umedece" a carne de dentro pra fora. Mesmo que o recheio evite que a carne resseque, é aconselhável regar a ave com seu suco no processo de assar, e até envolvê-la em toucinho defumado. O uso do toucinho reduz o número de vezes em que abrimos o forno para regar o prato, evitando as variações de temperatura. Adicionar ao recheio os miúdos da própria ave ou de outras garante um aroma poderoso.

É de extrema importância prender as asas e os membros junto ao corpo. Isso impede que os membros se afastem durante o cozimento, o que lhe daria uma aparência ruim à mesa.

Podemos também cozinhar a ave mergulhando-a em um líquido aquecido. Isto é, imergindo-a em um fundo aromático, feito com legumes cortados em cubos pequenos. Assim é feita a galinha na panela, cujo caldo é, como no *pot-au-feu* (cozido de carne dos franceses), consumido separadamente, engrossado ou não com pão ou outros ingredientes ricos em amido.

Para um prato saudável e um caldo tão restaurador quanto leve, removemos durante o cozimento a espuma esbranquiçada que se forma na superfície.

Algumas aves combinam facilmente com associações mais originais. Muito suculento, o ganso casa perfeitamente com sabores mais suaves, e fica extraordinário assado com alguma fruta ou com um molho agridoce de mel e mostarda. Preparado dessa maneira, permanece muito próximo do que encontramos nas receitas medievais. Este também é o caso do pato, que expressa o poder do aroma quando acompanhado de frutas ao mesmo tempo doces e ácidas, como as laranjas, as framboesas e as cerejas.

SIMPLICIDADE NAS PORÇÕES...

Ao servir apenas algumas partes (em vez da ave inteira), é possível transformar acompanhamentos em prato principal. Isso é o que torna as saladas melhores, como a Caesar Salad, que não podemos imaginar sem o filé de frango, ideal para um jantar leve ou um almoço de verão. Falando em saladas, há uma particularmente apetitosa e festiva, cujo nome é Salade Périgourdine (do Périgord, região da França). Ela acompanha generosas fatias finas de peito de pato defumado, moela, pescoço recheado, foie gras etc.

Os cortes mais populares de aves são coxas, filés, escalopes e sobrecoxas. No caso do pato, peito; do peru, pedaços para refogar. Os pedaços de ave já embalados facilitam sua utilização. Eles permitem o preparo de pratos cotidianos com muita simplicidade, evitando o desperdício[2] e a necessidade de destrinchar as aves (o que, de um lado, toma muito tempo no preparo de uma refeição festiva, mas, de outro, demonstra o talento dos mais hábeis cortadores). Para quem se incomoda com a apresentação do animal inteiro, servi-lo em partes é uma ótima opção.

...E SIMPLICIDADE NO COZIMENTO

O cozimento de pedaços já cortados é muito rápido e dá muita liberdade para a inspiração do momento. Pode-se, obviamente, cozinhar pedaços de frango dourando-os apenas em uma sauteuse em fogo médio para alto. A carne permanece tenra e se enriquece com a gordura adicionada (azeite de oliva ou manteiga). Empanar esses pedaços, antes de fritá-los, retém e reforça ainda mais o sabor da carne e a enriquece com um pouco mais de gordura.

Também podemos combinar essas preparações com diferentes molhos, mais ou menos cremosos. Para uma digestão mais

[2] Os restos de aves (como os de outras carnes) aquecidos no dia seguinte são deliciosos, pois o sabor se acentua.

a saber

UMA DAS DENOMINAÇÕES MAIS ESTRANHAS DA GASTRONOMIA FRANCESA

Os *solilesses* (ostras de frango ou mignon do frango) são dois pequenos pedaços de carne extremamente finos, muito pouco aparentes, presos nos ossos ilíacos, logo acima da parte de trás do dorso. É um pedaço pequeno, uma iguaria delicada, extremamente tenra, que o anfitrião corta e oferece tradicionalmente às mulheres convidadas.

rápida, é aconselhável acompanhar os pedaços fritos com uma fatia de limão.

A opção menos gordurosa é a do cozimento em papillote. Envolta em um pequeno embrulho de papel-manteiga, temperada com ervas aromáticas, a carne cozinha lentamente, ficando mais tenra e extremamente delicada.

Enfim, os pedaços de ave se adaptam perfeitamente, tanto aos cozidos quanto aos assados na brasa, na forma de churrasco. Antes de assá-los, podemos deixá-los descansar por várias horas em uma marinada suficientemente espessa – à base de mostarda e mel, por exemplo –, para formar uma crosta protetora ao redor da carne frágil e impedir que o calor da brasa quente a deixe ressecada.

Para refeições exóticas, as aves estão muito presentes – principalmente na culinária asiática. Podem-se grelhar tiras finas da carne na wok, sem temperos fortes, frescas ou marinadas com molho de soja e temperos picantes ou, ainda, suavizadas por açúcar ou mel.

QUANDO O QUE É BOM PARA O PALADAR TAMBÉM É BOM PARA SUA SAÚDE

A carne branca da ave caipira goza de excelente imagem no que diz respeito a seus benefícios para a saúde. Eles são melhores do que podemos imaginar, desde que, é claro, escolhamos cuidadosamente os produtos.

PROTEÍNA MAGRA

As aves caipiras são ricas em proteína animal de excelente qualidade. O frango, por exemplo, contém uma quantidade impressionante de proteínas essenciais, aquelas que nosso corpo não produz, mas deve absorver pela alimentação.

Com exceção das aves gordas, as aves caipiras têm uma carne bastante magra, especialmente porque a maioria da gordura do animal está concentrada na pele. Portanto, para que a refeição fique ainda menos calórica (em casos de dietas de emagrecimento ou hipolipídicas), podemos simplesmente evitar comer a pele, ainda que ela seja crocante e deliciosa! Como a densidade calórica da carne da ave caipira é baixa e rica em proteínas, ela desempenha um papel importante no controle ou até mesmo na perda de peso. Essas virtudes, no entanto, são asseguradas apenas por certas formas de preparo. Ao creme, em fritura, cordon-bleu ou em rillettes tornam-se, evidentemente, mais calóricas.

O peru é a ave caipira mais magra. Além disso, seu consumo regular melhora o perfil lipídico das pessoas com hipercolesterolemia, pelo restabelecimento do equilíbrio dos níveis de colesterol LDL e HDL. A carne de peru apresenta o menor nível de ácido mirístico, uma substância prejudicial ao sistema cardiovascular, encontrada em todos os derivados da carne.

a saber

A CARNE DE AVE DEVE SER BEM COZIDA

Mesmo em receitas que propõem tartar de aves caipiras, os filés são primeiramente escalfados em água fervente e limão, antes de serem misturados com outros ingredientes. Mesmo quando a carne é perfeitamente saudável, não é recomendado nem interessante consumi-la crua. Em contrapartida, os pedaços de pato são deliciosos ainda rosados e até malpassados.

a saber

UMA QUESTÃO DE ESCOLHA

Para as aves caipiras, como para muitos outros produtos, os selos são essenciais para nos ajudar a fazer a melhor escolha. A menção "Fermier Label Rouge" na França certifica a qualidade organoléptica, a forma respeitosa de criação do animal, sua dieta vegetal, o tempo necessário para o seu desenvolvimento e o ambiente de criação.

A menção "Agricultura Orgânica" controla a alimentação do animal e as condições de vida adequadas a seu bem-estar e a seu desenvolvimento harmonioso. Essas garantias são mais importantes para nos ajudar a escolher um produto do que as qualidades gustativas, pois elas nos permitem desfrutar de uma comida mais saudável, proveniente de um animal criado em condições sanitárias e éticas satisfatórias.

CHEIA DE VITAMINAS

A ave caipira é rica em muitas vitaminas, incluindo as do complexo B, minerais e oligoelementos: ferro, fósforo e selênio. O selênio é necessário para manter uma boa saúde. Ele limita o estresse oxidativo responsável pelo envelhecimento do organismo e pelas doenças cardiovasculares.

O frango

COXA

COXINHA DA ASA

FRANGO DE BRESSE

PEITO DE FRANGO DESOSSADO

ASA

PEITO

FÍGADO

MOELA

COXA COM SOBRECOXA

SOBRECOXA

FÚRCULA

FILEZINHO

Limpar uma ave
E SEUS MIÚDOS

NÍVEL DE DIFICULDADE: ♟♟♟

UTENSÍLIOS: tábua de corte, faca do chef e maçarico

1 Retire as cerdas (pequenos dutos na base das penas) restantes usando a faca.

2 Chamusque rapidamente as penugens residuais sobre a chama do fogão ou com um maçarico.

Dica

ESTA TÉCNICA PERMITE PREPARAR apenas aves evisceradas pela cloaca, compradas no campo ou em feiras, diretamente de pequenos produtores.

3 Remova o esporão e os dedos dos pés, mantendo apenas o dedo do meio.

4 Chamusque os pés.

5 Retire a pele chamuscada, esfregando um pano limpo.

6 Corte a pontinha de cada asa.

7 Coloque a ave com o dorso virado para cima. Faça uma incisão na pele do pescoço, esticando-a.

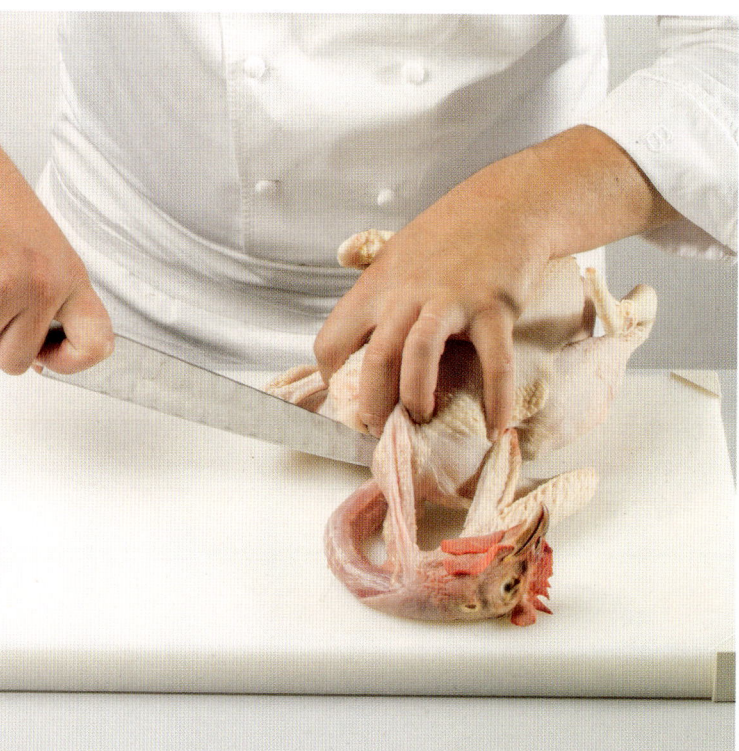

8 Retire a pele em volta do pescoço e corte-o bem na base, rente ao limite do corpo da galinha.

9 Separe a pele e corte até a metade da espessura da carne.

10 Retire o esôfago e o papo.

11 Abra a pele e separe a fúrcula ("osso da sorte"), com uma faca.

12 Retire a fúrcula.

13 Desprenda e retire os pulmões pela abertura do pescoço.

14 Coloque o frango virado sobre o dorso, corte a sambiquira e retire o conteúdo da cavidade, de uma só vez.

15 Separe o coração, o fígado e a moela (descarte o resto).

16 Retire o fel, todos os resquícios de coloração verde sobre o fígado, e as veias grossas.

17 Abra a membrana grossa de moela e lave-a.

18 A ave está pronta para ser preparada.

Dica

PODE-SE, EM SEGUIDA, RETIRAR AS COXAS OU O PEITO DESOSSADO DA AVE (pág. 216) ou cortá-la em 8 pedaços, para fazer um fricassé (pág. 220). Nesse caso, as etapas 3 a 6 não são necessárias.

Costurar uma ave

NÍVEL DE DIFICULDADE: ♟♟♟

UTENSÍLIOS: tábua de corte, faca do chef e agulha própria para cozinha

1 Prenda as asas, virando-as para a parte de dentro da ave.

2 Corte os tendões da coxa.

3 Mantenha a ave sobre o dorso, coxas niveladas na horizontal, e perfure-as com a agulha, atravessando na altura da gordura da coxa.

4 Puxe a agulha, deixando 10 cm de barbante para fazer o nó.

Dica

ESTE MÉTODO PERMITE QUE A AVE SE MANTENHA FIRME, garantindo uma cocção homogênea e uma boa apresentação.

5 Vire a ave e cubra a abertura do pescoço com a pele.

6 Costure a pele com a agulha, perfurando-a em ambas as partes da asa, passando pela espinha dorsal.

7 Amarre o barbante firmemente.

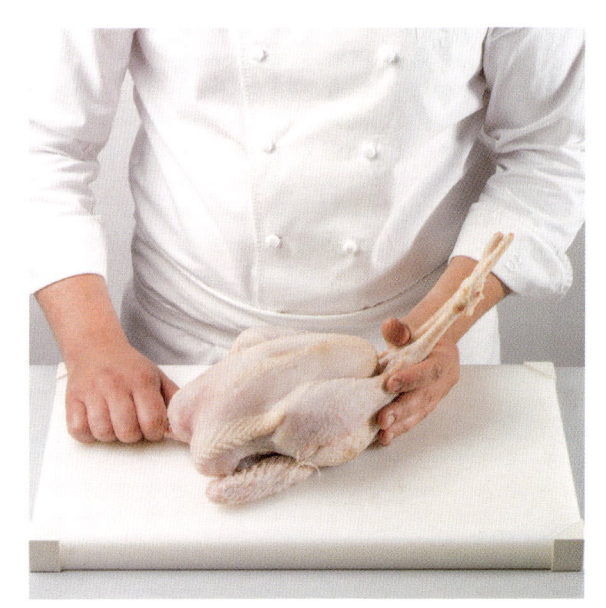

8 A ave está pronta para assar.

Corte e desossa:
COXAS E PEITO

NÍVEL DE DIFICULDADE: 👨‍🍳👨‍🍳

UTENSÍLIOS: tábua de corte e faca do chef

Dica

ALGUNS MINUTOS SÃO SUFICIENTES para cortar uma ave caipira desta forma, permitindo utilizar a carcaça para fazer um fundo, um caldo ou um molho.

1 Escolha um frango já sem vísceras, aparado, pronto para preparo. Corte os pés na articulação.

2 Corte as asas logo acima da primeira articulação.

3 Localize e limpe as ostras do frango (mignon do frango).

4 Coloque a ave sobre o dorso e corte a pele entre a coxa e a carcaça. Em seguida, separe a coxa, puxando-a para fora para alcançar a articulação.

5 Separe completamente cada coxa na articulação.

6 Faça uma incisão na carne para avistar o osso da coxa.

7 Separe o osso e retire a cartilagem da articulação.

8 Corte a carne em volta do osso da coxa e os tendões. Então, empurre a carne.

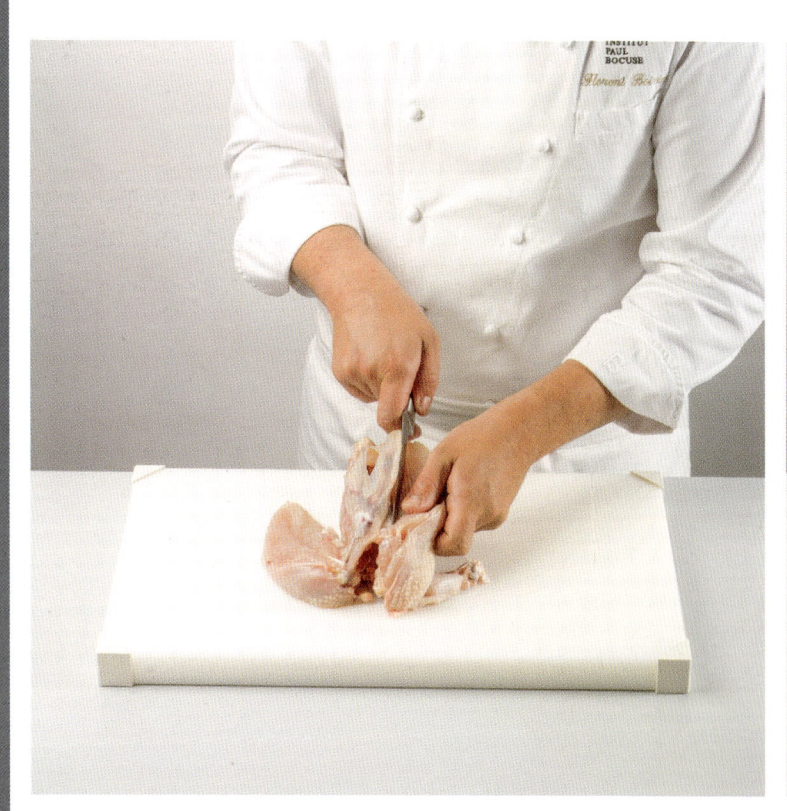

9 Faça uma incisão no peito ao longo do esterno e retire a carne do osso.

10 Corte o peito, na altura da articulação da asa.

11 Remova o osso da ponta da asa, empurrando a carne.

12 A ave está pronta para ser cozida em partes.

Dica

O PEITO PREPARADO DESSA FORMA, com a pele, é perfeito para uma boa apresentação no prato.

Corte sem desossa

NÍVEL DE DIFICULDADE: ♟♟

UTENSÍLIOS: tábua de corte e faca do chef

1 Escolha um frango já sem as vísceras e aparado, pronto para ser cortado. Corte os pés.

2 Corte as asas, logo acima da primeira articulação.

3 Coloque a ave sobre o dorso. Corte a pele entre a coxa e a carcaça. Em seguida, desloque a coxa para atingir a articulação.

4 Separe bem cada coxa, na altura da articulação.

5 Corte novamente as coxas em duas partes, na altura da articulação.

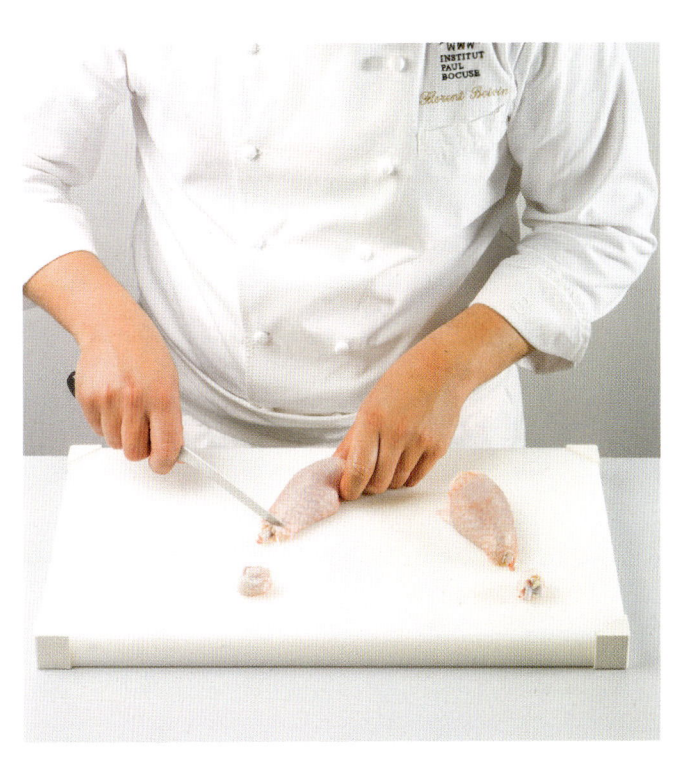

6 Separe a carne do osso em volta da coxa, corte os tendões e depois empurre a carne ao redor do osso.

7 Corte diagonalmente para separar a parte de trás da carcaça da parte dianteira.

8 Remova a parte de trás (reserve para fazer um caldo).

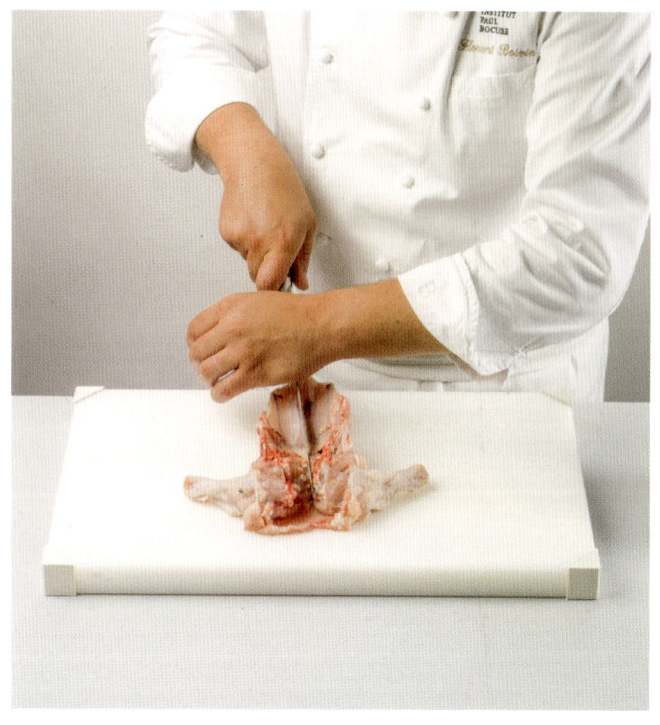

9 Disponha o frango sobre o osso da quilha do peito e corte-o ao meio com um golpe firme.

10 Desprenda a carne ao redor do osso da quilha, depois retire-o delicadamente.

11 Divida o peito ao meio.

12 Remova o osso puxando a carne para trás.

13 Corte cada pedaço ao meio.

14 A ave está pronta para ser cozida em 8 pedaços, para fazer um fricassé, por exemplo.

Dica

CORTE A AVE COM O OSSO PARA CONFERIR MACIEZ, viscosidade e untuosidade aos fricassês: *coq au vin*, galinha-d'angola com repolho, frango à Marengo, ave caipira ao creme (pág. 224).

Ave caipira
AO CREME

NÍVEL DE DIFICULDADE: 👨‍🍳👨‍🍳

RENDIMENTO: 4 A 6 PORÇÕES

PREPARO: 25 MIN – **COZIMENTO:** 30 MIN

UTENSÍLIOS: sauteuse, fouet (pequeno) e chinois

INGREDIENTES

uma ave caipira grande, cortada em 8 pedaços (pág. 220) – 50 g de manteiga – 3 colheres (sopa) de óleo de amendoim – 2 cebolas finamente picadas – 40 g de farinha de trigo – 1 litro de fundo claro, feito com os miúdos e com a carcaça da ave (pág. 66) – 200 ml de creme de leite – sal e pimenta-do-reino moída na hora

1 Tempere a ave cortada em pedaços com sal e pimenta. Em seguida, doure-os ligeiramente em uma sauteuse com manteiga e óleo.

2 Reserve-os. Em seguida, deixe a cebola suar e polvilhe a farinha de trigo para fazer o roux.

3 Cozinhe o roux por alguns minutos, sem dourá-lo (roux branco).

4 Adicione o fundo de ave.

5 Ferva e, em seguida, coloque os pedaços da ave de volta na panela. Tampe e cozinhe por aproximadamente 25 minutos em fogo baixo.

6 Retire as asas e a carne do peito no meio do cozimento. As coxas estarão cozidas assim que um líquido transparente escorrer ao perfurarmos a parte mais farta.

7 Mantenha a carne em local aquecido (fora da panela) e despeje o creme de leite na panela. Misture.

8 Deixe reduzir até obter a consistência desejada. Em seguida, acerte o tempero.

9 Coe no chinois.

10 Adicione o molho à ave e sirva com a guarnição desejada, como cebolas glaceadas (pág. 472) e cogumelos cozidos.

Galeto
À CRAPAUDINE

NÍVEL DE DIFICULDADE: 👨‍🍳👨‍🍳

UTENSÍLIOS: tábua de corte, faca do chef e batedor de carne

▪ No Brasil, este método usualmente recebe o nome de "ave atropelada". ▪

1 Coloque o galeto pronto para cozinhar sobre o dorso e corte-o na diagonal, para dividir a parte traseira da carcaça ao meio.

2 Abra o peito.

Dica

ESSA É UMA ÓTIMA TÉCNICA PARA ASSAR AVES NA GRELHA ou como churrasco, proporcionando um cozimento mais homogêneo e facilitando o corte.

3 Vire a carne e coloque o excesso de pele dentro do orifício do pescoço.

4 Achate a carne com o batedor.

Galeto
À AMERICANA

NÍVEL DE DIFICULDADE: 👨‍🍳👨‍🍳

UTENSÍLIOS: tábua de corte, faca do chef e grelha

1 Coloque o galeto pronto para cozinhar sobre o dorso. Insira a faca no interior da ave e corte a espinha dorsal de ambos os lados.

2 Vire o galeto e corte a parte superior do osso do peito.

3 Vire-o novamente, no outro sentido, e faça uma incisão no meio de cada triângulo de pele localizado em ambos os lados da ponta do osso da quilha.

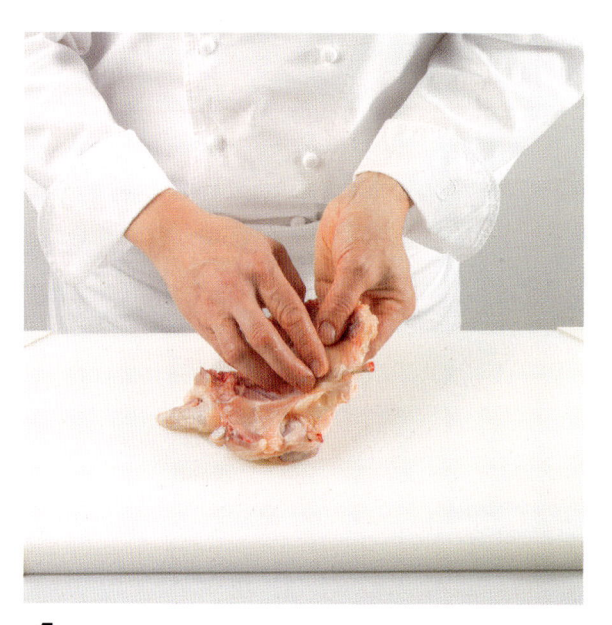

4 Insira uma coxa em cada incisão.

5 Prepare a grelha. Tempere o galeto por cima e por baixo. Coloque-o diagonalmente na grelha e conte aproximadamente 30 segundos.

6 Gire-o em um quarto de volta e conte mais 30 segundos.

7 Vire a carne e repita o procedimento anterior, considerando o mesmo tempo.

8 Unte a carne com óleo de amendoim e mostarda. Passe-a na farinha de rosca e coloque-a em uma assadeira refratária.

9 Finalize o cozimento em forno preaquecido a 170 °C por 20 minutos.

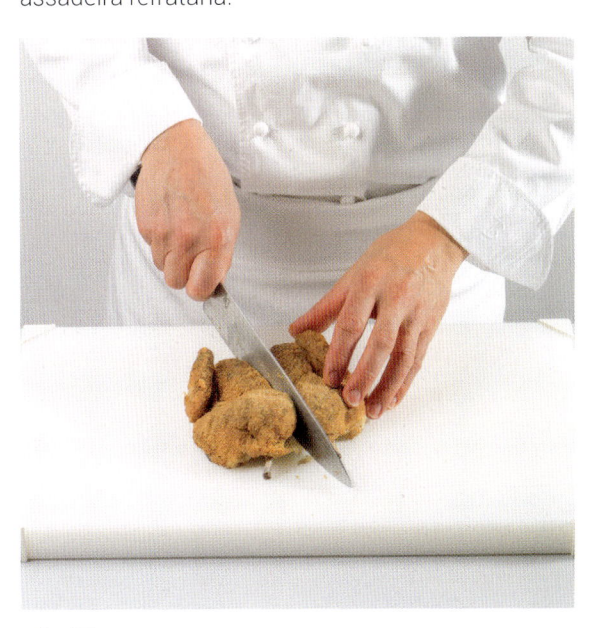

10 Corte o galeto ao meio para servir.

Cortar
UM PATO GORDO

NÍVEL DE DIFICULDADE: ♟♟♟

UTENSÍLIOS: tábua de corte e faca do chef

Dica

ANTES DE CORTAR A CABEÇA DO PATO, remova as cerdas e chamusque-o, como na etapa 4 de "Limpar uma ave e seus miúdos" (pág. 209).

1 Coloque o pato sobre o dorso e corte a cabeça.

2 Corte o pescoço do pato. Retire a traqueia, o esôfago e reserve a pele do pescoço sem cortá-la, caso você queira recheá-lo.

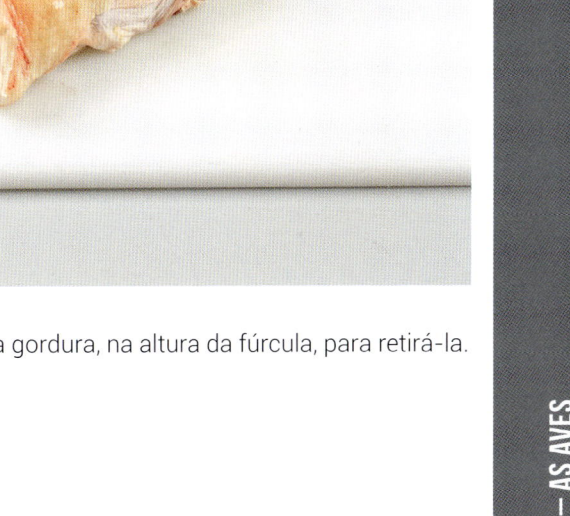

3 Se você comprou um pato com fígado, retire-o delicadamente, removendo as vísceras.

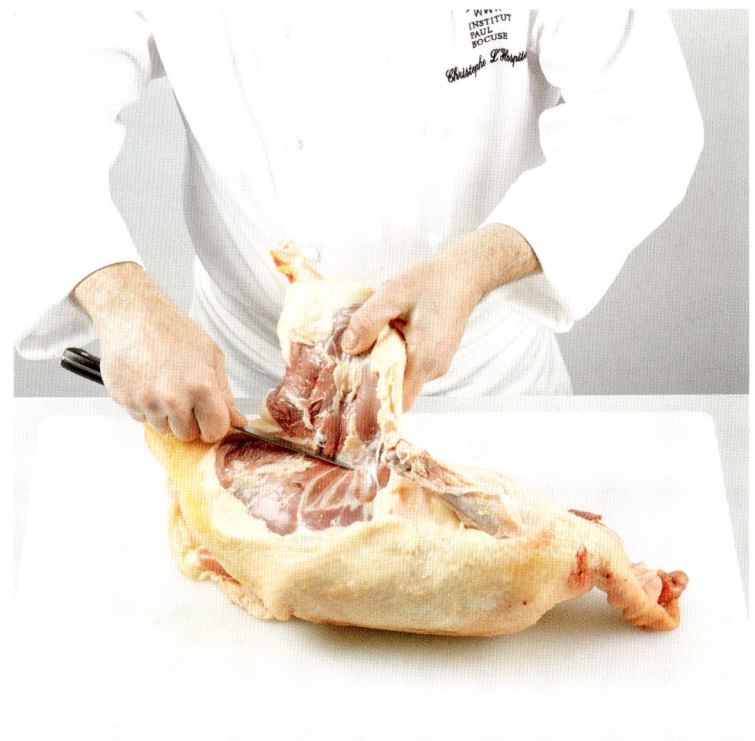

4 Corte cada coxa na articulação e retire-as.

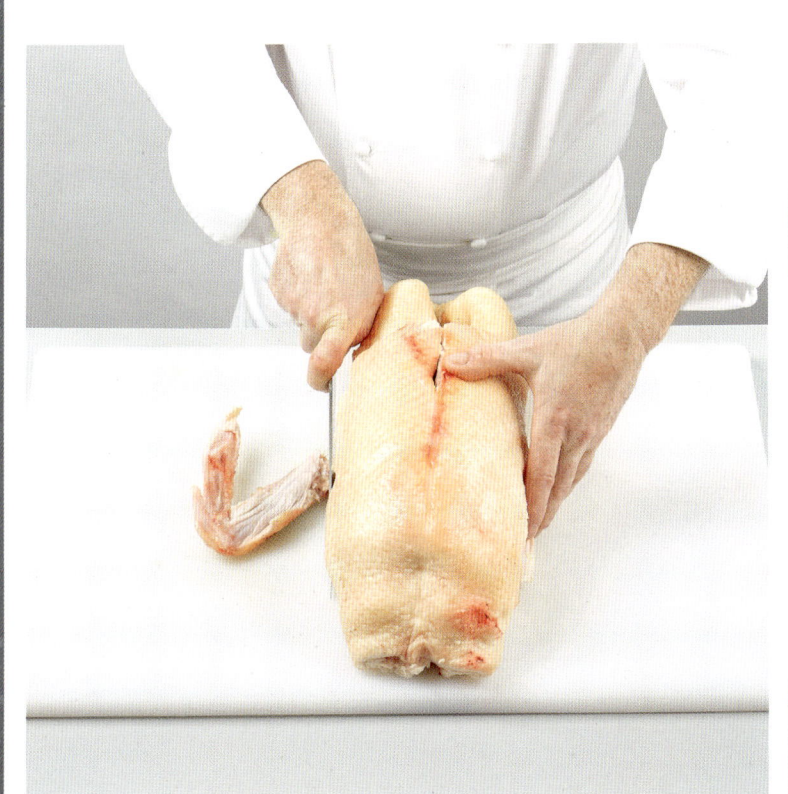

5 Corte as asas do pato.

6 Faça uma incisão na gordura, na altura da fúrcula, para retirá-la.

7 Faça uma incisão rente ao osso da quilha para retirar o peito. Tenha atenção para seguir o osso, aproveitando os filezinhos (filés internos).

8 Retire os filezinhos.

9 Corte e retire o excesso de gordura em volta do peito.

10 Desprenda as ostras da carcaça do dorso do pato (para fritar ou saltear).

11 Retire o máximo de pele e de gordura da carcaça.

12 Todas as partes estão prontas para cozinhar. A carcaça pode ser usada para fundo de pato.

Dica

AINDA HOJE, FORA DO CIRCUITO DOS RESTAURANTES, é difícil encontrar patos fartos inteiros, sendo vendidos principalmente nas fazendas ou nas "feiras de animais gordos e de seus derivados". Os supermercados oferecem esse tipo de carne ocasionalmente (geralmente sem o fígado), e alguns sites na França começam a disponibilizar o serviço de entrega em domicílio, em embalagens térmicas.

Gordura
DE PATO

NÍVEL DE DIFICULDADE: 👨‍🍳👨‍🍳

PREPARO: 15 MIN – **COZIMENTO:** 1 H

UTENSÍLIOS: panela funda e chinois

Dica

A GORDURA DE PATO é deliciosa para fritar ou assar batatas. Ela pode ser congelada.

1 Coloque a pele e a gordura de pato moídas na panela. Derreta-as por bastante tempo em fogo baixo, sem deixar crepitar e sem que a gordura escureça.

2 Remova a gordura aos poucos, com uma concha, e coloque-a em um recipiente.

3 Quando não houver mais gordura, termine de dourar os pequenos pedaços de pele (o torresmo).

4 Escorra o torresmo.

5 Salgue e utilize-o sobre saladas, pratos quentes ou frios, ou para fazer um pão (fougasse) típico da região do Languedoque.

6 Coe a gordura e guarde-a em um pote de vidro fechado na geladeira.

Confit de coxas
DE PATO

NÍVEL DE DIFICULDADE: 👨‍🍳👨‍🍳

PREPARO: 30 MIN — REFRIGERAÇÃO: 12 H — COZIMENTO: 3 H

UTENSÍLIO: panela de ferro fundido

Dica

PARA UMA CONSERVAÇÃO MAIS LONGA, podemos colocar as coxas em frascos com a gordura e os temperos, sem caldo, e, em seguida, esterilizá-los por 3 horas a 100 °C.

1 Polvilhe as coxas e as asas com sal grosso e deixe-as na geladeira por uma noite.

2 No dia seguinte, lave e seque-as.

3 Coloque-as na panela e cubra com a gordura de pato derretida.

4 Adicione um bouquet garni, alguns grãos de pimenta e um pouco de água.

5 Cozinhe em fogo baixo com a panela tampada ou no forno a 100 °C, por aproximadamente 3 horas.

6 Mantenha o pato na própria gordura até o momento de usá-lo.

Presunto
DE PATO

NÍVEL DE DIFICULDADE: 🎩🎩🎩

UTENSÍLIOS: tábua de corte e faca do chef

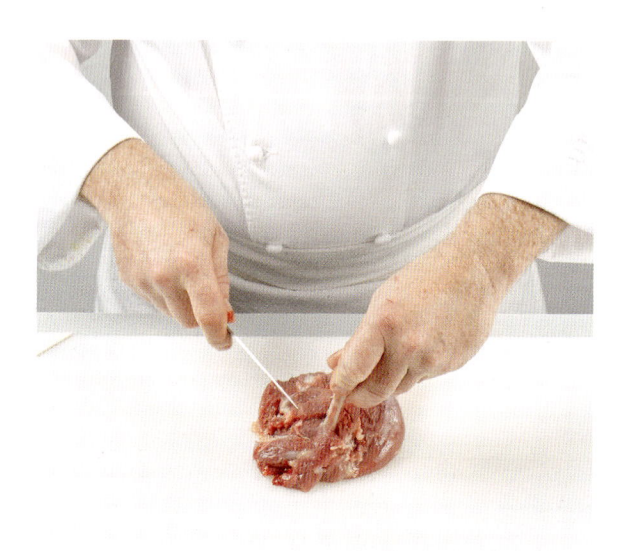

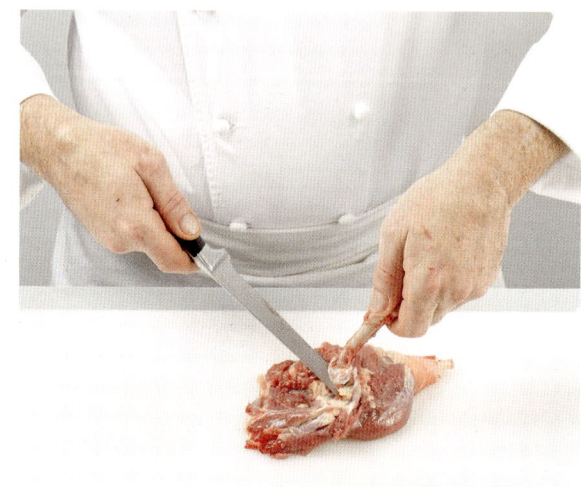

1 Com uma faca afiada, separe o osso grande da coxa da carne presa a ele.

2 Localize a articulação e separe os tendões que conectam o osso grande ao osso pequeno. Retire-o.

3 Remova o osso da coxa.

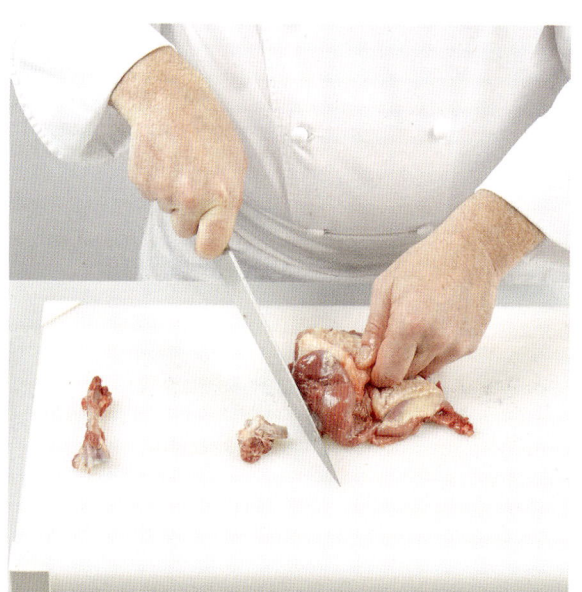

4 Corte a cabeça do osso da coxa.

Dica

PREPARE DA MESMA FORMA as coxas de frango ou de galinha-d'angola.

5 Mantenha as coxas uniformes, aparando o excesso de carne.

6 Corte as aparas e misture-as com clara de ovo (uma clara de ovo para 8 coxas); tempere com sal, pimenta-do-reino e um pouco de noz-moscada ralada.

7 Preencha o local ocupado pelo osso com o recheio.

8 Embale cada peça em um peritônio previamente embebido em água fria antes de cozinhar em panela de pressão.

Preparar peito
DE PATO

NÍVEL DE DIFICULDADE: 👨‍🍳👨‍🍳

PREPARO: 15 MIN – **COZIMENTO:** 15 MIN

UTENSÍLIOS: tábua de corte, faca de cozinha e frigideira

1 Faça leves incisões na gordura que recobre os peitos de pato sem atingir a carne. Tempere com sal.

2 Coloque os peitos de pato na frigideira fria, com o lado da gordura para baixo.

3 Cozinhe em fogo baixo por 10 minutos, apenas para derreter e dourar a gordura, com cuidado para não queimar.

4 Retire a gordura derretida à medida que ela for se formando.

Dica

RECUPERE A GORDURA para cozinhar batatas
(veja as batatas à sarladaise, na pág. 479).

5 Teste o ponto de cozimento com o dedo, como feito para a carne (veja a pág. 145).

6 Quando a gordura já estiver quase toda derretida, aumente o fogo apenas para tornar a pele crocante, por 2 ou 3 minutos. Em seguida, vire os peitos e cozinhe o lado da carne por alguns minutos.

7 Retire os peitos de pato da frigideira, sem perfurá-los, e deixe-os descansar por alguns minutos entre dois pratos, apenas o tempo de deglaçar o suco.

8 Corte-os em fatias grossas e oblíquas. Tempere com pimenta-do-reino.

Preparar
UMA PATA JOVEM

NÍVEL DE DIFICULDADE: 👨‍🍳👨‍🍳👨‍🍳

UTENSÍLIOS: tábua de corte, faca de cozinha e maçarico

1 Remova as cerdas (pequenos dutos na base das penas) com a faca.

2 Chamusque rapidamente as penas pequenas e as penugens residuais sobre a chama do fogão a gás ou usando um maçarico.

3 Corte as asas, na altura da articulação, entre o meio e a ponta.

4 Abra a pele do pescoço e retire a fúrcula (o ossinho em forma de forquilha).

Dica

PREPARA-SE, DA MESMA FORMA, um pato gordo para ser assado inteiro
e servido em uma grande mesa familiar.

5 Retire as glândulas localizadas na altura da sambiquira.

6 Remova cuidadosamente o conteúdo da cavidade, de uma só vez.

7 Reserve o coração, o fígado, a moela, a gordura e descarte o resto.

8 Retire os coágulos e partes fibrosas do coração, divida a moela ao meio e limpe-a bem. Retire o fel e toda a parte esverdeada que reveste o fígado, bem como as grandes veias.

Rechear e costurar
UMA PATA JOVEM

NÍVEL DE DIFICULDADE: 👨‍🍳👨‍🍳👨‍🍳

UTENSÍLIOS: tábua de corte, faca de cozinha e agulha própria para cozinha

1 Retire as glândulas localizadas da sambiquira.

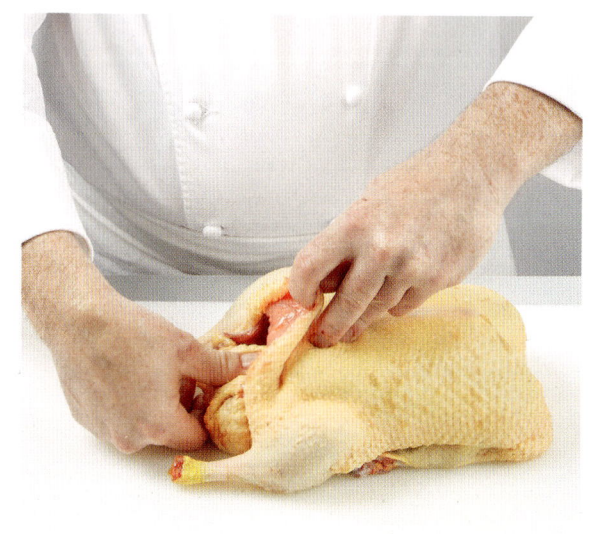

2 Dobre a sambiquira de volta, prendendo-a para forçá-la a entrar na cavidade.

3 Faça uma incisão no meio de cada triângulo de pele que está acima das coxas.

4 Dobre os pés para inseri-los nas incisões.

Dica

VOCÊ PODE PREPARAR AS AVES DE CAÇA todas da mesma maneira:
faisão, pato, codornas, pato-real, perdizes etc.

5 Coloque a ave sobre a tábua de corte, sobre o dorso, e, com a agulha, costure-a na altura da articulação. Deixe 30 cm de barbante excedente para fazer o nó.

6 Vire a ave e dobre a pele do pescoço para trás. Perfure com a agulha atravessando as asas.

7 Amarre o barbante bem firme.

8 Prepare um novo barbante e perfure exatamente sob os ossos das coxas, atravessando a sambiquira dobrada para a parte de dentro. Faça um nó bem apertado para fechar a abertura.

Assar
UMA PATA JOVEM

NÍVEL DE DIFICULDADE: 👨‍🍳👨‍🍳

PARA 4 PESSOAS

PREPARO: 20 MIN

COZIMENTO: 15 MIN PARA 1 KG DE CARNE

DESCANSO: 15 MIN

UTENSÍLIOS: assadeira refratária, peneira e panela

INGREDIENTES

1 pata jovem – 30 g de manteiga em cubos – 2 colheres (sopa) de óleo de amendoim – 150 ml de caldo de galinha (pág. 74) – sal e pimenta-do-reino moída na hora

1 Preaqueça o forno a 220 °C. Coloque a ave e suas aparas na assadeira, tempere com sal e pimenta. Salpique com manteiga e regue com óleo.

2 Asse por 15 minutos. Em seguida, reduza a temperatura do forno para 180 °C. Asse por 15 minutos por quilo de carne.

3 Retire a ave da travessa refratária.

4 Cubra a carne com uma folha de papel-alumínio e mantenha coberta, em local aquecido, por 15 minutos.

5 Enquanto isso, deglaceie o conteúdo da travessa com o caldo.

6 Raspe bem os sucos com uma espátula.

7 Peneire o suco sobre a panela.

8 Deixe reduzir pela metade.

9 Coloque o suco em uma tigela e retire o máximo possível da gordura com uma colher.

10 Adicione o suco vertido pela ave durante o período de repouso. Sirva imediatamente.

Cortar
UMA PATA JOVEM

NÍVEL DE DIFICULDADE: 👨‍🍳👨‍🍳

UTENSÍLIOS: tábua de corte, faca de cozinha, garfo grande para assado

Dica

O PEITO DA AVE DEVE FICAR absolutamente rosado. Se as coxas não estiverem suficientemente cozidas, coloque-as de volta no forno por alguns minutos, enquanto você termina de cortar a ave.

1 Coloque a ave sobre a tábua de corte. Espete com o garfo na altura do peito.

2 Corte as coxas bem rentes e exatamente no ponto de conexão com a carcaça.

3 Corte cada coxa ao meio, na altura da articulação.

4 Corte o peito e a asa em um único pedaço, passando a faca rente à pele do peito.

5 Corte cada pedaço de peito ao meio.

6 A ave está cortada em 8 pedaços.

Preparar

CARNE DE POMBO EM DOIS COZIMENTOS

NÍVEL DE DIFICULDADE: 👨‍🍳👨‍🍳

UTENSÍLIOS: tábua de corte e faca de cozinha

■ Este método de "dois cozimentos" também pode ser aplicado a uma perdiz ou a uma pomba. ■

1 Coloque o pombo de lado, corte a pele entre a coxa e a carcaça. Em seguida, desloque a coxa para atingir a articulação.

2 Separe completamente cada perna na altura da articulação.

3 Corte a ponta das asas.

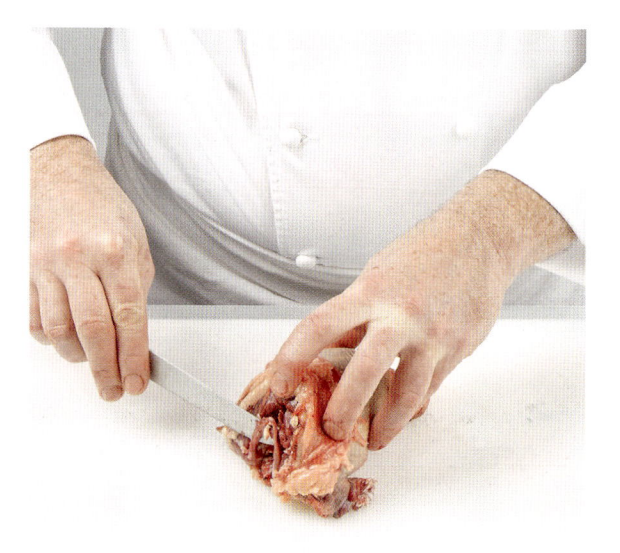

4 Coloque o pombo sobre o dorso e retire a quilha do peito (forquilha) com uma faca.

Dica

ESTE MÉTODO É PARTICULARMENTE APROPRIADO às aves de caça com a carne do peito delicada. A carne da coxa é mais dura e deve ser preparada à parte: como confit de coxa, como presunto de coxa etc.

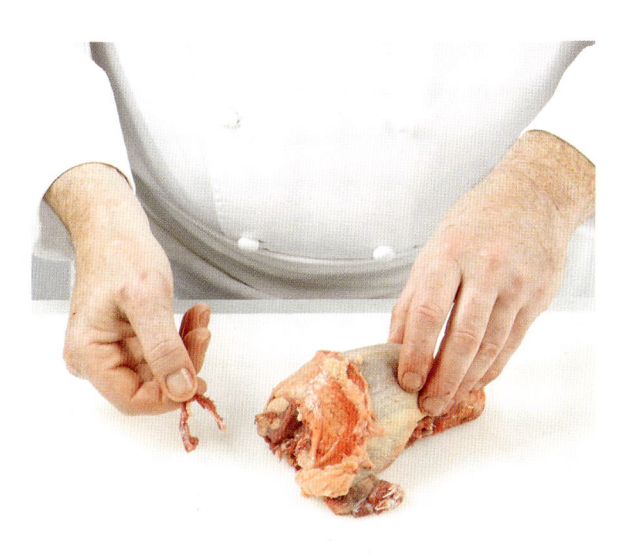

5 Retire a quilha do peito (forquilha).

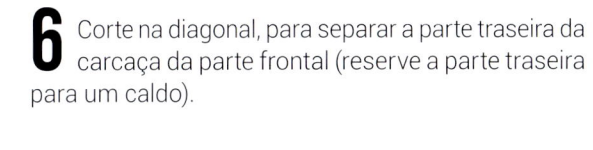

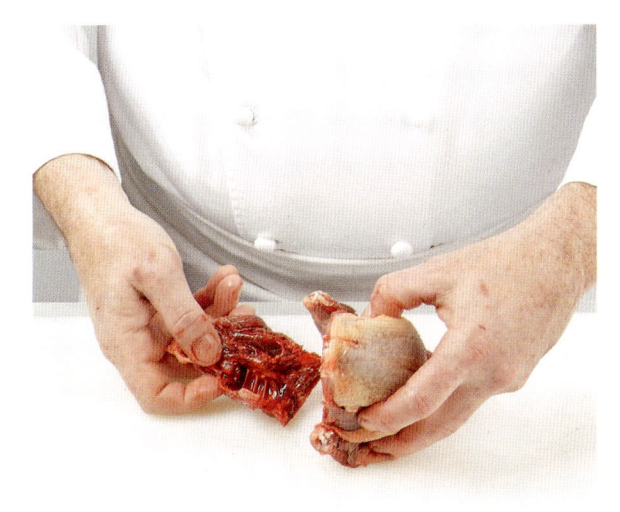

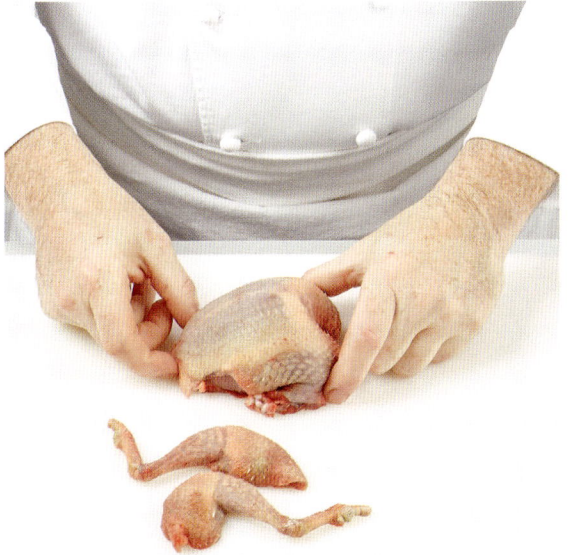

6 Corte na diagonal, para separar a parte traseira da carcaça da parte frontal (reserve a parte traseira para um caldo).

7 Remova a espinha dorsal.

8 As coxas estão prontas para serem assadas separadamente dos pedaços de peito, mais frágeis, que serão cozidos com os ossos retirados posteriormente.

Retirar
AS VEIAS DO FOIE GRAS E COZINHÁ-LO EM TERRINA

NÍVEL DE DIFICULDADE: ♟♟♟

UTENSÍLIOS: tábua de corte, faca de cozinha, terrina, travessa refratária e termômetro sonda

Dica

SE A RECEITA especificar adição de álcool, escolha um armanhaque.

1 Deixe o foie gras de molho em água morna por 1 hora, para amolecer. Seque-o.

2 Coloque-o sobre a tábua de corte, com o lado curvo virado para cima, e separe os dois lóbulos.

3 Retire as veias do lóbulo grande: siga o traço da veia principal, fazendo um sulco com o polegar no fígado amolecido, tirando suavemente a veia.

4 Continue removendo-a delicadamente, sem parti-la, enquanto limpa as ramificações principais com a ponta de uma faca.

5 Faça o mesmo procedimento com o lóbulo pequeno.

6 Tempere com flor de sal e com pimenta-do-reino (ou com outro tempero de sua escolha: mistura de 5 pimentas, pimenta de Espelette etc.).

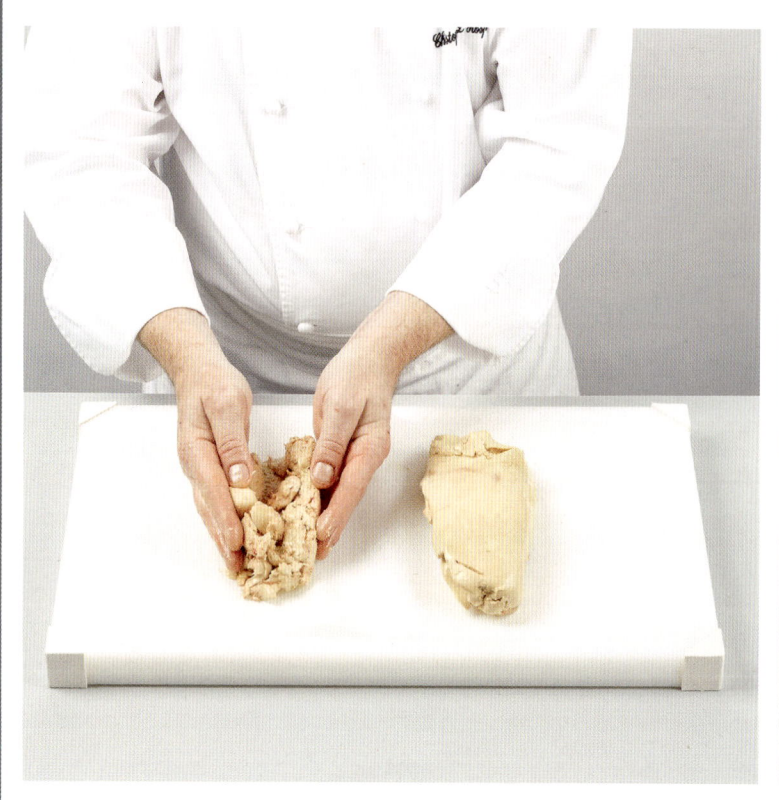

7 Reconstitua o fígado com as mãos.

8 Coloque-o na terrina. Aperte-o bem, arrumando-o para evitar a formação de bolsas de ar.

9 Preaqueça o forno a 100 °C. Coloque a terrina dentro de uma travessa refratária.

10 Cubra a terrina e despeje água quente na travessa dois terços da altura.

11 Cozinhe por 40 a 45 minutos. Verifique a temperatura com um termômetro sonda: o foie gras deve atingir 57 °C, para estar "meio cozido".

12 Retire a terrina do banho-maria e remova o máximo possível da gordura. Reserve a gordura na geladeira.

13 Coloque um retângulo de isopor ou de papel revestido em folha de alumínio com um peso sobre o foie gras, e em seguida coloque na geladeira.

14 Após 6 horas, retire o isopor ou o papel e coloque a gordura derretida por cima. Aguarde 24 horas antes de provar o foie gras; ele se mantém por 10 dias na geladeira.

Preparar foie gras
COM FRAMBOESAS

NÍVEL DE DIFICULDADE:

Dica

O FOIE GRAS combina muito bem com frutas frescas: figos, groselhas negras, uvas etc.

1 Corte fatias de 1,5 cm de espessura do foie gras com pelo menos 30 minutos de antecedência.

2 Tempere com sal e pimenta-do-reino. Em seguida, coloque as fatias de foie gras na geladeira até o momento de usá-las.

3 Na frigideira quente e seca, cozinhe o foie gras por cerca de 2 minutos de cada lado.

4 Retire-o imediatamente e coloque-o em um prato, em local aquecido.

PARA 2 PESSOAS

PREPARO: 10 MIN — COZIMENTO: 10 MIN

UTENSÍLIOS: tábua de corte, faca de cozinha e frigideira

INGREDIENTES

250 g de foie gras (sem veia) – 2 colheres (café) de açúcar mascavo – 3 colheres (sopa) de vinagre de xerez – 100 ml de fundo claro de pato ou de outra ave (pág. 66) – 1 bandeja pequena de framboesa (125 g) – sal e pimenta-do-reino moída na hora

5 Descarte a gordura e caramelize o açúcar mascavo na panela.

6 Deglaceie o caramelo com o vinagre de xerez. Em seguida, adicione o fundo claro de ave.

7 Deixe reduzir até obter uma calda com consistência de xarope e, então, adicione as framboesas.

8 Coloque as framboesas na calda apenas para aquecê-las. Em seguida, despeje-as com a calda sobre o foie gras.

Cortar um coelho

NÍVEL DE DIFICULDADE: 👨‍🍳👨‍🍳

UTENSÍLIOS: tábua de corte e faca de cozinha

Dica

VOCÊ PODE MANTER AS COXAS INTEIRAS E RECHEÁ-LAS seguindo as etapas do presunto de pato (pág. 238).

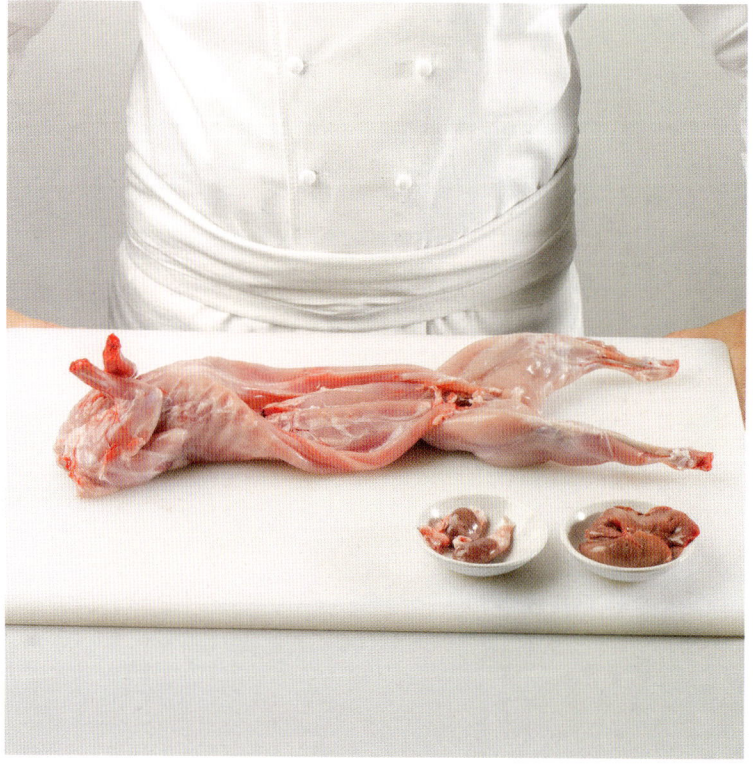

1 Corte a cabeça.

2 Reserve o fígado e os rins se desejar.

3 Separe a parte dianteira da parte traseira.

4 Retire os ombros, fazendo uma incisão sob a omoplata (não na articulação).

5 Retire início do pescoço.

6 Abra a caixa torácica na altura das costelas.

7 Separe-a na altura da espinha dorsal.

8 Corte cada metade em 2 partes.

9 Faça uma incisão na cavidade da coxa e, em seguida, desloque a articulação.

10 Corte as coxas, seguindo o osso do sacro (a ponta do osso).

11 Se necessário, corte as coxas ao meio (um pouco acima da articulação).

12 Remova a ponta do sacro.

13 Deixe a sela inteira ou corte-a em 2 ou 3 pedaços.

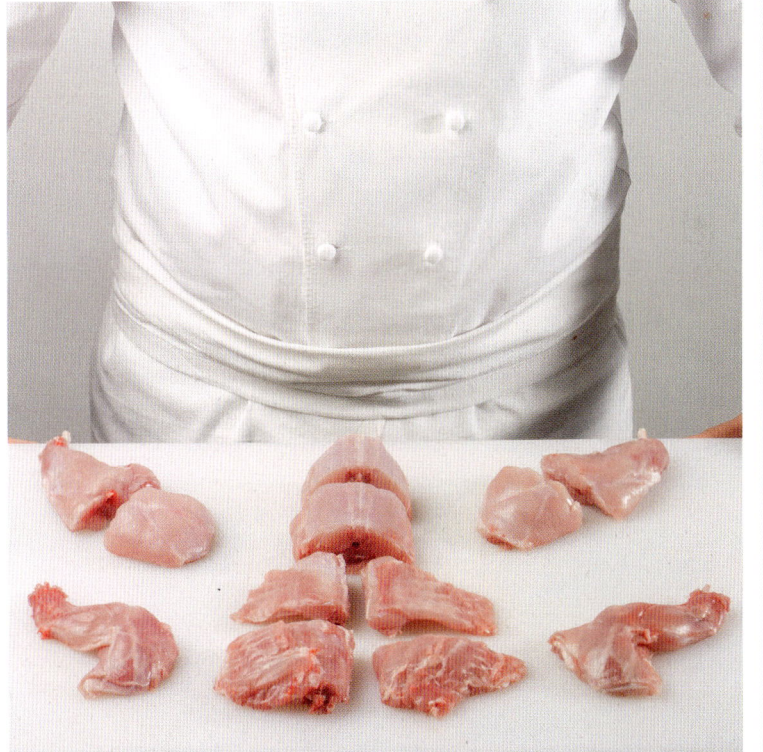

14 O coelho está pronto para ser um fricassé, por exemplo, na receita Coelho a caçador (pág. 264).

Desossar e rechear
UMA SELA DE COELHO

NÍVEL DE DIFICULDADE: 🧑‍🍳🧑‍🍳🧑‍🍳

UTENSÍLIOS: tábua de corte e faca de cozinha

1 Coloque a sela estendida, desdobrando as panoufles, e remova o excesso de gordura e os rins.

2 Deslize a faca ao longo da espinha dorsal e remova o filé-mignon, fazendo o contorno.

3 Continue e contorne a segunda protuberância, para retirar o filé.

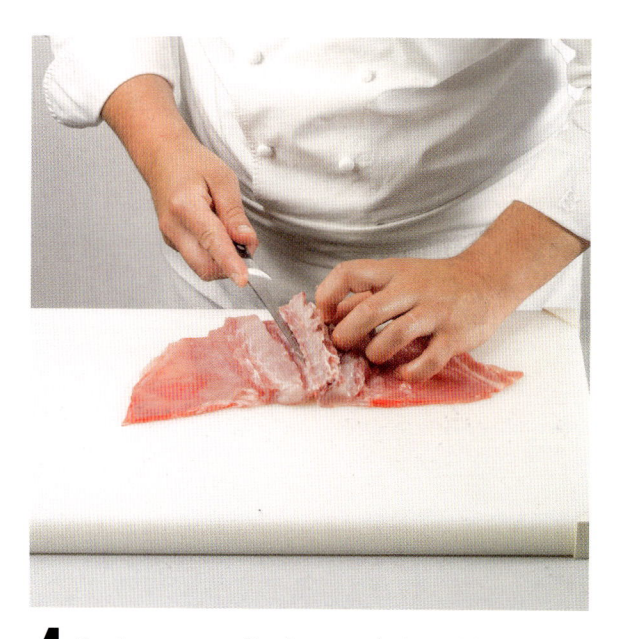

4 Repita a operação do outro lado, cuidando para não cortar a pele das costas.

5 Desprenda com cuidado a coluna vertebral (as vértebras) da pele do dorso e remova-a.

6 Corte as panoufles em linha reta.

7 Tempere com sal e pimenta-do-reino, em seguida, espalhe o recheio (conforme a receita que escolher).

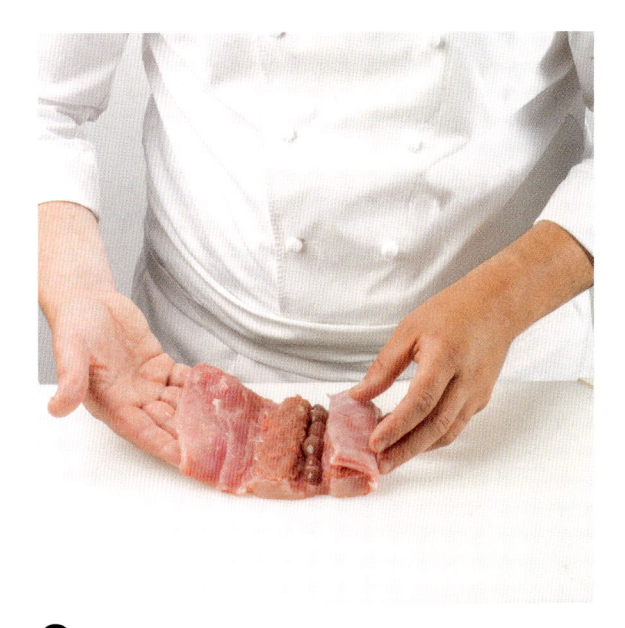

8 Coloque de volta os rins e enrole a sela nessas panoufles.

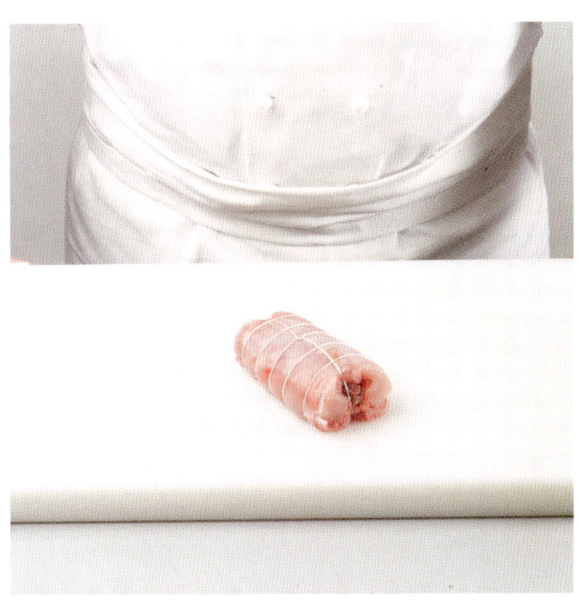

9 Conforme a receita, amarre-a como um assado pequeno.

10 Você também pode embalá-lo em um peritônio.

Coelho a caçador

NÍVEL DE DIFICULDADE: 👨‍🍳👨‍🍳

PARA 4 PESSOAS

PREPARO: 30 MIN – COZIMENTO: 45 MIN

UTENSÍLIOS: 2 panelas de ferro fundido, frigideira e peneira

INGREDIENTES

1 coelho cortado em pedaços – 4 colheres (sopa) de óleo de amendoim – 1 cenoura + 1 cebola cortada em mirepoix (pág. 440) – 1 colher (sopa) de farinha de trigo – 2 dentes de alho descascados e amassados – 1 bouquet garni – 1 colher (sopa) de extrato de tomate – 50 ml de conhaque – 350 ml de vinho branco seco – 150 ml de fundo escuro de vitela (pág. 68) – 250 g de cogumelos Paris picados – 30 g de manteiga – 2 colheres (sopa) de estragão picado – sal e pimenta-do-reino moída na hora

1 Tempere em uma panela os pedaços de coelho com sal e pimenta. Doure a carne por bastante tempo, de forma homogênea, com o óleo.

2 Adicione o mirepoix e deixe suar por alguns minutos.

3 Polvilhe com farinha de trigo para obter a liga do molho.

4 Deixe a farinha de trigo dourar em fogo alto e vire os pedaços de carne.

5 Adicione o alho, o bouquet garni e o extrato de tomate.

6 Flambe com o conhaque.

7 Despeje o vinho branco.

8 Deixe evaporar o vinho e adicione o fundo escuro.

9 Tampe a panela e cozinhe em fogo baixo por 35 minutos.

10 Em uma frigideira, refogue os cogumelos com manteiga em fogo alto.

11 Transfira as partes do coelho para a outra panela.

12 Coe o molho.

13 Adicione os cogumelos.

14 Polvilhe com estragão picado e sirva imediatamente.

Os MIÚDOS

Sumário

Os miúdos, robustos e delicados,
um sabor surpreendente — 270

Preparar rins de vitela e salteá-los	272
Cozinhar rim em sua própria gordura	274
Preparar molejas (timo) de vitela	276
Cozinhar molejas de vitela	278
Limpar e cozinhar miolos	282
Miolo à meunière	284

Os miúdos

ROBUSTOS E DELICADOS, UM SABOR SURPREENDENTE

O que chamamos de "tripas" ou "miúdos" são os órgãos e as extremidades comestíveis dos animais destinados à produção de carne. Portanto, podemos nos deliciar com tripas, cabeça de vitelo, pés e focinhos de porco, cauda e bochecha de boi etc., sem falar no fígado, no tutano, nos testículos de galo. Muitas vezes esses nomes evocam mais um imaginário bizarro do que o apetite.

Já na Roma Antiga, os homens ricos se regalavam consumindo órgãos de animais terrestres e marinhos. Entre os mais procurados estavam o mamilo e a vulva de porca jovem, especialmente se fossem de um animal estéril. Tal detalhamento mostra que as características desses órgãos tinham, no mínimo, tanta importância quanto seu sabor. A maneira de preparar esses miúdos, incluindo seus condimentos, permaneceu relativamente simples, sinal de que sua maciez, sutileza e natureza eram tão reconhecidas quanto apreciadas.

Muitas vezes, associamos erroneamente alguns desses pedaços pouco conhecidos a órgãos reprodutores dos animais. Dessa forma, são confundidos, por exemplo, as molejas (timo, órgão da caixa torácica) e os rins. Associar órgãos neutros com outros, carregados de forte conotação, indica que seu simbolismo prevalece sobre simples considerações nutricionais.

EM VERMELHO E BRANCO

Os miúdos vermelhos distinguem-se dos brancos no modo de preparo. O ideal, para nos beneficiarmos de dicas úteis, é comprá-los em fornecedores especializados ou em açougueiros de qualidade. Também os encontramos em supermercados, frescos ou congelados. É indicado comprá-los no último momento: no máximo, um dia antes de cozinhá-los. São produtos muito frágeis, portanto não devem ser conservados crus.

Os miúdos brancos pedem um preparo complexo, feito por um profissional. Eles devem ser escaldados, muitas vezes pré-cozidos, ou até mesmo cozidos completamente antes da finalização. É característica sua cor branca ou marfim. Os miolos de bezerro (vitelo) são o exemplo mais conhecido.

Os miúdos vermelhos, como rins, fígado e língua, são encontrados praticamente em sua forma original nas barracas das feiras. Nesse caso é importante cozinhá-los o quanto antes.

Por fim, podemos encontrá-los já cozidos, prontos para o consumo, como o patê de miolos ou de fígado.

citação

ELUCIDAÇÕES

"Havia esquecido esses detalhes, mas eles voltaram de repente, em frente à banca da feira onde as tripas estavam expostas [...]. A língua e também os miolos [...]. Perguntei e encontrei a maneira de prepará-los [...]. Eu me deliciava com minhas memórias de infância. O tutano se desmanchando sob minha língua, escorria mais rápido do que eu podia engolir.

A língua resistia à minha mastigação. Eu a mastigava com vontade, por bastante tempo, eu tinha na boca algo consistente. Naquele dia, comi miolos e língua. Comi por nostalgia das carnes que não comemos mais, por tê-las encontrado, por acaso, em um dia de feira."

- Alexis Jenni, romancista francês

UM AR DE BISTRÔ

Graças à diversidade de tecidos que englobam e das formas de preparo, o sabor dos miúdos e tripas varia muito: o tutano, por exemplo, parece derreter na boca, enquanto os pés de porco apresentam, ao mesmo tempo, consistências crocantes, gelatinosas e firmes.

Os miúdos de boi têm sabor mais pronunciado e textura mais densa que os do vitelo ou do cordeiro. O aroma destes, ainda jovens, é extremamente refinado, e sua textura, tão tenra que desmancha na boca.

A maneira de servi-los também reforça suas diferenças. A cabeça de vitela é apreciada com molhos que lhe dão um sabor forte e picante, como o molho gribiche.

Ao contrário, o timo de cordeiro pode ser acompanhado de creme de leite e cogumelos, de forma que sua delicadeza possa se expressar sem que outros sabores poderosos roubem a cena.

Para além desses grandes clássicos, a maneira de preparar os miúdos depende em boa parte das tradições regionais. É no norte da França que são consumidos com mais frequência e mais regularmente, em especial os miúdos de boi.

Já na cozinha provençal, os miúdos são pouco consumidos, com exceção dos de cordeiro, que entram em muitas receitas, como rins salteados com favas ou coração e espetinhos de fígado, timo e rim.

Em vista do declínio considerável das vendas de miúdos, associações profissionais envolvidas começaram a mudar sua imagem há mais de dez anos, tornando-a mais atraente. Graças a muitos eventos e esforços de comunicação, os miúdos se beneficiam atualmente de uma imagem poderosa e contrastante.

Além disso, o surgimento recente da "bistronomia" (cozinha de bistrô, servida de forma gastronômica) apoia a cozinha de miúdos. Assim, é comum encontrar receitas com miúdos no cardápio desses estabelecimentos. Essas receitas requerem produtos de baixo custo (mesmo com alta qualidade), mas uma técnica precisa para seu preparo, desafiando os cozinheiros.

A SAÚDE QUE VEM DE DENTRO

Todos os miúdos apresentam grande valor nutricional, sem muitas diferenças entre eles, no entanto. São alimentos restauradores e fortificantes, razão pela qual eram muito consumidos na França pós-guerra.

Eles fornecem proteínas tão boas quanto as carnes mais "clássicas". Também são boa fonte de minerais e oligoelementos: ferro, zinco, manganês, cobre e selênio. Eles contêm, em quantidade satisfatória, vitaminas A, B (B1, B9 e B12), D e E.

a saber

GASTRÔNOMOS E BISTRONOMIA

A moda atual favorece estabelecimentos, muitas vezes pequenos, que recebem seus clientes em um ambiente retrô, ao mesmo tempo contemporâneo e autêntico.
O cardápio valoriza os sabores do passado.
A cozinha dos bistrôs serve produtos tradicionais, até mesmo antiquados, mas sempre com muita qualidade gustativa. Seus sabores são valorizados pelo conhecimento e pelo *savoir-faire*, em desuso, mas que agora tem seu encanto redescoberto.

Alguns desses miúdos devem ser consumidos com moderação. É o caso de órgãos que servem de filtro e se sobrecarregam de substâncias tóxicas, como o ácido úrico dos rins. Nesses casos, escolher produtos de qualidade, em conformidade com as normas de produção ou provenientes da agricultura orgânica, é a melhor maneira de garantir que o animal tenha recebido dieta adequada e menor quantidade de hormônios e antibióticos.

Gostar de miúdos é um sinal de forte glutonaria, por poder superar sua aparência singular. Eles são tão diferentes que não podemos esperar que todos os apreciem ou rejeitem. Nossas lembranças, paladar e hábitos nos fazem procurar ou rejeitar certos miúdos. Prepará-los e degustá-los são boas maneiras de explorar nossos desejos e os limites de nossa tolerância. De fato, para nós e nossos comensais, é a oportunidade de proporcionar o prazer da descoberta *gourmet* com algo que antes causava certa relutância.

Preparar rins
DE VITELA E SALTEÁ-LOS

NÍVEL DE DIFICULDADE: 👨‍🍳👨‍🍳

UTENSÍLIOS: tábua de corte e faca de cozinha

Dica
COMO TODOS OS MIÚDOS, os rins devem ser frescos, de preferência procedentes de um açougueiro de confiança.

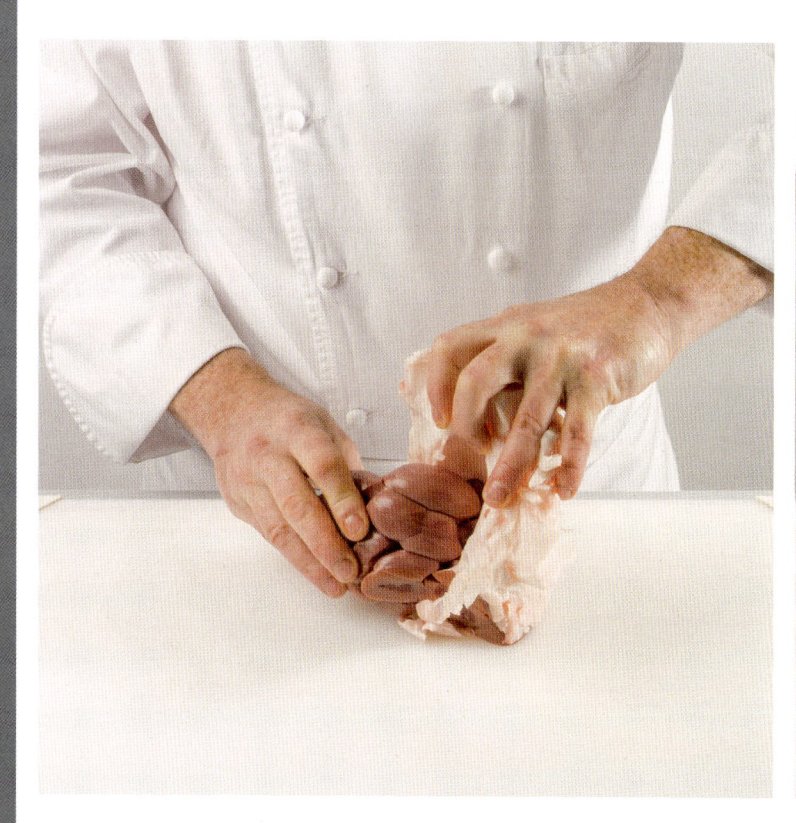

1 Retire toda a parte branca (tubo de gordura) do rim.

2 Retire a película que protege o rim e reserve a gordura para cozinhar.

3 Abra o rim, aplainando-o, sem dividi-lo ao meio.

4 Com a faca, remova as partes brancas.

5 Retire também o máximo possível das partes duras (canais urinários).

6 Corte o rim em cubos grandes.

Cozinhar rim
EM SUA PRÓPRIA GORDURA

NÍVEL DE DIFICULDADE: 👨‍🍳👨‍🍳

UTENSÍLIOS: tábua de corte, faca de cozinha e frigideira

Dica

DERRETIDA LENTAMENTE E COADA, a gordura do rim pode ser usada para saltear batatas (como costuma ser feito na Bélgica).

1 Retire uma parte da gordura dos rins, mantendo 1 cm de espessura para o cozimento.

2 Localize o lado em que o rim estava interligado para encontrar os vasos e os canais urinários.

3 Com a ponta da faca, retire o maior número de veias possíveis, sem danificar o rim.

4 Tempere o rim com sal e pimenta-do-reino. Em seguida, frite de forma homogênea em uma frigideira com manteiga e óleo misturados.

5 Cubra e, em seguida, cozinhe em forno preaquecido a 180 °C, por aproximadamente 16 minutos.

6 Deixe o rim descansar, coberto, por 10 minutos, antes de cortá-lo.

Preparar molejas
(TIMO) DE VITELA

NÍVEL DE DIFICULDADE: 👨‍🍳👨‍🍳

UTENSÍLIO: frigideira

Dica

AS MOLEJAS (TIMO) DE CORDEIRO, menos conhecidas, também são deliciosas. Elas devem ser preparadas de preferência simplesmente salteadas, pois cozinham rapidamente.

1 Deixe as molejas de molho por uma hora em um bowl cheio de água com cubos de gelo, trocando a água se ficar muito turva.

2 Coloque-as em uma panela com água fria.

3 Espere ferver e tempere com sal. Cozinhe por 5 minutos.

4 Resfrie as molejas em um bowl com água e cubos de gelo.

5 Limpe-as, removendo a membrana principal e o excesso de gordura, tomando cuidado para não desmanchá-las.

6 Reserve-as por pelo menos 1 hora (entre dois pratos, por exemplo). Mantenha-as em local fresco até o momento de cozinhá-las.

Cozinhar molejas
DE VITELA

NÍVEL DE DIFICULDADE: 👨‍🍳👨‍🍳

RENDIMENTO: 4 PORÇÕES

PREPARO: 20 MIN – **COZIMENTO:** 30 MIN

UTENSÍLIOS: frigideira, peneira e panela

INGREDIENTES

2 molejas (timo) de vitela – 50 g de manteiga – 2 colheres (sopa) de óleo de amendoim – 1 cenoura + 1 cebola + 1 talo de aipo + 4 cogumelos cortados em mirepoix (pág. 440) – 50 ml de vinho do Porto (ou vinho da Madeira, ou vinho branco) – 300 ml de fundo claro ou escuro de vitela (págs. 66 ou 68) – 150 ml de creme de leite – sal e pimenta-do-reino moída na hora

1 Tempere as molejas com sal e pimenta. Em seguida, doure-as levemente em uma frigideira com uma mistura de manteiga e óleo.

2 Reserve-as. Então, sue o mirepoix na frigideira por alguns minutos.

3 Deglaceie com vinho do Porto.

4 Deixe reduzir dois terços.

5 Adicione o fundo de vitela.

6 Espere tudo ferver, reduza o fogo e coloque as molejas sobre os legumes.

7 Cubra com um disco de papel-manteiga.

8 Cozinhe por 20 minutos em fogo baixo.

9 Reserve as molejas em local aquecido e coe o molho com uma peneira.

10 Adicione o creme de leite na panela com o molho.

11 Deixe reduzir o molho novamente, até que atinja o ponto de cobrir as costas de uma colher (ponto napé).

12 Ajuste o tempero e cubra as molejas com o molho.

Dica

O MOLHO MUITAS VEZES É GUARNECIDO COM COGUMELOS, tradicionalmente os morchellas (morille).
Como acompanhamento você pode oferecer massa fresca, legumes cozidos ou uma mousseline de cenoura.

Limpar e cozinhar
MIOLOS

NÍVEL DE DIFICULDADE: 👨‍🍳👨‍🍳

UTENSÍLIO: frigideira

▪ Proceda da mesma maneira com miolos de vitela, cordeiro e porco. ▪

Dica

OS MIOLOS ESCALFADOS ficam deliciosos cortados em cubos grandes, temperados com sal e pimenta-do-reino, depois fritos em forma de tempurá (veja a receita de Tempurá de goujonnettes de linguado, pág. 330).

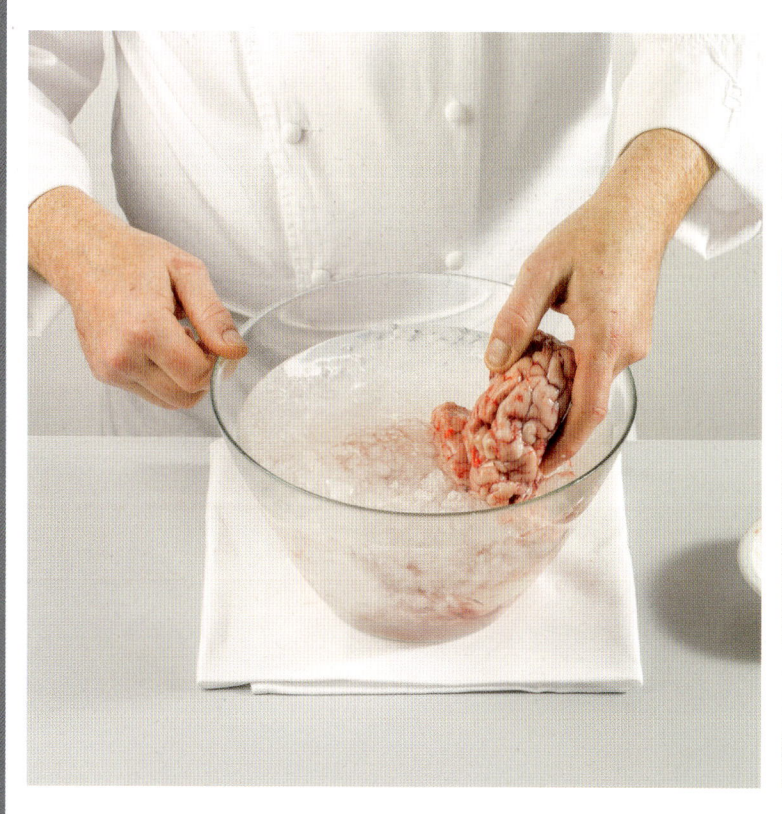

1 Coloque os miolos em um bowl cheio de água com vinagre e gelo. Deixe de molho por 1 hora, trocando a água com vinagre se ficar turva.

2 Em um bowl ou sob água corrente, retire com cuidado a fina membrana que cobre os miolos e eventuais coágulos.

3 Coloque os miolos em uma frigideira cheia de água fria salgada. Adicione 1 ramo de tomilho, 1 folha de louro e alguns grãos de pimenta. Em seguida, ferva.

4 Retire a espuma com cuidado.

5 Quando os miolos estiverem ligeiramente resistentes sob a pressão do dedo, estarão cozidos.

6 Retire e escorra os miolos com uma escumadeira e os deposite sobre papel-toalha.

Miolo à meunière

NÍVEL DE DIFICULDADE: 👨‍🍳👨‍🍳

RENDIMENTO: 6 PORÇÕES

PREPARO: 5 MIN — COZIMENTO: 15 MIN

UTENSÍLIO: frigideira

INGREDIENTES

3 miolos abertos e escalfados – 75 g de farinha de trigo – 100 g de manteiga – 2 colheres (sopa) de óleo de amendoim – suco de ½ limão – 1 colher (sopa) de salsa picada – fatias de limão – sal e pimenta-do-reino moída na hora

1 Tempere os miolos com sal e pimenta. Passe-os na farinha de trigo e dê uns tapinhas para tirar o excesso.

2 Em fogo alto, aqueça metade da manteiga com o azeite e adicione os miolos.

3 Cozinhe de forma homogênea por aproximadamente 10 minutos, regando constantemente com a manteiga enquanto inclina a frigideira.

4 Reserve os miolos e descarte a manteiga do cozimento. Adicione o restante da manteiga na frigideira e doure levemente.

5 Adicione o suco de limão e a salsa.

6 Ferva tudo por alguns segundos. Derrame sobre os miolos e sirva com fatias de limão.

As CARNES de CAÇA

Sumário

As carnes de caça, o retorno da caça — 288

MARINADA PARA GUISADO PROVENÇAL
OU PARA CARNE DE CAÇA — 290

PERNIL DE CERVO (OU CORÇA) — 292

RAGU DE CERVO (OU CORÇA) — 294

As carnes de caça

O RETORNO DA CAÇA

A carne de caça é um alimento rústico com forte valor simbólico. Por muito tempo, a caça foi exclusividade e privilégio da nobreza, e continua sendo uma atividade que atende a questões sociais e comportamentais importantes. Além da regulamentação que define e controla a caça, aqueles que a praticam sob qualquer forma – desde a versão aristocrática da caça ancestral, perseguindo o animal até sua exaustão, até aquela em que os caçadores literalmente batem na vegetação para confundir o animal – compartilham uma experiência que remete à caça real praticada no período da monarquia francesa. Isso confere à caça, ainda hoje, uma imagem forte na alimentação.

No entanto, a maior parte da carne de caça consumida atualmente não foi caçada pelas pessoas que irão degustá-la, mas simplesmente comprada. Encontramos essas carnes frescas, às vezes, diretamente com os caçadores, mas na maioria delas em açougues especializados em carne de animais silvestres e exóticas.

Entretanto, o consumo da carne de caça continua sendo algo fora do comum, se não marginalizado. Ele aumenta durante o período das festas de final de ano, mas tende a estagnar durante o restante do ano.

Encontramos essas carnes também congeladas, pois, se por um lado esse tipo de carne estraga logo, por outro, tolera muito bem o congelamento. Isso é ainda mais importante porque a caça da maioria das espécies é permitida apenas durante o outono e o inverno na França.

Existem diferentes maneiras de classificar as carne de caça. Primeiro, distinguimos mamíferos de caça (veados, cervos, corças, coelhos, lebres, javalis etc.) de aves de caça (galinhas, codornas, perdizes, faisões, galos, tordos, pombos etc.). Com tamanho bastante variável, dividimos a caça em pequeno e grande porte. Os caçadores também diferenciam a caça sedentária da migratória, que geralmente é caçada durante a migração.

POTENTES E NUTRITIVAS

Os animais silvestres vivem livremente, de modo natural. Como não crescem em cativeiro, costumam desenvolver uma massa muscular sólida, resultando em uma carne bastante firme e com pouca gordura (apenas 1% a 4% de lipídios).

A título de comparação, a lebre selvagem é 5 vezes mais magra que o coelho de criação; a perdiz é 3 vezes mais magra que a galinha; e a corça 25 vezes mais magra que o boi!

No entanto, a carne de caça é geralmente preparada como guisados, ensopados etc., acompanhada de guarnições generosas e abundantes.

Mesmo que essa carne possa ser considerada "de dieta", geralmente não se encaixa nessa categoria por causa das preparações que tradicionalmente a acompanham.

---

a saber

PERFUME DE INVERNO

As receitas mais clássicas com carne de caça são um deleite para o inverno, até porque é nessa estação do ano que ela fica mais saborosa. Na França, não é recomendado que o cervo seja consumido durante os meses de março, abril e maio, ainda que ele seja o animal mais facilmente encontrado. O javali não é encontrado entre os meses de fevereiro e agosto. Os faisões e as perdizes são os preferidos entre os meses de novembro e fevereiro.

Como todas as carnes de qualidade, as caças também são muito ricas em ferro e em vitaminas do grupo B. A alimentação variada dos animais, enriquecida com ervas, dá à carne um sabor intenso em termos de gosto e de fragrância, como aromas amadeirados.

MODERNIDADE DAS RECEITAS ANCESTRAIS

Mesmo que o animal já venha limpo (depenado, eviscerado, destrinchado), cozinhar a carne de caça não é uma tarefa simples. Os pedaços das caças de grande porte são marinados em uma mistura de especiarias com vinho, de preferência bem forte.

A carne deve permanecer na marinada por tempo suficiente para que fique tenra e se eliminem eventuais parasitas. Isso é indispensável principalmente para a carne fresca (não congelada). Por ser livre de tratamentos e pouco resistente, é difícil preservá-la completamente de certos parasitas.

A carne dos animais de couro (mamíferos) adapta-se muito bem aos sabores fortes: especiarias (com as quais foi associada desde a Idade Média), ervas aromáticas, marinadas prolongadas em vinho (que depois se transformam em molho). É servida, muitas vezes, com compotas ou frutas assadas, ótima maneira de intensificar ainda mais seu poder aromático. É aconselhável adicionar bacon ao molho, ou ainda envolver a carne com fatias finas de toucinho, o que a torna mais suculenta, graças à sua gordura.

As aves de caça são mais fáceis de cozinhar. Podem ser preparadas de forma muito simples, por exemplo, assando-as inteiras no forno. Para esse modo de preparo, é essencial regar a carne abundantemente com seu suco e fazer um recheio muito saboroso.

a saber

COMBINAÇÃO IDEAL DE VINHO E CARNE DE CAÇA

A carne de caça ao molho apresenta um poder aromático intenso. É por isso que convém ser extremamente atencioso na escolha do vinho que deverá acompanhá-la. Procure vinhos generosos, persistentes na boca, mas não pesados. O ideal é que o vinho traga frescor, especialmente com notas minerais marcantes, promovendo equilíbrio e bem-estar após a refeição.

Por serem firmes e aromáticas, as carnes de caça são perfeitas para preparar patês e terrines. Podemos encontrá-los já prontos em bufês e em butiques de carnes, ou prepará-los em casa, com as sobras de carne cozida, que já estão mais macias.

Conservas são ideais para preservar terrines e sobras de carnes de caça. Para isso, corte-as de forma grosseira e misture-as com frutas secas, bebidas alcoólicas e especiarias. Então, coloque em frascos esterilizados bem fechados e, em seguida, ferva por 2 ou 3 horas, em banho-maria.

a saber

SURPREENDENTE

Existe carne de caça de criação (javali, cervo, faisão, perdiz, pato, codorna), criada em boas condições éticas e sanitárias. Esses animais não vivem em áreas selvagens, mas em espaços fechados, com uma produção sistematizada.

Marinada para guisado
PROVENÇAL OU PARA CARNE DE CAÇA

NÍVEL DE DIFICULDADE:
PARA 1,5 KG DE CARNE
PREPARO: 15 MIN
UTENSÍLIO: peneira

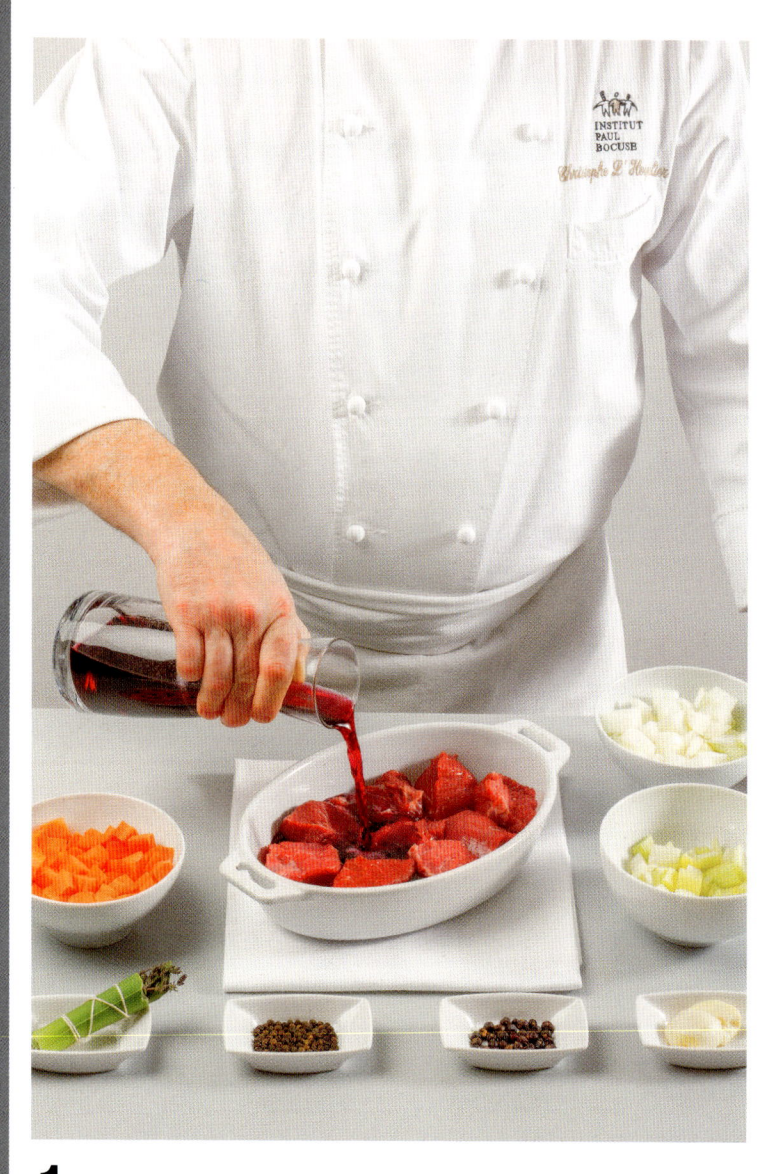

1 Coloque os pedaços de carne bovina ou de caça em uma travessa e cubra com vinho tinto.

2 Adicione os legumes e os temperos. Tempere com a pimenta.

INGREDIENTES

750 ml de vinho tinto encorpado – 1 cenoura + 2 cebolas + 1 talo de aipo com as folhas cortadas em mirepoix grande (pág. 440) – 2 dentes de alho – 1 colher (café) de pimenta-do-reino em grão – 1 colher (café) de zimbro (opcional, para a carne de caça) – 1 bouquet garni – 1 pedaço de casca de laranja desidratada (opcional, para o guisado provençal)

3 Cubra com filme plástico e deixe marinar em local fresco ou refrigerado, pelo tempo indicado na receita.

4 Coe a marinada e reserve os legumes (use-os de acordo com as indicações da receita).

Pernil de cervo
(ou corça)

NÍVEL DE DIFICULDADE:

RENDIMENTO: 6 PORÇÕES

PREPARO: 30 MIN – **COZIMENTO:** 15 MIN PARA 1 KG DE CARNE

UTENSÍLIOS: 3 travessas, peneira e panela

INGREDIENTES

1 pernil de corça ou cervo (sem o osso) – 50 g de manteiga – 150 ml de fundo de carne de cervo ou fundo escuro de vitela (pág. 68) – sal e pimenta-do-reino moída na hora

Para a marinada: 750 ml de vinho tinto – 1 cebola + 1 cenoura cortada em brunoise (pág. 443) – 1 bouquet garni – 2 dentes de alho – grãos de pimenta-do-reino – bagas de zimbro

1 No dia anterior, junte todos os ingredientes da marinada. Coloque o pernil em uma travessa.

2 Adicione a marinada. Cubra a travessa com filme plástico e deixe-a em local fresco até o dia seguinte (vire o pernil algumas vezes).

3 Retire o pernil da marinada no dia do preparo. Seque, amarre e coloque-o em uma assadeira (com as guarnições, se for o caso). Espalhe pedaços de manteiga sobre a peça e tempere com sal e pimenta.

4 Deixe o pernil dourar por um longo tempo, uniformemente, em forno preaquecido a 210 °C por cerca de 15 minutos, em seguida, reduza para 180 °C para completar o cozimento (15 minutos/quilo de carne).

5 Retire o pernil da assadeira e mantenha-o aquecido, coberto com papel-alumínio.

6 Enquanto isso, deglaceie a assadeira com o fundo ou com a marinada.

7 Raspe bem os sucos com uma espátula.

8 Coe sobre uma panela pequena e deixe reduzir pela metade.

9 Corte o pernil de cervo da mesma forma que um pernil de cordeiro (pág. 496).

10 Recupere o sangue que escorreu na hora de cortar e adicione-o ao molho antes de aquecê-lo.

Ragu de cervo
(OU CORÇA)

NÍVEL DE DIFICULDADE: 🧑‍🍳🧑‍🍳🧑‍🍳

RENDIMENTO: 6 PORÇÕES

PREPARO: 40 MIN – COZIMENTO: 3 A 4 H

1 Escorra as peças de cervo em uma peneira, reservando o máximo de sangue (abundante, especialmente se a carne estiver congelada).

2 Prepare a marinada com o vinho. Deixe a carne marinar por cerca de 12 horas.

3 Retire a carne da marinada e seque-a com papel-toalha.

4 Coe a marinada e reserve os legumes drenados.

INGREDIENTES

1,5 kg de carne de cervo (ou corça) cortada em pedaços – 150 g de bacon – 4 colheres (sopa) de óleo de amendoim – 50 ml de conhaque – 12 cebolas glaceadas (pág. 472) – 250 g de cogumelos Paris – 100 g de manteiga – alguns croutons – salsa picada – sal e pimenta-do-reino moída na hora

Para a marinada: veja a pág. 290

UTENSÍLIOS: peneira, panela de ferro fundido, chinois, panela pequena e frigideira

▪ Você também pode preparar, da mesma forma, um guisado de javali ou lebre.▪

5 Na panela, refogue a carne de cervo com o bacon e o óleo, de forma homogênea. Tempere com sal e pimenta.

6 Flambe com o conhaque.

7 Retire a carne e reserve.

8 Coloque os legumes da marinada na panela, dourando-os por alguns instantes.

9 Coloque a carne de volta, polvilhada com farinha de trigo.

10 Junte a marinada coada.

11 Deixe ferver, retirando a espuma.

12 Cozinhe, sem cobrir, até que o cheiro do vinho se dissipe.

13 Cubra e cozinhe em fogo brando (ou coloque a panela no forno preaquecido a 140 °C) por 1 hora e meia a 2 horas, até que a carne fique macia.

14 Retire a carne e a mantenha em local aquecido. Coe o molho em um chinois, apertando bem para extrair a polpa dos legumes.

15 Espere o molho reduzir até que cubra as costas de uma colher (ponto napé).

16 Reaqueça a carne com o molho reduzido.

17 Engrosse no último momento, acrescentando o sangue reservado, sem deixar ferver.

18 Prepare uma frigideira de cebolas glaceadas.

19 Refogue os cogumelos na manteiga e doure os croutons.

20 Decore o ragu com os croutons dourados, os cogumelos e as cebolas, polvilhando salsa picada para finalizar.

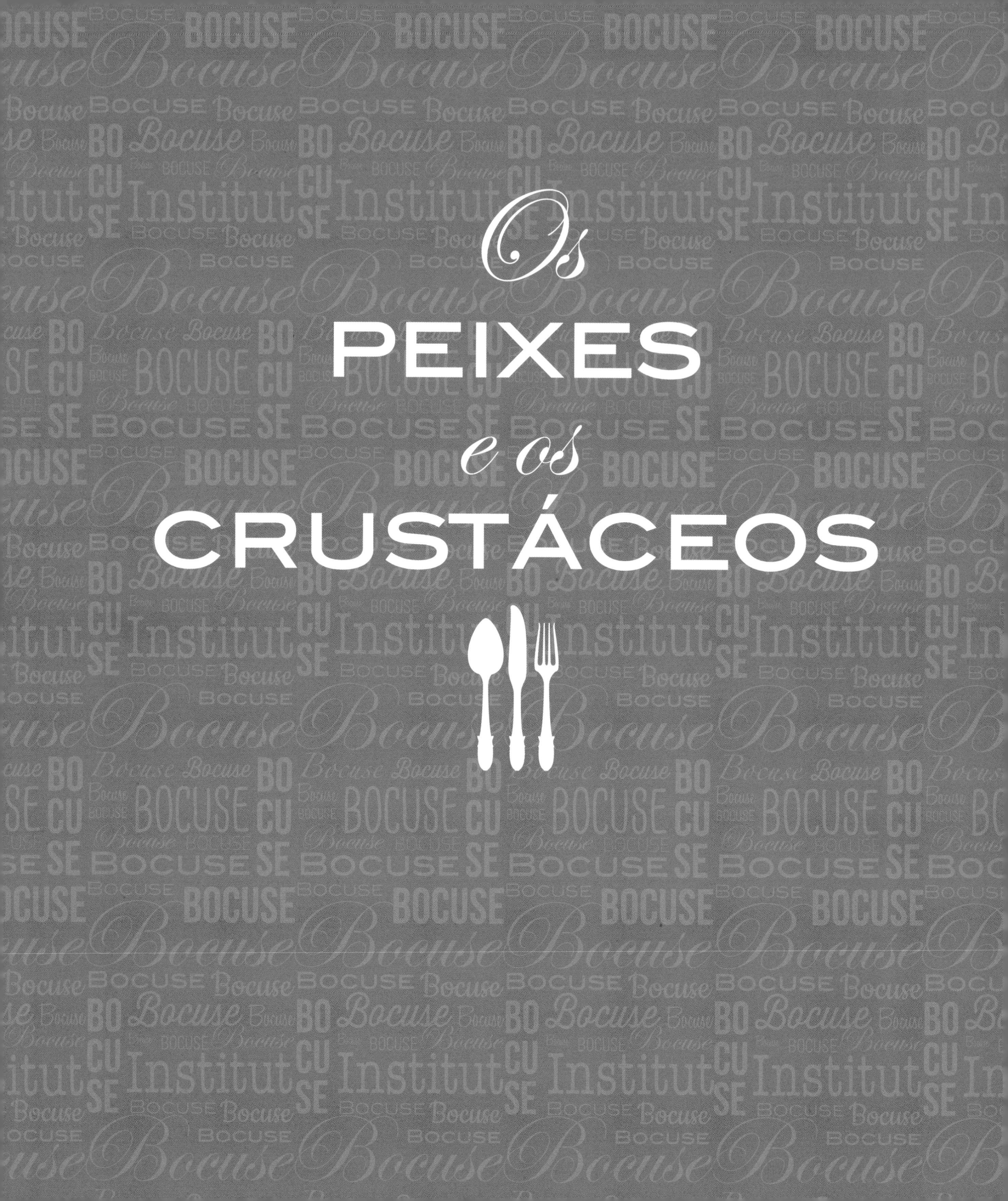

Os peixes e os crustáceos

Sumário

Os peixes e os crustáceos, sutileza e saúde	300
Os peixes	306
Os crustáceos	308
Limpar, eviscerar e porcionar um bacalhau grande	310
Limpar e cortar filés de salmão	312
Limpar um salmão	316
Tartar de salmão	317
Gravlax	318
Limpar um linguado	320
Filetar um linguado grande	322
Linguado à meunière	324
Filé de linguado ao molho bonne femme	326
Empanar badejo à moda inglesa	328
Tempurá de goujonnettes de linguado	330
Limpar um rodovalho	331
Cortar filés de rodovalho ou pregado	332
Cortar um rodovalho (ou um pregado) em postas	334
Escalfar as postas no court-bouillon	335
Limpar um peixe redondo	336
Retirar a espinha de um peixe redondo pelo dorso	338
Cortar filés de peixes redondos	342
Cortar filés e fazer medalhões de tamboril	344
Preparar um tamboril	346
Grelhar uma posta de peixe	348
Grelhar salmonetes	349
Quenelles de merluza	350
Preparar lagostins	352
Retirar o intestino de lagostins	354
Cortar uma lagosta (ou lavagante)	355
Cortar uma lagosta (ou lavagante) ao meio para grelhar	356
Abrir e limpar vieiras	358
Recheio de mousseline com vieiras	360
Preparar lula ou sépias pequenas	362
Limpar mexilhões	364
Abrir mexilhões crus	365
Mexilhões à marinara	366
Abrir ostras	368

Os peixes e os crustáceos

SUTILEZA E SAÚDE

À exceção das regiões costeiras, ricas em frutos do mar, e alguns pratos típicos como as trutas ao vinho riesling, da Alsácia, ou as quenelles de Lúcio, de Dombes, a cozinha tradicional francesa pouco utiliza os produtos da pesca. Assim, os encontramos com menos frequência do que poderíamos imaginar ou esperar.

Desde o século XVII, a carne tornou-se a espinha dorsal das refeições na França, uma singularidade que pode ser explicada por esse ser um país em sua maioria continental, distante do litoral. Claro que os peixes não vivem apenas nos mares e oceanos, povoando também lagos, lagoas e rios. Contudo, a quaresma medieval fez do peixe símbolo de penitência, simples substituto da carne vermelha, disfarçado com especiarias e temperos. Foi difícil, portanto, que esse produto se impusesse como item de destaque na refeição.

No entanto, peixes, moluscos e crustáceos oferecem sabores e texturas deliciosos e importantes para a gastronomia, além de interesse nutricional reconhecido.

PEIXES GRANDES E PEIXES PEQUENOS

Com mais de 150 espécies diferentes na França, a variedade de peixes é impressionante. Portanto, a menos que você seja um especialista, é um pouco complicado dominar o assunto. Assim, distinguimos os peixes principalmente de forma binária: magro ou gordo, de cativeiro ou de mar aberto, de água doce ou salgada. Além disso, devemos estar atentos à procedência, por motivos éticos e de saúde.

Apesar da extrema diversidade de aparência e de tamanho – de alguns centímetros a vários metros de comprimento –, encontramos nos peixes algumas características comuns.

A SAÚDE QUE VEM DO MAR

Primeiramente, os peixes são ricos em proteínas facilmente assimiláveis pelo corpo e pobres em calorias.

---

a saber

AS ALGAS, UMA SOBREMESA PARA AS SEREIAS?

Peixes e frutos do mar não são os únicos presentes que recebemos dos oceanos.

Na Europa, ao contrário da Ásia, estamos apenas começando a descobrir a importância das algas na alimentação. Elas são ricas em minerais e apresentam sabores variados. Graças às suas propriedades físicas, são excelentes fontes de inovação culinária. Dessa forma, o ágar-ágar é um agente gelificante vegetal mais fácil de usar que a gelatina. A espirulina (ou spirulina), ainda pouco conhecida e difícil de cozinhar, fornece um suplemento proteico útil em dietas de emagrecimento ou outras restrições. As folhas de nori são indispensáveis nos sushis.

Eles são também excelentes fontes de vitaminas, particularmente a B12, essencial para a produção de glóbulos vermelhos, para a integridade do sistema nervoso e para o funcionamento do metabolismo celular.

a saber

SALMÃO DE CATIVEIRO OU SALMÃO SELVAGEM?

Durante muito tempo evitado, o salmão de criadouro pode ser mais saudável que o salmão selvagem, potencialmente contaminado por metais pesados. Isso, claro, se sua produção for controlada, com qualidade garantida por uma certificação oficial que comprove a boa origem do produto (Label Rouge, Agricultura Orgânica ou Salmão da França).

Os peixes gordurosos são excelentes reservatórios de vitamina A e D. A vitamina A é um antioxidante essencial, benéfica para a visão. A vitamina D fixa o cálcio e ajuda a prevenir patologias graves, como a depressão, o câncer e a demência precoce.

Eles contêm minerais importantes, incluindo ferro e fósforo. O fósforo é fundamental para os ossos e dentes e para a produção da energia que precisamos. O ferro é necessário para produzir glóbulos vermelhos e contribui para o crescimento. Não podemos esquecer o zinco, o cobre e o selênio. Este último possibilita, entre outras virtudes, o combate ao câncer em suas diversas manifestações, e limita os efeitos indesejáveis de seus diversos tratamentos.

Em síntese, os peixes são uma ótima fonte de ácidos graxos poli-insaturados, incluindo o famoso ômega-3. Graças a eles, fornecem energia, enquanto diminuem o colesterol ruim (LDL) e preservam o colesterol que é bom para o corpo, para as células e para os vasos sanguíneos (HDL). Os peixes mais ricos em ômega-3 são aqueles chamados "gordurosos": anchova, salmão, cavala, arenque, sardinha e truta. Eles contêm de 5% a 12% de gordura, contra apenas 1% a 4%, em relação aos peixes magros.

Devido a esses benefícios extraordinários à saúde, a Anses[1] recomenda o consumo de peixe duas vezes por semana, alternando-se entre peixes gordurosos e peixes magros. Também é importante variar as espécies, as origens (cativeiro ou selvagem) e entre peixes de água salgada ou doce. Todos os peixes podem ser atingidos por poluentes pesados e até perigosos. A melhor maneira de se proteger é sempre optar pela variedade. Além do mais, essa diversidade é mais atraente para o apetite e para o paladar, que se enriquece com outros sabores e novidades.

O QUE É UM BOM PEIXE?

O peixe tem várias apresentações que correspondem a diferentes formas de consumi-lo e conservá-lo. Pode ser fresco, inteiro e eviscerado, em filé ou em postas. Pode também ser congelado, salgado, enlatado ou defumado.

Naturalmente, sempre que possível, recomenda-se escolhê-lo fresco, na barraca de um peixeiro de confiança. Isso não é apenas uma garantia da qualidade e do frescor do ingrediente, mas também a melhor maneira de obter informações úteis sobre seu preparo ou a melhor época para consumi-lo. Quando compramos na feira, pode-se reconhecer o frescor do peixe pela sua aparência. Para os peixes inteiros, os olhos, que são as partes mais frágeis, devem estar brilhando, com cores vivas. As brânquias devem estar vermelhas ou rosadas. A carne deve estar firme e brilhante.

Por ser tão perecível, é importante seguir algumas regras na hora de comprá-lo. Deve-se comprar o peixe por último e levá-lo para casa em sacola ou bolsa térmica. Em seguida, devemos secar o peixe com papel-toalha (pois as bactérias adoram a umidade), embalar em filme plástico, para evitar o contato com o oxigênio (as bactérias também gostam de ar), e mantê-lo por no máximo 2 dias na parte mais fria do refrigerador.

Os peixes em conserva, defumados, salgados e secos são muito mais fáceis de armazenar. O mais difícil é selecioná-los rigorosamente. Novamente, os rótulos e os selos de qualidade são uma ajuda eficaz quando se busca a melhor qualidade nutricional, sanitária e organoléptica.

PARA COZINHAR BEM O PEIXE

A variedade de peixes corresponde à multiplicidade de formas de preparo. De cru a frito, o peixe adapta-se a todos os tipos de cozimento, inclusive ao processo sem uso de calor.

PEIXE DEFUMADO, SUSHI E SASHIMI, TARTAR E CARPACCIO

O salmão defumado, frequentemente presente em mesas festivas, é também um peixe cru, apesar de não ser lembrado

---

[1] Anses é a agência francesa para a segurança sanitária de alimentos, do meio ambiente e do trabalho.

a saber

O FRESCOR DOS CONGELADOS

Os peixes congelados são processados ainda no barco de pesca, sendo colocados imediatamente a uma temperatura entre -40 °C e -30 °C.

Assim costumam preservar seu frescor, sendo uma boa solução na falta de peixe fresco. Cuidado para não conservá-los por mais de 6 meses: algumas qualidades nutricionais, incluindo o ômega-3, deterioram-se rapidamente.

---

e enriquecida com legumes, ou no vapor, aromatizando também a água do cozimento. Enfim, pode-se usar o forno micro-ondas para peixes pequenos que cozinham rapidamente.

CONCENTRAR PARA COZINHAR

Cozinhar o peixe em uma panela ou prepará-lo em papillote favorece a concentração dos sabores. A carne do peixe, que deve estar bem firme na hora de escolher, fica impregnada por sua guarnição aromática. Esse cozimento ajuda a preservar a textura e enriquece seus sabores próprios com os dos temperos, que devem ser utilizados com moderação para não esconder os sabores sutis do peixe.

COZINHAR NO FORNO

Para assar um peixe no forno, o colocamos em uma assadeira com uma guarnição úmida abundante para evitar que fique seco: vinho branco, fumet, legumes ricos em água. Isso é especialmente importante para um peixe magro. A carne de peixe deve cozinhar por bastante tempo, de forma lenta e suave. Ela absorve os sabores adicionados a ela, que devem ter delicadeza aromática, respeitando a natureza desse tipo de carne.

---

como tal: seu preparo se dá a 25 °C, o que não é suficiente para cozinhá-lo.

Com base em outras tradições culinárias, o sushi e o sashimi japoneses fazem muito sucesso hoje em dia. Usa-se peixe cru, acompanhado simplesmente de arroz, molho de soja, além de wasabi e gengibre em conserva.

O Peru e o Chile nos deram o ceviche e o tiradito, peixes cozidos levemente pela ação de uma marinada de limão, salgada e apimentada.

Por ser tão frágil, é preciso atenção redobrada ao frescor dos peixes ao prepará-los crus.

A ÁGUA E O COZIMENTO

A carne do peixe é naturalmente rica em água. Além disso, é extremamente delicada e frágil. O método de cozimento mais simples, apenas com água, adapta-se perfeitamente à sua delicadeza.

Para prepará-la, você pode cozinhar o peixe no court-bouillon (caldo levemente ácido), em água fervente com ervas aromáticas

a saber

AS APARAS TAMBÉM PROPICIAM PRAZER

Os peixes são muito criticados por suas espinhas, que podem nos dar a impressão de termos uma bola de agulhas na boca. No entanto, basta ter bastante cuidado e ser minucioso ao cortar o peixe ou ao fazer os filés, removendo as espinhas facilmente, retirando-as na direção em que se apresentam. Isso é feito com uma pinça, quando o peixe está cru.

a saber

PAPILLOTES

Pela praticidade, geralmente escolhemos fazer os papillotes com papel-alumínio. Contudo, sabemos atualmente que o alumínio é nocivo sob a ação combinada de calor com ácidos, especialmente do limão, que frequentemente usamos no peixe. Portanto, é aconselhável fazer os papillotes com papel-manteiga. Se pudermos dispor de folhas como as de bananeira, acrescentamos um toque de sabor e visual exótico à receita. Os papillotes podem ser cozidos no forno, no vapor ou na grelha.

UM POUCO MAIS RÚSTICAS, A CHURRASQUEIRA E A GRELHA

São apenas os peixes gordurosos que se adaptam bem ao preparo direto na grelha ou na churrasqueira, já que o calor forte pode ressecar a carne de um peixe magro. Trata-se de uma forma saudável de cozinhar, desde que você não deixe o peixe muito perto das brasas. É uma das melhores maneiras para os aromas naturais da carne se expressarem.

COZINHAR E FRITAR

Uma maneira muito apetitosa de preparar os peixes é fritá-los, envoltos em uma fina camada de farinha de trigo ou de farinha de rosca que protege a carne tenra, dando-lhe um agradável toque crocante. Este é o princípio do cozimento à meunière ou de frituras de peixes minúsculos, como o eperlano, apreciado logo ao sair da gordura da fritura, apenas temperado com sal. Evidentemente, esse cozimento é um pouco menos saudável, mas é uma ótima maneira de introduzir o universo dos peixes a comensais pouco habituados a eles.

Quando nos interessamos pelos peixes, observamos que, pela variedade de espécies e pela diversidade dos preparos, as receitas são inesgotáveis: pratos saudáveis, que encontram lugar tanto nas mesas festivas, quanto nos menus cotidianos.

O PODER DO OCEANO

Moluscos e crustáceos formam uma grande família – os frutos do mar –, cujas especificidades permanecem pouco conhecidas do público em geral, mas sempre aclamadas pelos *gourmands* e *gourmets* que fazem verdadeiros festins reais com essas iguarias. Esses animais estranhos, mais frequentemente oferecidos pelos mares e oceanos do que pelas águas doces, são de uma delicadeza única e inigualável. Sua carne, delicadamente perolada, pode ser apreciada sozinha ou acompanhada pelos melhores pratos. São ingredientes de luxo, geralmente reservados para momentos excepcionais e refeições festivas.

Caranguejos, camarões, lavagantes, lagostins, lagostas etc. Os crustáceos são, na maioria, animais marinhos – apenas algumas espécies são terrestres – cujo corpo é revestido por um exoesqueleto que forma uma carapaça articulada. São compostos de uma cabeça, um tórax (mais ou menos preso no cefalotórax) e um abdômen com apêndices (patas e pinças), que quebramos e raspamos com avidez para obter algumas migalhas a mais de carne. Todas as partes são comestíveis e podem ser usadas na culinária para preparar caldos e molhos, por exemplo.

Vieiras, ostras, mexilhões (ou mariscos), vôngoles, berbigões, vieiras canadenses, vieiras chilenas etc. O molusco e seu corpo mole, origem de seu nome, consistem em uma cabeça, um pé e uma massa visceral, protegidos por uma concha de calcário. Eles possuem formas, texturas e sabores variados. Alguns secretam pérolas e nácares para se proteger de elementos agressivos (grãos de areia, por exemplo).

FRESCOR EXTREMO

Crustáceos e moluscos têm baixa densidade calórica e são muito pobres em gordura. Por outro lado, são, como os peixes, ricos em oligoelementos e minerais essenciais: selênio, cobre, zinco e especialmente iodo.

Os frutos do mar são também fonte excepcional de proteína e ferro. Alguns deles, como os mexilhões (ou mariscos) e as ostras, podem inclusive conter mais ferro que as carnes vermelhas, geralmente consideradas as melhores fontes desse mineral.

Por serem extremamente perecíveis, os frutos do mar devem ser consumidos muito frescos. Os melhores são vendidos vivos. Para o consumidor, essa forma pode trazer uma barreira psicológica, já que precisam ser escaldados ainda vivos. Eles podem ser mantidos vivos na geladeira por até 2 dias, embrulhados em papel-toalha úmido, com patas e pinças amarradas para evitar lesões (entre eles mesmos e com outros ingredientes). Os moluscos também são vendidos vivos com frequência. Para ter certeza do seu frescor, verifique se a concha se fecha quando tocada.

As almas sensíveis e menos experientes a uma certa rusticidade das artes culinárias irão preferir esses produtos congelados que, como os peixes, foram tratados desde a sua saída da água para manter seu frescor absoluto.

SUBLIMAÇÃO E SIMPLICIDADE

Na culinária, a maneira mais segura de sublimar sabores e aromas tão delicados quanto os dos moluscos e crustáceos é prepará-los com simplicidade.

A sobriedade dos temperos e do cozimento valoriza a nobreza dos frutos do mar. Por isso, escalfar e cozinhar no vapor são métodos de preparo altamente recomendados.

a saber

O IODO E O METABOLISMO

O iodo é essencial para o funcionamento do nosso corpo. É um dos principais componentes dos hormônios tiroidianos, que participam do metabolismo básico do organismo: regulação da temperatura corporal, crescimento, reprodução e produção de células sanguíneas. Esses hormônios também afetam o desenvolvimento do sistema nervoso e o funcionamento dos músculos.

citação

A OSTRA DE FRANCIS PONGE

"A ostra, do tamanho de uma pedra mediana, tem uma aparência rugosa, com uma cor não homogênea, brilhantemente esbranquiçada. Pertence a um mundo obstinadamente fechado. No entanto, podemos abri-la: é preciso segurá-la com um pano de prato, com o lado curvo virado para baixo, usando uma faca dentada sem corte, passando a lâmina várias vezes. Os dedos curiosos ali se cortam, as unhas se quebram, pois é um trabalho rude. Os movimentos usados para abri-la marcam o seu conteúdo flexível de círculos brancos, uma espécie de halo. No interior da concha, encontramos um mundo inteiro para beber e comer: sob um firmamento (literalmente falando) de madrepérola, os céus de cima se curvam sobre os céus de baixo, para formar um charco, um sachê viscoso e esverdeado, que flui e reflui ao olfato e à vista, ladeado por uma renda preta nas bordas."

- *Francis Ponge (poeta francês, 1899-1988), em* O Partido das Coisas.

Para cozinhá-los a vapor, colocamos os molucos sobre uma grade em um recipiente fechado, onde se ferve um pouco de água aromatizada com temperos. Esse tipo de preparo é ideal para mexilhões, mariscos ou vôngoles. Após o cozimento, degustamos sua carne acompanhada simplesmente por um tempero leve ou com fatias finas de pão com manteiga.

Alguns moluscos são ainda mais apreciados quando crus, apenas marinados em suco de limão, como as vieiras. Sem mencionar aqueles servidos ainda vivos, como as ostras, que simplesmente separamos de suas conchas, antes de nos deliciarmos.

Naturalmente, há grandes clássicos do repertório culinário que exigem um trabalho mais complexo na cozinha. A maioria dessas receitas nos foram transmitidas desde o século XIX. Isso explica por que são ricas, por um lado, em creme (para intensificar o gosto das carnes delicadas, a gordura é um vetor de sabor) e, por outro lado, em ingredientes requintados, destacando assim a sua nobreza. A receita de Ostras ao sabayon de champanhe é um exemplo perfeito.

SAZONALIDADE

Embora seja possível obter moluscos e crustáceos praticamente durante o ano todo, é aconselhável respeitar a sazonalidade para encontrá-los nas condições mais favoráveis e com menor preço.

a saber

OS MESES DAS OSTRAS, DESDE LUÍS XV

Depois de vários casos de envenenamento mortal pelo consumo de ostras, por causa da alta temperatura ambiente (único meio de conservação na época), um edito real de 1759 proibiu vendê-la entre os dias 1º de abril e 31 de outubro. Essa proibição não apenas protegia os consumidores, mas também impedia a remoção das ostras durante a época de sua reprodução.

	J	F	M	A	M	J	J	A	S	O	N	D
CRUSTÁCEOS												
Camarão	✖	✖	✖	✖	✖	✖	✖	✖	✖	✖	✖	✖
Camarão King							✖	✖				
Caranguejo				✖	✖	✖						
Lagosta-da-noruega				✖	✖	✖	✖	✖				
Lagostim						✖	✖	✖	✖	✖		
Lavagante					✖	✖	✖	✖				
MOLUSCOS												
Caracol marinho			✖	✖	✖	✖	✖	✖	✖	✖	✖	✖
Caramujo marinho												
Marisco ou mexilhão	✖	✖							✖	✖	✖	✖
Ostra	✖	✖	✖						✖	✖	✖	✖
Vieira	✖	✖	✖	✖						✖	✖	✖

Nota do editor: Esta obra foi realizada no âmbito de uma cultura e técnica francesa e em alguns temas como sazonalidades, tipos de peixes, moluscos, legumes e outros, julgamos melhor nos manter fiéis ao original, sem arriscar uma adaptação aos modelos regionais brasileiros, seja porque as dimensões continentais no Brasil muito se diferem da França, seja pela possibilidade de incorrer em modificações erráticas na obra do mestre Bocuse.

Os peixes

PESCADA OU MERLUZA (LÚCIO)

SALMONETE

LINGUADO

TRUTA DO ÁRTICO

TRUTA

BADEJO

DOURADO

LIEU JAUNE
(TIPO DE BACALHAU)

ROBALO

SAINT PETER
OU TILÁPIA

ATUM-VERMELHO

SALMÃO

BACALHAU

RODOVALHO
OU PREGADO

Os crustáceos

POLVO

LULA

SÉPIA

VÔNGOLES

OSTRAS

VIEIRAS

MARISCO OU MEXILHÃO

LAVAGANTE

CAMARÃO-ROSA

LAGOSTINS

CAMARÃO

CARANGUEJO

CAMARÃO-CINZA

Limpar, eviscerar e porcionar
UM BACALHAU GRANDE

NÍVEL DE DIFICULDADE: ♟♟♟

UTENSÍLIOS: tábua de corte, faca de cozinha, tesoura, faca grande de serra e faca para filetar (opcional)

■ Você também pode cortar dessa forma uma merluza ou uma pescada grande. ■

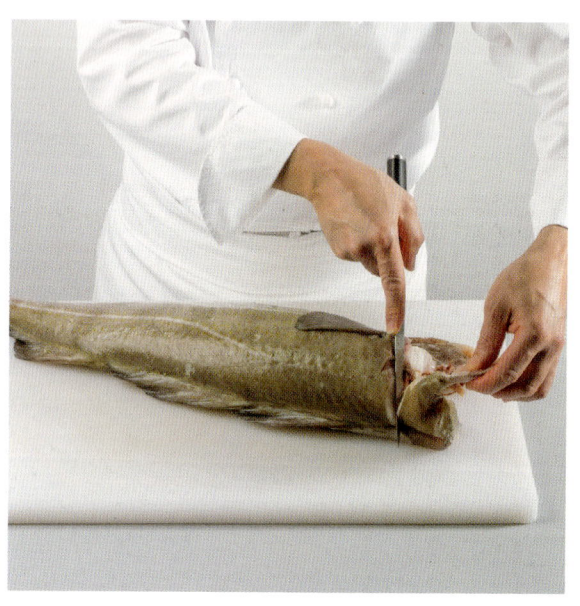

1 Remova a palinha (pescoço) e reserve para sopa ou fumet de peixe (pág. 88).

2 Com a tesoura, retire as barbatanas dorsais e ventrais, cortando da cauda até a cabeça.

3 Retire a película negra da barriga.

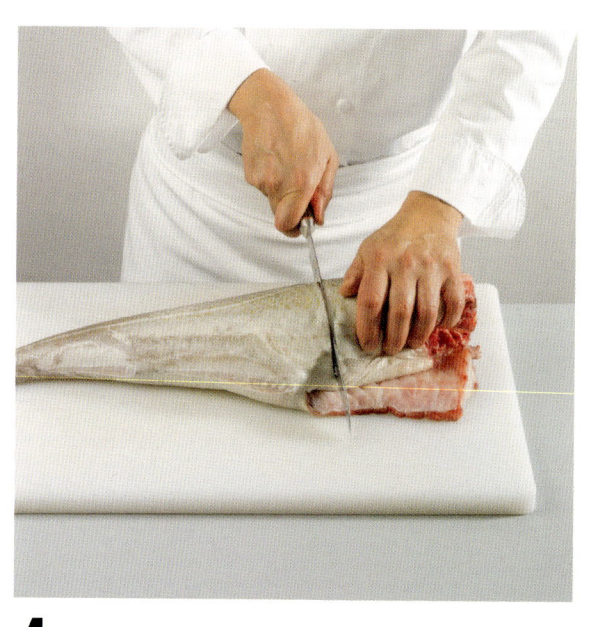

4 Separe a cauda da caixa torácica usando a faca de serra.

5 Retire a espinha dorsal para obter lombos: coloque o peixe de barriga para baixo e deslize a faca ao longo da espinha dorsal, desprendendo a carne de cada lado.

6 Apare ligeiramente cada metade e remova eventuais restos de espinha.

7 Se a receita especificar, retire a pele usando a faca para filetar (de lâmina flexível).

8 Você também pode enrolar e amarrar cada parte ventral, para cozinhar na panela.

9 Também podemos cortar cada metade em dois lombos individuais.

10 Após retirar a parte ventral, podemos fazer filés (pág. 312) com a cauda.

Limpar e cortar
FILÉS DE SALMÃO

NÍVEL DE DIFICULDADE: ♟♟♟

UTENSÍLIOS: tábua de corte, faca para filetar, pinça (ou descascador de legumes)

Dica

A PELE DE SALMÃO FRITA E, em seguida, grosseiramente esfarelada, fica crocante e pode ser adicionada ao salmão cru nos makis.

1 Coloque o salmão descamado, eviscerado, com barbatanas e guelras retiradas e limpo (pág. 316) na diagonal, sobre a tábua de corte, com a cabeça voltada para cima e o dorso virado para você.

2 Segure-o com uma mão e faça uma incisão desde a parte de baixo da cabeça até alguns milímetros acima da espinha dorsal.

3 Guie-se pela espinha para retirar o primeiro filé. Usando a faca de filetar, comece cortando e separando a ponta do filé ao longo das espinhas grandes.

4 Vire o peixe e continue a retirar o filé, passando a faca ao longo das espinhas finas ventrais.

5 Vire novamente o peixe, corte a carne na parte de trás da cabeça e termine de retirar o filé.

6 Vire o peixe para ter acesso ao segundo filé e começar a cortar a carne ao redor da cabeça.

7 Separe a parte de trás do filé da espinha, levantando-a.

8 Remova a parte referente à sustentação das barbatanas, dos dois lados dos filés. Apare ligeiramente as bordas.

9 Localize com os dedos o restante das espinhas sob a superfície e remova-as com a pinça, mergulhando-a em água fria durante o processo (ou retire as espinhas utilizando a ponta de um descascador de legumes).

10 Nesse momento, você pode cortar os lombos a serem cozidos de um lado só.

11 Se a receita especificar, retire a pele com a faca de filetar, segurando-a firmemente na altura da cauda.

12 De acordo com a receita, os filés sem pele são cortados e separados em lombos ou em escalopes (fatias finas).

Dica

PORCIONE UM SALMÃO GRANDE, BEM FRESCO,
e depois o utilize em várias receitas:

• Filé para fazer salmão Wellington ou sashimi;
• Lombo de salmão, com ou sem pele (eventualmente para congelar);
• Tartar com a parte fina da cauda (pág. 317);
• Mousseline com as sobras do salmão (conforme Mousseline com vieiras, pág. 360)

Limpar um salmão

NÍVEL DE DIFICULDADE: ♟♟♟

UTENSÍLIOS: tábua de corte, faca de cozinha, tesoura e escamador de peixe

1 Retire as barbatanas dorsais e ventrais com uma tesoura, cortando no sentido da cauda para a cabeça (tenha cuidado, algumas barbatanas são bem afiadas).

2 Escame completamente todos os lados do salmão, segurando-o firmemente pela cauda. Seja delicado na parte ventral.

3 Abra as guelras e segure as brânquias. Corte-as com uma tesoura, tomando cuidado para não decepar o pequeno ponto que liga a parte inferior da cabeça à barriga.

4 Verifique se o peixe está bem eviscerado e limpo, removendo eventuais resquícios.

Tartar de salmão

NÍVEL DE DIFICULDADE: 👨‍🍳👨‍🍳

RENDIMENTO: 4 PORÇÕES – PREPARO: 20 MIN

UTENSÍLIOS: tábua de corte, faca de cozinha e aro modelador

INGREDIENTES:
400 g de filé de salmão fresco, sem pele e sem espinha – 1 cebola ou ¼ de cebola-roxa cortada finamente – 1 talo de aipo ou ¼ de talo de erva-doce, picado em mirepoix (pág. 440) – 3 colheres (sopa) de ervas aromáticas picadas (endro, cerefólio, manjericão, coentro etc.,) – 3 colheres (sopa) de azeite de oliva – suco de ½ limão, sal e pimenta-do-reino moída na hora (ou pimenta-rosa em grãos)

Para a decoração (opcional): 1 tomate cereja sem pele – raspas de limão, fervidas – raminhos de endro.

1 Corte o salmão em tiras e, em seguida, em cubos bem pequenos.

2 Em um bowl, misture o salmão com o mirepoix, as ervas aromáticas, o azeite e o suco de limão. Tempere com sal e pimenta, a gosto.

3 Utilize um aro modelador nos pratos, para apresentação.

4 Decore e sirva imediatamente.

Gravlax

NÍVEL DE DIFICULDADE: 👨‍🍳👨‍🍳
RENDIMENTO: 8 PORÇÕES
PREPARO: 20 MIN
REFRIGERAÇÃO: 12 A 18 H, CONFORME O TAMANHO

UTENSÍLIO: faca para filetar

INGREDIENTES
100 g de açúcar refinado – 250 g de sal cinza de Guérande (ou sal grosso) – 1 maço de endro picado – 1 filé de salmão grande com a pele (pág. 312)

Dica

OS ESCANDINAVOS servem o gravlax com uma vinagrete de endro, mel e mostarda, e batatas com casca.

1 Misture o açúcar, o sal grosso e o endro em um bowl.

2 Coloque um pouco da mistura no fundo de uma travessa ou fôrma grande e coloque o filé, com a pele virada para baixo. Depois, cubra com o restante da mistura.

3 Espalhe a mistura uniformemente e depois pressione com a palma da mão.

4 Cubra com filme plástico e leve à geladeira por 12 a 18 horas, removendo o suco (a parte líquida) que o peixe soltar a cada 4 horas.

5 Seque cuidadosamente o salmão com papel-toalha, retirando qualquer resquício líquido e o endro.

6 Usando a faca de filetar, corte-o em fatias de aproximadamente 8 mm.

Limpar
UM LINGUADO

NÍVEL DE DIFICULDADE: ♟♟♟

UTENSÍLIOS: tábua de corte, faca de cozinha, tesoura e escamador de peixe

Dica
SE O PEIXE ESTIVER BEM FRESCO, a pele escura sai com facilidade, sem danificar os filés.

1 Com uma tesoura, corte a borda do peixe, removendo todas as barbatanas.

2 Faça uma incisão na pele escura, na altura da cauda, e solte uma ponta de pele.

3 Puxe-a (com a ajuda de um pano de prato, se estiver muito lisa) e retire-a, arrancando-a devagar, mantendo o peixe esticado com a outra mão, avançando à medida que a pele se desprender.

4 Raspe a pele branca com o escamador de peixe (ou com uma faca).

5 Retire as brânquias com uma tesoura.

6 Verifique se o peixe foi bem eviscerado e limpo, removendo qualquer resquício.

Filetar
UM LINGUADO GRANDE

NÍVEL DE DIFICULDADE: ♟♟♟

UTENSÍLIOS: tábua de corte, faca de cozinha e tesoura

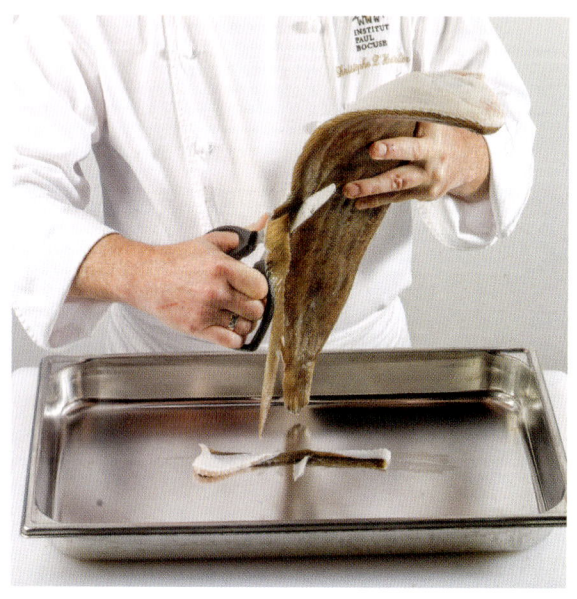

1 Com uma tesoura, corte a borda do peixe, removendo todas as barbatanas.

2 Faça uma incisão na pele escura, na altura da cauda, e solte uma ponta de pele.

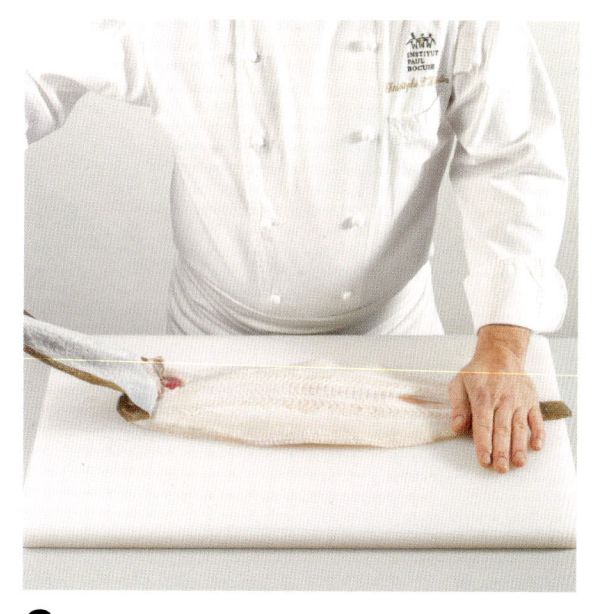

3 Puxe-a (com a ajuda de um pano de prato, se estiver muito lisa) e retire-a, arrancando-a devagar, mantendo o peixe esticado com a outra mão, avançando à medida que a pele se desprender.

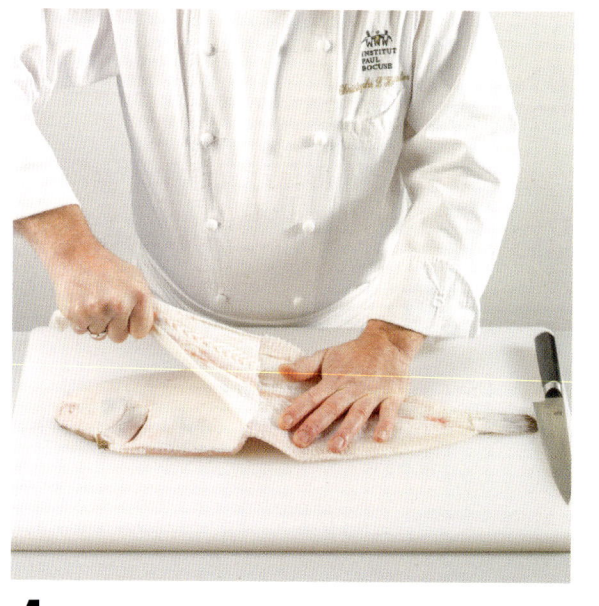

4 Faça o mesmo procedimento com a pele branca.

5 Estenda o linguado sobre a tábua de corte e faça uma incisão na linha lateral, até a espinha dorsal.

6 Remova o filé do lado do dorso, ao longo da espinha dorsal (contornando a cabeça).

7 Gire o linguado e remova o filé do lado da barriga, ao longo da espinha.

8 Vire e repita os passos 5, 6 e 7 do outro lado.

9 Apare os filés, removendo saliências e rebarbas, como a carne que reveste as espinhas. Reserve as espinhas e aparas para fazer um fumet.

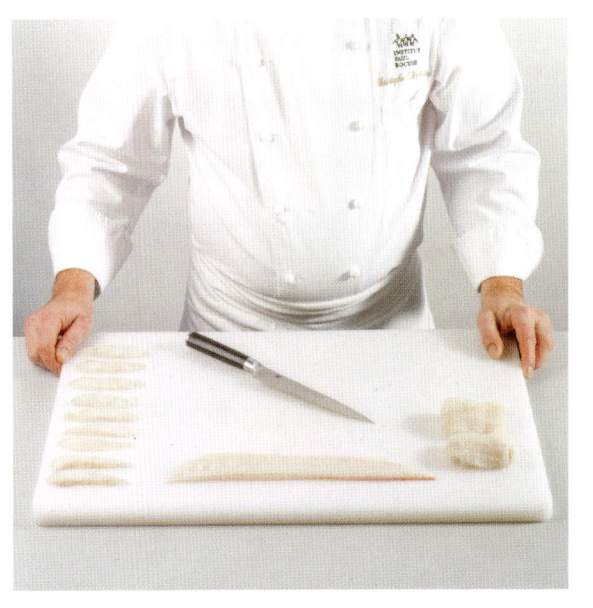

10 Você pode manter os filés inteiros, cortá-los na diagonal, em tiras ou filezinhos, ou enrolá--los para cozinhá-los (receita de Linguado ao molho bonne femme, pág. 326).

Linguado à meunière

NÍVEL DE DIFICULDADE: 👨‍🍳👨‍🍳

RENDIMENTO: 3 OU 4 PORÇÕES

PREPARO: 10 MIN – **COZIMENTO:** 7 A 8 MIN

UTENSÍLIO: frigideira para peixe

INGREDIENTES
1 linguado grande – 150 g de farinha de trigo – 120 g de manteiga – 2 colheres (sopa) óleo de amendoim – suco de ½ limão – 1 colher (sopa) de salsa picada – sal e pimenta-do-reino moída na hora

Dica

ESTA TÉCNICA EXTREMAMENTE SIMPLES é adequada para quase todos os filés de peixe.

1 Tempere o linguado com sal e pimenta. Passe-o pela farinha de trigo, sacudindo para remover o excesso.

2 Aqueça metade da manteiga com o óleo, em fogo alto, e coloque o linguado com o lado da pele branca virado para baixo.

3 Cozinhe por 3 a 4 minutos, vire-o e termine o cozimento em fogo baixo. Regue com a manteiga quente, inclinando a frigideira.

4 Reserve o linguado e descarte a gordura do cozimento. Adicione a manteiga restante na frigideira e a doure levemente.

5 Adicione o suco de limão.

6 Deixe ferver por alguns segundos, emulsionando, adicione a salsa e derrame sobre o linguado.

Filé de linguado
AO MOLHO BONNE FEMME

NÍVEL DE DIFICULDADE: 👨‍🍳👨‍🍳
RENDIMENTO: 4 porções
PREPARO: 25 MIN – **COZIMENTO:** 7 MIN
UTENSÍLIO: panela

INGREDIENTES

100 g de manteiga (em temperatura ambiente) – 200 g de cogumelos Paris, picados – 4 filés de linguado (pág. 322) – 200 ml de fumet de peixe feito com as aparas (pág. 88) – 200 ml de creme de leite – 2 colheres (sopa) de salsa finamente picada – sal e pimenta-do-reino moída na hora

1 Unte uma assadeira com ⅓ da manteiga.

2 Espalhe os cogumelos e coloque os filés temperados com sal e pimenta-do-reino por cima.

3 Derrame o fumet de peixe na assadeira.

4 Cubra com papel-manteiga.

5 Aqueça no fogão até ferver e, em seguida, termine o cozimento em forno preaquecido (160 °C) por aproximadamente 5 minutos.

6 Em uma travessa oval rasa, reserve os filés com um pouco do fumet de peixe. Mantenha-os aquecidos. Despeje o fumet restante em uma panela.

7 Espere reduzir em fogo alto, até ficar espesso o suficiente para cobrir as costas de uma colher (ponto napé).

8 Adicione o creme de leite e reduza novamente até engrossar o molho.

9 Fora do fogo, emulsione o restante da manteiga. Em seguida, adicione a salsa.

10 Cubra os filés com o molho e gratine rapidamente em uma salamandra ou grill. Sirva imediatamente.

Empanar badejo
À MODA INGLESA

NÍVEL DE DIFICULDADE: 👨‍🍳👨‍🍳

RENDIMENTO: 4 PORÇÕES

PREPARO: 15 MIN – **COZIMENTO:** 8 MIN

UTENSÍLIOS: frigideira e espátula vazada

INGREDIENTES

4 badejos – 2 ovos batidos – 140 g de farinha de trigo – 140 g de farinha de rosca fina – 50 g de manteiga – 50 ml de óleo de amendoim – sal e pimenta-do-reino moída na hora – 1 limão

1 Abra o badejo pelo dorso (pág. 338) e prepare 3 pratos: um com farinha de trigo, outro com ovo batido e, o último, com farinha de rosca.

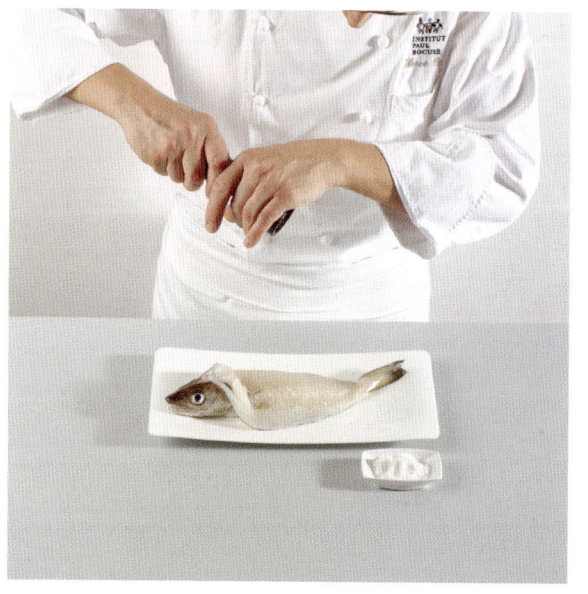

2 Tempere o peixe com sal e pimenta.

3 Passe-o primeiramente na farinha de trigo, depois no ovo batido e, por fim, na farinha de rosca.

4 Em uma frigideira antiaderente, frite-o em uma mistura de manteiga com óleo bem quente.

Dica

ESTE MÉTODO DE EMPANAR À INGLESA aplica-se a todos os tipos de filés de peixe: merluza, pescada, bacalhau etc.

5 Quando um dos lados estiver dourado, vire o peixe delicadamente.

6 Frite o outro lado por três minutos, regando regularmente com o óleo quente.

7 Coloque o peixe sobre várias camadas de papel-toalha.

8 Sirva imediatamente com uma fatia de limão e molho tártaro (pág. 32).

Tempurá de goujonnettes
DE LINGUADO

NÍVEL DE DIFICULDADE: 👨‍🍳👨‍🍳

RENDIMENTO: 3 OU 4 PORÇÕES

PREPARO: 10 MIN – **COZIMENTO:** 5 MIN

UTENSÍLIOS: frigideira e fouet

INGREDIENTES

100 g de farinha de trigo – 50 g de amido de milho – ½ colher (chá) de fermento em pó – 250 ml de água gelada – óleo para fritura – filés de 1 linguado grande, cortados em goujonnettes (filezinhos) (pág. 323) – sal e pimenta-do-reino moída na hora

1 Aqueça o óleo a 170 °C. Misture a farinha de trigo, o amido de milho, o fermento e incorpore a água gelada, com o fouet, fazendo uma massa mole.

2 Tempere os filezinhos com sal e pimenta. Mergulhe cada filé na massa mole e, depois, imediatamente no óleo quente.

3 Deixe fritar por alguns minutos até ficarem bem dourados.

4 Seque-os sobre várias camadas de papel-toalha e sirva-os com limão ou molho verde (pág. 36), por exemplo.

Limpar
UM RODOVALHO

NÍVEL DE DIFICULDADE: ♟♟♟

UTENSÍLIOS: tábua de corte, faca de cozinha e tesoura

▪ Você também pode preparar um bagre desta forma. ▪

1 Com uma tesoura, corte a borda do peixe, removendo todas as barbatanas.

2 Remova também as brânquias com a tesoura.

3 Verifique se o peixe foi bem limpo e eviscerado, removendo qualquer resquício, abrindo um pouco mais a cavidade abdominal, se necessário.

4 Limpe e seque a cavidade e o exterior do peixe com papel-toalha. Ele está pronto para ser cortado em postas ou em filés.

Cortar filés
DE RODOVALHO OU PREGADO

NÍVEL DE DIFICULDADE: ♟♟♟

UTENSÍLIOS: tábua de corte, faca de cozinha e faca para filé de peixe

▪ Corte, da mesma forma, filés de bagre. ▪

Dica

CADA VEZ MAIS SE ENCONTRA o rodovalho de cativeiro, e cada vez menos o selvagem.

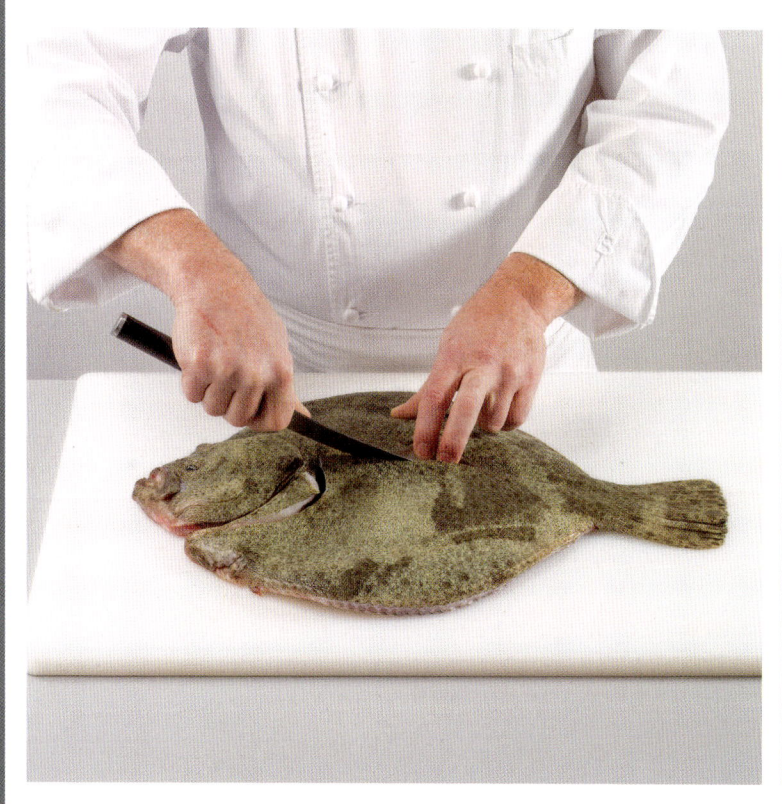

1 Coloque o peixe preparado (pág. 331) horizontalmente sobre a tábua de corte, a cabeça virada para a direita e o dorso virado para você, e faça uma incisão na linha lateral até a espinha.

2 Corte e faça o filé do dorso, ao longo da espinha dorsal (contornando a cabeça para aproveitar a carne).

3 Gire o peixe e retire o filé do lado da barriga, ao longo da espinha.

4 Vire o peixe, repetindo os passos 1 a 3.

5 Remova cuidadosamente a pele dos filés com a faca de filetar (com lâmina flexível), segurando firmemente a pele pela cauda.

6 Apare os filés, se necessário, e remova as rebarbas. Reserve as espinhas, a pele e as aparas para fazer fumet de peixe, e as rebarbas para enfeitar, por exemplo, um vol-au-vent.

Cortar um rodovalho
(OU UM PREGADO)
EM POSTAS

NÍVEL DE DIFICULDADE:

UTENSÍLIOS: tábua de corte, faca de cozinha e cutelo (ou faca grande)

- Corte assim também um bagre em postas.

1 Remova a cabeça, cortando-a em semicírculo e certificando-se de obter o máximo de carne da parte de trás da cabeça.

2 Segurando-o pela cauda, divida o peixe com a faca ou o cutelo várias vezes ao longo de todo o seu comprimento, no meio da espinha dorsal.

3 Corte cada pedaço do peixe em 3 ou 4 porções. Para obter um peso regular, corte as partes finas mais largas do que as partes grossas.

4 Lave bem as postas, removendo qualquer vestígio de sangue, e seque-as cuidadosamente.

Escalfar as postas
NO COURT-BOUILLON

NÍVEL DE DIFICULDADE: 👨‍🍳👨‍🍳

UTENSÍLIOS: sauteuse, escumadeira e faca

▪ Ferva, da mesma forma, as postas de rodovalho ou de bagre ▪

1 Ferva 1 litro de court-bouillon para peixe (pág. 86) e adicione as postas.

2 Reduza o fogo e cozinhe por 8 a 10 minutos, dependendo da espessura das postas: o caldo deve apenas começar a borbulhar.

3 Retire as postas com uma escumadeira.

4 Retire com cuidado a pele e as espinhas: a carne deve desprender-se facilmente e não mais apresentar marcas rosadas. Sirva com beurre blanc ou molho holandês (págs. 52 e 42).

Limpar
UM PEIXE REDONDO

NÍVEL DE DIFICULDADE: 🧑‍🍳🧑‍🍳🧑‍🍳

UTENSÍLIOS: tábua de corte, faca de cozinha, tesoura e escamador de peixe

■ Você pode preparar robalo, badejo, salmonete, entre outros, da mesma forma ■

1 Corte as nadadeiras dorsais e ventrais com uma tesoura, retirando-as da cauda em direção à cabeça (tenha cuidado, algumas são muito afiadas).

2 Encurte levemente a cauda.

3 Descame o peixe cuidadosamente, segurando-o firmemente pela cauda. Seja delicado na parte ventral.

4 Abra as guelras e segure as brânquias.

Dica

NA FALTA DE UM ESCAMADOR DE PEIXE, você pode usar uma colher de sopa.
Para evitar que as escamas voem pela cozinha, descame o peixe dentro da água.

5 Puxe suavemente, mas tenha cuidado, as brânquias são afiadas. Uma parte das vísceras geralmente vem junto. Cuidado para não rasgar a barriga.

6 Com a tesoura, aumente ligeiramente o orifício natural e retire as vísceras remanescentes.

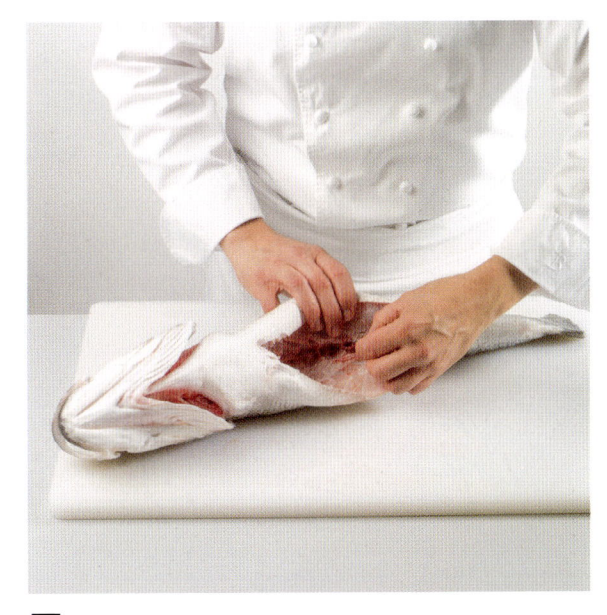

7 Certifique-se de retirar a parte amarga e amarelada, que se situa na parte interna, ao longo da espinha central, e a película preta que reveste a parede da barriga.

8 Limpe cuidadosamente o peixe com papel-toalha.

Retirar a espinha
DE UM PEIXE REDONDO PELO DORSO

NÍVEL DE DIFICULDADE: ♟♟♟

UTENSÍLIOS: tábua de corte, tesoura, escamador de peixe e faca

Dica
Você pode retirar dessa mesma forma a espinha de robalo, badejo ou truta.

1 Com uma tesoura, corte as barbatanas dorsais e ventrais, da cauda até a cabeça.

2 Encurte levemente a cauda.

3 Escame cuidadosamente o peixe, segurando-o firmemente pela cauda. Cuide para não perfurar a barriga.

4 Abra as guelras e segure as brânquias.

5 Puxe suavemente (tenha cuidado, as brânquias são afiadas). Retire todas as vísceras por essa abertura. Tenha cuidado para não rasgar a barriga, que é muito frágil em alguns peixes, como o badejo.

6 Faça uma incisão no peixe pelo dorso, indo da cabeça até a cauda, e de ambos os lados da espinha dorsal.

7 Desprenda cada filé da espinha, sem soltar a carne da cabeça nem danificar a barriga.

8 Com uma tesoura grande, corte a espinha rente à cabeça e depois rente à cauda.

9 Remova a espinha, puxando-a lentamente para arrancar as espinhas finas centrais.

10 Corte a base da nadadeira ventral sem perfurar a pele.

11 Lave delicadamente o interior do peixe, tendo o cuidado de remover as vísceras remanescentes e a película escura que reveste a pele da barriga. Em seguida seque com papel-toalha.

12 O peixe está pronto para ser empanado ou recheado.

Dica

ESTE MÉTODO SE APLICA aos peixes que devem ser empanados inteiros à moda inglesa (pág. 328) ou recheados, por exemplo, com recheio tipo mousseline (ver Mousseline com vieiras, pág. 360).

Cortar filés
DE PEIXES REDONDOS

NÍVEL DE DIFICULDADE: 👨‍🍳👨‍🍳

UTENSÍLIOS: tábua de corte, faca de cozinha e faca para filetar (opcional)

■ Nesta receita utilizamos um robalo. ■

1 Coloque o peixe na diagonal sobre a tábua de corte, com a cabeça virada para a esquerda e o dorso virado para cima.

2 Mantenha-o esticado, segurando-o com uma mão, e faça uma incisão a partir da cabeça até a espinha dorsal.

3 Faça um corte na carne, ao redor das brânquias, para aproveitar a porção de carne acima da cabeça.

4 Usando a faca na diagonal, corte e retire o primeiro filé.

Dica

FAÇA UM FUMET DE PEIXE concentrado com as espinhas e as aparas (pág. 88),
e congele-o para usar posteriormente.

5 Gire o peixe sobre a tábua de corte, com a cabeça virada para a direita. Corte e retire o segundo filé.

6 Se necessário, apare a parede abdominal, que é muito fina em alguns peixes.

7 Se a receita especificar, remova suavemente a pele com a faca de filetar, segurando firmemente a pele pela cauda.

8 Retire as aparas do filé.

Cortar filés
E FAZER MEDALHÕES DE TAMBORIL

NÍVEL DE DIFICULDADE: 👨‍🍳👨‍🍳

UTENSÍLIOS: tábua de corte e faca de cozinha

Dica

VOCÊ TAMBÉM PODE CORTAR OS FILÉS em pedaços ou amarrá-los com barbante para, eventualmente, assá-los (veja como porcionar um bacalhau, pág. 310), enrolados no bacon.

1 Coloque o tamboril com a barriga virada para baixo. Retire a pele das costas, cortando as membranas que as ligam com uma faca bem afiada.

2 Corte e retire os dois filés, fazendo uma incisão em ambos os lados da cartilagem central.

3 Retire as aparas de cada filé.

4 Separe cada filé da parede ventral (ela poderá ser usada para uma guarnição ou mousseline).

5 Termine de aparar os filés (as aparas poderão servir para fazer um fumet).

6 Corte medalhões de 2 cm de espessura.

Preparar um
TAMBORIL

NÍVEL DE DIFICULDADE: 👨‍🍳👨‍🍳

RENDIMENTO: 6 PORÇÕES

PREPARO: 20 MIN – **COZIMENTO:** 10 MIN POR KG

UTENSÍLIOS: tábua de corte, faca de cozinha e panela

INGREDIENTES

1 kg de cauda de tamboril – 6 dentes de alho, descascados e cortados ao meio – 1 ramo de alecrim, só as folhas – 50 g de farinha de trigo – 50 g de manteiga – 4 colheres (sopa) de azeite – rodelas de limão – sal e pimenta-do-reino moída na hora

1 Coloque o tamboril apoiado sobre a barriga. Com uma faca bem afiada, retire a pele, cortando as membranas que se conectam com o dorso.

2 Retire o máximo das aparas das pequenas membranas.

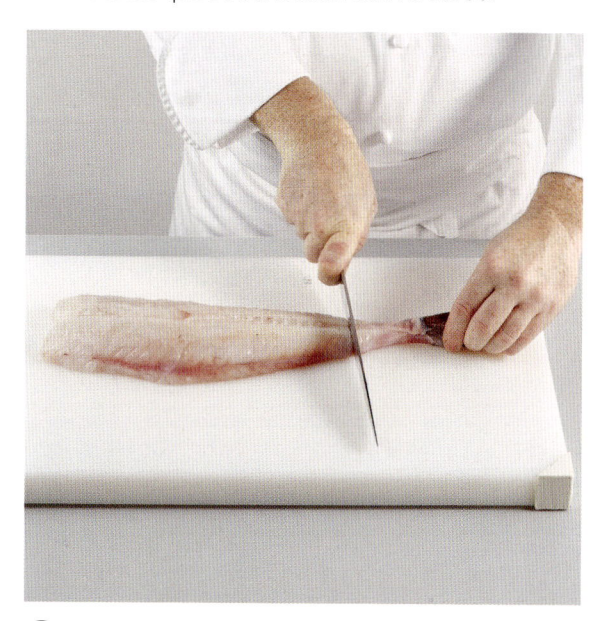

3 Corte e descarte a parte fina da cauda.

4 Faça incisões na carne, inserindo o alho e os ramos de alecrim.

5 Com um barbante, amarre firmemente a cauda de tamboril, como se fosse enrolar tournedos, com a técnica de fio a fio (pág. 152).

6 Tempere com sal e pimenta e passe na farinha de trigo.

7 Aqueça a manteiga com o azeite na panela e junte o peixe. Deixe-o dourar por completo.

8 Leve a panela ao forno preaquecido (200 °C) e cozinhe por 10 minutos para cada quilo, regando várias vezes a cauda com seu próprio suco.

Grelhar
UMA POSTA DE PEIXE

NÍVEL DE DIFICULDADE: 👨‍🍳👨‍🍳

UTENSÍLIOS: frigideira ondulada (ou grelha) de ferro fundido e assadeira

• Você pode grelhar atum ou peixe-espada desta maneira. •

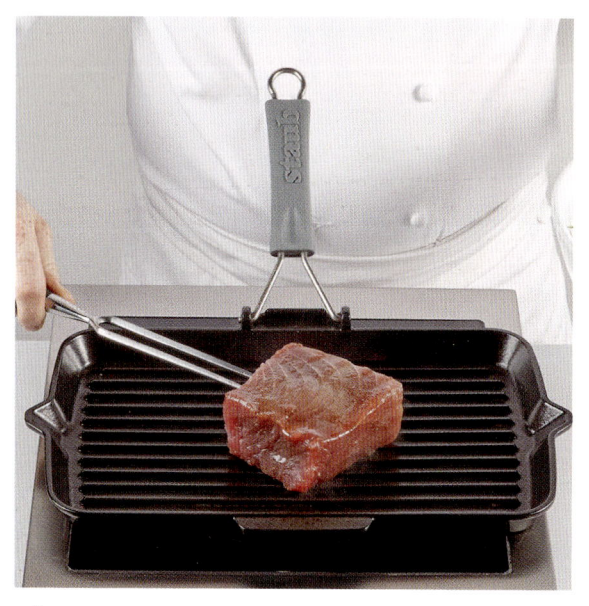

1 Marine a posta por aproximadamente 1 hora (pág. 115). Em seguida, escorra e coloque-a na frigideira bem quente.

2 Cozinhe por aproximadamente 30 segundos. Gire ¼ de volta e conte mais 30 segundos. Vire o peixe para dourar o outro lado por aproximadamente 1 minuto.

3 Coloque a posta em uma assadeira e pincele a marinada.

4 Cozinhe no forno preaquecido a 170 °C por aproximadamente 4 minutos.

Grelhar
SALMONETES

NÍVEL DE DIFICULDADE: 👨‍🍳👨‍🍳

UTENSÍLIO: frigideira ondulada de ferro fundido

Dica
EVITE MEXER E MANIPULAR O PEIXE NA FRIGIDEIRA; espere que a pele se desprenda.

1 Marine o salmonete eviscerado e escamado por aproximadamente 1 hora (pág. 115).

2 Escorra-o e tempere com sal e pimenta. Leve-o na frigideira bem quente. Frite por 3 minutos, fazendo ¼ de volta na metade do tempo para obter marcas de losangos.

3 Vire-o delicadamente para cozinhar o outro lado da mesma maneira.

4 Regue com um fio de azeite e sirva com algumas folhas de manjericão e fatias de limão.

Quenelles de merluza

NÍVEL DE DIFICULDADE: 👨‍🍳👨‍🍳👨‍🍳

RENDIMENTO: 1,5 KG APROXIMADAMENTE (30 QUENELLES DE 50 G)

PREPARO: 40 MIN – **COZIMENTO:** 6 MIN POR PORÇÃO

REFRIGERAÇÃO: 3 H

UTENSÍLIOS: peneira, escumadeira e frigideira grossa

INGREDIENTES
500 g de filé de merluza (pescada ou lúcio) sem pele – 1 gema de ovo + 2 claras – 150 g de manteiga em ponto de pomada + 60 g de manteiga derretida – sal e pimenta-do-reino moída na hora (ou pimenta-de-caiena)

Para a massa da quenelle: 250 ml de leite – 100 g de manteiga – 125 g de farinha de trigo peneirada – 4 ovos – sal

■ Tradicionalmente, estas quenelles são servidas gratinadas com Molho Nantua (pág. 92). ■

1 Coloque a merluza em tiras no mixer (ou no processador), adicionando a gema, as claras e a manteiga, até obter uma pasta lisa. Tempere com sal e pimenta.

2 Passe a massa por uma peneira fina, em um bowl colocado sobre um recipiente maior com gelo (banho-maria invertido).

3 Adicione a manteiga derretida à mistura.

4 Para a massa, ferva o leite com a manteiga em uma panela. Adicione o sal.

5 Então, retire a frigideira do fogo e adicione a farinha de trigo de uma só vez, mexendo rapidamente.

6 Volte ao fogão e deixe secar em fogo baixo, mexendo até que a massa fique bem lisa. Deixe esfriar.

7 Coloque a massa em um bowl e incorpore os ovos, um por um.

8 Incorpore a mistura ao creme de merluza. Cubra com filme plástico e leve à geladeira por 3 horas.

9 Tempere a água do cozimento com sal e espere levantar fervura. Molde as quenelles: pegue uma colher de sopa de massa e dê-lhe o formato de um bolinho alongado, passando-a para outra colher repetidamente.

10 Escalfe-as em água fervente por aproximadamente 6 minutos, virando-as na metade do cozimento. Retire-as com uma escumadeira e escorra sobre um pano de prato.

Preparar lagostins

NÍVEL DE DIFICULDADE: 👨‍🍳👨‍🍳

UTENSÍLIO: faca de cozinha

Dica

OS LAGOSTINS são os crustáceos mais frágeis. Eles são transportados e vendidos vivos, no gelo (o frio os entorpece), ou cozidos vivos, com água do mar, no local de pesca. Descarte os lagostins moles, cujas cabeças estejam soltas ou ao menor cheiro de amoníaco (sinal de deterioração).

1 Desprenda a cabeça da cauda.

2 Pressione os dois lados da casca (carapaça) para partir a parte ventral.

3 Descasque o lagostim, removendo cuidadosamente a casca dos dois lados da cauda.

4 Faça uma pequena incisão no dorso para alcançar o intestino.

5 Retire-o com a ponta da faca.

6 As caudas estão prontas para saltear; as cabeças podem ser usadas em molho americano ou fumet (págs. 98 e 90) ou bisque de crustáceos.

Retirar
O INTESTINO DE LAGOSTINS

NÍVEL DE DIFICULDADE:

- Você pode utilizar esta técnica nas receitas de Molho Nantua e de Lagostim assado e risoto de cogumelos silvestres (págs. 92 e 634).

1 Lave o lagostim com cuidado. Localize a escama central de sua cauda e solte-a, dobrando para cima.

2 Puxe delicadamente para retirar o intestino (o fio preto), que dá sabor amargo ao cozimento.

Cortar uma lagosta
(OU LAVAGANTE)

NÍVEL DE DIFICULDADE:

UTENSÍLIOS: tábua de corte e faca de cozinha

1 Divida apenas a frente da cabeça e do tórax. Em seguida, separe a cauda e limpe o interior do tórax (consulte o passo 5 na pág. 357).

2 Usando uma faca grande, corte pedaços de aproximadamente 2 cm de espessura da cauda.

Cortar uma lagosta

(ou Lavagante)

ao meio para grelhar

NÍVEL DE DIFICULDADE: 👨‍🍳

UTENSÍLIO: faca grande

Dica

A LAGOSTA É GRELHADA simplesmente besuntando-a com manteiga salgada, eventualmente com a adição do seu coral ou de alho.

1 Segure a lagosta firmemente e insira uma faca grande verticalmente na parte de trás da cabeça.

2 Faça uma abertura grande na parte da frente da cabeça, girando a ponta da faca.

3 Vire a lagosta sobre a tábua de corte e abra a parte de trás do corpo.

4 Coloque as duas metades sobre a tábua de corte.

5 Remova a parte cremosa e a veia de fel localizada na parte superior do tórax. Deixe o precioso coral (substância verde-escura) ou guarde-o para um molho.

6 Remova o intestino da lagosta.

Abrir e limpar
VIEIRAS

NÍVEL DE DIFICULDADE: 👨‍🍳👨‍🍳

UTENSÍLIOS: faca para ostra e faca de cozinha

1 Segure a concha com a mão não dominante, protegida por um pano dobrado. Insira a faca para ostra no início da pequena lombada, onde há uma fenda.

2 Introduza a faca, raspando a concha superior fazendo o movimento de um arco de círculo para cortar o músculo rente à superfície da concha.

3 Desta forma, a concha cede e você consegue levantá-la para remover a vieira.

4 Remova todos os excessos, mantendo apenas a vieira e o coral. Reserve as "barbas" (músculos ao redor da vieira).

5 Desprenda a vieira e o coral com uma colher.

6 Apare o coral, removendo as partes escuras.

7 Retire a pequena parte dura do lado da vieira.

8 Lave rapidamente a vieira e o coral.

9 Seque cuidadosamente.

10 Lave as barbas e reserve-as com as partes duras, para fazer um fumet (pág. 90).

Recheio de mousseline
COM VIEIRAS

NÍVEL DE DIFICULDADE: ♟♟

RENDIMENTO: 1 KG DE MOUSSELINE

PREPARO: 20 MIN

UTENSÍLIOS: mixer (ou processador de alimentos) e espátula

INGREDIENTES

500 g de vieiras – 1 clara de ovo – 400 ml de creme de leite gelado – 80 g de manteiga derretida – sal e pimenta-do-reino moída na hora ou pimenta-de-caiena

1 Coloque as vieiras no copo de um mixer ou processador.

2 Bata bem até que a mistura fique líquida. Em seguida, junte a clara de ovo com o motor ligado para emulsionar.

3 Transfira a mistura para um bowl e coloque-o sobre um recipiente maior, cheio de gelo (banho-maria invertido).

4 Misture vigorosamente com a espátula, enquanto adiciona o creme de leite aos poucos.

5 Continue batendo, enquanto incorpora a manteiga derretida.

6 Tempere com sal e pimenta e mantenha a tigela sobre o gelo até utilizar.

Preparar lula
OU SÉPIAS PEQUENAS

NÍVEL DE DIFICULDADE: ♟♟♟

UTENSÍLIOS: tábua de corte e faca de cozinha

1 Puxe as nadadeiras e a pele que recobre o corpo da lula.

2 Retire a pele das nadadeiras.

3 Puxe a cabeça.

4 Coloque a cabeça esticada sobre a tábua e corte-a um pouco acima dos olhos, removendo o bico e as vísceras da cabeça.

5 Retire a pena (espécie de concha interna alongada com formato similar a uma pena).

6 Vire a lula do avesso para ter certeza de que está bem limpa.

7 Enxágue cuidadosamente o corpo, os tentáculos e as nadadeiras, secando-os depois sobre papel-toalha.

8 Para obter anéis, corte o corpo em rodelas.

9 Para saltear, divida o corpo e corte tiras ou retângulos, dependendo do tamanho da lula. Se forem espessas, faça cortes superficiais em formato de cruz com uma faca pequena.

10 Para o recheio, pique bem os tentáculos e as nadadeiras.

Limpar
MEXILHÕES

NÍVEL DE DIFICULDADE: 👨‍🍳

UTENSÍLIOS: faca sem corte e peneira

■ O frescor dos mexilhões é imprescindível, tanto quanto o rigor com a limpeza. ■

1 Raspe os mexilhões com uma faca sem corte. Retire os filamentos, puxando em direção à ponta da concha.

2 Lave em água abundante. Enxágue bem, renovando a água até que fique límpida.

3 Retire os mexilhões da água, colocando-os em uma peneira e deixando a areia (que por acaso se juntar) no fundo da água.

4 Descarte os mexilhões abertos e quebrados. Pressione levemente os mexilhões entreabertos; se eles não reagirem se fechando, jogue-os fora também.

Abrir
MEXILHÕES CRUS

NÍVEL DE DIFICULDADE: 👨‍🍳👨‍🍳

UTENSÍLIOS: faca pequena sem corte ou faca para ostra

■ Como as ostras, os mexilhões crus combinam perfeitamente com suco de limão ou com cebola picada bem fina com vinagre. ■

1 Segure o mexilhão com a mão não dominante, protegida com um pano, com a ponta da concha para cima. Pressione a concha, para inserir a faca pela parte interna.

2 Faça um movimento circular para cortar o músculo na cavidade da concha superior.

3 Passe a faca na direção da ponta da concha e corte o segundo músculo, próximo à dobradiça.

4 Levante a concha superior e retire o mexilhão.

Mexilhões
À MARINARA

NÍVEL DE DIFICULDADE: 👨‍🍳👨‍🍳

RENDIMENTO: 1 KG

PREPARO: 10 MIN — **COZIMENTO:** 5 MIN

UTENSÍLIOS: panela grande, panela menor, escumadeira e fouet

INGREDIENTES

1 kg de mexilhões (marisco ou outro molusco) raspados e lavados (pág. 364) – 2 cebolas picadas – 60 g de manteiga – 100 ml de vinho branco – 1 bouquet garni – 3 colheres (sopa) de salsa picada

1 Coloque na panela os mexilhões ainda com as conchas, as cebolas e metade da manteiga.

2 Despeje o vinho branco e adicione o bouquet garni.

3 Cubra e cozinhe em fogo alto até que os mexilhões se abram (5 minutos, aproximadamente). Sacuda a panela 2 ou 3 vezes para cozinhar por igual.

4 Retire os mexilhões com uma escumadeira. Descarte aqueles que ainda estiverem fechados.

5 Transfira o líquido do cozimento para a panela menor, deixando qualquer fundo de areia na panela maior.

6 Leve à fervura. Em seguida, incorpore o restante da manteiga, aos poucos, com um fouet. Junte também parte da salsa.

7 Derrame o molho sobre os mexilhões.

8 Polvilhe o restante da salsa.

Abrir ostras

NÍVEL DE DIFICULDADE: 👨‍🍳👨‍🍳

UTENSÍLIO: faca de ostras

1 Segure a ostra com a mão não dominante protegida por um pano de prato dobrado. Em seguida, procure uma fenda na lateral e insira a faca de ostras.

2 Empurre a faca, com pequenos movimentos laterais.

Sumário

Massas, cereais e leguminosas, grãos, sementes e gramíneas	372
As massas	380
As leguminosas	382
O arroz	384
Os cerais	385

PREPARAR MASSA FRESCA	386
CORTAR A MASSA	387
PREPARAR MASSA FRESCA COLORIDA	388
MEZZALUNE DE RICOTA COM ESPINAFRE	389
TRIÂNGULOS E TORTELLINI	390
RAVIÓLI DE VIEIRAS (PRIMEIRO MÉTODO)	392
RAVIÓLI DE VIEIRAS (SEGUNDO MÉTODO)	394
COZINHAR MASSA FRESCA RECHEADA	395
RAVIÓLI QUADRADO DE COGUMELO	396
NHOQUE DE BATATA	398
COZINHAR BULGUR (TRIGUILHO)	400
COZINHAR QUINOA	401
COZINHAR ARROZ PILAF	402
COZINHAR ARROZ À MANEIRA ASIÁTICA	404
PREPARAR UM RISOTO	406
PREPARAR UM RISOTO DE ESPELTA	408
PREPARAR POLENTA	410
POLENTA GRELHADA	411
COZINHAR FEIJÃO-BRANCO	412
SALADA ASIÁTICA DE LENTILHA	414

Massas, cereais e leguminosas
GRÃOS, SEMENTES E GRAMÍNEAS

Lentilha, feijão, arroz, trigo, grão-de-bico, soja, milho... Alimentos básicos de muitas civilizações, leguminosas e cereais são consumidos hoje principalmente na Ásia, na África e na América Latina. Durante séculos, também constituíram a dieta básica da maioria dos europeus.

Para a botânica, os cereais e as leguminosas são diferentes, mas a cozinha profissional e caseira aprecia combinar esses alimentos. Eles são fáceis de manusear e de cozinhar, e os conservamos por bastante tempo sem dificuldade antes de prepará-los em receitas tão saborosas quanto saudáveis.

PEQUENOS TESOUROS ESCONDIDOS EM VAGENS

As leguminosas são sementes contidas nas vagens de plantas que apresentam uma característica rara. Ao contrário de outros vegetais, suas raízes recarregam o solo com nitrogênio, em vez de retirá-lo. Isso as torna indispensáveis nos ciclos agrícolas, enriquecendo os solos sobre os quais crescem.

Bastante robustas, exigem pouco fertilizante. Uma vez colhidas, todas essas sementes podem ser facilmente armazenadas por um ano ou mais (longe de calor, luz e insetos, que às vezes se aninham nelas, quando esquecidas nos celeiros).

SAÚDE QUE ATRAVESSA O TEMPO

As leguminosas eram base da dieta popular da antiga França rural. Elas podem ser encontradas em diversas receitas clássicas, como cassoulet (com feijão-branco), lentilhas com carne de porco, panisse de grão-de-bico (espécie de polenta de grão-de-bico, de origem italiana, servida, na França, na região de Nice).

Para alguns, elas rimam com comida antiga, popular e até mesmo comum. Para outros, desde que sejam de boa qualidade, evocam o prazer reconfortante das tradições locais que procuramos preservar. Enfim, para aqueles consumidores preocupados com a saúde e o bem-estar, cada vez em maior número, as leguminosas são alimentos milagrosos.

De fato, as leguminosas são pobres em gordura e ricas em fibras e sais minerais. Associadas aos cereais, como no caso da cozinha indiana e da brasileira, elas fornecem um aporte satisfatório de proteínas vegetais. Também são excelente fonte de energia, pela presença de carboidratos complexos. Assim, são recomendadas para atletas antes das competições.

MUITA ÁGUA E PACIÊNCIA

Durante muito tempo, as leguminosas foram preparadas de forma simples. Deixar de molho é o primeiro passo essencial. Uma noite (12h), em grande volume de água, é suficiente – impreterivelmente em lugar fresco para evitar fermentação. Do ponto de vista prático, isso reduz o tempo de cozimento. Também torna os nutrientes que as leguminosas nos oferecem mais assimiláveis. Após o demolho, elas devem ser lavadas e fervidas (o tempo varia de uma leguminosa para outra) em água abundante. Ervas aromáticas (tomilho, louro ou sálvia) são adicionadas à água de cozimento, intensificando o sabor e tornando-as mais digeríveis. Recomenda-se também adicionar algas à água do cozimento para amolecer as leguminosas mais resistentes. O uso da panela de pressão permite reduzir em menos da metade o tempo de cozimento.

Às vezes, as leguminosas são servidas como um cozido ou como sopas, como o caldinho de feijão-preto, degustado em quase todas as refeições na Guatemala.

O sabor das leguminosas é, em geral, pouco pronunciado. Elas são na maioria das vezes suaves, sutis e harmonizam com diferentes especiarias e ervas aromáticas. Podemos associá-las, sem medo, a legumes e carnes para preparar pratos completos, adaptando receitas famosas e sem causar estranhamento.

A tecnologia favoreceu novas formas de preparo, mais simples e menos demoradas, mais adaptadas às necessidades da vida cotidiana. Assim, hoje podemos encontrar leguminosas até em forma de flocos. Eles são grosseiramente amassados, levemente pré-cozidos e desidratados. Como resultado, se tornam menos duráveis do que as leguminosas em estado bruto.

Os flocos podem ser combinados a legumes frescos em julienne, para fazer panquecas. Elas são muito fáceis de ser transportadas e agradam muito às crianças.

Pode-se ainda misturar os flocos com um recheio. É uma técnica que os vegetarianos usam frequentemente para dar um pouco mais de corpo a algumas preparações.

Existem também leguminosas finamente moídas em forma de farinha, que são facilmente diluídas em água. Em seguida, a mistura é engrossada por aquecimento, espessando preparações líquidas. Os mais ousados as utilizam para fazer sopas cremosas ou molhos.

Podem-se obter as leguminosas em flocos nas lojas de produtos dietéticos ou orgânicos. Para satisfazer a clientela, inclusive grandes varejistas já oferecem esses produtos em gôndolas especializadas.

A SOJA, O MAIS ADAPTÁVEL DOS SUBSTITUTOS

Entre as leguminosas, a soja tem um lugar especial[1]. Vinda da Ásia, e principalmente do Japão, desempenha um papel fundamental nas dietas tradicionais. Hoje em dia se apresenta sob formas variadas na Europa, especialmente com o crescimento das dietas vegetarianas e veganas.

Encontramos a soja na forma de "leite" ou "creme de leite" (bebida vegetal), substituindo o leite de vaca. O nome refere-se à doçura desse líquido branco, que na aparência e no sabor aproxima-se do leite. Para fazer o creme de soja, adicionam-se aos grãos, água, óleo e espessantes.

O tofu é o leite de soja coalhado. Ele se apresenta nas formas macia e firme. O macio substitui o creme de leite, com a diferença que não pode ser batido como chantili. Firme, pode ser marinado em caldos e molhos aromáticos. Por ser um produto bastante neutro, absorve facilmente os sabores aos quais está associado. Muito rico em proteínas, é frequentemente usado por vegetarianos como substituto da carne.

---

1 Não há menção aqui a brotos de soja, que são na realidade brotos de feijão-mungu verde ou feijão moyashi e que associamos às leguminosas.

a saber

A SOJA FAZ BEM PARA A SAÚDE?

Os benefícios da soja à saúde são numerosos. Ela reduz o colesterol ruim, protege de alguns tipos de câncer femininos e ajuda a combater o excesso de peso. Contudo, os cientistas preocupam-se com a concentração de isoflavonas, com ação semelhante à do estrogênio, que em excesso pode ser prejudicial. Além disso, a soja é um dos produtos agrícolas mais sujeitos à modificação genética. Por isso, aconselha-se privilegiar os produtos orgânicos. Seja como for, e mesmo que as opiniões ainda sejam divergentes, o consumo de soja em uma dieta variada e equilibrada é, sem dúvida, mais interessante do que perigoso.

Uma vez marinado, pode ser grelhado, frito, cozido em guisado etc. Sozinho e fresco, acompanha saladas para refeições leves e nutritivas.

Enfim, em mercearias asiáticas pode-se comprar missô, uma pasta de soja fermentada por vários meses. Seu uso mais conhecido é como base de sopa (missoshiro). Seu aroma poderoso e seu alto teor de proteína o tornam complemento valioso para melhorar e intensificar o sabor de molhos, dando-lhes um toque asiático.

CEREAIS, UMA FONTE DE ENERGIA E PROTEÍNA

Nutricionalmente, o ideal é associar os cereais com as leguminosas de acordo com os preceitos das cozinhas tradicionais, em proporção média de um terço de leguminosa para dois terços de cereais. É o que acontece, por exemplo, no dahl de lentilhas e arroz, prato típico da culinária indiana. Outras tradições culinárias valorizam essas associações, mas sem respeitar tanto as proporções. São base do cuscuz (semolina de trigo e grão-de-bico) da região do Magrebe, ou da combinação de arroz e molho de soja na Ásia.

Na França, há uma tendência a confundir leguminosas e cereais sob o termo genérico amiláceos. Desde a década de 1970, tenta-se limitar seu consumo, alegando que são fator importante no ganho de peso. No entanto, o pão (forma em que os cereais, basicamente o trigo, são comidos na França) continua a ser indispensável e é um símbolo à mesa.

OS CEREAIS RENOVAM O CAFÉ DA MANHÃ

O café da manhã é a refeição em que os cereais são mais consumidos.

Os cereais panificáveis – isto é, que contêm glúten e que, associados à água, fazem a massa crescer depois de sovados – são necessários para a produção de massas cozidas ou assadas, usadas na panificação e na confeitaria.

Por serem nutritivos, associamos os cereais à fontes de energia indispensáveis, especialmente para as crianças. É difícil, portanto, ficar sem eles, havendo opções para todos os gostos e preferências: torradas, doces, brioches, biscoitos, cereais em flocos, cereais achocolatados, mingau, musli, granola etc.

Bebemos cereais inclusive como "leites" vegetais, como o leite de aveia/arroz ou em bebidas aromatizadas com sabor de chocolate: o Ovomaltine, feito de malte, e outras bebidas feitas com cevada, centeio etc.

Seu uso como *snack* – biscoitos, barras de cereais – torna esse alimento básico para lanches, cafés da tarde, refeições rápidas etc.

FARINHAS, SEMENTES E FLOCOS

Seguindo a tendência, algumas grandes marcas estão procurando substituir o trigo por outros grãos. Além disso, a procura por cereais não refinados tem aumentado.

Encontramos os cereais sob diferentes formas, com usos parecidos aos das leguminosas.

Para preparar os leites vegetais, simplesmente cozinhe sementes ou flocos demolhados e bata-os com água potável em um liquidificador, antes de coá-lo. São bebidas deliciosas e relativamente neutras, substituindo facilmente o leite, se você quiser limitar a ingestão de ingredientes de origem animal ou simplesmente variar a dieta.

a saber

O ARROZ INCA E A MARAVILHA ASTECA

A quinoa e o amaranto são classificados como pseudocereais, pertencentes à família *Chenopodioideae*. Eles não contêm glúten, de forma que não são panificáveis. Contudo, são de extraordinária riqueza nutricional, sobretudo em proteínas. São atualmente aclamados por todas as correntes de alimentação alternativas: vegetariana, orgânica, detox etc. Suas pequenas sementes são cozidas tão facilmente quanto o trigo ou o arroz e adaptam-se como estes aos mais diferentes pratos. Encontramos inclusive suflê de quinoa para o café da manhã. Seu preço é muito mais elevado que o de outros cereais, por ser uma novidade e pelo hábito que despertam.

As farinhas usadas sob o termo "creme" (creme de arroz, por exemplo) são moídas muito finamente para engrossar preparações, fazer molhos e dar mais consistência às sopas.

As farinhas são a forma mais conhecida e mais usada dos cereais, especialmente aquelas que são panificáveis.

Os cereais ainda são usados na forma de semolina (grânulos extremamente finos pré-cozidos) e de flocos, da mesma forma que as leguminosas. Os flocos de aveia são, por exemplo, muito usados em biscoitos.

ENERGIA EM ESTADO BRUTO

Por muito tempo, a imaginação popular considerou os cereais um simples alimento para encher a barriga, capaz de satisfazer os estômagos famintos – como o famoso brioche que Maria Antonieta teria proposto ao povo que exigia pão.

Eles não são apenas um alimento para enganar a fome, mas um verdadeiro reservatório de energia, essencial para o desenvolvimento do organismo. Além disso, é importante notar que alguns cereais são reservados à alimentação dos animais de criação.

Os cereais são ricos em carboidratos complexos (amido), em proteínas, em sais minerais e em fibras. Eles contêm poucos lipídios, e a gordura que há é benéfica à saúde. Esses lipídios estão concentrados no germe, de onde podem ser extraídos (óleo de milho ou óleo de gérmen de trigo, também usado em cosméticos).

Em termos de saúde e sabor, distinguimos os cereais refinados – branqueados por diferentes tratamentos e sem seu farelo – dos integrais, com uma aparência mais rústica, revestidos pela camada exterior, rica em fibra. Os cereais integrais conservam todos os seus nutrientes e são, portanto, muito mais ricos. Contudo, a escolha entre esses dois tipos de cereais não é tão óbvia quanto pode parecer, uma vez que sua película externa concentra também grande parte dos agrotóxicos utilizados na sua produção. Portanto, é melhor comprá-los provenientes de agricultura orgânica certificada.

Entre os cereais, dois ocupam um lugar especial em nossa alimentação. O arroz, consumido em forma de grão, e o trigo duro, com o qual as massas são feitas.

MASSAS, SOFISTICAÇÃO E SIMPLICIDADE

A massa para macarrão é obtida sovando uma sêmola de cereal com água e sal. Eventualmente, podem ser adicionados ovos (são necessários pelo menos 140 g de ovos inteiros ou gemas de ovos por quilo de sêmola para que se aplique a designação "massa com ovos"), ervas e especiarias. Em seguida, a massa é moldada e seca. O processo é simples, requer pouca técnica e remonta às formas mais arcaicas da cozinha. As massas alimentícias já eram conhecidas na Mesopotâmia, na China da Dinastia Han e na Roma Antiga: uma referência à lasanha aparece pela primeira vez em Apicius. A antiguidade das massas e o lugar que possuem nas mitologias nacionais e no patrimônio *gourmand* transformam certas divergências em discussões, cada uma reivindicando a primazia das origens.

Os velhos tempos aparentemente eram mais generosos. No fim da Idade Média, Marco Polo ficou satisfeito por ter despertado na Itália um gosto novo pelas massas alimentícias, trazendo-as de suas viagens à China. Isso mostra que o hábito da Antiguidade tinha se perdido.

Desde as origens, na Europa faz-se massa com sêmola de trigo duro ou com trigo integral, espelta ou trigo-sarraceno. Para massas frescas, é utilizado também o trigo comum. Na Ásia, inclui-se o uso de arroz nas massas.

a saber

SEITAN, UM CONCENTRADO PROTEICO

Esbranquiçado, tem um gosto muito discreto e uma leve textura de borracha.

Apesar da aparência pouco apetitosa, a partir dele podem-se fazer bons pratos, inclusive deliciosos, temperando essa proteína cereal com especiarias, molhos e condimentos. O seitan (glúten) normalmente é comprado pronto, mas não é muito complicado prepará-lo. Para fazê-lo, sove a farinha de trigo ou de espelta (trigo vermelho) com água e enxágue bem, em várias águas de lavagem, para remover todo o amido e manter apenas o glúten. O seitan também contém ferro e vitaminas, incluindo a B2. Em seguida, deve ser temperado e cozido por bastante tempo em banho-maria. Originalmente um alimento básico dos monges budistas, o seitan foi adotado pelos vegetarianos que o marinam para então substituir a carne em vários preparos: ensopados, legumes recheados, molho à bolonhesa etc.

Uma vez secas, as massas medievais podiam ser conservadas por dois a três anos, o que era extraordinário para uma sociedade que vivia na angústia da falta, da escassez, com colheitas ruins e dificuldades para a conservação dos alimentos. Hoje em dia, as massas secas contêm menos de 12% de água e se conservam por uma estação inteira, quando mantidas ao abrigo da luz.

As massas são perfeitamente adaptáveis às produções e gostos locais. No sul da Alemanha, na Suíça e na Alsácia (França) foram desenvolvidos os spaetzles ou spätzles: massa com ovos cuja consistência é muito mole para ser esticada, sendo cozida em água fervente, em pedacinhos. Outro exemplo de receita de massa são os crozets da Saboia (massa com formato quadrado), em que se adiciona farinha de trigo-sarraceno e que secam em temperatura baixa, o que torna seu sabor mais intenso. Algumas massas, em forma de almofadinha ou de meia-lua, contêm um recheio de legumes, de carne ou de queijo: guiozas no Japão, raviólis na Itália, ravioles du Dauphiné na França e pierogi na Polônia.

A ÁGUA DAS MASSAS

As regras de cozimento das massas mudam de acordo com os hábitos familiares. O princípio básico é simples: a massa é vertida em água fervendo temperada com sal, o suficiente para evitar uma concentração muito alta de amido. As massas são cozidas descobertas e devem ser mexidas regularmente. O tempo de cozimento só é contado quando a ebulição recomeçar. Naturalmente, ele varia dependendo da natureza e da espessura da massa. Enfim, como dizia Alexandre Dumas, que às vezes sabia sintetizar a culinária, o cozimento das massas é apenas uma "questão de sensibilidade".

Na maioria das vezes, o macarrão é cozido com um fio de óleo, azeite, de preferência. Porém é inútil, pois o óleo não se mistura com a água e dificulta o cozimento. No entanto, adicionar um pouco de gordura depois que a escorremos é interessante, pois em contato com as massas bem quentes o azeite ou a manteiga ficam mais fluidos, cobrem-nas e as impedem de ficar grudentas.

Quando escorrer o macarrão, não o seque demais. A água com amido do cozimento deixa os molhos mais suaves e espessos. Alguns recomendam inclusive usar algumas colheres de água do cozimento no molho. Ainda que as massas possam estar associadas a legumes, tradicionalmente acompanham carnes em molho ou são servidas como prato único enriquecido com um molho (tomate, carne, cogumelos etc.) e queijo derretido.

Na Itália, mergulha-se a massa al dente e recém-escorrida em um molho para terminar o cozimento. Na França, costuma-se prepará-la no momento de comer para servi-la perfeitamente quente e solta. Cada vez mais sob influência americana, é comum servir a massa gratinada. No Japão, o lámen é um macarrão muito apreciado.

UM PRAZER SAUDÁVEL

A massa é um alimento saudável, mas essa característica não sobressai quando falamos dela. Isso acontece porque o

a saber

O GLÚTEN E OS INTOLERANTES

Nossos ambientes poluídos e os alimentos industrializados favorecem, em grande parte, as alergias e intolerâncias. Assim, a intolerância ao glúten parece se espalhar de forma epidêmica. Não se deve confundi-la com a doença celíaca, uma impossibilidade para assimilar certos nutrientes, incluindo o ferro e o cálcio, por causa do glúten, e responsável por deficiências graves. A intolerância ao glúten é caracterizada pelo maior bem-estar sentido por quem para de consumi-lo. Esse bem-estar pode ser explicado por uma dieta de melhor qualidade e mais nutritiva (abandono de produtos refinados como a farinha e os pães brancos, pobres em fibras e em sais minerais) e uma relativa diminuição nas quantidades ingeridas de glúten.

que adicionamos a ela interfere muito em seu valor nutritivo. Puras, as massas são ricas em carboidratos complexos, que nos fornecem energia para nossas atividades. Essa é uma das razões pelas quais serve-se massa no jantar oferecido aos participantes da Maratona de Nova York, na véspera da corrida. Por muito tempo, os italianos criticaram os franceses por cozinharem muito as massas. Mas já não é mais o caso. Agora se sabe que o macarrão cozido al dente é mais saudável porque sua digestão é mais lenta.

Até a década de 1970, as massas eram desprezadas na alta cozinha. Desdenhavam-se delas por sua simplicidade, por serem muito substanciosas etc. Atualmente, são apreciadas como símbolo de vitalidade e energia.

GOSTOS E FORMAS

Atualmente privilegiamos as massas frescas, e os fabricantes demonstram inventividade no seu formato. A marca Panzani® criou inclusive uma surpresa, pedindo para designers famosos, incluindo Philippe Starck (da Mandala®), criarem formatos exclusivos no final da década de 1980.

Aromatizadas com espinafre, cenoura ou até licor, as massas nos oferecem pratos multicoloridos.

A riqueza do glúten as torna elásticas e flexíveis, permitindo que cozinhem sem se deformar. As massas de trigo duro resistem muito melhor à deformação do que as massas de trigo mole. Por esse motivo, as massas de arroz, sem glúten, quase sempre estão no formato mais simples de espaguete ou talharim. Sua forma não é apenas questão de estética. A escolha depende de como você quer prepará-las.

As massas pequeníssimas como os risoni, estrelinhas e letrinhas são perfeitas para sopas. As com ranhuras (rigadas) ajudam a reter molhos líquidos. Já as retorcidas, como o fusilli e o rochetti (bobinas), retêm em suas espirais molhos cremosos e enriquecidos com queijo derretido.

Assim, as massas agradam desde estudantes na pressa do dia a dia até as famílias, nas mesas fartas de domingo.

A liberdade que oferecem permite adaptá-las a qualquer prato. Podemos inclusive reinterpretar o risoto, preparando-o com massa cozida com um mínimo de água absorvida completamente e finalizado com queijo parmesão.

O ARROZ E SUA SINGULARIDADE

O arroz é um ingrediente indispensável nas cozinhas do Oriente, com usos bem diferentes entre si. Não há nada em comum entre o arroz biryani (indiano), o sushi (japonês) e o nasi goreng (arroz frito da Indonésia), a não ser o arroz. Ele também é muito consumido na América Latina na América do Norte e na Europa.

No entanto, seu cultivo é difícil, ocorrendo apenas em climas tropicais e subtropicais, devido à sua considerável necessidade de luz, calor e umidade. Por razões de desenvolvimento econômico e de localização geográfica, essas áreas são muito pouco acessíveis à mecanização.

Pode ser encontrado inflado (remetendo ao prazer infantil), como farinha, como creme de cereais e, obviamente, no leite vegetal. Mais do que outros cereais, é consumido em geral diretamente em grão.

INTEGRAL, BRANCO OU PARBOILIZADO?

Concentrando-nos apenas nos grãos de arroz, podemos classificar as 8 mil variedades consumidas no mundo em várias famílias, de acordo com formato, áreas de cultivo e de produção, sabores etc.

Na culinária, distinguimos três grupos principais de arroz, conforme o tempo de validade "shelf life", o tempo de cozimento e as qualidades nutricionais.

ARROZ INTEGRAL OU ARROZ CASTANHO

O arroz integral, rico em fibras, é o grão descascado não polido, que preserva, assim, seus nutrientes. Ele contém farelo e gérmen, onde se concentra seu valor nutricional: sais minerais, vitaminas do complexo B, fibras e antioxidantes. Cozinha lentamente, e sua validade é relativamente mais curta. Seu delicado aroma de avelã o torna um ingrediente saboroso para saladas completas, por exemplo. No farelo concentram-se os produtos químicos utilizados em sua produção. Por isso, é melhor escolher um arroz integral cultivado de forma orgânica.

O ARROZ BRANCO

Este tipo de arroz é privado do gérmen e do farelo e polido para obter grãos de coloração madrepérola. Esse processo elimina grande parte de seus benefícios nutricionais. Apesar de sua aparente delicadeza, é extremamente fácil conservá-lo. Entre os tipos de arroz branco mais populares estão o arborio – próprio para risoto – e os arrozes perfumados, cuja delicadeza se associa às cozinhas mais sutis: jasmim, tailandês, basmati etc. O cozimento do arroz branco leva aproximadamente 20 minutos, salvo se for deixado de molho antes de cozido.

O ARROZ PARBOILIZADO

Este arroz é pré-cozido a vácuo com seu farelo antes de ser descascado e desidratado. Quando aquecido a vácuo, os nutrientes contidos no gérmen e no farelo se deslocam para o coração do grão, o que favorece sua preservação. Além de nutritivo, é prático de usar, pois cozinha mais rápido que outros.

VARIAÇÕES EM TORNO DE DOIS TIPOS DE COZIMENTO

Apesar da extraordinária variedade de tipos de arroz e de suas receitas, as formas de prepará-lo são bastante simples, até rudimentares. Elas se limitam a dois tipos de cozimento: o cozimento com grande quantidade de água (lavado ou escorrido) e por absorção (pilaf). No primeiro, o arroz é cozido em grande quantidade de água fervente. Esse cozimento é especialmente recomendado para o arroz integral e o arroz selvagem. Algumas pessoas fazem uma cocção parcial, fechando bem a panela para que o arroz absorva uma parte da água do cozimento, que pode ser aromatizada com especiarias ou ervas aromáticas.

A principal vantagem desse modo de cozimento, além de sua extrema simplicidade, é que os grãos ficam bem separados uns dos outros, o famoso arroz soltinho.

---

a saber

SELVAGEM

Atualmente, consumimos um cereal chamado "arroz selvagem". Ele não é propriamente um arroz, mas se assemelha muito a esse tipo de cereal.

O arroz selvagem é produzido na região dos Grandes Lagos (América do Norte). É uma planta muito resistente, que não exige agrotóxicos. É apreciado por seu sabor pronunciado e sua textura, suave e consistente. Além disso, é rico em proteínas e fibras. Assim, é valorizado por seu sabor e por seus nutrientes.

---

a saber

DEVEMOS LAVAR O ARROZ?

A lavagem do arroz depende do tipo de preparo. Na prática, enxáguam-se os grãos várias vezes em bastante água, esfregando-os. Assim, elimina-se o amido superficial na água. Seguindo o hábito, paramos de lavar quando a água do enxágue ficar límpida. Essa operação também é usada para lavar grãos que talvez estejam sujos, cobertos por poeira. É especialmente útil para livrar o arroz do amido, e assim torná-lo menos pegajoso. Portanto, não há má ou boa prática nisso. Ela é importante para receitas que exigem grãos bem soltinhos, e não recomendada quando precisamos de um arroz pegajoso e grudento.

As modalidades de cozimento na panela elétrica de arroz[2] e no vapor baseiam-se no mesmo princípio. O arroz cozido no vapor é enriquecido por um aroma único, em parte devido ao cesto de bambu usado para prepará-lo. Após uma longa demolha (cerca de 12h), coloca-se uma camada de arroz bem fina sobre um pano que cubra o fundo do cesto de bambu. A trama do tecido deve ser grande o suficiente para permitir que o vapor atravesse. O cesto de bambu é colocado sobre uma panela de água fervente, até cozinhar.

O cozimento pilaf também é bastante simples, mas requer mais precisão quanto à quantidade de água usada, já que o arroz deve absorver todo o líquido. Geralmente, tempera-se a água do cozimento para dar sabor ao arroz.

O risoto é preparado por processo semelhante, exceto pelo fato de que o caldo deve ser adicionado quente e aos poucos, à medida que o arroz o absorve. Para fazer um risoto e em alguns cozimentos pilaf,

---

[2] Aparelho elétrico extremamente fácil de usar, que pode ser encontrado em lojas de cozinha asiática e até mesmo em lojas de eletrodomésticos.

primeiro refogamos o arroz em um pouco de gordura com os temperos, até ficar transparente.

Tradicionalmente, o risoto acompanhava peixes e ensopados. Atualmente, ele é um prato único, muito na moda graças à liberdade que oferece, apesar da complexidade de seu preparo (obrigatoriamente feito na hora de servir e exigindo muita precisão).

No verão, o arroz é usado frequentemente como base para saladas. Também podemos misturá-lo com carne moída em receitas de legumes recheados.

Para terminar com um toque doce, o arroz também é usado como sobremesa no tradicional arroz-doce, símbolo de infância, cozido em leite aromatizado, inchando no líquido restante. Uma variação do arroz-doce é o bolo de arroz. Para fazê-lo, após o primeiro cozimento no leite, faz-se um segundo cozimento no forno, em banho-maria, com uma mistura de ovos batidos e caramelo.

a saber

O VERMELHO E O NEGRO

Entre os arrozes integrais, estão o vermelho e o negro. O arroz vermelho vem do Himalaia e da África. Já o arroz negro vem da China. Ambos seduzem por sua raridade, sua sutileza gustativa e seu valor nutritivo. Evidentemente, a originalidade de sua aparência dá um toque de audácia aos pratos.

As massas

RAVIOLES DE DAUPHINÉ

TAGLIATELLE

RAVIÓLI

MASSA PARA LASANHA

SPÄTZLE

NHOQUE

- ORECHIETTE
- PENNE
- SOBA
- CROZET
- MACARRÃO DE ARROZ

As leguminosas

**FEIJÃO-BRANCO
(GRÃO PEQUENO E LONGO)**

FAVA

FEIJÃO-VERMELHO

**FEIJÃO-BRANCO DE PAIMPOL
(GRÃO REDONDO)**

FEIJÃO-PRETO

LENTILHA VERMELHA

ERVILHA VERDE SECA

GRÃO-DE-BICO

ERVILHA BRANCA SECA

LENTILHA VERDE DO PUY

O arroz

ARROZ LONGO INDICA (AGULHA) PARBOILIZADO

ARROZ BASMATI

ARROZ SELVAGEM

ARROZ DE CAMARGUE LONGO

ARROZ ARBORIO

Os cereais

TRIGO-SARRACENO

ESPELTA OU TRIGO-VERMELHO

SEMOLINA DE CEVADA

QUINOA BRANCA

AVEIA EM FLOCOS

TRIGO KHORASAN KAMUT

Preparar
MASSA FRESCA

NÍVEL DE DIFICULDADE: 👨‍🍳👨‍🍳

RENDIMENTO: 1 KG

UTENSÍLIOS: batedeira e máquina de macarrão

INGREDIENTES
300 g de farinha de trigo – 300 g de sêmola extrafina de grano duro – 6 ovos frescos

1 Coloque a farinha e a sêmola na batedeira, (batedor gancho), ou faça um morro de farinha com uma cavidade no meio. Quebre os ovos e junte-os na massa.

2 Amasse até que a massa fique homogênea e lisa. Espere descansar por 1 hora, à temperatura ambiente.

3 Separe a massa em 8 bolas e passe-as na máquina de macarrão, ajustando a espessura na graduação 1 (mais espessa). Passe as tiras de massa várias vezes, reduzindo a espessura gradativamente, até a graduação 5.

4 Estenda as tiras sobre um pano de prato polvilhado com sêmola. Deixe-as secar por aproximadamente 15 minutos antes de cortá-las (veja a imagem).

Cortar a massa

NÍVEL DE DIFICULDADE: 👨‍🍳👨‍🍳

UTENSÍLIOS: faca de cozinha e máquina de macarrão

1 Corte retângulos grandes da massa antes de porcioná-la. Para a lasanha, corte diretamente retângulos de aproximadamente 8×16 cm.

2 Para o fettuccine, enfarinhe os rolos da máquina, depois passe as tiras. Deixe-as secar esticadas ou em um secador especial para massas.

3 Para o tagliatelle, primeiro dobre pequenos retângulos de massa 2 vezes.

4 Então, corte o tagliatelle de forma regular e desdobre. Seque esticados ou em ninhos (neste caso polvilhe bastante sêmola para que não grudem).

Preparar massa
FRESCA COLORIDA

NÍVEL DE DIFICULDADE: 👨‍🍳👨‍🍳

RENDIMENTO: 1 KG

UTENSÍLIOS: máquina de macarrão e processador de alimentos (ou liquidificador)

INGREDIENTES

6 ovos frescos – 300 g de farinha de trigo – 300 g de sêmola de grano duro extrafino

Para a massa com tinta de sépia: 4 colheres (sopa) de tinta de sépia

Para a massa verde: 1 maço de manjericão (ou 250 g de espinafre cru, bem lavado)

Para a massa com tomate e pimenta: 3 colheres (sopa) de extrato de tomate – 1 pitada de pimenta de Espelette em pó

Para a massa com cogumelos: 2 colheres (sopa) de cogumelos porcini seco

1 Para o manjericão (ou o espinafre), triture-o no processador de alimentos até obter uma pasta. Para os cogumelos, bata no liquidificador até obter um pó fino, reidratando em seguida com 50 ml de água quente. Bata a mistura escolhida com os ovos, antes de incorporá-la à massa (pág. 386).

2 Você pode fazer massas de várias cores e de vários sabores.

Mezzalune
DE RICOTA COM ESPINAFRE

NÍVEL DE DIFICULDADE: 👨‍🍳👨‍🍳

RENDIMENTO: 1,5 KG

PREPARO: 30 MIN

INGREDIENTES

1 kg de massa verde (pág. 388) – 1 clara de ovo

Para o recheio de ricota com espinafre:
400 g de ricota (ou de queijo branco firme) – 300 g de espinafre à moda inglesa (pág. 469), bem escorrido e picado – 1 ovo – noz-moscada, sal e pimenta-do-reino moída na hora

1 Recorte discos de massa com um cortador redondo de 6 ou 7 cm de diâmetro, liso ou serrilhado.

2 Besunte metade da borda dos discos de massa com clara de ovo.

3 Prepare o recheio, misturando os ingredientes. Coloque pequenas porções de recheio sobre metade de cada disco de massa.

4 Feche as mezzalune. Em seguida, aperte as bordas, pressionando-as com o cortador.

Triângulos e tortellini

NÍVEL DE DIFICULDADE: 👨‍🍳 👨‍🍳

RENDIMENTO: 1,5 KG

PREPARO: 30 MIN

INGREDIENTES

1 kg de massa com tomate e pimenta (pág. 388) – 1 clara de ovo

Para o recheio de queijo de cabra com tomate seco:
500 g de queijo de cabra fresco – 200 g de tomate seco no azeite, picado – 1 ovo – tomilho fresco triturado – sal e pimenta-do-reino moída na hora

1 Corte a massa em quadrados de 6 cm de largura, usando uma régua e uma faca/carretilha (pág. 396, etapas 1 a 3).

2 Besunte um ângulo de cada quadrado com clara de ovo.

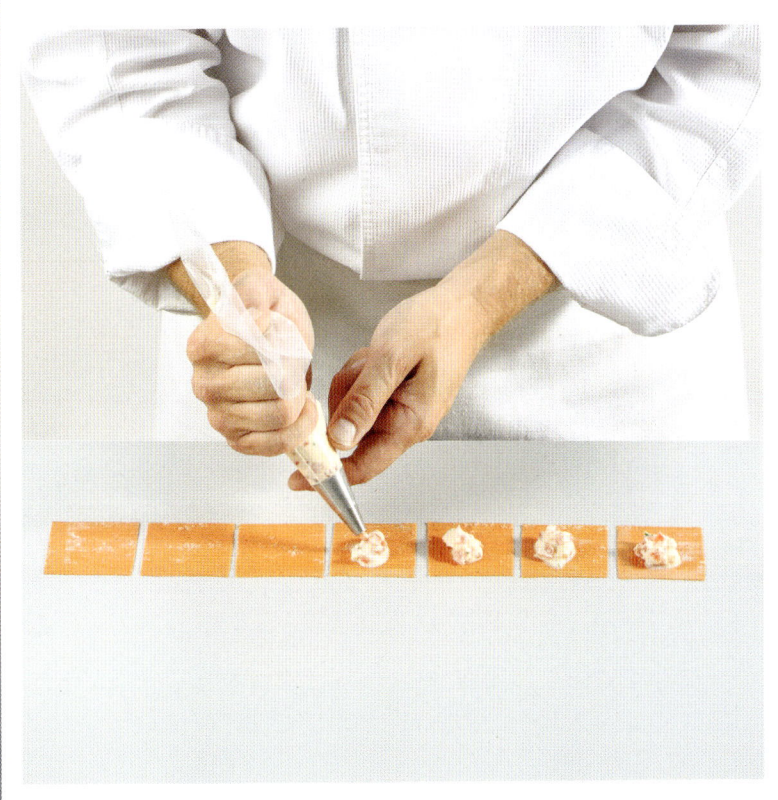

3 Coloque pequenas porções de recheio no canto da massa.

4 Dobre os quadrados na diagonal, fechando-os bem com os dedos.

5 Para obter triângulos perfeitos, acerte o corte com uma faca ou com uma carretilha serrilhada.

6 Para os tortellini, junte as pontas dos triângulos, apertando bem.

Ravióli
DE VIEIRAS
(PRIMEIRO MÉTODO)

NÍVEL DE DIFICULDADE: 👨‍🍳👨‍🍳

RENDIMENTO: 1,5 KG

PREPARO: 40 MIN

INGREDIENTES
1 kg de massa com tinta de sépia (pág. 388) – 1 gema de ovo

Para o recheio de vieiras: 400 g de vieiras cortadas em cubos pequenos, salteadas na manteiga – 1 colher (café) de curry

1 Usando um cortador, corte discos de massa de 6 ou 7 cm de diâmetro.

2 Besunte metade da quantidade dos discos de massa com gema, usando um pincel, e capriche nas bordas.

3 Coloque pequenas porções de recheio no meio de cada disco.

4 Cubra com o restante dos discos, apertando bem as bordas e retirando o ar.

5 Feche as extremidades e aperte-as bem, com o cortador virado de cabeça para baixo.

6 Besunte-os novamente com gema de ovo. Cozinhe em uma panela com água fervente, temperada com sal, por 3 minutos.

Ravióli
DE VIEIRAS
(SEGUNDO MÉTODO)

NÍVEL DE DIFICULDADE: ♟♟♟

RENDIMENTO: 1,5 KG

PREPARO: 30 MIN

INGREDIENTES

1 kg de massa preparada com tinta de sépia (pág. 388) – 1 clara de ovo

Para o recheio de vieiras: 400 g de vieiras cortadas em cubos, salteadas na manteiga – 1 colher (café) de curry

1 Proceda como no ravióli quadrado (pág. 396, etapas 1 a 3). Prepare o recheio e deposite-o em pequenas porções na massa.

2 Besunte a massa com clara de ovo entre as porções de recheio. Em seguida, cubra a tira que está recheada, com o restante da massa.

3 Use os dedos para apertar e vedar os espaços entre os raviólis, trabalhando do centro para fora, retirando o ar.

4 Corte os raviólis com uma carretilha ou com um cortador redondo.

Cozinhar massa fresca
RECHEADA

NÍVEL DE DIFICULDADE:

UTENSÍLIOS: panela e escumadeira

1 Em uma panela grande, ferva água com sal. Coloque a massa e reduza levemente o fogo, de forma que a fervura não a estrague.

2 Deixe a massa cozinhar por 3 minutos. Pressione com o dedo para verificar o cozimento: a massa não deve estar dura, mas também não deve desmanchar.

3 Com uma escumadeira, escorra a massa com cuidado.

4 Sirva imediatamente com um pouco de manteiga derretida ou com um fio de azeite, queijo parmesão ralado e algumas ervas aromáticas.

Ravióli
QUADRADO DE COGUMELO

NÍVEL DE DIFICULDADE: ♟♟♟
RENDIMENTO: 1,5 KG
PREPARO: 30 MIN

INGREDIENTES
1 kg de massa feita com cogumelos porcini (ver a pág. 388) – 1 clara de ovo

Para o recheio de cogumelos: 3 cebolas picadas, refogadas na manteiga com 400 g de cogumelos porcini em duxelles (pág. 458) – 2 colheres (sopa) de creme de leite (ou mascarpone) – 1 ovo – sal e pimenta-do-reino moída na hora

1 Corte tiras de massa com 12 cm de largura.

2 Marque as tiras de massa na metade da largura pressionando levemente com uma régua.

3 Marque a massa na outra direção, para fazer quadrados de 6 cm.

4 Prepare o recheio misturando os ingredientes. Coloque pequenas porções de recheio no meio de cada quadrado.

5 Besunte a massa com a clara de ovo entre as porções de recheio.

6 Cubra a tira de massa recheada com uma tira de massa restante.

7 Pressione com a régua, grudando os raviólis. Trabalhe do centro para fora para retirar o ar gradativamente.

8 Corte os raviólis com uma faca ou com uma carretilha serrilhada.

Nhoque
DE BATATA

NÍVEL DE DIFICULDADE: ♟♟♟

RENDIMENTO: 4 PORÇÕES

PREPARO: 20 MIN

DESCANSO: 30 MIN – **COZIMENTO:** 3 MIN

UTENSÍLIOS: peneira, panela e escumadeira

INGREDIENTES

500 g de batata cozida para purê, à moda inglesa, ou no vapor (pág. 469) – 1 gema de ovo – 200 g de farinha de trigo (aproximadamente, dependendo da qualidade das batatas) – sal

1 Amasse as batatas sem adicionar nenhum líquido e passe o purê em uma peneira.

2 Incorpore a gema de ovo e o sal.

3 Adicione a farinha de trigo aos poucos, até obter uma massa macia que não grude nos dedos.

4 Amasse.

5 Divida a massa sobre a área de trabalho enfarinhada e faça rolinhos do diâmetro de um dedo.

6 Corte-os em pedacinhos de 2 cm e enrole-os.

7 Marque cada pedacinho com os dentes de um garfo. Deixe o nhoque secar por 30 minutos sobre um pano de prato enfarinhado.

8 Coloque o nhoque em uma panela grande de água fervente temperada com sal. Reduza o fogo para que não desmanche.

9 Cozinhe por aproximadamente 3 minutos: assim que o nhoque flutuar, escorra-o delicadamente com uma escumadeira.

10 Sirva-o imediatamente apenas com um pouco de beurre blond (pág. 57) ou com um fio de azeite, manjericão e queijo parmesão ralado.

Cozinhar bulgur
(TRIGUILHO)

NÍVEL DE DIFICULDADE: 👨‍🍳

UTENSÍLIO: panela grande com tampa

1 Em uma panela grande, ferva 2 partes de água para 1 parte de bulgur médio, em volume.

2 Junte o bulgur aos poucos, polvilhando. Tempere com sal e desligue o fogo.

3 Cubra e deixe hidratar por 20 minutos.

4 Separe o bulgur com um garfo e adicione um pedacinho de manteiga ou um pouco de azeite.

Cozinhar quinoa

NÍVEL DE DIFICULDADE: 👨‍🍳👨‍🍳

UTENSÍLIOS: panela grande e peneira

1 Lave a quinoa demoradamente em água fria, para remover o amargor devido à saponina.

2 Escorra e coloque em uma panela grande com água fervente temperada com sal. Cozinhe por aproximadamente 10 minutos.

3 Assim que os pequenos círculos que envolvem a semente começarem a sair, a quinoa estará cozida. Ela deverá ficar ligeiramente crocante.

4 Resfrie sob água fria.

Cozinhar arroz pilaf

NÍVEL DE DIFICULDADE: ♟♟

UTENSÍLIO: sauteuse com tampa

Dica

ESTE MÉTODO é particularmente adequado para o arroz agulhinha ou de Camargue, bem como para a mistura de arroz selvagem, basmati e vermelho.

1 Na sauteuse, sue a cebola picada por alguns minutos, sem dourá-la.

2 Meça o volume do arroz desejado (250 ml/200 g, para 4 pessoas) e coloque-o na sauteuse. Misture bem até que fique perolado.

3 Para cada parte de arroz em volume, calcule 1,5 de caldo (de legumes, de ave, de fumet de peixe ou de crustáceos, de acordo com a receita). Ferva e misture ao arroz.

4 Adicione um bouquet garni.

5 Cubra com um disco de papel-manteiga e então com a tampa. Coloque a sauteuse no forno preaquecido a 160 °C e cozinhe por aproximadamente 17 minutos.

6 Quando o arroz estiver pronto, retire-o do forno e adicione um pedacinho de manteiga, separando os grãos delicadamente.

Cozinhar arroz
À MANEIRA ASIÁTICA

NÍVEL DE DIFICULDADE: 👨‍🍳👨‍🍳

UTENSÍLIOS: escorredor de arroz e panela com fundo duplo

INGREDIENTES
1 parte de arroz basmati ou jasmim (250 ml/200 g para 4 porções) + 1,5 parte em volume de água fria (para o arroz cateto, 1,25 parte de água fria) – sal

Dica
PARA O ARROZ BASMATI, escolha o de qualidade superior em uma mercearia asiática. Seus grãos longos e finos adquirem uma excelente aparência com o cozimento.

1 Lave o arroz em água fria em um bowl, esfregando bem os grãos e trocando a água várias vezes, até que ela fique clara, para remover o excesso de amido. Escorra bem.

2 Coloque o arroz na panela e adicione a água fria. Tempere com sal.

3 Leve à ebulição, em fogo alto.

4 Assim que começar a ferver, reduza o fogo ao mínimo e tampe bem a panela, envolvendo a tampa com uma toalha, se necessário.

5 Cozinhe por 20 minutos, sem retirar a tampa nem mexer no arroz. No final do cozimento o vapor deve formar pequenas crateras no arroz.

6 Deixe descansar por 5 minutos, fora do fogo, ainda coberto. Em seguida, mexa o arroz delicadamente com uma espátula.

Preparar um risoto

NÍVEL DE DIFICULDADE: 👨‍🍳👨‍🍳

RENDIMENTO: 4 PORÇÕES

PREPARO: 10 MIN – **COZIMENTO:** 20 MIN

UTENSÍLIO: frigideira funda

INGREDIENTES

1 cebola pequena picada – 3 colheres (sopa) de azeite – 200 g de arroz arborio – 100 ml de vinho branco – aproximadamente 1 litro de caldo (de legumes, de ave, de fumet de peixe ou de crustáceos, dependendo da receita) – 50 g de manteiga (ou 2 colheres (sopa) de mascarpone, ou 100 ml de creme de leite) – 50 g de parmesão – sal e pimenta-do-reino moída na hora

1 Em uma frigideira funda, deixe a cebola suar por alguns minutos no azeite, sem dourar.

2 Adicione o arroz e misture bem com a espátula até que fique translúcido, mas sem dourar.

3 Regue a mistura com o vinho e deixe evaporar.

4 Junte 2 conchas de caldo quente e cozinhe lentamente em fogo baixo: o arroz absorverá o caldo.

Dica

O RISOTO É FEITO obrigatoriamente com arroz próprio, geralmente o arborio. Melhor ainda se usar o carnaroli, que produz um risoto mais cremoso.

5 Repita o passo 4 várias vezes, até o arroz ficar cozido: ele deve ficar cremoso.

6 Incorpore a manteiga (ou o mascarpone, ou o creme de leite).

7 Adicione o queijo parmesão ralado (exceto se a receita levar peixe ou marisco) e ajuste o tempero.

8 Cubra e deixe descansar por 5 minutos, antes de servir.

Preparar
UM RISOTO DE ESPELTA

NÍVEL DE DIFICULDADE: 👨‍🍳👨‍🍳

RENDIMENTO: 4 PORÇÕES

PREPARO: 10 MIN – **COZIMENTO:** 15 OU 40 MIN

UTENSÍLIO: sauteuse com tampa

INGREDIENTES

1 cebola picada – 3 colheres (sopa) de azeite de oliva – 200 g de espelta (trigo vermelho) – aproximadamente 1 litro de caldo de legumes (pág. 79) – 30 g de manteiga – sal e pimenta-do-reino moída na hora

1 Na sauteuse, sue a cebola por 3 minutos no azeite.

2 Adicione o espelta e mexa até os grãos ficarem bem revestidos de azeite.

3 Adicione 2 conchas de caldo quente e cozinhe em fogo baixo, mexendo ocasionalmente, até que seja absorvido.

4 Repita a operação, mexendo regularmente. O tempo de cozimento é variável (veja a embalagem do produto): em média 15 minutos, para o espelta pré-cozido, e até 40 minutos, para o espelta tradicional.

5 Mexa bem, sem parar, até os grãos amaciarem.

6 Adicione a manteiga e ajuste o tempero. Cubra e deixe descansar por 5 minutos antes de servir.

Preparar polenta

NÍVEL DE DIFICULDADE: 👨‍🍳👨‍🍳

UTENSÍLIOS: sauteuse com fundo duplo e fouet

Dica

O TEMPO DE COZIMENTO é variável (deve ser verificado na embalagem do produto): 5 minutos aproximadamente para a polenta pré-cozida, e até 45 minutos para a polenta tradicional.

1 Na sauteuse, coloque 1 litro de água, 250 ml de leite, 1 colher (café) rasa de sal, pimenta-do-reino moída na hora e deixe ferver. Despeje 250 g de polenta, (rendimento para 6 a 8 pessoas) polvilhando, enquanto bate vigorosamente com o fouet.

2 Reduza o fogo e cozinhe lentamente, mexendo sempre. Para uma polenta cremosa, como um purê de batata, deixe-a mais fluida acrescentando creme de leite, conforme a textura desejada, e sirva imediatamente, antes que endureça.

Polenta grelhada

NÍVEL DE DIFICULDADE: 👨‍🍳👨‍🍳

UTENSÍLIOS: fôrma retangular e frigideira antiaderente

1 Cozinhe a polenta com 750 ml de água com sal e 250 ml de leite (não use creme de leite). Despeje-a ainda quente na fôrma, sobre um tapete de silicone.

2 Nivele a parte de cima da polenta com uma espátula e manteiga derretida. Deixe esfriar. Em seguida, coloque-a por 2 horas na geladeira.

3 Corte a polenta no formato de sua preferência, por exemplo, em tiras. Frite na frigideira antiaderente, com um pouco de azeite.

4 Doure por 3 minutos de cada lado.

Cozinhar
FEIJÃO-BRANCO

NÍVEL DE DIFICULDADE: 👨‍🍳

UTENSÍLIO: panela grande

■ Você pode cozinhar desta forma feijão flageolet, feijão-vermelho, grão-de-bico, entre outros. Você também pode cozinhar lentilhas da mesma maneira, sem considerar o passo 1. ■

Dica

NA PANELA DE PRESSÃO, o tempo de cozimento pode ser reduzido a menos da metade.

1 Deixe o feijão de molho por uma noite, em um bowl com água fria.

2 No dia seguinte, escorra-o e coloque em uma panela com água fria, sem sal. Leve à ebulição e retire a espuma com uma escumadeira.

3 Adicione 1 bouquet garni, 1 cebola e 1 cenoura cortadas em quatro partes.

4 Cozinhe em fogo médio, com a panela tampada, por 35 a 40 minutos. Tempere com sal depois de iniciar a fervura. O tempo de cozimento depende da variedade e da idade dos grãos.

5 Prove um grão de feijão: ele deve estar macio, sem ficar quebradiço. Escorra-o. Retire a guarnição aromática.

6 Você pode incrementar os feijões cozidos com um molho de carne.

Salada
ASIÁTICA DE LENTILHA

NÍVEL DE DIFICULDADE: 👨‍🍳👨‍🍳

RENDIMENTO: 6 PORÇÕES

PREPARO: 15 MIN – **COZIMENTO:** 20 MIN

UTENSÍLIOS: sauteuse e frigideira

INGREDIENTES
200 g de lentilha – 50 g de amendoim inteiro – 200 g de foie gras em cubos

Para o vinagrete: 1 colher (café) de gengibre picado – 1 colher (sopa) de óleo de semente de uva – 1 colher (café) de óleo de gergelim – 1 colher (café) de vinagre de cidra – 2 colheres (sopa) de cebolinha picada

1 Comece o cozimento das lentilhas com água fria, por aproximadamente 20 minutos, até que estejam cozidas, mas ainda consistentes (veja o cozimento do feijão-branco, pág. 412).

2 Doure o amendoim na frigideira.

3 Adicione o foie gras, apenas o tempo necessário para aquecê-lo.

4 Escorra a lentilha morna e adicione o conteúdo da frigideira.

5 Misture os ingredientes do vinagrete em um bowl.

6 Tempere a salada.

Os LEGUMES

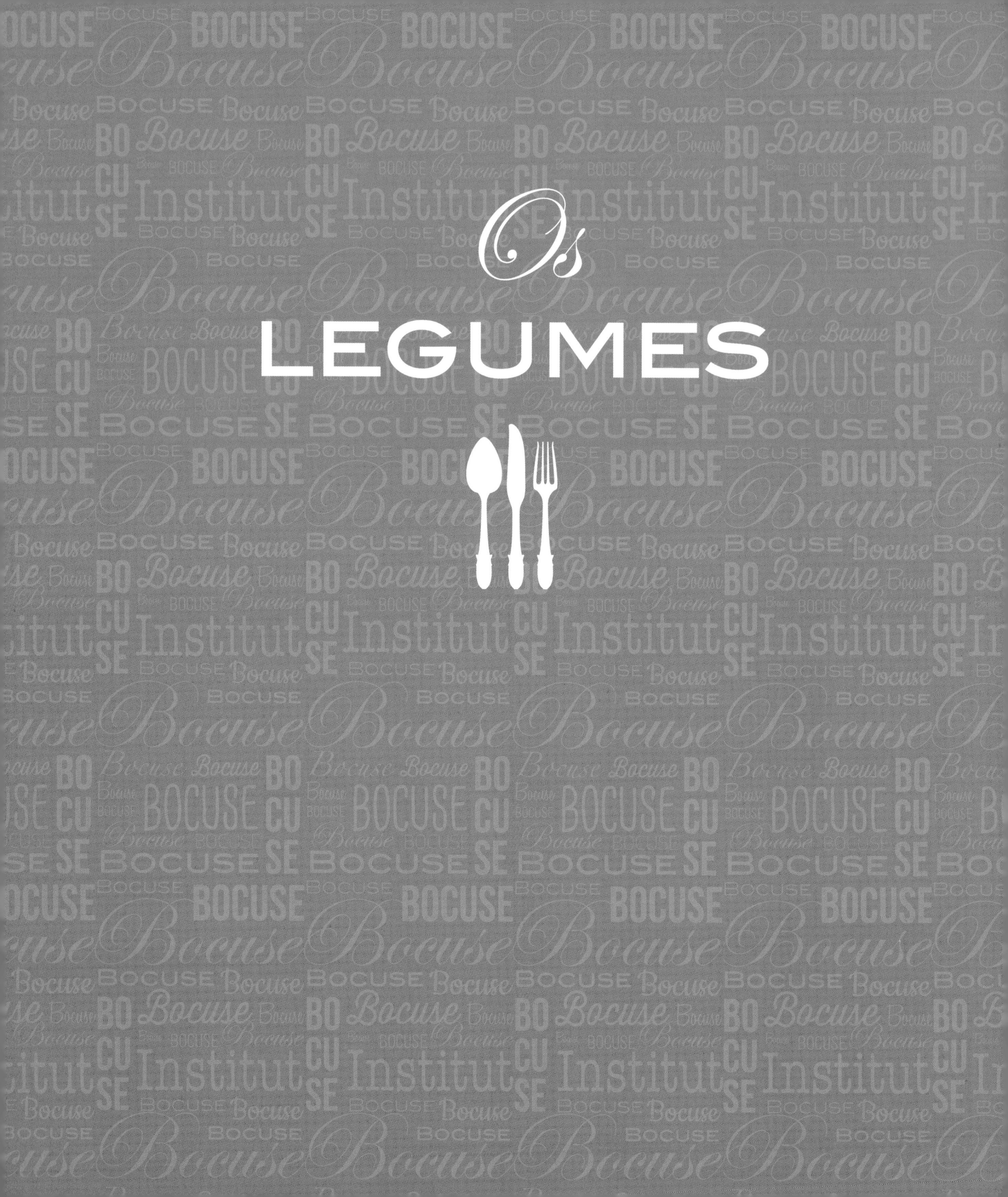

Sumário

Os legumes, um pouco, muito, apaixonadamente: loucos por legumes!	418
As raízes e os tubérculos	430
Os legumes frutos	432
As hortaliças folhosas	434
As batatas	436
Cortar cenouras em rodelas ou na diagonal	438
Cortar cenouras à camponesa	439
Cortar legumes em mirepoix	440
Cortar legumes em macedônia	441
Cortar legumes em julienne	442
Cortar legumes em brunoise	443
Picar o funcho (erva-doce)	444
Frisar e cortar uma abobrinha	445
Picar um pepino	446
Frisar e cortar um pepino	447
Preparar alho-poró	448
Preparar o aipo (salsão)	449
Preparar e descascar aspargos	450
Preparar couve-flor ou brócolis	451
Preparar espinafre	452
Preparar um chiffonnade de alface	453
Cortar um fundo de alcachofra	454
Cortar alcachofras pequenas do tipo poivrade ou roxas	456
Cortar cogumelos Paris	458
Cortar cogumelos grandes	459
Descascar e cortar tomates	460
Fazer bolinhas de legumes	461
Picar a cebola	462
Cortar a cebola em rodelas	463
Picar a chalota	464
Cortar o alho	465
Picar a salsa	466
Picar a cebolinha	467
Picar ervas aromáticas	468
Legumes cozidos à moda inglesa	469
Cozinhar legumes à blanc	470
Glacear cenouras	471
Glacear cebola pérola	472
Caramelizar legumes	473
Cozinhar ervilhas no vapor	474
Tornear batatas	475
Cortar batatas no mandolin	476
Cortar batatas com a faca	477
Saltear batatas cruas	478
Batatas à sarladaise	479
Dourar batatas	480
Batatas Anna	481
Batatas assadas	482
Fazer um purê de batata	483
Batatas fritas em duas etapas	484
Fritar batatas chips	485
Batatas à duquesa	486
Croquetes de batata	487
Batatas dauphine	488

Os legumes

UM POUCO, MUITO, APAIXONADAMENTE: LOUCOS POR LEGUMES!

Somente na França, mais de 2 mil variedades de vegetais são reconhecidas e permitidas para a comercialização, segundo o catálogo oficial de espécies e variedades que foi publicado no *Jornal Oficial*. Delas, os tomates representam mais de 400 variedades. Em outras palavras, se provarmos 3 legumes novos por dia, todo dia, levaríamos 2 anos completos para degustar todos. A natureza raramente se mostra tão generosa em outros lugares. No entanto, apenas três legumes – a batata, o tomate e a cenoura – representam mais de dois terços do consumo anual per capita na França. Essa falta de conhecimento sobre os legumes é lamentável.

No século XIX, com exceção da batata, os legumes não eram considerados suficientemente revigorantes para interessar uma população marcada pela privação: e não somente os pobres, já que os ricos também sofriam com as colheitas ruins e as guerras. A extensão de sua riqueza nutricional, seus sabores e suas cores só foram descobertos tardiamente, depois de reduzidos por muito tempo ao papel de "guarnição".

a saber

ALGUNS QUILOS

Baseados nos últimos números do Institut National de la Statistique et des Études Économiques (INSEE), observamos que, na França, cada família consome em média 30 quilos de batata, 14 quilos de tomate e 9 quilos de cenoura, por ano. Os números caem para 3 quilos para os demais legumes.

UM COQUETEL DE SAÚDE E JUVENTUDE

Além de uma variedade tão vasta, os legumes são associados a inúmeros prazeres gustativos e efeitos benéficos à saúde.

SABOREANDO AS CORES

Os radicais livres são comuns em ambientes poluídos e estimulados por situações de estresse. São, de fato, os responsáveis pelo envelhecimento precoce e por certas patologias graves, como câncer e doenças cardiovasculares.

A absorção de antioxidantes é a arma mais eficaz para limitar sua proliferação e fortalecer as defesas do organismo. É nas frutas e nos legumes que eles são encontrados em maior quantidade.

Entre esses antioxidantes estão os carotenoides, que são pigmentos dos vegetais. Eles dão aos legumes suas cores tão apetitosas e atraentes, do amarelo brilhante ao roxo quase preto. Multiplicar as cores dos legumes consumidos é uma maneira simples e agradável de garantir a variedade desses nutrientes.

Alguns antioxidantes, como o licopeno, que faz o tomate ser vermelho, são lipossolúveis: são mais apropriados para o corpo, quando associados à gordura durante o cozimento. É, por exemplo, um dos segredos saudáveis da cozinha mediterrânea, que preconiza cozinhar com um fio de azeite de oliva.

VITAMINAS FRÁGEIS

As vitaminas desempenham um papel fundamental para o bom funcionamento do corpo humano, que não as produz; portanto, devemos extraí-las dos alimentos. Em vista disso, os legumes são uma excelente fonte de provitamina A e de vitamina C.

→ O JOGO DAS 7 FAMÍLIAS

Existem várias maneiras de classificar os legumes. Na cozinha, podemos distingui-los em 7 famílias:

Família	Descrição	Exemplos
Hortaliças folhosas	Consumimos as folhas que, majoritariamente, são verdes.	Alface, repolho, espinafre, alazão
Legumes com caule ou talo	Consumimos o caule, mais ou menos fibroso.	Aspargos, alho-poró, talo de aipo
Legumes frutos	São considerados frutos em termos de botânica, mas são usados principalmente como legumes.	Berinjela, tomate, abacate, vagem
Legumes de raiz tuberosa e tubérculos	São as partes subterrâneas da planta.	Batata, cenoura, rabanete, nabo
Cogumelos	Selvagens ou cultivados, formam uma família totalmente diferente das outras, sem clorofila, sem raízes, sem caules etc.	Cogumelos Paris, morchella, funghi porcini
Bulbos e vegetais aromáticos	Muitas vezes usados como condimentos, são ervas ou bulbos de plantas aromáticas.	Alho, cebola, cebolinha, salsa
Leguminosas	São legumes duradouros cujas propriedades estão mais próximas dos cereais.	Lentilha, ervilha, grão-de-bico

A provitamina A fornece proteção para a pele, para a visão e para as células do cérebro. A vitamina C promove o crescimento e fortalece a imunidade, e é necessária para a assimilação do ferro e para a construção do colágeno.

Delicadas, as vitaminas desaparecem gradativamente, durante a conservação dos legumes. Elas resistem pouco ao cozimento, daí a importância de escolhê-los com cuidado. Esses nutrientes também são hidrossolúveis e se dissolvem nas águas de lavagem ou quando os legumes são deixados de molho por muito tempo.

As vitaminas se concentram com os sais minerais na casca dos legumes, que devem ser descascados da maneira mais fina possível. O ideal é não descascar os legumes ainda "jovens", como as cenouras novas e nabos pequenos, cuja casca é indicada e boa para o consumo.

AS FIBRAS E A ÁGUA

Como a água, as fibras estão presentes em grande quantidade, nos legumes. Solúveis ou insolúveis, elas não são atacadas pelas enzimas e contribuem para o conforto intestinal, ajudando o corpo a eliminar rapidamente os resíduos tóxicos.

As fibras solúveis retardam a digestão e a absorção dos carboidratos, permitindo o controle da glicose no sangue, um indicador de diabetes. Elas também ajudam a reduzir o colesterol LDL – o colesterol ruim – e limitam as doenças coronarianas.

Para concluir, os legumes saciam e oferecem uma densidade nutricional excepcional para uma densidade de energia muito baixa, e são essenciais para proporcionar prazer gustativo e equilíbrio nutricional. Naturalmente, todos os benefícios que os legumes oferecem dependem da forma de conservá-los, em primeiro lugar. Em segundo lugar, da maneira como serão preparados.

O CALDEIRÃO MÁGICO

Cozinhar é uma operação quase mágica: não apenas altera a composição química dos alimentos, mas também transforma os sabores, os aromas, as texturas, as cores etc.

Até os anos 1970, o cozimento dos legumes era caracterizado pelo excesso. Excesso de tempo de cocção e excesso de temperatura, que destruía os nutrientes, desbotava as cores, extinguia os sabores e alterava as texturas diferentes em uma consistência macia e uniforme. A cozinha contemporânea é nitidamente muito mais respeitosa em relação às qualidades próprias dos legumes delicados, e oferece cinco ótimas maneiras de cozinhá-los. Talvez até seis, se contarmos os legumes crus ou servidos como carpaccio.

COZINHAR OU NÃO COZINHAR

Na salada, ralados ou em palitos, os legumes crus são mais ricos em nutrientes se não forem cortados com muito tempo de antecedência e se forem lavados em água corrente. No entanto, nem sempre são a melhor opção para o bem-estar, pois as fibras, quando cruas, podem ser um pouco difíceis de digerir.

No carpaccio, os legumes (beterraba, erva-doce, cogumelos Paris, rabanetes rosa, rabanetes negros etc.) não são cozidos pelo calor, mas colocados para marinar em um suco cítrico picante ou em um vinagrete. Nesse caso, os legumes são cortados em fatias finas e uma parte dos seus nutrientes se perde. Eles permanecem excelentes para a saúde quando são frescos e de boa qualidade. É quando estão crus que nos oferecem suas melhores tonalidades e o seu melhor valor nutricional.

COZINHAR COM ÁGUA QUENTE PARA SIMPLIFICAR

Um dos métodos mais comuns para cozinhar legumes é mergulhá-los em um grande volume de água fervente temperada com sal. Este cozimento apresenta uma vantagem gustativa se for feito da forma mais curta possível e interrompido por resfriamento em água gelada.

Os tubérculos, cujas polpas apresentam uma textura farinhenta como a batata, demoram mais para cozinhar; é melhor mergulhá-los em água antes de começar. Lento e progressivo, o cozimento é mais homogêneo. Os legumes que apresentam textura branca, como o cardo, algumas espécies de acelga ou corações de alcachofra, são suscetíveis à oxidação muito rapidamente, o que é evitado pela adição de suco de limão e um pouco de farinha de trigo na água de cozimento. Este cozimento é chamado à *blanc*.

COZINHAR NO VAPOR, UM MODO SUAVE

O cozimento no vapor é derivado do cozimento em água, e é tão simples quanto benéfico, por preservar as qualidades nutricionais que são essenciais. São os sabores, as cores e as texturas dos legumes que despertam a vontade de prová-los, e esse método garante que se preservem. Todos os legumes se beneficiam com esse tipo de cozimento, exceto os que escurecem muito rápido. Esses, cozinhamos à *blanc*, e também aqueles que possuem mais água, como a abobrinha, o tomate ou até mesmo a berinjela.

Para cozinhar no vapor, cestas de metal ou de bambu são colocadas sobre um recipiente de base, que será usado para ferver uma pequena quantidade de água, à qual podemos adicionar ervas aromáticas para perfumar levemente os legumes. Usamos uma quantidade mínima de água, para evitar que o conteúdo no fundo da cesta se banhe nela. O conjunto é hermeticamente fechado, para que o vapor não escape (panelas que cozinham legumes no vapor são encontradas com facilidade

---

léxico

ESCALDAR OU BRANQUEAR

Os legumes podem ser branqueados, antes de serem cozidos, imergindo-os por um momento em água fervente e, em seguida, mergulhando-os imediatamente em um volume de água gelada para estancar o cozimento, clarear sua cor e preservar sua firmeza. Esta ação protege o sabor e as qualidades nutricionais antes do cozimento imediato, porque limita a oxidação e permite um tempo de cozimento mais curto. Os legumes também podem ser branqueados, antes de serem congelados, para melhorar a sua conservação.

léxico

CRUDIVORISMO

O crudivorismo nasceu no começo do século XX de uma combinação de estudos nutricionais científicos e de pesquisas espirituais ou ideológicas em torno dos princípios da vida saudável e natural. Os crudívoros consomem apenas produtos crus e, às vezes, são vegetarianos. "Cruzinhar" (cozinhar sem cozimento) requer o uso de produtos substitutos, de novas técnicas e uma inventividade constante.

e muito fáceis de serem usadas). A panela de pressão, muito na moda até os anos 1980, oferece um método de cocção em água que soma temperatura alta e pressão para cozinhar os alimentos rapidamente.

Por último, há o polêmico forno de micro-ondas, tanto usado quanto reprovado, que também permite um tipo de cozimento no vapor, se colocarmos nele uma pequena quantidade de água com os legumes para cozinhar. Mesmo que ainda não tenhamos consciência de todos os riscos à saúde que ele pode causar, podemos limitar os seus efeitos nocivos respeitando três princípios simples: nenhum contato direto entre a água quente e os legumes, potência máxima de 1.000 W e tempo de cozimento inferior a 2 minutos.

ASSAR PARA CONCENTRAR OS SABORES

Quer sejam besuntados com óleo sobre uma fôrma, ou temperados com ervas aromáticas com um pouco de gordura em um recipiente hermeticamente fechado, os legumes assados no forno se beneficiam de um cozimento lento, a uma temperatura razoavelmente baixa. Isso promove a concentração de sabores, incluindo açúcares e revela particularmente a doçura dos tomates, das cebolas e das berinjelas. O cozimento em papillote é uma forma de cozinhar no vapor, pois colocamos o que queremos em uma folha de papel vegetal e a fechamos. Pode-se adicionar ervas aromáticas e outros temperos ao que estiver sendo cozido no vapor.

SALTEAR PARA OBTER UM EQUILÍBRIO *GOURMAND*

Os legumes cortados em pedaços bem pequenos ou em fatias finas para um cozimento na wok são colocados no fogo alto, com uma pequena quantidade de gordura. A cocção muito rápida não altera nem a crocância nem as cores dos legumes, cujas propriedades são preservadas desde que estejam frescos para serem cozidos. De inspiração asiática, este cozimento se adapta muito bem aos legumes que costumamos comer crus, como os pepinos e os brotos de feijão-mungo (erroneamente chamados de brotos de soja).

FRITAR PARA FAZER COM QUE OS LEGUMES FIQUEM MAIS ATRAENTES

Os legumes cortados em pedaços regulares ou em rodelas finas para fazer batatas chips são mergulhados uma ou duas vezes em um banho de óleo neutro e fervente. Extremamente saboroso, este cozimento carrega os legumes em lipídios. Os sabores são valorizados pela gordura, e cada pedaço apresenta uma textura crocante por fora e macia por dentro. Esta forma de cozimento é um grande sucesso, mesmo para aqueles que não apreciam os legumes.

UMA ALQUIMIA *GOURMET*

Sabemos como fazer determinados alimentos porque os amamos, mas também porque é mais simples. Assim, muitas vezes determinamos nossos pratos pela repetição das mesmas receitas.

As cenouras são raladas, os tomates recheados e a sopa de consistência cremosa combina alho-poró com batata. O sucesso desses grandes clássicos garante sua legitimidade, mas por que se privar de outras possibilidades?

Para mais variedade em nossa alimentação e para melhor adaptar as receitas escolhidas aos legumes disponíveis, podemos acrescentar às receitas familiares, outros preparos. Claro, sempre respeitando os grandes princípios de sua preparação. Não devemos subestimar os fundamentos de uma alquimia *gourmet*, favorável ao equilíbrio nutricional e à saúde, já que dispomos de legumes de um frescor excepcional, cultivados nas melhores condições, e seria absurdo desperdiçar seus nutrientes cozinhando-os por muito tempo, por exemplo.

UM COPO DE LEGUMES

Se eles são cheios de água (como os pepinos e os pimentões), os legumes mais frescos são, de preferência, consumidos crus, em sucos e vitaminas. Adicionados de ervas aromáticas, eles são extremamente refrescantes e oferecem tesouros nutritivos, desde que sejam consumidos assim que batidos no liquidificador ou no mixer.

Eles combinam muito bem com os sucos de frutas, como os cítricos, ou com as frutas vermelhas, batidos com gelo picado, com ou sem álcool. Também ficam bem em coquetéis muito originais ou mais clássicos, como o Bloody Mary, feito com suco de tomate e vodca.

A aquisição de um extrator de suco ou de uma centrífuga não é necessária para fazer os sucos de legumes. Eles podem ser preparados com um simples liquidificador, adicionando água ou suco de frutas cítricas, por exemplo, se o legume for um pouco seco. Para um resultado mais líquido, o suco obtido é filtrado, mas privamo-nos da polpa, perdendo desta forma alguns nutrientes.

a saber

O QUE É UMA ALQUIMIA *GOURMET*?

É a combinação de um tipo de receita a um método de cozinhar ideal para um produto específico, que faz de um prato um concentrado de sabor e de saúde.

AS SOPAS QUE MUDAM O CONCEITO DE SOPA

Para preparar sopas no processador de alimentos ou fazer sopas cremosas, os legumes são primeiramente cozidos na água ou no vapor. Isso depende, como já vimos, da proporção de água contida neles. Em seguida, são triturados. Você pode misturar vários tipos para obter um sabor menos pronunciado ou usar apenas uma variedade, para um sabor mais forte. Adicionar um pouco de cenoura sempre traz um toque colorido, muito apreciado pelas crianças.

O creme de leite, o queijo branco e os queijos processados (ou seja, obtidos pela fusão de diversos queijos) oferecem mais liga para as sopas cremosas frias, quando misturados com o restante dos ingredientes. As sopas servidas quentes ficam mais saborosas quando adicionamos a elas um pouco de gordura (manteiga, creme de leite, azeite aromatizado), um pouco de queijo que derrete em contato com o líquido quente, um pouco de presunto ou de bacon picado em cubos. O creme de leite não é obrigatório para se obter uma textura cremosa, que pode ser obtida simplesmente adicionando-se à sopa algumas batatas cozidas amassadas.

Todos os legumes são adequados como base de sopas. Podem-se fazer caldos adicionando-se pequenos pedaços de legumes e carnes, e também algum tipo de massa – como o minestrone. Já as sopas asiáticas pedem vegetais mais firmes, cuja polpa não se desmanche em contato com o caldo, por exemplo: vagem, ervilha fresca e cenoura. Para um melhor resultado, é útil endurecê-los. Ou seja, selá-los bem rapidamente em fogo alto, na wok ou na frigideira.

No passado, os caldos eram oferecidos a pessoas convalescentes ou idosas, mas essa tradição vem caindo em desuso. Entretanto, eles continuam sendo ricos em muitos nutrientes, que os legumes em geral perdem na água do cozimento, sobretudo se forem consumidos o mais rapidamente possível após seu preparo.

Com ervas aromáticas, consumidos quentes ou frios, os legumes são extremamente refrescantes e uma excelente fonte de energia. São um bom substituto para os sucos de frutas matinais, quando tentamos limitar o consumo de açúcar.

TARTAR E CARPACCIO DE LEGUMES CRUS

Como vimos anteriormente, os legumes crus ou cozidos simplesmente pela ação de um suco ácido são particularmente interessantes para a saúde. A exemplo dos sucos, eles devem ser escolhidos bem frescos e de excelente qualidade para garantir seu efeito benéfico.

Saladas verdes são um dos principais elementos das refeições tradicionais. Compostas e enriquecidas com peixes, alimentos ricos em amido, queijo e frutas secas, às vezes também são oferecidas como uma refeição completa. Essa moda tende a eclipsar outros alimentos que podem ser consumidos crus.

Além de apresentarem uma gama muito ampla de preparações, como suas opções raladas e como carpaccios, os legumes também podem ser ótimos tartares vegetais. Estes devem ser preparados com legumes de polpa firme, cortados em brunoise, antes de serem marinados – é o caso do funcho, que combina perfeitamente com tangerinas. A vagem, a batata e a berinjela são praticamente os únicos legumes que não interessam quando estão crus, inclusive não são comestíveis sem estarem cozidos.

Às vezes, o sabor uniforme dos legumes crus pode não ser atrativo. Temperá-los é essencial para valorizá-los. Existem três tipos de tempero que podem ser variados infinitamente: os queijos frescos e aromatizados, as emulsões preparadas com uma substância gordurosa (como a maionese ou o patê de anchovas) e, finalmente, as misturas de frutas com legumes, como a guacamole.

TRITURADO, AMASSADO, ESPREMIDO: O PURÊ

A polpa tenra de alguns legumes, espremida ou simplesmente amassada com um garfo, é perfeita para fazer purês macios e cremosos. A berinjela, cuja polpa cozida é levemente picante, merece a denominação de "caviar". O aipo rábano e as *cucurbitaceae*, temperadas com um pouco de noz-moscada, combinam perfeitamente com as carnes ensopadas no inverno.

Adicionar algumas batatas aos purês de legumes cujo sabor seja muito acentuado pode suavizá-lo para que todos os apreciem.

Preparar um purê de batata é menos simples do que se pode imaginar à primeira vista. É preciso cozinhar os legumes de maneira uniforme e medir com precisão a quantidade de líquido necessária para alcançar uma boa consistência. Não adicionamos água às berinjelas: elas são simplesmente cozidas, cortadas ao meio e levadas ao forno. As abóboras também não precisam de água (as morangas devem ser cuidadosamente escorridas). A escolha das batatas é decisiva. Aquelas cuja polpa é firme – charlotte, chérie e ratte – são perfeitas para os purês.

a saber

AMASSADOR DE BATATA x MIXER

Quando fazemos um purê de batatas no mixer, o amido contido nelas se desenvolve, conferindo uma textura elástica, quase pegajosa. É por isso que é melhor usar um espremedor de batatas manual ou simplesmente amassar as batatas com um garfo.

NÔMADES E DIVERTIDAS

Sobre o tubérculo mais amado, a batata: já observamos seu cozimento em forma de fritura, que permite fazer batatas fritas, chips e bolinhos. Clássicas, cortadas em palitos finos (batata palha) ou mais grossas (pont-neuf), as batatas fritas têm muitos tipos de apresentação. Além disso, como outros legumes de polpa firma, podem ser cortadas em palitos, para fritas, ou em fatias finas, para chips. Os pedaços que são cortados em formato bem regular são fritos em óleo neutro e fervente, antes de serem temperados com sal. No norte da França, as batatas fritas são tradicionalmente preparadas em gordura bovina.

Sabemos que o óleo atingiu a temperatura de aproximadamente 180 °C quando um pedacinho de pão mergulhado na fritadeira libera uma infinidade de pequenas bolhas. Evite fritar grandes quantidades de legumes, pois eles podem baixar rapidamente a temperatura do óleo. Este método de cozimento requer muito óleo. Em casa, podem-se evitar certos riscos à saúde seguindo regras simples. Os bolinhos podem ficar mais delicados quando preparados com produtos tão nobres como as flores de abobrinha, ou exóticos quando os arrumamos à indiana ou à japonesa. O princípio é bem próximo de como são feitas as batatas fritas ou chips. Trata-se de revestir o legume com uma massa muito fina e leve antes de

a saber

TRÊS REGRAS PARA SABER FAZER FRITURA

1 - Troque o óleo da fritura assim que parecer menos fluido e houver impurezas visíveis.

2 - Utilize apenas óleos que possam atingir 180° C sem fumegar, como o óleo de amendoim ou o de canola refinado.

3 - Coloque os legumes fritos sobre um papel-toalha assim que retirá-los do óleo.

---

mergulhá-la no óleo da fritura, que forma uma espécie de casca crocante que preserva a textura macia do legume contido em seu interior. As batatas fritas, as batatas chips e os bolinhos encontram seu lugar em todas as mesas, mas também podem ser apreciados em outros locais: na rua, em viagens, em um piquenique etc. Comidos com as mãos, são alimentos nômades por excelência.

Outra maneira de preparar legumes de forma nômade é fazendo tortas: clássicas, finas, com massa folhada bem estendida ou com massa filo. Você pode preparar uma tarte Tatin (torta francesa tradicionalmente feita com maçãs), em que os legumes se mantêm diretamente em contato com o fundo da fôrma e são cobertos por tiras de uma massa composta por queijo ou bacon, formando uma grade. Este modo de cozimento oferece resultados surpreendentemente saborosos com legumes que não são os mais palatáveis no geral, como a endívia, cujo amargor é aliviado pela caramelização.

CONTEÚDOS E CONTINENTES: O RECHEIO

Foi na França, no século XVIII (precisamente em Versalhes), que começamos a guarnecer a casca dos legumes com um recheio feito com a própria polpa do legume ou com carne moída. Evidentemente essa prática não incluía o tomate, pois não o conhecíamos ainda. Na época, eram recheados legumes grandes como a abóbora, por deixar a mesa mais espetacular. O que se buscava era a valorização dos magníficos legumes provenientes da horta e o seu aspecto natural. Nos dias de hoje, os recheamos para aumentar o sabor dos legumes bem maduros, cozinhando lentamente sua polpa em gordura no forno na sua própria casca, retendo e acentuando os sabores e os sucos do recheio, tradicionalmente preparados com carne picada ou moída. Os legumes mais adocicados, como tomates, berinjelas e cebolas, se adaptam melhor a este modo de preparo. Esse método simples consiste em encher um legume côncavo com uma mistura, e permite todos os tipos de recheios, como cereais, queijos ou mesmo outros legumes. Variedades pequenas recheadas, como o tomate-cereja ou o chapéu dos cogumelos Paris são uma opção simples e saudável de aperitivo.

OS GRATINADOS: COZIMENTO LENTO E DELICADO

Propondo uma forma particularmente saborosa e rica, os gratinados (ou a sua versão meridional, o tian de legumes) são cortados em rodelas de alguns milímetros de espessura e assados lentamente no forno. As rodelas são colocadas em uma travessa refratária, horizontalmente para os gratinados e perpendicularmente para os tians. Nos gratinados, os legumes são cobertos com um preparo contendo (conforme o desejado) creme de leite, queijo e, às vezes, ovos batidos. Um dos mais famosos destes gratinados é o dauphinois, feito com batatas pré-cozidas. Existem tantos tipos de gratinados quanto regiões e tradições familiares. Na Suíça, é polvilhado com o queijo gruyère; na região de Dombes, na França, é o creme de leite que domina.

Podemos cobrir um gratinado com farinha de rosca ou com queijo para dar ao prato sua crocância incomparável após a ação da grelha. Esta fina crosta captura e retém os sabores e o calor do prato. Na maioria das vezes, os gratinados são feitos com apenas um tipo de legume, mas combinar dois ou três deles dá um resultado delicioso, desde que sejam escolhidos legumes que requeiram o mesmo tempo de cozimento. Os tians podem ser preparados de diferentes maneiras, mas são tradicionalmente feitos com os legumes frutos que usamos com mais frequência na cozinha Provençal: tomate, berinjela e abobrinha. As fatias são depositadas com muita precisão, alternadas de forma regular. Elas devem ficar bem apertadas umas contra as outras, para não se desmancharem enquanto o cozimento as reduz. Antes de assar, coloque algumas fatias de alho fresco entre as rodelas de legumes e cubra-as generosamente com ervas de Provence e azeite de oliva.

Pelos legumes que os compõem e pelas combinações que sugerem, consideramos o gratinado como um prato de inverno e o tian, como um prazer de verão.

DA ENTRADA À SOBREMESA

Uma nova concepção de cozinha estimula o cruzamento das técnicas culinárias tradicionais e da confeitaria, enriquecendo-a com a contribuição de outras tradições culinárias. Essas inovações exploram o uso de legumes em preparações doces, para fazer sobremesas. No verão, os sorvetes e as raspadinhas de legumes refrescam de forma eficaz os aperitivos e as entradas. Os legumes de inverno, como a cebola, são preparados em conserva ou em compotas para realçar, com um toque adocicado, o guisado ou a terrine de foie gras. O macaron de legumes recheado com queijo se impõe como aperitivo, assim como o crème brulée agridoce de legumes e, por fim, os bolos de cenoura fazem parte das sobremesas comuns na França hoje em dia.

PARA ESCOLHER BEM OS LEGUMES

É preciso selecionar os legumes com cuidado para qualquer receita que você queira preparar. Os meios de obtê-los são tão numerosos que às vezes essa escolha parece complexa. Em primeiro lugar, um bom conhecimento da sazonalidade torna possível dar prioridade aos produtos que crescem de forma mais natural em determinado momento. Esta é a melhor maneira de estarem no auge da sua riqueza nutricional e gustativa. Também é importante promover os produtores locais. Quando os legumes não precisam atravessar a metade do globo terrestre para chegar em nossa cozinha, eles são mais propensos a terem sido colhidos maduros, e não antes do tempo, amadurecendo depois, privados de sol e em ambientes refrigerados.

FAZER A FEIRA

Como cada legume tem a sua especificidade, determinar os sinais que nos indicam seu estado mais favorável é bastante complexo. Algumas características são comuns para a maioria deles: a casca deve ser bem brilhante – sem que pareça artificial –, sem estar murcha. Deve permanecer firme, como a polpa, quando a apertamos com a mão.

Aqueles que nos parecem muito uniformes e perfeitos demais devem ser eliminados, assim como os que estiverem cortados, amassados ou putrefeitos. Os legumes esteticamente imperfeitos, dos quais se falam atualmente, são tão proveitosos quanto os outros. No entanto, sua aparência não deve ser a evidência de uma má conservação ou de um tratamento não conforme.

Por um longo tempo, fazer a feira para comprar os legumes era algo óbvio. Este continua sendo um prazer para aqueles que frequentam as feiras excepcionais do sul da França ou de algumas áreas rurais e turísticas. Hoje em dia, infelizmente, nem sempre podemos ter a confiança absoluta nessas feiras, pois algumas barracas vendem apenas produtos comprados de atacadistas – os mesmos que abastecem os supermercados.

Para atender ao forte desejo dos consumidores de conhecer melhor a origem dos produtos, os supermercados fecham cada vez mais parcerias com produtores locais.

Uma das vantagens dos grandes varejistas está na velocidade com a qual os produtos frescos entram em estoque e logo em seguida são vendidos para uma grande quantidade de consumidores. Esta rotação acelerada limita o tempo de

---

a saber

CASAMENTOS FELIZES

- A textura aveludada do abacate combina perfeitamente com o chocolate amargo.

- A polpa macia e alaranjada da abóbora faz com que seja um excelente ingrediente para compotas e geleias de frutas.

- O fondant de chocolate pode ser muito bem preparado com beterraba.

presença dos legumes nas prateleiras, ao contrário do que acontece nos mercadinhos de bairro.

Os verdureiros são, junto das feiras, uma boa maneira de obter legumes frescos, mesmo que os preços sejam geralmente mais elevados. São também a melhor solução para encontrar legumes raros, como algumas hortaliças esquecidas por muitos, que não são compradas em quantidade suficiente por não serem rentáveis e, portanto, não estão disponíveis em supermercados. As feiras e as lojas de orgânicos oferecem ingredientes cujas qualidades nutricionais e gustativas são as mais interessantes. Elas cresceram bastante nos últimos anos, para serem acessíveis em quase todas as cidades, e os preços praticados tendem a diminuir para se aproximar dos grandes varejistas.

Por fim, para favorecer as nossas compras num circuito próximo, a venda direta de produtores é uma excelente solução. Atualmente está muito mais simples estabelecer esse contato através da rede AMAP.

TER SUA HORTA

A horta continua sendo uma das escolhas mais assertivas para obter legumes que possam valorizar tanto o trabalho na cozinha quanto o talento empregado para produzir vegetais frescos e saborosos. É também uma ótima maneira de cultivar legumes que não conseguimos encontrar no comércio, como a abóbora-branca, a azedinha, a beldroega etc. Infelizmente, esse tipo de horta só é acessível a uma pequena parcela de consumidores, pois nem todos têm o espaço ou o tempo necessários para mantê-la.

Quando uma horta é bem cuidada e produz uma grande quantidade de legumes, eles muitas vezes amadurecem de maneira simultânea, promovendo uma economia de doação e de troca. Também podemos conservar esses legumes congelando-os.

PENSAR NA IMPORTÂNCIA DOS LEGUMES

Hoje em dia, o lugar que os legumes ocupam na nossa alimentação é fundamental. Entretanto, foi preciso esperar os anos 1970 e a revolução da Nouvelle Cuisine (trazida por chefs como Michel Guérard e Joël Robuchon) para que eles finalmente fossem enaltecidos.

Somente quando o público geral descobriu a riqueza de seus sabores e a liberdade com a qual eles podem ser preparados, os legumes adquiriram a importância que merecem em nossos pratos. Esta descoberta foi adicionada a uma recente e importante preocupação pela saúde, pelo equilíbrio nutricional e pelo emagrecimento.

Nem todos, porém, acolhem tão favoravelmente a grande família de legumes. São as crianças que mais relutam em comê-los, em especial quando o sabor é muito pronunciado: repolho, espinafre, endívia e chicória são unanimemente odiados pelos pequenos. O tomate e a cenoura – sem mencionar a batata, é claro – são os raros legumes que os atraem, seja por já estarem familiarizados a eles, seja por suas cores vivas.

No entanto, podemos incentivar as crianças a comer legumes habituando-as a saboreá-los desde a tenra idade – 4 ou 5 meses –, introduzindo gradativamente em suas refeições algumas colheres de legumes de sabor neutro, que não contenham muita fibra.

Ainda que, na cozinha, sejam os melhores aliados, os legumes têm uma imagem de oposição ao mundo da carne, revelando uma identidade feminina das práticas alimentares. Também oferecem aos pratos a leveza de um mundo multicolorido, muito eficaz nas escolhas da culinária mais contemporânea.

---

a saber

AMAP – ASSOCIAÇÃO PARA A MANUTENÇÃO DA AGRICULTURA CAMPONESA

Esta rede foi muito desenvolvida e se consolidou nos últimos anos. Pode ser facilmente acessada, sobretudo por meio de comitês empresariais ou de associações de bairro. É uma forma eficaz de encontrar inúmeras variedades de ingredientes, reforçando as próprias escolhas econômicas.

a saber

PARA CONGELAR OS LEGUMES

A melhor forma de congelar os legumes é branqueá-los antes de dividi-los em pequenas porções e armazená-las em embalagens perfeitamente herméticas. Depois, basta colocá-las no congelador, com temperatura necessariamente inferior a -10 °C.

Por fim, eles podem ser adequados à maior parte dos regimes restritivos, respeitando as religiões e as filosofias. De fato, mesmo as regras religiosas mais rígidas não impõem nenhuma proibição ao consumo de legumes, qualquer que seja o modo de preparo.

Pela variedade, pela multiplicidade de formas de preparo, pelos benefícios que oferecem à saúde e pela diversidade dos prazeres que nos proporcionam (respeitando, evidentemente, certas escolhas pessoais), os legumes são, talvez, o melhor alimento possível. Para tirar a dúvida, cabe a cada um prová-los, cozinhando-os.

→ DURAÇÃO E MODO DE CONSERVAÇÃO DOS LEGUMES SAZONAIS

Esta é a tabela de legumes sazonais da França metropolitana, com dicas de conservação, além de legumes provenientes de todas as partes do mundo e as formas de produção atuais. É possível encontrar quase todos os legumes em qualquer época do ano, mas respeitando a sua sazonalidade nós os compramos mais saborosos, com mais qualidade nutricional e por um preço mais baixo. Também, quando eles estão em época, se mantêm e se conservam melhor.

Legume	Dicas de Conservação	J	F	M	A	M	J	J	A	S	O	N	D
Abacate	Frequentemente, o abacate passa rapidamente de verde para muito maduro. Ele pode permanecer em temperatura ambiente, em uma cesta de frutas.	✘	✘	✘	✘	✘						✘	✘
Abóbora	Inteira, a abóbora se conserva durante todo o inverno em um local fresco e seco. Em fatias e embalada em filme plástico para alimentos, ela pode ficar na geladeira por 4 ou 5 dias.	✘									✘	✘	✘
Abobrinha	Inteira, a abobrinha se conserva facilmente por 3 ou 4 dias na gaveta de legumes da geladeira.					✘	✘	✘	✘	✘			
Aipo	Como a maioria dos legumes em talos, o ramo de aipo se conserva melhor se guardado envolto em um pano úmido. Desta forma, pode ficar 4 ou 5 dias na geladeira.	✘	✘	✘							✘	✘	✘
Aipo-rábano	O aipo-rábano inteiro e com as folhas se conserva facilmente na gaveta de legumes da geladeira por até 2 semanas.						✘	✘	✘	✘	✘	✘	
Alcachofra	A alcachofra crua pode ser mantida por 3 a 4 dias na geladeira e deve ser consumida no dia após o cozimento.						✘	✘	✘	✘	✘	✘	
Alho	Quando está fresco, o alho só pode ser guardado por alguns dias na geladeira. Seco, ele pode ser deixado por vários meses em local seco, fresco, com boa circulação de ar e protegido da luz.					✘	✘	✘	✘	✘			
Alho-poró	O alho-poró se conserva por 4 ou 5 dias na gaveta de legumes do refrigerador. Picado e cru, ele pode ser mantido por 2 ou 3 dias na geladeira, em um recipiente hermético.	✘	✘	✘	✘					✘	✘	✘	✘
Aspargo	Muito delicado, o aspargo em maço pode ser conservado cru por 1 ou 2 dias, na geladeira, envolto em um pano úmido, com as pontas voltadas para cima.					✘	✘	✘					
Batata	As batatas podem ser mantidas por alguns meses, desde que estejam protegidas da umidade e de uma temperatura ambiente muito fria. Os seus germes não são perigosos, ao contrário das manchas verdes que elas apresentam à medida que envelhecem.	✘	✘			✘	✘	✘	✘	✘	✘	✘	
Berinjela	Desde que a temperatura não esteja muito fria e o ar não esteja muito seco, a berinjela pode ser armazenada até 5 ou 6 dias, na gaveta de legumes do refrigerador.						✘	✘	✘	✘	✘		
Beterraba	A beterraba fresca se conserva por uma semana na gaveta de legumes do refrigerador.						✘	✘	✘	✘	✘	✘	
Brócolis	Enquanto estiverem inteiros e em um recipiente hermeticamente fechado, ou embalados em filme plástico para alimentos, os brócolis se conservam de 4 ou 5 dias na gaveta de legumes do refrigerador.						✘	✘	✘	✘	✘		

Nota do editor: Esta obra foi realizada no âmbito de uma cultura e técnica francesa e em alguns temas como sazonalidades, tipos de peixes, moluscos, legumes e outros, julgamos melhor nos manter fiéis ao original, sem arriscar uma adaptação aos modelos regionais brasileiros, seja porque as dimensões continentais no Brasil muito se diferem da França, seja pela possibilidade de incorrer em modificações erráticas na obra do mestre Bocuse.

Legume	Dicas de Conservação	J	F	M	A	M	J	J	A	S	O	N	D
Cebola	As cebolas se conservam por um mês inteiro em temperatura ambiente. Uma vez picadas, elas podem ser guardadas por 3 ou 4 dias na geladeira, em um recipiente hermético.	✖	✖	✖	✖					✖	✖	✖	✖
Cenoura	A cenoura se conserva inteira por até 2 semanas, na gaveta de legumes do refrigerador.	✖	✖	✖	✖						✖	✖	✖
Cogumelos Paris	Na geladeira, em um recipiente hermético, os cogumelos Paris se conservam por 1 ou 2 dias.	✖	✖	✖	✖	✖	✖	✖	✖	✖	✖	✖	✖
Couve-flor	A couve-flor se conserva na gaveta de legumes da geladeira por 3 ou 4 dias.	✖	✖	✖	✖						✖	✖	✖
Endívias	É melhor evitar manter as endívias em temperatura ambiente: a luz as torna verdes e mais amargas. Na gaveta de legumes da geladeira, podemos mantê-las por uma semana.	✖	✖	✖	✖						✖	✖	✖
Espinafre	Muito frágil, o espinafre se conserva apenas por 2 dias envolto em um pano úmido, na geladeira.	✖	✖	✖	✖	✖	✖	✖			✖	✖	✖
Folhas verdes	Na geladeira, as folhas verdes para saladas podem ser mantidas inteiras por 4 ou 5 dias na gaveta de legumes, ou lavadas e mantidas envoltas em um pano multiuso, úmido.	✖	✖		✖	✖	✖	✖	✖	✖	✖	✖	
Funcho	Na gaveta de legumes da geladeira, pode-se guardar o funcho (erva-doce) por uma semana, no máximo. Suas folhas se conservam também em um recipiente hermético, para uso posterior como tempero.	✖	✖	✖	✖								✖
Melão	O melão se conserva de 1 a 2 dias em temperatura ambiente, e de 3 a 4 dias, no máximo, na gaveta de legumes da geladeira.						✖	✖	✖	✖			
Nabo	Na gaveta de legumes da geladeira, os nabos podem ser armazenados por uma semana.	✖	✖	✖	✖	✖					✖	✖	✖
Pepino	O pepino não tolera muito bem o frio, e se a temperatura da geladeira estiver muito baixa, é melhor deixá-lo em temperatura ambiente por 2 ou 3 dias.				✖	✖	✖	✖	✖	✖	✖		
Pimentão	Inteiros, os pimentões podem ser mantidos por uma semana na geladeira. Cortados, eles podem ser conservados sob refrigeração por 3 ou 4 dias, se estiverem embalados em filme plástico para alimentos.												
Rabanete	Os rabanetes são frágeis e se conservam por 1 ou 2 dias, com as folhas, na gaveta de legumes da geladeira.				✖	✖	✖	✖					
Repolho (branco, verde ou roxo)	Inteiro e na gaveta de legumes da geladeira, o repolho se conserva por 4 ou 5 dias.	✖	✖	✖	✖						✖	✖	✖
Tomate	Desde que os tomates ainda possuam os seus pedúnculos e nunca tenham sido colocados na geladeira, eles podem ser mantidos por 3 ou 4 dias em temperatura ambiente.						✖	✖	✖	✖	✖		
Vagem	As vagens são delicadas: podem ser mantidas por 2 ou 3 dias na geladeira, envoltas em um pano úmido.							✖	✖	✖			

As raízes e os tubérculos

BATATAS

TUPINAMBOS (ALCACHOFRA-GIRASSOL)

CENOURAS

PASTINACA

SALSIFIS (TRAGOPOGON)

BETERRABAS

RABANETE VERMELHO

RABANETE DAIKON OU MOOLI

RABANETE NEGRO

NABOS

AIPO-RÁBANO

Os legumes frutos

ABOBRINHAS

**ABÓBORAS
(BRANCAS, VERDES
OU AMARELAS)**

PIMENTÕES

PEPINOS

BERINJELAS

MINIPEPINOS

MELÃO

TOMATES

CEREJA VERMELHO

AVOCADO

PIMENTAS

DEDO-DE-MOÇA

TOMATE NEGRO DA CRIMEIA

MINI SAN MARZANO

CORAÇÃO DE BOI (TOMATE CAQUI)

TOMATE FRANCÊS OU TOMATE-MARACUJÁ

TOMATE BALI

TOMATE ANANÁS

MALAGUETA VERDE

As hortaliças folhosas

COUVE LOMBARDA

BRÓCOLIS

ACELGA

REPOLHO CHINÊS (OU COUVE CHINESA)

FUNCHO (ERVA-DOCE)

COUVE-FLOR ROMANESCO

COUVE-FLOR

REPOLHO ROXO

ENDÍVIA (OU CHICÓRIA)

- MISTURA DE FOLHAS DE ALFACE
- ESPINAFRE
- AGRIÃO
- RÚCULA
- RUIBARBO
- FOLHA DE AIPO (SALSÃO)
- ALFACE-DE-CORDEIRO
- ALFACE-AMERICANA
- FOLHAS DE ALFACE LISA, CRESPA, ESCAROLA

As batatas

ROSEVAL

CHARLOTTE

VITELOTTE

BELLE DE FONTENAY

MONALISA

BONNOTE DE NOIRMOUTIER

BINTJE

BLEUE D'ARTOIS
(BATATA AZUL)

AMANDINE

RATTE

FRANCELINE

ÁGATA

Cortar cenouras
EM RODELAS OU NA DIAGONAL

NÍVEL DE DIFICULDADE :

UTENSÍLIOS: tábua de corte e faca do chef

OPÇÃO 1: Você pode cortar as cenouras em rodelas.

OPÇÃO 2: Ou você pode cortá-las na diagonal (corte em bisel, na transversal).

Cortar cenouras
À CAMPONESA

NÍVEL DE DIFICULDADE :

UTENSÍLIOS: tábua de corte e faca do chef

1 Divida a cenoura descascada ao meio no sentido do comprimento, depois cada metade em quatro, formando algo como um leque.

2 Disponha cada metade da cenoura sobre a tábua, com o lado arredondado para cima, e corte no sentido da largura para obter pequenos triângulos.

Cortar legumes
EM MIREPOIX

NÍVEL DE DIFICULDADE : 👨‍🍳

UTENSÍLIOS: tábua de corte e faca do chef

1 Corte a cebola descascada ao meio e retire a base.

2 Corte cada meia cebola em quartos.

3 Corte grosseiramente no sentido da largura.

4 PARA A CENOURA: corte a cenoura descascada ao meio no sentido do comprimento. Em seguida, corte ao meio cada metade. Disponha os quatro pedaços de cenoura lado a lado e corte cubos grandes.

Cortar legumes
EM MACEDÔNIA

NÍVEL DE DIFICULDADE: 👨‍🍳👨‍🍳

UTENSÍLIOS: ralador mandolin, tábua de corte e faca do chef

1 Corte as cenouras descascadas com o mandolin ajustado para 6 mm.

2 Faça retângulos de cenouras.

3 Corte os retângulos em palitos.

4 Corte os palitos em pequenos cubos.

Cortar legumes
EM JULIENNE

NÍVEL DE DIFICULDADE : 👨‍🍳👨‍🍳

UTENSÍLIOS: ralador mandolin, tábua de corte e faca de cozinha

1 Corte as cenouras descascadas com o mandolin ajustado para 1 mm.

2 Empilhe as fatias de cenoura e corte-as em palitos bem finos.

Cortar legumes
EM BRUNOISE

NÍVEL DE DIFICULDADE : 👨‍🍳 👨‍🍳

UTENSÍLIOS: ralador mandolin, tábua de corte e faca do chef

1 Corte os legumes no mandolin regulado em 3 mm.

2 Corte as fatias de legumes em palitos. Organize-os em feixes e corte-os no sentido da largura para obter pequenos cubos.

Picar
O FUNCHO (ERVA-DOCE)

NÍVEL DE DIFICULDADE : 👨‍🍳

UTENSÍLIOS: tábua de corte e faca do chef

1 Corte a parte superior do funcho rente ao bulbo e depois corte-o ao meio.

2 Sobre a tábua de corte, pique-o mais ou menos finamente, de acordo com a receita.

Frisar e cortar
UMA ABOBRINHA

NÍVEL DE DIFICULDADE :

UTENSÍLIOS: ralador fino (ou zester), tábua de corte e faca do chef

1 Corte as extremidades da abobrinha e retire tiras alternadas da casca, usando o ralador (ou zester) para fazer nervuras.

2 Corte a abobrinha ao meio no sentido do comprimento e corte-a novamente no sentido da largura, mais ou menos finamente, de acordo com a receita.

Picar
UM PEPINO

NÍVEL DE DIFICULDADE:

UTENSÍLIOS: tábua de corte e faca do chef

1 Divida o pepino descascado ao meio no sentido do comprimento e retire as sementes usando uma colher.

2 Sobre a tábua de corte, fatie o pepino, mais ou menos finamente, de acordo com a receita.

Frisar e cortar
UM PEPINO

NÍVEL DE DIFICULDADE :

UTENSÍLIOS: ralador fino (ou zester) e colher parisiense

1 Lave e enxugue o pepino. Em seguida retire tiras alternadas da casca, usando o ralador (ou zester) para fazer nervuras.

2 Você pode cortá-lo em rodelas ou em pedaços de 4 a 6 cm de altura, que você esvaziará usando uma colher parisiense, deixando 1 cm de espessura na base.

Preparar
ALHO-PORÓ

NÍVEL DE DIFICULDADE :

UTENSÍLIOS: tábua de corte e faca do chef

Dica
Observe a posição dos dedos para não se cortar.

PRIMEIRO, RETIRE A PARTE VERDE-ESCURA (reserve-a para um caldo) e lave cuidadosamente a base do alho-poró. **CORTE-O** em rodelas.

CORTE diagonalmente (para formar ângulos).

CORTE À CAMPONESA: divida o alho-poró ao meio no sentido do comprimento. Depois, corte cada metade em três, sem ir até o fim. Corte no sentido da largura para obter pequenos quadrados.

AMARRE O ALHO-PORÓ em feixe para um cozido ou para cozinhar à inglesa.

Preparar o aipo
(SALSÃO)

NÍVEL DE DIFICULDADE: 👨‍🍳

UTENSÍLIOS: tábua de corte, faca de legumes e faca do chef

• Proceda da mesma maneira com as acelgas e com os cardos. •

1 Separe os caules da base e retire as folhas.

2 Remova os fios grossos da camada externa do caule com a faca de legumes.

3 Pique o aipo em pedaços finos com a faca do chef.

4 Você também pode cortar o aipo em pedaços grandes e, em seguida, cortá-los em tiras finas e picá-los.

Preparar e descascar
ASPARGOS

NÍVEL DE DIFICULDADE : 👨‍🍳👨‍🍳

UTENSÍLIOS: tábua de corte, faca de legumes e descascador

1 Retire os brotos laterais abaixo da ponta.

2 Retire do talo os brotinhos tenros até a metade da altura.

3 Descasque delicadamente a base do talo com o descascador de legumes.

4 Corte os espargos deixando-os todos do mesmo tamanho.

Preparar
COUVE-FLOR OU BRÓCOLIS

NÍVEL DE DIFICULDADE : 👨‍🍳

UTENSÍLIOS: tábua de corte e faca de legumes pequena

1 Corte os buquês do brócolis. Retire as folhas da couve-flor e, em seguida, separe os buquês.

2 Corte os buquês da parte superior com a ponta da faca.

Preparar espinafre

NÍVEL DE DIFICULDADE: 👨‍🍳

UTENSÍLIOS: tábua de corte e faca do chef

▪ Proceda da mesma forma com a azedinha. ▪

1 Selecione o espinafre. Enxágue com muita água, mexendo bem, duas ou três vezes se necessário, e escorra-o. Retire a parte do talo (que está abaixo da folha) puxando-a manualmente.

2 Pique o espinafre com uma faca sobre a tábua de corte, de acordo com a receita.

Preparar um
CHIFFONNADE DE ALFACE

NÍVEL DE DIFICULDADE :

UTENSÍLIOS: tábua de corte e faca do chef

1 Retire a parte branca da alface lavada e enxuta.

2 Pique a folha de alface com uma faca sobre a tábua de corte.

Cortar um fundo
DE ALCACHOFRA

NÍVEL DE DIFICULDADE: 👨‍🍳👨‍🍳

UTENSÍLIOS: tábua de corte, faca de legumes, faca do chef e panela

1 Quebre o caule da alcachofra e, em seguida, corte as folhas rentes ao fundo com a faca do chef.

2 Usando a faca de legumes, corte as folhas rentes ao fundo, girando-a.

Dica

SE VOCÊ NÃO USAR OS FUNDOS DE ALCACHOFRA imediatamente, deixe-os imersos no caldo de cozimento para que não sequem.

3 Coloque a alcachofra gradativamente em uma panela com água fria, temperada com sal e com o suco e a casca de 1 limão (ou com vinagre branco).

4 Depois de cozinhar a alcachofra, escorra-a e deixe-a esfriar antes de remover o miolo com uma colher pequena.

Cortar alcachofras
PEQUENAS DO TIPO POIVRADE OU ROXAS

NÍVEL DE DIFICULDADE: 👨‍🍳👨‍🍳

UTENSÍLIOS: tábua de corte, faca de legumes e faca do chef

1 Corte o talo da alcachofra e, em seguida, arranque as três primeiras fileiras de folhas, dobrando-as para trás para quebrá-las.

2 Corte as folhas ao redor da borda com a faca de legumes, girando-a.

3 Apare o fundo das alcachofras, girando a faca.

4 Corte o restante das folhas rentes ao fundo.

5 Termine de aparar os fundos.

6 Retire o miolo e coloque os fundos de alcachofra progressivamente em uma tigela de água com limão.

Cortar
COGUMELOS PARIS

NÍVEL DE DIFICULDADE:

UTENSÍLIOS: tábua de corte, faca de legumes e faca do chef

■ Primeiro, enxágue os cogumelos rapidamente em água com vinagre. Em seguida, seque-os em papel-toalha. ■

CORTE OS COGUMELOS em quatro ou em fatias finas (chanfrado, em quatro).

CORTE OS COGUMELOS EM JULIENNE: Empilhe várias fatias (cortadas anteriormente) e depois corte-as em palitos finos.

CORTE OS COGUMELOS EM DUXELLES: pique a julienne, para obter cogumelos finamente picados.

TORNEIE OS COGUMELOS: segure a faca de legumes pela lâmina e entalhe o chapéu, desenhando uma roseta, girando o cogumelo enquanto segura pelo cabo.

Cortar
COGUMELOS GRANDES

NÍVEL DE DIFICULDADE : 👨‍🍳

UTENSÍLIOS: tábua de corte e faca de legumes

1 Descasque os cogumelos com a faca de legumes.

2 Retire os cabos: eles serão usados para uma duxelles (veja a imagem).

Descascar e cortar
TOMATES

NÍVEL DE DIFICULDADE: 👨‍🍳

COZIMENTO: 1 MIN

UTENSÍLIOS: tábua de corte, faca de legumes, faca do chef e panela

Dica

PARA FAZER UM CONCASSÉ DE TOMATE (OU FONDUE), cozinhe o tomate cortado em cubos, com cebolas picadas bem fininhas, suadas no azeite de oliva. Tempere com sal e pimenta.

1 Retire o pedúnculo e, na base do tomate, faça dois cortes na pele em forma de cruz.

2 Branqueie os tomates por 1 minuto em uma panela com água fervente. Em seguida, resfrie-os na água gelada.

3 Descasque-os usando a faca de legumes.

4 Com a faca do chef, corte-os ao meio, retire as sementes e corte-os em pétalas ou em cubos, de acordo com a receita.

Fazer bolinhas
DE LEGUMES

NÍVEL DE DIFICULDADE :

UTENSÍLIOS: colher parisiense de vários tamanhos (boleador de frutas e legumes)

FAÇA bolinhas grandes em batatas.

FAÇA bolinhas pequenas em cenouras, abobrinhas ou outro legume, para uma guarnição colorida.

Picar

A CEBOLA

NÍVEL DE DIFICULDADE: 👨‍🍳 👨‍🍳

UTENSÍLIOS: tábua de corte e faca do chef

Dica

Observe a posição dos dedos para não se cortar.

1 Descasque a cebola e corte-a ao meio, no sentido do comprimento.

2 Corte-a regularmente sete ou oito vezes na vertical, sem chegar até o fim.

3 Divide-a em três, horizontalmente, sem chegar até o fim.

4 Corte a cebola em cubinhos, perpendicularmente.

Cortar a cebola
EM RODELAS

NÍVEL DE DIFICULDADE : 👨‍🍳 👨‍🍳

UTENSÍLIOS: tábua de corte e faca do chef

1 Descasque a cebola e corte-a em rodelas.

2 Desembarace as rodelas com cuidado.

Picar
A CHALOTA

NÍVEL DE DIFICULDADE : 👨‍🍳 👨‍🍳

UTENSÍLIOS: tábua de corte e faca do chef

Dica
Observe a posição dos dedos para não se cortar.

1 Descasque a chalota e corte-a ao meio no sentido do comprimento.

2 Divida-a em duas ou três horizontalmente, sem ir até o fim.

3 Corte-a regularmente quatro ou cinco vezes na vertical, sem ir até o fim.

4 Corte-a em cubinhos, perpendicularmente.

Cortar
O ALHO

NÍVEL DE DIFICULDADE :

UTENSÍLIOS: tábua de corte e faca do chef

1 Descasque o alho, divida cada dente ao meio e fatie.

2 Disponha as fatias de alho em um feixe e pique-as.

Picar

A SALSA

NÍVEL DE DIFICULDADE : 👨‍🍳

UTENSÍLIOS: tábua de corte e faca do chef

1 Lave a salsa e seque-a em papel-toalha. Em seguida, descarte os talos.

2 Pique-a com a faca grande, movimentando a lâmina como um balanço (vai e vem) enquanto segura sua ponta.

Picar

A CEBOLINHA

NÍVEL DE DIFICULDADE : 👨‍🍳

UTENSÍLIOS: tábua de corte e faca do chef

Dica
Observe a posição dos dedos para não se cortar.

1 Lave a cebolinha sob água corrente sem desfazer o maço. Enxugue-a em papel-toalha.

2 Pique finamente com a faca do chef.

Picar
ERVAS AROMÁTICAS

NÍVEL DE DIFICULDADE : 👨‍🍳

UTENSÍLIOS: tábua de corte e faca do chef

1 Lave as ervas (aqui são manjericão, cerefólio e estragão) e enxugue-as em papel-toalha. Em seguida, desfolhe-as.

2 Pique as ervas finamente com a faca do chef.

Legumes cozidos
À MODA INGLESA

NÍVEL DE DIFICULDADE :

UTENSÍLIOS: panela e escumadeira

1 Cozinhe os legumes em uma panela com água fervente temperada com sal, até que fiquem macios ou al dente, de acordo com sua preferência.

2 Escorra-os e coloque-os em uma tigela com água fria com cubos de gelo para resfriá-los o mais rapidamente possível. Escorra-os novamente.

Cozinhar legumes
À BLANC

NÍVEL DE DIFICULDADE : 🎩

INGREDIENTES: 2 colheres (sopa) de farinha de trigo – 1 limão – quanto bastar de sal

UTENSÍLIOS: panela e fouet

Dica

ESTA COCÇÃO é usada principalmente para cozinhar legumes que oxidam: fundos de alcachofra, endívias, acelgas, cardos etc.

1 Em uma tigela, dilua a farinha de trigo com 150 ml de água fria. A seguir, utilize o fouet para incorporar 2 litros de água fria e suco de um limão à mistura. Tempere com sal.

2 Deixe ferver. Em seguida, cozinhe os legumes até ficarem macios ou crocantes, conforme a sua preferência. Eles ficarão brancos.

Glacear
CENOURAS

NÍVEL DE DIFICULDADE:

PREPARO: 5 MIN — COZIMENTO: 10 MIN

UTENSÍLIO: panela

INGREDIENTES

500 g cenouras torneadas (como as batatas, ver a pág. 475), – 50 g de manteiga – 1 colher (sopa) de açúcar refinado

1 Na panela, coloque as cenouras, a manteiga e o açúcar. Regue com 100 ml de água ou com caldo claro de galinha.

2 Cubra com um disco de papel vegetal do tamanho da panela (com uma pequena chaminé recortada no centro).

3 Deixe cozinhar lentamente por cerca de 10 minutos. O líquido deve evaporar quase por completo.

4 As cenouras devem ficar brilhantes, como laqueadas, mas não tostadas.

Glacear
CEBOLA PÉROLA

NÍVEL DE DIFICULDADE : 👨‍🍳

PREPARO: 5 MIN – COZIMENTO: 10 MIN

UTENSÍLIO: panela

INGREDIENTES
500 g de cebola pérola descascada – 50 g de manteiga – 1 colher (sopa) de açúcar refinado

1 Na panela, coloque as cebolas, a manteiga e o açúcar. Regue com 100 ml de água ou com caldo de claro de galinha.

2 Cubra com um disco de papel-manteiga. Em seguida, cozinhe lentamente por cerca de 10 minutos.

3 As cebolas devem ficar brilhantes, como laqueadas, mas não tostadas.

4 Quando prolongamos o cozimento até obter cebolas caramelizadas, denomina-se cozimento *à brun*.

Caramelizar
LEGUMES

NÍVEL DE DIFICULDADE: 👨‍🍳 👨‍🍳

PREPARO: 5 MIN – COZIMENTO: 20 MIN

UTENSÍLIO: panela

INGREDIENTES

500 g de legumes (funcho, a parte branca do aipo etc.) cortados em quartos – 50 g de manteiga – 1 colher (sopa) de açúcar refinado

1 Disponha os quartos de legumes em forma de roseta como uma flor na panela. Adicione a manteiga, o açúcar e 50 ml de água ou fundo claro de galinha (pág. 66).

2 Cozinhe lentamente até que a água evapore e o açúcar caramelize: de 10 a 20 minutos, dependendo do tipo de legume. Vire-os delicadamente na metade do cozimento.

Cozinhar
ERVILHAS NO VAPOR

NÍVEL DE DIFICULDADE : 👨‍🍳

COZIMENTO: 5 A 10 MIN

INGREDIENTES
500 g de ervilha fresca descascada – 50 g de manteiga

UTENSÍLIO: sauteuse funda

1 Coloque as ervilhas, a manteiga e 150 ml de água na sauteuse. Adicione o sal.

2 Cubra com papel vegetal e cozinhe lentamente, por 5 a 10 minutos (dependendo do tamanho e do frescor das ervilhas). O suco deve reduzir e as ervilhas devem ficar bem verdes e levemente crocantes.

Tornear
BATATAS

NÍVEL DE DIFICULDADE : 👨‍🍳 👨‍🍳

UTENSÍLIOS: tábua de corte e faca de legumes

1 Corte as pontas das batatas descascadas. Corte-as ao meio, eventualmente em quatro partes.

2 Girando a batata, retire lascas grossas, usando a faca de legumes para lhe dar uma forma alongada e regular.

3 Dependendo do tamanho das batatas, você irá obter 6 ou 8 faces (batatas ovaladas).

4 Novamente, dependendo do tamanho das batatas, as chamamos (da esquerda para a direita): vapeur, château (ou torneado de batatas inteiras) ou cocotte.

Cortar batatas
NO MANDOLIN

NÍVEL DE DIFICULDADE : 👨‍🍳 👨‍🍳

UTENSÍLIO: ralador mandolin

PARA A BATATA CHIPS: corte as batatas descascadas no mandolin com a lâmina simples, espessura ajustada para 1 mm.

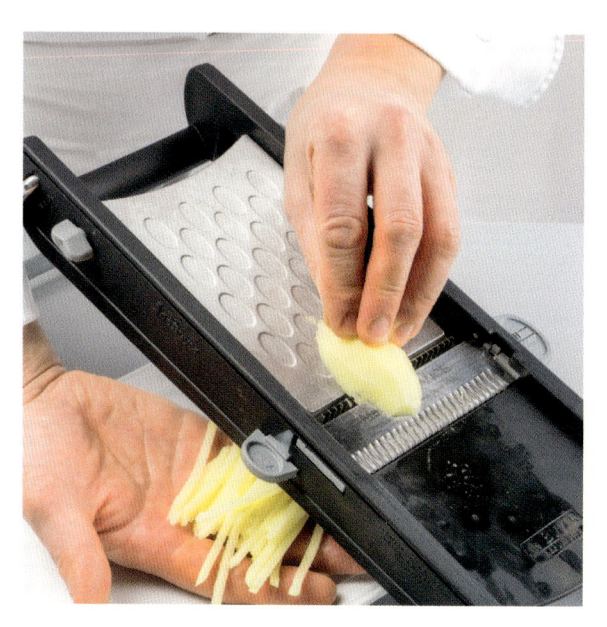

PARA A BATATA PALHA: equipe o mandolin com a lâmina fina de julienne.

PARA A BATATA EM GAUFRETTE (ou batata waffle): equipe o mandolin com a lâmina ondulada.

PARA OBTER A TEXTURA DE WAFFLE: levante a batata e gire-a em 90 graus em cada corte.

Cortar batatas
COM A FACA

NÍVEL DE DIFICULDADE :

UTENSÍLIOS: tábua de corte e faca do chef

CORTE AS EXTREMIDADES DAS BATATAS descascadas. Em seguida, corte-as em fatias. Você as terá em formato retangular.

PARA BATATAS FRITAS CLÁSSICAS: corte bastões de 8 mm de espessura e de largura.

PARA BATATAS PONT-NEUF: corte bastões de 15 mm de espessura e de largura.

PARA BATATAS PALITO: corte palitos de 4 mm de espessura e de largura.

Saltear

BATATAS CRUAS

NÍVEL DE DIFICULDADE: 👨‍🍳

PREPARO: 5 MIN – **COZIMENTO:** 10 MIN

UTENSÍLIO: sauteuse funda

INGREDIENTES

40 g de manteiga – 2 colheres (sopa) de óleo de girassol – 500 g de batatas fatiadas em rodelas e branqueadas (pág. 420)

1 Aqueça a manteiga com o óleo na sauteuse e depois adicione as batatas.

2 Deixe corar, mexendo a sauteuse levemente e com frequência, por aproximadamente 10 minutos.

Batatas
À SARLADAISE

NÍVEL DE DIFICULDADE : 👨‍🍳 👨‍🍳

PREPARO: 5 MIN – COZIMENTO: 12 MIN

UTENSÍLIO: sauteuse funda

INGREDIENTES

70 g de gordura de pato – 500 g de batatas fatiadas em rodelas e branqueadas (pág. 420) – 2 dentes de alho, picados – 2 colheres (sopa) de salsa picada

1 Siga o mesmo procedimento da receita de saltear batatas cruas (pág. 478), substituindo a mistura de manteiga com óleo por gordura de pato. Depois, adicione o alho e a salsa.

2 Cozinhe as batatas por mais 2 minutos.

Dourar

BATATAS

NÍVEL DE DIFICULDADE: 👨‍🍳

PREPARO: 10 MIN – **COZIMENTO:** 15 A 20 MIN

UTENSÍLIOS: panela e sauteuse

INGREDIENTES
500 g de torneado de batatas inteiras (pág. 475) – 40 g de manteiga – 2 colheres (sopa) de óleo de girassol – quanto bastar de sal

1 Escalde as batatas por 5 minutos em água fervente temperada com sal. No início do processo, use água na temperatura ambiente.

2 Escorra-as com cuidado após o cozimento e deixe-as secar ligeiramente.

3 Coloque as batatas na frigideira com a manteiga e o óleo. Cozinhe-as em fogo médio.

4 Agite regularmente a sauteuse até que as batatas fiquem macias, douradas e crocantes, de 15 a 20 minutos, dependendo do seu tamanho.

Batatas

ANNA

NÍVEL DE DIFICULDADE: 👨‍🍳👨‍🍳

PREPARO: 10 MIN – **COZIMENTO:** 7 MIN

UTENSÍLIOS: ralador mandolin e sauteuse pequena

INGREDIENTES

2 batatas torneadas inteiras, com 5 a 6 cm de diâmetro (pág. 475) – 30 g de manteiga clarificada (pág. 56) – quanto bastar de sal

1 Corte finamente as batatas com o mandolin.

2 Disponha-as na sauteuse untada com manteiga clarificada, formando uma roseta. Tempere com sal.

3 Pincele generosamente as batatas com manteiga clarificada.

4 Asse-as no forno preaquecido a 180 °C, até que a parte de cima fique dourada.

Batatas
ASSADAS

NÍVEL DE DIFICULDADE : 👨‍🍳👨‍🍳

PARA 4 PESSOAS
PREPARO: 15 MIN – COZIMENTO: 20 MIN

UTENSÍLIOS: panela e travessa refratária ou assadeira

INGREDIENTES
2 cebolas cortadas em rodelas – 50 g de manteiga – 8 batatas cortadas no mandolin (pág. 476) – 1 bouquet garni – 500 ml de caldo de carne (pág. 76) – sal e pimenta-do-reino moída na hora

1 Na panela, sue a cebola na manteiga e tempere com sal e pimenta.

2 Em uma assadeira, coloque alternadamente as camadas de cebola e de batata. Finalize com as batatas.

3 Adicione o bouquet garni e cubra com ¾ de caldo de carne quente.

4 Asse por 20 minutos em forno preaquecido a 170 °C e sirva imediatamente.

Fazer um purê
DE BATATA

NÍVEL DE DIFICULDADE: 👨‍🍳👨‍🍳

PARA 4 PESSOAS
PREPARO: 15 MIN – COZIMENTO: 20 MIN

UTENSÍLIOS: 2 panelas e triturador de alimentos (ou pilão manual)

INGREDIENTES
8 batatas – manteiga – leite fervente (ou metade leite, metade creme de leite líquido)

1 Cozinhe as batatas à inglesa (pág. 469) e escorra-as.

2 Amasse-as no triturador de alimentos (ou no pilão manual).

3 Incorpore a manteiga de acordo com o seu gosto.

4 Adicione o leite fervente (ou uma mistura de leite com creme de leite), mexendo até obter a consistência desejada.

Batatas fritas
EM DUAS ETAPAS

NÍVEL DE DIFICULDADE: 👨‍🍳👨‍🍳

PREPARO: 10 MIN – **COZIMENTO:** 10 MIN

UTENSÍLIO: fritadeira (ou uma panela com óleo para imersão das batatas)

1 Enxágue e seque cuidadosamente as batatas cortadas no formato clássico para fritar ou na forma pont-neuf em um pano de prato.

2 Aqueça o óleo da fritura a 160 °C. Mergulhe as batatas no óleo e cozinhe sem corá-las, por 4 a 5 minutos.

3 Escorra as batatas fritas rapidamente e reserve-as (esse pré-cozimento pode ser feito com antecedência). Aumente a temperatura do óleo para 180 °C.

4 Mergulhe novamente as batatas fritas no óleo, até que fiquem douradas. Em seguida escorra-as sobre folhas de papel-tolha absorvente. Tempere com sal e sirva.

Fritar batatas

CHIPS

NÍVEL DE DIFICULDADE: 👨‍🍳👨‍🍳

PREPARO: 5 MIN – COZIMENTO: 3 A 4 MIN

UTENSÍLIO: fritadeira (ou uma panela com óleo para imersão das batatas)

1 Enxágue e seque cuidadosamente as batatas cortadas em rodelas ou fatias finas (pág. 476). Mergulhe-as no óleo à temperatura de 170 °C.

2 Cozinhe-as até que elas fiquem bem douradas.

3 Escorra-as sobre papel-toalha e salgue-as levemente.

4 Use também este método simples para fazer batata-palha ou batata gaufrette (ou prussiana, ou waffle).

Batatas
À DUQUESA

NÍVEL DE DIFICULDADE: 👨‍🍳👨‍🍳

PARA 4 PESSOAS

PREPARO: 10 MIN – **COZIMENTO:** 8 MIN

UTENSÍLIO: saco de confeitar com bico pitanga ou estrela grande

INGREDIENTES
50 g de manteiga – 1 ovo – 500 g de purê de batata bem seco e passado no triturador de alimentos (pág. 483)

1 Incorpore a manteiga e o ovo ao purê quente.

2 Coloque a mistura no saco de confeiteiro munido com o bico.

3 Faça rosetas sobre uma folha de papel vegetal. Asse até dourar, no forno preaquecido a 170 °C.

4 Sirva as batatas à duquesa assim que saírem do forno.

Croquetes
DE BATATA

NÍVEL DE DIFICULDADE: 👨‍🍳👨‍🍳

PARA 4 PESSOAS
PREPARO: 15 MIN – COZIMENTO: 5 MIN

UTENSÍLIO: fritadeira (ou uma panela com óleo para imersão das batatas)

INGREDIENTES
50 g de manteiga – 3 ovos – 500 g de purê de batatas, bem seco e passado no triturador de alimentos (pág. 483) – 100 g de farinha de trigo – 150 g de farinha de rosca – óleo para fritura

1 Misture a manteiga e um ovo ao purê quente. Forme bolinhos, enrolando-os nas mãos enfarinhadas e, em seguida, passe-os na farinha de trigo.

2 Bata os dois ovos restantes e passe os bolinhos na mistura. Depois, role-os na farinha de rosca.

3 Mergulhe-os no óleo bem quente.

4 Frite-os até ficarem bem dourados. Depois escorra-os sobre papel-toalha.

Batatas
DAUPHINE

NÍVEL DE DIFICULDADE : ♟♟♟

PARA 8 PESSOAS

PREPARO: 25 MIN – COZIMENTO: 5 MIN

UTENSÍLIOS: sauteuse e fritadeira

INGREDIENTES

100 ml de leite – 65 g de manteiga – 1 colher (café) de sal – 1 pitada de noz-moscada – 100 g de farinha de trigo peneirada – 3 ovos – 500 g de purê de batata, seco (sem adição de leite, de manteiga ou de creme de leite) – óleo para fritura

1 Coloque 100 ml de água, o leite, a manteiga, o sal e a noz-moscada na frigideira. Ferva e despeje a farinha de trigo de uma só vez, mexendo sempre.

2 Deixe secar a parte líquida em fogo baixo, mexendo sem parar, até que a bola de massa solte por completo do fundo da frigideira.

3 Retire do fogo. Deixe amornar ligeiramente e incorpore o primeiro ovo com uma espátula.

4 Adicione os outros ovos, um por um, enquanto trabalha a massa (massa choux) vigorosamente até que ela fique lisa e atinja o ponto de fita.

Dica

PARA TER SUCESSO, o purê deve ficar bem seco. De preferência, cozinhe as batatas com a casca e escorra-as bem antes de descascá-las e amassá-las.

5 Incorpore o purê à massa choux, usando uma espátula.

6 Misture bem.

7 Forme bolinhas de massa com duas colheres de chá e mergulhe-as, à medida que forem feitas, na frigideira bem quente.

8 Frite-as por aproximadamente 5 minutos, até que dourem. Escorra-as em papel-toalha e sirva imediatamente.

Os cortes e o serviço

Sumário

Cortar um pato assado	492
Cortar um carré de cordeiro em crosta de ervas finas	494
Cortar um pernil de cordeiro	496
Cortar uma costela bovina	498
Cortar um salmão defumado	499
Cortar um robalo em crosta ao molho choron	500
Cortar filés de linguado à meunière	502
Cortar filés de rodovalho	504
Flambar filé de carne no conhaque ao molho de pimenta	506
Flambar um dourado com anis	508
Preparar um tartar de carne	510
Cortar uma ave assada dentro de uma bexiga de porco	512

Cortar
UM PATO ASSADO

Dica

AS COXAS DEMORAM mais para cozinhar. Assim, sirva-as como segundo serviço, após um tempo adicional de cocção.

1 Coloque o pato assado na bandeja em que será servido. Separe uma faca de corte bem afiada.

2 Usando um garfo e uma colher, segure o pato na posição vertical para que todo o suco do cozimento escorra.

3 Coloque-o sobre uma tábua de corte com sulcos nas laterais, de lado, com a barriga virada para você e a cabeça para a direita.

4 Perfure com o garfo o lado arredondado virado para baixo, entre a parte de baixo (o osso) e a gordura da coxa.

5 Com a faca, faça uma incisão na pele ao redor da coxa.

6 Deslize a lâmina da faca horizontalmente sob a asa para segurar o pato, forçando a coxa com o garfo para soltá-la do corpo.

7 Quando a coxa estiver solta, coloque-a sobre a tábua de corte para cortar a articulação e, assim, facilitar sua degustação.

8 Coloque novamente o pato virado sobre a barriga. Perfure-o na altura das costelas. Faça uma incisão de cada lado na pele, ao longo do dorso.

9 Segure o pato com firmeza e corte o miolo do peito com 2 mm de espessura, indo da asa à quilha, seguindo a forma do animal.

10 Disponha a carne sobre a bandeja aquecida.

Cortar
UM CARRÉ DE CORDEIRO EM CROSTA DE ERVAS FINAS

1 Utilizando uma colher e um garfo como se fossem uma pinça, sem perfurar a carne, coloque o carré de cordeiro sobre uma tábua de corte com sulcos laterais. O lado carnudo deve ficar voltado para os convidados.

2 Perfure por entre os dentes do garfo ao longo da segunda costela, a partir da esquerda, com uma faca de corte.

3 Faça um corte no início da extremidade direita do carré para mostrar o grau de cozimento da carne.

4 Realize o corte, colocando a faca contra o osso seguinte, para que cada costela seja servida com um osso e tenha espessura semelhante às outras.

5 Com a colher e o dorso do garfo, ainda sem espetar a carne, coloque 2 costelas por prato.

6 Decore o osso com um invólucro de papel-alumínio para facilitar a degustação.

Cortar
UM PERNIL DE CORDEIRO

Dica

SE VOCÊ NÃO TIVER UMA PINÇA PARA PERNIL, use um guardanapo limpo para segurar o osso enquanto corta.

1 Sirva o pernil de cordeiro em uma bandeja. Separe uma faca de carne, cuja lâmina seja fina e flexível, e um garfo. Fixe a pinça para pernil no osso.

2 Coloque a peça sobre uma tábua de corte, segure bem o osso do pernil com o músculo interno da coxa (a parte arredondada) voltado para cima. Usando a faca, solte o músculo da parte inferior do pernil.

3 Corte o músculo interno da coxa em fatias finas, passando a faca paralelamente ao osso, vindo de baixo para cima. Reserve as fatias na bandeja.

4 Quando chegar ao osso, vire o pernil. Corte o músculo posterior do pernil também em fatias finas e coloque-as na bandeja junto às outras.

5 Separe o músculo da parte inferior (onde a carne se afunila) do osso e corte-o em fatias finas.

6 Coloque em cada prato uma fatia de músculo interno, uma fatia de músculo posterior e uma fatia de músculo inferior do pernil.

Cortar
UMA COSTELA BOVINA

1 Coloque a costela bovina sobre a tábua de corte, com o osso virado em sua direção e a parte carnuda para os convidados.

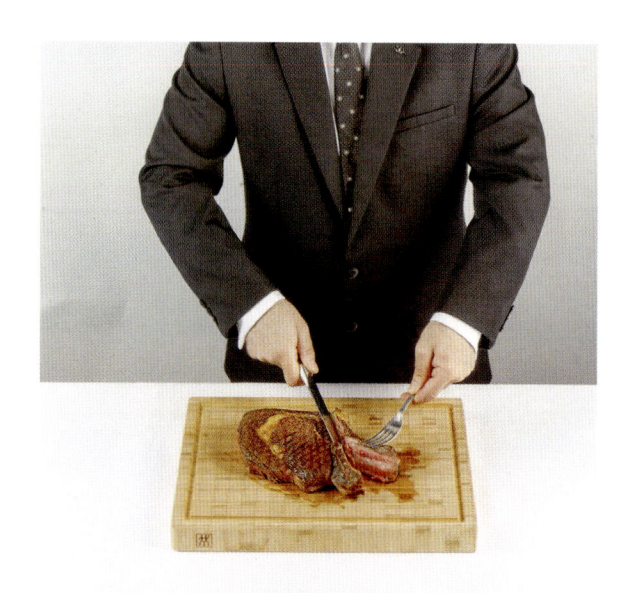

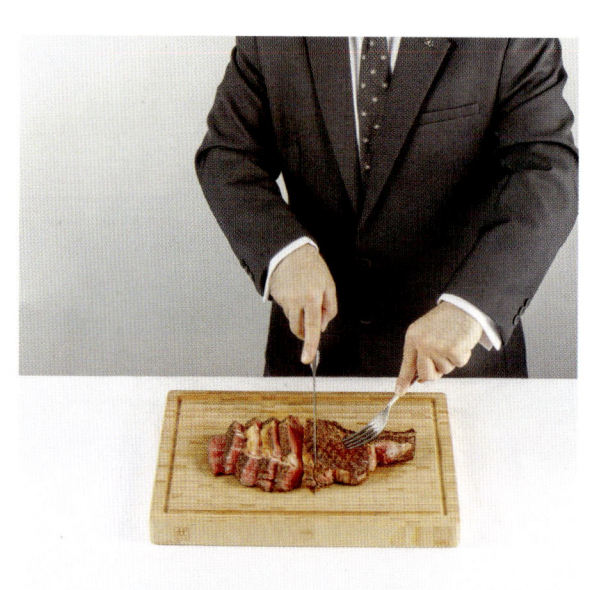

2 Segure a costela bovina com o dorso de um garfo, sem perfurar a carne. Retire o excesso de gordura usando a faca de carne, contornando a parte carnuda.

3 Corte a carne ao longo do osso para separá-la.

4 Corte fatias de 1,5 a 2 cm de espessura, perpendicularmente à fixação do osso.

Cortar
UM SALMÃO DEFUMADO

1 Coloque o filé de salmão defumado em um prato para salmão, com a cabeça virada para a direita. Separe uma faca de cozinha e uma faca de filetar com lâmina flexível.

2 Perfure o início da cauda com um garfo, usando a mão esquerda. Corte fatias de 1 ou 2 mm de espessura fazendo movimentos de vai e vem, para a frente e para trás, da cabeça para a cauda.

3 Deslize um dente do garfo sob a fatia cortada e gire-o para enrolá-la suavemente ao redor do talher.

4 Deposite a fatia no prato e a desenrole delicadamente.

Cortar

UM ROBALO EM CROSTA AO MOLHO CHORON

Dica

COLOQUE AS TRAVESSAS DE SERVIR NO FORNO para manter o máximo de calor do cozimento antes de servir seus convidados.

1 Coloque o robalo em crosta em um prato para servir peixe com a cabeça virada para a esquerda. Despeje o molho choron em uma molheira.

2 Usando uma faca de cozinha, corte a crosta ao longo do contorno do peixe. Levante delicadamente a crosta com um garfo para peixe.

3 Retire a crosta e reserve-a em um prato. Ela será oferecida mais tarde.

4 Segure o peixe na altura do opérculo. Corte o dorso e a lateral até a espinha central, no sentido da cabeça à cauda.

5 Seguindo a linha lateral, separe o filé dorsal e o filé ventral. Divida-os em dois pratos.

6 Segure a espinha central e espete o garfo perto da cabeça. Faça um movimento de vai e vem com a lâmina da faca sobre a espinha para que os filés se soltem.

7 Levante bem a espinha com a faca para quebrá-la na junção com a cabeça. Retire a cauda e a espinha.

8 Usando uma colher, pegue uma porção do recheio de peixe.

9 Coloque delicadamente uma colher de molho choron sobre o filé de peixe, acompanhado com uma porção de recheio.

10 Finalize com uma tira da crosta reservada.

501 — OS CORTES E O SERVIÇO

Cortar filés
DE LINGUADO À MEUNIÈRE

Dica

MANTENHA A MANTEIGA MEUNIÈRE em fogo baixo enquanto corta o peixe.
Então, cubra os filés com o molho na hora de servir.

1 Coloque o peixe com a cabeça à esquerda e a barriga virada para você no prato que será servido. Posicione as costas do garfo na altura da cabeça. Com a faca, faça uma incisão por trás das guelras e ao longo da espinha central, até a cauda.

2 Faça um corte entre a carne e a base das barbatanas, seguindo a curva do peixe. Comece a incisão pelo dorso.

3 Quebre a cauda: espete o garfo na base do filé, do lado da cauda. Deslize a colher sob a cauda e levante-a, até quebrá-la.

4 Insira a colher na parte posterior dorsal e deslize-a ao longo da espinha central, da cabeça à cauda, para soltar a carne. Retire o filé.

5 Faça o mesmo com o filé ventral, colocando-o no prato de servir.

6 Sempre com o dorso da colher voltado para os filés, para não despedaçá-los, desprenda a espinha central dos filés. Segure o peixe com as costas do garfo.

7 Chegando na altura da cabeça, espete a espinha com o garfo para mantê-la inclinada, sem quebrá-la. Corte a cabeça do peixe com a colher. Descarte a cabeça e a espinha em um prato para resíduos.

8 Usando a colher, remova as farpas em um movimento da cabeça até a cauda e, em seguida, recolha-as na direção oposta. Realize a mesma operação com as farpas ventrais.

9 Separe os dois filés com a colher.

10 Coloque os filés nos pratos que serão servidos, cruzando-os: dorso para cima e barriga para baixo, para um, dorso para baixo e barriga para cima, para o outro.

Cortar filés
DE RODOVALHO

1 Coloque o rodovalho sobre uma bandeja, cabeça virada para a direita e cauda para a esquerda. Separe uma colher e talheres: faca, garfo e faca de peixe. Faça uma incisão na pele, ao longo das barbatanas transversais.

2 Retire a pele do peixe, da cabeça até a cauda, enrolando-a em torno do garfo com um movimento de rotação regular.

3 Com um movimento da cabeça até a cauda, deslize a colher entre a carne do filé e a espinha, retirando primeiro o filé superior direito.

4 Usando a faca para peixe e a colher, retire o filé superior esquerdo.

Dica

COLOQUE UM GUARDANAPO BRANCO no fundo da bandeja e ponha o rodovalho com a pele escura para baixo. A pele ficará presa no tecido durante o corte.

5 Remova cuidadosamente as nadadeiras do peixe com a faca e com a colher.

6 Faça o movimento de ir e vir com a colher sobre a espinha central, da cauda até a cabeça, soltando-a com mais facilidade. Retire lentamente a espinha central e coloque-a em um prato para resíduos.

7 Separe o restante dos filés com uma colher. A pele escura do rodovalho ficará presa no guardanapo.

8 Retire as bochechas do peixe com a colher.

Flambar filé
DE CARNE NO CONHAQUE AO MOLHO DE PIMENTA

1 Organize a bancada com um fogão portátil a gás, de frente para os convidados. Coloque os ingredientes que você irá utilizar ao lado da área de cozimento.

2 Aqueça um pouco de manteiga na frigideira e termine de cozinhar a carne de acordo com o ponto desejado.

3 Adicione cebolas e deixe-as suar; tempere com pimenta-do-reino.

4 Adicione o conhaque fora do fogo. Leve à ebulição inclinando a frigideira para que os vapores de álcool se inflamem.

INGREDIENTES PARA FLAMBAR

manteiga – cebolas picadas – conhaque – vinho branco
– fundo escuro de vitela (pág. 68) – creme de leite – pimenta mignonnette
(grãos pretos e brancos triturados grosseiramente) – sal moído na hora

5 Retire a carne, deglaceie com vinho branco e deixe reduzir. Adicione o fundo de vitela e reduza novamente.

6 Adicione o creme de leite e misture para obter um molho untuoso.

7 Prove e corrija o tempero, se necessário.

8 Recoloque os filés de carne na frigideira, cobrindo-os com o molho antes de servi-los.

Flambar
UM DOURADO COM ANIS

1 Organize a bancada com um fogão portátil a gás, de frente para os convidados, uma frigideira e um copo de destilado saborizado com anis. Coloque o dourado na frigideira. Acenda o fogo e aqueça a frigideira.

2 Fora do fogo, derrame lentamente o conteúdo do copo sobre o peixe, da cabeça até a cauda.

Dica

O DOURADO delicadamente flambado com anis combina muito bem com guarnição de erva-doce assada.

3 Incline levemente a frigideira sobre a chama, para que os vapores de álcool se inflamem.

4 Quando a chama do fogão subir na frigideira, recoloque-a sobre o fogo e desligue-o imediatamente. Execute o corte.

Preparar
UM TARTAR DE CARNE

INGREDIENTES

250 g a 300 g de carne cortada em cubos bem pequenos – 1 gema de ovo – 80 ml de azeite – 1 colher (chá) de molho de mostarda – 1 colher (chá) de ketchup – 1 cebola picada – 2 colheres (chá) de salsa picada – 1 colher (chá) de alcaparras picadas – 1 colher (chá) de pepino em conserva picado – 2 colheres (chá) de cebolinha picada – sal – pimenta-do-reino – molho de pimenta Tabasco® – molho inglês

1 Separe os ingredientes, um prato fundo, uma colher e um garfo.

2 Coloque a gema de ovo no centro do prato fundo. Adicione a mostarda e misture com o garfo. Sem parar de mexer, verta em fio o azeite de oliva, até obter uma textura suave.

3 Adicione todos os demais ingredientes (exceto a carne). Tempere com sal e pimenta-do-reino a gosto.

4 Com uma colher, misture os ingredientes de fora para dentro, amassando-os para melhor extrair seus sabores.

5 Com a colher, adicione o molho à carne picada e misture com o garfo de maneira uniforme.

6 Tempere, prove e ajuste o tempero se necessário, antes de montar e decorar o prato com salsinha picada, lascas de parmesão, alcaparras etc.

Cortar uma ave
ASSADA DENTRO DE UMA BEXIGA DE PORCO

Dica

PARA MANTER A BEXIGA BEM INCHADA, regue-a com o caldo do cozimento antes de colocá-la em uma travessa funda decorada.

1 Coloque a ave que foi preparada dentro da bexiga, perpendicularmente a você, em uma travessa ou um prato aquecido.

2 Perfure a bexiga com a lâmina da faca voltada para cima e corte-a ao longo de seu comprimento, da direita para a esquerda.

3 Drene a ave segurando-a na vertical sobre a bexiga. Transfira a ave para a tábua de corte e a posicione com o pescoço virado para a direita.

4 Deslize a faca pelo pescoço e o garfo pela lateral da sambiquira, para virar a ave um quarto de volta. Ela deve ficar de lado agora.

5 Deslize a lâmina da faca horizontalmente sob a asa e force-a com o garfo, para quebrar a articulação da coxa e soltá-la.

6 Quando a coxa estiver solta, coloque-a sobre a tábua de corte para cortar a sobrecoxa na articulação, facilitando a degustação.

7 Deixe a ave ligeiramente na diagonal e espete o garfo na metade do peito. Faça uma incisão na barriga, no meio do peito.

8 Com a lâmina contra a carcaça, raspe as duas partes do peito, descolando-as. Pressione a faca para separar a articulação da asa.

9 Usando a colher, retire a pele para soltar o sassami e descarte a carcaça em um prato para resíduos.

10 Sirva, preparando dois pratos com a coxa e com o filé de peito, e dois pratos com a sobrecoxa e o filé de peito restantes.

As RECEITAS *dos* CHEFS

Sumário

Antepasto	**516**
Entradas frias	**522**
Entradas quentes	**564**
Carne bovina	**582**
Carne de vitela	**584**
Carne de cordeiro	**586**
Carne de porco	**592**
Ave	**594**
Miúdos	**608**
Peixe	**610**
Crustáceos	**634**
Vegetariano – bem-estar	**638**
Cozinha do mundo	**650**

nível 2

Antepasto

Tataki de atum
COM ERVAS E PAPOULA, MORANGOS E BALSÂMICO

RENDIMENTO: 8 PORÇÕES

PREPARO: 1 H — MARINADA: 6 H — COZIMENTO: 10 MIN

Para o tataki
500 g de filé de atum
20 g de manteiga clarificada (pág. 56)
flor de sal
pimenta-do-reino moída na hora

Para os condimentos
1 cebola-roxa pequena
150 g de erva-doce (funcho)
150 ml de vinagre balsâmico
50 ml de coulis de morango
10 g de gengibre picado
algumas folhas de coentro

Para os picles
32 pontas de cenoura (marinada: 100 ml de vinagre de arroz, raspas de 1 limão e 1 raminho de tomilho)
24 pequenos buquês de couve-flor (marinada: 1 fava de baunilha partida ao meio, 100 ml de azeite e 1 colher (chá) de açúcar de confeiteiro)
8 morangos (marinada: 100 ml de azeite, algumas folhas de manjericão e algumas gotas de suco de laranja)

Para a melancia
1 kg de melancia
100 ml de vinagre de arroz
1 colher (sopa) de mel

Para o vinagre de manga
¼ de manga
50 ml de vinagre de arroz
1 colher (sopa) de mel

Para envolver o tataki
50 g de semente de papoula
½ maço de coentro e de salsinha, picados

Prepare o atum: preaqueça o forno a 140 °C. Corte 8 bastões retangulares de 2 × 6 cm do filé de atum. Tempere com flor de sal e pimenta-do-reino. Besunte-os com manteiga clarificada e enrole-os em papel-alumínio. Asse-os por 2 minutos. Em seguida, deixe-os esfriar sobre uma grelha.

Prepare os condimentos: descasque e corte a cebola-roxa e o funcho. Deixe-os marinar em uma mistura de vinagre balsâmico, com o coulis de morango, o gengibre picado e o coentro.

Prepare os picles: corte as pontas das cenouras (apontando-as como um lápis) e deixe-as marinar por 6 horas. Corte as pontas da couve-flor, fazendo pequenos buquês, e deixe marinar por 6 horas. Quanto aos morangos, corte-os em quartos e deixe-os marinar por 30 minutos.

Prepare a melancia: descasque e corte a melancia. Coloque-a em um saco a vácuo com vinagre de arroz e mel. Repita a operação por cinco vezes para impregnar. Em seguida, usando um cortador, corte pequenos discos de 2,5 cm de diâmetro e 5 mm de espessura.

Prepare o vinagre de manga: descasque a manga, corte a polpa em cubos e bata com vinagre de arroz e mel.

Monte o tataki: enrole os pedaços de atum em uma mistura de semente de papoula com coentro e salsinha picados até cobri-los uniformemente. Em seguida, corte pedaços de 2 × 2 cm.

Para a montagem: coloque em cada prato 3 discos de melancia alinhados, cada um coberto com um tataki de atum. Deposite um pedaço fino de cebola-roxa e de erva-doce sobre os tatakis. Disponha os picles de forma harmoniosa e finalize com o vinagre de manga.

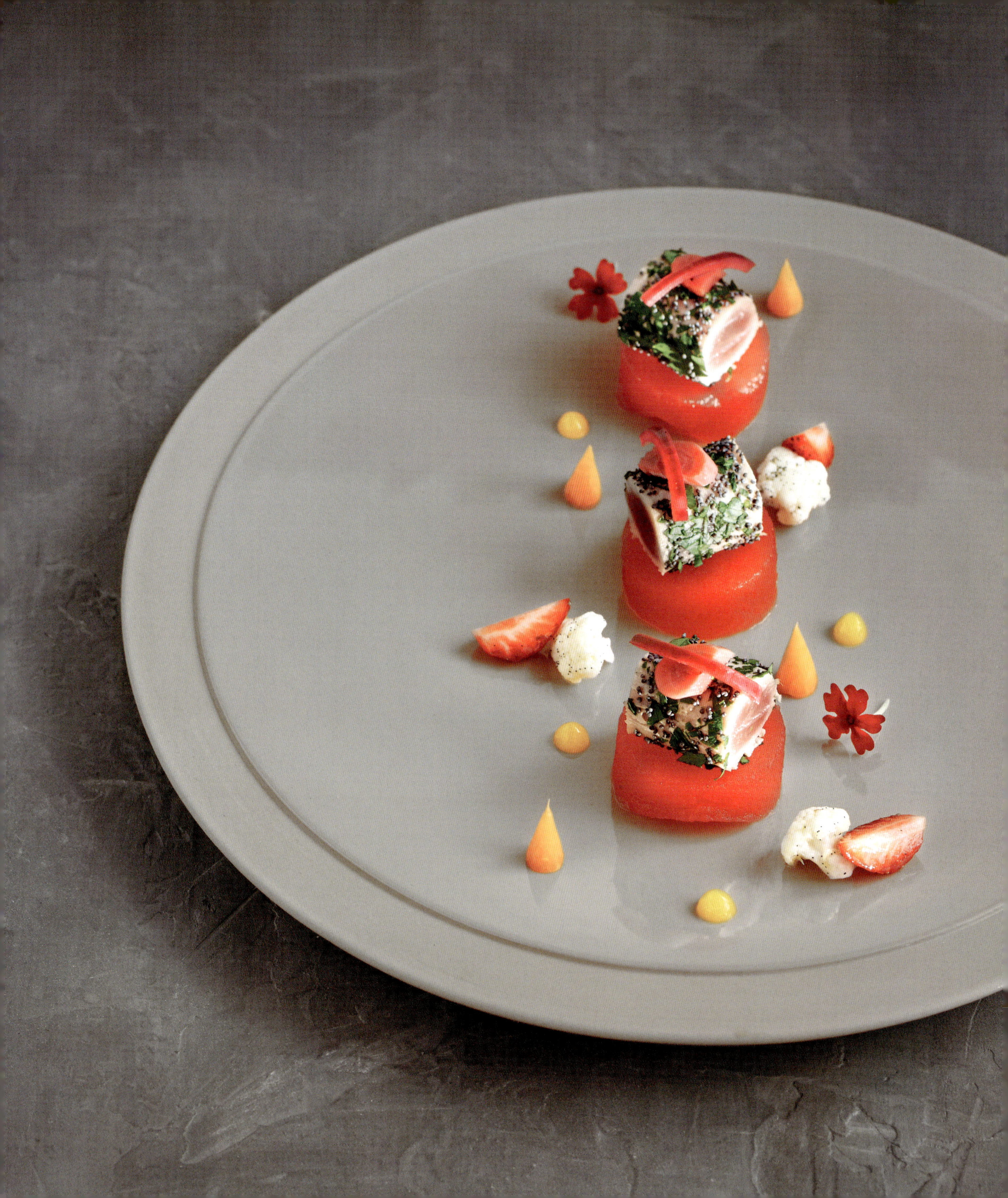

nível 3
Antepasto

Rolinhos de salmão
DEFUMADO, ESPINAFRE E CREME DE ENDRO

RENDIMENTO: 10 PORÇÕES

PREPARO: 1 H – DEFUMAÇÃO: 20 MIN – COZIMENTO: 12 MIN

Para os rolinhos de salmão defumado com espinafre
1 kg de filé de salmão escocês
10 folhas grandes de espinafre

Para o creme de endro
¼ de maço de endro
1 cebola
250 ml de creme de leite
2 folhas de gelatina
suco de 1 limão

Para a montagem
6 folhas de massa filo
100 g de manteiga clarificada (pág. 56)
açúcar de confeiteiro
¼ de maço de rabanete rosa
azeite
mostarda amarela
flor de sal

Retire a pele e as espinhas do salmão. Deixe defumar por 20 minutos. Em seguida, corte 10 pedaços de 60 g e reserve-os.

Retire os talos e lave as folhas de espinafre. Em seguida, branqueie-as rapidamente. Escorra-as e deixe-as secar em um pano limpo.

Lave e desfolhe o endro. Reserve algumas folhinhas para a decoração e pique o restante. Descasque e pique a cebola. Aqueça o creme de leite. Em seguida, adicione a gelatina previamente amolecida em uma tigela de água e espremida, já sem o excesso de água. Adicione o endro, a cebola e o suco de limão. Espalhe essa mistura em um tabuleiro de 30 × 10 cm, forrado com um retângulo de filme plástico para alimentos. Deixe o creme de leite endurecer no congelador.

Enquanto isso, preaqueça o forno a 180 °C e separe as folhas de massa filo. Coloque uma folha de massa sobre uma tábua de corte, pincele a manteiga clarificada e polvilhe o açúcar de confeiteiro (*). Coloque outra folha de massa sobre a anterior e repita a operação, para obter uma espessura de 3 folhas. Repita a operação para obter 2 folhados de massa filo. Em seguida, corte 50 retângulos e faça furos na massa, usando cortadores circulares de diferentes tamanhos (*). Asse-os por 8 minutos no forno, sobre um cilindro protegido com papel-alumínio (*). Em seguida, reserve.

(*) Passos 1 e 2
(*) Passos 3 e 4
(*) Passos 5 e 6

Tempere os pedaços de salmão. Sobre a bancada, estenda uma folha de filme plástico, depois coloque uma folha de espinafre, um pedaço de salmão e enrole-os bem para formar um cilindro (*). Envolva-os com gaze e cozinhe por 4 minutos, em um forno a vapor aquecido a 70 °C. Em seguida, reserve-os na geladeira.

(*) Passos 7 e 8

Lave os rabanetes, corte-os em rodelas bem finas e reserve-os em um bowl cheio de cubos de gelo.

Desenforme o creme de endro sobre uma folha de papel-manteiga e corte 50 discos. Retire o cilindro de salmão envolto em espinafre e corte cada pedaço em 5 fatias. Besunte o exterior das fatias com azeite, usando um pincel.

Em cada prato, coloque 5 discos de creme de endro, 5 fatias de salmão decoradas com retângulos de massa filo, algumas rodelas de rabanete e as folhinhas de endro reservadas sobre pontinhos de mostarda. Finalize salpicando flor de sal.

1 **2** **3**  **4**

519 – AS RECEITAS DOS CHEFS

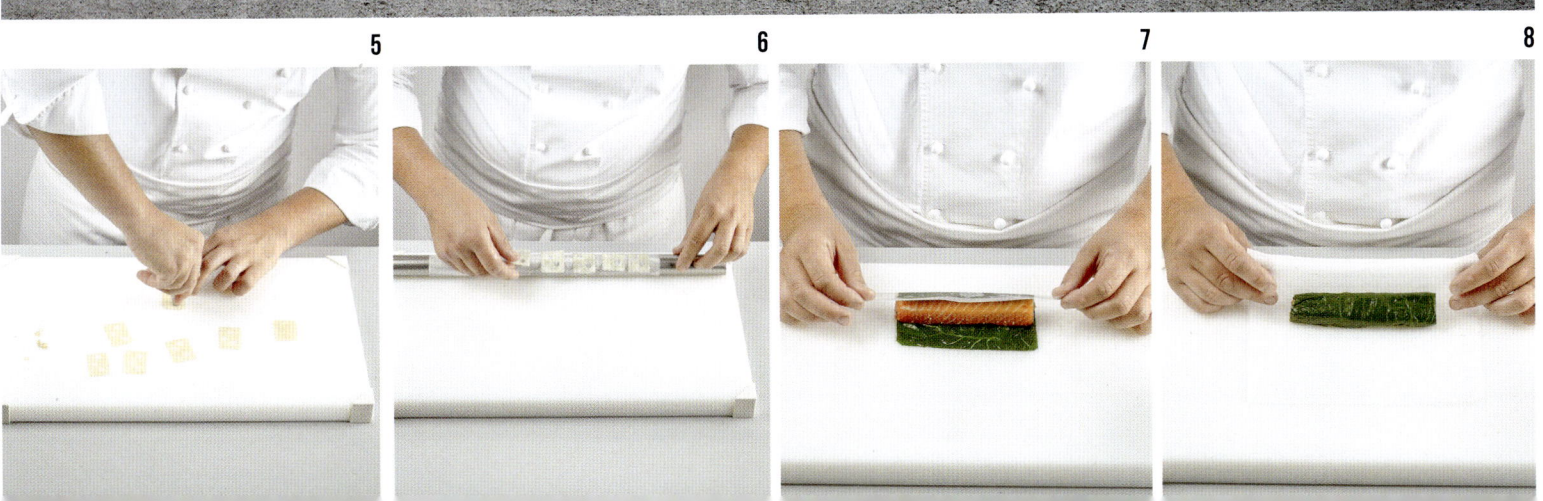

nível 3

Antepasto

Ovo perfeito,
MOLHO DE RÚCULA E WASABI E BISCOITO DE PARMESÃO

RENDIMENTO: 10 PORÇÕES

PREPARO: 1 H – COZIMENTO: 1 H 30

Para os ovos perfeitos
10 ovos extrafrescos

Para os biscoitos de parmesão
120 g de queijo parmesão
250 g de farinha de trigo
200 g de manteiga
3 sachês de tinta de sépia

Para o molho de rúcula e wasabi
300 g de rúcula
200 ml de leite
1 litro de creme de leite
40 g de mostarda com wasabi
sal e pimenta-do-reino moída na hora

Para a montagem
200 g de tomate-cereja
300 g de fondue de tomate (pág. 460)
raspas de 1 limão

Cozinhe os ovos por aproximadamente 1h30 a 63 °C no termocirculador.

Prepare os biscoitos: preaqueça o forno a 140 °C. Misture sobre a área de trabalho todos os ingredientes, exceto a tinta de sépia, e amasse com a palma das mãos. Divida a massa obtida em duas partes iguais. Adicione a tinta de sépia a uma das massas e sove-a, para que a cor fique homogênea. Abra as duas massas, separadamente, com 3 mm de espessura, colocando-as entre duas folhas de papel-manteiga (*). Em seguida, corte tiras de 5 mm de largura, de cada uma das massas (*). Sobre uma folha de papel-manteiga, disponha alternadamente as tiras de massa branca e preta (*). Cubra com outra folha de papel-manteiga, e abra a massa novamente para unir as tiras pretas e brancas (*). Em seguida, corte os retângulos listrados e coloque-os sobre uma folha de silicone (*). Asse-os por 20 minutos.

(*) Passos 1 e 3
(*) Passos 2 e 4
(*) Passo 5
(*) Passo 6
(*) Passos 7 e 8

Prepare o molho de rúcula e wasabi: reserve algumas folhinhas de rúcula para decorar o prato e bata o restante com o leite. Em seguida, adicione o creme de leite e continue batendo até obter uma cor verde e a mistura ficar homogênea. Passe esse molho pelo chinois. Adicione a mostarda com wasabi. Tempere com sal e pimenta-do-reino.

Descasque os tomates-cereja e corte 30 pétalas.

Em copos de martíni, coloque o fondue de tomate e o ovo. Emulsione o molho de rúcula ao wasabi e divida a emulsão obtida nos copos. Finalize com o biscoito, decorando-o com as pétalas de tomate-cereja, folhas de rúcula e raspas de limão.

521 — AS RECEITAS DOS CHEFS

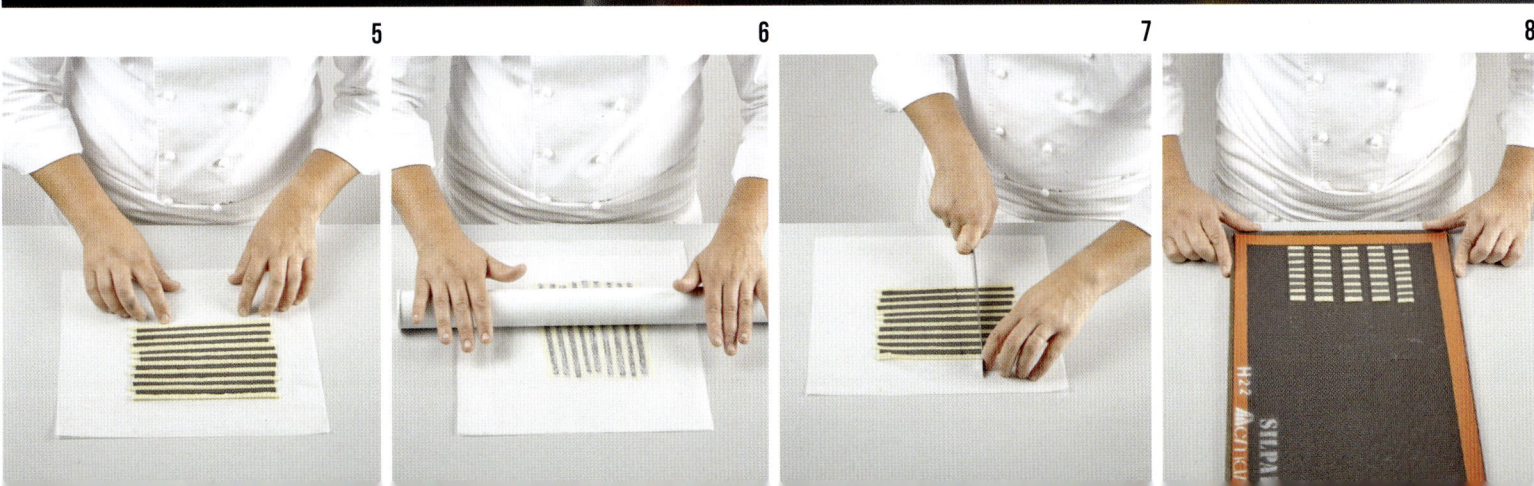

nível 1

Entrada fria

Torta fina de salmonete,
COM SALADA DE ERVA-DOCE MARINADA COM ERVAS

RENDIMENTO: 8 PORÇÕES

PREPARO: 40 MIN – MARINADA: 20 MIN – COZIMENTO: 1 H 30

Para o caviar de berinjela
1 kg de berinjela
4 colheres (sopa) de azeite
1 cebola
flor de sal de Guérande
pimenta-do-reino moída na hora

Para a salada de erva-doce
8 ervas-doces, pequenas
1 limão
azeite
sal e pimenta-do-reino moída na hora

Para as tortas finas de salmonete
1 massa folhada (pág. 102)
8 pedaços de 150 g de salmonete

Para a montagem
8 tomates-cereja
mix de folhas verdes
(rúcula, alface e endívia)
1 maço de cebolinha
1 maço de estragão
½ maço de rabanete
flor de sal
1 pitada de pimenta de Espelette
creme de balsâmico

Prepare o caviar de berinjela: preaqueça o forno a 170 °C. Corte as berinjelas, no sentido do comprimento e faça incisões na polpa, com a ponta de uma faca. Tempere com azeite, flor de sal e pimenta-do-reino moída na hora. Asse-as por 30 a 40 minutos. Retire delicadamente a polpa das berinjelas, usando uma colher. Sue a cebola picada, sem dourá-la. Em seguida, adicione a polpa das berinjelas. Deixe secar por 20 a 30 minutos e ajuste o tempero, se necessário.

Prepare a salada de erva-doce: corte finamente a erva-doce, tempere com sal e pimenta, regue com o suco de limão e um fio de azeite de oliva. Deixe marinar por 20 minutos, na geladeira.

Prepare as tortas finas de salmonete: abra a massa folhada e corte-a em retângulos. Asse-a por 20 minutos entre duas assadeiras forradas com papel-manteiga.

Enquanto isso, cozinhe os filés de salmonete em uma frigideira antiaderente, primeiramente o lado da pele: 2 minutos de cozimento, por lado.

Sobre a massa, disponha o caviar de berinjela em forma de cúpula, o salmonete e, ao lado, a salada de erva-doce. Coloque os tomates-cereja cortados ao meio, as ervas, a raspa de limão e as rodelas de rabanete. Polvilhe com flor de sal e pimenta de Espelette. Finalize com pontinhos de creme de balsâmico.

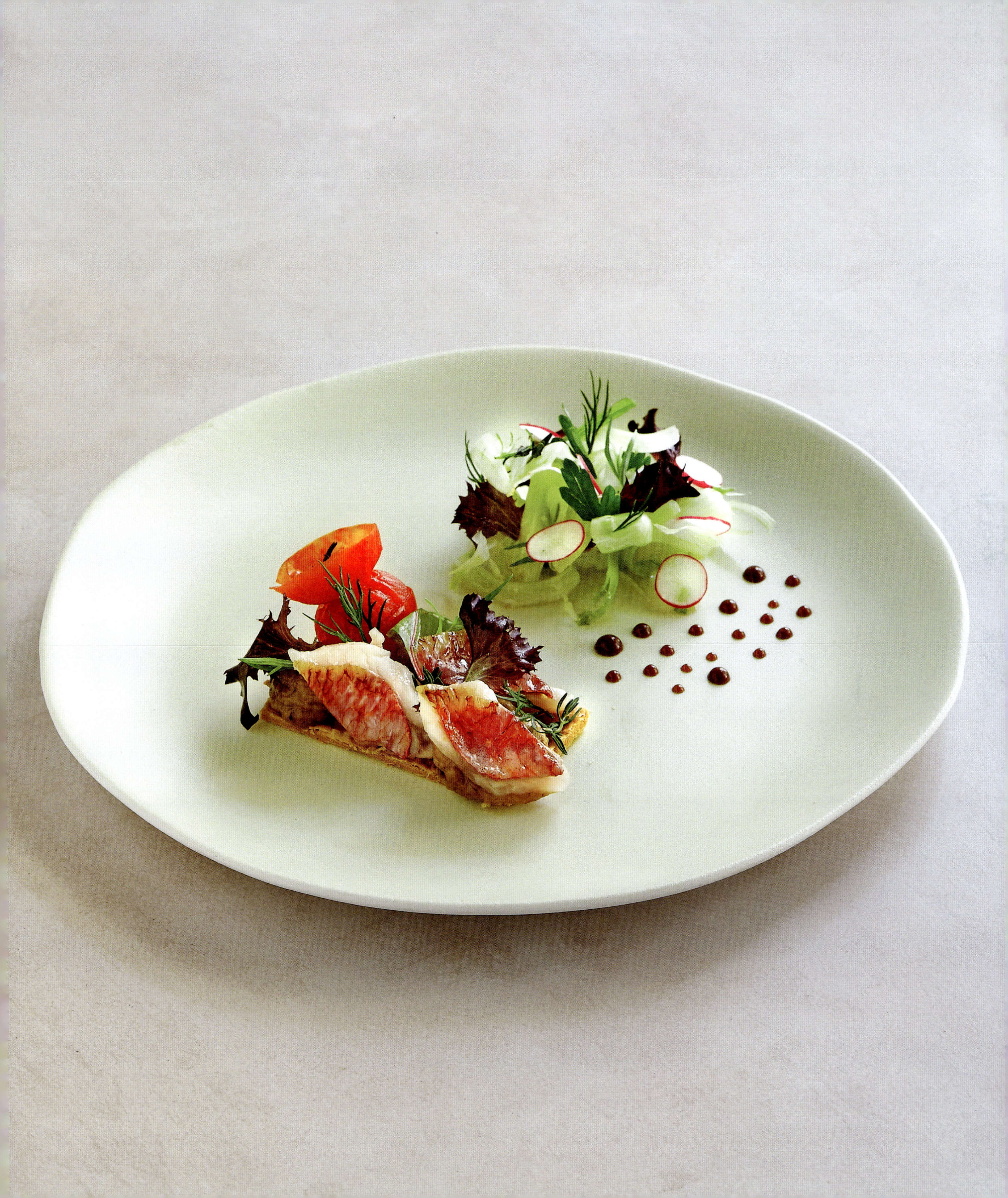

nível 1
Entrada fria

Salmão frio,
PERA COM PIMENTÃO AMARELO E MAIONESE

RENDIMENTO: 8 PORÇÕES

PREPARO: 1 H – SALMOURA: 20 MIN – REFRIGERAÇÃO: 1 H – COZIMENTO: 10 MIN

Para o salmão
1,2 kg de filé de salmão
2 litros de salmoura (10%)
1 kg de manteiga clarificada (pág. 56)
sal e pimenta-do-reino moída na hora

Para a maionese
60 g de mostarda
1 gema de ovo
1 colher (chá) de vinagre de vinho
3 g de sal
1 g de pimenta-do-reino moída na hora
250 ml de óleo de canola

Para o acabamento da maionese
15 g de polpa de beterraba
ramos de salsa
50 ml de creme de leite
1 pitada de açafrão em pó

Para a brunoise de pimentão com pera
200 g de pera
200 g pimentões amarelos
1 limão
¼ de maço de manjericão

Para a montagem
1 baguete pequena
ervas frescas (coentro, endro etc.)
35 g de folhas de ficoide
24 dadinhos de melancia

Prepare o salmão: retire a pele e as espinhas do filé. Divida-o ao meio no sentido do comprimento e coloque-o na salmoura, por 20 minutos. Retire-o da salmoura, seque-o com cuidado e tempere com pimenta-do-reino. Em seguida, enrole os filés em filme plástico com firmeza, formando um cilindro e reserve-os na geladeira por 1 hora. Cozinhe-os de forma branda na manteiga clarificada a 70 °C por 10 minutos. Logo depois, corte-os em pedaços generosos e remova o filme plástico.

Prepare a maionese: misture vigorosamente a mostarda, a gema de ovo, o vinagre, o sal e a pimenta-do-reino. Despeje progressivamente o óleo, batendo até obter uma consistência sólida.

Prepare a maionese de beterraba: bata a polpa da beterraba no liquidificador. Misture o suco resultante com um terço da maionese. Reserve na pipeta.

Prepare a maionese de salsa: bata a salsa no liquidificador. Misture o suco resultante com um terço da maionese. Reserve em outra pipeta.

Prepare a maionese de açafrão: bata o creme de leite com o açafrão. Misture com a maionese restante. Reserve na pipeta.

Prepare a brunoise de pimentão com pera: descasque e retire as sementes das peras e dos pimentões. Corte-os em brunoise fina e tempere com o suco de limão. Adicione o manjericão picado e reserve na geladeira.

Prepare os chips de pão: corte fatias finas da baguete em um fatiador de frios e coloque-as para torrar por 25 minutos no forno a 90 °C.

Monte os pratos: coloque um rocambole de salmão no centro do prato. Sobre o rocambole, disponha a brunoise de pimentão com pera. Decore o prato com vários pontinhos feitos com os três tipos de maionese, com as folhas de ficoide e os dadinhos de melancia. Coloque os chips de pão no topo do rocambole.

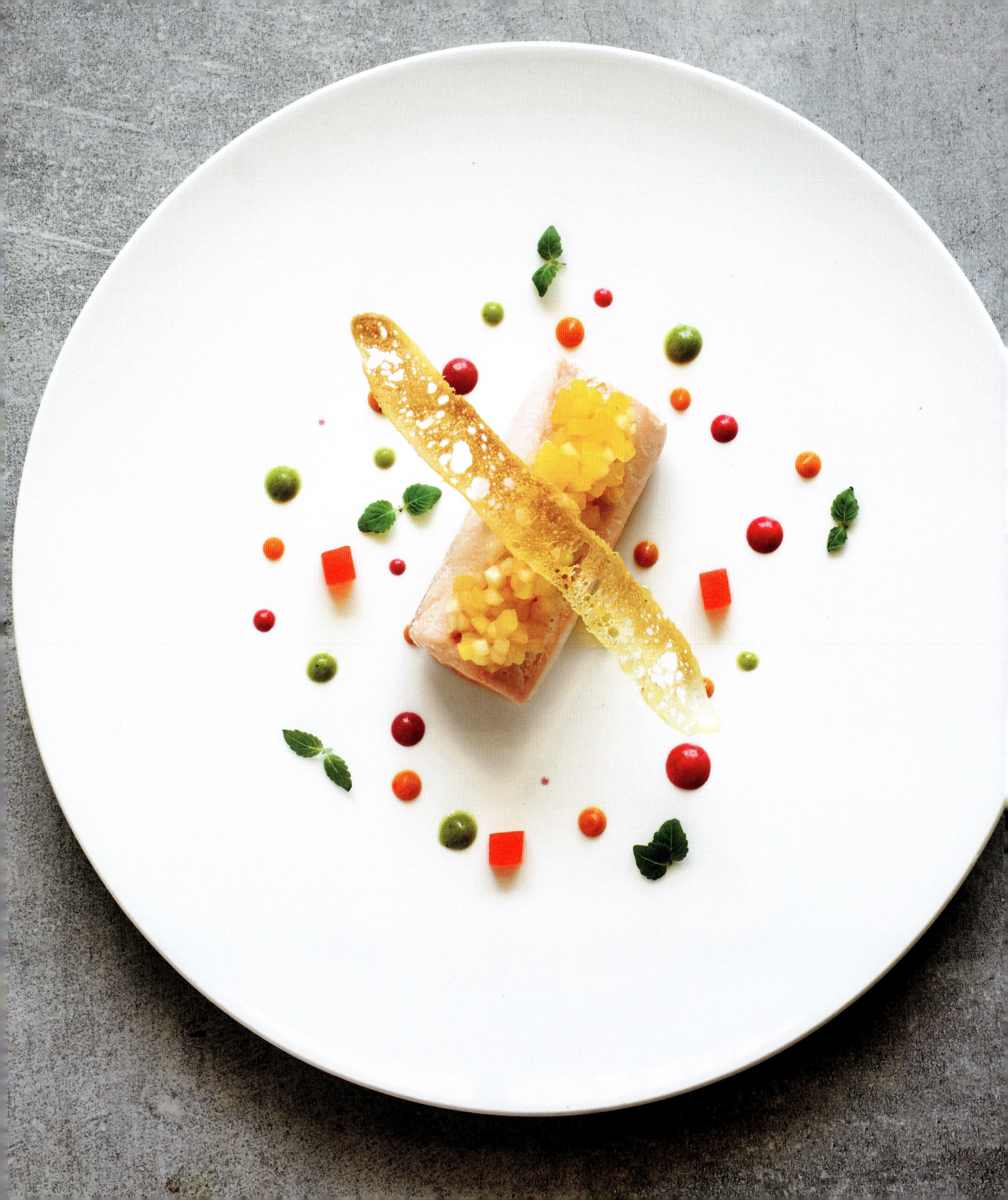

Truta cozida
NO CALDO COM MOLHO BARIGOULE

nível 1
Entrada fria

RENDIMENTO: 8 PORÇÕES

PREPARO: 45 MIN – TEMPO NO SAL: 20 MIN

Para a truta (ou salmão)
8 filés de truta (ou salmão) com pele
sal marinho cinza, grosso
folhas de estragão
1 litro de court-bouillon para peixe (pág. 88)

Para o molho barigoule
100 g de pimentão vermelho
80 g de erva-doce
80 g de cenoura
80 g de cebola
1 dente de alho
100 ml de azeite extravirgem
½ anis-estrelado
10 grãos de coentro
sal
1 pitada de pimenta de Espelette
15 g de extrato de tomate
50 ml de vinagre balsâmico branco
100 ml de vinho branco

Para a montagem dos pratos
2 rabanetes
2 cebolas novas
1 erva-doce pequena
algumas folhas verdes
ervas frescas
azeite
suco de 1 limão

Prepare os rocamboles de truta: retire as espinhas dos filés de peixe, mantendo a pele. Em seguida cubra-os com sal grosso e deixe-os descansar por 20 minutos, depois lave-os em água fria. Coloque um filé sobre um pedaço de filme plástico para alimentos, disponha algumas folhinhas de estragão e finalize com outro filé, disposto na direção oposta. Enrole tudo, formando um rocambole, e amarre as extremidades. Em seguida, espete uma agulha e faça furinhos. Monte dois rocamboles dessa maneira. Corte o resto dos filés em losangos e retire a pele. Ferva o court-bouillon, derrame-o sobre os rocamboles de filé de peixe e deixe esfriar. Faça a mesma operação com os losangos, despejando o caldo do cozimento a 75 °C. Reserve na geladeira.

Prepare o molho barigoule: lave, descasque e pique todos os legumes. Sue com metade do azeite. Adicione o anis-estrelado e os grãos de coentro em *sachet d'épice* (para removê-los mais facilmente). Cozinhe lentamente, por mais de 30 minutos. Em seguida, tempere com sal e pimenta de Espelette. Adicione a extrato de tomate, o vinagre balsâmico branco, o vinho branco e um copo de água. Cozinhe por mais 20 minutos. Então, retire o *sachet*. Emulsione o restante de azeite e deixe esfriar.

Monte os pratos: lamine os rabanetes, as cebolas e a erva-doce com um mandolin. Divida cada rocambole em 4 pedaços de 2,5 cm de altura. Divida o molho barigoule e sirva formando círculos nos pratos. Em seguida, coloque dois losangos de carne de peixe e um rocambole por prato. Finalize com as lâminas de legumes e as folhas verdes, temperadas com citronete (vinagrete de limão – pág. 28).

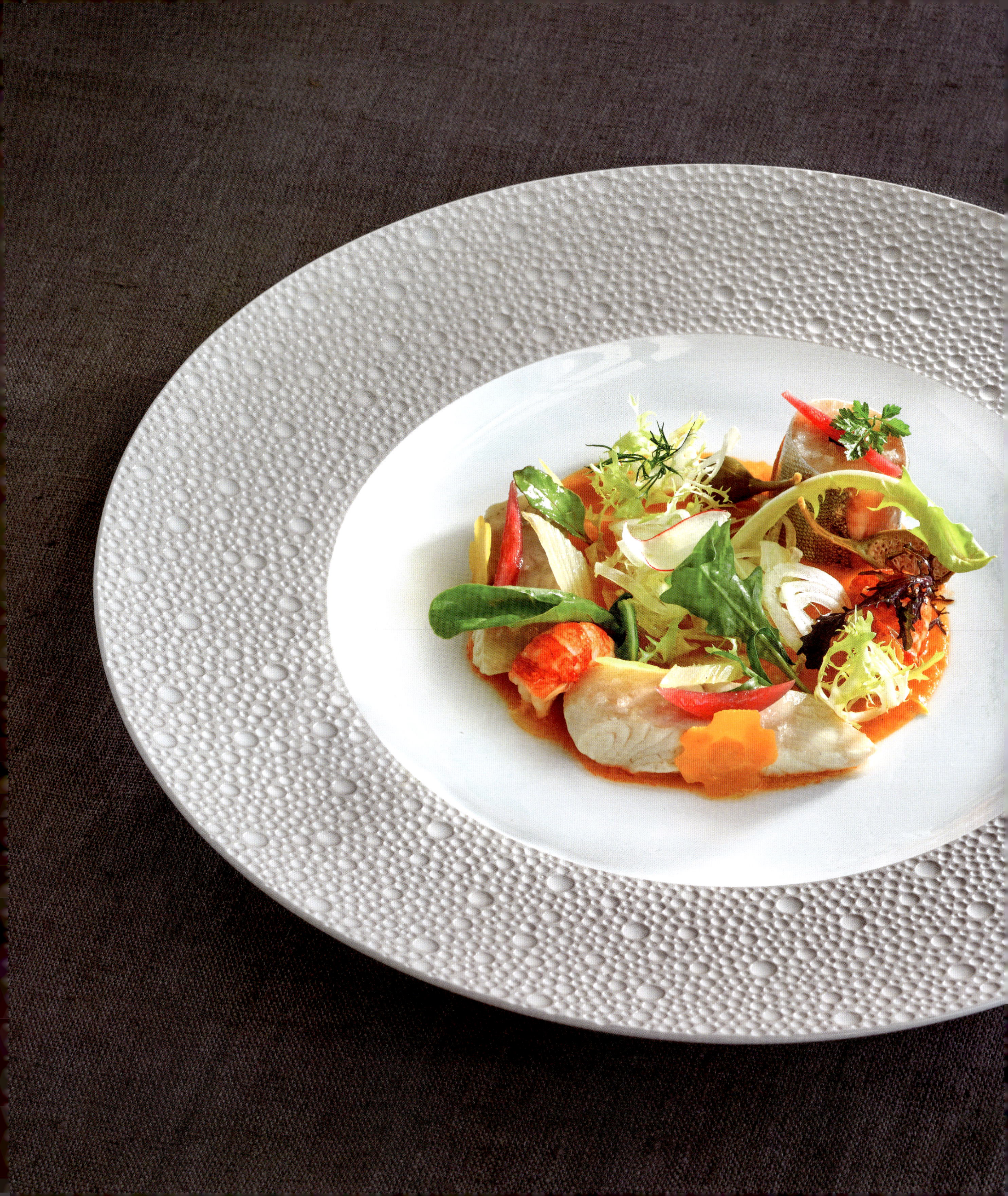

nível 1

Entrada fria

Prato branco

RENDIMENTO: 8 PORÇÕES

PREPARO: 1 H – MARINADA: 45 MIN

1 kg de vieiras

Para a marinada
suco de 5 limões tahiti
400 ml de leite de coco
20 g de flor de sal
20 g de gengibre picado

Para a guarnição
100 g de buquês de couve-flor
1 maço de rabanete rosa
200 g de rabanete negro
100 g da parte branca do alho-poró
200 g de brotos de soja

Para a emulsão de leite de coco
400 ml de leite de coco

Para o creme de limão-caviar
1 limão-caviar
200 ml de creme de leite
10 g de flor de sal
pimenta-do-reino branca

Para a montagem
300 g de parmesão ralado
150 g de coco ralado ou em lascas
24 flores de alho-selvagem
2 g de pimenta-do-reino branca

Prepare a marinada: misture o suco do limão, o leite de coco, a flor de sal e o gengibre. Corte as vieiras em fatias finas e coloque-as na marinada, por aproximadamente 45 minutos.

Prepare a guarnição: corte os pequenos buquês de couve-flor. Descasque o rabanete rosa e corte-o em palitos. Corte o rabanete negro à camponesa e a parte branca do alho-poró em julienne. Lave os brotos de soja e retire as extremidades. Depois de cortados, lave todos os legumes em um bowl cheio de água gelada.

Prepare a emulsão de leite de coco: em uma tigela, bata o leite de coco até ficar espumoso.

Prepare o creme de limão-caviar: corte o limão-caviar ao meio, retirando as bolinhas cítricas; reserve algumas para a montagem do prato. Misture o restante com o creme de leite, a flor de sal e a pimenta-do-reino branca.

Monte os pratos: em cada prato, disponha harmoniosamente o parmesão ralado, formando um retângulo de aproximadamente 10 × 3 cm. Coloque as fatias de vieiras marinadas e escorridas sobre esse retângulo, depois ponha as lâminas de coco e a guarnição. Complemente a apresentação do prato com pontos e linhas de creme de limão-caviar, algumas bolinhas de limão-caviar e salpique com flor de alho-selvagem. Finalize com gotas de emulsão de leite de coco.

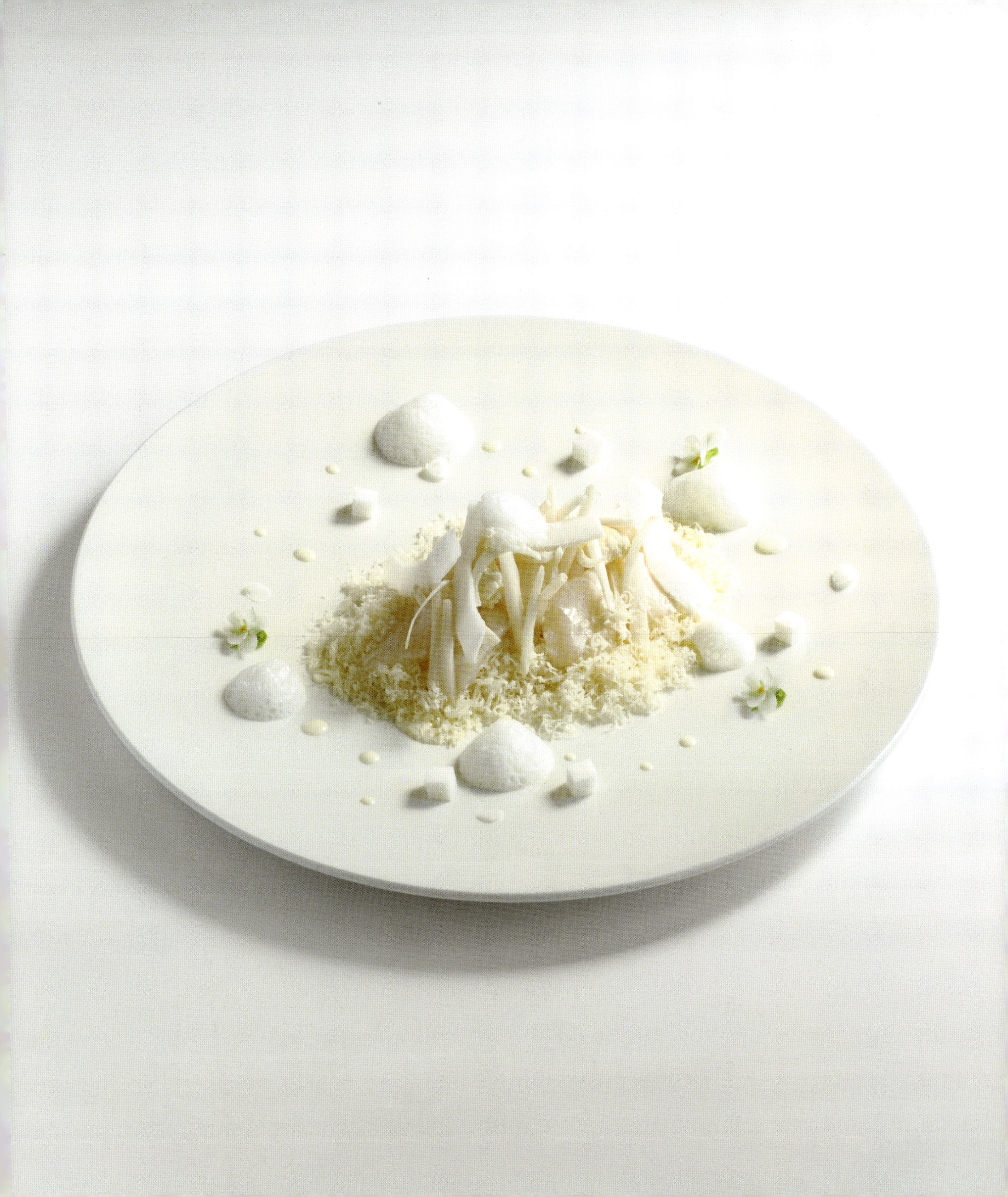

nível 1
Entrada fria

Carpaccio de vieiras
AO AZEITE COM FOLHAS DE ESPINAFRE E ERVAS FRESCAS

RENDIMENTO: 8 PORÇÕES

PREPARO: 20 MIN

24 vieiras

Para a marinada
2 limões
4 ramos de endro
4 ramos de salsa
4 ramos de cerefólio
2 ramos de tomilho
2 folhas de louro
100 ml de azeite

Para a montagem
40 g de folhas jovens de espinafre
flor de sal
1 pitada de pimenta de Espelette
16 alcaparras, com o cabo
24 tomates-cereja, cortados em pétalas (pág. 460)
8 colheres (sopa) de creme de leite

Prepare a marinada: corte raspas do primeiro limão em julienne e branqueie. Descasque esse mesmo limão, separe os gomos e corte-os em cubos. Pique as ervas de forma grosseira, reservando alguns ramos para a decoração, e misture os ingredientes da marinada com o suco do segundo limão e azeite.

Prepare as vieiras e corte-as em fatias finas.

Monte os pratos: alterne as fatias de vieira com as folhas de espinafre, formando um leque. Regue delicadamente com a marinada, tempere com alguns grãos de flor de sal, polvilhe a pimenta de Espelette e os ramos de erva que foram reservados.

Coloque uma alcaparra, com o cabo, cortada ao meio sobre o leque de vieiras, pétalas de tomate-cereja e pontos de creme.

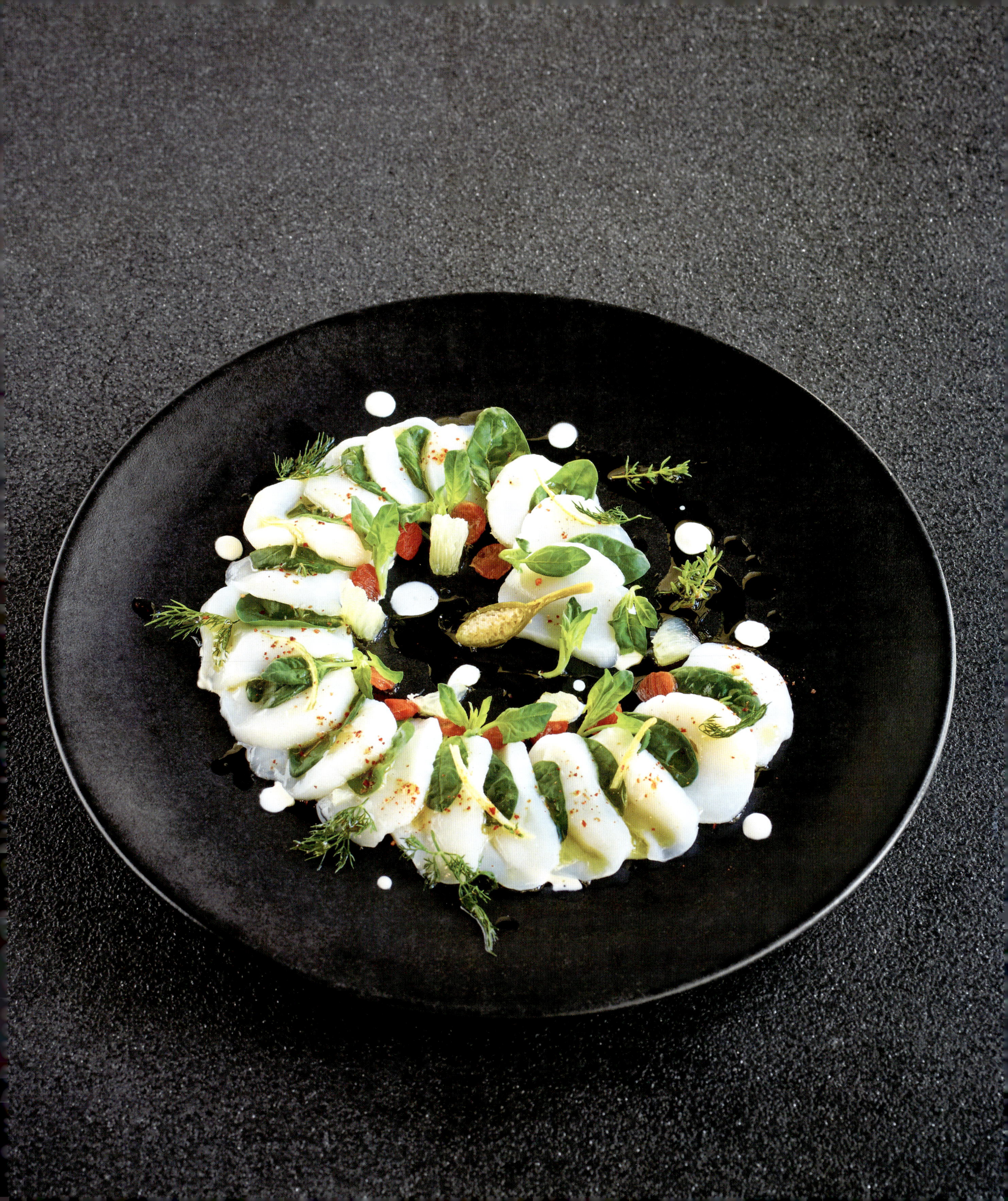

nível 1

Entrada fria

Ostras com kiwi
E RUM DE CACAU

RENDIMENTO: 10 PORÇÕES

PREPARO: 30 MIN – MARINADA: 15 MIN

10 kiwis
30 ostras n.º 3

Para a mistura de rum com cacau
25 g de cacau amargo em pó
100 ml de rum Zacapa®

Para o coulis de morango com gengibre
4 morangos
10 g de gengibre ralado
algumas folhas de coentro picado

Para a cebola
1 cebola-roxa
100 ml de vinagre de arroz

Para o pesto de rúcula
100 g de rúcula
50 g de pinoli
200 ml de azeite
sal

Para o creme acidulado
100 ml de creme de leite
1 limão
raspas de 1 limão combava
(ou limão kaffir)
sal

Para a montagem
10 folhas de agrião
1 maço de manjericão roxo
24 flores comestíveis

Prepare os kiwis: descasque e corte os kiwis em 3 fatias generosas, com 5 cm de espessura. Recorte-as em formato oval, com 2,5 cm de comprimento. Reserve na geladeira.

Prepare o rum de cacau: toste o cacau a seco em uma frigideira em fogo baixo, cuidando para que não queime. Em seguida, deglaceie com o rum até emulsionar.

Prepare o coulis de morango com gengibre: deixe marinar os morangos, o gengibre e o coentro, por 15 minutos. Em seguida, bata os três ingredientes.

Prepare a cebola: descasque, pique e deixe-a marinar no vinagre de arroz, misturado ao coulis de morango com gengibre, por 15 minutos.

Prepare o pesto de rúcula: enxágue, seque e em seguida bata no mixer (ou no liquidificador) a rúcula, os pinolis, o azeite e o sal. Coloque na pipeta.

Prepare o creme acidulado: bata o creme de leite, com um fouet. Adicione um pouco de suco de limão, as raspas de limão combava e uma pitada de sal.

Abra as ostras, drene e limpe-as, retirando as aparas.

Para montar os pratos: usando uma seringa, pingue a mistura de rum com cacau. Disponha, em cada prato, três kiwis recortados em forma disco. Coloque sobre cada disco de kiwi uma ostra, um fio de cebola e uma folha de agrião. Adicione um toque de creme acidulado, enfeite com pesto, algumas folhas de manjericão roxo, com flores e pontos de coulis de morango com gengibre.

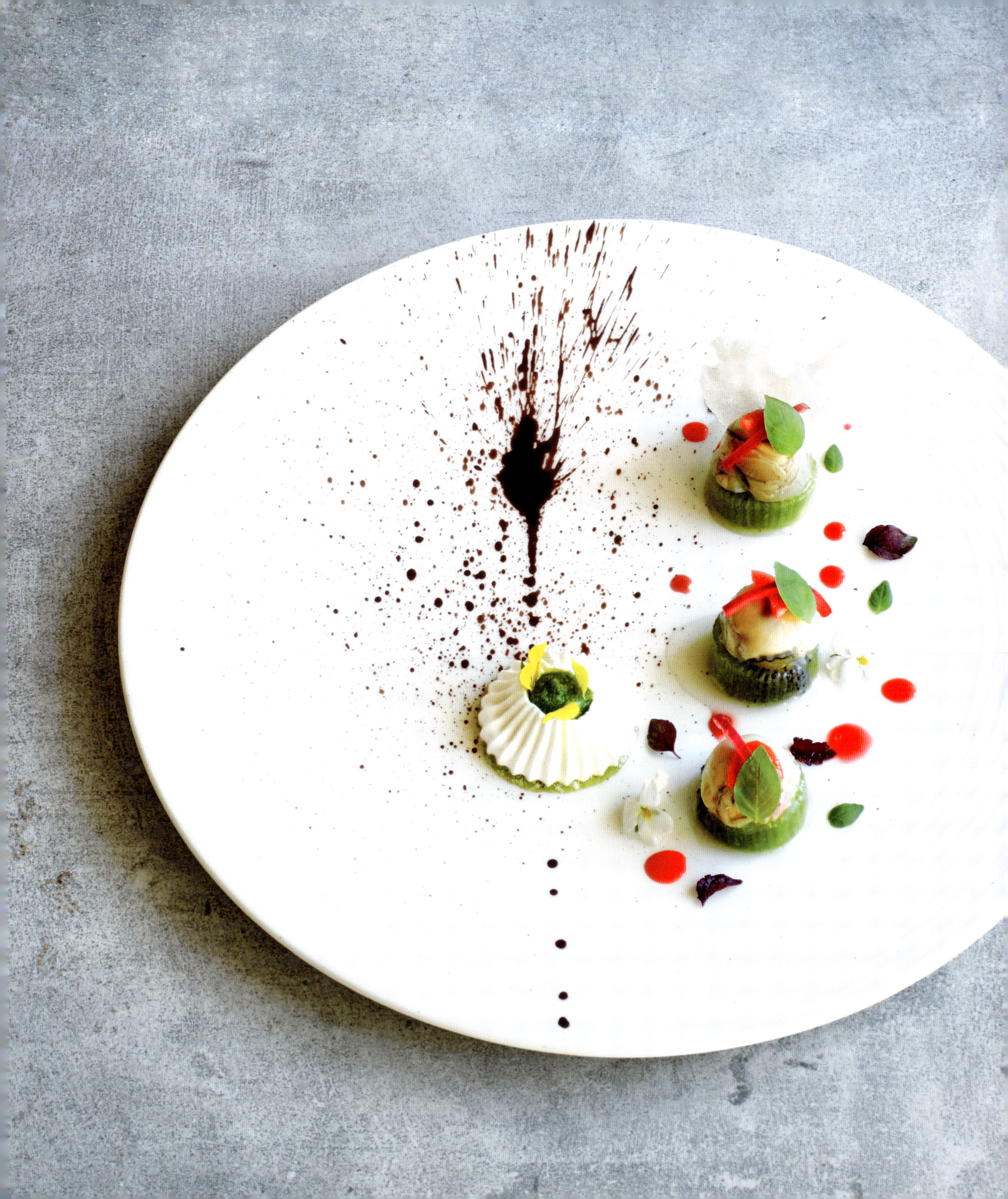

nível 1
Entrada fria

Panacota de aspargos
CROCANTES, FATIAS DE PATA NEGRA E PARMESÃO

RENDIMENTO: 8 PORÇÕES

PREPARO: 50 MIN – COZIMENTO: 25 MIN

Para a panacota de aspargos
700 g de aspargos verdes
1 litro de creme de leite
6 folhas de gelatina

Para a guarnição
300 g de presunto pata negra
200 g de parmesão

Para o azeite de manjericão
1 maço de manjericão
200 ml de azeite

Para a montagem
creme de balsâmico
1 maço de cebolinha
1 maço de cerefólio
20 g de rúcula
sal e pimenta-do-reino

Prepare a panacota de aspargos: descasque os aspargos e corte pontas com 5 cm de comprimento. Reserve 24 pontas maiores para a montagem e decoração dos pratos e corte alguns aspargos em lâminas bem finas no mandolin.

Cozinhe as 24 pontas e os talos dos aspargos, no vapor, durante 10 minutos. Retire e reserve as pontas.

Misture o creme de leite e continue cozinhando os talos dos aspargos por mais 10 minutos. Em seguida, bata tudo no liquidificador e tempere.

Amoleça as folhas de gelatina em uma tigela com água fria. Esprema-as e adicione ao creme de aspargos. Passe a mistura no chinois. Coloque-a em pratos fundos e leve-os para gelar.

Enquanto isso, preaqueça o forno a 170 °C. Corte fatias finas e longas de presunto e reserve-as na geladeira. Seque duas fatias bem finas de presunto no forno, entre duas fôrmas forradas com papel-manteiga, por 15 minutos, para obter chips. Corte pedaços generosos em forma de triângulo.

Corte as lascas de parmesão com um descascador de legumes e reserve-as.

Prepare o azeite de manjericão: bata as folhas de manjericão com o azeite.

Para montar os pratos: Retire a panacota da geladeira e disponha todos os ingredientes harmoniosamente. Adicione alguns pontos de creme de balsâmico e azeite de manjericão, polvilhe algumas ervas e brotos de rúcula.

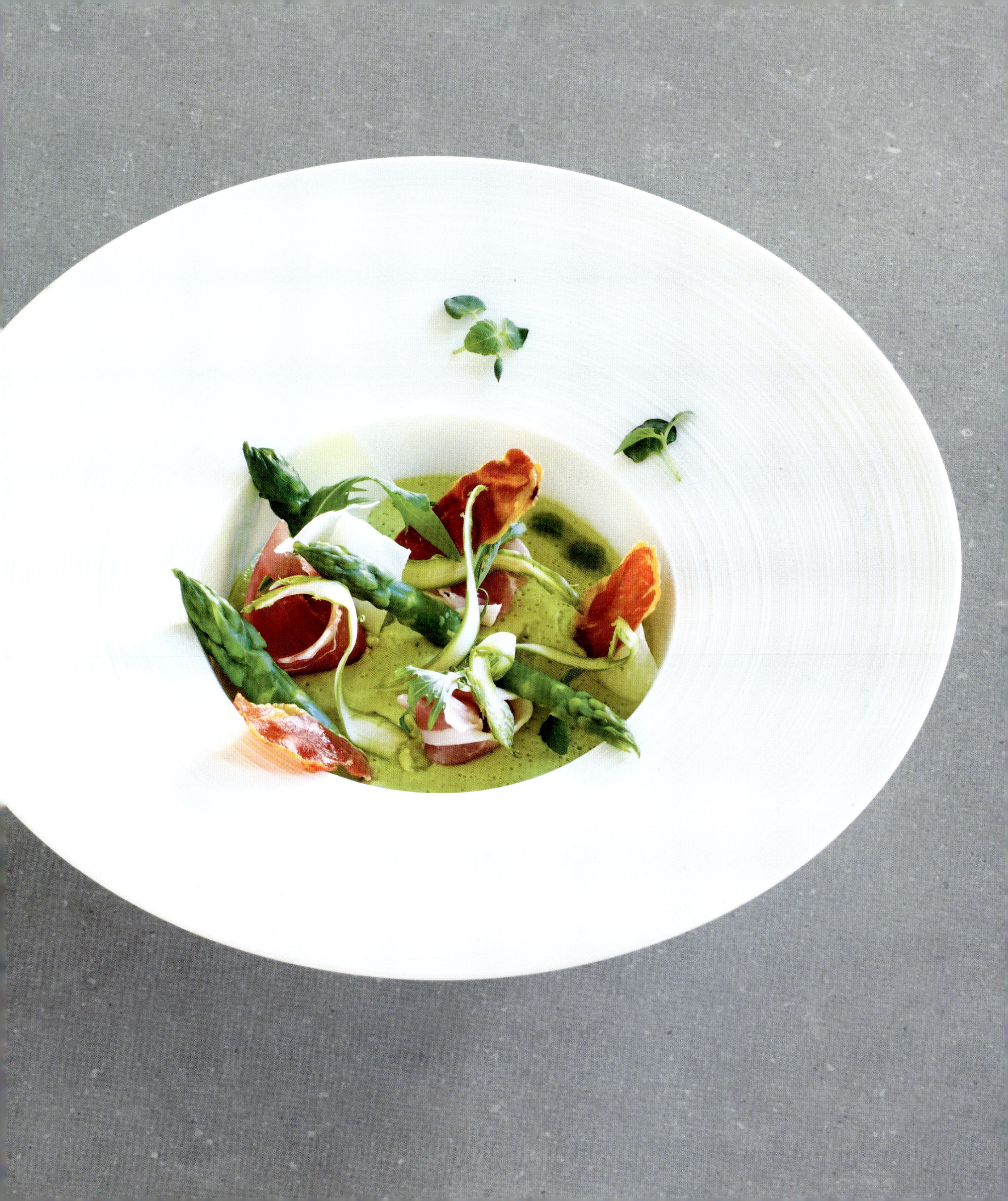

Composição floral

Nível 1
Entrada fria

RENDIMENTO: 10 PORÇÕES

PREPARO: 1 H – MARINADA: 20 MIN – COZIMENTO: 25 MIN

Para a composição floral

- 250 g de brócolis
- 250 g de couve-flor
- 250 g de couve-flor roxa
- 1 endívia carmim
- ½ maço de aspargo verde
- 250 g de miniabóbora branca
- 250 g de mininabo
- 250 g de minierva-doce
- 250 g de cenoura
- 5 flores de abobrinha
- 1 maço de rabanete rosa
- 150 g de minibeterraba
- 150 g de cebola-roxa
- 150 g de minialho-poró
- 20 g de manteiga
- 100 g de couve-de-bruxelas
- 1 baguete pequena
- 150 g de minicogumelos Paris
- 20 g de manteiga
- suco de 1 limão
- 125 g de tomate-cereja
- azeite
- 3 laranjas
- 50 g de trufas
- 150 g de parmesão
- 100 ml de óleo de avelã
- 100 g de avelãs trituradas
- 20 flores comestíveis (capuchinhas, margaridinhas etc.)
- ramos de endro, cerefólio e cebolinha picada
- sal e pimenta-do-reino

Para o crumble com tinta de sépia

- 200 g de manteiga
- 300 g de farinha de trigo
- 20 g de tinta de sépia

Para a geleia de cenoura

- 500 g de cenoura
- 12 g de ágar-ágar
- 1 pitada de cominho
- flor de sal

Prepare os legumes: corte o brócolis, a couve-flor e a couve-flor roxa em pequenos buquês, e as folhas de endívia, como se fossem penas. No mandolin, corte em lâminas bem finas, o aspargo, a miniabóbora branca, o mininabo, a minierva-doce, a cenoura, as flores de abobrinha, o rabanete, a minibeterraba e a cebola-roxa. Em seguida reserve-os em um bowl com água gelada. Corte o minialho-poró na diagonal e branqueie em água com sal, depois adicione a manteiga. Branqueie também a couve-de-bruxelas e deixe esfriar.

Prepare os chips de pão: preaqueça o forno a 90 °C. Corte fatias finas da baguete com o fatiador de presunto e torre-as por 25 minutos.

Cozinhe os cogumelos na manteiga com algumas gotas de água com limão, para torná-los brilhantes. Em seguida, marine os tomates-cereja por 20 minutos com um pouco de azeite, sal e pimenta.

Separe os gomos de laranja.

Corte as lascas de trufa e de parmesão e marine por alguns minutos em óleo de avelã com avelãs trituradas.

Faça o crumble: aumente a temperatura do forno para 160 °C. Trabalhe a manteiga. Em seguida, misture a farinha de trigo e amasse até obter uma massa homogênea. Depois, misture a tinta de sépia até que a massa fique colorida. Abra-a com 5 mm de espessura e leve ao forno por 15 minutos. Deixe esfriar e esfarele-a finamente.

Prepare a gelatina de cenoura: passe as cenouras na centrífuga. Leve o suco obtido para ferver e adicione o ágar-ágar. Tempere com cominho e flor de sal. Em seguida, faça uma camada de aproximadamente 3 mm de espessura em uma fôrma forrada com filme plástico. Coloque na geladeira até a que firme. Em seguida, corte-a em discos, usando um cortador de biscoito de 8 cm de diâmetro.

Para a montagem: coloque em cada prato um disco de gelatina de cenoura e cubra-o com uma camada regular de 3 mm de crumble. "Plante" harmoniosamente todos os legumes e flores na parte de cima, bem como os chips de pão, as lascas de trufa e de parmesão marinados, as ervas, as avelãs trituradas e gotas de óleo de avelã.

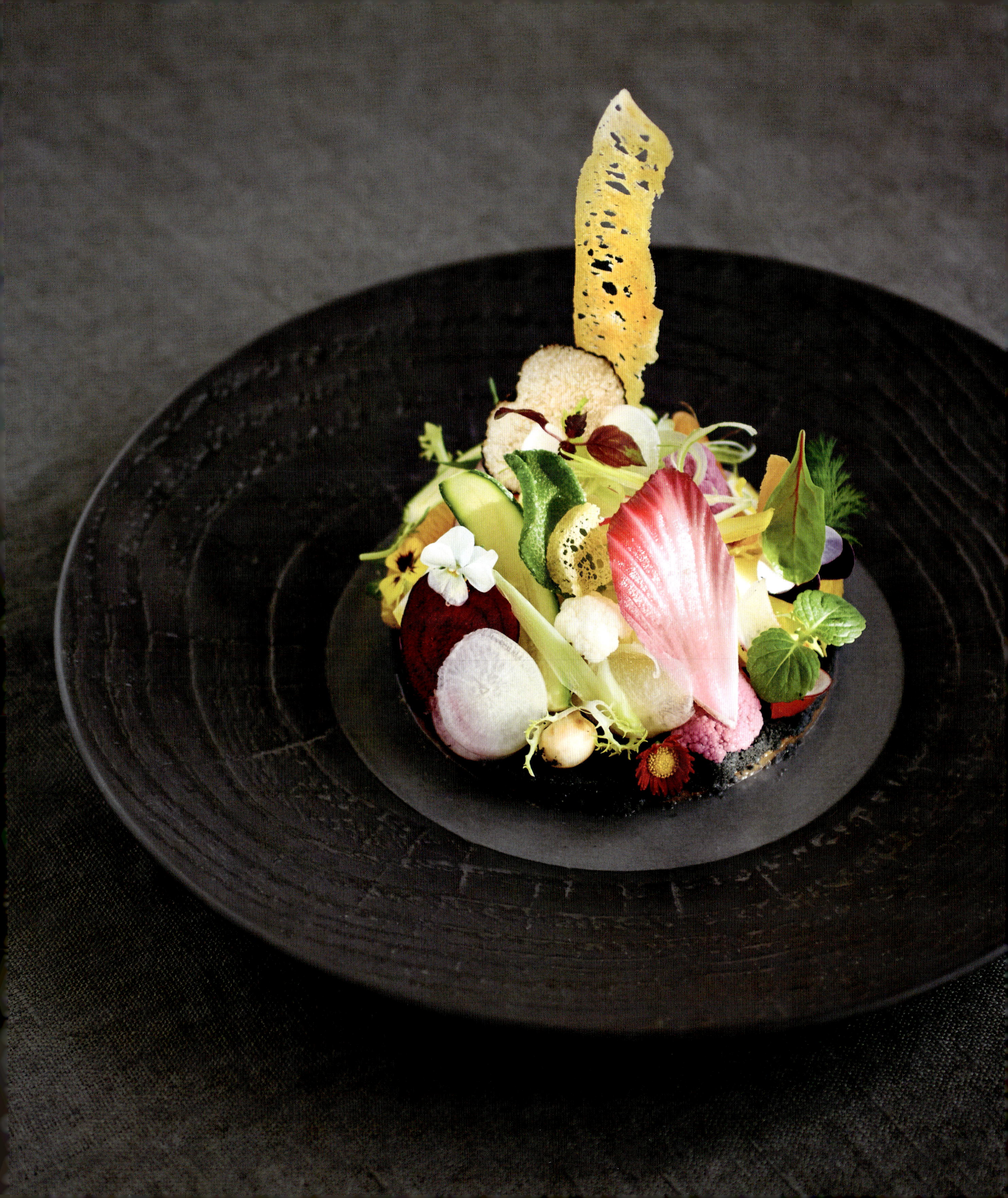

nível 2

Entrada fria

Caviar de ESCARGOT COM WAFER DE TARTAR DE ESCARGOT

RENDIMENTO: 8 PORÇÕES

PREPARO: 50 MIN – COZIMENTO: 15 MIN

100 g de caviar de escargot

Para o tartar de escargot
20 escargots
1 dente de alho picado
20 g de manteiga
ramos de salsa
gotas de pastis (aguardente de anis)
20 g de farinha de amêndoas
80 ml de creme de leite
sal e pimenta-do-reino

Para o wafer de massa filo
150 g de folhas de massa filo
15 g de manteiga clarificada (pág. 56)

Para a pipoca
óleo vegetal
100 g de milho para pipoca

Para a manteiga de escargot
20 g de manteiga clarificada (pág. 56)
100 g de manteiga com sal
ramos de salsa
gotas de pastis (aguardente de anis)
1 dente de alho

Para preparar as manteigas
100 g de manteiga em ponto de pomada (temperatura ambiente)
10 g de flor de sal
4 g de pimenta de Espelette
30 g de pinoli torrado e triturado

Para a montagem
1 baguete
1 colher (sopa) de creme de alho
ervas frescas
24 flores comestíveis

Prepare o tartar: pique os escargots grosseiramente. Refogue o alho picado na manteiga com a salsa picada e adicione o escargot. Refogue tudo rapidamente, flambe com o pastis e adicione a farinha de amêndoas. Em seguida, incorpore o creme de leite, deixe reduzir e tempere com sal e pimenta-do-reino.

Faça os wafers de massa filo: preaqueça o forno a 180 °C. Corte retângulos de 5 × 3 cm de massa filo. Cubra com manteiga clarificada e asse por 4 minutos, entre duas assadeiras forradas com duas folhas de papel-manteiga.

Prepare a pipoca: coloque um pouco de óleo na panela. Adicione os grãos de milho. Tampe e aqueça até que os grãos estourem.

Prepare a manteiga de escargot: misture todos os ingredientes. Cubra a pipoca com essa manteiga.

Prepare chips de pão: corte 24 fatias finas da baguete em um fatiador de frios e asse-as por 25 minutos no forno a 90 °C para torrar.

Monte os pratos: faça um risco de manteiga e, ao lado, coloque um pouco de flor de sal, pimenta de Espelette e pinolis torrados e triturados. Coloque 3 chips de pão guarnecidos com o caviar de escargot e a pipoca. Desenhe uma espiral de creme de alho, usando uma bisnaga. Cubra os retângulos de massa filo com o tartar e coloque-os de lado. Decore com as ervas frescas picadas e as flores.

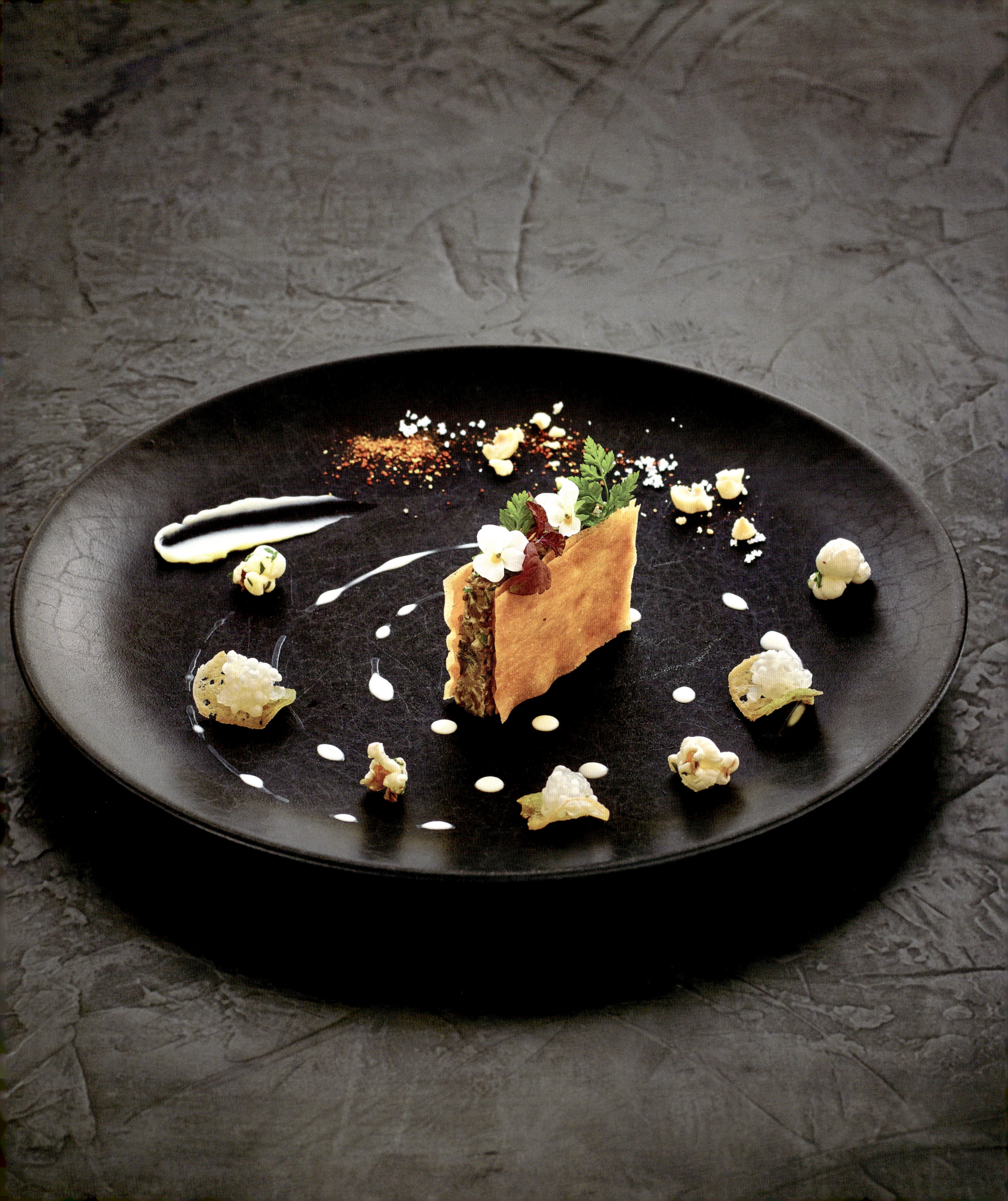

nível 2
Entrada fria

Rillette
DE PATO

RENDIMENTO: 8 PORÇÕES

4 coxas de pato
1 colher (sopa) de creme de leite
80 g de pinoli
sal

Para a guarnição aromática

300 g de mirepoix (cebola, cenoura, aipo)
10 dentes de alho
100 ml de vinho branco seco
500 ml de fundo claro de ave (pág. 66)
1 ramo de tomilho, louro, alecrim e salsa
1 pitada de gengibre em pó
1 anis-estrelado

Para a montagem

8 fatias de pão caseiro
200 g de pepino em conserva
200 g de cebola pequena em conserva
folhas de salsa e cerefólio
gotas de óleo de avelã
gotas de vinagre balsâmico
flor de sal
pimenta mignonnette

PREPARO: 45 MIN – REFRIGERAÇÃO: PELO MENOS 12 H – TEMPO NO SAL: 18-20 H (OPCIONAL) – COZIMENTO: 8 H

Na véspera, retire o excesso de gordura das coxas do pato e corte a pele em cubos pequenos. Doure a pele em uma frigideira com a gordura de pato, para obter torresmos crocantes. Coloque-os sobre papel-toalha e tempere com sal.

Prepare a guarnição: preaqueça o forno a 125 °C. Em uma panela, doure o mirepoix e o alho com a mesma gordura. Adicione as coxas para que dourem e deglaceie com vinho branco. Deixe reduzir, depois regue com o fundo claro. Adicione as ervas, as especiarias e leve a panela ao forno, tampada, por 8 horas.

Retire a panela do forno. Remova as coxas e mantenha-as aquecidas. Passe o suco do cozimento pelo chinois, desengordure (reservando a gordura) e reduza o caldo.

Desengordure, desosse e desfie as coxas de pato. Adicione um parte do suco do cozimento reduzido, a gordura reservada, o creme de leite, o torresmo e os pinolis, reservando um pouco para decoração; em seguida, corrija o tempero.

Coloque a carne desfiada em uma terrina, pressionando-a bem. Cubra com uma camada de gordura de pato com 3 mm de espessura. Leve à geladeira por pelo menos 12 horas.

Para a montagem: no dia seguinte, prepare fatias de pão besuntadas com gordura e torre-as na torradeira. Sirva os pepinos e as cebolas pequenas à parte, decorados com as folhas de salsa e cerefólio.

Salpique em um canto do prato o torresmo e os pinolis. Em seguida, regue com um fio de óleo de avelã e um traço de vinagre balsâmico. Polvilhe flor de sal e pimenta mignonnette.

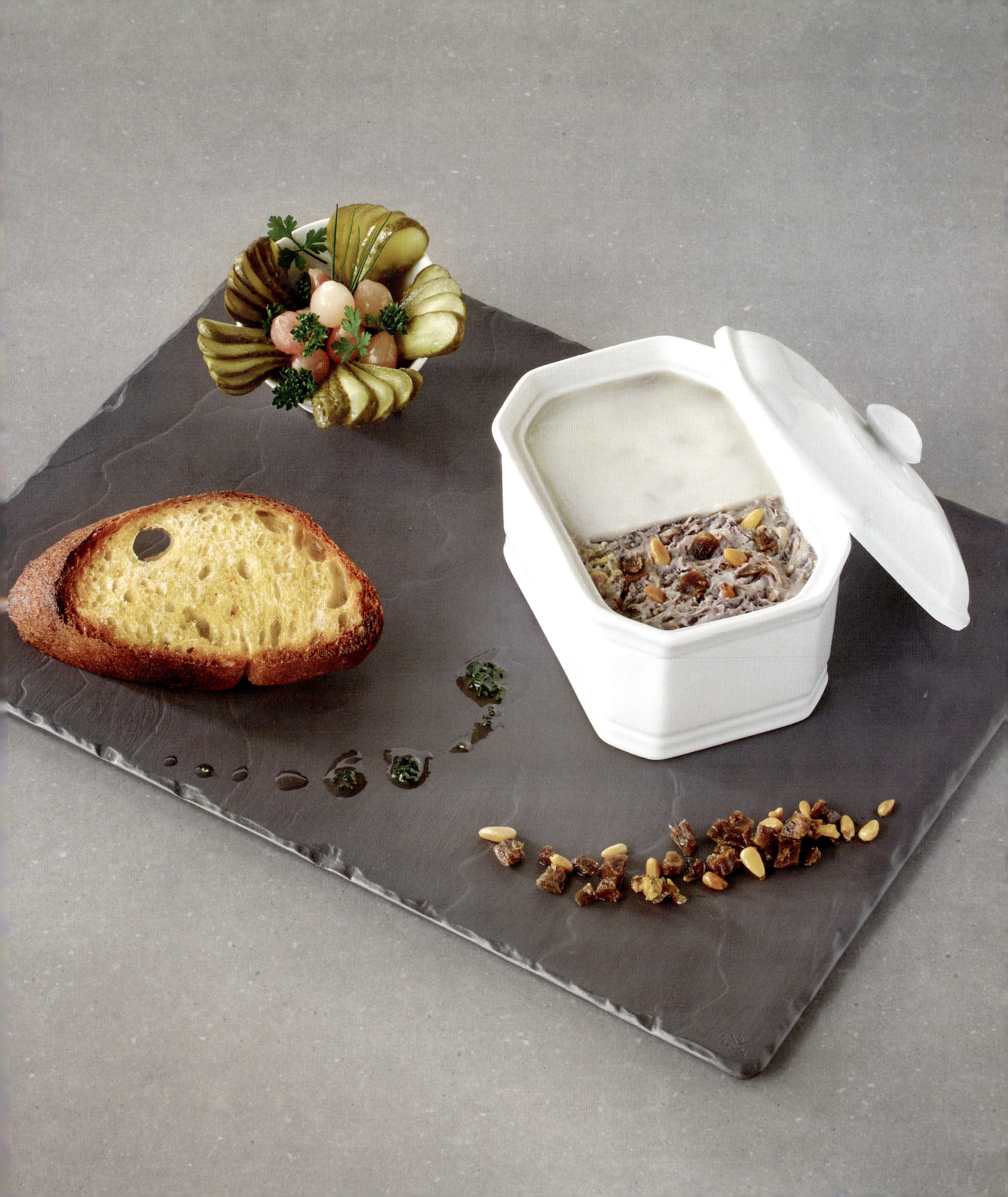

nível 2

Entrada fria

Foie gras cozido
INTEIRO NO VINHO TINTO COM ESPECIARIAS

RENDIMENTO: 8 PORÇÕES

1 foie gras extrafresco de 500 a 600 g
½ pau de canela
2 figos frescos
100 g de figos secos
1 dente de alho, sem o germe
50 g de açúcar refinado
10 g de coentro em grão
1 cravo-da-índia
100 g de uva-passa
raspas de 3 laranjas orgânicas
2 litros de vinho tinto
7 g de sal
1 g de pimenta-do-reino moída na hora

PREPARO: 30 MIN – MACERAÇÃO: 4 OU 5 DIAS – COZIMENTO: 40 MIN

Deixe o foie gras em temperatura ambiente por aproximadamente 30 minutos para que fique mais macio e fácil de temperar.

Enquanto isso, aqueça os demais ingredientes em uma panela grande até que o vinho reduza em ¾, extraindo o sabor das especiarias e frutas.

Tempere o foie gras com sal e pimenta-do-reino.

Cozinhe-o no vinho, em fervura branda, por 10 a 15 minutos, a aproximadamente 85 °C. Depois coloque-o em um prato fundo, vertendo delicadamente o suco do cozimento, até cobrir. Espere esfriar. Coloque-o na geladeira com um peso por cima para que a gordura fique na superfície. Deixe o foie gras macerar no vinho por pelo menos 4 dias.

Sirva o foie gras inteiro e brilhante, sobre uma tábua.

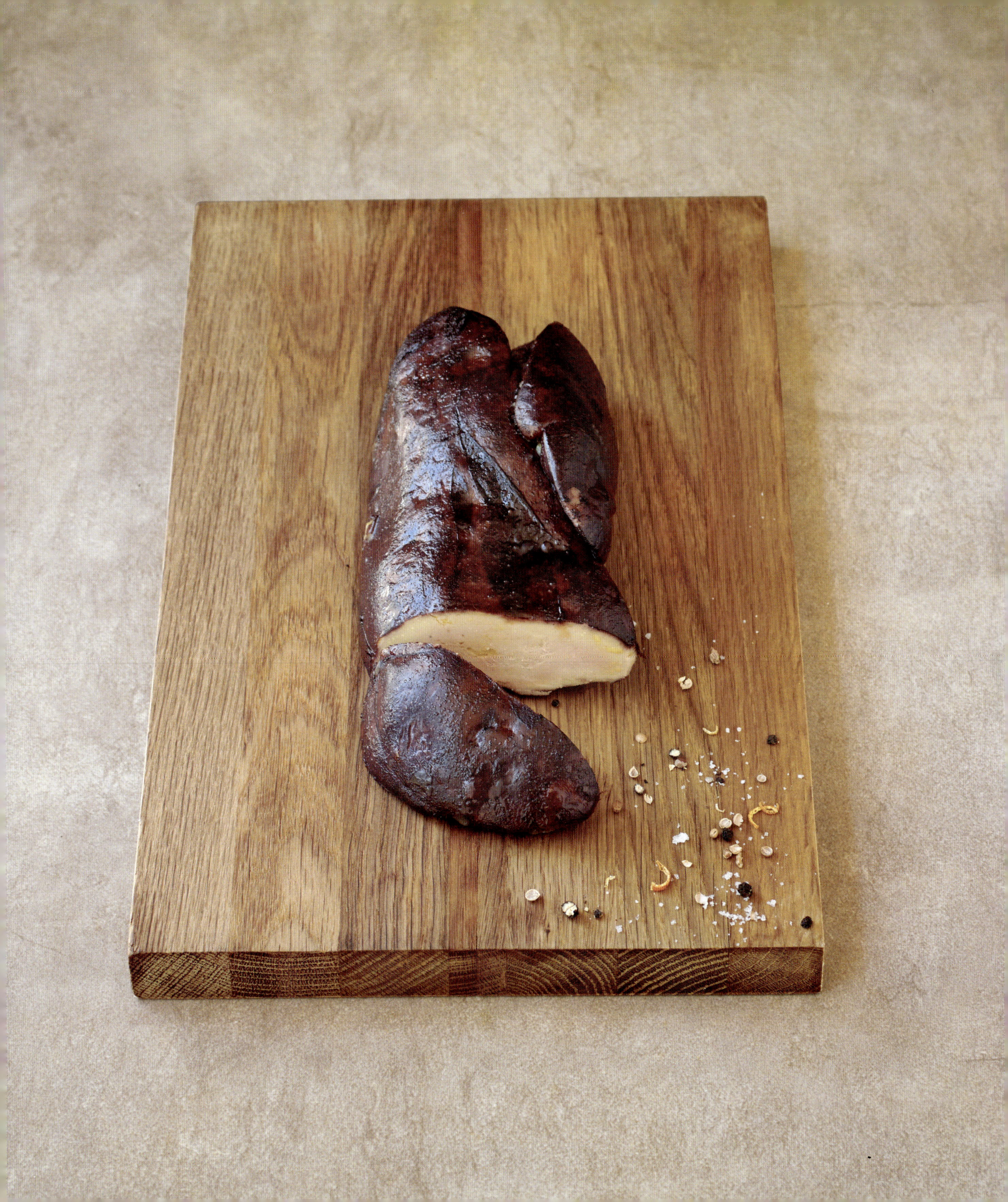

nível 2
Entrada fria

Atum
BRÛLÉE COM CREME DE AVOCADO E CITRONETE

RENDIMENTO: 10 PORÇÕES

PREPARO: 40 MIN – MARINADA: 2 H – COZIMENTO: 5 MIN

1,2 kg de atum rabilho

Para a marinada
100 ml de vinagre de arroz
100 ml de molho de soja
20 grãos de coentro
¼ de maço de coentro fresco
100 ml de óleo de gergelim
flor de sal
pimenta-do-reino moída na hora

Para o creme de avocado
6 avocados
500 ml de leite
500 ml de creme de leite
suco de 1 a 2 limões
1 pitada de pimenta de Espelette
sal

Para o citronete
½ toranja
½ limão
½ limão-siciliano
½ laranja
½ manga
7 grãos de coentro
1 ramo de alecrim finamente picado
1 ramo de manjericão
200 ml de azeite extravirgem

Para a montagem
2 avocados
2 endívias carmim
1 beterraba
4 rabanetes
2 minicenouras
vários brotos
óleo de gergelim
flor de sal
pimenta-do-reino moída na hora

Prepare o atum: retire a pele e a parte escura, que têm textura e sabor pouco agradáveis. Corte 8 pedaços pequenos regulares. Em seguida, chamusque os lados com um maçarico para que fiquem bem corados. Então resfrie, mergulhando em um bowl com água gelada.

Prepare a marinada para o atum: aqueça o vinagre de arroz e o molho de soja. Fora do fogo, adicione as sementes de coentro e o coentro fresco. Espere esfriar e coe. Junte o óleo de gergelim, a flor de sal e a pimenta-do-reino. Deixe os pedaços de atum marinar durante 2 horas, virando-os de vez em quando.

Prepare o creme de avocado: corte os 6 avocados ao meio, remova os caroços e, com uma colher, retire a polpa. Corte-a grosseiramente e cozinhe-a por 5 minutos em uma mistura de leite, creme de leite e água com sal ferventes. Esse método permite fixar a clorofila e deixar o avocado mais cremoso. Em seguida, escorra a polpa do avocado e bata com um pouco de líquido do cozimento para obter um creme. Ainda quente, cubra com filme plástico e deixe esfriar.

Prepare o citronete: descasque os cítricos, extraia os gomos e corte-os em brunoise, recuperando seus sucos. Corte metade da manga em brunoise. Corte a outra metade grosseiramente, coloque-a no liquidificador com os grãos de coentro, o alecrim, o manjericão e o suco dos cítricos. Bata e acrescente azeite. Coe, descarte a parte sólida, adicione a brunoise de manga e a cítrica. Corrija o tempero.

Monte os pratos: tempere o avocado cremoso com suco de limão e pimenta de Espelette. Corte os avocados em brunoise. Corte as endívias, a beterraba, o rabanete e as minicenouras em fatias finas e reserve-os em um bowl de água gelada. Corte o atum em quatro partes no sentido do comprimento, enfeite eventualmente as extremidades e finalize temperando-o com óleo de gergelim, sal e pimenta. Disponha harmoniosamente o atum e o avocado cremoso, em seguida os legumes crocantes e termine com o citronete e os brotos.

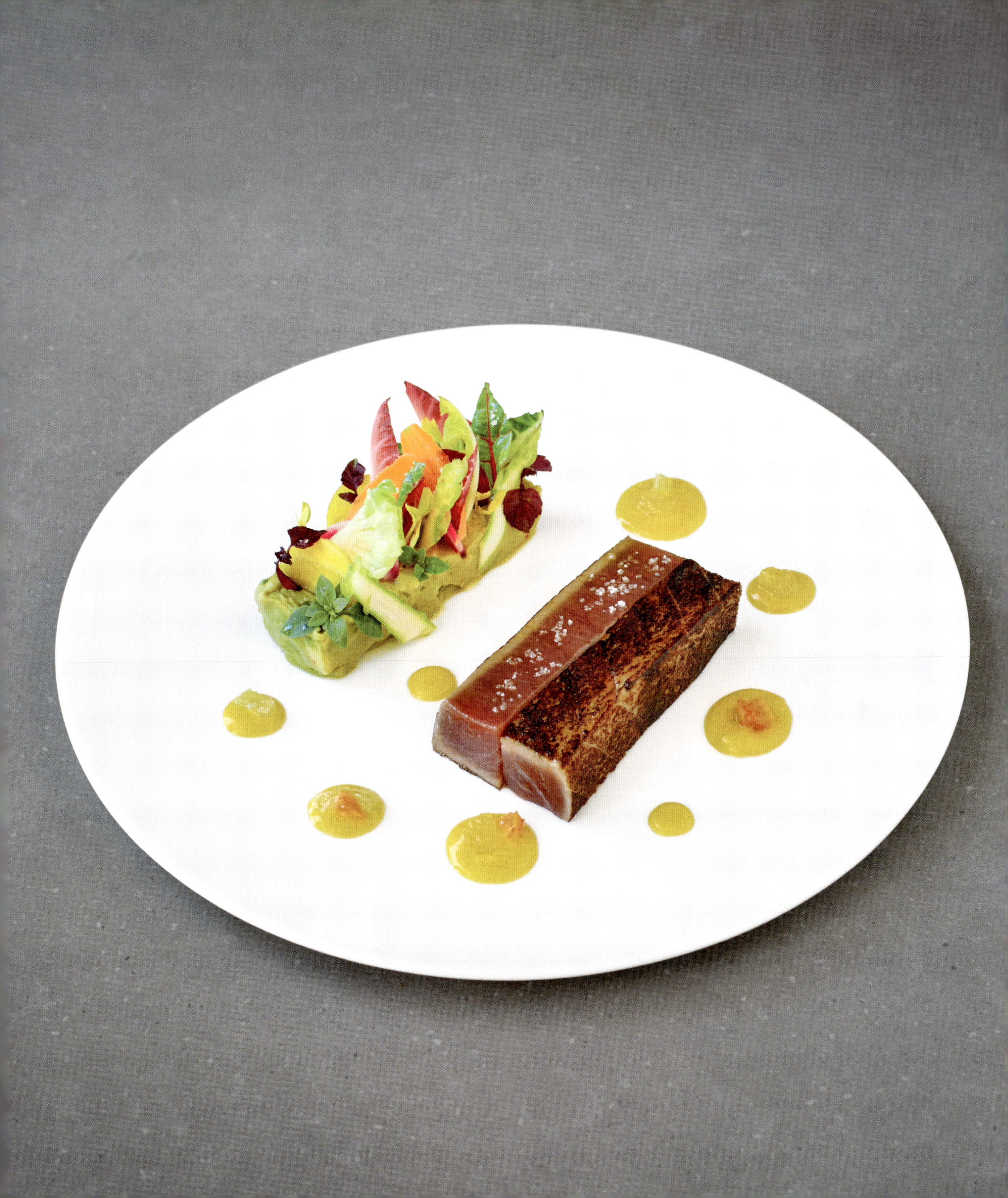

nível 2

Entrada fria

Salada de lagostim
COM LEGUMES JOVENS CROCANTES MARINADOS NO VINAGRETE

RENDIMENTO: 8 PORÇÕES

PREPARO: 45 MIN – DESCANSO: 1 H – MARINADA: 5 MIN – COZIMENTO: 5 MIN

24 lagostins 8/10
30 g de manteiga em ponto de pomada
30 g de farinha de trigo
1 colher (sopa) de azeite

Para o vinagrete cítrico
1 colher (sopa) de suco de limão
1 colher (sopa) de suco de toranja
1 colher (sopa) de suco de laranja
100 a 120 ml de azeite
1 pitada de pimenta de Espelette
sal e pimenta-do-reino moída na hora

Para o vinagrete tropical
40 ml de suco de manga
8 maracujás
100 ml de azeite
suco de 1 limão

Para os legumes crocantes
8 aspargos brancos
8 aspargos verdes
1 pitada de ácido ascórbico
16 pontas de minicenouras
8 miniervas-doces
4 talos de aipo + folhas
16 rabanetes longos
4 alcachofras jovens
8 cebolinhas
24 tomates-cereja
8 favas descascadas e branqueadas

Para a salada de frutas
2 toranjas rosas
4 limões-sicilianos
4 limões
2 laranjas
½ manga

Para a montagem
1 pé de alface-crespa roxa
azeite
1 pitada de pimenta de Espelette
grãos e folhas de coentro
16 folhas de manjericão picadas
óleo de tangerina ou de limão
40 g de brotos de beterraba
24 flores de borragem e de capuchinha
8 flores secas de abobrinha
tomates-cereja inteiros
sal e pimenta-do-reino moída na hora

Prepare o vinagrete cítrico: misture os sucos de limão, toranja e laranja com o azeite, tempere com sal, pimenta-do-reino e pimenta de Espelette.

Prepare o vinagrete tropical: misture o suco de manga, as sementes e o suco de maracujá, o azeite e o suco de limão.

Prepare os legumes crocantes: descasque os aspargos brancos e verdes, apare as pontas na diagonal e deixe por 1 hora na água gelada com o ácido ascórbico. Escorra-os e seque-os. Em seguida, branqueie-os separadamente, até que um garfo os atravesse com facilidade. Deixe-os esfriar, escorra, seque e reserve.

Descasque as minicenouras, as miniervas-doces e o talos de aipo. Corte ao meio as cenouras, os rabanetes e a erva-doce. Em seguida, corte as metades em leque. Fatie os fundos de alcachofra e corte as cebolinhas na diagonal. Então coloque esses legumes por 1 hora em água gelada com ácido ascórbico. Escorra e seque-os.

Corte os tomates-cereja em quartos. Limpe-os, retire as sementes e reserve as pétalas.

Faça a salada de frutas: descasque todas as frutas cítricas e tire os gomos. Corte metade da manga em fatias do tamanho dos gomos cítricos. Bata o restante da manga no liquidificador.

Cinco minutos antes de servir, escorra, seque e marine todos os legumes em um pouco de vinagrete cítrico. Em seguida, prepare os pratos, dispondo os legumes e a alface. Salpique azeite, flor de sal, pimenta de Espelette e pimenta-do-reino. Arrume os gomos e a manga sobre o prato. Polvilhe com coentro e manjericão.

Prepare os lagostins: descasque-os, mantendo a nadadeira e o último anel. Espete-os com um palito, no sentido do comprimento. Pincele cada lagostim com manteiga e polvilhe levemente farinha de trigo. No último minuto, passe-os no azeite somente de um lado e finalize o cozimento no forno, se necessário. Salpique flor de sal e pimenta de Espelette. Retire os palitos.

Disponha os lagostins sobre a salada, adicione as favas e algumas pétalas de tomate. Borrife o vinagrete cítrico e o vinagrete tropical. Regue com o óleo de limão ou com o óleo de tangerina.

Decore com brotos de beterraba, flores frescas, flores secas de abobrinha e tomates-cereja inteiros.

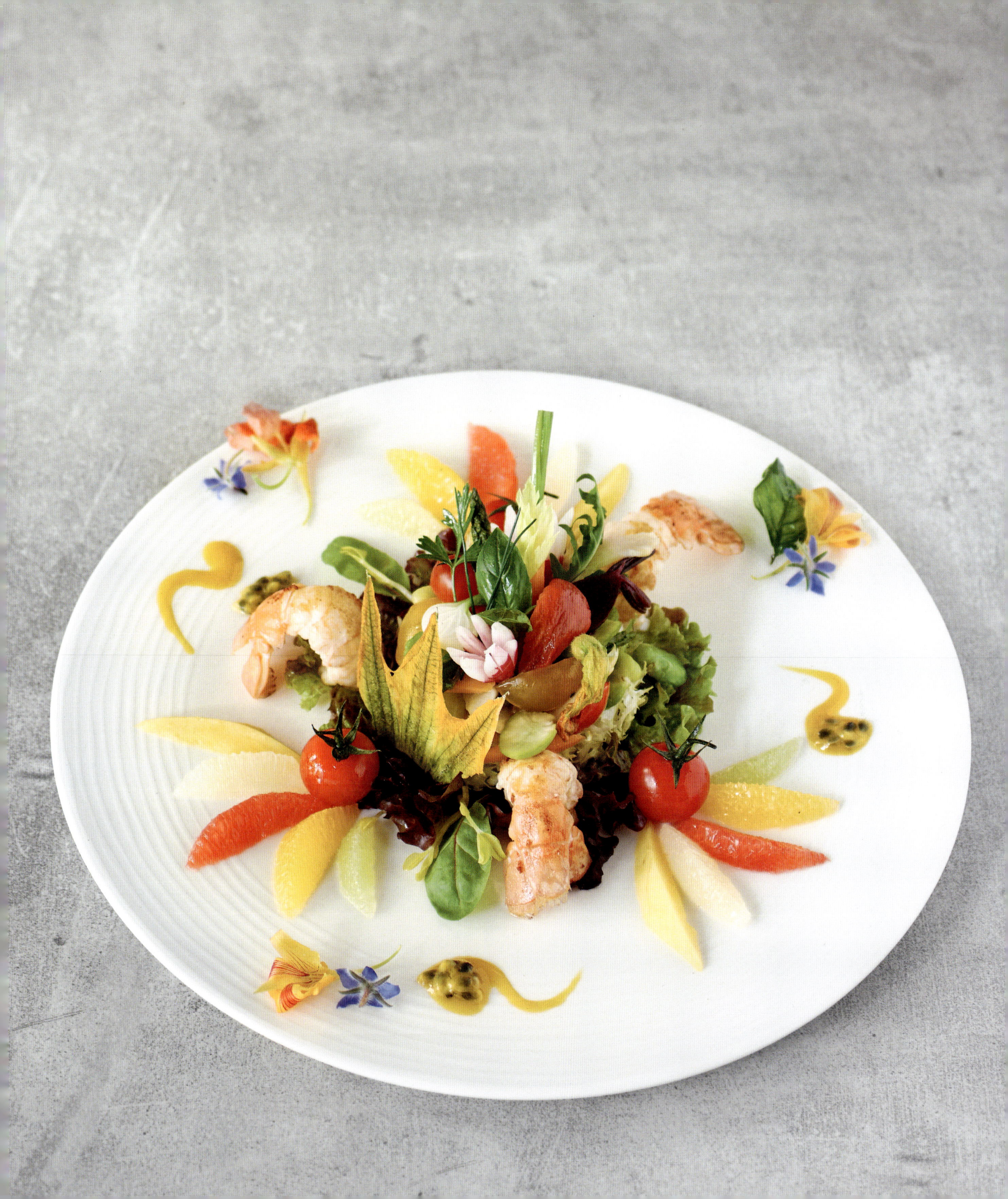

nível 2

Entrada fria

Alcachofras roxas
E MEDALHÕES DE LAVAGANTE AZUL

RENDIMENTO: 8 PORÇÕES

PREPARO: 30 MIN – COZIMENTO: 24 MIN

1 litro de court-bouillon para peixe (pág. 86)
4 lavagantes (ou lagostas azuis) de 600 g

Para a alcachofra roxa
4 tomates
16 alcachofras roxas
suco de 2 limões
8 colheres (sopa) de azeite
50 g de cebola picada
1 ramo de tomilho
4 dentes de alho amassados
20 grãos de pimenta-do-reino
20 grãos de coentro
6 colheres (sopa) de vinho branco
200 ml de fundo claro de ave (pág. 66)
sal e pimenta-do-reino moída na hora

Para o óleo de manjericão e o manjericão frito
½ maço de manjericão
6 colheres (sopa) de azeite
óleo vegetal

Para a montagem
creme de balsâmico
4 ramos de cerefólio
1 maço de agrião

Prepare os lavagantes: um a um, mergulhe os lavagantes no caldo de peixe por 6 minutos, depois descasque-os. Reserve a cabeça, as pinças inteiras e remova a cartilagem. Desfie a carne das pinças e corte a carne das caudas em medalhões. Reserve na geladeira.

Prepare as alcachofras: descasque os tomates e corte a polpa em cubos, com 5 mm de lado.

Torneie as alcachofras, mantendo uma parte do cabo. Retire o fundo e corte-o em quartos no sentido do comprimento. Molhe com limão para evitar que escureçam. Em uma panela, aqueça o azeite, e a cebola. Adicione as alcachofras, o tomilho, o alho e os grãos de pimenta e de coentro. Regue com o vinho branco e o fundo claro de ave. Em seguida, cozinhe com panela tampada por aproximadamente 5 minutos, até as alcachofras amaciarem. Adicione os cubos de tomate e cozinhe por mais 5 minutos.

Escorra as alcachofras e reduza a água do cozimento. Adicione o lavagante desfiado, o sal, a pimenta e um fio de suco de limão, dando um toque ácido à redução.

Prepare o óleo de manjericão: bata algumas folhas de manjericão com o azeite e reserve.

Coloque um pouco de óleo vegetal em uma panela e frite folhas bonitas de manjericão.

Em um prato, disponha as alcachofras, os medalhões de lavagante e uma pinça. Adicione a redução do caldo de alcachofra. Decore com creme de balsâmico, óleo de manjericão, as folhas de manjericão fritas, a cabeça do lavagante e as ervas.

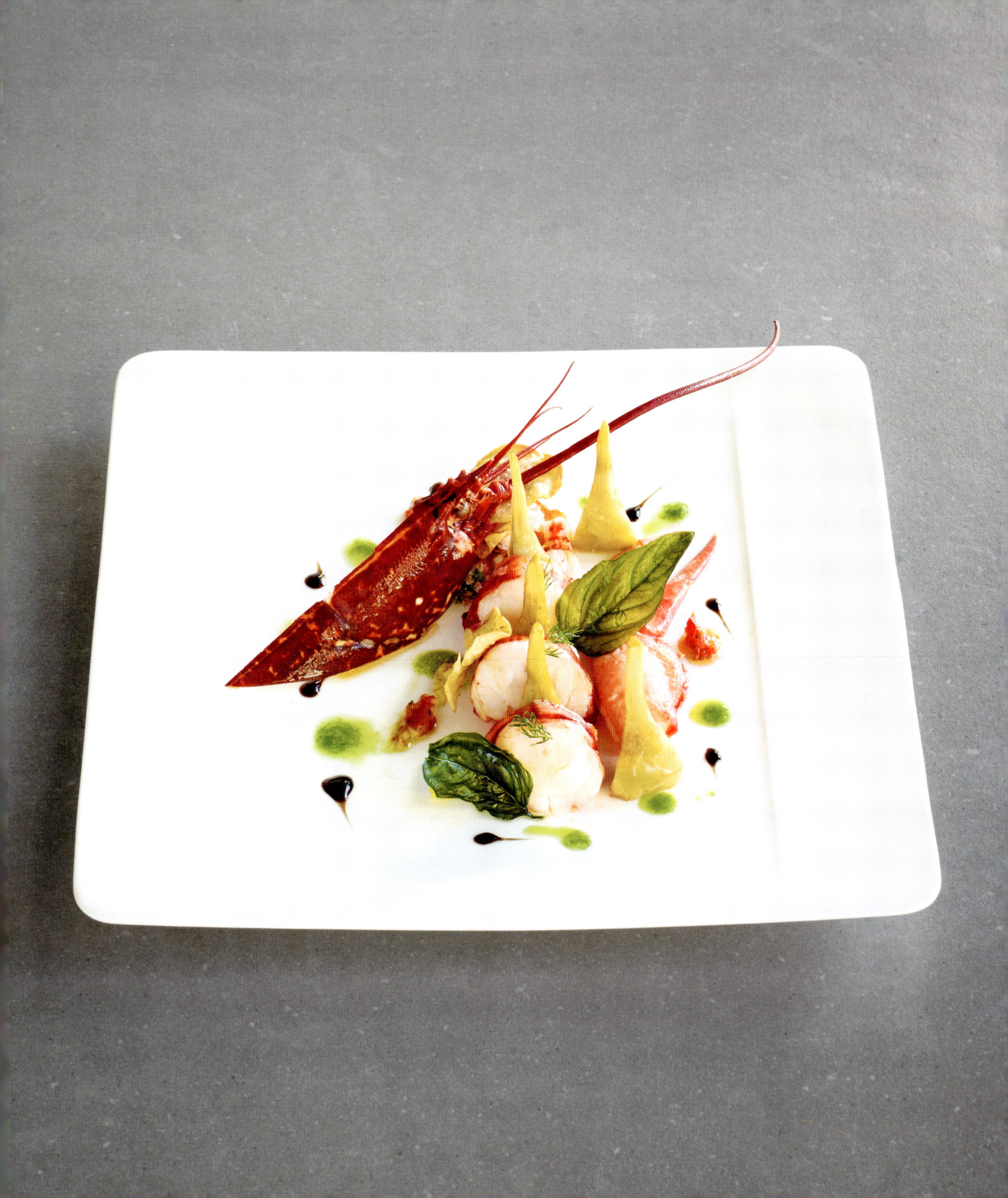

nível 2

Entrada fria

Salada de legumes
CRUS COM ÁGUA AROMATIZADA

RENDIMENTO: 10 PORÇÕES

¼ de maço de cerefólio
ramos de endro
¼ de maço de estragão
1 maço de azedinha
8 folhas de alface-americana
1 endívia carmim
200 g de miniabóbora branca
150 g de rabanete rosa
100 g de minibeterraba
50 g de cebola-roxa
100 g de mininabo
250 g de minierva-doce
300 g de pontas de cenoura
250 g de miniabobrinha
50 g minicogumelos

Para a água aromatizada
500 ml de água mineral
100 g de parmesão
7 g de flor de sal
15 g de gengibre picado
50 g de erva-doce
pimenta-do-reino branca

Dubarry esferificada
25 g de manteiga
100 g da parte branca do alho-poró
80 g de cebola
50 g de farinha de trigo
500 g de couve-flor
1 litro de fundo claro de ave (pág. 66)
100 ml de creme de leite
10 g de alginato de sódio
(por litro de sopa)
20 g de cloreto de cálcio
(por litro de água)

Para a montagem
30 flores comestíveis
(capuchinhas, minimargaridas etc.)
8 folhas de ostra
chips de pão
8 cubos de gelo seco

PREPARO: 1 H — INFUSÃO: 1 H 30 — COZIMENTO: 35 MIN

Prepare os legumes: lave bem todas as folhas e legumes, corte as folhas de endívia em forma de penas. Corte a miniabóbora branca, o rabanete, a minibeterraba, a cebola-roxa, o mininabo e a minierva-doce. Em seguida, mergulhe-os em um bowl de água gelada. Torneie as pontas das cenouras. Pique a miniabobrinha em pedaços pequenos. Limpe os minicogumelos.

Faça a água aromatizada: mergulhe em água morna, algumas lascas de parmesão, a flor de sal, o gengibre, fatias de erva-doce e pimenta-do-reino branca, por pelo menos 1h30. Depois coe, cubra com filme plástico e reserve na geladeira.

Prepare a dubarry esferificada: na manteiga, sue a parte branca do alho-poró e a cebola picada. Polvilhe levemente a farinha de trigo. Adicione os buquês pequenos de couve-flor e cubra com o fundo claro. Cozinhe por cerca de 30 minutos, em fogo baixo. Em seguida, junte o creme de leite. Deixe reduzir. Adicione o alginato e bata no mixer. Coe e preencha os alvéolos semiesféricos de uma fôrma de silicone redonda. Coloque-os no congelador até firmar. Desenforme e mergulhe-as no banho de cálcio por cerca de 5 minutos.

Em seguida, enxágue duas vezes em bowls com água e reserve.

Preaqueça o forno a 90 °C.

Monte os pratos: disponha de forma harmoniosa todos os legumes, ervas e flores em um prato fundo. Depois coloque a dubarry esferificada e os chips de pão. A água aromatizada deve ser servida em um bule de chá. Para regar essa bela horta, verta a água aromatizada sobre um cubo de gelo seco, para uma elegante liberação de fumaça.

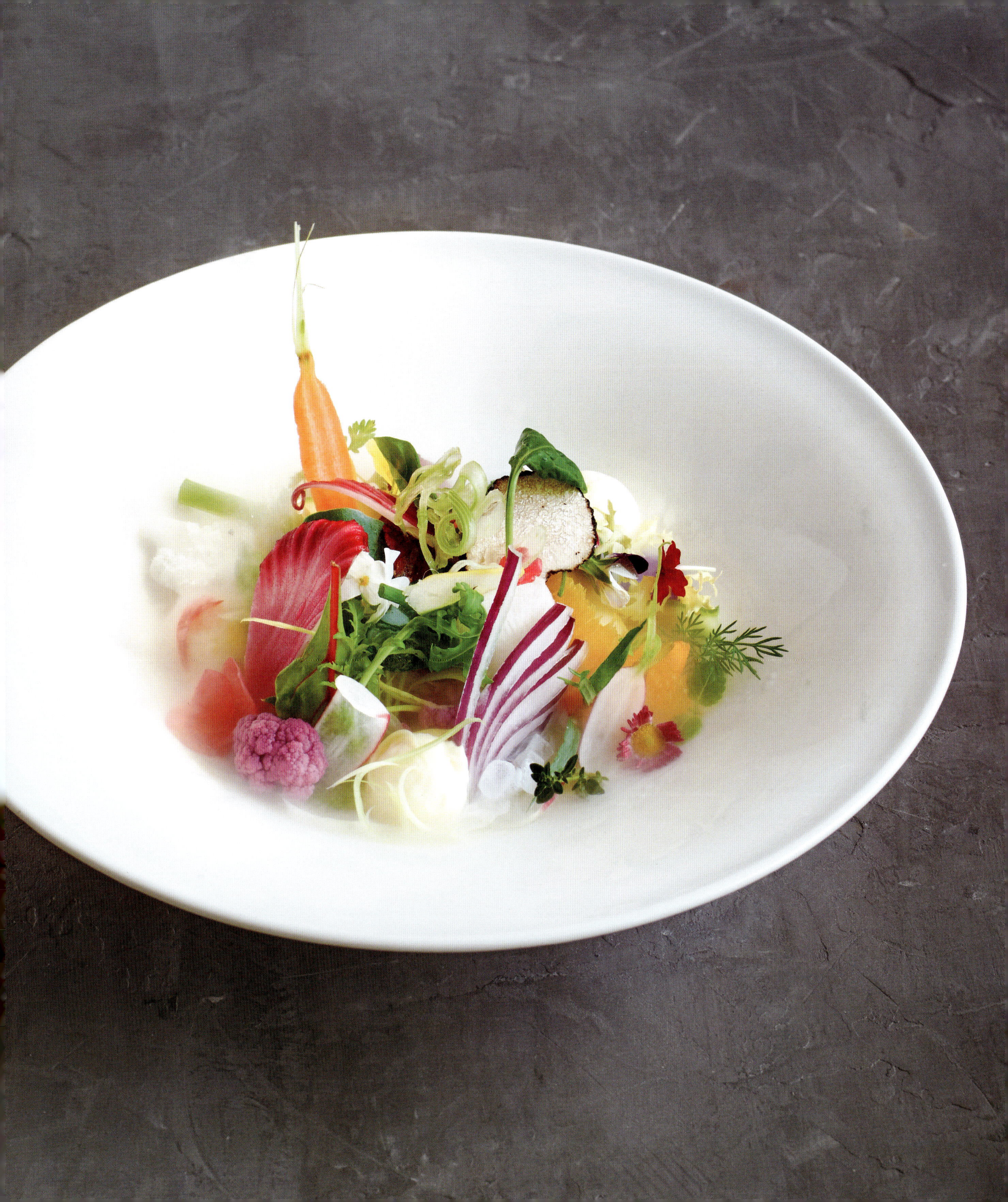

nível 3

Entrada fria

Foie gras de pato
LAQUEADO NA GELEIA DE SANGRIA E ESPECIARIAS

RENDIMENTO: 6 A 10 PORÇÕES

PREPARO: 1 H 45 — PREPARO DO FOIE GRAS: 5 A 7 DIAS
COZIMENTO: 15 MIN + COZIMENTO DO FOIE GRAS

Para o foie gras
500 ml de leite
50 ml de água
1 foie gras fresco de pato (600 a 650 g)

Para o tempero (por quilo)
14 g de sal refinado
2 g de pimenta-do-reino branca moída na hora
1 g de açúcar refinado
1 g de mistura de quatro especiarias (opcional)

Para a geleia de sangria
1 litro de vinho tinto tânico
300 ml de vinho do Porto tinto
1 laranja cortada em rodelas
1 limão cortado em rodelas
2 favas de baunilha
1 pau de canela
1 anis-estrelado
3 ou 4 grãos de pimenta-longa
2 ou 3 bagas de zimbro
150 a 200 g de açúcar mascavo
150 ml de suco de laranja fresco
4 folhas de gelatina
mistura de especiarias trituradas (1 colher (chá) de pimenta-rosa, anis-verde, pimenta-de-Sichuan e pimenta-do-reino)

Para as batatas
1 kg de batata BF15
200 g de gordura de foie gras
5 dentes de alho amassados
tomilho, louro e alecrim
flor de sal
cardamomo moído
pimenta-do-reino triturada grosseiramente

Para a salada e o vinagrete
100 g de vários tipos de folhas para salada
¼ de pé de alface-crespa roxa
80 ml de azeite
1 colher (sopa) de vinagre de xerez
1 colher (sopa) de suco de limão
sal e pimenta-do-reino moída na hora

Para o pão torrado
6 a 10 fatias de pão caseiro
gordura de cozimento do pato

Prepare o foie gras: na véspera, aqueça o leite e a água a 40 °C. Depois mergulhe o foie gras para limpá-lo, removendo as veias. Em seguida, tempere com o sal, a pimenta-do-reino, o açúcar e as especiarias. Embale o foie gras a vácuo e reserve durante uma noite na geladeira. No dia seguinte, asse-o por 18 minutos no forno a vapor preaquecido a 85 °C. Depois, deixe-o maturar de 5 a 7 dias na geladeira.

Prepare a geleia de sangria: reduza os vinhos a ¼, até que a redução fique bem brilhante. Adicione as rodelas de laranja e limão, as sementes de baunilha, as especiarias inteiras e o açúcar mascavo. Deixe reduzir à metade. Adicione o suco de laranja e a gelatina amolecida com água fria e espremida. Depois coe tudo no chinois.

Derrame sobre o foie gras um pouco da geleia de sangria, várias vezes, até obter uma camada de 2 a 3 mm de espessura. Cubra com a mistura de especiarias trituradas e reserve na geladeira.

Prepare as batatas: tempere-as. Em seguida, adicione a gordura do foie gras, os dentes de alho e as ervas aromáticas. No forno a vapor a 100 °C, cozinhe-as por alguns minutos, a vácuo. Depois, esfrie-as com água gelada. No momento de servir, corte fatias diagonais de 1 cm de espessura. Frite-as com um pouco da gordura do cozimento do foie gras, corando-as de ambos os lados. Tempere-as com flor de sal, cardamomo moído e pimenta-do-reino triturada grosseiramente.

Prepare o vinagrete: misture todos os ingredientes. Tempere a salada no momento de servir.

Prepare o pão torrado: pincele os dois lados do pão com a gordura do cozimento, depois torre-o por alguns minutos na torradeira.

Em cada prato, disponha uma fatia de foie gras laqueado, uma fatia de pão torrado, salada e rodelas de batata.

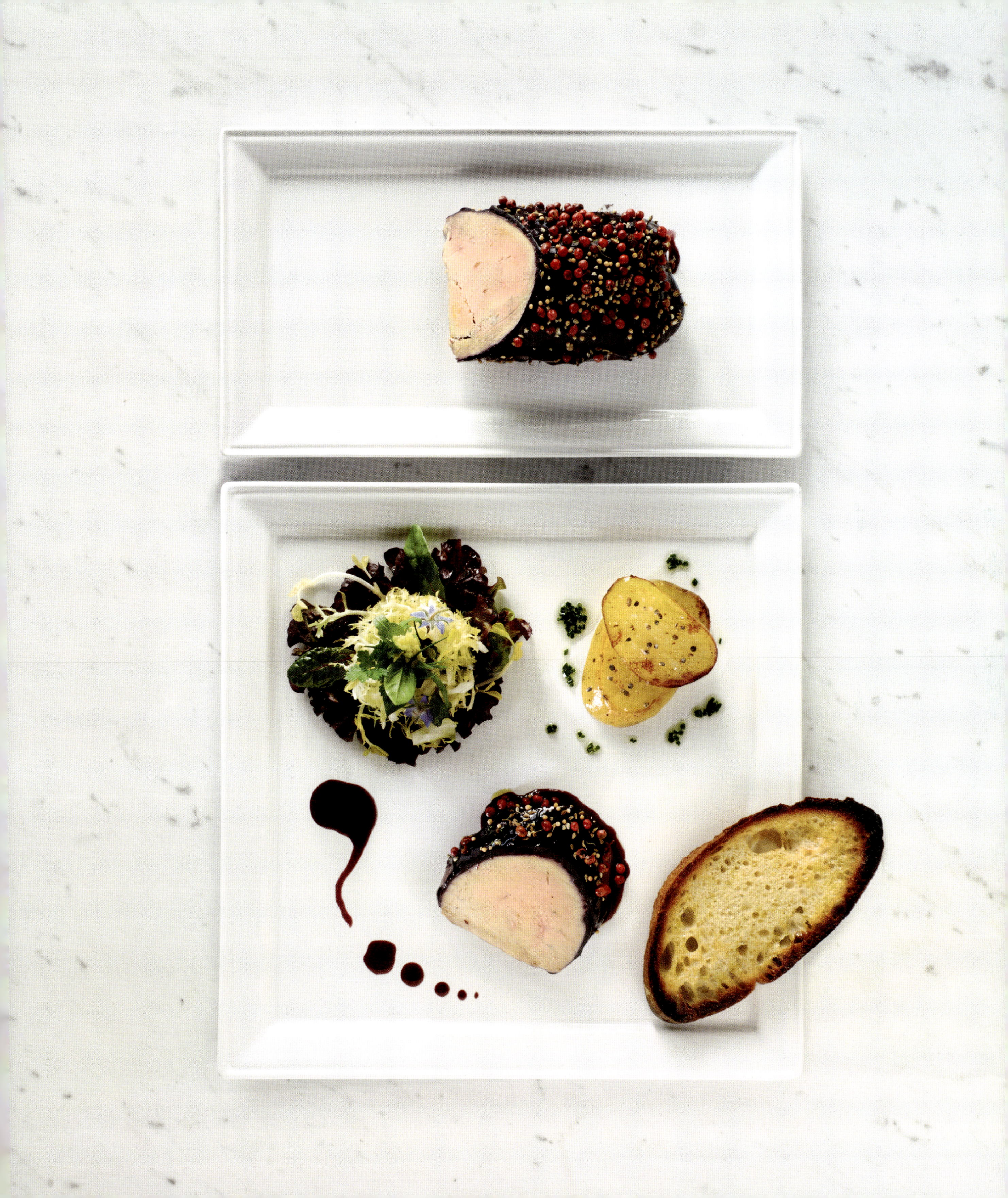

nível 3

Entrada fria

Esferas de foie gras, chutney de cereja e biscoito de avelã

RENDIMENTO: 10 PORÇÕES

PREPARO: 1 H 30 – PREPARO DO FOIE GRAS: 24 H – COZIMENTO: 1 H

Para as esferas de foie gras
600 g de foie gras fresco
2 folhas de gelatina
50 ml de fundo claro de ave (pág. 66)
20 ml de vinho do Porto branco
100 ml de creme leite batido
sal e pimenta-do-reino moída na hora

Para o chutney de cereja
50 ml de vinagre de xerez
150 ml de vinho tinto
100 g de mel
400 g de cereja congelada
2 g de pimenta-do-reino
20 g de gengibre picado
30 g de avelãs trituradas
3 folhas de gelatina
sal

Para a cobertura
9 g de pó ágar-ágar (gelificante vegetal)
250 ml de água
1 litro de purê de cereja ginja
100 g de açúcar refinado

Para os biscoitos de avelãs
150 g de manteiga em ponto de pomada
9 g de sal refinado
20 g de açúcar de confeiteiro
40 g de farinha de avelã
1 ovo
250 g de farinha de trigo

Para a montagem
1 folha de ouro
algumas folhas de beterraba
150 g de foie gras cozido e cortado em bastões

Faça uma terrine de foie gras com o foie gras fresco (pág. 252).

Prepare o chutney de cereja: em uma panela, ferva o vinagre, o vinho e o mel. Adicione as cerejas, o sal, a pimenta e o gengibre e deixe ferver novamente. Reduza o fogo e cozinhe por 35 a 40 minutos, em fogo bem baixo, mexendo sempre. Bata 150 g do preparo no mixer e reserve na pipeta, em local fresco. Na panela, adicione as avelãs e as folhas de gelatina previamente amolecidas por 10 minutos em água fria e espremidas. Mexa e cozinhe por 5 a 10 minutos, até que a mistura tenha a consistência de uma compota. Coloque em uma fôrma de silicone, para moldar, e leve ao congelador.

Prepare as esferas de foie gras cozidas: mergulhe as folhas de gelatina por 10 minutos em um bowl com água fria. Em uma panela, coloque o fundo claro e o vinho do Porto para aquecer em fogo baixo. Em seguida, incorpore a gelatina escorrida. Corte o foie gras em cubos, bata com o fundo claro morno e temperado. Se necessário, bata com o fouet, para obter uma preparação lisa e uniforme. Em seguida, adicione delicadamente o creme de leite batido, bem gelado. Coloque em uma fôrma de silicone (*) e deposite um pedaço de chutney congelado sobre cada semiesfera (*). Nivele (*) e coloque no congelador. Desenforme, e cole as semiesferas em pares, com um pouco do preparo, para obter esferas regulares. Espete um palito em cada uma.

(*) Passo 1
(*) Passos 2 e 3

Para fazer a cobertura das esferas: reidrate o ágar-ágar em um pouco de água. Adicione o purê de cereja, o açúcar e a água restante. Depois, mergulhe delicadamente as esferas nesta mistura (*). Em seguida, deixe descongelar na geladeira.

(*) Passo 4

Enquanto isso, preaqueça o forno a 140 °C e prepare os biscoitos de avelãs: coloque todos os ingredientes no bowl de um batedeira e bata suavemente por 5 minutos, com o batedor raquete. Em seguida, abra a massa com uma espessura de 3 mm entre duas folhas de papel-manteiga. Deixe a massa endurecer na geladeira e depois corte-a em 10 losangos. Coloque-os sobre uma folha de silicone e asse por 15 minutos.

Coloque um biscoito de avelã em cada prato. Junte uma esfera envolta em cobertura e uma lâmina de folha de ouro. Decore com pontos de chutney de cereja, folhinhas de beterraba e bastões de foie gras.

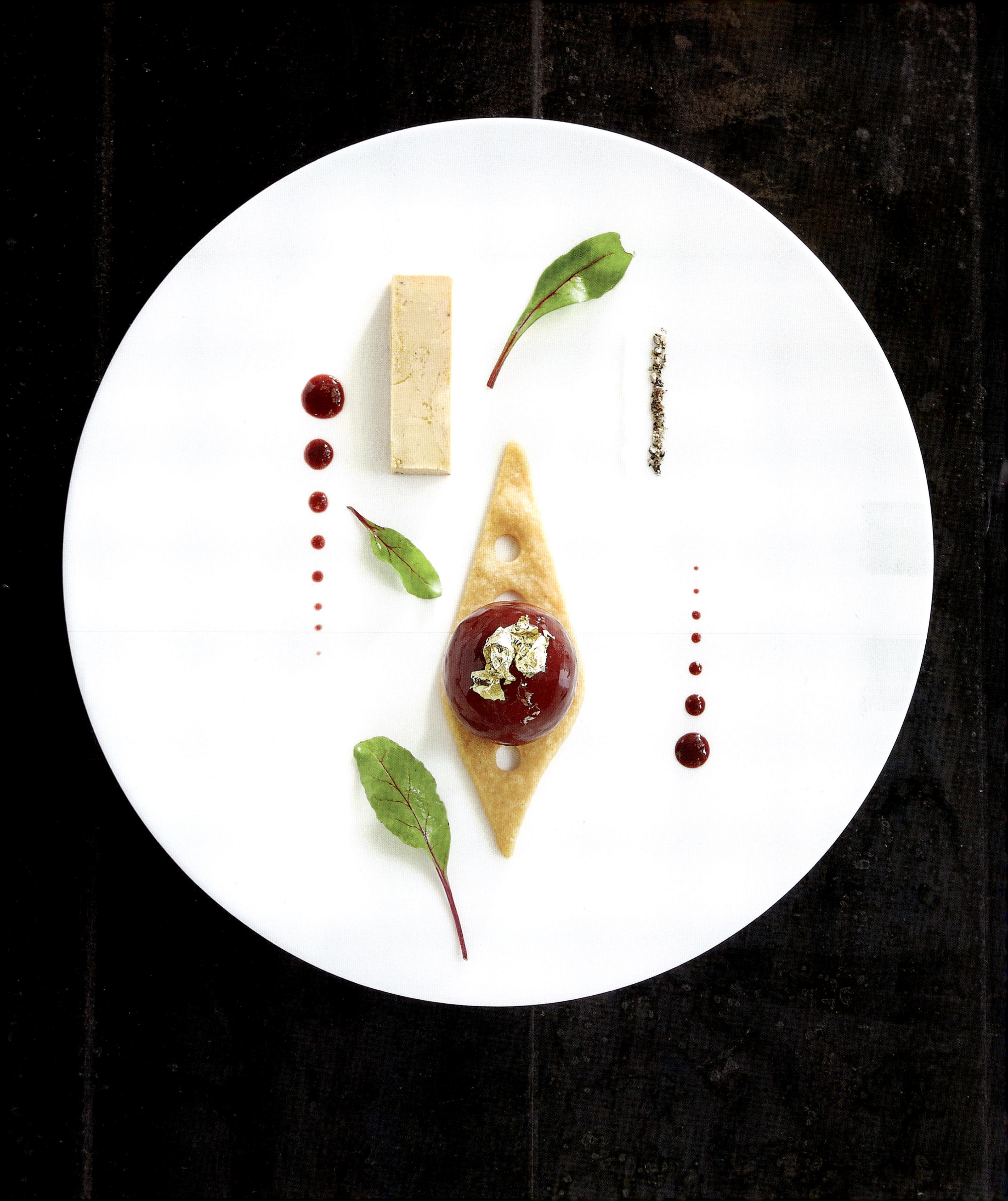

nível 3

Entrada fria

Truta salmonada
E BETERRABAS VARIADAS

RENDIMENTO: 10 PORÇÕES

PREPARO: 1 H — DEFUMAÇÃO: 6 MIN — COZIMENTO: 2 H

3 trutas de salmão de 800 g
sal e pimenta-do-reino moída na hora
madeira de cerejeira

Para as minibeterrabas
3 minibeterrabas amarelas
3 minibeterrabas vermelhas
3 minibeterrabas rosa
suco de 3 limões
100 ml de azeite
sal e pimenta-do-reino moída na hora

Para o caramelo de beterraba
1 beterraba crua
1 colher (sopa) de mel
1 colher (chá) de vinagre de xerez
sal e pimenta-do-reino moída na hora

Para os tubos de beterraba
3 beterrabas cozidas
1 litro de água mineral
25 g de ágar-ágar
1 colher (chá) vinagre de xerez
sal e pimenta-do-reino moída na hora

Para o purê de beterraba
2 cebolas
1 colher (chá) de manteiga

Para a montagem
azeite
flor de sal
800 g de edamame
brotos de beterraba
mostarda

Prepare a truta: retire as aparas, descame, eviscere, lave o peixe e corte filés. Depois retire as espinhas (págs. 336-343). Tempere e defume a truta por 6 minutos com a madeira de cerejeira. Depois, embrulhe em papel-manteiga e cozinhe por 6 minutos em forno a vapor a 70 °C. Em seguida, reserve na geladeira.

Prepare as minibeterrabas: descasque e lave-as. Em seguida, tempere com sal, pimenta, suco de limão e azeite. Cozinhe-as a vácuo no forno a vapor, por 1h30 e a 83 °C. Espere resfriar e corte-as ao meio ou em quatro partes, de acordo com o tamanho.

Prepare o caramelo de beterraba: lave a beterraba e passe-a na centrífuga para extrair o suco. Coloque o suco obtido em um panela com o mel e reduza até consistência de xarope. Deglaceie com vinagre de xerez e tempere.

Prepare a gelatina de beterraba: bata as beterrabas com a água mineral, para extrair o suco. Passe-as pelo chinois, pressione bem e deixe a polpa escorrer. Reserve-a para fazer o purê de beterraba. Adicione o ágar-ágar ao suco obtido e ferva por 2 minutos. Junte o vinagre de xerez, tempere com sal e pimenta. Em uma fôrma retangular de fundo removível forrada com papel-manteiga, coloque essa base com 1 milímetro de espessura (*). Deixe endurecer na geladeira, enquanto prepara o purê de beterraba. *(*) Passo 1*

Prepare o purê de beterraba: descasque e pique as cebolas. Deixe-as suar na manteiga. Adicione a polpa de beterraba reservada e cozinhe por alguns minutos em fogo baixo, mexendo regularmente. Em seguida, bata por 2 minutos na velocidade máxima, até obter uma consistência lisa. Tempere. Coloque a preparação em um saco de confeiteiro e deixe esfriar na geladeira.

Monte os pratos: corte 20 tiras de 6 × 4 cm da gelatina de beterraba, recheie com o purê de beterraba e enrole-as bem, para obter tubos pequenos (*). Reserve-os na geladeira. Retire a pele dos filés de truta e corte-os na diagonal. Regue com azeite e salpique delicadamente com a flor de sal. Coloque 2 tubos de beterraba, em cada prato, os edamames branqueados, as minibeterrabas e os brotos de beterraba. Finalize com alguns pontos de caramelo de beterraba e de mostarda. *(*) Passos 2 e 3*

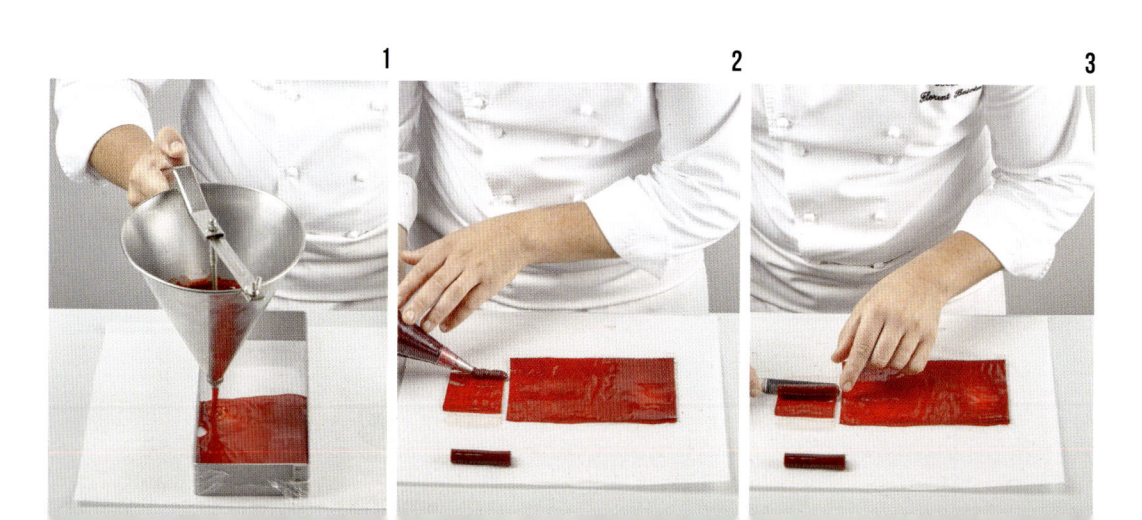

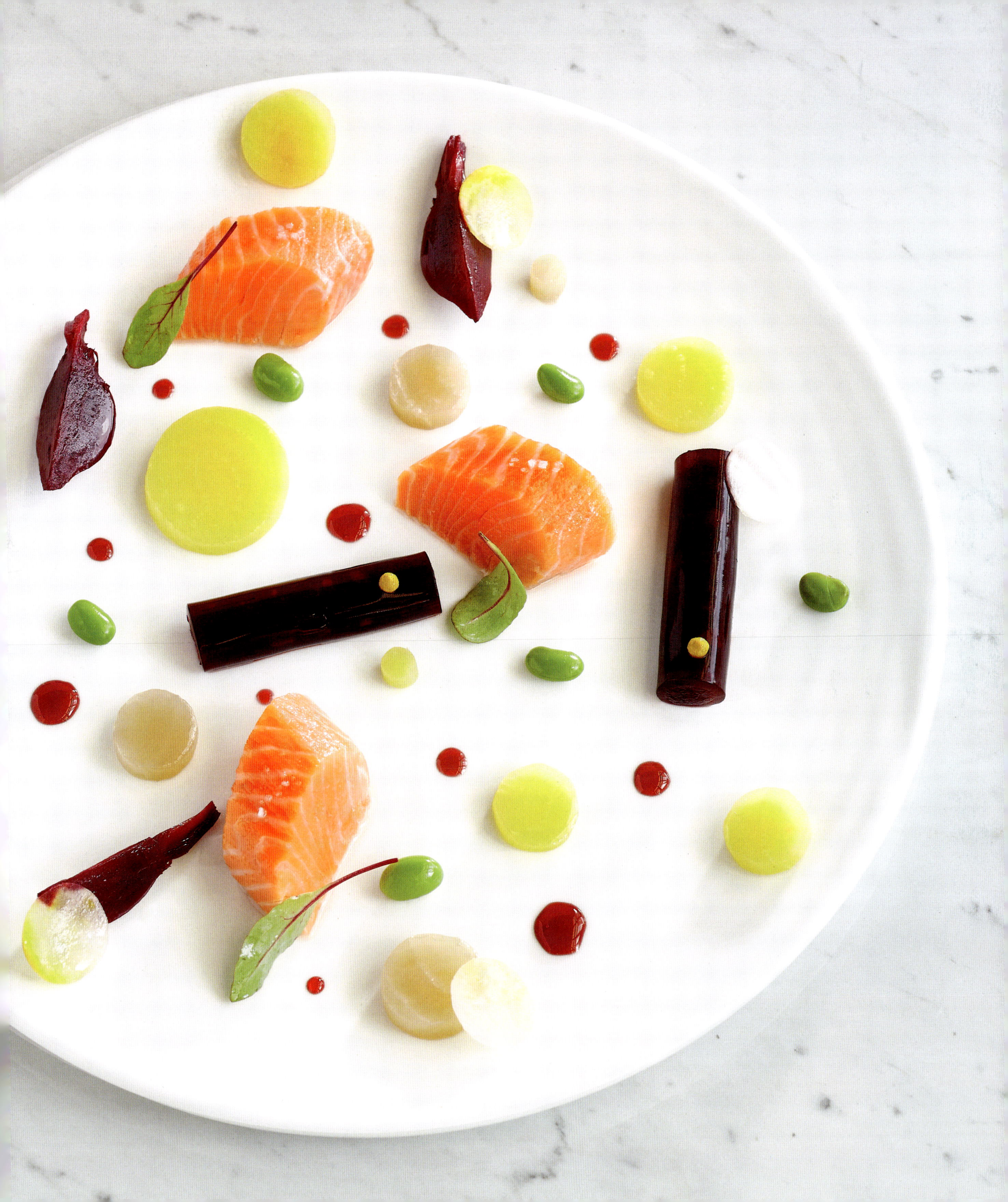

Gota ATUM-CHOCOLATE

nível 3
Entrada fria

RENDIMENTO: 8 PORÇÕES

300 g de atum rabilho
50 ml de óleo de gergelim
flor de sal
1 pitada de pimenta de Espelette
1 tubo de mostarda com wasabi

Para as pétalas de chocolate branco
50 g de chocolate branco

Para o gelo em forma de gota da decoração
8 balões (bexigas)
8 litros de água

Para os minirrolinhos primavera
6 folhas de arroz
1 alface-romana
2 maços de cebolinha
½ maço de hortelã
25 ml de óleo de avelã
flor de sal

Para o caldo de gengibre
30 g de gengibre fresco
1 litro de caldo de galinha (pág. 74)

Para a montagem
gelo picado
600 g de lascas de legumes
(1 cenoura,
2 nabos pequenos,
1 minialho-poró,
2 beterrabas pequenas,
1 talo de aipo)
24 flores comestíveis
(capuchinhas, minimargaridas)
1 maço de ervas frescas
(cerefólio, folhas de beterraba)
250 g de gelo seco

PREPARO: 1 H 15 — MARINADA: 1 H — INFUSÃO: 15 MIN — CONGELAMENTO: 5 H

Prepare o atum: retire as aparas e corte o filé de atum em 24 cubos de 2 cm de lado. Marine por 1 hora com óleo de gergelim, flor de sal e pimenta de Espelette.

Prepare as pétalas de chocolate branco: derreta o chocolate branco em banho-maria. Em seguida, usando uma colher pequena, espalhe pequenas pastilhas sobre uma folha de silicone. Deixe na geladeira até que fiquem bem duras.

Faça as gotas de gelo da decoração: encha cada balão com um litro de água, amarre-os e pendure-os por 5 horas no congelador.

Prepare os minirrolinhos primavera: coloque as folhas de arroz para amolecer em água morna. Então, aperte para espremê-las, estique-as e corte-as em quatro. Sobre cada pedaço, coloque uma folhinha de alface-romana e um ramo de cebolinha com uma folha de hortelã. Enrole e reserve na geladeira. Pouco antes de servir, apare as pontas, regue com um fio de óleo de avelã e polvilhe um pouco de flor de sal.

Retire as gotas do congelador e estoure os balões para retirá-los. Em seguida, perfure as gotas na lateral com uma agulha quente, retire a água que ainda houver dentro e aumente a abertura com o maçarico. Reserve-as novamente no congelador até a montagem do prato.

Monte o atum: deposite sobre cada cubo de atum uma pétala de chocolate branco e uma pitada de mostarda com wasabi.

Prepare o caldo de gengibre: ferva o gengibre por 15 minutos em um caldo de galinha. Mantenha aquecido.

Monte os pratos: coloque a gota congelada sobre uma camada de gelo picado, para garantir a estabilidade, e deposite dentro dela um ninho de lascas de legumes temperados. Em seguida, coloque três minirrolinhos primavera, três cubos de atum e enfeite com flores e ervas frescas. Acrescente alguns cubos de gelo seco sobre o gelo picado e regue com um pouco de caldo de gengibre quente, liberando a fumaça.

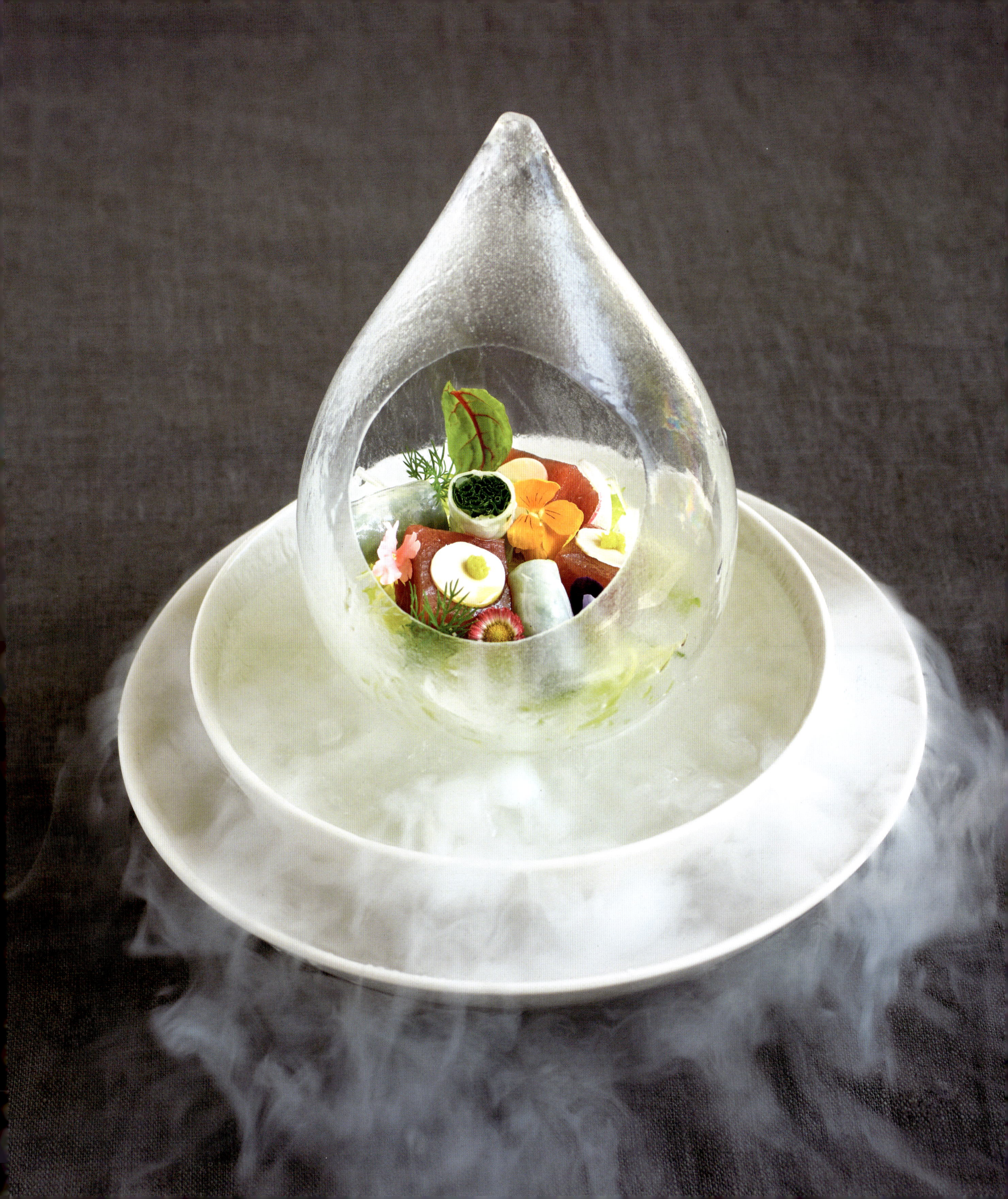

nível 3
Entrada fria

Caranguejo
TRANSPARENTE

RENDIMENTO: 10 PORÇÕES

PREPARO: 1 H 15 — REFRIGERAÇÃO: 2 H 20 — DEFUMAÇÃO: 1 H — COZIMENTO: 6 MIN

Para o recheio de caranguejo
10 pinças de caranguejo cozido
250 g de maionese (pág. 31)
5 g de azeitonas pretas taggiasca
5 g de alcaparras
1 colher (sopa) de vinagre de xerez

Para a pasta de avocado
2 avocados
suco de ½ limão
1 pitada de ácido ascórbico
1 pitada de pimenta de Espelette
sal
4 colheres (sopa) de azeite

Para a geleia de tomate
3 folhas de gelatina
1 kg de tomate-cereja
1 pitada de açafrão em pó

Para os discos de massa
10 folhas de massa brick
manteiga clarificada (pág. 56)
açúcar de confeiteiro

Para a tapenade
100 g de azeitonas pretas
1 colher (sopa) de azeite
4 filés de anchova

Para a montagem
50 g de queijo branco
1 maço de manjericão anão

Prepare o recheio de caranguejo: descasque as garras de caranguejo, retirando todos os pedaços de cartilagem. Prepare a maionese. Corte as azeitonas em brunoise e escorra as alcaparras. Incorpore gradativamente a carne de caranguejo, as azeitonas e as alcaparras à maionese. Tempere e adicione o vinagre de xerez. Reserve.

Prepare a pasta de avocado: abra o avocado e retire a polpa. Bata finamente com suco de limão, ácido ascórbico, pimenta de Espelette, sal e azeite. Coloque no fundo de 10 pratos de sopa (aproximadamente 30 g/prato). Reserve na geladeira por 20 minutos. Em seguida, deposite 50 g de recheio de caranguejo sobre a pasta de avocado e reserve novamente na geladeira.

Prepare a geleia de tomate: hidrate as folhas de gelatina em um bowl de água fria. Enquanto isso, prepare a água de tomate com açafrão, espremendo os tomates. Recupere apenas a água e coe-a no chinois. Em seguida, adicione o açafrão. Aqueça aproximadamente metade da água de tomate e incorpore a gelatina escorrida. Em seguida, misture com a água de tomate restante. Coloque por alguns minutos na geladeira e depois junte 5 mm de geleia de tomate em cada prato. Deixe endurecer por 2 horas na geladeira.

Prepare os discos de massa: preaqueça o forno a 170 °C. Corte as folhas de massa brick ao meio e pincele-as com manteiga clarificada. Em seguida, polvilhe açúcar de confeiteiro (passos 1 e 2). Repita a operação. Corte os discos do diâmetro dos pratos que serão servidos (passo 3). Faça furos nas folhas, com um cortador de biscoitos. Asse por 6 minutos entre duas fôrmas forradas com folhas de papel-manteiga.

(*) Passos 1 e 2
(*) Passo 3

Prepare a tapenade: bata no mixer as azeitonas com o azeite e as anchovas, até obter um purê liso. Coloque em um saco de confeitar.

Defume o queijo branco, por uma hora, e tempere-o. Em seguida, passe no processador e reserve em um bico de confeitar. Antes de servir, faça pontos de queijo e de tapenade sobre o recheio de caranguejo. Disponha as folhas do manjericão anão. Coloque um disco de massa sobre a preparação e decore-o com pontos de queijo branco e de tapenade.

1   2   3

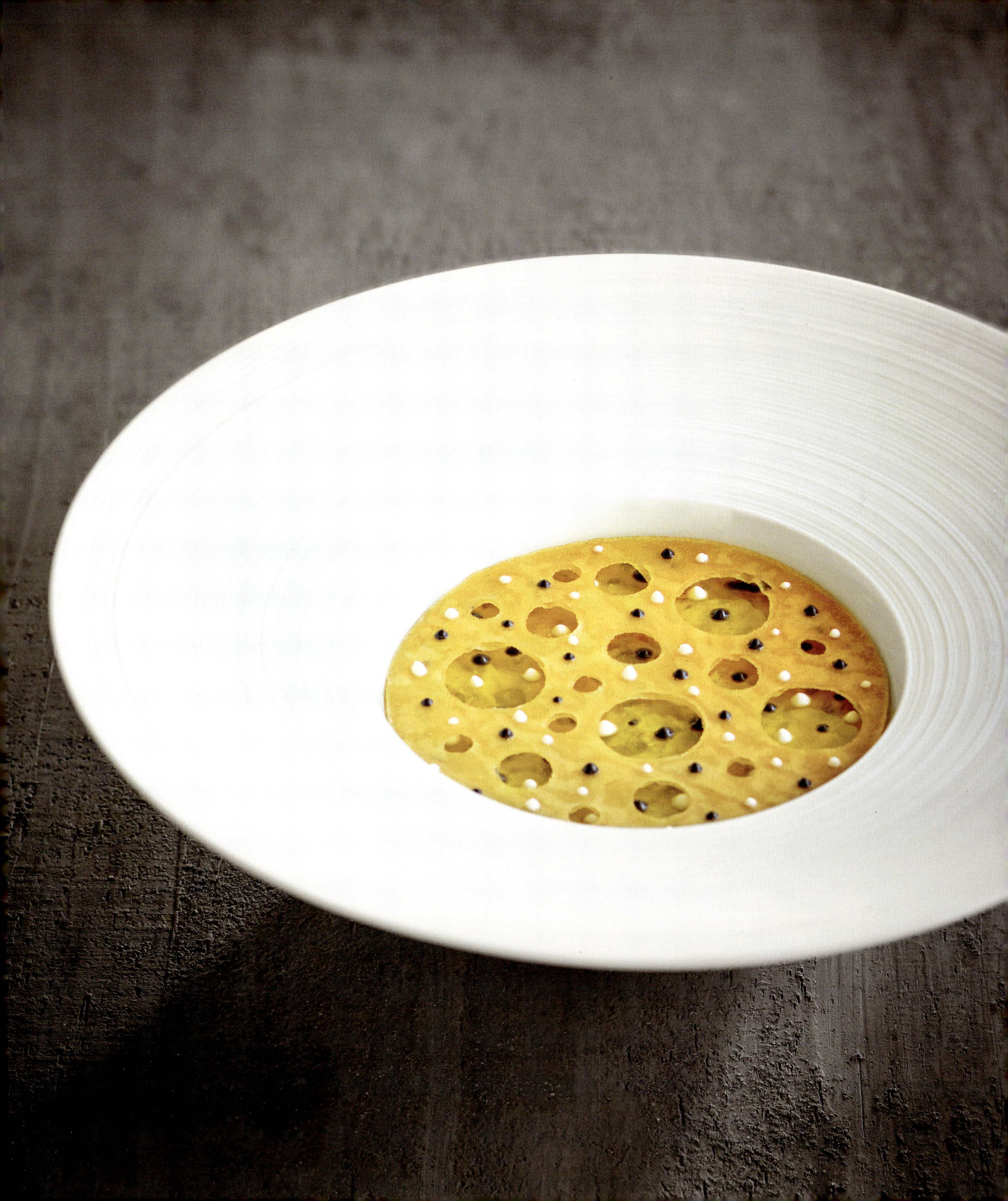

nível 3

Entrada fria

Sépia à moda de Sète recriada

RENDIMENTO: 10 PORÇÕES

PREPARO: 1 H 15 — COZIMENTO: 20 MIN

Para a massa de sépia
500 g da parte branca da sépia
250 ml de creme de leite
óleo de amendoim

Para o molho
500 g da parte branca da sépia
200 g de cebolas
200 g de aipo-rábano
50 ml de conhaque
200 ml de vinho branco
1 litro de fondue de tomate (pág. 460)
pimenta-de-caiena
50 ml de vinagre de xerez
6 folhas de gelatina

Para a montagem
100 g de molho rouille (provençal)
100 g de pão de miga preto
20 g de manteiga
100 g de tomate-cereja
1 laranja
estragão
100 g de edamame
algumas alcaparras

Prepare a massa de sépia: lave a parte branca das sépias, bata-as finamente com o creme de leite e passe na peneira. Espalhe a massa entre duas folhas de papel-manteiga ligeiramente besuntadas com óleo, com uma espessura de 2 mm (*). Asse por 4 minutos, no forno a vapor a 90 °C. Depois, reserve na geladeira.

(*) Passo 1

Prepare os elementos para a montagem: coloque o molho rouille em uma pipeta. Preaqueça o forno a 180 °C. Corte discos do pão e torre por 6 minutos, no forno, entre duas fôrmas forradas com papel-manteiga. Reserve.

Descasque e corte os tomates-cereja em quartos. Depois retire as sementes para obter pétalas. Reserve na geladeira.

Faça raspas de laranja, depois descasque-a. Extraia os gomos e divida-os em três. Separe as folhas de estragão. Debulhe e retire a película do edamame. Reserve.

Prepare o molho à moda de Sète: corte a parte branca da sépia em tiras. Descasque as cebolas e o aipo-rábano. Depois corte-os em brunoise. Sue a sépia em uma frigideira em fogo alto. Flambe com conhaque, deglaceie com vinho branco e adicione o fondue de tomate e a pimenta-de-caiena. Cozinhe por 5 minutos e retire do fogo. Bata 100 ml de molho no mixer, adicione o vinagre e reserve em uma pipeta. Mergulhe as folhas de gelatina em um bowl com água fria por 10 minutos. Depois esprema-as e adicione ao molho. Corrija o tempero. Enrole essa preparação em filme plástico, confeccionando 10 rolos (*), em seguida, coloque-os no congelador até que firmem.

(*) Passo 2

Enquanto isso, corte retângulos à massa de sépia. Em seguida, deposite sobre cada um desses retângulos um dos rolos de molho gelificado. Enrole tudo (*).

(*) Passo 3

Com um bico de confeitar, finalize com um fio de rouille sobre cada rolo de sépia. Coloque sobre cada prato um rolo de sépia à moda de Sète, alguns croûtons feitos com pão de miga torrado, pétalas de tomate-cereja, alguns edamames, alcaparras e, para finalizar, pontos de molho da pipeta.

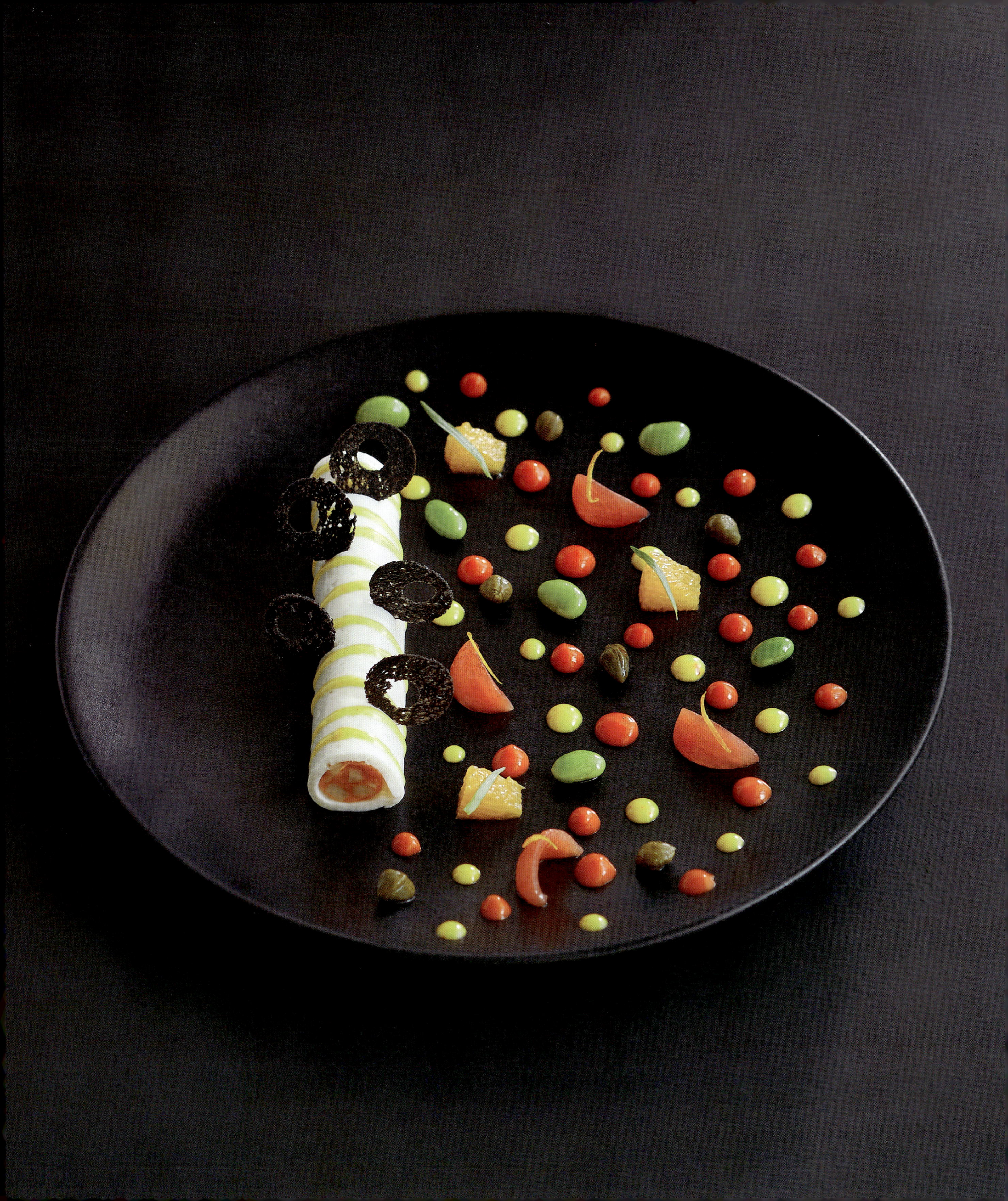

nível 1
Entrada quente

Ovos mexidos com trufas,
FOLHADO SALGADO COM PIMENTA DE ESPELETTE E QUEIJO COMTÉ

RENDIMENTO: 8 PORÇÕES

PREPARO: 35 MIN — COZIMENTO: 45 MIN

Para o creme de cebola
1 cebola picada
100 g de manteiga
200 ml de creme de leite
sal
pimenta-do-reino

Para os folhados
1 massa folhada (pág. 102)
1 pitada de pimenta de Espelette
60 g de queijo comté
1 ovo batido para pincelar a massa

Para os ovos mexidos
250 g de trufas frescas
24 ovos
20 ml de óleo de amendoim
70 g de manteiga
1 colher (sopa) de creme de cebola
1 maço de cerefólio
flor de sal de Guérande
pimenta-do-reino moída na hora

Prepare o creme de cebola: preaqueça o forno a 160 °C. Sue lentamente a cebola em uma panela com 30 g de manteiga. Adicione metade do creme de leite, tempere com sal e pimenta e leve a panela coberta ao forno por 30 minutos. Reserve.

Prepare os folhados: aumente a temperatura do forno para 180 °C. Pincele a massa folhada com o ovo batido. Depois, polvilhe com pimenta de Espelette e espalhe o queijo ralado. Corte tiras de massa e torça-as. Asse por 8 minutos.

Corte metade das trufas em brunoise e a outra metade em palitos.

Quebre os ovos, bata-os com um garfo. Tempere com sal e pimenta. Em um panela, aqueça lentamente o óleo e junte os ovos, sem parar de mexer, por 3 a 4 minutos, até obter uma consistência cremosa. Finalize o cozimento colocando os ovos em um bowl. Adicione a manteiga em pedaços, o creme de leite restante e a brunoise de trufas frescas. Tempere.

Coloque o creme de cebola no fundo de cada prato. Em seguida, adicione os ovos mexidos com as trufas. Decore com os palitos de trufas e as folhas de cerefólio. Disponha a massa folhada na borda do prato.

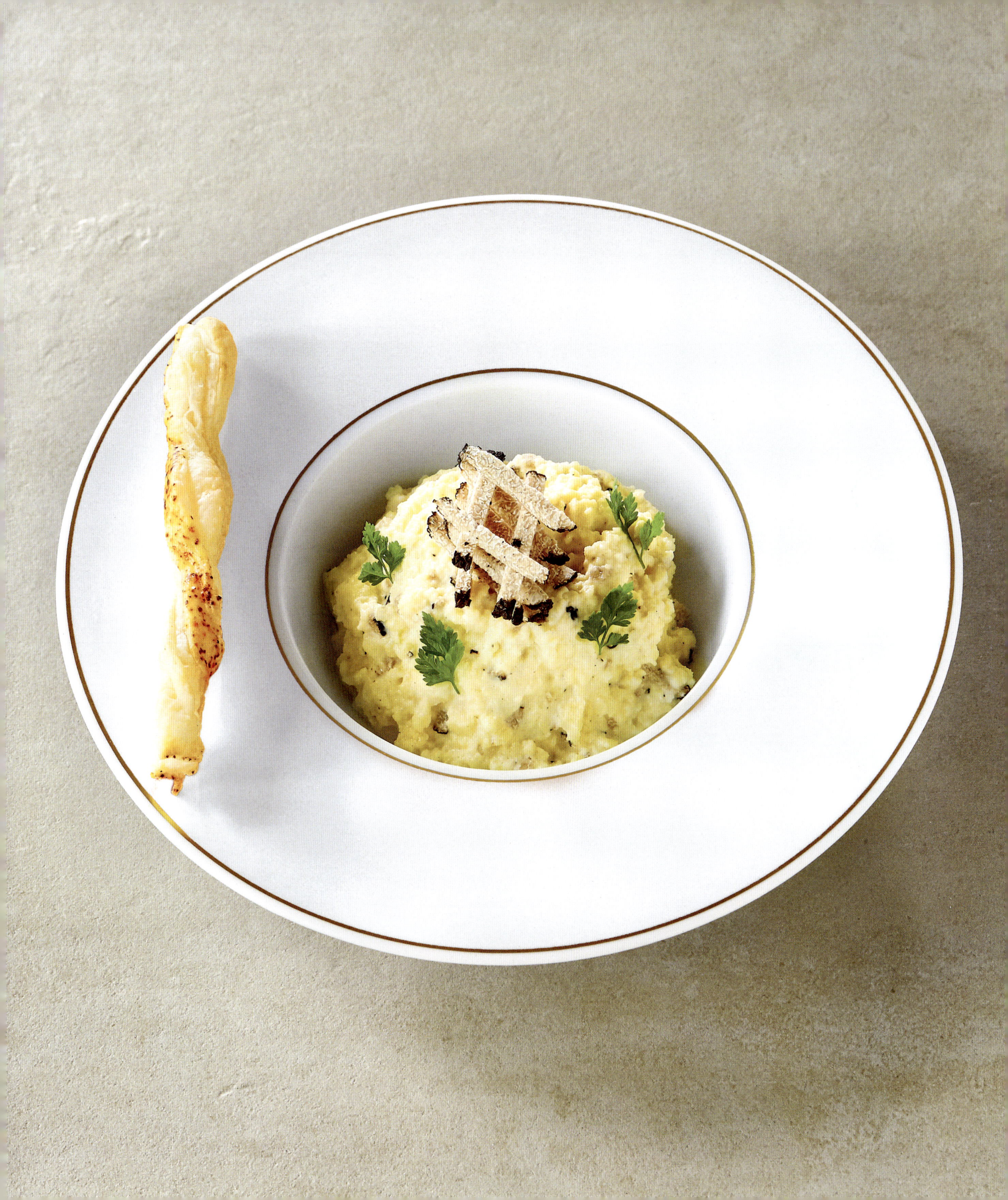

Nível 1

Entrada quente

Tortinha quente
DE TIMO DE VITELA COM MOLHO DE VINHO DO PORTO

RENDIMENTO: 8 PORÇÕES

PREPARO: 50 MIN — MOLHO: 12 H — COZIMENTO: 1 H 15

Para o recheio
300 g timo (molejas) de vitela
flor de sal
1 cebola
1 bouquet garni
250 g de carne de ave
250 g de lombo de porco
250 g de bacon gordo
2 ovos
100 ml de vinho branco
30 ml de conhaque
1 cebola picada
50 g de manteiga
50 ml de molho poivre (pág. 64)

Para a massa
1 kg de massa folhada (pág. 102)
1 ovo batido

Para o molho de vinho do Porto
500 ml de vinho do Porto
1 cebola picada
100 ml de molho poivre (pág. 64)
30 g de manteiga

Para a montagem
150 g de cogumelos morilles pequeno
1 maço de cebolinha

Na véspera, coloque o timo de vitela em uma grande quantidade de água gelada. No dia do preparo, escalde para remover as impurezas: coloque-o em uma panela com água fria e deixe ferver. Retire a espuma com uma escumadeira, escorra o timo e enxágue em água fria. Em seguida, coloque-o na panela e cubra com água temperada com flor de sal. Adicione a cebola cortada em quatro, o bouquet garni e cozinhe por 8 minutos em fogo médio.

Prepare o recheio: pique as carnes (a ave, o lombo de porco e o bacon) e misture delicadamente com os ovos, o vinho branco, o conhaque, a cebola e a metade do timo cortado em pedaços de 1 cm e anteriormente selado na frigideira, na manteiga. Junte o molho poivre. Para finalizar, faça esferas de aproximadamente 120 g.

Prepare a massa: abra a massa folhada e corte 8 discos de 12 cm de diâmetro para a base da tortinha e 8 discos de 15 cm de diâmetro para o topo, usando um cortador. Pincele as bordas dos discos com um ovo batido. Em seguida, coloque uma esfera de recheio no centro de cada disco. Cubra com um segundo disco, solde a borda, pincele com o ovo batido e abra uma chaminé, no centro da massa folhada. Se você quiser desenhar formas na massa, use um utensílio pontiagudo. Reserve as tortinhas na geladeira, por 15 a 20 minutos. Preaqueça o forno a 180 °C.

Prepare o molho de vinho do Porto: reduza o vinho do Porto com a cebola para obter uma consistência de xarope. Em seguida, junte o molho poivre. Mexa, acrescentando a manteiga, e passe o molho no chinois. Reserve em local aquecido.

Tire as tortinhas da geladeira e pincele-as novamente com o ovo batido. Asse por 25 minutos.

Enquanto isso, doure na manteiga os pedaços de timo de vitela restantes e os cogumelos pequenos.

Assim que as tortinhas estiverem assadas, coloque uma no meio de cada prato. Em volta, forme um círculo, alternando pontos de molho de vinho do Porto, cubos de cogumelos e de timo de vitela. Decore com ramos de cebolinha.

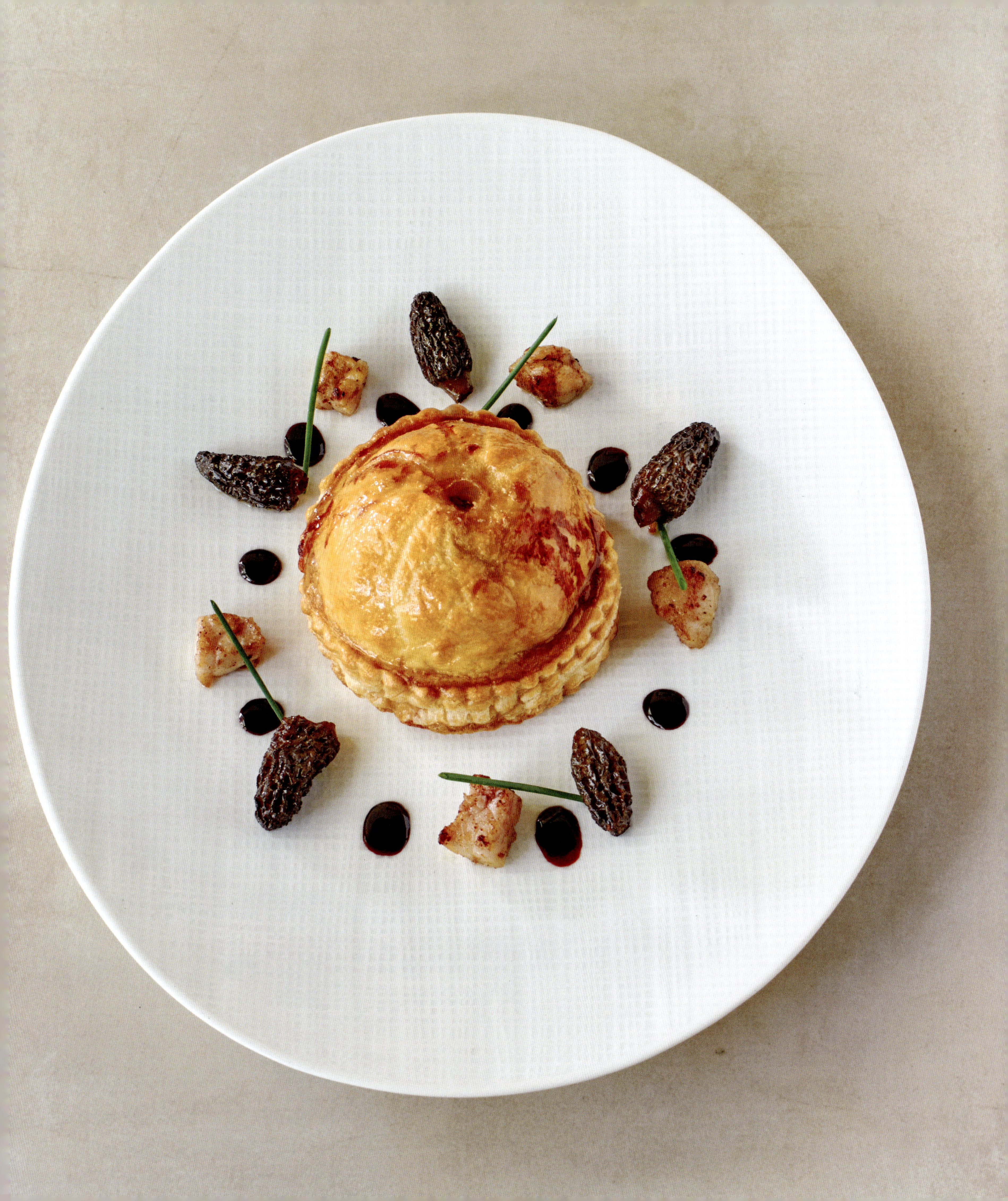

Nível 1
Entrada quente

Lula recheada
COM MINIRRATATOUILLE E CHOURIÇO, COM MOLHO AO AZEITE

RENDIMENTO: 8 PORÇÕES

PREPARO: 1 H 15 — COZIMENTO: 30-35 MIN

16 lulas de 12 cm

Para o ratatouille
200 g de berinjela
200 g de abobrinha
200 g de pimentão vermelho e verde
100 g de cebola
50 ml de azeite
150 g de tomate triturado
1 bouquet garni
20 g de alho picado
100 g de chouriço
1 pitada de pimenta de Espelette
sal e pimenta-do-reino

Para a montagem
2 fatias de presunto cru
½ maço de cerefólio
½ maço de manjericão

Prepare a lula: reserve os tentáculos de lula e corte as barbatanas em brunoise pequena.

Corte todos os legumes em brunoise com 3 mm de lado. Salteie-os no azeite. Depois, tempere com sal, pimenta e escorra. Cozinhe-os com os tomates triturados, um belo bouquet garni e o alho picado por 20 minutos. Escorra em uma peneira para recuperar o caldo do cozimento.

Corte o chouriço em brunoise. Depois salteie-o por alguns segundos em uma frigideira e o adicione ao ratatouille. Frite a brunoise de barbatana de lula com pouco azeite e por alguns segundos, em seguida, adicione ao ratatouille.

Prepare os chips de presunto: preaqueça o forno a 90 °C. Toste as fatias de presunto por 10 minutos, entre duas fôrmas forradas com papel-manteiga. Quando tirar do forno, corte em triângulos pequenos. Pique o restante para obter uma "farinha de rosca" de migalhas de presunto seco.

Preaqueça o forno a 140 °C. Recheie a lula com metade da ratatouille e a enrijeça em fogo baixo no azeite de oliva por alguns minutos. Depois asse por 8 minutos. Salteie os tentáculos brevemente em uma frigideira com azeite.

Engrosse o caldo de cozimento do ratatouille, temperado com pimenta de Espelette e um pouco de azeite, emulsionando-o.

Coloque as lulas, o ratatouille e os tentáculos fritos nos pratos. Disponha os triângulos de presunto torrado sobre a lula e polvilhe as migalhas de presunto seco.

Acrescente alguns pontos do caldo de ratatouille ao azeite e decore com ramos de ervas frescas.

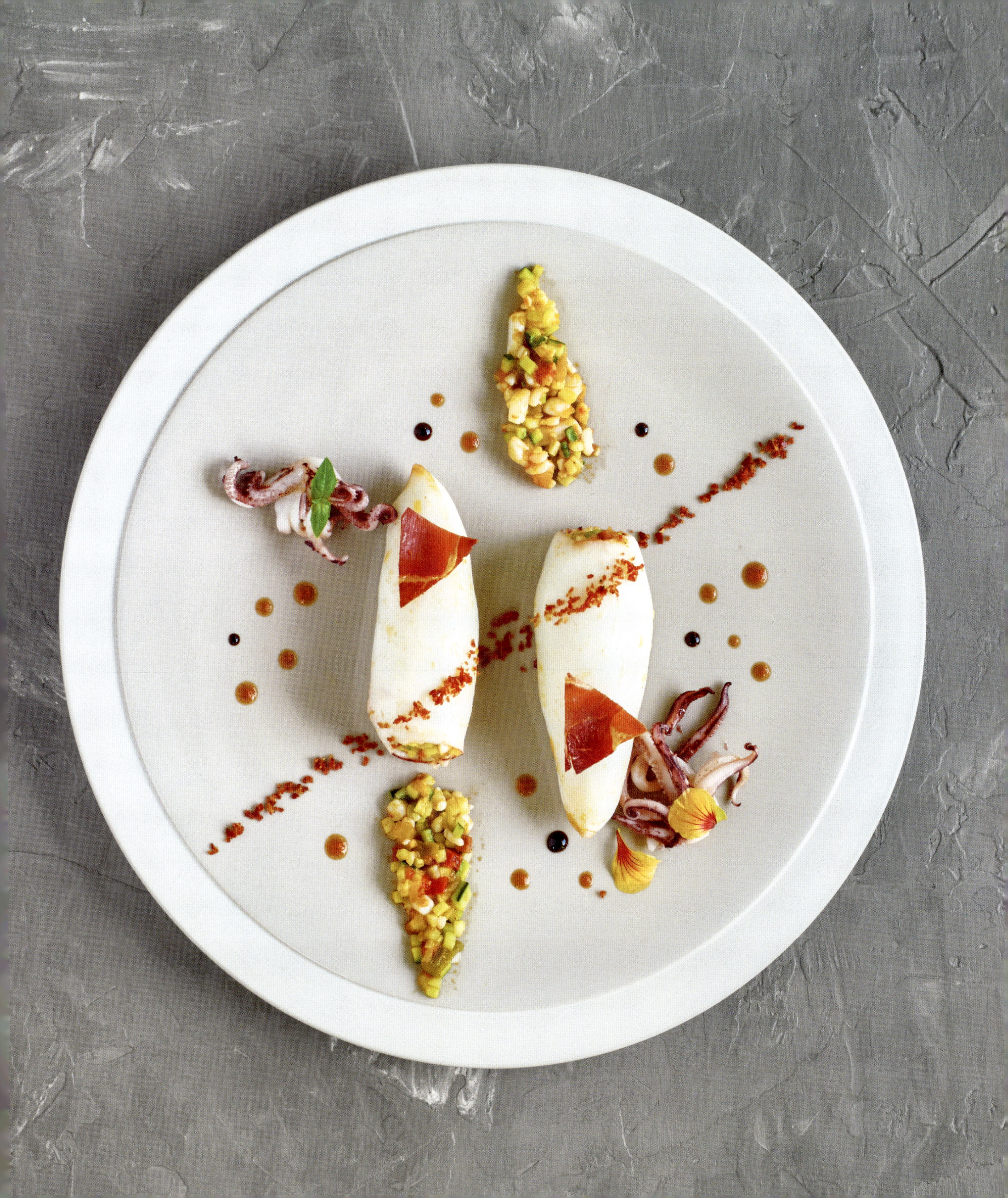

Nível 1
Entrada quente

Creme de agrião
e ovo escalfado, tiras de pão torrado com cubos de salmão

RENDIMENTO: 8 PORÇÕES

PREPARO: 45 MIN – COZIMENTO: 30 MIN

Para o creme de agrião
2 maços de agrião
1 cebola, picada
50 g de manteiga
40 g de farinha de trigo
1 litro de fundo claro de ave (pág. 66)
500 ml de creme de leite
sal
pimenta-do-reino moída na hora

Para os ovos escalfados
1 colher (sopa) de vinagre de álcool
8 ovos
sal

Para o pão
6 fatias de pão de miga
50 g de manteiga

Para a montagem
200 g de salmão defumado
lascas de parmesão
1 maço de agrião
pimenta-do-reino moída na hora
flor de sal de Guérande

Lave e retire os cabos do agrião. Sue a cebola com a manteiga por 3 ou 4 minutos. Depois, adicione o agrião e sue por mais 5 minutos. Polvilhe farinha de trigo e regue com o fundo claro de ave. Ferva e junte o creme de leite. Cozinhe lentamente por 10 minutos. Em seguida bata no mixer e passe no chinois bem fino. Tempere com sal e pimenta-do-reino.

Prepare os ovos escalfados: em uma panela de água fervendo com sal, adicione o vinagre de álcool. Em seguida, forme um redemoinho e coloque os ovos, um por um. Cozinhe por 3 minutos e escorra-os delicadamente. Em seguida, mergulhe-os em água gelada para interromper o cozimento.

Prepare o pão para molhar na gema de ovo: apare as fatias de pão de miga, faça tiras e torre-as levemente em uma frigideira com manteiga.

Coloque a sopa cremosa em um prato fundo. Adicione o ovo escalfado previamente aquecido. Tempere com flor de sal e pimenta-do-reino moída. Distribua alguns cubos de salmão defumado, as lascas de parmesão e as folhas de agrião. Arrume as tiras de pão torrado na borda do prato.

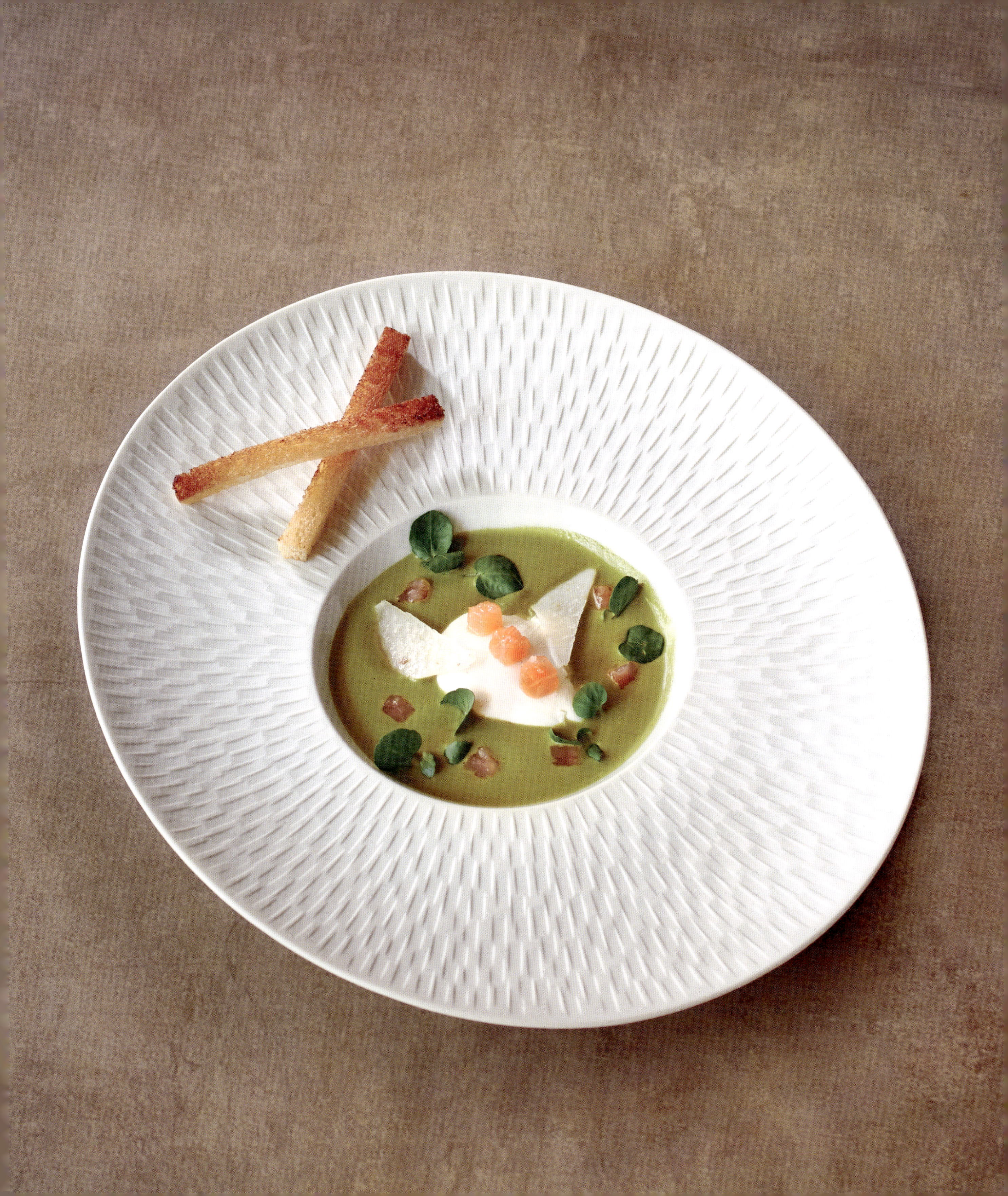

Quiche
LORRAINE LÍQUIDA

nível 1 — Entrada quente

RENDIMENTO: 8 PORÇÕES

PREPARO: 1 H — INFUSÃO: 30 MIN — COZIMENTO: 20 MIN

Para o biscoito de parmesão
240 g de manteiga em ponto de pomada
150 g de parmesão ralado
300 g de farinha de trigo

Para o sabayon
100 g de bacon defumado
10 gemas
20 ml de água
30 ml de creme de leite morno
100 g de queijo emmenthal ralado

Para a montagem
4 fatias de bacon
queijo emmenthal
1 maço de flores de tomilho

Prepare o biscoito de parmesão: preaqueça o forno a 140 °C. Misture a manteiga com o parmesão ralado e adicione a farinha de trigo. Abra a massa com 2 mm de espessura entre duas folhas de papel-manteiga, e coloque-a no congelador por 10 minutos. Dessa massa congelada, retire 8 discos com o diâmetro da cavidade dos pratos que serão servidos. Em seguida, faça um furo redondo no centro de cada disco, usando um cortador. Coloque os discos sobre um tapete de silicone e deixe-os descongelar. Depois, asse por 16 minutos.

Prepare o sabayon: refogue o bacon a seco em uma frigideira antiaderente e escorra sobre papel-toalha. Faça um sabayon (etapas 1 a 3 do molho holandês, pág. 42). Depois, incorpore o creme de leite, o bacon e o queijo emmenthal ralado. Cubra com filme plástico e deixe em infusão por 30 minutos, em banho-maria. Coe e reserve o sabayon quente no banho-maria.

Prepare os chips de bacon: corte 4 fatias de bacon, no fatiador de frios e leve ao forno por 10 minutos a 90 °C, entre duas fôrmas forradas com papel-manteiga.

Para a montagem, coloque um biscoito "suspenso", em cada prato fundo. Em seguida, disponha os chips de bacon, depois 5 triângulos de queijo emmenthal e as flores de tomilho na borda do prato. À mesa, sirva o sabayon através da abertura no centro do biscoito. Para a degustação, quebre o biscoito e vá levando a guarnição para dentro do prato.

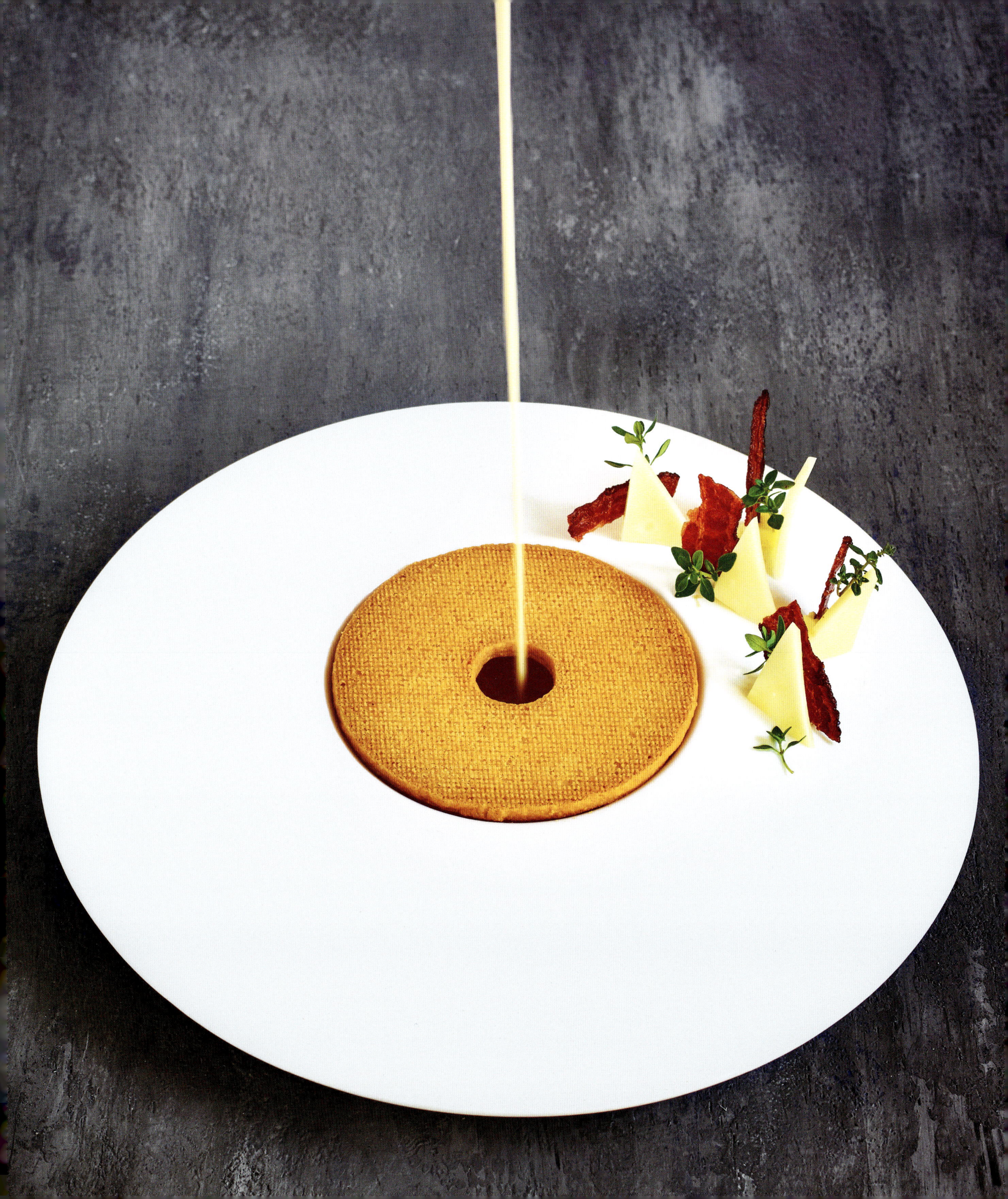

nível 2
Entrada quente

Pepitas de foie gras
E ALCACHOFRA-DE-JERUSALÉM DESFOLHADA

RENDIMENTO: 8 PORÇÕES

PREPARO: 45 MIN – COZIMENTO: 3 H 30

Para o purê de alcachofra-de-jerusalém
1 kg de alcachofra-de-jerusalém
500 g de manteiga clarificada (pág. 56)
100 ml de fundo claro de ave (pág. 66)
7 g de sal
100 ml de creme de leite
50 g de manteiga
sal e pimenta-do-reino moída na hora

Para o purê de batata grelhada
1 kg de batatas bintje
150 g de manteiga clarificada (pág. 56)
7 g de sal
200 ml de leite morno

Para o crumble de avelãs
70 g de avelãs torradas
300 g de manteiga
200 g de farinha de trigo
sal

Para as pepitas de foie gras
400 g de foie gras cru
50 g de açúcar de confeiteiro
sal

Para a farinha de trigo tostada
50 g de farinha de trigo

Para a montagem
100 g de cogumelos cantarelo salteados
acelga vermelha, rúcula,
brotos de espinafre

Preaqueça o forno a vapor a 90 °C. Lave as alcachofras com cuidado e coloque-as inteiras em um saco a vácuo com manteiga clarificada, fundo claro, sal e a pimenta. Asse por 2h30. Ao retirar do forno, abra-as ao meio, retire a polpa e reserve as pétalas. Bata com o creme de leite quente e finalize incorporando a manteiga.

Prepare os chips de alcachofra: preaqueça o forno a 90 °C. Coloque as pétalas da alcachofra esticadas e asse por aproximadamente 1 hora, entre duas fôrmas forradas com papel-manteiga. Tempere-as no final do cozimento.

Prepare o purê de batata grelhada: descasque e corte a batata em fatias finas de 1 cm de espessura. Marque-as na grelha, em cruz, de ambos os lados, e coloque-as em saco a vácuo com a manteiga clarificada e o sal. Asse por 2 horas a 90 °C no vapor. Ao retirar do forno, espere 10 minutos. Abra o saco, misture o conteúdo e junte o leite, mexendo até obter uma consistência lisa.

Prepare o crumble de avelãs: aumente a temperatura do forno para 180 °C. Triture as avelãs torradas, misture-as com a manteiga, a farinha de trigo e o sal. Abra a massa com 1 cm de espessura e asse por 12 minutos.

Faça as pepitas de foie gras frito: corte o foie gras em pequenos cubos. Role-os no açúcar de confeiteiro e salteie em frigideira quente. Tempere com sal. Vire-os várias vezes, regando com a gordura do cozimento.

Toste a farinha de trigo: espalhe a farinha de trigo sobre papel-manteiga e asse a 180 °C, por 20 minutos, até dourar.

Monte os pratos: disponha todos os elementos em um círculo a alguns centímetros da borda do prato. Deposite pontinhos dos dois purês. Polvilhe a farinha de trigo torrada.

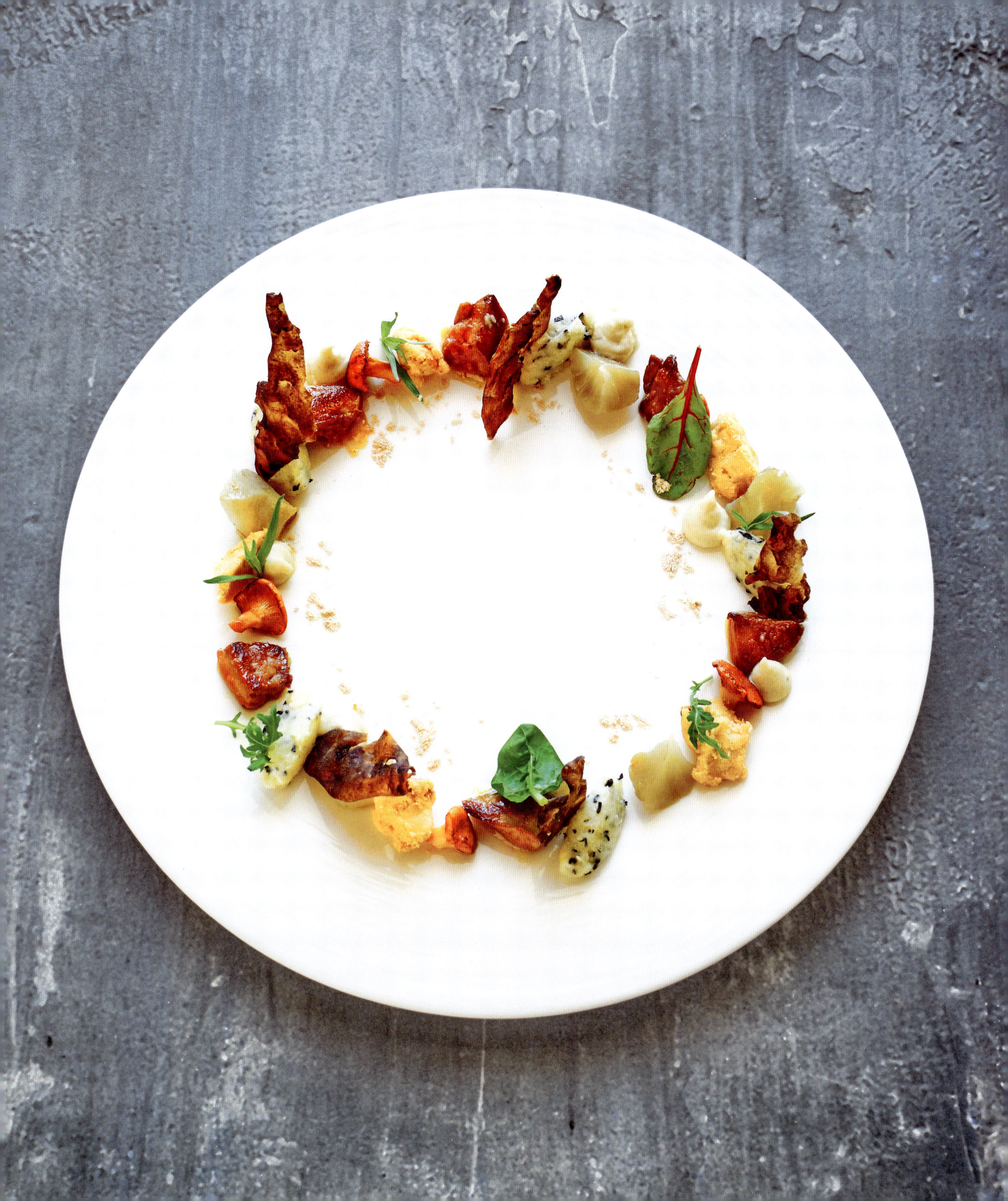

nível 3
Entrada quente

Ovo e ilusão

RENDIMENTO: 8 PORÇÕES

PREPARO: 1 H – INFUSÃO: 15 MIN – COZIMENTO: 20 MIN

Para a casca empanada
600 g de manteiga de escargot
50 g de farinha de trigo
2 ovos
100 g de farinha de rosca
óleo vegetal

Para o pó verde de parmesão
100 g de espinafre
200 g de parmesão

Para o canelone de clara de ovo
8 claras de ovo
1 dente de alho
1 maço de salsa
20 g de manteiga clarificada (pág. 56)
sal e pimenta-do-reino

Para as gemas escalfadas
8 gemas
15 ml de vinagre
1 colher (chá) de óleo de trufa

Para as batatas
8 batatas charlotte
20 g de manteiga clarificada (pág. 56)
150 ml de fundo claro de ave (pág. 66)

Para o fricassé de cogumelos cantarelo
300 g de cogumelos cantarelo
100 g de manteiga de escargot

Para a espuma de pimenta
250 ml de leite
sal
2 g de pimenta-do-reino branca de Malabar

Para a montagem
8 flores comestíveis (minimargaridas)

Prepare as cascas: trabalhe a manteiga de escargot gelada, até lhe dar a forma de 8 ovos cheios com aproximadamente 70 g. Deve-se empanar duas vezes, à moda inglesa (pág. 328). Depois frite a 175 °C. Coloque as cascas sobre papel-toalha, para que o excesso de óleo seja absorvido. Usando uma faca muito fina, corte uma pequena abertura circular na lateral de cada casca. Depois esvazie o interior. A casca deve ter cerca de 5 mm de espessura.

Faça o pó verde de parmesão: branqueie o espinafre e triture as folhas. Em seguida, passe-as por uma peneira fina para recuperar a clorofila. Passe o parmesão pelo ralador e misture à clorofila para obter uma pasta verde. Faça um pequeno cilindro usando filme plástico e coloque-o no congelador até endurecer. Na hora de servir, rale novamente para obter um pó bem fino. Reserve.

Prepare o canelone: separe as claras das gemas e reserve as gemas: elas serão escalfadas depois. Bata as claras e tempere-as com sal, pimenta, alho fatiado e salsa picada. Cozinhe-as como uma omelete bem fina em manteiga clarificada. Assim que a omelete estiver cozida, enrole-a com o lado branco aparente e corte as extremidades para que o rolo fique visível.

Escalfe delicadamente as 8 gemas, por 2 minutos, na água de vinagre perfumada com óleo de trufas.

Prepare as batatas: descasque e corte as batatas em discos ligeiramente ovais, torneando-as. Em seguida, cozinhe-as na manteiga clarificada e cubra com o fundo claro.

Prepare o fricassé de cogumelos cantarelo: limpe os cogumelos e refogue-os na manteiga de escargot, por 6 a 8 minutos, até que fiquem crocantes e brilhantes.

Prepare a espuma de pimenta: amorne o leite. Em seguida ferva-o por 15 minutos com sal e pimenta. Emulsione no mixer, apenas antes de servir, para obter bastante espuma.

Em cada prato, guarneça uma casca com fricassé de cogumelos e coloque-a de pé sobre uma batata torneada. Disponha um canelone de clara de ovo, uma gema escalfada e o pó verde conforme sua conveniência. Finalize com alguns cogumelos cantarelo, um pouco de espuma de pimenta e uma flor.

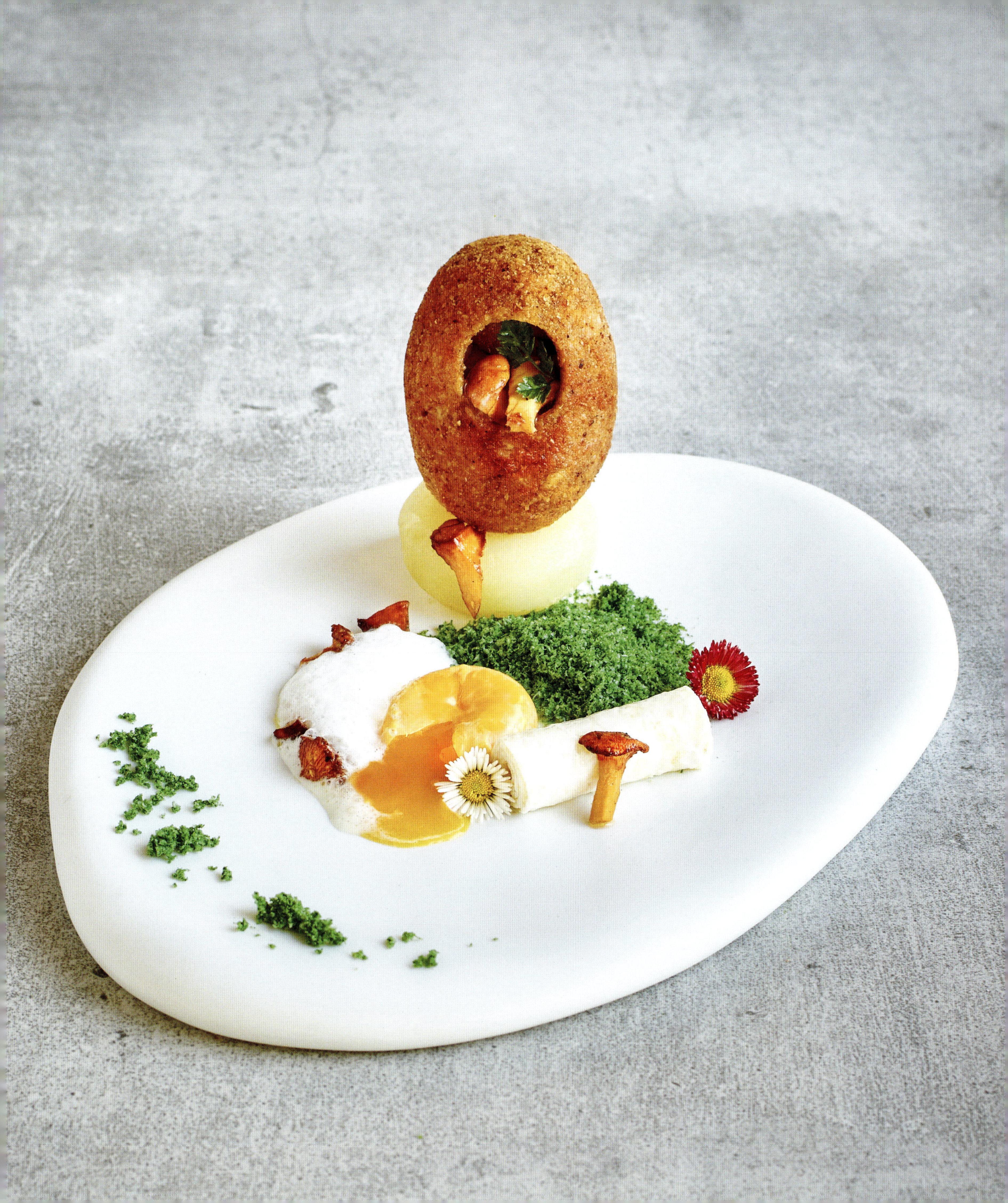

nível 3
Entrada quente

Bolinhas verdes
DE RÃ, ALHO E SALSA

RENDIMENTO: 10 PORÇÕES

PREPARO: 1 H 30 — CONGELAMENTO: 2 H — COZIMENTO: 2 H 15

Para as bolinhas de rã
30 rãs grandes, sem as patas dianteiras
300 g + 1 colher (chá) de manteiga, em ponto de pomada
2 dentes de alho
45 g de salsa sem o cabo
suco de 1 limão
½ anis-estrelado
200 g de pão de miga
1 maço de salsa
farinha de trigo
3 litros de óleo de amendoim
3 ovos para empanar à moda inglesa
sal e pimenta-do-reino moída na hora

Para a decoração
300 g de espinafre
60 ml de azeite
3 g de sal
50 g de manteiga
1 dente de alho

Para a brunoise de legumes
200 g de cenoura
200 g de aipo
200 g de abobrinha
1 anis-estrelado
50 g de manteiga
sal e pimenta-do-reino moída na hora

Para o coulis de espinafre
100 g de espinafre
25 g de salsa lisa
100 ml de fundo claro de ave (pág. 66)
50 g de manteiga noisette (pág. 57)

Para o creme de alho
2 cabeças de alho
200 ml de leite
100 ml de creme de leite
sal e pimenta-do-reino moída na hora

Prepare as bolinha de rã: separe as coxas das rãs, corte a parte que corresponde à panturrilha e separe a carne (*). Reserve as coxas. Em uma frigideira, aqueça uma colher (chá) de manteiga e um dente de alho amassado até formar espuma, e refogue as panturrilhas, sem que fiquem coradas. Reserve na geladeira. Pique finamente a salsa e o outro dente de alho. No mixer ou liquidificador, misture a salsa, o alho e o suco de limão, e incorpore gradativamente a manteiga em ponto de pomada. Quando a mistura estiver homogênea, tempere com sal, pimenta e anis-estrelado ralado (*).

Unte com manteiga de salsa 20 fôrmas de silicone em formato de meias-esferas com 3 cm de diâmetro, coloque a carne e complete com o restante da manteiga de salsa (*). Leve ao congelador para endurecer, por aproximadamente 2 horas.

Retire os talos e lave o espinafre. Embale-o a vácuo com azeite e sal. Eles serão usados depois no recheio.

Faça a brunoise: corte todos os legumes em brunoise, e branqueie separadamente.

Para o coulis: retire os talos e branqueie o espinafre e a salsa. Bata com o fundo claro e a manteiga noisette para engrossar. Tempere.

Para o creme de alho: descasque os alhos e branqueie três vezes. Em uma panela, cozinhe por 20 minutos no leite, em fogo baixo. Escorra e misture com o creme de leite até obter uma consistência lisa e brilhante. Tempere.

Retire as semiesferas de carne com manteiga do congelador e desenforme. Use manteiga como cola para soldar as semiesferas em pares e obter dez bolinhas de rã, bem redondas e regulares (*). Coloque-as novamente no congelador.

Preaqueça o forno a 80 °C. Retire a casca do pão de miga. Em seguida, corte a fatia em cubos e torre por 2 horas no forno. Bata os cubos torrados com as folhas de salsa. Passe tudo pela peneira.

Passe as bolinhas de rã na farinha de trigo, e empane três vezes à moda inglesa (pág. 328). Reserve. Enfarinhe as coxas das rã e doure com um pouco de óleo de amendoim, finalizando com a manteiga. Tempere.

Aqueça a brunoise de legumes em fogo baixo com a manteiga e tempere com sal, pimenta e anis-estrelado. Em uma frigideira, refogue o espinafre reservado a vácuo, com 1 colher (sopa) de manteiga e um dente de alho amassado.

Frite as bolinhas de rã por 4 minutos, em óleo de amendoim, a 170 °C.

Em cada prato, trace uma linha com os legumes. Em seguida, coloque uma bolinha de rã e 5 ou 6 coxas, em intervalos regulares. Decore o prato, desenhando com o coulis de espinafre e o creme de alho.

(*) Passos 1 a 4
(*) Passo 5
(*) Passos 6 e 7
(*) Passo 8

| 5 | 6 | 7 | 8 |

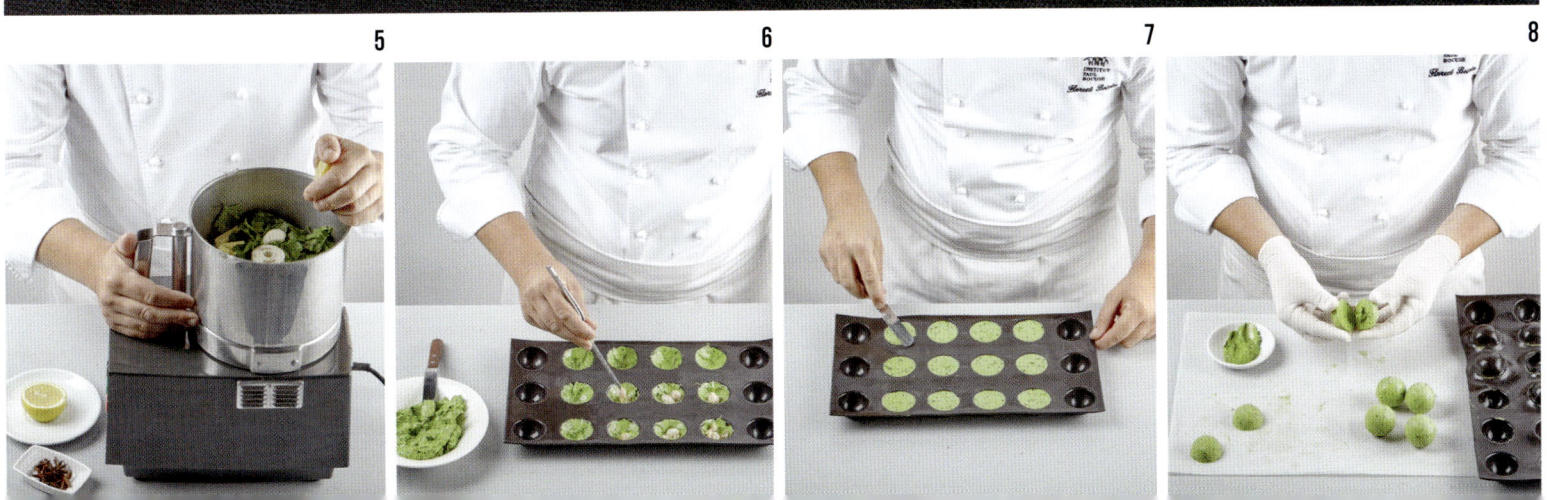

nível 3
Entrada quente

Ravióli
DE RABADA E DE LAVAGANTE

RENDIMENTO: 10 PORÇÕES

PREPARO: 1 H – COZIMENTO: 3 H 15

Para o ravióli de lavagante
1 kg de lavagante (ou lagosta)
azeite
200 ml de bisque de crustáceo reduzida
200 ml de creme de leite
2 folhas de gelatina

Para o ravióli de rabada
200 g de cebola
200 g de talo de aipo
200 g de cenoura
300 g de alho-poró
alguns cravos-da-índia
alguns grãos de coentro
2 anises-estrelados
pimenta-do-reino em grão
1 kg de rabada
150 g de cebola
1 litro de vinho tinto
150 ml de molho reduzido de vitela (pág. 70)
300 g de manteiga
1 bouquet garni
sal marinho ou sal grosso

Para a clarificação
100 g de cenoura
100 g de talo de aipo
200 g de tomate

Para a guarnição
15 pontas de cenoura
15 aspargos verdes + 18 aspargos brancos, cortados do mesmo tamanho
100 g de parmesão
azeite

Para a montagem
500 g de massa fresca (pág. 386)
10 tomates confitados

Amarre as caudas dos lavagantes, alinhando com as cabeças, para que fiquem bem retas. Em seguida, escalde-os por 1 minuto em água fervente. Tire os lavagantes da água, remova a cabeça (reserve-a para fazer o caldo de crustáceos) e as pinças. Em seguida, coloque as pinças por 4 minutos na água fervente. Retire a carapaça e reserve.

Embale a vácuo as caudas descascadas com um fio de azeite e cozinhe bem a 50 °C, em termocirculador, por aproximadamente 15 minutos. Interrompa o cozimento, mergulhando na água fria. Reserve.

Corte as cebolas ao meio sem descascá-las. Toste-as na chapa (cebola brûlée). Descasque e lave o ramo de aipo, as cenouras e o alho-poró.

Faça um *sachet d'épice* com o cravo, o coentro, o anis-estrelado e a pimenta-do-reino em grão.

Tempere e doure a rabada na frigideira. Coloque-a em uma panela grande e cubra a carne com água fria. Aqueça, em fogo alto, até ferver. Retire a espuma, adicione as cebolas, o ramo de aipo, as cenouras, o alho-poró, o *sachet d'épice* e tempere com sal grosso ou marinho. Cozinhe em fervura branda por aproximadamente 3 horas, para obter um caldo âmbar. Verifique o cozimento da carne: deve ficar macia, soltando do osso.

Corte as cebolas e deixe-as suar com um fio de azeite. Regue com o vinho tinto e reduza lentamente. Coe. Adicione o molho reduzido de vitela, deixe reduzir e emulsione a manteiga.

Separe a guarnição aromática da rabada. Desfie a carne e misture-a ao molho, com as cebolas. Coloque-a em uma fôrma de silicone na geladeira.

Incorpore o creme de leite e a gelatina (previamente hidratada em água fria e espremida) ao bisque de crustáceos. Reserve na geladeira, em um saco de confeiteiro.

Descasque as cenouras para a guarnição, reservando as pontas. Retire as escamas dos aspargos e descasque-os. Amarre-os em um maço e branqueie com as cenouras.

Tire lascas de parmesão.

Faça os raviólis de rabada (*) e os de bisque de crustáceos com um pedaço de lavagante (*). Reserve.

Para a clarificação, descasque e lave as cenouras, o ramo de aipo e os tomates. Em seguida, passe-os juntos no moedor de carne. Clarifique o caldo de rabada com os legumes moídos e deixe reduzir para obter um consomê translúcido e saboroso.

Aqueça as caudas de lavagante, as cenouras e os aspargos no azeite, em uma frigideira funda. Escalde os raviólis e disponha tudo de forma harmoniosa. Sirva o consomê à parte.

(*) *Passos 1 a 3*
(*) *Passos 4 a 9*

1 2 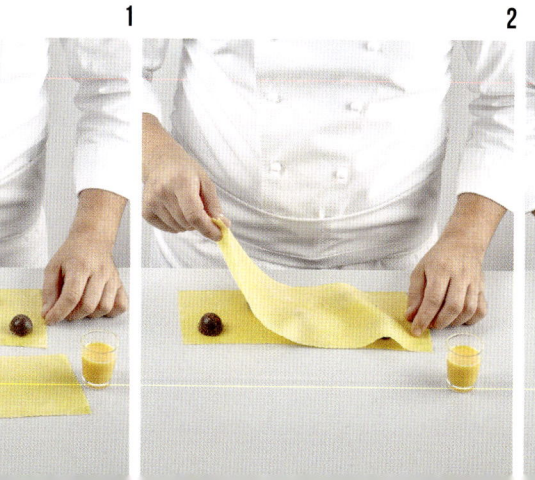 3  4

| 5 | 6 | 7 | 8 | 9 |

581 — AS RECEITAS DOS CHEFS

Nível 1
Carne bovina

Tournedos com tutano, molho bourguignon e purê com ervas finas

RENDIMENTO: 8 PORÇÕES

PREPARO: 1 H – MOLHO: 12 H – COZIMENTO: 1 H 40

Para os tournedos com tutano
500 g de tutano de boi
1,6 kg de filé de carne bovina
2 colheres (sopa) de óleo de amendoim
flor de sal
pimenta-do-reino moída na hora
salsa

Para o molho bourguignon
1 cenoura
1 talo de aipo
2 cebolas
100 g de bacon picado
1 dente de alho
1 litro de vinho tinto encorpado
500 ml de fundo escuro de vitela (pág. 68)
1 bouquet garni

Para o purê de batata
1,4 kg de batata
300 g de manteiga amolecida
½ maço de salsa
1 maço de cebolinha
sal

Na véspera, coloque o tutano em um bowl com água gelada. Troque a água de 2 a 3 vezes.

Faça um molho bourguignon: corte a cenoura, o aipo e a cebola em mirepoix. Em uma panela, sue o bacon, o mirepoix e o dente de alho. Em seguida, deglaceie com o vinho tinto. Deixe reduzir em ¾. Depois adicione o fundo de vitela e o bouquet garni. Deixe ferver, em fogo baixo, por 30 a 45 minutos.

Prepare o purê de batata: descasque, lave e corte as batatas em pedaços. Coloque em água fria com sal e deixe ferver. Retire a espuma que se formar e cozinhe por 25 minutos. Escorra as batatas e amasse-as com um garfo. Adicione a manteiga aos poucos, a salsa picada e a cebolinha picada. Mantenha coberto, em local aquecido.

Escorra o tutano e cozinhe em uma panela de água com sal, fervendo por 12 minutos. Escorra sobre papel-toalha, depois corte em fatias regulares de 1 cm de espessura.

Prepare o filé de carne: apare o filé. Em seguida, corte 8 tournedos de 150 g. Amarre-os para manter o formato.

Sele os tournedos em uma frigideira quente com algumas gotas de óleo de amendoim, até formar uma crosta de cada lado.

No prato, disponha o purê de batata em forma de quenelles, os tournedos e os medalhões de tutano. Finalize com o molho bourguignon. Salpique flor de sal, pimenta moída na hora e alguns ramos de salsa.

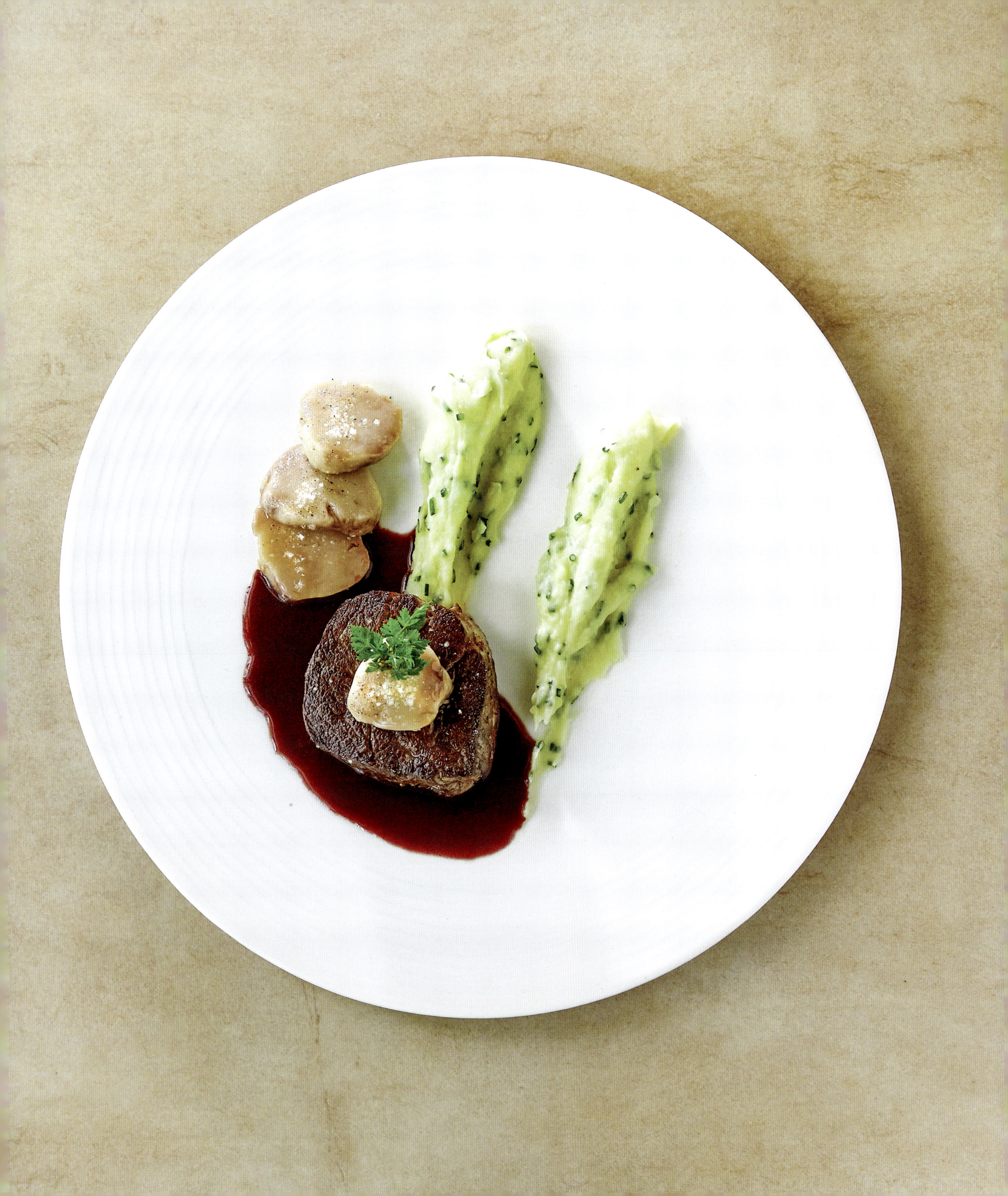

nível 1
Carne de vitela

Medalhão
DE VITELA AO CREME DE COGUMELOS MORILLES

RENDIMENTO: 8 PORÇÕES

PREPARO: 30 MIN — REIDRATAÇÃO: 24 H, OPCIONAL — COZIMENTO: 20 MIN

1,6 kg de filé de vitela
800 g de cogumelos morilles frescos ou
100 g de cogumelos morilles desidratados
80 g de cebolas
100 ml de vinho branco
150 ml de fundo escuro de vitela (pág. 68)
300 ml de creme de leite
20 ml de óleo vegetal
100 g de manteiga
sal e pimenta-do-reino

Para a montagem
½ maço de cerefólio
24 tomates-cereja
flor de sal de Guérande
pimenta-do-reino moída na hora

Apare o filé de vitela. Em seguida, corte oito medalhões de 120 g. Reserve na geladeira.

Corte os caules dos cogumelos morilles frescos, lave-os 2 ou 3 vezes em grande quantidade de água, depois escorra-os.

Se você usar cogumelos morilles desidratados, mergulhe-os por 12 horas em água à temperatura ambiente, depois escorra. Branqueie 3 vezes para remover as impurezas e escorra novamente. Eles estão prontos para o uso.

Pique as cebolas e sue, sem deixá-las dourar. Adicione os cogumelos morilles e sue por 4 a 5 minutos. Deglaceie com o vinho branco. Em seguida, retire metade do líquido para evitar muita acidez e junte o fundo de vitela. Ferva, incorpore o creme de leite, sal, pimenta e cozinhe lentamente, até obter uma consistência de molho.

Doure os medalhões com óleo e manteiga, 4 minutos de cada lado, regando regularmente durante o cozimento para que a carne fique macia.

Em cada prato, coloque um medalhão de vitela e uma porção de cogumelos morilles. Deposite um belo cogumelo sobre o medalhão, decore com ramos de cerefólio. Em seguida, regue com o molho quente. Coloque alguns tomates-cereja levemente assados e finalize temperando com um pouco de flor de sal de Guérande e pimenta.

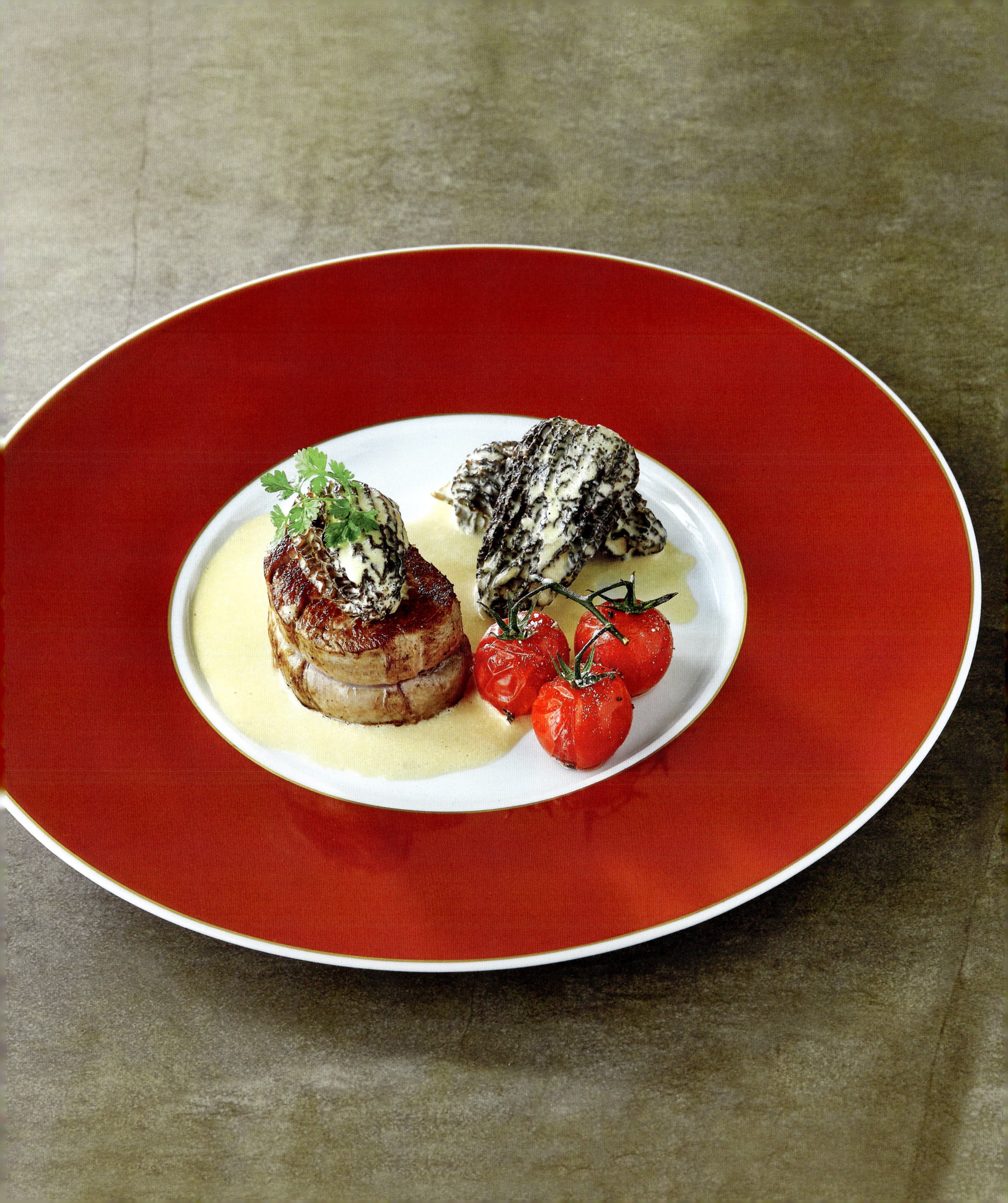

nível 1

Carne de cordeiro

Navarin de pernil
DE CORDEIRO

RENDIMENTO: 8 PORÇÕES

PREPARO: 35 MIN – COZIMENTO: 2 H 30

Para a paleta de cordeiro

8 pernis de cordeiro
flor de sal de Guérande
pimenta-do-reino moída na hora
80 g de farinha de trigo
2 colheres (sopa) de óleo de amendoim
3 cebolas
1 cenoura
1 bouquet garni
150 ml de vinho branco
1,5 litro de fundo escuro de vitela
ou de cordeiro (pág. 68)

Para os legumes glaceados

1 maço de cenoura (as pontas)
1 maço de cebolinha
1 maço de nabo (as pontas)
80 g de manteiga
50 g de açúcar refinado
250 g de cogumelos Paris
sal

Para a montagem

½ maço de cerefólio

Prepare o pernil de cordeiro: preaqueça o forno a 160 °C. Tempere com sal, pimenta e enfarinhe o pernil de cordeiro. Sele a carne uniformemente em uma frigideira com óleo de amendoim.

Corte as cebolas e a cenoura em mirepoix e sue. Em seguida, coloque o mirepoix e a carne de cordeiro em uma panela com o bouquet garni e deglaceie com o vinho branco. Espere reduzir pela metade e junte o fundo de vitela. Deixe ferver, retire do fogo e asse por 2 horas a 2 horas e meia.

Verifique o cozimento da carne. Tire-a e passe o molho no chinois. Volte a colocá-la no molho para evitar que resseque.

Prepare os legumes glaceados: cozinhe os legumes separadamente, com o fundo da panela coberto por um pouco de água e manteiga. Adicione uma pitada de açúcar e tempere com sal. Quando a água tiver evaporado e os legumes estiverem cozidos, encubra-os com a calda que se formar, dando-lhes brilho e cor. Limpe e seque os cogumelos e depois cozinhe-os rapidamente.

Se necessário, reduza o molho da carne de cordeiro para que fique espesso. No prato, disponha o cordeiro, os legumes glaceados e os cogumelos. Cubra a paleta de cordeiro com o molho e decore com os ramos de cerefólio.

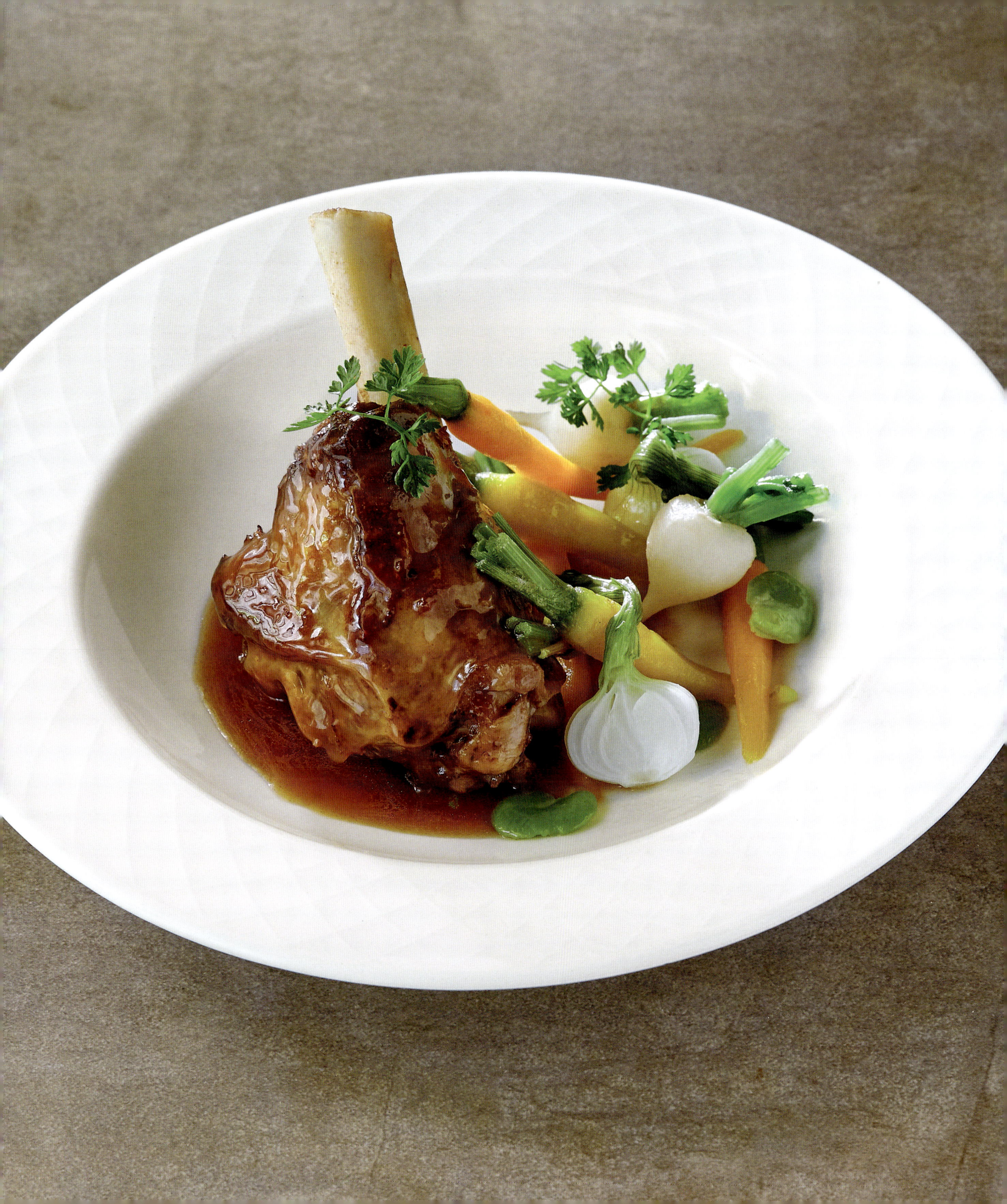

Canhão de carne
DE CORDEIRO E CAFTA

nível 3 — Carne de cordeiro

RENDIMENTO: 8 PORÇÕES

PREPARO: 1H15 — MARINADA: 12 H — COZIMENTO: 40 MIN

Para o grão-de-bico
100 g de grão de bico cozido
50 g de mel
25 ml de vinagre de xerez
25 ml de fundo claro de ave (pág. 66)

Para o cordeiro
2 selas de cordeiro de 1,2 kg
¼ maço de coentro
20 ml de suco de limão
20 ml de azeite
200 g de peritônio
100 g de manteiga
3 dentes de alho
sal e pimenta-do-reino moída na hora

Para a cafta
100 g de cebola
½ maço de coentro
filé-mignon de sela de cordeiro
1 pitada de ras el hanout
50 g de farinha de trigo
2 ovos
100 g de farinha de rosca
óleo para fritura

Para a piperrada
3 pimentões amarelos
3 pimentões vermelhos
1 cebola
azeite
2 dentes de alho
1 maço de tomilho
50 g de presunto cru
200 g de fondue de tomate (pág. 460)
pimenta defumada
sal

Para a montagem
500 ml de caldo de cordeiro (caldo do cozimento)
200 ml de coulis de pimentão de piquillo defumado

Na véspera, prepare o grão-de-bico: retire a casca do grão-de-bico e doure-o no mel. Em seguida, deglaceie com vinagre e o fundo de ave. Deixe marinar nessa mistura por pelo menos uma noite.

Desosse e corte os filés da sela de cordeiro (∗). Bata o coentro com o suco de limão e o azeite. Pincele os filés de cordeiro com esse pesto. Depois embrulhe no peritônio e amarre (∗). Reserve refrigerado.

(∗) Passo 1

(∗) Passo 2

Prepare as caftas: pique as cebolas. Sue e deixe esfriar. Pique as folhas de coentro. Passe os filés-mignon de cordeiro no moedor de carne, no disco fino. Adicione as cebolas, o coentro e o ras el hanout, misture e tempere. Faça bolinhas e refrigere. Em seguida, role-as na farinha de trigo, no ovo e na farinha de rosca, empanando duas vezes (pág. 172).

Prepare a piperrada: descasque os pimentões e a cebola. Cozinhe os pimentões a vácuo, com um fio de azeite e sal, a 85 °C, por 20 minutos. Corte-os em cubos com aproximadamente 1 cm de lado e alinhe-os, revestindo o fundo de um tabuleiro, intercalando as cores dos pimentões (∗). Pique a cebola e misture-a com o azeite, o alho amassado, o tomilho, o presunto cru cortado em cubos, o fondue de tomate e a pimenta defumada. Cozinhe em fogo brando, lentamente. Preencha o tabuleiro com esse preparo e aqueça no vapor, a 80 °C, por 10 minutos.

(∗) Passos 3 e 4

Aqueça o caldo de cozimento do cordeiro e sirva em uma molheira.

Em uma frigideira, doure os filés de cordeiro em manteiga espumosa, com dentes de alho amassados, até ficarem rosados, 3 minutos de cada lado, regando bem. Frite as caftas.

Corte a carne de cordeiro e disponha os elementos de forma geométrica.

Faça traços com o coulis de piquillo, usando uma pipeta.

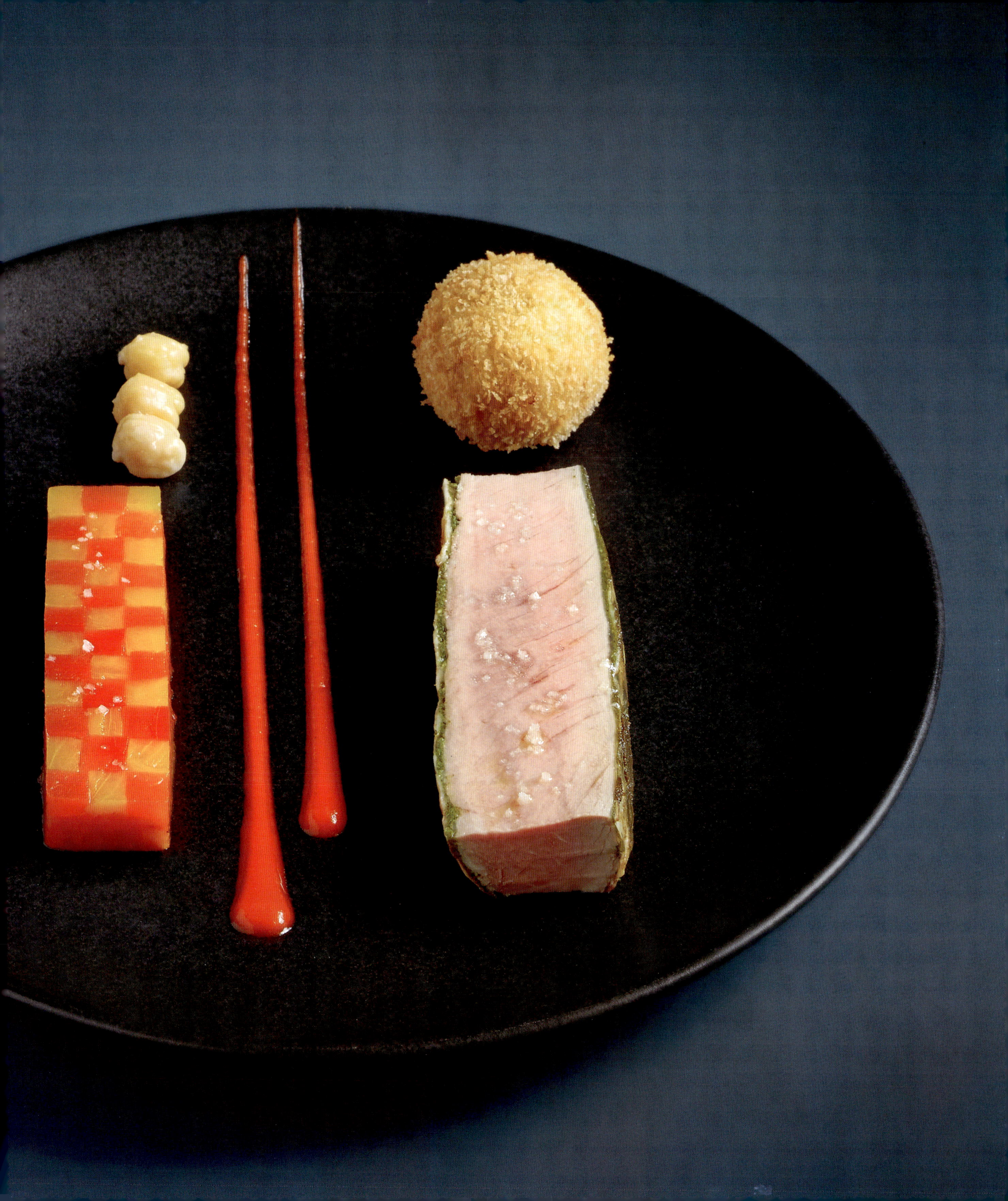

nível 3

Carne de cordeiro

Carré de cordeiro
COM CURRY E BERINJELA

RENDIMENTO: 10 PORÇÕES

PREPARO: 1 H – COZIMENTO: 1 H 20

Para o carré de cordeiro
3 carrés de cordeiro e 8 costelas
40 g de manteiga
sal e pimenta-do-reino moída na hora

Para os bastões de curry
175 g de manteiga
125 g de pão de miga
suco de 2 laranjas, reduzido
60 g de pasta de curry amarela

Para as miniberinjelas marinadas
10 miniberinjelas
300 g de mel
4 dentes de alho amassados
40 g de gengibre ralado
40 grãos de cominho
1 pitada de pimenta
150 ml de água
150 ml de vinagre de xerez

Para o recheio dos rolinhos de berinjela
2 berinjelas
50 ml de azeite
2 dentes de alho
alguns ramos de tomilho
10 tomates confitados

Para os rolinhos de berinjela
2 berinjelas rajadas
suco de 1 limão
100 ml de azeite

Para a montagem
10 dentes de alho fresco, confitados
óleo de salsa
250 ml de caldo de cordeiro (pág. 72)

Prepare a carne para o cozimento: retire as aparas e amarre os carrés de cordeiro. Sele a carne e deixe esfriar. Proteja os ossos e tempere. Embale a vácuo e cozinhe bem, a 57 °C. Deixe descansar à temperatura ambiente. Em seguida, esfrie em um bowl de água gelada.

Prepare os bastões de curry misturando a manteiga, o pão de miga, o suco de laranja reduzido e a pasta de curry amarela. Em seguida, espalhe entre duas folhas de papel-manteiga e reserve na geladeira até o momento da montagem do prato.

Prepare as miniberinjelas marinadas: corte as miniberinjelas ao meio, no sentido do comprimento, e grelhe. Em seguida, gire-a um quarto de volta para fazer marcas em cruz. Cozinhe a vácuo por 1 hora no forno a vapor a 90 °C. Enquanto isso doure o mel com os dentes de alho, o gengibre, os grãos de cominho e a pimenta em uma panela. Deglaceie com a água e o vinagre. Finalize o cozimento das miniberinjelas, colocando-as por alguns minutos na marinada.

Enquanto isso, prepare o recheio dos rolinhos de berinjela: aumente a temperatura do forno para 160 °C. Corte as berinjelas ao meio. Faça incisões em diversos lugares da polpa. Em seguida, regue com azeite, tempere, adicione o alho descascado, o tomilho, e asse por 20 minutos dentro do papel-alumínio. Após o cozimento, retire a polpa da berinjela com uma colher e bata com o alho cozido, os tomates confitados e o azeite. Passe tudo na peneira, tempere e reserve.

Prepare os rolinhos de berinjela: corte a berinjela rajada no mandolin, no sentido do comprimento, com 2 mm de espessura (*). Pincele com o suco de limão e o azeite. Embale-as a vácuo e cozinhe por 20 minutos, no forno a vapor a 90 °C.

(*) Passo 1

Aqueça os carrés de cordeiro no termocirculador a 57 °C. Frite-os na manteiga espumando. Ponha a fôrma com os bastões de curry sobre uma panela e doure na salamandra. Cubra as fatias de berinjela com o recheio. Em seguida, dobre delicadamente a fatia de berinjela rajada (*). Corte os carrés em costelas.

(*) Passos 2 a 4

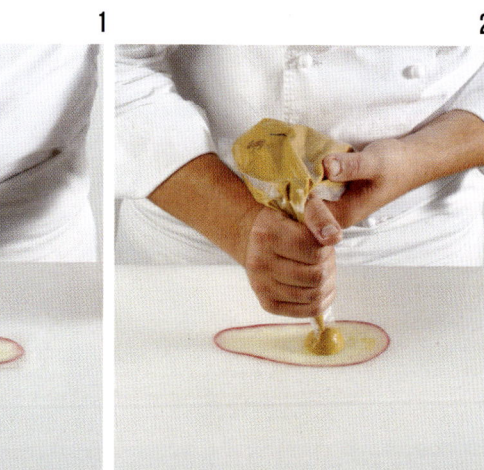

Sirva o caldo de cozimento do cordeiro quente em uma molheira.

Em cada prato, coloque duas costelas de cordeiro, duas meias berinjelas, um rolinho de berinjela recheada, um bastão de curry, um dente de alho com a casca e pontinhos de óleo de salsa.

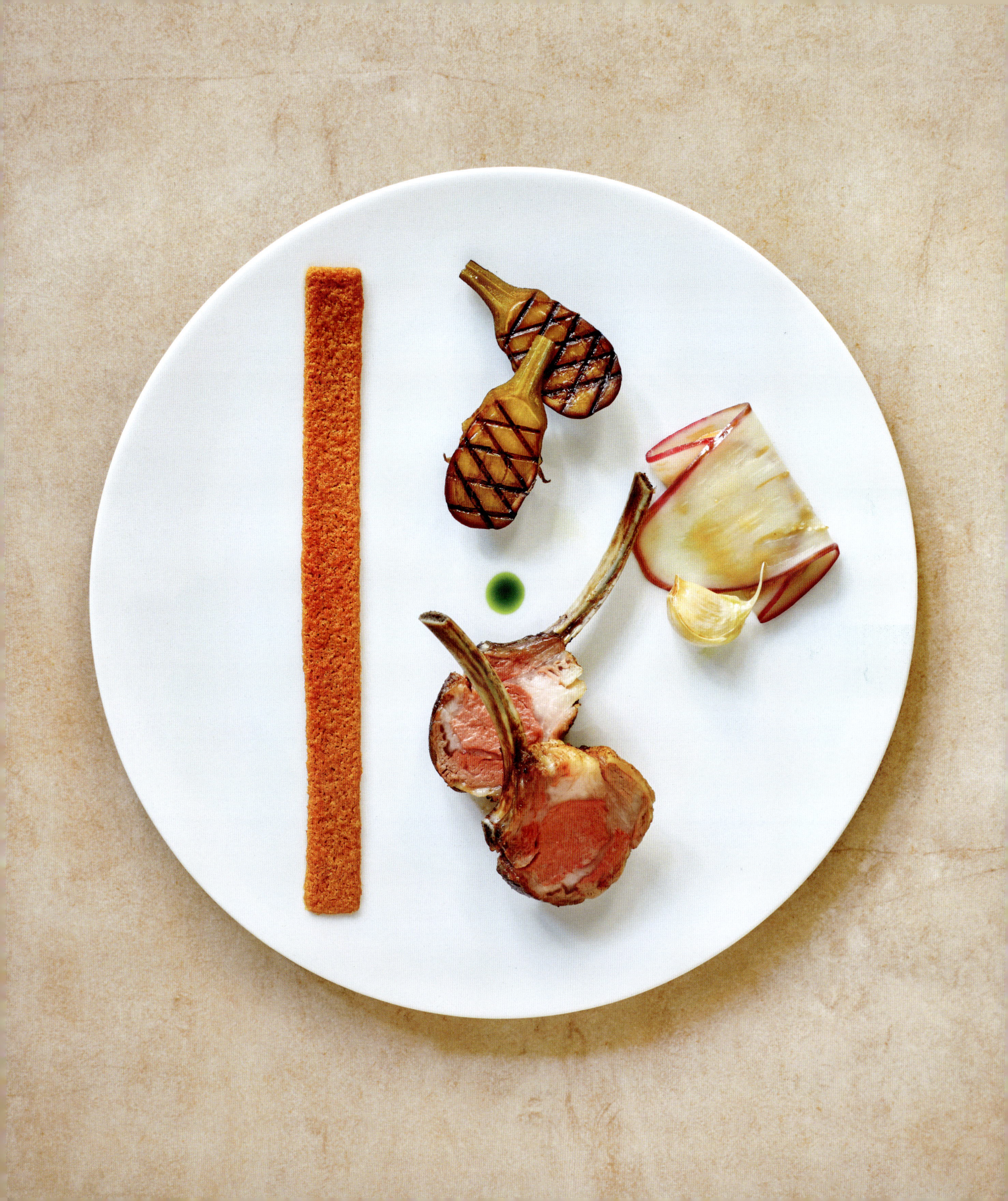

nível 2
Carne de porco

Bacon com joelho
DE PORCO, COSTELINHA E ORELHA NA LENTILHA

RENDIMENTO: 8 PORÇÕES

PREPARO: 45 MIN – COZIMENTO: 4 H

2 joelhos de porco, previamente salgados, com a pele
2 orelhas de porco cozidas
1,2 kg de costelinha de porco, previamente salgada, cozida
30 g de manteiga
1 colher (sopa) de azeite
4 colheres (sopa) de salsa

Para as lentilhas
100 g de bacon
30 g de banha de porco
150 g de cebola fatiada
3 cenouras
1 talo de aipo
480 g de lentilha verde de Puy
1 bouquet garni
1 mignonnette de cravo-da-índia e pimenta-do-reino
1 litro de fundo claro de ave (pág. 66)

Para a guarnição
12 minicenouras
8 minicebolas
8 ramos de miniaipo
200 ml de fundo claro de ave (pág. 66)
30 g de manteiga
1 pitada de açúcar refinado
sal e pimenta-do-reino branca

Para a montagem
salsa picada
8 fatias crocantes de bacon
algumas pontas de cenoura
ramos de salsa

Remova a pele do joelho de porco e, se necessário, retire a película que envolve o osso. Corte a pele em cubos pequenos e corte as orelhas em tiras de 4 a 5 mm de comprimento.

Prepare as lentilhas: preaqueça o forno a 130 °C. Deixe o bacon corar ligeiramente na banha. Escorra em papel-toalha e reserve. Na mesma gordura, sue os cubos de pele do joelho de porco e a cebola, dourando. Em seguida, adicione a cenoura e o aipo cortado em bastões e sue-os novamente. Incorpore as lentilhas, o bouquet garni e a mignonnette dentro de um sachê. Adicione o joelho de porco e a costelinha. Cubra com o fundo claro de ave e leve a panela tampada ao forno por 3 horas.

Prepare os outros legumes: branqueie os legumes. Passe na água gelada, escorra e seque.

Pouco antes de servir, glaceie as cenouras e o aipo com o fundo claro, a manteiga e o açúcar. Tempere com sal e pimenta-branca. Corte as cebolas ao meio, frite-as dos dois lados, com a manteiga ligeiramente tostada na frigideira e tempere.

Quando as lentilhas estiverem cozidas al dente, remova a cebola, a cenoura, o aipo, o bouquet garni e a mignonnette. Retire as costelinhas e corte-as em costeletas com 1,5 cm de espessura, raspando a pele fina que envolve o osso, se necessário. Adicione o caldo do cozimento e as orelhas de porco na lentilha. Misture a manteiga, corrija o tempero, regue com azeite e adicione a salsa picada.

Coloque o joelho de porco e as costeletas sobre as lentilhas. Aqueça lentamente com a panela destampada.

Quando as carnes estiverem quentes, arrume harmoniosamente os legumes glaceados e fritos. Salpique com salsa picada. Decore com fatias crocantes de bacon, as pontas de cenoura e ramos de salsa.

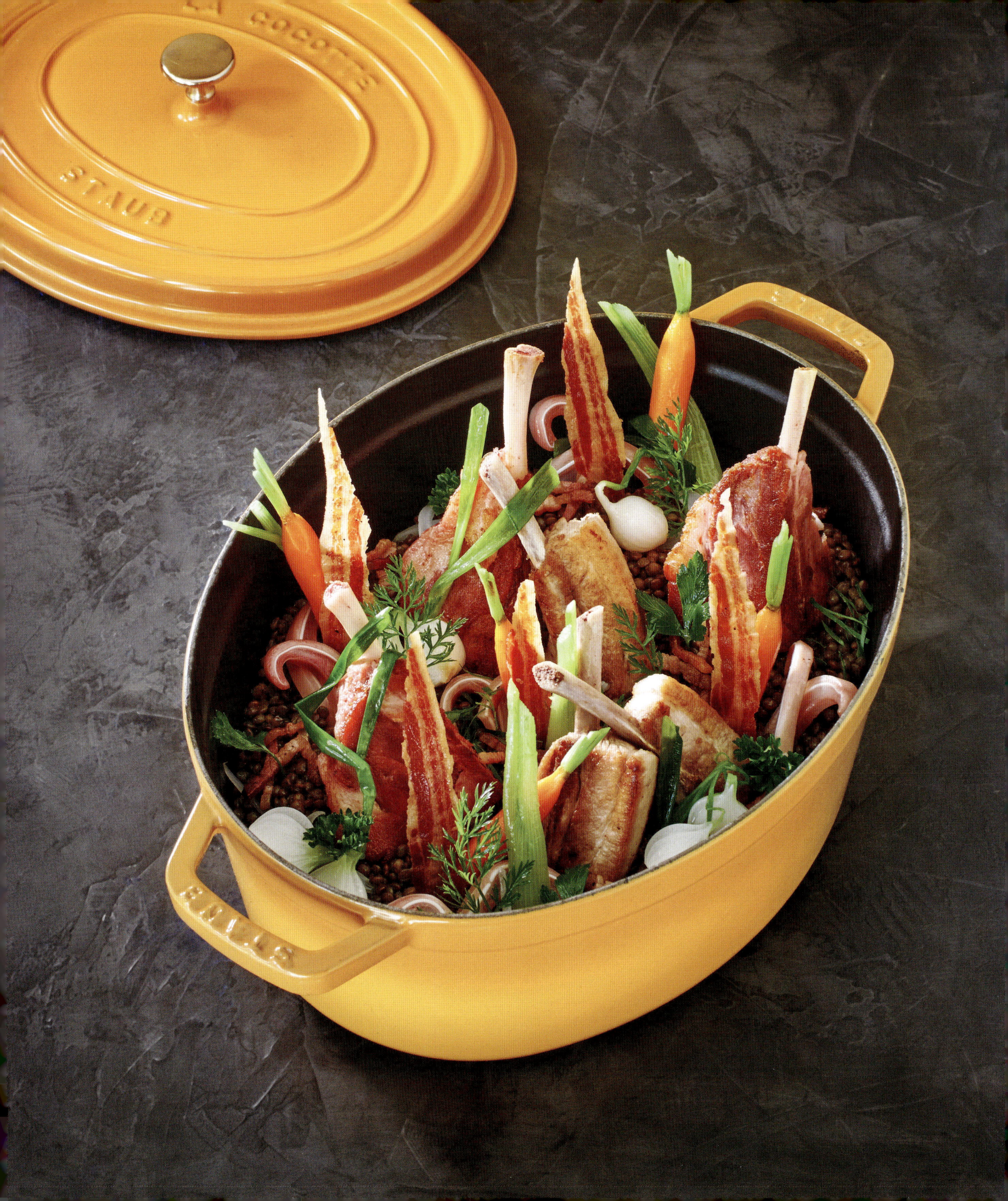
STAUB

nível 1

Ave

Blanquette
DE FRANGO DE BRESSE COM LEGUMES COZIDOS

RENDIMENTO: 8 PORÇÕES

PREPARO: 30 MIN – COZIMENTO: 1 H 20 A 1 H 40

Para a blanquette de frango

2 frangos de Bresse
1 cenoura
1 alho-poró
1 cebola
2 cravos-da-índia
1 bouquet garni
1 cebola picada
sal grosso
pimenta mignonnette
35 g de manteiga
35 g de farinha de trigo
2 gemas
200 ml de creme de leite

Para os legumes

250 g de cebola pérola
250 g de minicogumelos Paris
2 maços de cenoura, só as pontas
2 bandejas de minialho-poró
1 maço de cerefólio

Prepare o frango: retire as penas, chamusque, eviscere e limpe os frangos. Corte cada frango em oito (pág. 220). Separe as coxas da sobrecoxa e corte o peito em dois. Corte a cenoura e o alho-poró em mirepoix. Depois, corte a cebola ao meio e espete os cravos-da-índia. Em uma panela, cubra os pedaços de frango com água fria. Adicione o mirepoix, a cebola, o bouquet garni, a cebola picada, o sal e a pimenta. Em seguida, ferva por 1 hora a 1 hora e meia.

Coloque os pedaços de frango em uma travessa e passe o caldo do cozimento no chinois. Regue o frango com metade do caldo para evitar que seque e reserve o resto. Faça um roux (passo 1, pág. 38) e o dissolva no caldo. Em seguida, deixe ferver. Em um bowl, bata as gemas com o creme de leite usando um fouet. Em seguida, coloque essa mistura sobre o molho. Corrija o tempero e mantenha tudo em local aquecido.

Prepare os legumes: descasque a cebola pérola, prepare os cogumelos, depois branqueie. Branqueie também a cenoura e o alho-poró separadamente.

Escorra os pedaços de frango e coloque-os de volta, por alguns minutos, no molho da blanquette.

Monte os pratos: em cada prato sirva um pedaço da coxa e do peito e os legumes. Faça pontos com o molho e decore com folhas de cerefólio.

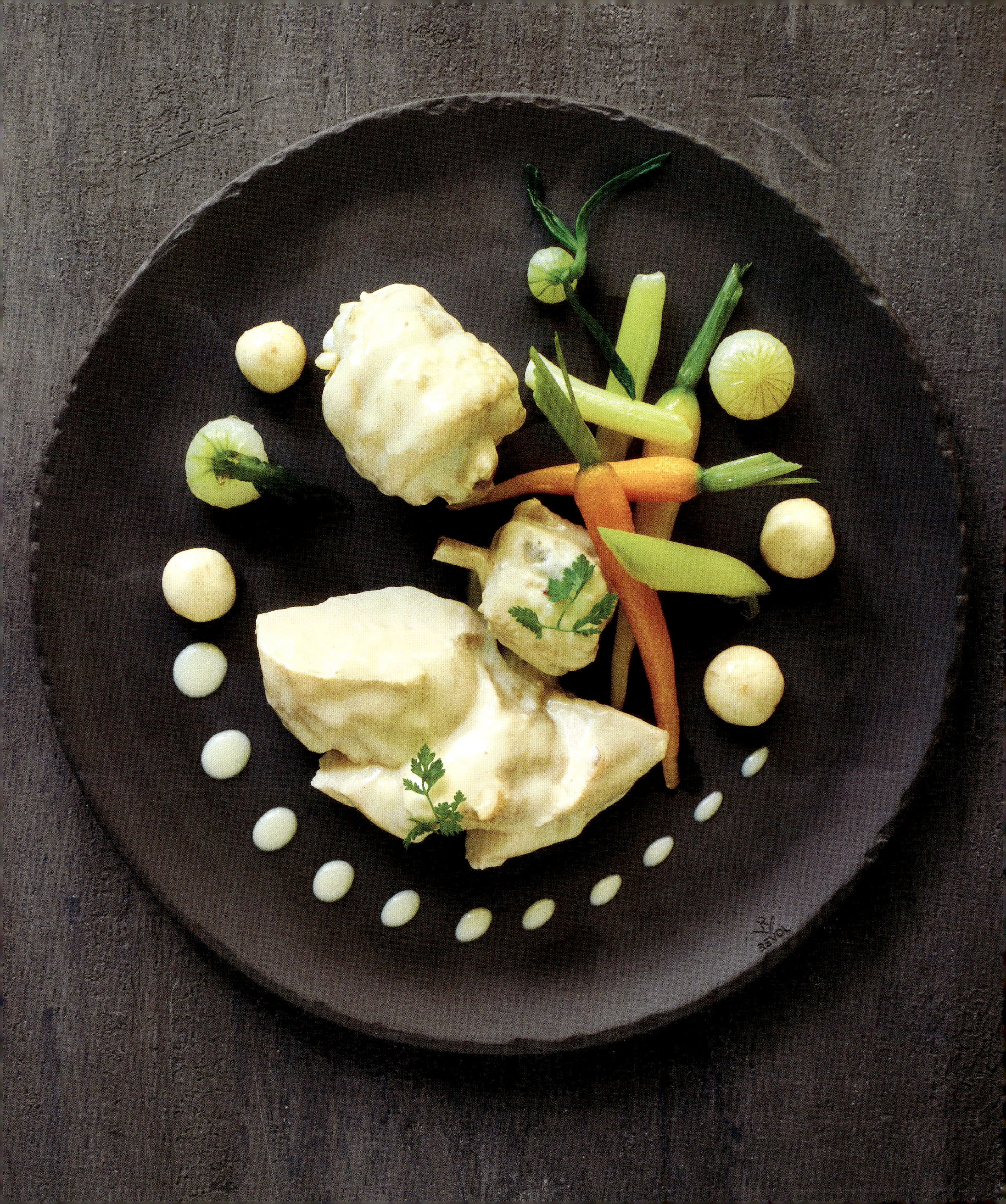

nível 1
Ave

Peito de pato
COM ESPECIARIAS E PÊSSEGOS ASSADOS

RENDIMENTO: 8 PORÇÕES

PREPARO: 40 MIN — COZIMENTO: 15 MIN

Para a redução de especiarias
10 g de pimenta-rosa
10 g de semente de erva-doce
1 pitada de pimenta de Espelette
10 grãos de coentro
5 g de pimenta-de-Sichuan
5 g de pimenta-do-reino branca em grãos
100 ml de vinagre de vinho
100 g de mel
100 ml de vinho branco

Para os pêssegos
8 pêssegos brancos
20 g de manteiga
30 g de açúcar refinado

Para o molho
1 cebola picada
50 ml de vinho branco
250 ml de fundo escuro de pato (pág. 68)
10 g de manteiga

Para o magret
8 peitos de pato
sal e pimenta-do-reino moída na hora

Para a montagem
24 tomates-cereja, assados
16 mininabos
24 cebolas pérola

Prepare a redução de especiarias: triture grosseiramente todas as especiarias, para que liberem seus aromas. Em uma panela, coloque o vinagre de vinho, o mel, o vinho branco e todas as especiarias trituradas. Ferva e deixe reduzir lentamente até o molho engrossar. Passe-o no chinois e reserve a redução em local aquecido.

Prepare os pêssegos: mergulhe os pêssegos em água fervente, depois esfrie em um bowl de água gelada para soltar a casca. Descasque-os. Divida-os ao meio, retire o caroço e corte em quartos. Em um frigideira antiaderente, coloque a manteiga, o açúcar e o pêssego cortado. Core de ambos os lados e retire-os da frigideira delicadamente.

Prepare o molho: sue a cebola picada, e deglaceie com o vinho branco. Adicione o fundo escuro de pato e 1 colher (sopa) de redução especiarias. Deixe ferver, passe no chinois, adicione manteiga e mexa vigorosamente.

Prepare os peitos de pato: retire as aparas e remova o excesso de gordura em volta da carne. Faça cortes na pele em xadrez, para permitir que a gordura derreta bem durante o cozimento. Elimine a pele fina e os nervos sobre a carne. Tempere os filés com sal e pimenta. Depois cozinhe-os em uma frigideira em fogo médio por 4 minutos, primeiro o lado da pele. Retire o excesso de gordura da frigideira. Quando a gordura dos filés estiver totalmente derretida, vire-os e continue cozinhando por 2 minutos.

Decore os pratos: pincele o lado da pele dos filés com a redução de especiarias. Depois corte-os em fatias. Coloque um pouco de molho sobre o prato. Em seguida, adicione as fatias de pato, os pêssegos cortados em quartos, os tomates assados, os mininabos e as cebolas glaceadas.

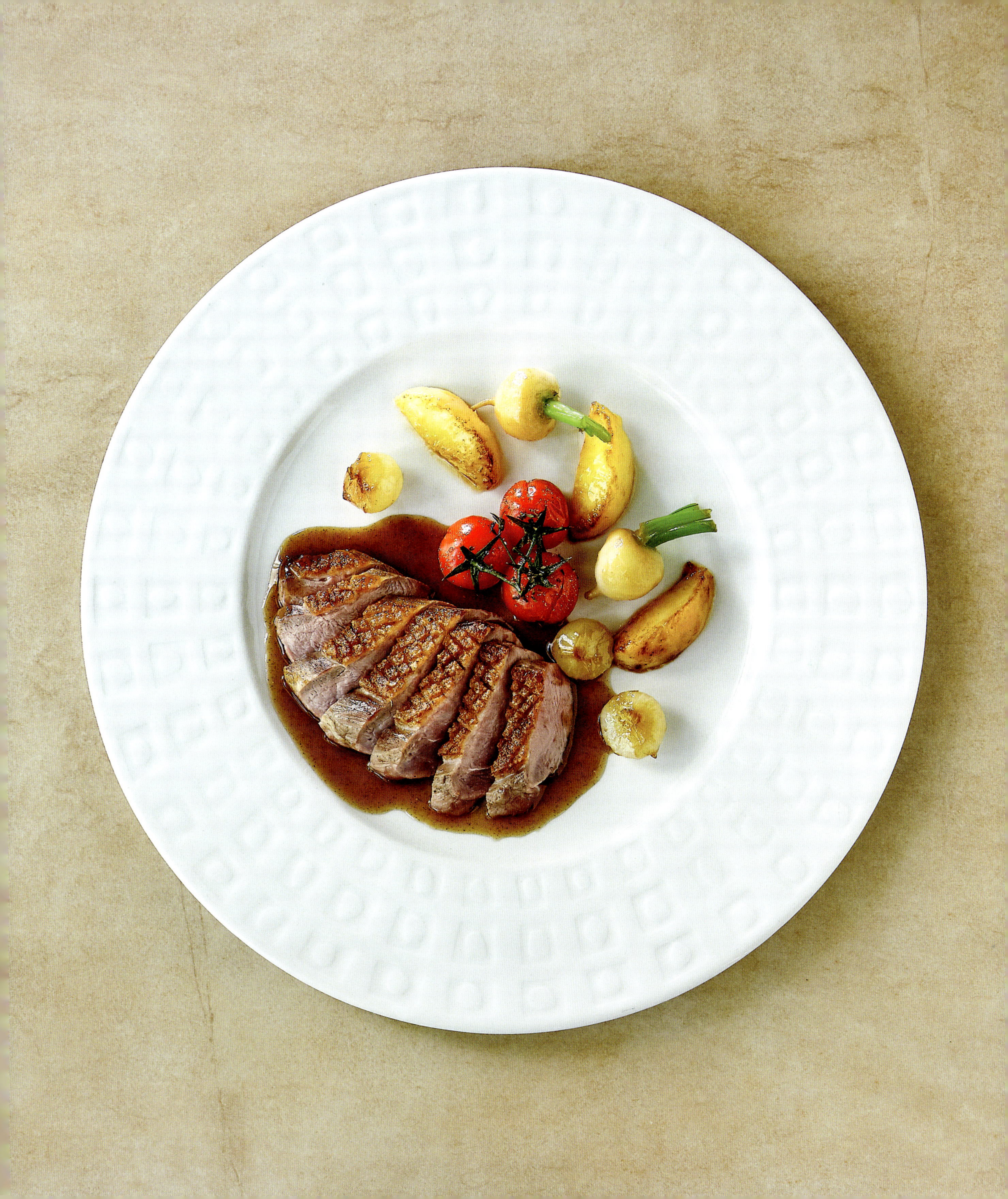

nível 1

Ave

Magret rosé
LAQUEADO NO MEL COM MOLHO SANGRIA

RENDIMENTO: 8 PORÇÕES

PREPARO: 1 H 15 — TEMPO NO SAL: 10 H — COZIMENTO: 2 H 30

Para o magret
4 peitos de pato
1,5 kg de sal grosso de Guérande
40 g de manteiga

Para o molho sangria
1 litro de vinho tinto Côtes du Rhône
½ pau de canela
2 kg de carcaça de pato
35 g de extrato de tomate
500 ml de fundo escuro de vitela (pág. 68)
100 g de maçã pink lady
30 g de manteiga
30 g de morango
30 g de framboesa
30 g de groselha negra (ou cassis)
30 g de amora
30 g de mirtilo
1 cravo-da-índia
40 g de açúcar refinado
amido (opcional)

Para o purê de maçã com gengibre
500 g de maçã pink lady
50 g de manteiga
40 g de gengibre rosa confitado
1 fava de baunilha

Para a guarnição
400 ml de suco de laranja
4 miniendívias
50 g de manteiga
200 ml de fundo claro de ave (pág. 66)
4 pêssegos saturno
1 litro de xarope de açúcar
(água e açúcar em partes iguais)

Para a montagem
mel
alguns grãos de coentro
pimenta-do-reino moída na hora
cardamomo
raspas de uma laranja

Na véspera, prepare o peito de pato: desengordure-o, mantendo um fina camada de gordura. Em seguida, faça cortes em xadrez sobre a pele. Deixe o peito de pato no sal grosso durante pelo menos 10 horas: essa técnica tempera o peito e retira a umidade da gordura.

Na véspera, prepare o molho sangria: ferva o vinho tinto com a canela e deixe reduzir em ⅓. Core as carcaças de pato na manteiga, desengordure e adicione a extrato de tomate, a redução de vinho tinto e o fundo de vitela. Cozinhe por uma hora. Doure as maçãs com a manteiga. Adicione-as ao fundo de vitela com todas as outras frutas, o cravo-da-índia e o açúcar refinado.

Deixe cozinhar mais 1 hora e meia, retirando a espuma com frequência. Descarte, coe no chinois e deixe esfriar. Em seguida, desengordure novamente e espere reduzir. Se precisar, você pode espessar o molho com amido.

Prepare o purê de maçã com gengibre: sue as maçãs descascadas em um pouco de manteiga. Em seguida, cozinhe-as por 20 minutos com o gengibre e a baunilha, com a panela tampada, até ficarem cozidos. Bata tudo com a manteiga para obter um purê liso.

Prepare a guarnição: reduza o suco de laranja em uma frigideira. Adicione as endívias cortadas ao meio, a manteiga e o fundo claro. Cubra com um disco de papel-manteiga e cozinhe por 20 minutos.

Branqueie os pêssegos e cozinhe por 15 minutos em um xarope claro. Então, retire a casca, o caroço e aqueça-os por alguns minutos com um pouco de manteiga, sem deixar corar, para manter a coloração original.

Escorra as endívias. Em uma frigideira com pouca gordura, doure a parte plana, dando-lhe uma coloração levemente marrom e agradável.

Limpe o sal grosso dos peitos de pato. Em seguida, doure-os na manteiga, em fogo brando e deixe cozinhar (pág. 240).

Pincele mel nos peitos de pato e salpique a mistura de especiarias. Passe-os sob a salamandra por 2 minutos. Disponha o purê, o peito de pato cortado no sentido do comprimento, a endívia e o pêssego.

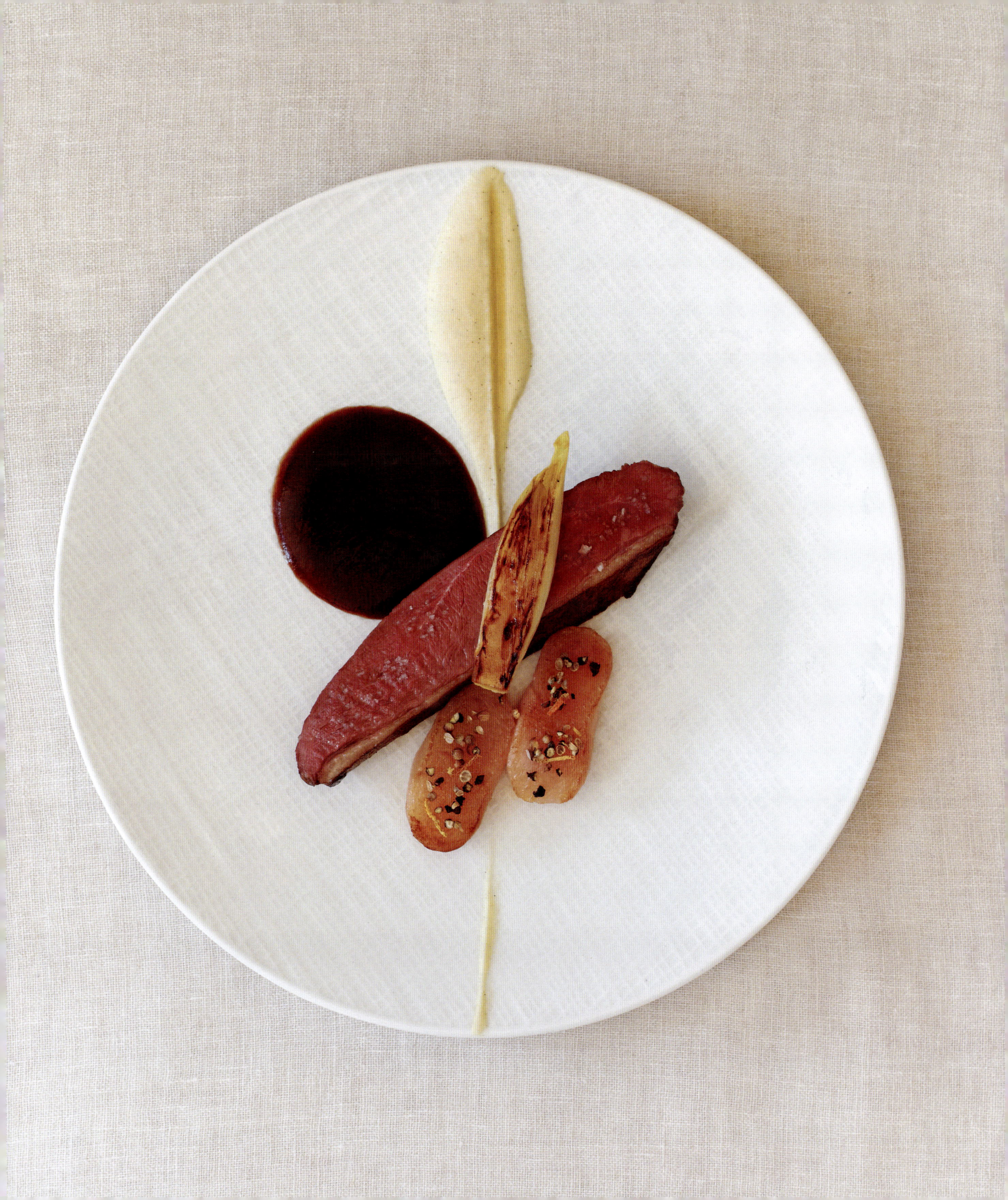

Frango de Bresse

COM LAGOSTIM, MACARRÃO GRATINADO

nível 3 — Ave

RENDIMENTO: 8 PORÇÕES

PREPARO: 1 H 50 — COZIMENTO: 1 H 20

Para a ave
- 2 frangos de Bresse de 1,8 kg
- 40 g de farinha de trigo
- 40 g de manteiga
- 5 dentes de alho
- 1 pitada de pimenta de Espelette
- sal e pimenta-do-reino

Para o molho de lagostim
- 300 g de mirepoix (cenoura, cebola e aipo)
- 2 dentes de alho
- tomilho, louro, alecrim, salsa
- 100 ml de conhaque + 1 traço
- 160 ml de vinho branco seco
- 1 litro de fumet de lagostim (pág. 90)
- 400 ml de creme de leite
- roux dourado claro (passo 1, pág. 38)
- 60 g de manteiga crua de lagostim
- 30 g de manteiga cozida de lagostim
- 1 maço de estragão
- suco de 1 limão
- sal e pimenta-do-reino
- pimenta de Espelette

Para a guarnição (lagostim e alface-romana)
- 48 lagostins vermelhos
- 1 litro de court-bouillon para peixe (pág. 86)
- 40 g de manteiga de lagostim
- 16 folhas de alface-romana
- 20 g de manteiga noisette (pág. 57)
- 1 dente de alho
- flor de sal
- pimenta-do-reino moída na hora
- 24 pétalas de tomate (pág. 460)
- endro, estragão, cebolinha

Para o macarrão gratinado
- 500 g de macarrão (zita n.º 18)
- 250 ml de água
- 750 ml de leite
- 2 dentes de alho
- 750 ml de creme de leite
- 250 g de parmesão ralado
- 30 g de manteiga derretida
- tomilho
- sal

Prepare os lagostins: reserve oito lagostins para a montagem do prato. Retire o fio intestinal do dorso e perfure as garras na cauda. Em seguida, cozinhe por 1 minuto no court-bouillon. Retire o fio intestinal dos demais lagostins e separe as cabeças das caudas, reservando as cabeças para o molho. Cozinhe as caudas no court-bouillon, contando 1 minuto de fervura. Espere esfriar e descasque-os, mantendo a cauda inteira. Corrija o tempero. Triture as cabeças dos lagostins e reserve-as para o molho.

Prepare o frango: limpe as aves e corte-as em 4. Remova a pele e empurre a carne do osso da ponta das asas, depois do osso das asas e do osso das coxas. Dobre os pés, segurando-os com uma incisão na lateral, e amarre. Reserve o fígado e o coração. Enfarinhe a ave com a carcaça e com os miúdos. Em seguida, core na manteiga em ponto de espuma, com os dentes de alho. Tempere com sal, pimenta-do-reino e pimenta de Espelette. Retire o frango do cozimento e reserve.

Prepare o molho: na gordura de cozimento das aves, doure o mirepoix com o alho. Em seguida, adicione as cabeças de lagostim trituradas e cozinhe por 5 minutos. Junte as ervas, a ave e as carcaças. Flambe com o conhaque, deglaceie com o vinho branco e deixe reduzir a seco. Despeje o fumet de lagostim, cobrindo tudo. Cozinhe por 20 minutos, lentamente e destampado. Retire os pedaços de peito e cozinhe as coxas por 15 minutos adicionais. Deixe o molho reduzir em ¾, junte o creme de leite e espere ferver. Passe o molho no chinois, e espesse com o roux. Adicione a manteiga de lagostim. Coloque o estragão para macerar no molho, por dois minutos, e passe novamente no chinois. Adicione algumas gotas de suco de limão e um traço de conhaque. Corrija o tempero com sal, pimenta-do-reino branca e pimenta de Espelette. Cubra as aves com o molho.

Prepare as alfaces-romanas: frite ligeiramente as folhas de alface-romana na manteiga noisette com alho. Tempere com flor de sal e pimenta-do-reino moída.

Prepare o macarrão gratinado: cozinhe o macarrão por 5 minutos em uma mistura de água com leite. Adicione o dente de alho e tempere com sal. Quando a massa estiver semicozida, escorra-a. Complete o cozimento no creme de leite. Espesse com 2/3 do parmesão ralado. Coloque essa mistura em uma travessa refratária previamente untada com manteiga. Salpique o restante do parmesão e regue com um pouco de manteiga derretida e tomilho. Deixe gratinar e dourar no grill, e sirva com o frango.

No momento de servir, endureça levemente as caudas na manteiga de lagostim. Aqueça os lagostins na hora de montar o prato e servir. Dê brilho com um fio azeite.

Aqueça o frango lentamente no molho, tampado. Depois disponha caudas de lagostins, alface-romana e pétalas de tomate em uma panela. Finalize com as ervas.

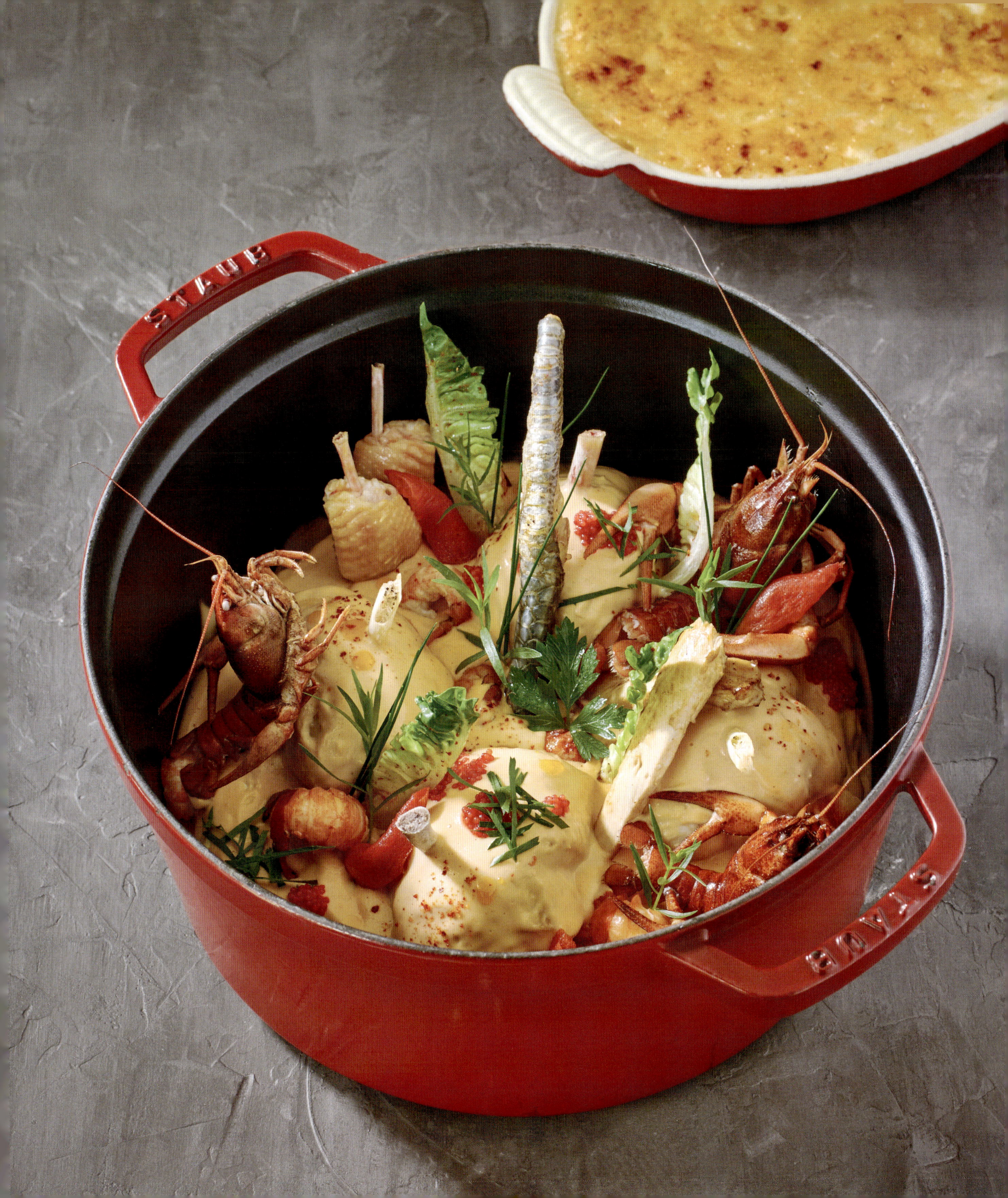
STAUB
STAUB

Linguiça branca
DE AVE COM COGUMELOS FRITOS E MOLHO ESPUMOSO TRUFADO

nível 3
Ave

RENDIMENTO: 8 PORÇÕES

PREPARO: 1 H 30 — REIDRATAÇÃO: 12 H — COZIMENTO: 40 MIN

Para a infusão de leite
475 ml de leite
100 g de cenoura
100 g de cebola
raspas de uma laranja
algumas folhas de louro
algumas folhas de tomilho

Para o recheio da linguiça branca
150 g de cebola-branca picada
30 g de manteiga
375 g de peito de ave
75 g de gordura de porco (toucinho)
30 g de banha de porco
100 ml de creme de leite
45 g de fécula de batata
4 claras de ovo
alguns pedaços de trufa e seu suco

Para fazer os embutidos
2 m de tripa de cordeiro
1 litro de leite
raspas de uma laranja
alguns ramos de tomilho
algumas folhas de louro

Para a fritada de cogumelos silvestres
70 g de cogumelos morilles seco
60 g de mistura de cogumelos silvestres (cogumelos porcini, cantarelo, trombeta, mousseron, pé de cabra etc.)
50 g de manteiga
50 g de cebolas picadas
4 dentes de alho picados
3 colheres (sopa) de salsa e estragão

Para o molho de espuma com trufas
300 ml de caldo de galinha reduzido (pág. 74)
30 g de creme de leite
20 g de manteiga
alguns pedaços de trufa e seu suco
suco de 1 limão

Para a decoração
10 ou 30 fatias de trufas (opcional)
suco de 1 limão
alguns ramos de cerefólio
raspas de 1 laranja
4 colheres (chá) de cogumelos porcini em pó

Na véspera, coloque os cogumelos morilles em um bowl com água.

No dia seguinte, ferva o leite com todos os ingredientes da infusão de leite.

Prepare o recheio da linguiça: refogue as cebolas na manteiga. Em seguida, bata com todos os ingredientes do recheio. Depois, adicione a infusão de leite fervendo. Incorpore os pedaços e o caldo do cozimento das trufas e tempere.

Faça a linguiça branca: encha as tripas com esse recheio e faça 24 gomos de 4 cm de comprimento. Em uma panela, aqueça o leite com 1 litro de água. Depois escalfe as linguiças por 20 minutos e esfrie com água gelada.

Prepare a fritada de cogumelos: seque os cogumelos morilles reidratados e reserve o seu suco. Frite os cogumelos separadamente em um pouco de manteiga e reserve o suco do cozimento. À parte, sue as cebolas e o alho na manteiga. Em seguida, adicione os cogumelos fritos e as ervas.

Prepare a espuma com trufas: em uma panela, coloque o caldo de galinha reduzido e os sucos dos cogumelos. Adicione o creme de leite, a manteiga, os pedaços e o suco de trufa e algumas gotas de suco de limão. Tempere e emulsione.

Disponha a linguiça branca pequena em um prato fundo. No meio do prato coloque a fritada de cogumelos. Adicione a espuma e regue com um fio de óleo de trufa. Decore com pontas de cebolinha, ramos de cerefólio e, se quiser, fatias de trufa. Adicione as raspas de laranja, o pó de cogumelos porcini e as ervas.

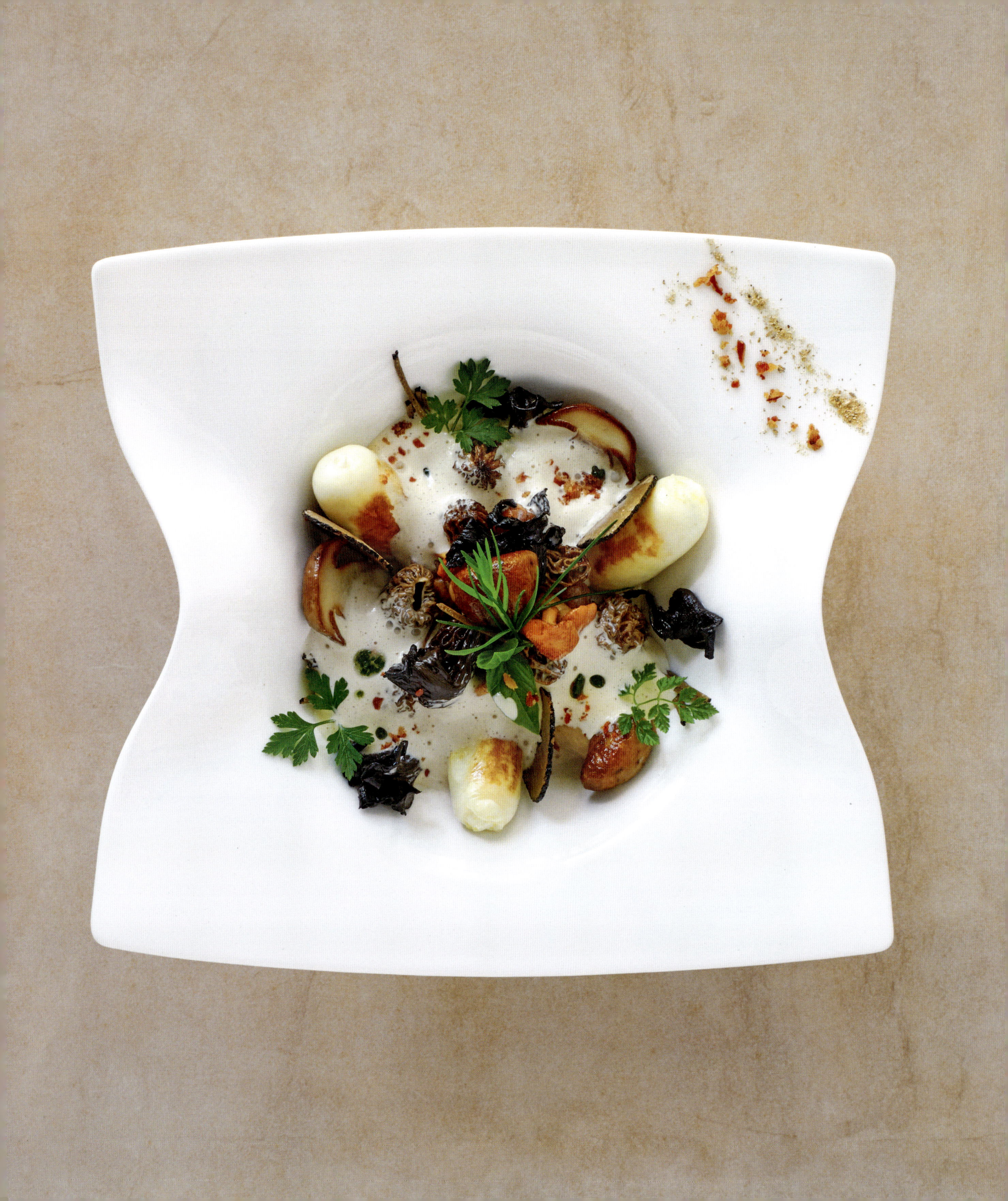

nível 3

Ave

Carne de pombo
SOBRE FOLHAS VERDES, MISTURA DE MIÚDOS E BACON DE FOIE GRAS

RENDIMENTO: 8 PORÇÕES

PREPARO: 45 MIN – TEMPO NO SAL: 3 H – COZIMENTO: 1 H

Para a carne de pombo
2 pombos
1 kg de sal grosso
alguns ramos de tomilho
3 dentes de alho
gordura de pato
flor de sal
pimenta-do-reino moída na hora

Para o bacon de foie gras
250 g de foie gras

Para a mistura de miúdos
50 g de foie gras, cortado em cubos
60 g de cebolas picadas
500 ml de conhaque
50 g de foie gras semicozido (opcional)
2 baguetes
1 dente de alho

Para a guarnição e a decoração
3 alfaces-crespas
100 ml de vinagre branco
8 ovos de codorna
minicebolas
20 g de brotos de mostarda
20 g de brotos de beterraba
20 g de folhas de mizuna
azeite
suco de 1 limão
8 colheres (chá) de vinagre balsâmico
350 ml de azeite frutado verde
¼ maço de salsa
lascas de parmesão
8 dentes de alho doce confitado
8 alcaparras médias, com o cabo

Prepare os pombos: preaqueça o forno a 180 °C. Eviscere os pombos, reservando o coração e o fígado. Separe as coxas do peito. Em seguida, coloque-os no sal por 3 horas com tomilho, pimenta e 1 dente de alho. Retire-os do sal e deixe-os confitar lentamente por 1 hora na gordura de pato. Em uma panela com um pouco de gordura de pato, 2 dentes de alho com a casca e o tomilho, doure a carne de pombos, do lado da pele. Asse por aproximadamente 10 minutos. Retire os pombos, deixe-os descansar e faça, com as asas e a carcaça, um caldo de cozimento que será usado para o tempero final.

Prepare a mistura de miúdos: na frigideira, core os cubos de foie gras. Em seguida, retire, reservando a gordura do cozimento. Confite nela as cebolas finamente cortadas. Core ligeiramente os miúdos de pombo, deixando-os um pouco crus no meio. Em seguida, adicione o foie gras anteriormente frito. Deglaceie com o conhaque, flambe e retire do fogo. Deixe esfriar, corrija o tempero, pique a mistura e adicione os pedaços de foie gras cozido. Corte a baguete na diagonal para obter fatias longas. Torre-as na torradeira e esfregue-as ligeiramente com o alho. Usando uma espátula, espalhe uniformemente a mistura de miúdos.

Prepare a salada: mergulhe apenas as partes verde-claras em um bowl de água fria com cubos de gelo e vinagre branco.

Prepare os ovos de codorna novos inteiros, por 2 minutos e 20 segundos, em água fervente temperada com sal. Em seguida, descasque e coloque em um bowl com água fria.

Cozinhe as minicebolas inteiras por alguns minutos em uma panela. Em seguida, corte-as ao meio e core na frigideira, do lado plano.

Corte o foie gras cru como bacon e deixe-os corar, depois cozinhe-os (etapas 3 e 4, pág. 256).

Escorra a alface-crespa, misture-a com brotos de mostarda, beterraba e a mizuna. Tempere com azeite e suco de limão.

Em cada prato, coloque as saladas no centro como um ninho. Em seguida, coloque 1 ovo de codorna cortado ao meio, as cebolas douradas e o bacon de foie gras.

Aqueça os peitos de pombo, retire a pele e fatie-os. Disponha-os sobre torradas e tempere com flor de sal e pimenta.

Adicione ao caldo de cozimento, 1 colher (chá) de vinagre balsâmico, um pouco de azeite e salsa lisa picada. Conclua a montagem do prato com lascas de parmesão, alho confitado e alcaparras.

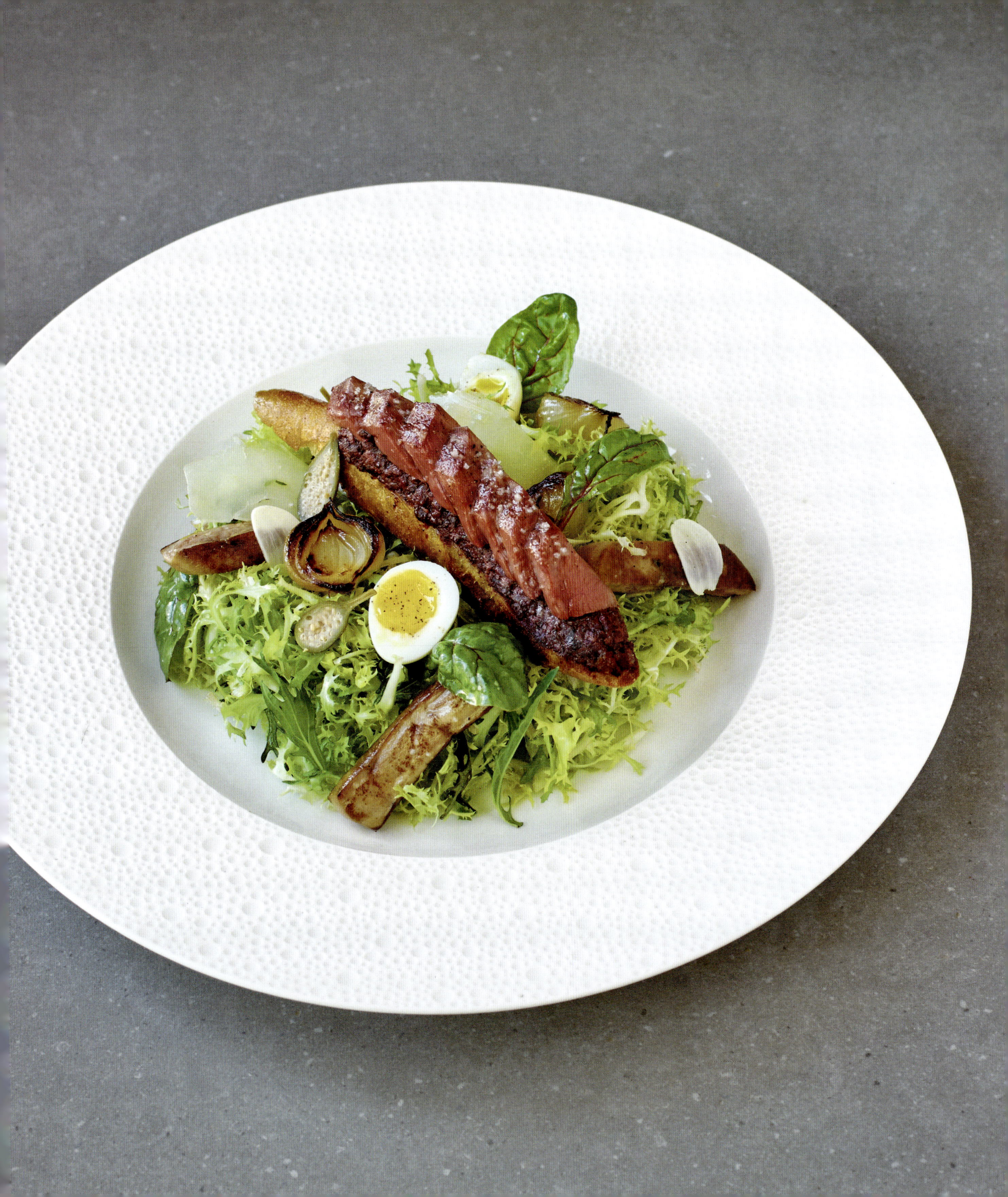

nível 3
Ave

Pombo laqueado,
PANISSES E AZEITONAS

RENDIMENTO: 10 PORÇÕES

PREPARO: 1 H – REFRIGERAÇÃO: 45 MIN – COZIMENTO: 3 H

Para os pombos
5 pombos de 500 a 600 g
30 g de avelãs trituradas
raspas de uma laranja
azeite e manteiga
1 dente de alho
100 ml de creme de leite
sal e pimenta-do-reino moída na hora

Para as panisses
(espécie de panqueca)
2 litros de água
10 g de sal
azeite
500 g de farinha de grão-de-bico
100 g de parmesão ralado
100 g de azeitonas pretas, em julienne
1 litro de óleo de amendoim
10 palitos de madeira

Para o molho
2 cebolas-brancas
50 g de açúcar refinado
300 ml de suco do cozimento de pombo (pág. 72)
50 ml de sangue de porco
50 ml de vinagre de xerez
20 azeitonas taggiasca
sal e pimenta-do-reino moída na hora

Para a guarnição
2 talos de aipo
100 ml de fundo claro de ave (pág. 66)
azeite
1 colher (chá) de manteiga
1 pitada de sal

Para a decoração
20 g de rúcula

Maçarique os pombos para tirar as penugens. Retire e pique os fígados e os corações e reserve na geladeira. Corte as coxas, desosse e recheie com as avelãs trituradas e as raspas da laranja. Enrole em um filme plástico a vácuo (∗). Cozinhe-os por 3 horas a 75 °C, no termocirculador.

Remova as pontas das asas, a quilha (o osso em forma de Y), limpe o peito e reserve.

Prepare as panisses: ferva a metade da água com sal e azeite. Dilua a farinha de grão-de-bico na outra metade da água, fria. Coloque a água fervente sobre a mistura de água com farinha de grão-de-bico e aqueça, mexendo vigorosamente, durante 20 minutos. No final do cozimento, adicione o parmesão ralado e as azeitonas em julienne. Coloque essa preparação em um tabuleiro forrado com filme plástico, cubra com outra folha de filme plástico e coloque um peso em cima. Deixe firmar na geladeira.

Prepare o molho: descasque e pique finamente as cebolas. Em seguida, frite-as com açúcar, em uma frigideira, até formar uma compota caramelizada. Misture metade do caldo de cozimento do pombo com essa compota. Junte também os corações, os fígados picados e o sangue de porco. Aqueça por 10 minutos em uma panela em fogo baixo, bata no mixer e passe pelo chinois. Tempere.

Prepare a guarnição: descasque os aipos, reservando as folhas para decoração. Corte-os ao meio no sentido do comprimento. Descarte as folhas amareladas. Cozinhe-os a vácuo com o fundo claro, o azeite, a manteiga e o sal. Quando estiverem bem macios, esfrie-os em um bowl cheio de água gelada.

Preaqueça o forno a 180 °C. Cozinhe o peito dos pombos em uma frigideira funda com a manteiga em ponto de espuma e o alho amassado. Leve ao forno por 6 minutos, depois deixe-os descansar, fora do fogo, por 10 minutos.

Deixe reduzir a outra metade do caldo de cozimento e emulsione com manteiga e as azeitonas cortadas em julienne. Coloque esse molho em uma molheira.

Glaceie os talos de aipo com o caldo de cozimento, 1 colher (chá) de manteiga e um pouco de azeite. Frite as panisses em óleo de amendoim. Em um pouco de azeite, doure as coxas de pombo, primeiro do lado da pele. Pegue os pedaços de peito desossado e retire a pele. Cubra com o molho misturado com um pouco de creme de leite.

Para a montagem, coloque em cada prato um pedaço de peito de pombo sobre uma cama de aipo. Deposite uma coxa e espete as panisses nos palitos. Salpique algumas folhas novas de aipo e de rúcula.

(∗) Passos 1 a 4

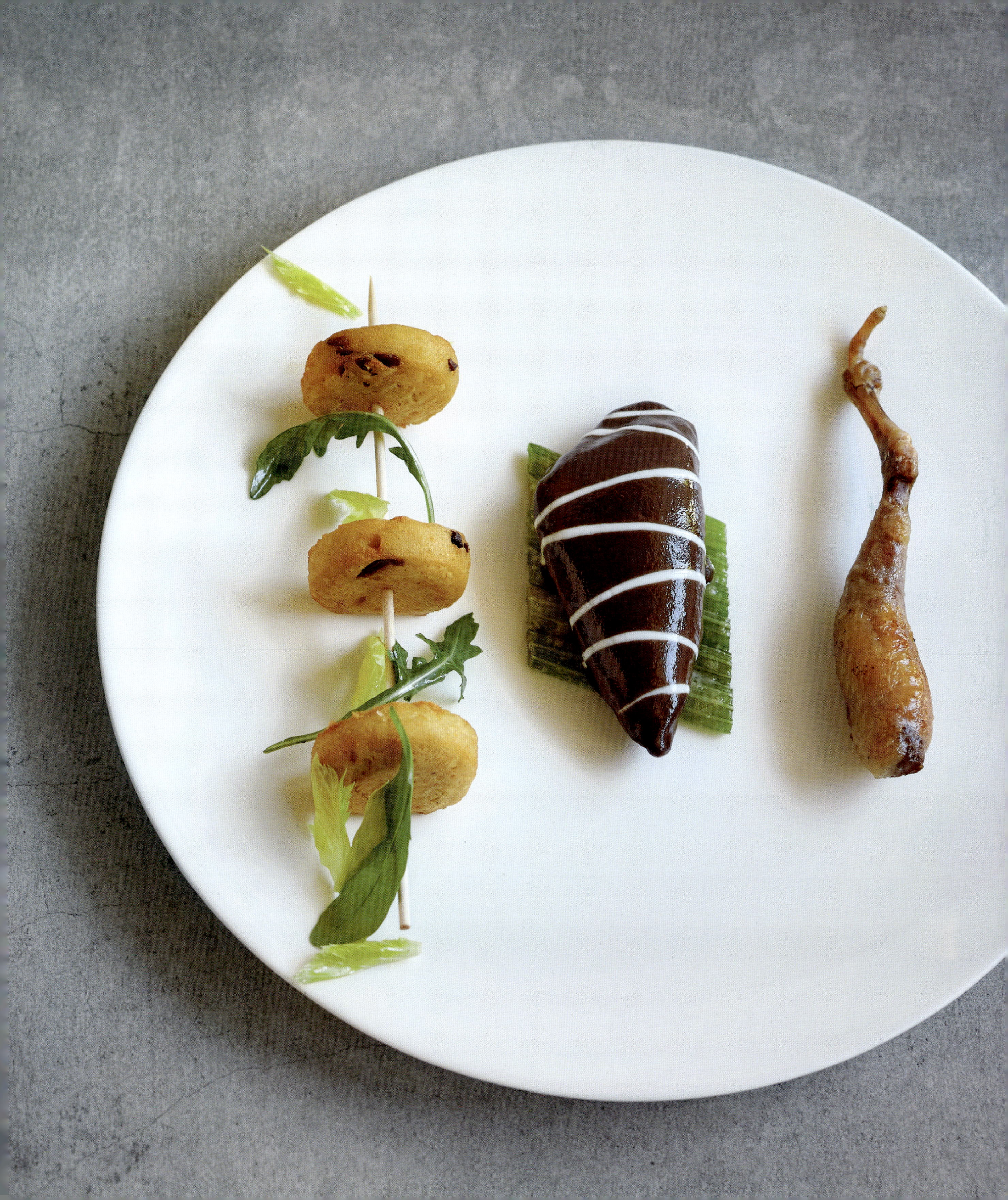

nível 2

Miúdos

Miolo de timo de vitela
COM LEGUMES GLACEADOS E MOLHO PICANTE COM BAUNILHA

RENDIMENTO: 8 PORÇÕES

PREPARO: 45 MIN – REFRIGERAÇÃO: 12 H – COZIMENTO: 15 MIN

1,2 kg de timo (moleja) de vitela
50 g de farinha de trigo
150 ml de azeite de oliva
40 g de manteiga
4 dentes de alho
1 pitada de pimenta de Espelette
sal e pimenta-do-reino

Para o molho apimentado com baunilha
azeite
70 g de cebola
50 g de cenoura
20 g de aipo
3 dentes de alho
2 tomates
2 colheres (sopa) de extrato de tomate
2 pimentas malagueta
1 fava de baunilha
100 ml de vinho branco seco
200 ml de fundo claro de ave (pág. 66)
150 ml de caldo de carne reduzido (pág. 70)
ramos de tomilho, louro, manjericão, estragão

Para a guarnição
24 pontas de minicenouras
24 pontas de mininabos
16 minialho-poró
120 g de ervilhas-torta
¼ de brócolis
8 tomates-cereja
24 pétalas de tomate (pág. 460) confitadas
50 ml de fundo claro de ave, reduzido (pág. 66)
30 g de manteiga
suco de 1 laranja

Para a decoração
folhas de manjericão
pontas de cebolinha
folhas de manjericão, fritas
folhas de erva-doce, fritas e frescas
folhas de cerefólio
pontas de cenoura

Prepare o timo de vitela: escalde-os, depois retire a película e embale a vácuo, por uma noite na geladeira.

Prepare o molho apimentado com baunilha: sue no azeite as cebolas, as cenouras, o aipo e o alho descascados, lavados e picados em cubos. Depois adicione os tomates, o extrato de tomate, as pimentas, a baunilha e suas sementes. Deglaceie com vinho branco e deixe reduzir. Em seguida, regue com o fundo claro de ave. Deixe cozinhar bastante e lentamente, com a panela tampada. Depois passe no chinois. Adicione o caldo de carne reduzido e tempere. Passe novamente no chinois e reserve.

Para a guarnição: branqueie todos os legumes previamente descascados. No momento de servir, glaceie com um pouco de fundo claro reduzido, manteiga e suco de laranja.

Finalização: passe o timo na farinha e cozinhe em azeite e na manteiga em ponto de espuma, com o alho, cinco minutos de cada lado. Tempere com sal, pimenta-do-reino moída na hora e pimenta de Espelette.

Para a montagem: assim que finalizar o cozimento, deposite o timo nos pratos. Depois, os legumes. Adicione o molho picante. Decore com as ervas frescas e as ervas ligeiramente fritas em óleo.

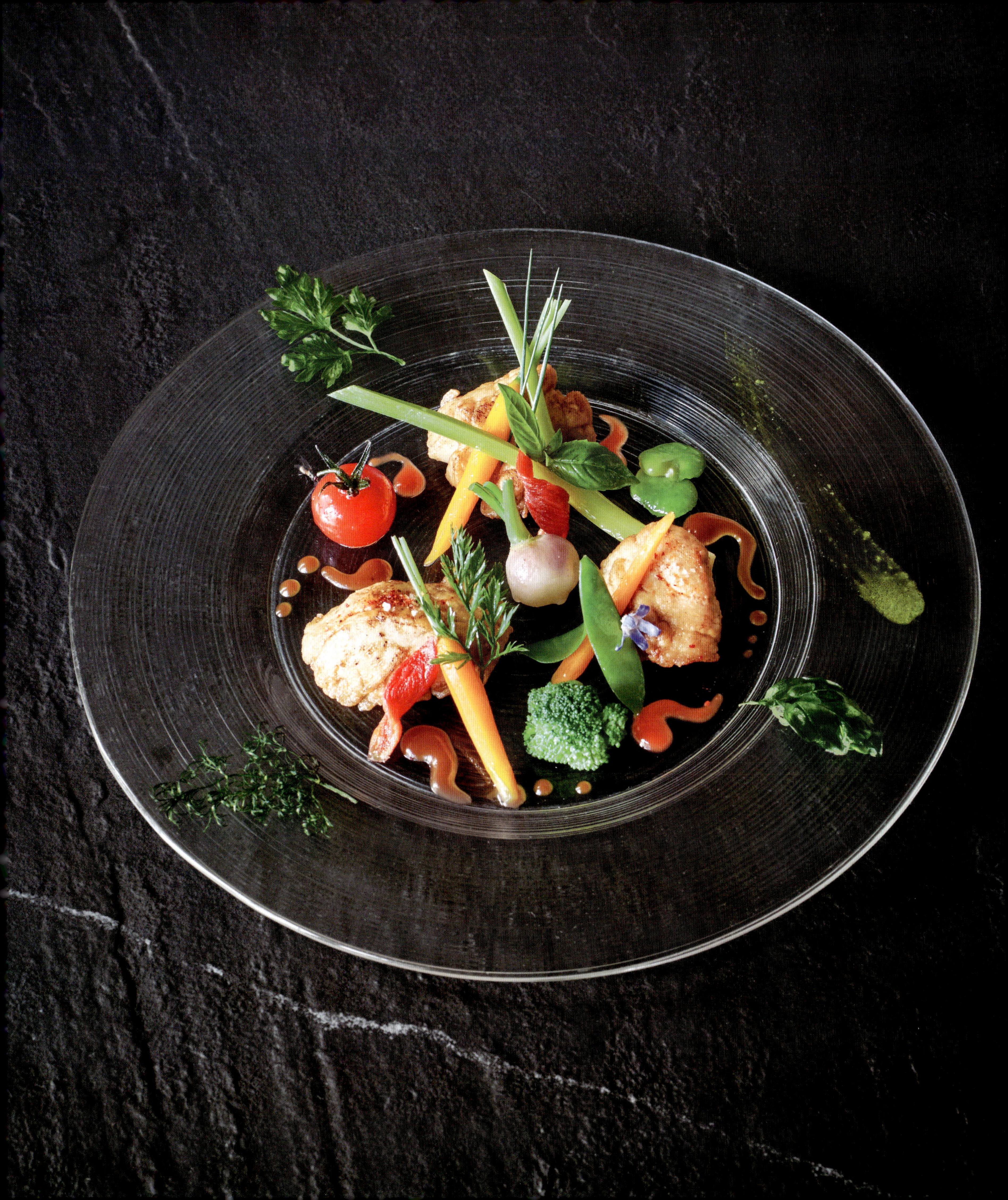

nível 1
Peixe

Linguado grelhado
COM MOLHO BÉARNAISE

RENDIMENTO: 8 PORÇÕES

PREPARO: 1 H — REFRIGERAÇÃO: 20 MIN — COZIMENTO: 40 MIN

Para o linguado
8 linguados
20 ml de óleo de amendoim
sal e pimenta-do-reino moída na hora

Para o molho béarnaise
60 g de cebolas
150 ml de vinagre de álcool branco
150 ml de vinho branco
5 g de pimenta mignonnette
½ maço de estragão
6 gemas
400 g de manteiga clarificada (pág. 56)
½ maço de cerefólio
½ maço de salsa lisa
sal e pimenta-do-reino moída na hora

Para a decoração
1 endívia
4 limões

Prepare o linguado: retire a pele escura, remova as barbatanas e eviscere; depois, descame a pele branca. Lave bem com água fria e enxugue com papel-toalha. Em seguida, reserve na geladeira por 20 minutos.

Prepare uma redução de cebolas: em uma panela, reduza três quartos de cebolas picadas bem finas, o vinagre de vinho branco, o vinho branco, a pimenta mignonnette e algumas folhas de estragão. Passe essa redução no chinois e reserve.

Prepare um sabayon: em uma panela, adicione 2 colheres (sopa) de água com as gemas e bata vigorosamente, aquecendo lentamente, sem exceder a temperatura de 60 a 62 °C. Quando o sabayon atingir essa temperatura e o fundo da panela aparecer, junte a manteiga clarificada em fio até obter uma consistência cremosa.

Adicione depois a redução de cebolas, o sal e a pimenta. Acrescente algumas folhas de estragão, de cerefólio e de salsa finamente picada. Corrija o tempero, se necessário.

Preaqueça o forno a 170 °C. Tempere com sal, pimenta, óleo e grelhe o linguado, com o lado da pele branca virado pra baixo. Gire um quarto de volta, fazendo marcas de grelha em cruz. Em seguida, faça o mesmo do outro lado. Finalize no forno por 4 a 6 minutos.

Disponha um filé de linguado por prato e sirva com o molho béarnaise decorado com uma folha de endívia, um ramo de estragão e gomos de limão.

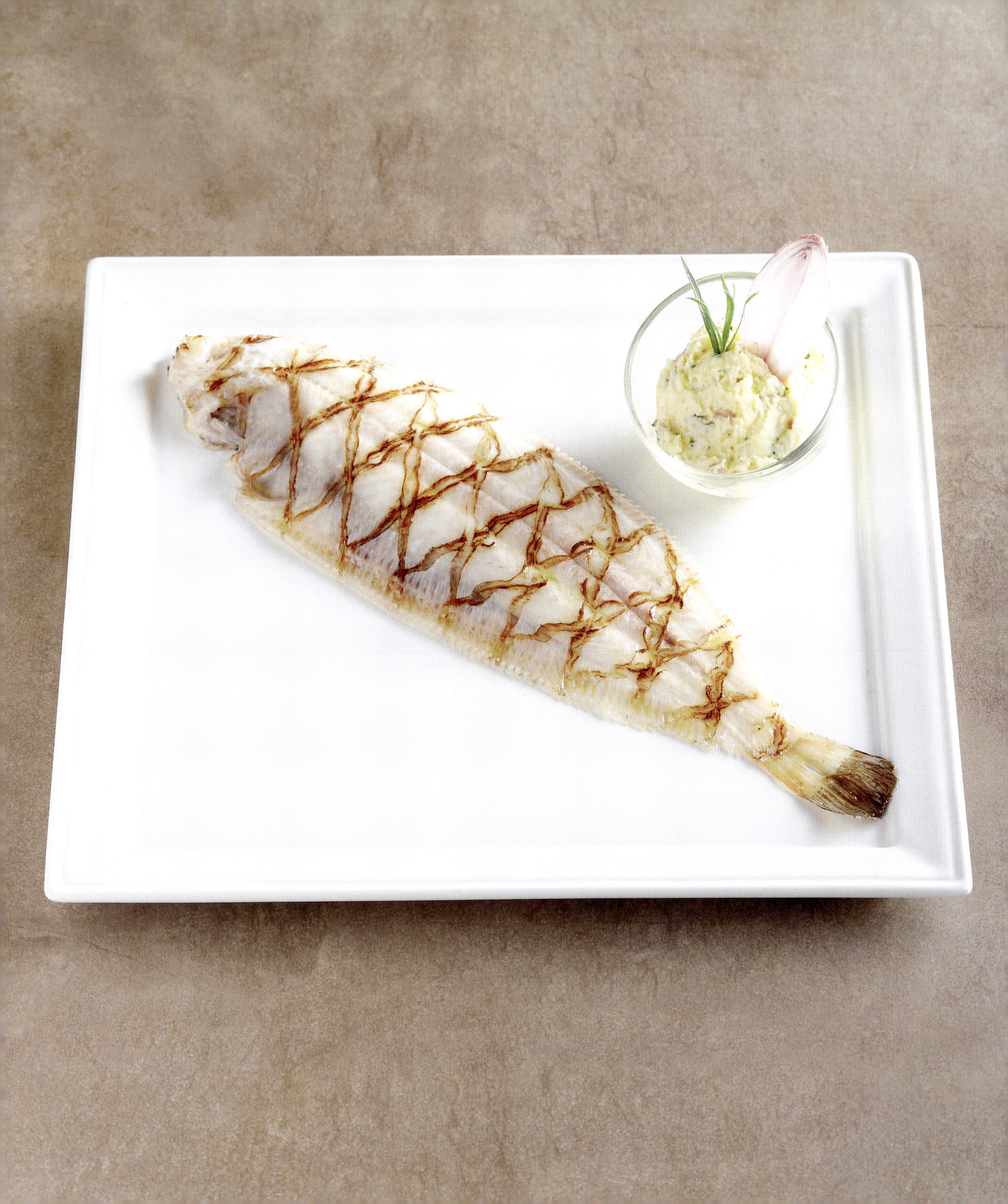

nível 1

Peixe

Dorso e barriga
DE DOURADO COM PILAF DE QUINOA E CALDO DE PEIXE

RENDIMENTO: 8 PORÇÕES

PREPARO: 1 H 20 — COZIMENTO: 45 MIN

Para o dourado (sargo) e para o caldo

4 dourados reais (500 g)
80 g de cebolas
100 g de cogumelos Paris
4 colheres (sopa) de azeite
3 dentes de alho
1 ramo de tomilho
1 folha de louro
7 colheres (sopa) de vermute extrasseco
400 ml de fundo claro de ave (pág. 66)

Para o pilaf de quinoa

1 pimentão vermelho
1 pimentão verde
50 g de cebola
30 g de manteiga
200 g de quinoa branca e vermelha
1 bouquet garni pequeno
300 ml de fundo claro de ave (pág. 66)
¼ de limão confitado

Para a decoração

16 tomates-cereja confitados
azeite
80 g de salicórnia

Prepare o dourado: corte os filés, remova e reserve as espinhas para o caldo. Corte os filés ao meio no sentido do comprimento.

Prepare o caldo de aparas reduzido: lave as espinhas. Descasque e fatie as cebolas e os cogumelos. Em uma frigideira, doure as espinhas no azeite, em seguida adicione o alho com casca, o tomilho, o louro, as cebolas e os cogumelos. Cozinhe por 5 minutos, depois junte o vermute e deixe reduzir. Em seguida, regue com o fundo de ave e cozinhe lentamente por 20 minutos. Passe o caldo pelo chinois. Se estiver muito líquido, deixe reduzir novamente; caso tenha ficado muito grosso, dilua com um pouco de água.

Prepare o pilaf de quinoa: descasque os pimentões e corte em brunoise. Pique a cebola finamente. Sue tudo na manteiga. Depois adicione os dois tipos de quinoa e o bouquet garni. Em seguida, regue com o fundo de ave. Cozinhe lentamente com a panela tampada, por 20 minutos. Em seguida, adicione o limão confitado previamente picado.

Descasque os tomates e coloque-os no azeite, confitando-os. Dessalgue as salicórnias, enxaguando-as 2 vezes em água fria, depois seque bem. Refogue em azeite.

Refogue o dourado no azeite durante 3 minutos, com o lado da pele virado para baixo, depois vire-o por alguns segundos. Retire da frigideira.

Coloque em cada prato 2 filés de dourado, um retângulo de pilaf com tomates e salicórnias por cima e circunde com o caldo.

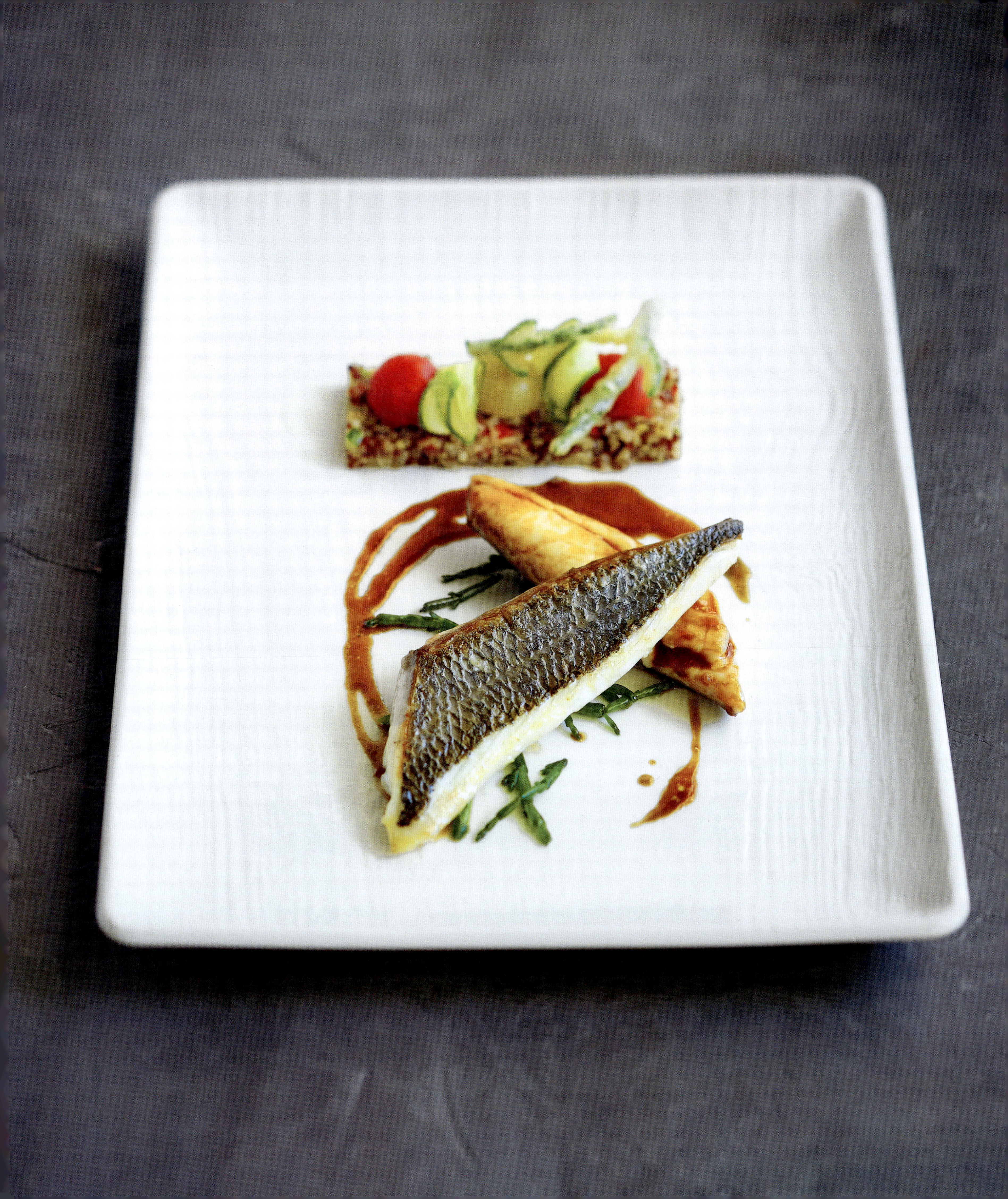

nível 1

Peixe

Filé de féra com MOLUSCOS E LEGUMES GLACEADOS

RENDIMENTO: 8 PORÇÕES

PREPARO: 30 MIN — COZIMENTO: 15 MIN

Para os legumes glaceados
pontas de 1 maço de cenoura
pontas de 1 maço de nabos
1 bandeja de minierva-doce
1 bandeja de minialho-poró
40 g de manteiga
1 pitada de açúcar
flor de sal de Guérande
pimenta-do-reino moída na hora

Para os moluscos à marinara
300 g de vôngole
300 g de mexilhões
50 g de manteiga
200 ml de vinho branco
1 bouquet garni
130 g de manteiga
2 cebolas

Para os filés de féra
4 filés de féra (200-250 g cada)
flor de sal de Guérande
pimenta-do-reino moída na hora

Para a decoração
1 maço de cebolinha
1 maço de salsa

Prepare os legumes glaceados: descasque as cenouras e os nabos e lave-os. Corte a base e as extremidades da minierva-doce. Retire a pele dos minialhos-poró e lave.

Cozinhe os legumes separadamente com um pouco de água, metade da manteiga, açúcar, sal e pimenta-do-reino. Cozinhe lentamente até a água evaporar. Em seguida, cubra os legumes com a manteiga restante.

Prepare os moluscos à marinara: lave os vôngoles e os mexilhões. Em seguida, escorra-os bem.

Na manteiga, sue as cebolas picadas, sem deixar que corem. Adicione o vinho branco, o bouquet garni, os mexilhões e os vôngoles. Cozinhe em fogo alto, com a panela coberta, por 2 a 3 minutos.

Passe metade do caldo de cozimento pelo chinois. Em seguida, coloque-o em um panela e reduza-o pela metade. Adicione a manteiga restante, para obter uma consistência de cremosa.

Prepare os filés de peixe: retire as aparas e as nadadeiras, tire os filés e corte-os ao meio. Faça uma incisão na pele e tempere com sal e pimenta. Cozinhe-os lentamente por 3 minutos, em uma frigideira com o lado da pele virado para baixo.

Em cada prato, disponha os legumes glaceados, os mexilhões e os vôngoles, o filé de peixe, o caldo à marinara e as ervas finamente picadas.

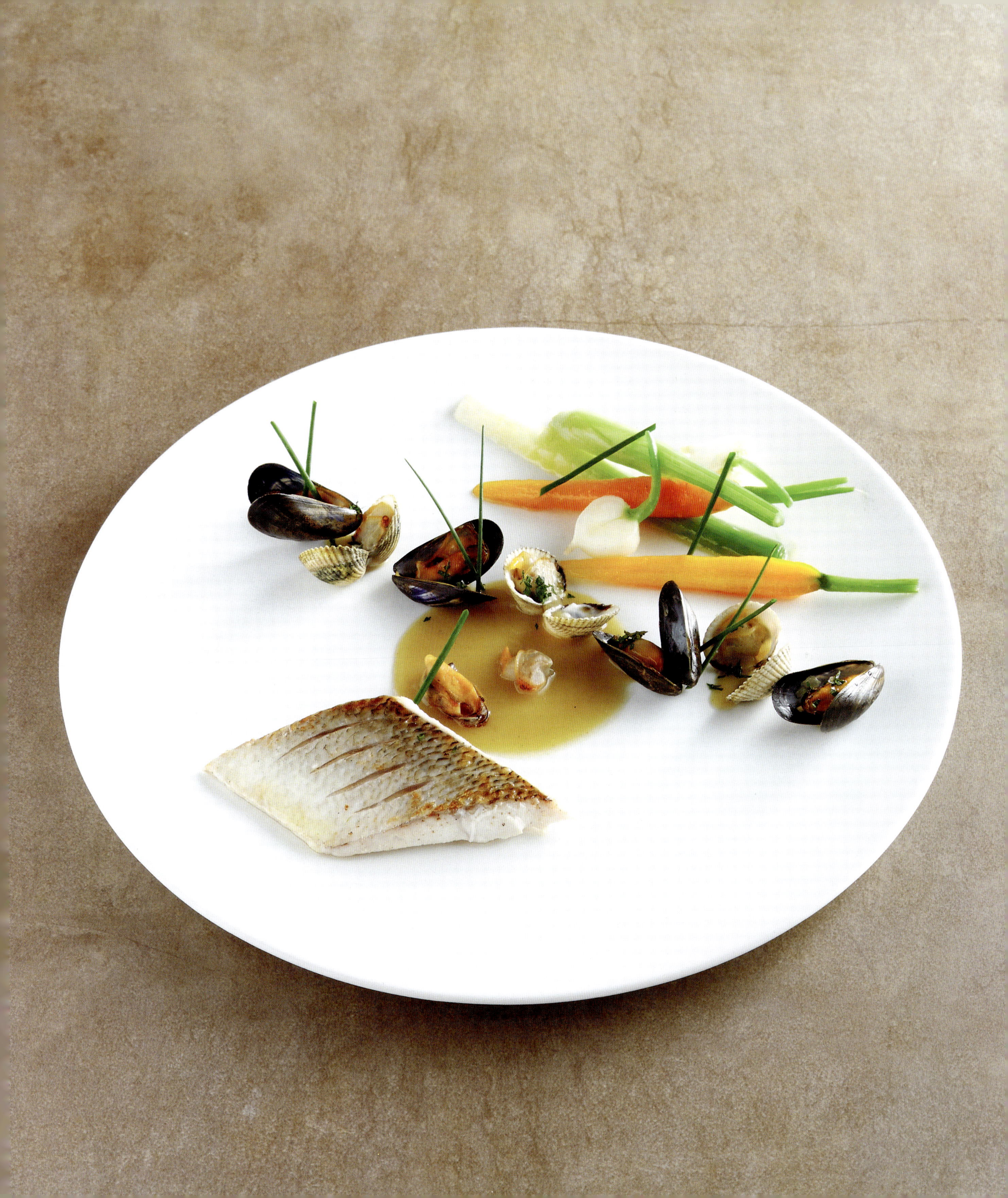

nível 1
Peixe

Posta de bacalhau
COM CHOURIÇO E MOUSSELINE DE FEIJÃO-BRANCO

RENDIMENTO: 8 PORÇÕES

PREPARO: 30 MIN – COZIMENTO: 50 MIN

Para a mousseline de feijão-branco
2 kg de feijão-branco
1 litro de fundo claro de ave (pág. 66)
1 bouquet garni
150 g de manteiga em ponto de pomada
200 ml de creme de leite

Para o bacalhau recheado com chouriço
1 kg de filé de bacalhau
300 g de chouriço cortado em bastões
200 ml de azeite
150 g de tomate-cereja
2 dentes de alho
½ maço de tomilho
2 cebolas
1 pitada de pimenta de Espelette
azeite e manteiga
1 maço de cebolinha
flor de sal de Guérande
pimenta-do-reino moída na hora

Prepare a mousseline de feijão-branco: debulhe o feijão e cozinhe em fundo de ave com o bouquet garni. Ferva, escume e cozinhe por 30 a 40 minutos. Escorra, reserve o caldo e alguns feijões para a montagem do prato e passe o resto do feijão no moedor de legumes. Incorpore a manteiga, o creme de leite e um pouco de caldo do cozimento. Passe a mousseline na peneira e mantenha-a aquecida.

Prepare o bacalhau recheado com chouriço: corte 8 postas de bacalhau. Em seguida faça uma incisão na espessura da carne e insira os bastões de chouriço, reservando as aparas.

Faça uma infusão com as aparas de chouriço, no azeite e em fogo baixo. Passe-a no chinois.

Preaqueça o forno a 170 °C. Disponha os tomates-cereja em uma fôrma. Tempere com sal, pimenta-do-reino, adicione algumas gotas de azeite, o alho amassado, o tomilho, as cebolas e a pimenta de Espelette. Leve ao forno por 4 minutos.

Tempere as postas de bacalhau com sal e pimenta-do-reino. Em seguida, em uma frigideira com azeite e manteiga, cozinhe lentamente, com o lado da pele virado para baixo. Regue-os regularmente e vire após 3 a 4 minutos. Cozinhe por mais 3 minutos e retire do fogo.

Deposite em cada prato 2 porções de mousseline de feijão-branco (em formato de bolinho), os tomates-cereja, uma posta de bacalhau, alguns feijões inteiros e adicione pontinhos com a infusão de azeite, alguns bastões de chouriço e talos de cebolinha.

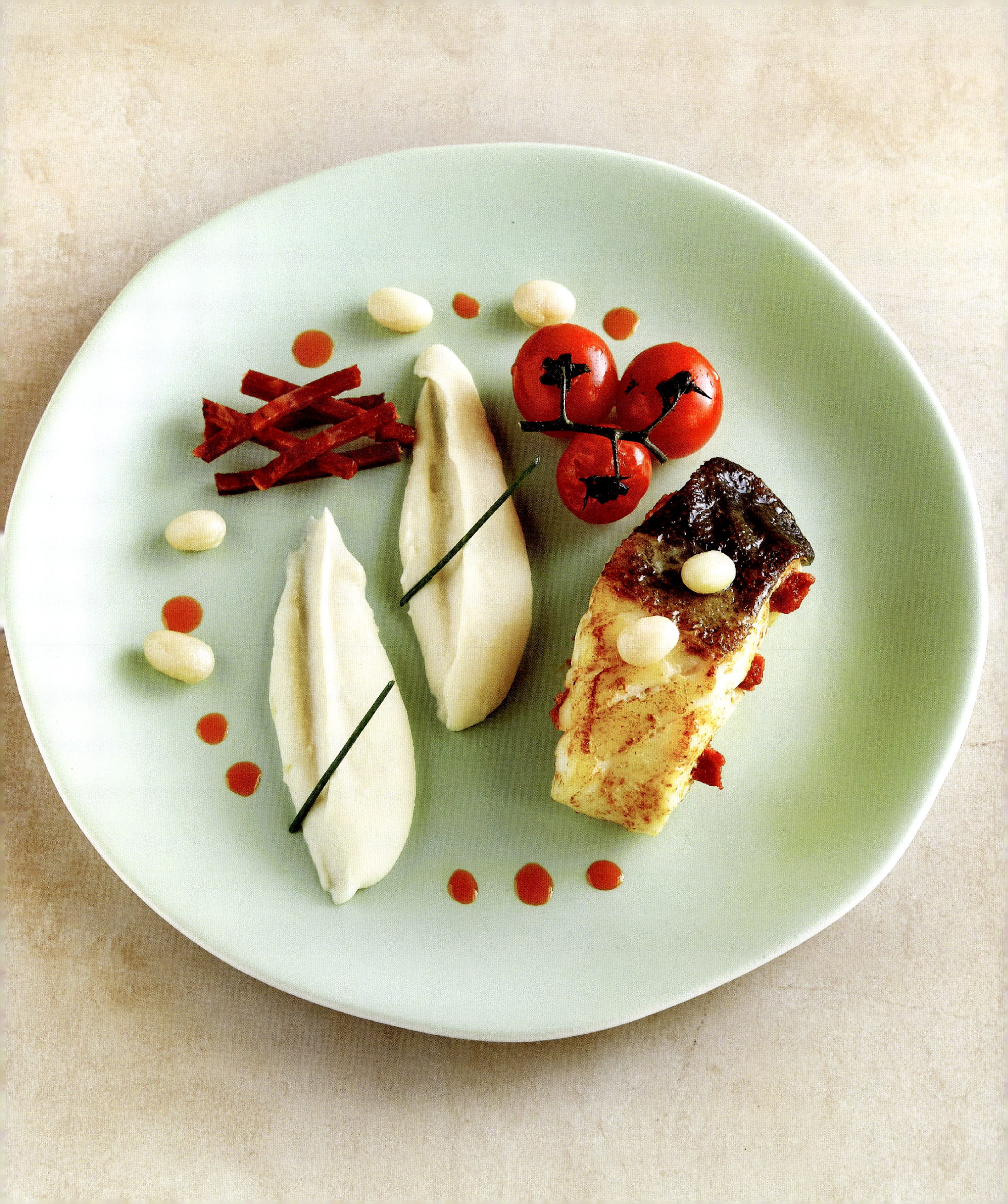

Filé de salmonete à moda de Nice, com torradas e aroma de sol

nível 2 — Peixe

RENDIMENTO: 8 PORÇÕES

PREPARO: 1 H – MARINADA: 2 H – COZIMENTO: 1 H

Para os filés de salmonete
- 8 filés pequenos de salmonete (ou tainha ou anchova) de 80 a 100 g cada
- 2 colheres (sopa) de azeite
- 5 dentes de alho picados
- alguns raminhos de manjericão, tomilho, alecrim e manjerona
- flor de sal e pimenta-do-reino
- 1 pitada de pimenta de Espelette

Para o caviar de berinjela
- 600 g de berinjela
- 2 colheres (sopa) de azeite
- ramos de alecrim, tomilho, louro e manjericão
- 1 cabeça de alho
- 1 pitada de açúcar mascavo
- 150 g de cebola picada
- suco de 1 a 2 limões
- azeite
- 2 colheres (sopa) de coentro picado

Para o fondue de tomate
- 8 colheres (sopa) de fondue de tomate (pág. 460)
- azeite
- 2 colheres (sopa) de manjericão picado
- 1 colher (sopa) de pinoli torrado

Para a tapenade de azeitona
- 200 g de azeitonas taggiasca, sem caroço
- 8 a 10 filés de anchova
- 1 dente de alho
- 3 colheres (sopa) de azeite

Para as fatias de pão caseiro tostado
- 1 pão caseiro
- azeite
- 1 dente de alho

Para a decoração
- 24 pétalas de tomate seco
- folhas de manjericão verde e roxo
- 24 folhas médias de manjericão frito
- pontas de cebolinha
- 24 alcaparras com o cabo
- 4 flores secas de abobrinha
- 1 colher (chá) de raspa de limão
- 1 colher (sopa) de vinagre balsâmico envelhecido
- 1 colher (sopa) de pistou
- azeite
- 32 flores comestíveis

Prepare o salmonete: corte os filés, retire as espinhas e marine por 2 horas com o azeite, o alho e as ervas finas. No momento de servir, frite com azeite apenas de um lado e deixe o lado da carne corar por alguns segundos.

Tempere com flor de sal, pimenta-do-reino moída na hora e pimenta de Espelette.

Prepare o caviar de berinjela: preaqueça o forno a 170 °C. Corte as berinjelas ao meio e depois corte a polpa em quadradinhos. Regue com azeite e polvilhe as ervas finas. Coloque-as em um tabuleiro e, sobre elas, a cabeça de alho cortada ao meio. Cubra com alumínio e leve ao forno por aproximadamente 30 minutos, até as berinjelas ficarem bem macias.

Retire do forno, besunte novamente as berinjelas com azeite, salpique com um pouco de açúcar mascavo e aumente a temperatura do forno para 220 °C. Deixe caramelizar as berinjelas, por alguns minutos, cuidando para que não queimem. Retire a polpa com uma colher. Em seguida, esprema-a em um pedaço de gaze para remover o excesso de óleo. Descasque a cabeça de alho e reserve tudo.

Em uma frigideira, amoleça as cebolas com o azeite, sem corar. Em seguida, incorpore a polpa da berinjela, o alho e as ervas e cozinhe lentamente por 20 minutos, com a frigideira tampada. Deixe esfriar. Em seguida, derrame um fio de azeite misturado com o suco de limão. Incorpore o coentro picado finamente e corrija o tempero.

Finalize o fondue de tomate: incorpore ao fondue, gradativamente, o azeite, para suavizá-lo e torná-lo mais brilhante, o manjericão picado e o pinoli e corrija os temperos.

Prepare a tapenade de azeitona: bata as azeitonas com as anchovas, o alho e o azeite até obter uma pasta homogênea. Corrija o tempero.

Para o pão caseiro tostado: corte 3 fatias de 1,5 cm de espessura de pão, por pessoa. Pincele com azeite e toste dos dois lados na torradeira. Esfregue suavemente um dente de alho nelas.

Em cada prato, prepare uma torrada com tapenade, uma torrada com caviar de berinjela e uma torrada com fondue de tomate. Coloque um filé de salmonete sobre cada torrada.

Decore as torradas com pétalas de tomate, galhinhos de manjericão, pontas e talos fritos de cebolinha. Disponha as alcaparras, as flores de abobrinha e limão confitado. Finalize com um traço de vinagre envelhecido, alguns pontos de molho pistou e regue tudo com um fio de azeite. Decore com algumas flores.

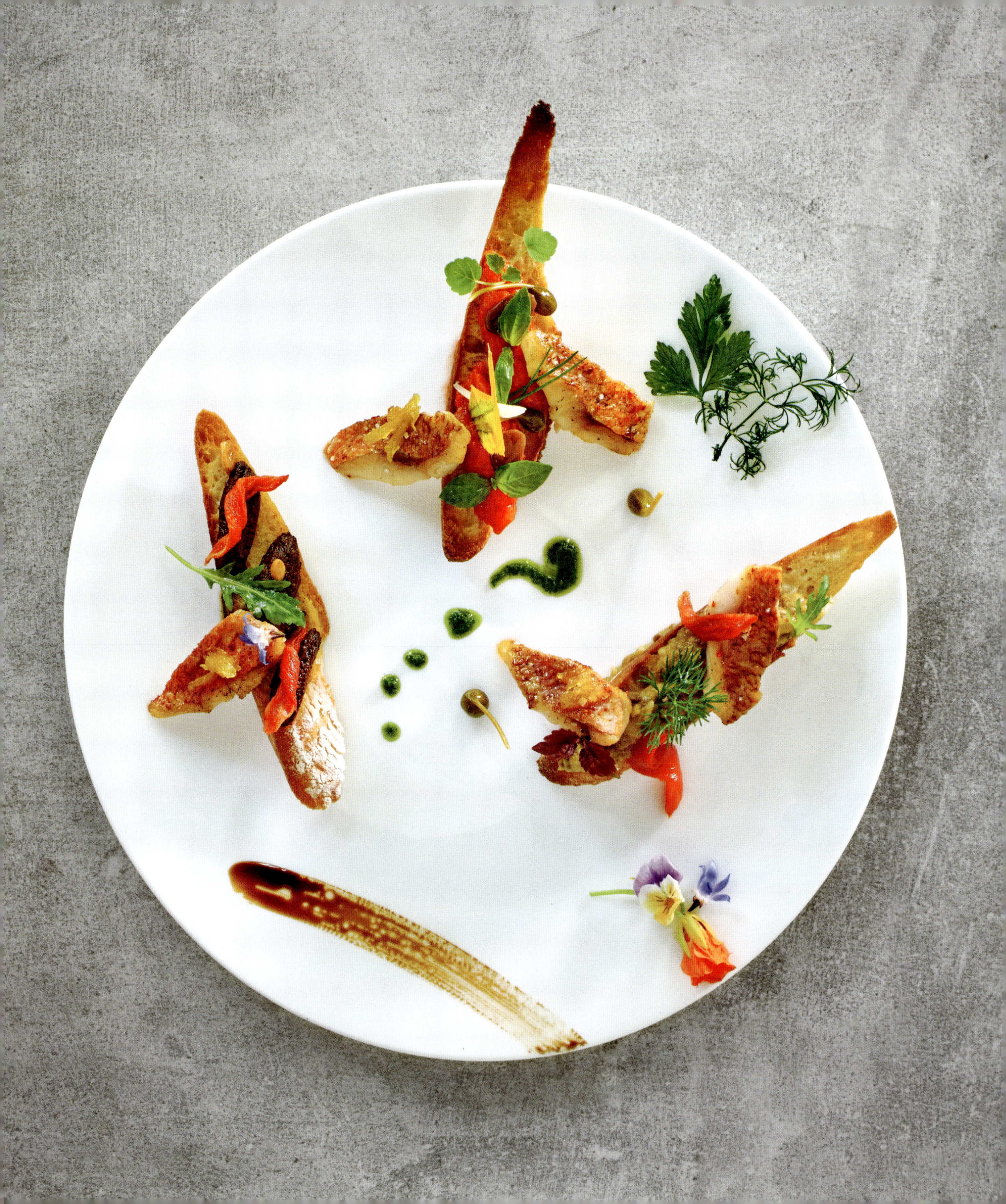

nível 2

Peixe

Tamboril assado com
LEGUMES NOVOS NO CREME

RENDIMENTO: 8 PORÇÕES **PREPARO: 1 H – COZIMENTO: 15 MIN**

Para o tamboril
1,6 kg de cauda de tamboril
100 g de tapenade
20 pétalas de tomate (pág. 460)
20 folhas de manjericão, escaldadas
20 fatias de toucinho de porco caipira
200 g de peritônio
1 colher (sopa) de azeite extravirgem
30 g de manteiga
5 dentes de alho
flor de sal
1 pitada de pimenta de Espelette
raspas de 1 limão

Para os legumes novos
1 colher (chá) de azeite
80 g de barriga de porco caipira
3 dentes de alho
12 cebolas-pérola, novas
1 erva-doce
2 talos de aipo jovens
12 aspargos brancos
pontas de 8 cenouras
pontas de 12 nabos
400 ml de fumet de peixe (pág. 88)
1 bouquet garni (alecrim, endro, tomilho, louro, manjericão)
30 g de manteiga com sal
12 minitomates-cereja
12 pétalas de tomate seco
2 colheres (sopa) de favas
2 colheres (sopa) de ervilha fresca descascada
40 g de ervilha-torta
40 g de vagem extrafina
4 miniabobrinhas
1 colher (sopa) de pistou
suco de limão ou vinagre de limão
azeite
2 colheres (sopa) de manjericão picado
sal e pimenta-do-reino moída na hora

Para a decoração
2 fatias de presunto de Jabugo
160 g de parmesão ralado
4 flores secas de abobrinha
12 galhinhos de manjericão
algumas folhas de rúcula
alguns pinoli torrados
sal refinado
flor de sal
pimenta-do-reino moída na hora

Prepare o tamboril: preaqueça o forno a 180 °C. Retire as aparas e as espinhas do tamboril. Faça uma incisão no centro dos dois filés e recheie-os com a tapenade, usando um saco de confeiteiro. Cubra a parte de cima dos filés com uma fileira de pétalas de tomate. Envolva os dois filés em folhas de manjericão branqueadas, com fatias finas de toucinho. Enrole a cauda do tamboril no peritônio e amarre. Em seguida, deixe o tamboril corar no azeite e na manteiga em ponto de espuma, com os dentes de alho com a casca. Asse por 12 minutos, regando regularmente para evitar que resseque. Para cozinhar bem, a temperatura deve ser de 56 a 58 °C. Retire o tamboril do forno e deixe descansar por 5 minutos sobre uma grelha. Em seguida, corte 1 a 2 porções por pessoa. Salpique com flor de sal, pimenta de Espelette e raspas de limão desidratado e triturado.

Prepare o creme para os legumes: em uma frigideira, deixe corar em azeite a barriga do porco previamente cortada em tiras de toucinho e reserve.

Nessa mesma gordura, sue o alho, as cebolas pérola, a erva-doce, o aipo e os talos de aspargo. Depois adicione as pontas das cenouras e dos nabos. Cubra com o fumet de peixe, adicione o bouquet garni e espere cozinhar, tampado e em fogo baixo.

Em seguida, incorpore a manteiga ao caldo do cozimento. Na frigideira, adicione as tiras de toucinho, os minitomates, as pétalas de tomate seco e todos os legumes verdes previamente branqueados. Junte as ervas amargas com o molho pistou. Acidifique com um pouco de suco de limão ou vinagre, incorpore um fio de azeite, mexa bem, adicione o manjericão e corrija o tempero.

Prepare a decoração: preaqueça o forno a 80 °C. Corte no fatiador de frios quatro fatias finas de Jabugo. Enrole para obter um tubo de 5 a 6 cm de comprimento. Confeccione "telhas" finas de parmesão, aquecendo camadas de parmesão ralado em uma frigideira antiaderente. No forno, sobre um tapete de silicone, seque as flores de abobrinha (previamente branqueadas) Tempere com o sal, a flor de sal e a pimenta.

Coloque o creme para os legumes em um prato fundo e junte o caldo do cozimento. Deposite no centro do prato o(s) pedaço(s) de tamboril, depois as pontas de aspargos, o manjericão, a rúcula, uma flor de abobrinha, as telhas de parmesão e as lascas de presunto Jabugo. Polvilhe pinoli torrados e regue com azeite.

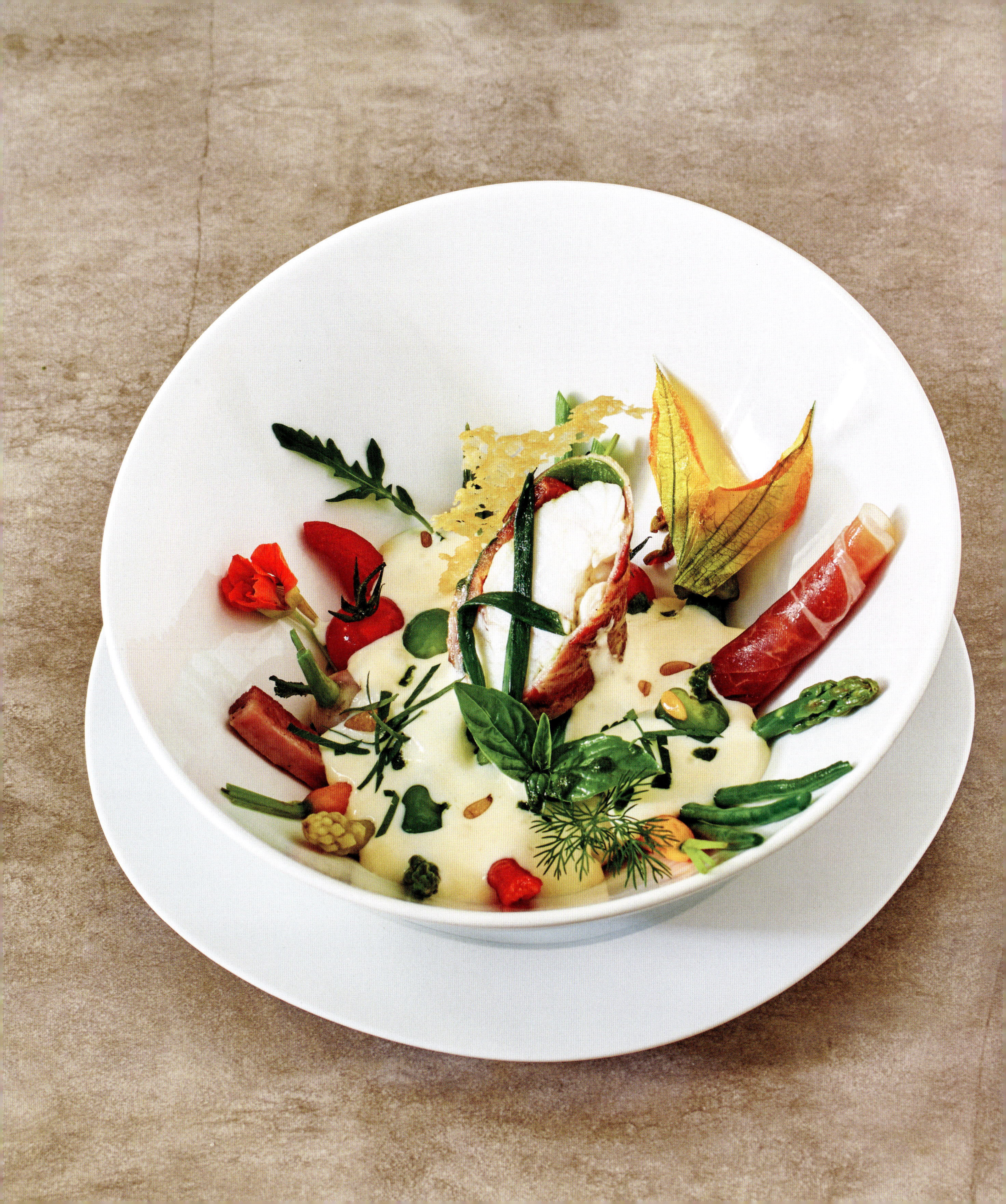

nível 2

Peixe

Rodovalho assado com
BATATAS, COGUMELOS, SÉPIA E LEGUMES NO MANJERICÃO

RENDIMENTO: 8 PORÇÕES

PREPARO: 1 H – COZIMENTO: 45 MIN

Para o rodovalho e a sépia
- 4 rodovalhos selvagens de 1,2 a 1,3 kg
- ramos secos de erva-doce
- 2 dentes de alho
- ramos de tomilho
- 300 g da parte branca da sépia
- azeite
- sal grosso
- 200 g de manteiga com sal

Para a guarnição
- 600 g de cogumelos cantarelo
- 100 ml de azeite
- ramos secos de erva-doce
- ramos de tomilho
- 2 dentes de alho
- sal
- 500 g de batatas grenaille
- 100 ml de vinho branco

Para a decoração de legumes
- 30 g de abobrinha amarela
- 30 g de abobrinha-menina
- 20 g de pepino com a casca e sem sementes
- 20 g de talo de aipo
- 50 g de tomate
- 20 g de cebola-roxa
- 40 g de pinoli torrado
- 40 g de azeitona preta
- 350 ml de azeite de oliva verde frutado
- 3 colheres (sopa) de vinagre balsâmico
- 25 ml de vinagre de Barolo
- ¼ de maço de manjericão-anão
- sal refinado
- 1 pitada de pimenta de Espelette

Para a montagem do prato
- 1 maço de cebolas novas
- 4 pimentas piquillo
- salsa
- 8 dentes de alho confitado
- 8 alcaparras com o cabo
- manjericão-anão, verde e roxo

Prepare o rodovalho e a sépia: remova as ovas e as guelras do rodovalho. Coloque a erva-doce seca, os dentes de alho com a casca e o tomilho dentro do peixe. Reserve na geladeira e retire 20 minutos antes de cozinhar. Limpe a parte branca da sépia e faça um corte fino de cada lado, com uma faca. Depois, reserve na geladeira.

Prepare a guarnição: preaqueça o forno a 170 °C. Lave os cogumelos cantarelo em vários banhos de água fria e escorra. Salteie por 2 minutos, no azeite com a erva-doce, o tomilho, o alho e o sal. Em seguida, escorra e reserve para um segundo cozimento. Lave as batatas e coloque-as para cozinhar, em uma panela com o alho (com casca) e o tomilho. Deglaceie com o vinho branco, depois confite no forno, sem tampar por 30 minutos.

Prepare a decoração de legumes: corte em brunoise as abobrinhas, o pepino, o ramo de aipo e o tomate. Pique finamente a cebola-roxa, adicione os pinoli torrados e as azeitonas pretas cortadas em pétalas. Finalize com o azeite, o vinagre balsâmico, o vinagre de Barolo, as pontinhas de manjericão-anão, o sal e a pimenta de Espelette.

Finalização: preaqueça o forno a 180 °C. Tempere o rodovalho com o azeite e o sal grosso. Coloque-o em uma grelha, com o lado da apresentação virado para cima. Cubra com a manteiga e leve ao forno por 10 a 12 minutos, regando ocasionalmente. Depois, deixe descansar fora do forno, coberto com papel-alumínio.

Enquanto isso, salteie os cogumelos cantarelo, na manteiga do cozimento do peixe. Em seguida, adicione as cebolas cortadas em fatias e a pimenta piquillo cortada em lâminas. Depois, polvilhe salsa grosseiramente picada.

Corte a sépia em lâminas finas e salteie-as rapidamente em fogo alto.

Aqueça o rodovalho por 3 minutos no forno. Retire a pele escura e disponha todos os ingredientes alinhados sobre o peixe. Sirva o molho em uma molheira, à parte.

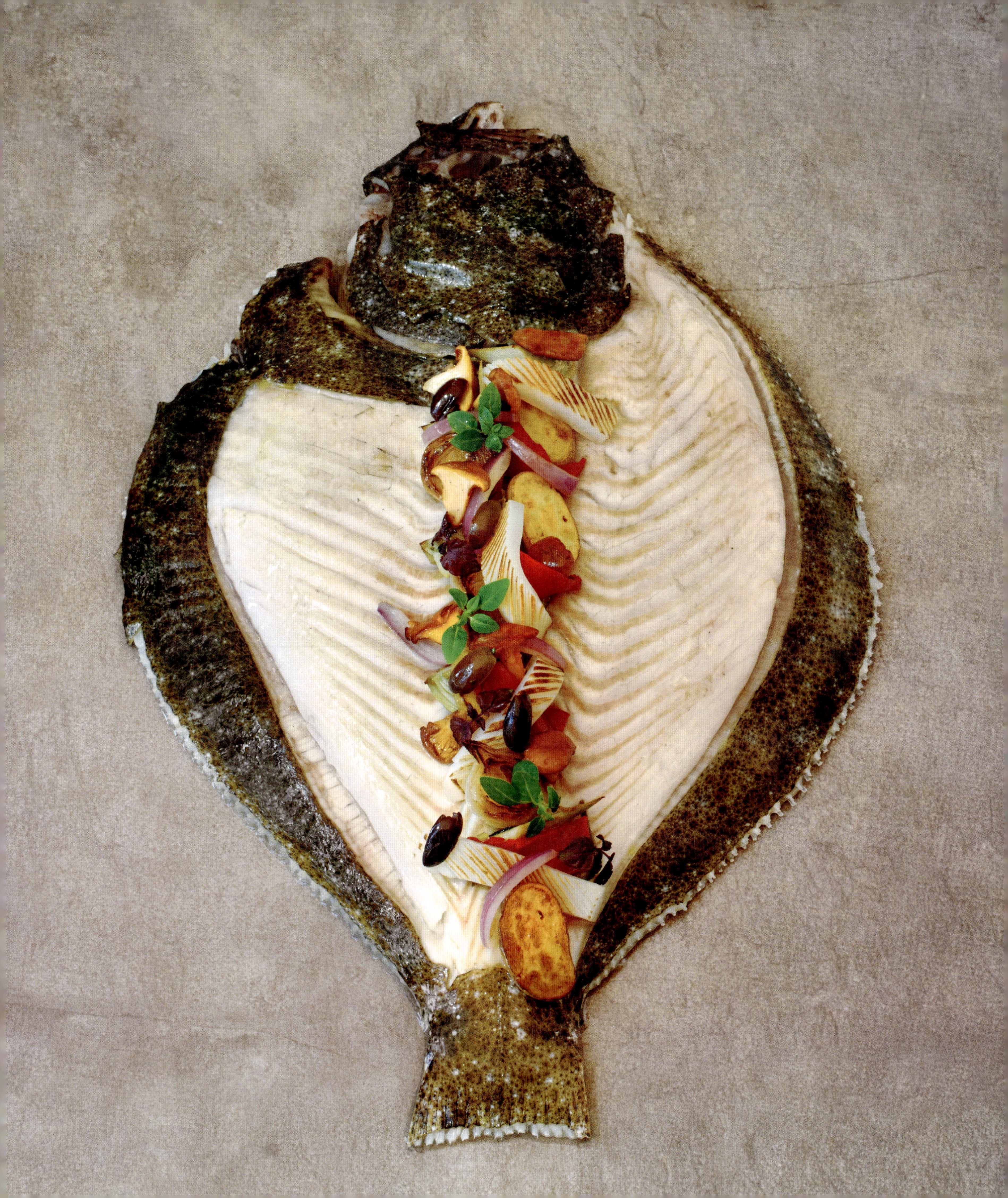

Nível 2
Peixe

Quenelle de merluza
COM LAGOSTIM E MOLHO HOLANDÊS

RENDIMENTO: 8 PORÇÕES

PREPARO: 50 MIN — COZIMENTO: 45 MIN

Para o molho cremoso de lavagante
300 g de mirepoix (cenoura, cebola e aipo)
2 cabeças de alho
5 tomates triturados
4 colheres (sopa) de extrato de tomate
80 ml de conhaque
200 ml de vinho branco seco
1,5 a 2 litros de fumet de peixe (pág. 88)
1 litro de bisque de lagosta
1 bouquet garni
250 g de manteiga
100 g de roux (passo 1, pág. 38)
500 ml de creme de leite fresco
50 g de manteiga de lagosta cozida e crua
1 maço de estragão
suco de 1 limão

Para a mousseline de merluza
350 g de carne de merluza, lúcio ou pescada
1 ovo inteiro
450 ml de creme de leite
80 g de manteiga de lagosta amolecida
1 pitada de pimenta de Espelette
sal e pimenta-do-reino

Para pincelar as quenelles
30 g de manteiga clarificada (pág. 56)
ou manteiga de lagosta

Para a decoração
56 caudas de lagostins cozidas e sem casca
50 g de manteiga de lagosta
8 lagostins (com as pinças embutidas no abdômen)
8 colheres (chá) de ova de lavagante cozida
ramos de cerefólio
ramos de cebolinha

Prepare o molho cremoso de lavagante: corte os legumes em mirepoix. Cozinhe com o alho, o tomate, a extrato de tomate e deglaceie com o conhaque. Regue com o vinho branco e deixe reduzir. Em seguida, junte o fumet de peixe, o bisque de lagosta, bouquet garni e ferva por 20 a 30 minutos. Passe no chinois e adicione a manteiga. Depois espesse com o roux dourado claro. Adicione o creme de leite e deixe reduzir. Em seguida, acrescente a manteiga de lagosta crua e depois a manteiga de lagosta cozida, mexendo bem. Faça uma infusão com o estragão fresco no molho, por 5 a 10 minutos. Passe o molho no chinois, corrija o tempero e a acidez com um pouco de suco de limão. Coloque esse molho em uma travessa refratária ou distribua em oito pratos individuais pequenos. Mantenha em local aquecido.

Prepare a mousseline de merluza: bata delicadamente a carne do peixe, previamente colocado na geladeira com sal. Junte o ovo e 200 ml de creme de leite. Em seguida, coe. Com o bowl sobre cubos de gelo, incorpore com uma espátula o restante do creme de leite e depois a manteiga de lagosta com um fouet. Acerte o tempero com sal, pimenta-do-reino e pimenta de Espelette. Resfrie a mousseline em banho-maria invertido (gelado). Molde-a com uma colher ou embrulhe-a em rolinhos em filme plástico, obtendo 8 quenelles. Escalfe-os por 20 minutos em água quase fervente (a água não deve ferver).

Preaqueça o forno a 180 °C. Retire o filme plástico das quenelles e coloque-as sobre o molho quente. Pincele a manteiga clarificada ou a de lagosta. Asse por 8 a 12 minutos, até dobrarem de tamanho.

Na hora de servir, coloque em cada prato 7 caudas de lagostins e um lagostim inteiro. Para melhorar a apresentação, coloque 1 colher (sopa) de ovas de lavagante e ramos de cerefólio e de cebolinha.

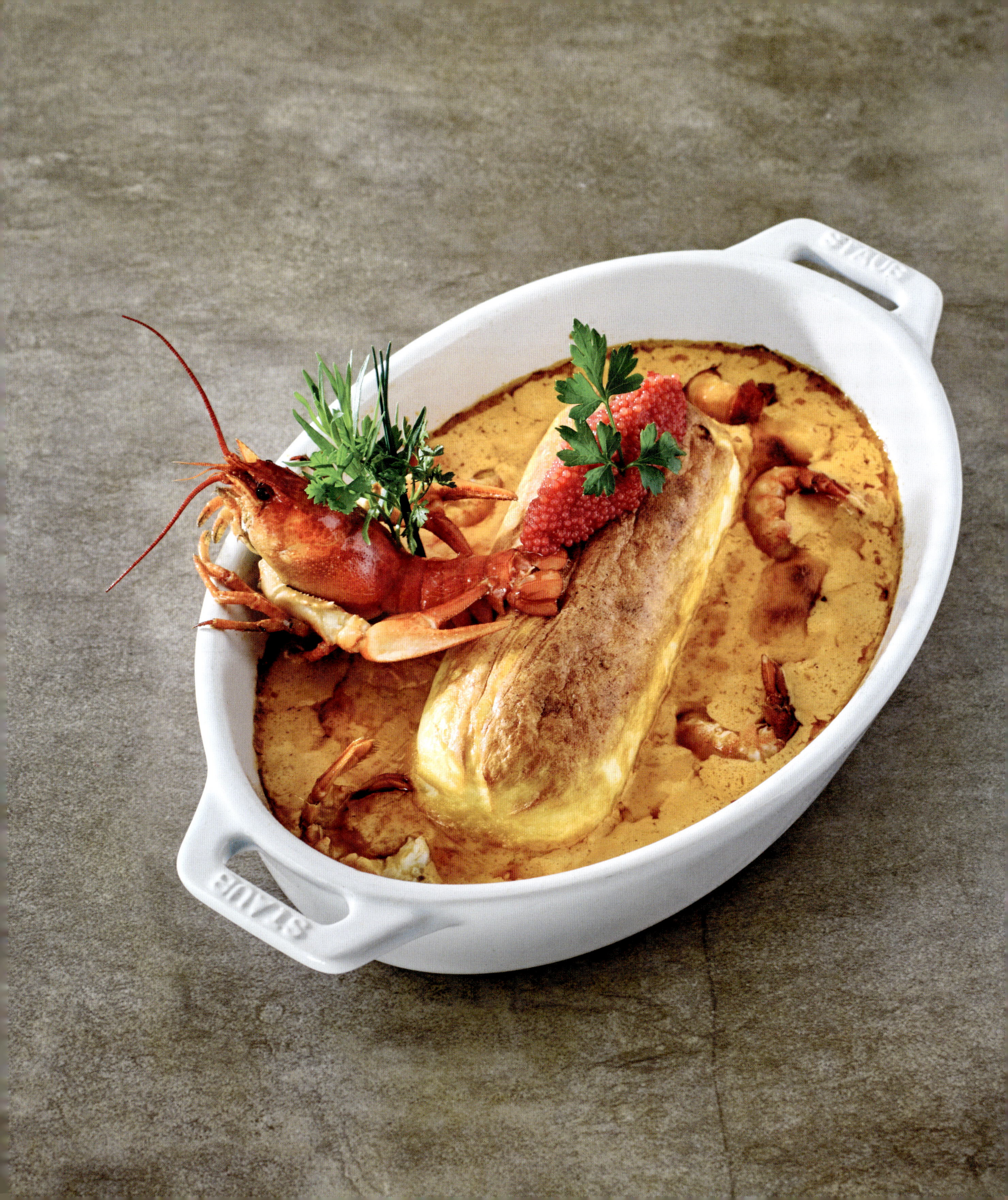
STAUB
STAUB

nível 3

Peixe

Linguado à moda
de Grenoble

RENDIMENTO: 10 PORÇÕES

PREPARO: 1 H 30 — COZIMENTO: 30 MIN

Para o linguado
5 linguados (600 a 800 g cada)
manteiga noisette (pág. 57)
raspas de 1 limão
sal e pimenta-do-reino moída na hora

Para a farinha de rosca
500 g de pão de miga
3 maços de salsa
200 g de manteiga

Para a guarnição
1,5 kg de batata
100 ml de azeite
100 g de manteiga
sal marinho
sal refinado

Para o molho balsâmico
40 ml de vinagre balsâmico
100 g de manteiga
suco de ½ limão
sal e pimenta-do-reino
branca moída na hora

Para a decoração
30 azeitonas pretas, sem caroço
1 limão
30 pétalas de tomate confitado (pág. 460)
½ maço de manjericão
30 alcaparras com o cabo
250 g de molho pistou

Prepare o linguado para o cozimento: retire a pele escura, raspe a pele branca e corte os filés. Tempere os filés do lado da carne. Coloque um pedacinho de manteiga noisette, a raspa de limão e enrole os filés, dispondo-os em sentido inverso, ou seja, de cabeça para baixo em relação ao outro, em filme plástico (*). Em seguida, coloque-os em um saco a vácuo e reserve.

Prepare a farinha de rosca: comece preparando a farinha de rosca branca e a farinha de rosca verde: retire a casca do pão de miga e corte-o em cubos. Torre a metade no forno a 100 °C e triture no mixer, para obter uma farinha de rosca branca. Torre a outra metade a 160 °C. Em seguida, triture no mixer e adicione salsa fresca, para obter uma farinha de rosca verde. Mexa com um fouet a manteiga em ponto de pomada. Depois tempere-a e a misture, em partes iguais, com os dois tipos de farinha de rosca. Estenda separadamente essas duas preparações entre duas folhas de plástico filme e coloque no congelador, até que endureçam. Em seguida, corte os dois preparos em tiras estreitas e junte-as alternadamente, uma tira branca e uma tira verde (*). Depois, leve-as novamente para o congelador.

Cozinhe as batatas com a casca.

Prepare a decoração: enquanto isso, pensando já na montagem do prato, escorra as azeitonas pretas, sem caroço, e corte-as em julienne. Raspe o limão e depois braqueie-o 3 vezes. Drene e corte-o finamente em julienne. Prepare os gomos do limão e corte-os em três. Prepare todos os outros elementos da apresentação do prato.

Descasque as batatas e amasse-as com um garfo em um prato em banho-maria. Adicione o azeite e a manteiga ao purê para deixá-lo mais liso e brilhante. Corrija o tempero com sal refinado, cubra com filme plástico e mantenha em local aquecido, em banho-maria.

Faça o molho balsâmico: deixe reduzir o vinagre, adicione a manteiga e tempere com algumas gotas de suco de limão, sal e pimenta.

Cozinhe o linguado embrulhado em filme plástico para alimentos por 8 minutos, no termocirculador a 70 °C, depois mantenha-o em lugar aquecido. Pouco antes de servir, cozinhe-o por dois minutos a 70 °C no forno a vapor. Abra o saco, retire o filme plástico e corte as extremidades, para uma boa apresentação. Disponha uma faixa listrada feita com a farinha de rosca sobre cada filé e coloque tudo na salamandra.

Disponha as pétalas de tomate, os pedaços de limão, algumas folhas de manjericão, as alcaparras e as azeitonas alinhadas. Depois, deposite o linguado. Finalize com um generoso fio de molho balsâmico e molho pesto. Sirva um bowl com pistou e purê de batata à parte.

(*) Passos 1 e 2

(*) Passos 3 a 6

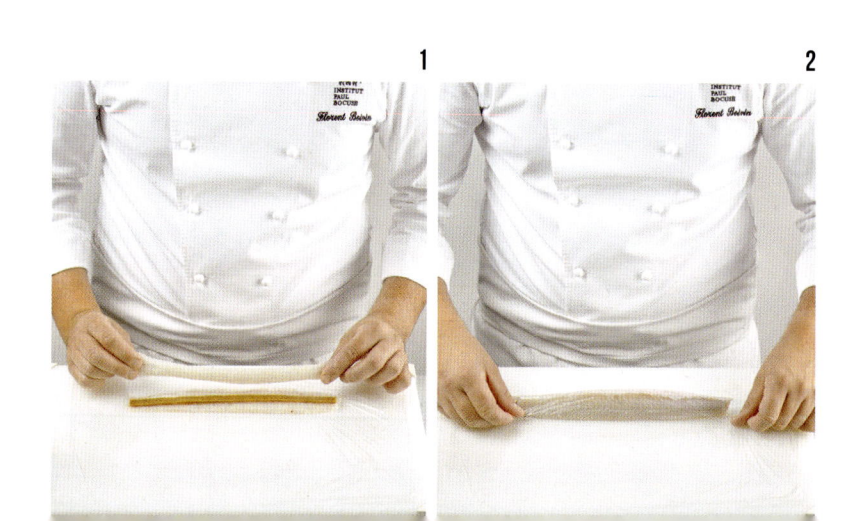

627 – AS RECEITAS DOS CHEFS

nível 3

Peixe

Badejo,
MANJERICÃO E NHOQUE

RENDIMENTO: 10 PORÇÕES

PREPARO: 1 H – SALMOURA: 5 MIN – COZIMENTO: 50 MIN

Para o badejo
5 badejos de 400 g
sal

Para a decoração
100 g de brotos de espinafre
5 minialcachofras
suco de 1 limão
1 fio de azeite
queijo branco
4 tomates-cereja, confitados
3 gomos de laranja

Para o nhoque
50 nhoques (pág. 398)
200 ml de creme de leite batido
1 gema de ovo
pesto de manjericão
parmesão ralado

Para a manteiga de manjericão
150 g de molho bechamel (pág. 38)
15 g de manteiga
1 pitada de mostarda
1 dente de alho
5 g de purê de espinafre
2 maços de manjericão

Prepare o badejo: descame, eviscere e lave os filés. Retire as espinhas e mergulhe na salmoura a 5% (1 litro de água fria para 50 g de sal) durante 5 minutos. Escorra e corte os filés em 10 pedaços longos. Tempere-os. Em seguida, envolva-os em filme plástico e reserve na geladeira.

Lave e retire os cabos dos brotos de espinafre. Branqueie rapidamente. Resfrie e coloque sobre o papel-manteiga levemente untado.

Torneie as alcachofras: tempere-as com o sal, suco de limão e azeite. Coloque-as em um saco a vácuo e cozinhe a 90 °C no forno a vapor durante 40 minutos.

Faça o nhoque: deposite 5 nhoques já frios em cada barquete de porcelana (10 barquetes no total) e cubra-as com filme plástico. Misture o creme de leite batido com a gema de ovo, o pesto e o parmesão ralado. Retire o filme plástico, encha as barquetes com essa preparação e gratine na salamandra. Sirva separadamente ou no prato com o badejo.

Prepare a manteiga de manjericão: bata o bechamel com a manteiga, o alho, a mostarda, o purê de espinafre e adicione, por fim, o manjericão. Faça uma manteiga emulsionada com limão e reserve em uma molheira, até o momento de servir. Envolva os pedaços de peixe previamente untados em uma gaze. Asse no forno a vapor a 70 °C por 8 minutos e reserve. Acrescente à manteiga de manjericão 1 colher (sopa) de água fria em uma frigideira funda.

Retire a gaze em torno do badejo, seque levemente o peixe e cubra-o generosamente com manteiga de manjericão. Finalize na grelha (*). Faça um acabamento com um fio de queijo branco feito com o saco de confeiteiro. Aqueça as alcachofras, os brotos de espinafre e os tomates-cereja. Corte os gomos de laranja em pedaços e disponha todos os elementos de forma harmoniosa.

(*) Passos 1 a 3

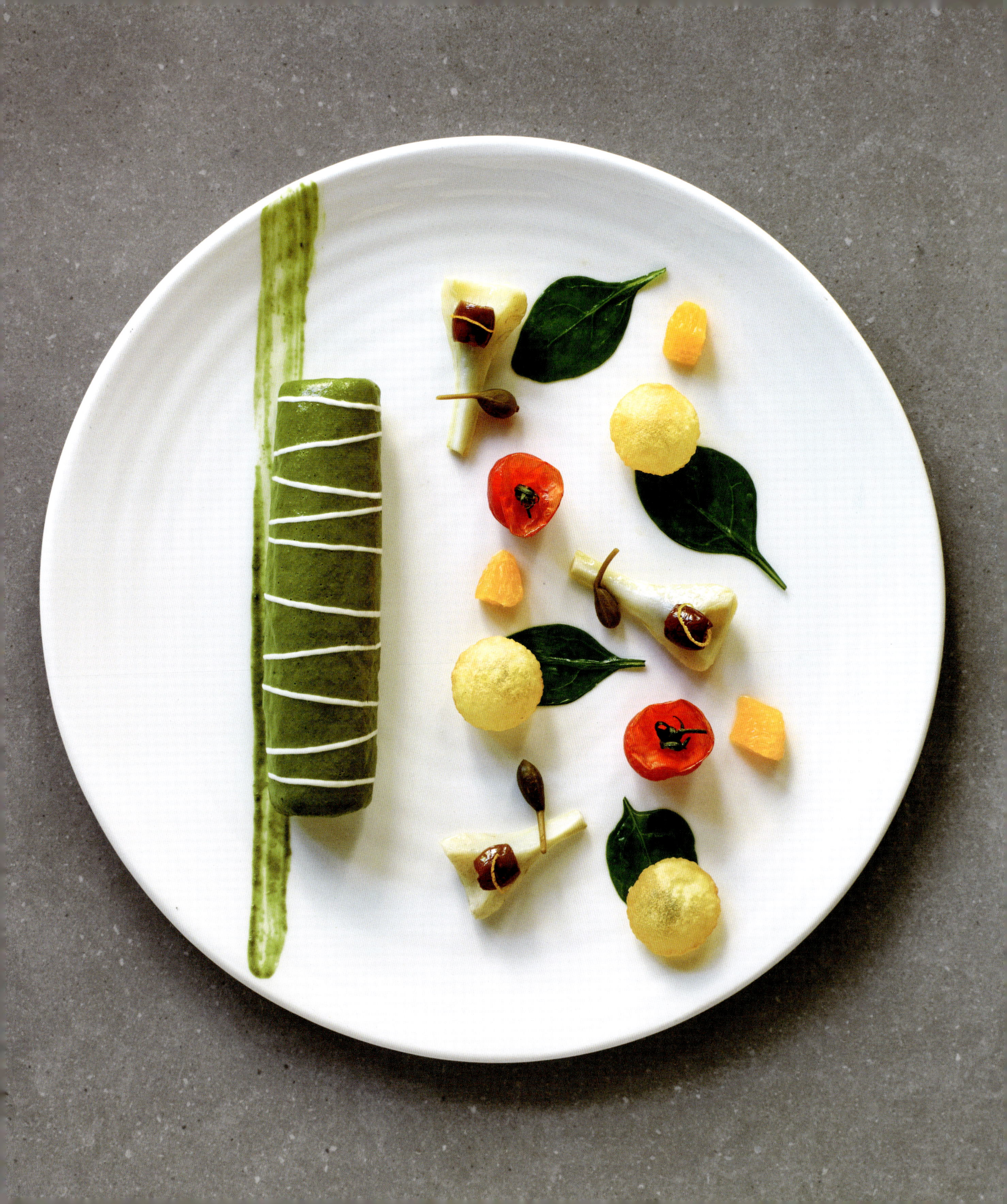

nível 3

Peixe

Robalo com milho
E COGUMELOS MORILLES

RENDIMENTO: 10 PORÇÕES

PREPARO: 1 H – REFRIGERAÇÃO: 12 H – SALMOURA: 15 MIN – COZIMENTO: 40 MIN

Para o robalo
2,5 kg de robalo
sal
50 g de manteiga
½ maço de cebolinha

Para os bolinhos de milho
½ cebola jovem
300 g de milho em lata
2 ovos
125 ml de leite
150 g de farinha de trigo
5 g de fermento
5 g de sal
óleo para fritar

Para o purê de milho e a pipoca
300 g de espiga de milho
1 litro de água
1 litro de leite
1 cebola de aproximadamente 80 g
30 g de manteiga
150 ml de fundo claro de ave (pág. 66)
2 colheres (sopa) de azeite trufado

Para o minimilho
250 g de miniespigsa de milho, fresca
50 g de mel
3 colheres (sopa) de vinagre de vinho branco
200 ml de vinho branco
2 anises-estrelados
20 grãos de coentro
5 g de sal
5 grãos de pimenta-do-reino

Para as telhas de milho
30 g de farinha de milho
250 ml de água
60 g de azeite

Para o sabayon de cogumelos morilles
30 g de cogumelos morilles desidratados
3 ovos + 1 gema
2 colheres (sopa) de vinagre de xerez
5 g de sal refinado
250 g de manteiga

Para a decoração
alguns brotos de rabanete branco japonês (daikon)

Prepare a massa para os bolinhos de milho: descasque e corte cebola e escorra o milho. Bata os ovos com o leite. Em uma tigela, misture farinha de trigo, fermento, sal e os ovos batidos com leite. Junte a cebola cortada em fatias e reserve durante uma noite na geladeira.

Mergulhe os cogumelos morilles desidratados por 20 minutos em água fria. Descame, prepare o peixe para o cozimento e corte os filés de robalo. Corte-os em 10 porções. Coloque na salmoura a 5% (1 litro de água fria para 50 g de sal) por 15 minutos e reserve.

Prepare o purê de milho: debulhe as espigas de milho. Reserve a metade dos grãos de milho para fazer a pipoca e cozinhe o restante por 30 minutos em fogo baixo, em uma mistura de água com leite. Retire-os do fogo, escorra e faça tiras de grãos com duas fileiras de largura. Amasse o restante para fazer o purê. Descasque a cebola e pique-a finamente. Em uma frigideira, deixe-a suar em um pouco de manteiga, adicione o milho debulhado e o fundo de ave e cozinhe por 30 minutos, em fogo baixo. Escorra e bata com o restante da manteiga e com o óleo de trufas. Tempere e mantenha em local aquecido.

Prepare a pipoca: em uma frigideira, estoure os grãos de milho reservados. Aromatize com óleo de trufas e tempere com o sal. Reserve.

Branqueie a miniespiga de milho. Enquanto isso, misture em um bowl o mel, o vinagre, o vinho branco e as especiarias. Deixe levantar fervura, incorpore as miniespigas de milho e cozinhe lentamente por 10 minutos.

Faça as telhas de milho: misture todos os ingredientes com um fouet. Aqueça uma frigideira antiaderente e coloque uma porção de massa. Deixe cozinhar em fogo médio, até obter uma "telha de renda" crocante. Faça 8 telhas dessa forma.

Prepare o sabayon: escorra os cogumelos morilles reidratados e reserve-os para a montagem do prato. Recupere 50 ml da água em que os cogumelos ficaram de molho e reduza em uma panela, em fogo baixo. Aos poucos, incorpore os ovos inteiros, a gema, o vinagre, o sal e a manteiga derretida, sem parar de bater com o fouet. Assim que a mistura ficar homogênea, coloque em um sifão com 2 cargas. Reserve em banho-maria, a 65 °C.

Cozinhe o robalo à meunière (pág. 324).

Forme pequenas bolinhas com a massa de milho com uma colher de chá, e mergulhe-as por 3 minutos na fritadeira a 170 °C. Escorra-as, sobre papel-toalha e tempere com sal. Toste as tiras de grãos de milho na frigideira. Refogue os cogumelos morilles na manteiga espumando, tempere e adicione a cebolinha picada.

Em cada prato, deposite uma quenelle de purê de milho, uma telha de milho, a pipoca, as miniespigas de milho, os brotos de rabanete daikon, um filé de badejo, cogumelos morilles e os grãos de milho tostados. Sirva o sabayon e os bolinhos separadamente.

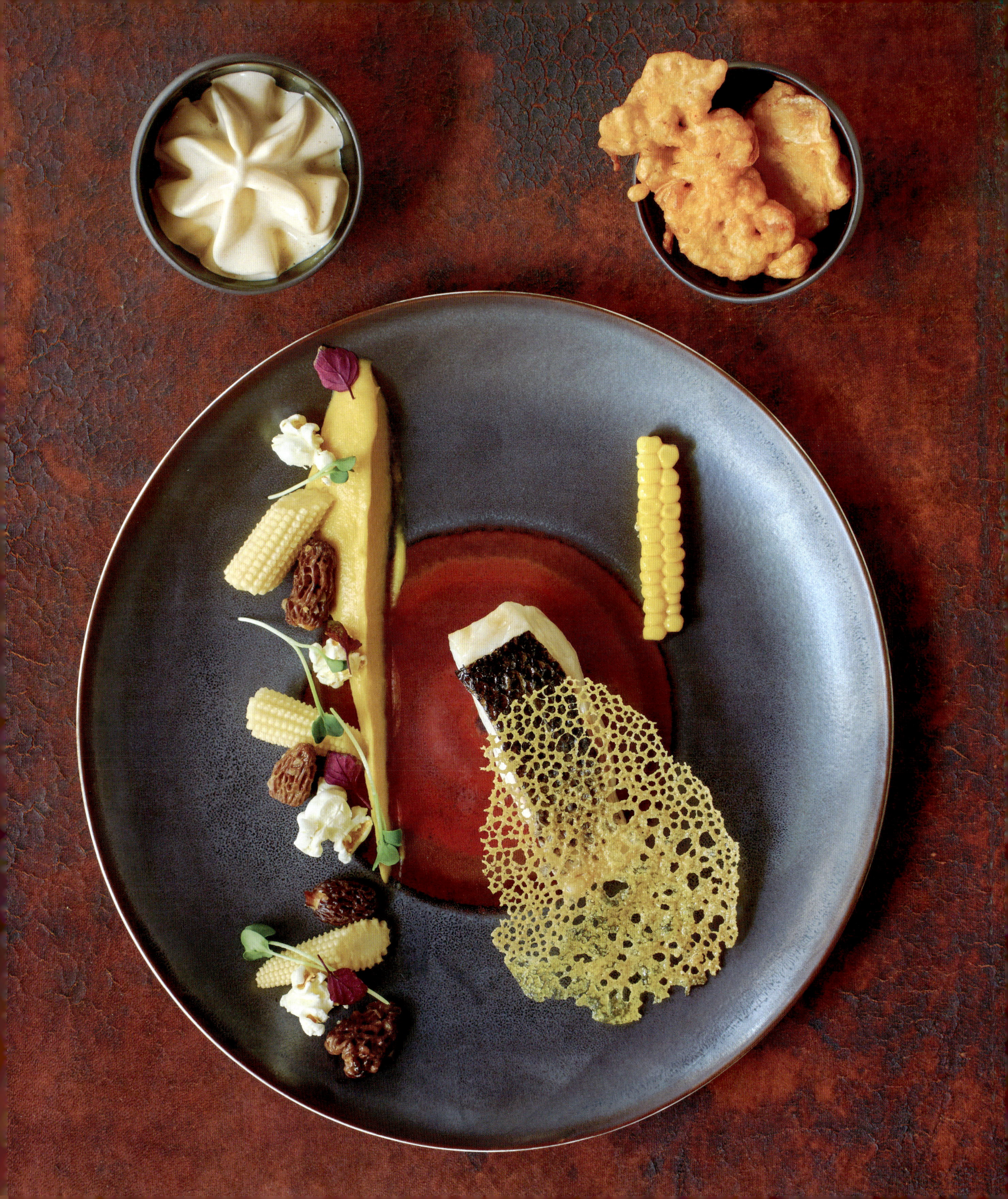

Filé de robalo
COM ESCAMAS DE TOMATE SECO E ABOBRINHA

nível 3 — Peixe

RENDIMENTO: 8 PORÇÕES

PREPARO: 1 H — COZIMENTO: 1 H 15

Para o filé de robalo
- 2 robalos de 1 kg
- azeite
- 100 g de cebola
- 100 ml de vinho branco
- 200 ml de fumet de peixe (pág. 88)
- 400 ml de creme de leite
- 200 g de manteiga
- sal e pimenta-do-reino moída na hora

Para as pétalas de tomate
- 2 kg de tomates-cereja
- sal e pimenta-do-reino moída na hora
- 1 pitada de açúcar
- 1 dente de alho
- 100 ml de azeite
- 4 ramos de tomilho
- 4 folhas de louro

Para as escamas de abobrinha
- 400 g de abobrinha
- sal

Para a decoração
- creme de balsâmico
- brunoise de tomate
- ramos de tomilho

Prepare o robalo para o cozimento, corte os filés e divida-os em 8 pedaços. Reserve-os na geladeira.

Preaqueça o forno a 110 °C. Retire a pele dos tomates, corte-os em quatro e retire a polpa para obter pétalas. Coloque em uma assadeira forrada com papel-manteiga. Tempere com sal, pimenta-do-reino e açúcar refinado. Corte um dente de alho em lâminas bem finas e coloque uma lâmina de alho sobre cada pétala. Regue os tomates com um fio de azeite, polvilhe um pouco de tomilho e coloque as folhas de louro entre as pétalas de tomate. Asse os tomates por 1 hora no forno.

Corte a abobrinha em rodelas de 2 mm de espessura e branqueie, por alguns segundos, em água fervente temperada com sal. Em seguida, esfrie em um bowl com água gelada. Elas devem ficar crocantes. Escorra, seque e reserve.

Aumente a temperatura do forno para 150 °C. Sele os pedaços de robalo no azeite, com o lado da pele virado para baixo, por aproximadamente 1 minuto. Em seguida, descole a pele, retirando-a delicadamente e tomando cuidado para não rasgá-la. Leve ao forno para torrar entre duas assadeiras forradas com papel-manteiga, até ficarem crocantes. Corte-as em losangos e reserve.

Corte as pétalas de tomate em pastilhas usando um cortador. Faça o mesmo com as rodelas de abobrinha.

Aumente a temperatura do forno para 170 °C. Coloque as pastilhas em disposição de escamas, sobre os pedaços de robalo. Depois acomode-o em uma assadeira untada com manteiga, cebolas picadas finamente, um pouco de vinho branco e o fumet de peixe. Asse por 15 minutos, sem cobrir. Após o cozimento, reserve o peixe em local aquecido. Coloque o caldo do cozimento em uma frigideira e deixe-o reduzir. Em seguida, derrame o creme de leite e acrescente manteiga. Passe pelo chinois e corrija o tempero.

Coloque um pedaço de robalo em cada prato. Junte harmoniosamente dois losangos crocantes de pele de peixe, regue com o caldo do cozimento e decore com pontos de creme de balsâmico e com a brunoise de tomate.

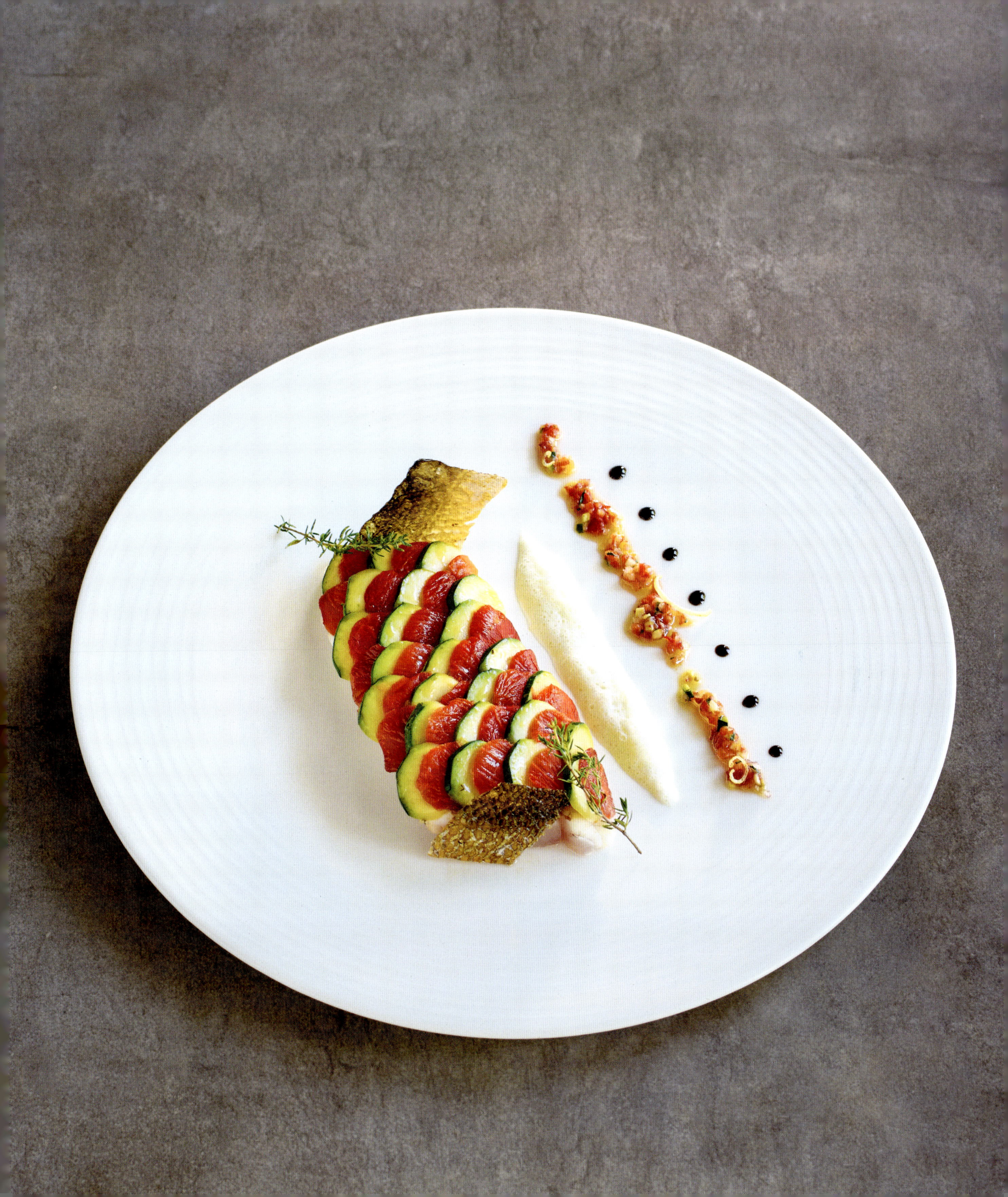

nível 1
Crustáceos

Lagostim assado
E RISOTO DE COGUMELOS SILVESTRES

RENDIMENTO: 8 PORÇÕES

PREPARO: 30 MIN – COZIMENTO: 25 MIN

Para os lagostins
2 kg de lagostim 7/9

Para os cogumelos silvestres
150 g de cogumelos porcini
150 g de cogumelos cantarelo pequenos
30 g de manteiga
sal e pimenta-do-reino moída na hora

Para o risoto
1 cebola
100 ml de azeite
250 g de arroz para risoto
2 colheres (sopa) de vinho branco
1 litro de caldo de ave quente (pág. 74)
100 g de parmesão
100 g de manteiga
1 maço de cebolinha
½ maço de cerefólio

Para a decoração
creme de balsâmico

Descasque os lagostins: conserve apenas a cauda e os dois últimos anéis, remova o intestino com um palito e reserve os lagostins preparados na geladeira.

Lave e seque os cogumelos. Em uma frigideira, derreta a manteiga, em seguida doure os cogumelos inteiros, tempere com sal e pimenta.

Prepare o risoto: em uma panela, deixe suar a cebola picada com o azeite de oliva, sem deixar corar. Adicione o arroz, mexa até que fique transparente, acrescente o vinho branco sem parar de mexer e, em seguida, despeje progressivamente o caldo de ave, cozinhando por 16 a 18 minutos. Deixe reduzir, adicione o parmesão, a manteiga em pedaços pequenos, alguns pedaços de cogumelo, a cebolinha e o cerefólio picados finamente. O risoto deve ficar cremoso. Mantenha-o em local aquecido.

Sele as caudas de lagostim, em uma frigideira antiaderente, por 3 a 4 minutos. O cozimento deve ser rápido para não ressecá-los.

Deposite uma porção de risoto em cada prato, junto de alguns cogumelos e duas caudas de lagostim. Decore com algumas gotas de creme de balsâmico.

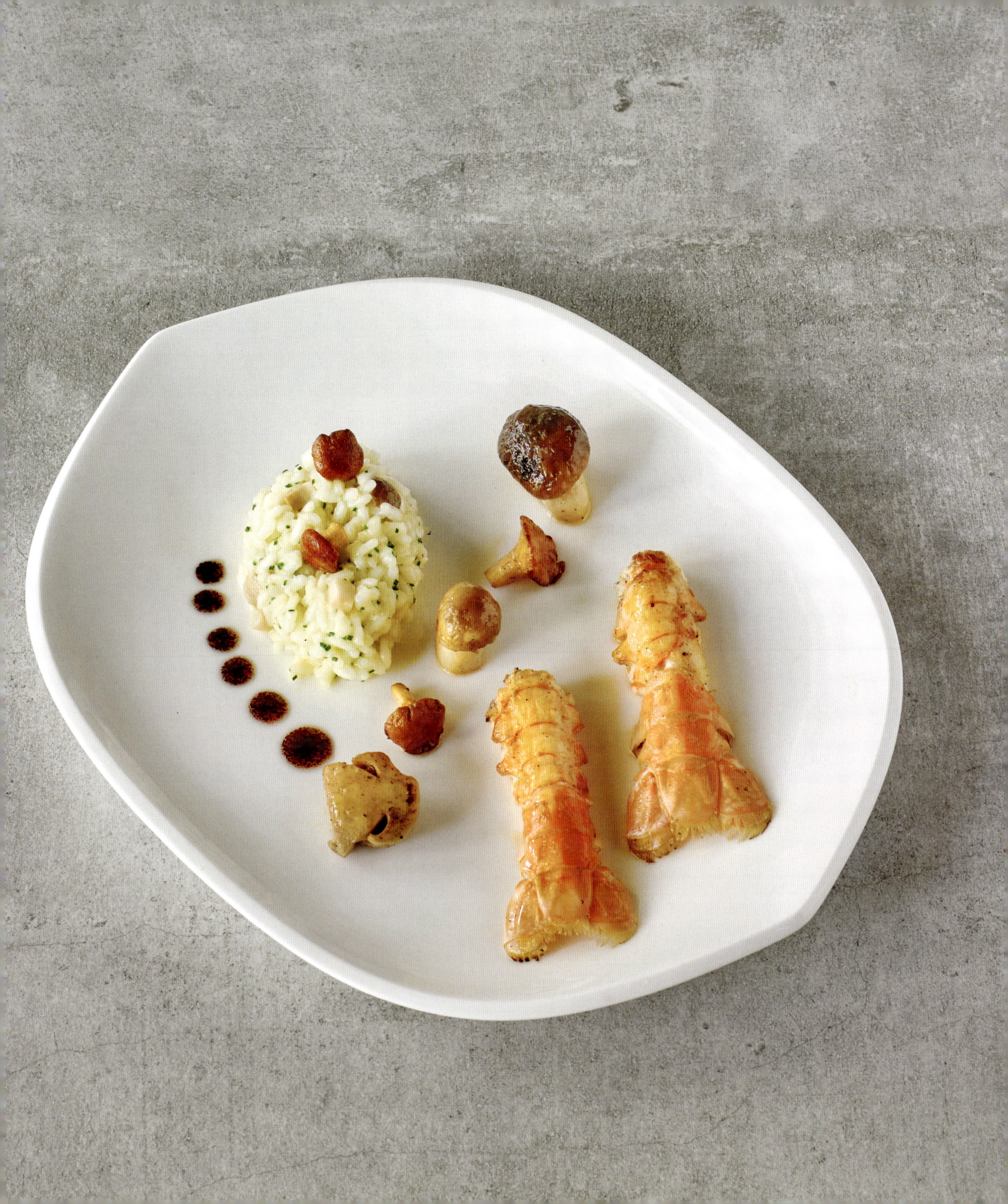

nível 1

Crustáceos

Frutos do mar
GRATINADOS E JULIENNE DE LEGUMES

RENDIMENTO: 8 PORÇÕES

PREPARO: 50 MIN – COZIMENTO: 40 MIN

Para a julienne de legumes
300 g de aipo-rábano
500 g de cenoura
500 g da parte branca do alho-poró
50 g de manteiga
1 pitada de açúcar refinado
flor de sal de Guérande
pimenta-do-reino moída na hora
1 colher (chá) de curry em pó

Para os moluscos
300 g de mexilhões
300 g de berbigão
300 g de vôngole
300 g de praires (trufas do mar)
2 cebolas
200 ml de vinho branco

Para o molho branco cremoso
30 g de manteiga
30 g de farinha de trigo
300 ml de leite
300 ml de creme de leite
1 pitada de pimenta de Espelette
1 pitada de noz-moscada ralada

Para a decoração
500 g de vieiras
2 colheres (sopa) de azeite
1 maço de cebolinha

Prepare a julienne de legumes: pique finamente o aipo, as cenouras e a parte branca do alho-poró. Mergulhe a julienne de alho-poró em água fria. Em seguida, escorra e cozinhe todos os legumes em uma panela com um pedaço de manteiga e açúcar refinado. Tempere com sal, pimenta e adicione 2 colheres (sopa) de água e o curry. Cubra e cozinhe em fogo baixo por 20 minutos.

Prepare os moluscos: lave-os em água fria. Repita a operação várias vezes, se necessário. Cozinhe separadamente os moluscos em uma frigideira com cebolas finamente picadas e vinho branco, até que se abram. Cubra por 4 minutos e reserve em local aquecido.

Prepare o molho branco cremoso: faça um roux dourado claro (passo 1, pág. 38). Em seguida, dilua-o com 150 ml de caldo do cozimento de marisco, com leite e metade do creme de leite. Adicione a pimenta de Espelette, pimenta-do-reino e a noz-moscada ralada, depois incorpore delicadamente o creme restante, previamente batido em chantili.

Prepare a finalização: preaqueça o forno a 170 °C. Doure as vieiras em azeite, dois minutos de cada lado. Deposite no fundo de uma assadeira a julienne de legumes, os moluscos, as vieiras e um pouco de cebolinha picada. Adicione o molho cremoso, depois asse por 15 a 18 minutos. Após o cozimento, coloque alguns moluscos e talos de cebolinha sobre o o prato.

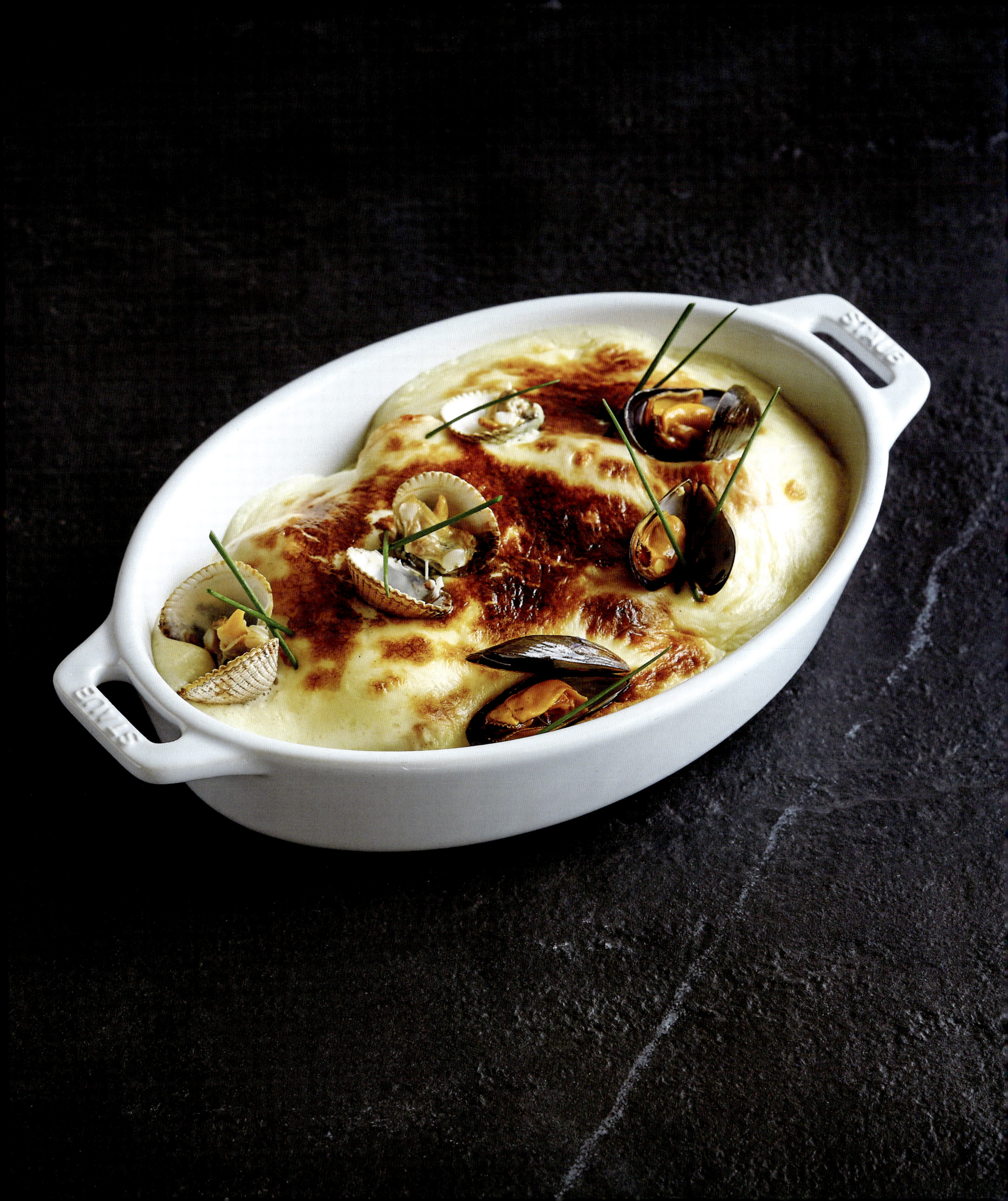
STAUB
STAUB

nível 1

Vegetariano – bem-estar

Risoto de espelta,
ASPARGO VERDE COZIDO E CRU

PARA 8 PESSOAS

28 aspargos verdes
80 g de parmesão (Parmigiano Reggiano)
300 g de espelta
azeite de oliva
140 g de cebola
3 colheres (sopa) de vinho branco seco
1 litro de caldo de legumes (pág. 79)
2 colheres (sopa) de vinagre de vinho envelhecido
4 colheres (sopa) de azeite de oliva
8 folhas de manjericão
uma ponta de faca de sal refinado
pimenta-do-reino moída na hora

PREPARO: 1 H – COZIMENTO: 30 MIN

Prepare os aspargos: retire as escamas dos aspargos verdes com a ponta de uma faca e descasque-os com um descascador de legumes. Corte as pontas de 24 aspargos, do mesmo comprimento, aproximadamente 7 cm. Branqueie a metade dos talos, deixe esfriar e bata-os no mixer ou no liquidificador. Reserve. Fatie o resto dos talos e reserve para preparar o risoto. Cozinhe as pontas dos aspargos em uma panela de água temperada com sal, sem amarrá-las. Quando estiverem al dente, mergulhe-as na água gelada e escorra imediatamente.

Corte os últimos quatro aspargos em lâminas finas com o mandolin. Coloque-as em um prato e cubra-as com filme plástico.

Corte metade do parmesão em lascas finas, usando um cortador de legumes, e rale o restante. Reserve.

Prepare o risoto: coloque a espelta em uma panela e adicione 3 vezes seu volume em água fria. Deixe ferver e cozinhe em fogo baixo, conforme indicado na embalagem. Retire do fogo e tempere levemente. Escorra, se necessário.

Numa frigideira, aqueça 1 colher (sopa) de azeite e sue a cebola finamente picada. Adicione os talos de aspargo fatiados e sue por 1 minuto. Deglaceie com o vinho branco e reduza a seco. Adicione o caldo de legumes fervente e cozinhe por 2 minutos em fogo alto. Adicione a espelta e os aspargos batidos. Continue o cozimento por 1 minuto. Retire do fogo, adicione o parmesão ralado e o vinagre de vinho envelhecido. Corrija o tempero.

Aqueça as pontas dos aspargos, com 3 colheres (sopa) de caldo, o restante do azeite e sal.

Coloque o risoto num prato raso, adicione as pontas e as lâminas de aspargos previamente untadas com azeite. Tempere com sal e pimenta. Decore com as folhas de manjericão.

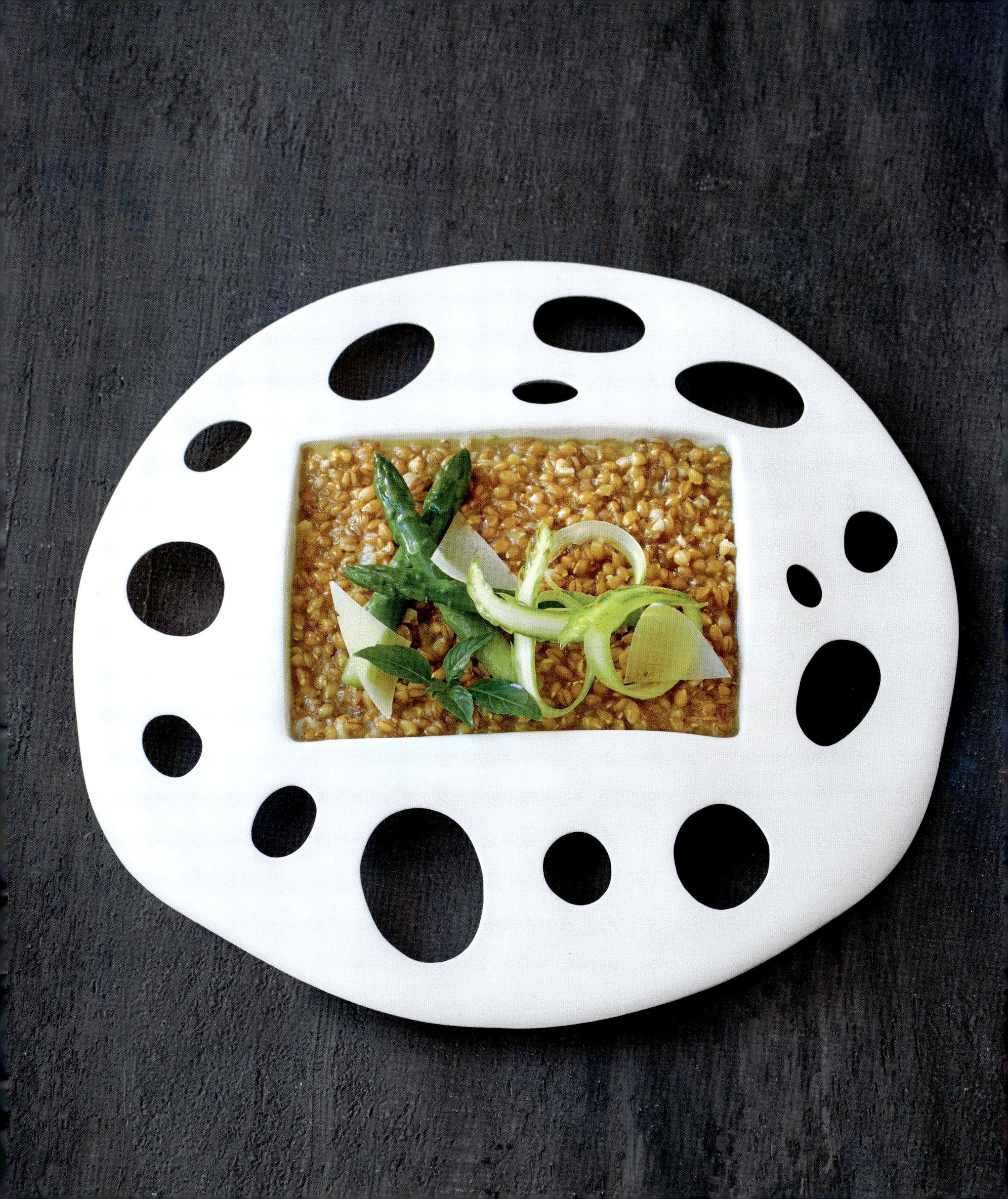

nível 1

Vegetariano – bem-estar

Bulgur
COM FRUTAS SECAS, CENOURA E COMINHO

RENDIMENTO: 8 PORÇÕES

PREPARO: 45 MIN — DESCANSO: 15 MIN — COZIMENTO: 20 MIN

Para o bulgur
400 g de bulgur
3 colheres (sopa) de azeite
700 ml de caldo de legumes (pág. 79)
sal e pimenta-do-reino moída na hora

Para a guarnição
150 g de tomates confitados
60 g de damasco seco
60 g de azeitona preta
60 g de limão confitado
60 g de uva-passa branca
60 g de amêndoas
60 g de avelãs

Para a gelatina de cenoura com cominho
200 ml de suco de cenoura crua
300 ml de caldo de legumes (pág. 79)
2 g de cominho
25 g de gelatina vegetal
sal refinado

Para a decoração
50 g de coulis de coentro
50 g de iogurte batido
50 g de brotos (microgreens, hortelã, manjericão etc.)

Prepare o bulgur: sue o bulgur no azeite. Em seguida, adicione o caldo de legumes fervendo. Tempere levemente, cubra e cozinhe por 20 minutos. Deixe repousar por 15 minutos e amasse o bulgur com um garfo, para soltar. Reserve.

Prepare a guarnição: corte os tomates confitados, os damascos secos, as azeitonas e o limão confitado em pequenos cubos regulares. Hidrate as uvas-passas brancas em água morna. Torre as amêndoas e as avelãs na frigideira, depois pique-as em cubos regulares.

Prepare a gelatina: misture o suco de cenoura, o caldo de legumes, o cominho e uma pitada de sal. Passe no chinois com um tecido fino. Adicione a gelatina e leve à ebulição. Espalhe o preparo sobre uma superfície plana forrada com papel-manteiga. Deixe uma camada de 2 mm de espessura.

Disponha os ingredientes da guarnição de forma harmoniosa e espere esfriar completamente.

Em um prato, disponha o bulgur formando um quadrado retangular com uma espessura de 1 cm. Corte a gelatina em retângulos do mesmo tamanho e cubra o bulgur. Adicione o coulis de coentro com iogurte, e decore com brotos frescos.

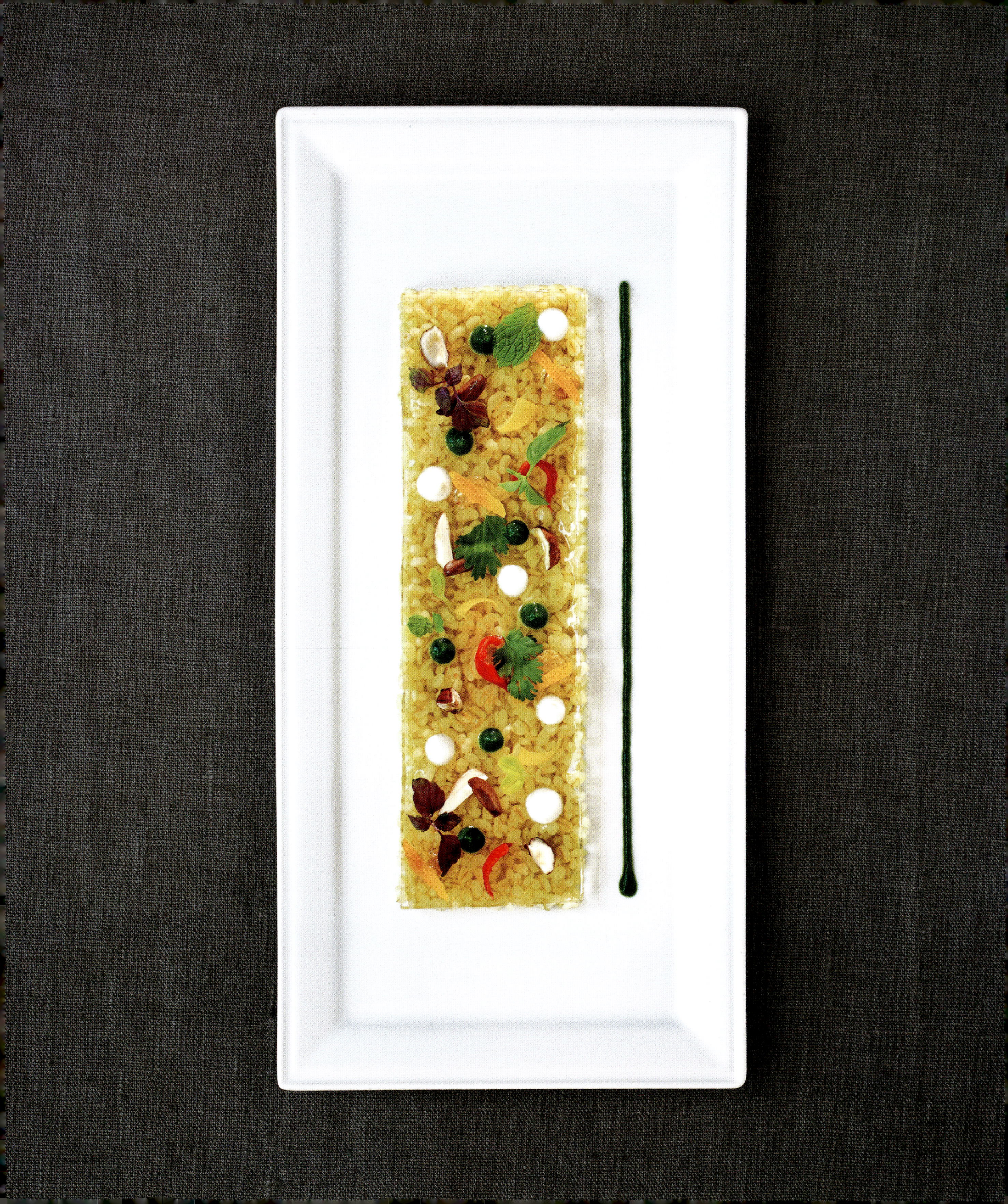

nível 2

Vegetariano – bem-estar

Lentilhas beluga
NA ESPUMA DEFUMADA

RENDIMENTO: 8 PORÇÕES

PREPARO: 1 H – DESCANSO: 15 MIN – COZIMENTO: 50 MIN

Para as lentilhas
1 cebola grande
1 cenoura
600 g de lentilha beluga
2 cravos-da-índia
1 bouquet garni
sal grosso cinza

Para a guarnição
400 g de cebolas novas
pontas de 400 g de cenouras amarelas grandes
sal

Para a espuma defumada
400 ml de leite
40 g de serragem ou farelo de madeira não resinosa
250 ml de caldo de legumes (pág. 79)
5,25 g de lecitina de soja em pó
1 colher (sopa) de óleo de amêndoa
sal refinado
pimenta-do-reino moída na hora

Cozinhe a lentilha: descasque e lave a cebola e a cenoura. Coloque a lentilha em uma panela grande e cubra generosamente com água fria. Leve à ebulição, retire a espuma e adicione a cebola cortada ao meio e espetada com cravo-da-índia, a cenoura em cubos e o bouquet garni. Deixe ferver por 20 minutos. Retire a espuma, se necessário. Tempere com o sal grosso e deixe a lentilha na água do cozimento por 15 minutos. Escorra e reserve.

Prepare a guarnição: descasque as cebolas e as pontas das cenouras. Corte as cenouras em cubos com 2,5 cm e cozinhe em água fervente com sal por 10 minutos. Esfrie em um bowl com água gelada. Escorra e cozinhe as cebolas da mesma maneira. Depois corte-as ao meio. Deixe corar as metades das cebolas em uma frigideira a seco, em fogo alto, até obter uma boa coloração. Em seguida, corte essas metades de cebola ao meio.

Prepare a espuma defumada: defume o leite em um defumador com a serragem ou com o farelo de madeira não resinosa. Coloque o leite defumado em uma panela com o demais ingredientes e aqueça a 58 °C. Tempere com sal e pimenta-do-reino e depois espume no mixer, antes de montar o prato.

Aqueça os legumes em um pouco de caldo e disponha a lentilha em círculo nos pratos. Em volta, disponha os cubos de cenoura e os quartos de cebola. Adicione 1 colher (sopa) de espuma defumada sobre as lentilhas e sirva imediatamente.

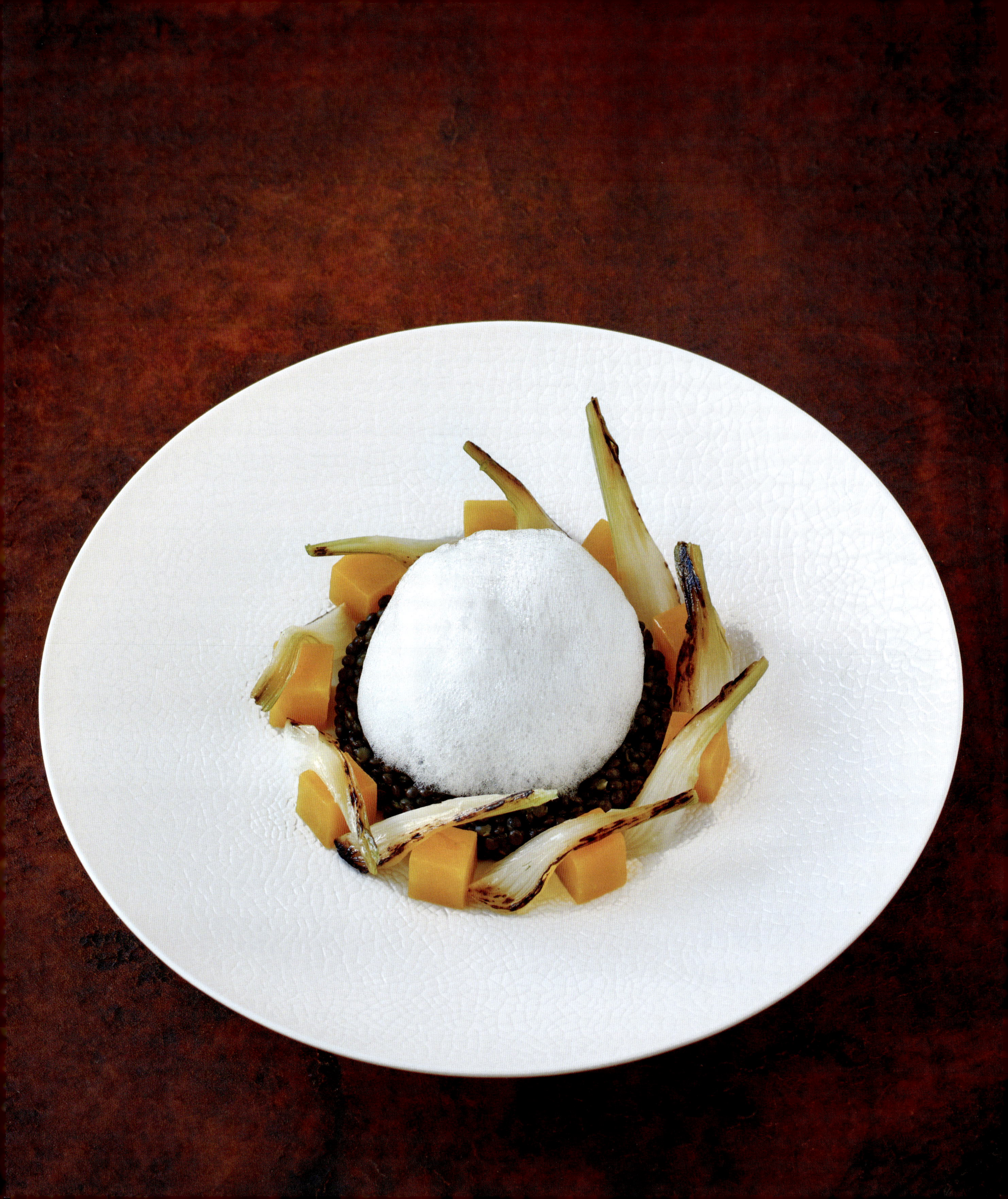

nível 2

Vegetariano – bem-estar

Espetinho
DE LEGUMES, TOFU E CALDO DE ALGAS

RENDIMENTO: 8 PORÇÕES

PREPARO: 1 H 30 — INFUSÃO: 15 MIN — COZIMENTO: 30 MIN

Para o tofu
300 g de tofu fresco
250 ml de leite de soja
2 ovos inteiros + 1 gema
sal e pimenta-do-reino moída na hora

Para os espetinhos de legumes
3 minialcachofras
1 limão
100 ml de azeite
1 pitada de sal
pontas de 250 g de cenouras grandes
3 maços de cebola nova
250 g de talo de aipo
250 g de nabo amarelo
2 beterrabas pequenas
200 g de rabanete rosa

Para as telhas de arroz
1 maço de coentro
150 g de arroz longo
clara de ovo

Para o caldo de algas marinhas
1 litro de caldo de legumes (pág. 79)
10 g de gengibre
1 colher (sopa) de soja
40 g de algas Kombu
sal e pimenta-do-reino moída na hora

Prepare o tofu: corte 50 g de tofu em cubos de 1,5 cm e reserve em local fresco. Bata o restante do tofu com o leite de soja e com os ovos, até obter um creme homogêneo. Corrija o tempero e passe tudo no chinois. Divida o preparo nos pratos que serão servidos. Cubra-os com um filme plástico e cozinhe por 18 minutos no forno a vapor preaquecido a 83 °C, depois reserve.

Prepare os espetinhos de legumes: torneie as alcachofras e regue com suco de limão. Corte-as em quartos e cozinhe por 10 minutos em uma panela com um fio de azeite, meio copo de água e sal. Descasque e lave todos os vegetais. Cozinhe-os separadamente em água fervente temperada com sal. Resfrie em água gelada e escorra. Corte talos de aipo na diagonal, e o nabo e a beterraba em pequenos quartos. Monte os espetinhos, alternando os legumes.

Prepare as telhas de arroz: preaqueça o forno a 90 °C. Prepare a clorofila batendo o coentro com um pouco de água. Em seguida, esprema e recupere o suco. Cozinhe bastante o arroz e misture com a clorofila de coentro. Bata tudo, adicionando a clara de ovo para obter uma pasta lisa. Usando 1 colher de chá, disponha pequenas porções do preparo sobre uma placa de silicone e alise com uma espátula de inox. Asse por aproximadamente 8 minutos, até obter telhas crocantes.

Prepare o caldo de algas: ferva o caldo de legumes com o gengibre cortado em fatias, o molho de soja e as algas (reserve 8 folhas para a decoração dos pratos). Cubra e deixe em infusão por 15 minutos. Corrija o tempero e passe no chinois. Depois, seque as 8 folhas de algas reservadas no forno a 90 °C, até obter chips crocantes.

Monte os pratos: aqueça o tofu e os espetinhos de legumes no forno a vapor a 75 °C, por 7 minutos. Divida o caldo bem quente nos pratos, coloque os espetinhos de legumes, os cubos de tofu, as telhas de arroz e as algas secas.

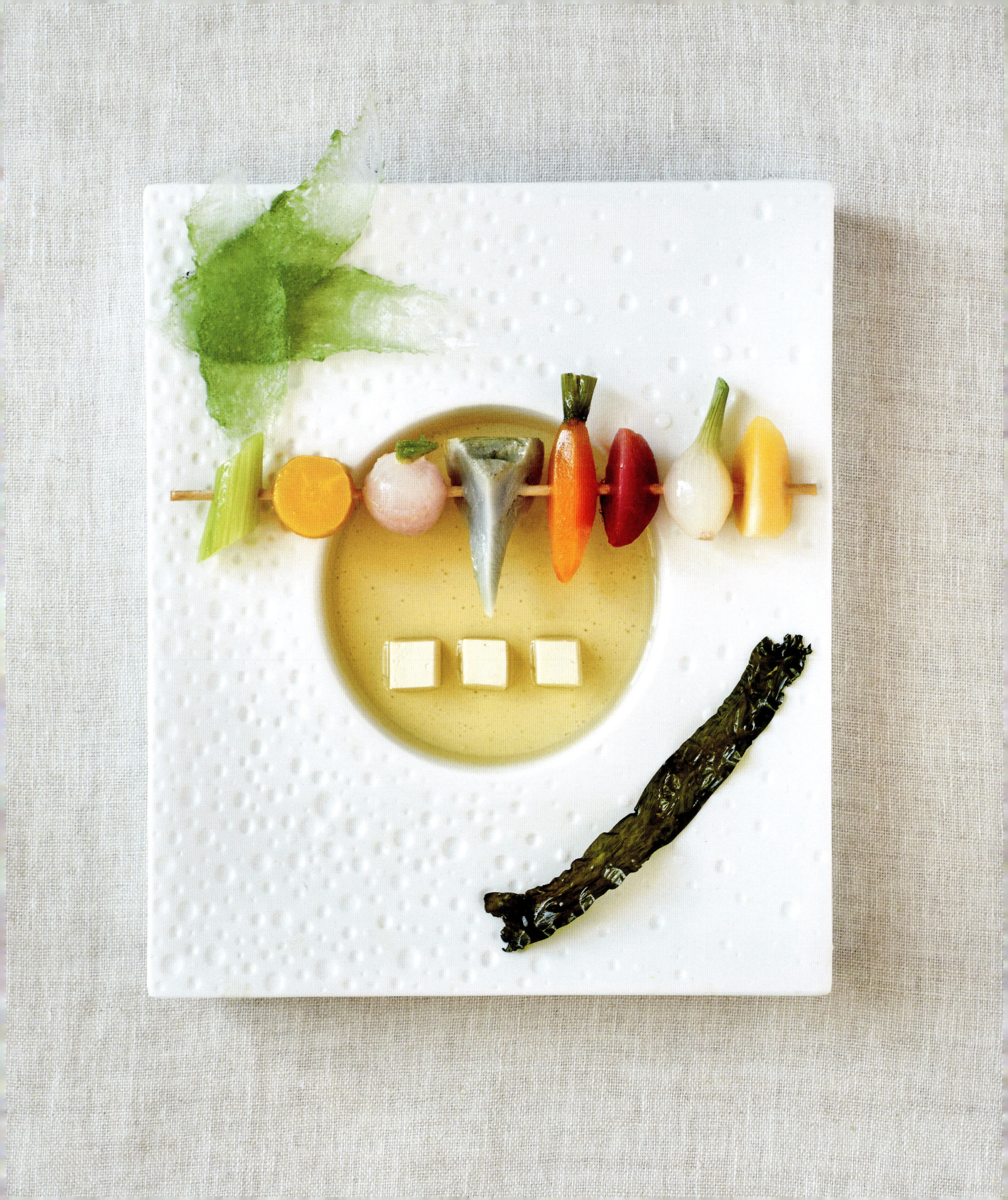

O tomate
EM TODOS OS SEUS ESTADOS

nível 3
Vegetariano – bem-estar

RENDIMENTO: 8 PORÇÕES

PREPARO: 1 H 20 – **DESCANSO:** 14 H – **MACERAÇÃO:** 12 H 30 – **COZIMENTO:** 35 MIN

Para a gelatina de tomate
2 kg de tomate bem maduros
sal refinado
algumas gotas de vinagre balsâmico
½ maço de manjericão
10 g de gelatina vegetal (ágar-ágar)
(para 1 litro de líquido)

Para o royal de tomate
400 g de tomate triturado
400 ml de leite
4 ovos inteiros

Para os chips de tomate
3 a 4 tomates roma
sal
2 colheres (sopa) de azeite de oliva
10 g de açúcar de confeiteiro

Para o sorvete de tomate
140 g de água
50 g de açúcar refinado
10 g de glucose
500 ml de suco de tomate
40 ml de suco de limão
6 grãos de pimenta-da-jamaica
folhas de manjericão
uma pitada de flor de sal

Para o tartar de tomate
50 g de cebolas
3 a 4 tomates roma
2 pepinos em conserva
azeite
flor de sal
pimenta-do-reino moída na hora
1 pitada de pimenta de Espelette

Para a guarnição
lascas de parmesão
1 colher (sopa) de alcaparras, com o cabo
tomates ancestrais (tomate negro da Crimeia, tomate ananás)
vinagre balsâmico branco
8 folhas de manjericão
ramos de manjericão

Prepare a gelatina de tomate: bata grosseiramente os tomates com o sal e o vinagre balsâmico. Coloque tudo em um bowl, adicione as folhas de manjericão e coloque tudo para escorrer em um tecido etamine, por uma noite, na geladeira.

Prepare a mistura para o royal: misture todos os ingredientes. Coe tudo em um etamine e reserve por 2 horas na geladeira, para decantar. Coloque, em seguida e delicadamente, o preparo em copos. Cubra cada copo com filme plástico e cozinhe no forno a vapor a 85 °C, por 18 minutos. Reserve na geladeira.

No dia seguinte, retire o líquido da geladeira, ferva e incorpore a gelatina. Deixe esfriar ligeiramente, até que a gelatina endureça. Divida-a sobre o royal e coloque na geladeira.

Faça os chips de tomate: preaqueça o forno a 85 °C. Corte os tomates em fatias finas e regulares. Tempere levemente com sal, azeite e salpique com o açúcar de confeiteiro. Asse no forno por 30 minutos e reserve.

Prepare o sorvete: ferva a água, o açúcar e a glucose, depois deixe esfriar. Adicione o suco de tomate, o suco de limão, a pimenta em grãos, algumas folhas de manjericão e o sal. Macere por uma noite na geladeira. Depois, corrija o tempero e coe no etamine (ou gaze). Coloque na sorveteira, conforme as instruções do fabricante.

Prepare o tartar de tomate: descasque as cebolas e pique finamente. Retire a pele e pique os tomates (pág. 460). Em seguida, corte a polpa em cubos pequenos. Adicione todos os ingredientes do tartar e divida-o igualmente nos copos, sobre a gelatina de tomate.

Prepare a guarnição: fatie o parmesão em lascas finas e corte as alcaparras com cabo ao meio. Corte quartos de tomate generosos e deixe-os marinar por 15 minutos em vinagre balsâmico.

Para a montagem: sobre o royal, coloque a gelatina e o tartar de tomate. Disponha harmoniosamente os tomates marinados, o sorvete, as lascas de parmesão, as alcaparras, os ramos de manjericão e os chips de tomate.

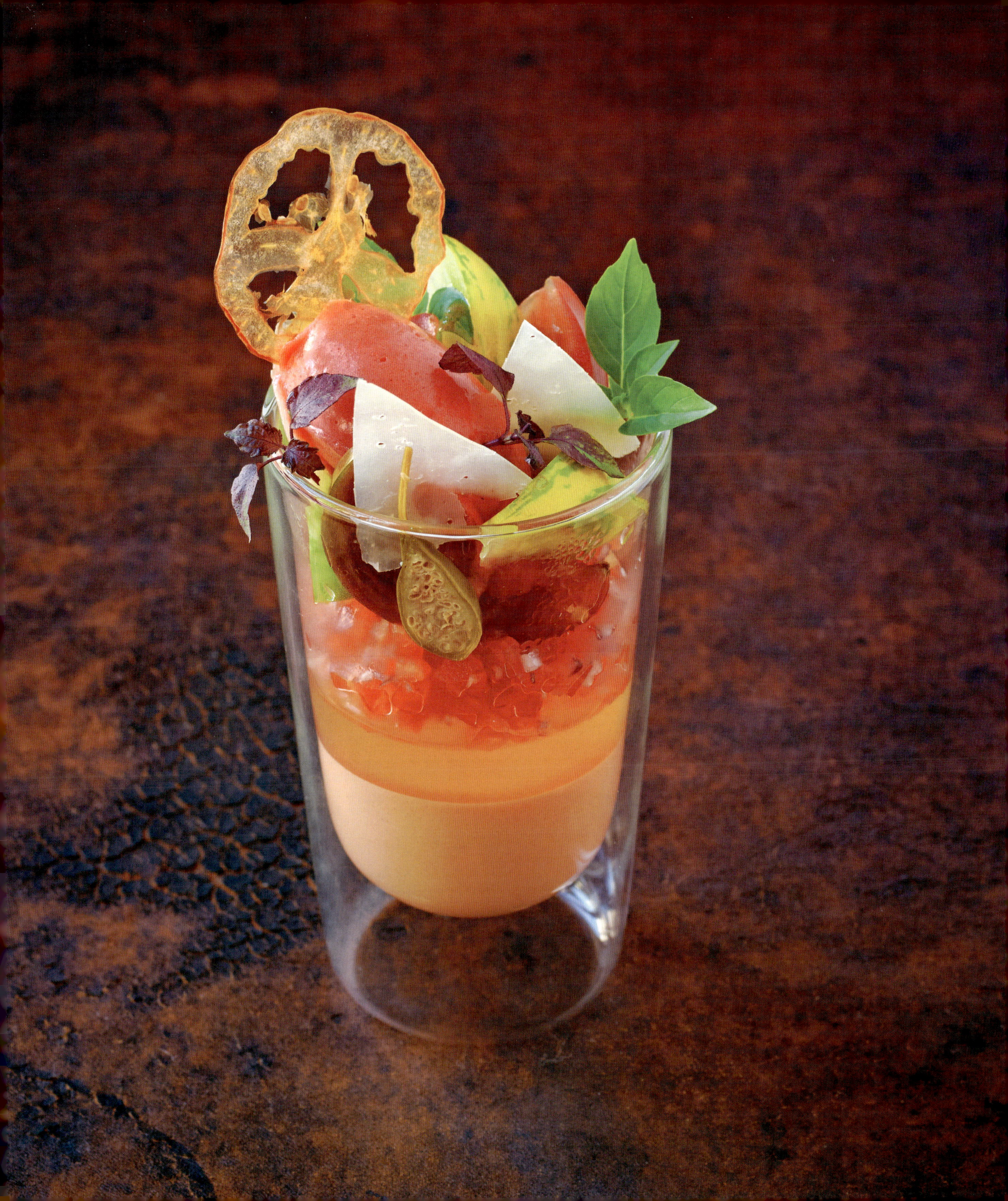

Variações DE AVOCADO

nível 3
Vegetariano – bem-estar

RENDIMENTO: 8 PORÇÕES

PREPARO: 1 H 30 – COZIMENTO: 6 H

Para o purê
4 avocados
suco de 2 limões
5 colheres (sopa) de azeite
1 pitada de sal refinado
1 pitada de pimenta de Espelette

Para os croquetes
30 g de farinha de trigo
1 ovo
60 g de farinha de rosca
500 ml de óleo vegetal para fritura

Para os chips
2 avocados
1 colher (chá) de azeite

Para o tartar
2 avocados
40 g de pimentões vermelhos em brunoise
35 g de cebolas picadas
1 colher (sopa) de suco de limão
1 colher (sopa) de azeite
5 g de folhas de coentro trituradas
2 folhas de arroz

Para a emulsão yuzu
200 ml de caldo de legumes (pág. 79)
3 colheres (sopa) de molho de yuzu
150 ml de leite de coco
2 g de lecitina de soja em pó

Para a guarnição
1 colher (chá) de óleo de avocado
75 g de pedaços de toranja rosa
8 g de raspas de limão escaldadas
2 pimentões

Prepare o purê: bata a polpa do avocado com o suco de limão, o azeite, o sal e a pimenta de Espelette, até obter um purê leve e liso. Tempere e divida o preparo pela metade. Cubra com filme plástico em contato, para evitar a oxidação, e reserve na geladeira.

Prepare os croquetes: com metade do purê, encha pequenos moldes de silicone semiesféricos e coloque-os no congelador até que fiquem bem firmes. Quando tiverem endurecido o suficiente, junte as semiesferas, de duas em duas formando 24 bolas e empane-as duas vezes, à inglesa (pág. 172). Reserve na geladeira até a hora de servir.

Prepare os chips: preaqueça o forno a 90 °C. Corte os avocados ao meio, depois corte a polpa em fatias finas. Em seguida, pincele levemente com azeite e deixe secar por 6 horas, entre duas assadeiras forradas com papel-manteiga, até ficarem crocantes.

Prepare o tartar: corte a polpa do avocado em pequenos cubos regulares. Tempere com os pimentões cortados em brunoise, a cebola finamente picada, o suco de limão, o azeite e o coentro picado.

Umedeça as folhas de arroz. Espalhe o tartar com uma colher no centro das folhas e enrole para formar cilindros regulares. Em seguida, corte em pedaços de 5 cm de comprimento e reserve em local fresco.

Prepare a emulsão de yuzu: misture o caldo de legumes, o molho de yuzu e o leite de coco. Em seguida, passe o preparo pelo chinois. Adicione a lecitina de soja, batendo com um fouet. Depois, coloque a mistura em um sifão com uma carga de gás.

Decore os pratos: frite os croquetes em imersão, a 170 °C. Coloque-os sobre papel-toalha. No prato, disponha uma colher de purê, no qual se faz uma pequena poça de óleo de avocado, e coloque dois rolinhos de tartar e três croquetes. Adicione pedaços de toranja rosa, raspas de limão escaldadas, molho de yuzu e brunoise de pimentão.

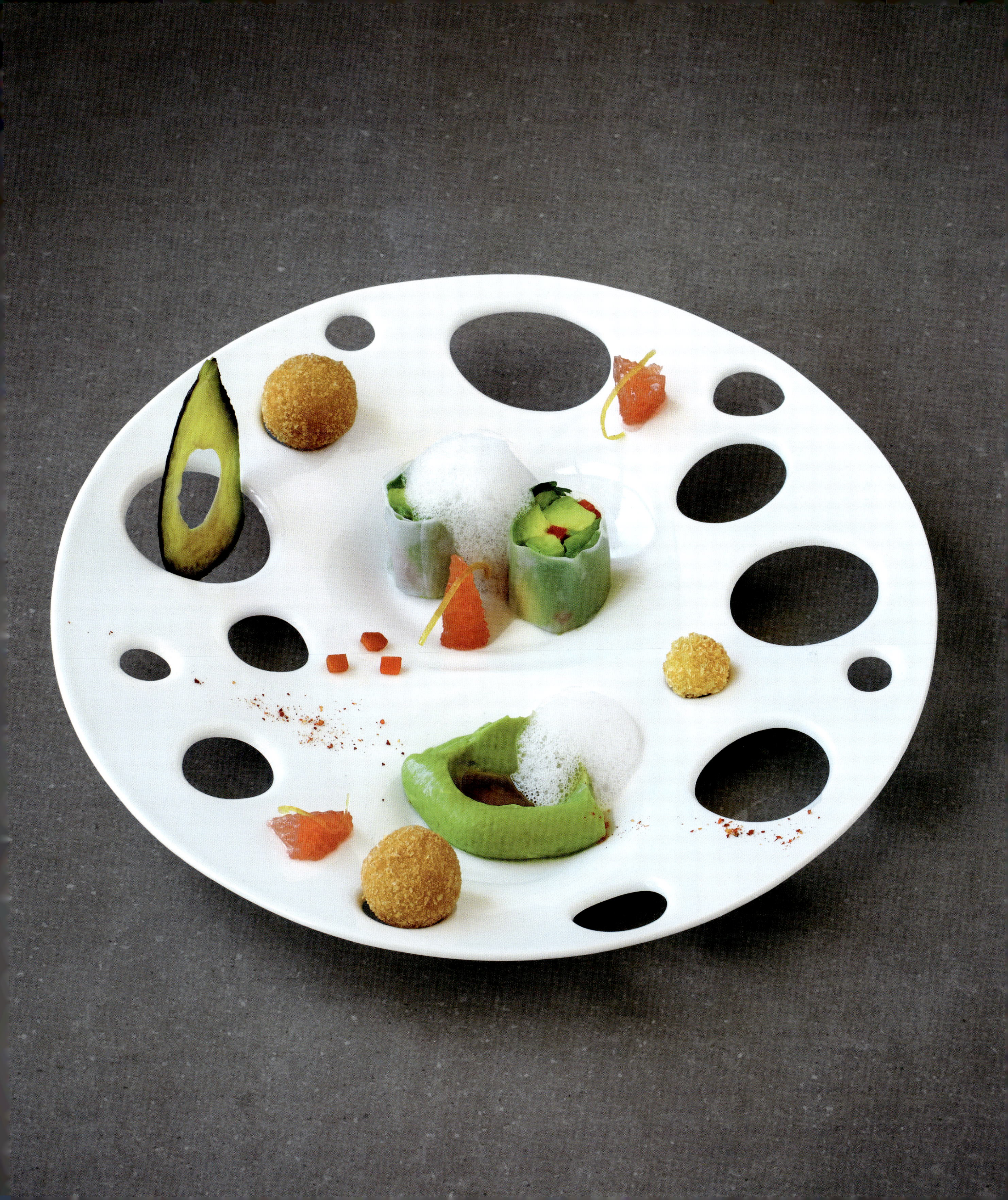

nível 1

Cozinha do mundo – Coreia do Sul

Bibimbap
(ARROZ MISTO)

RENDIMENTO: 8 PORÇÕES

PREPARO: 50 MIN – MARINADA: 30 MIN – COZIMENTO: 40 MIN

Para a carne e a marinada

300 g de bisteca bovina
2 colheres (sopa) de molho de soja
2 colheres (sopa) de óleo de gergelim
½ colher (chá) de açúcar refinado
½ colher (chá) de alho picado
2 colheres (sopa) de óleo vegetal
(para refogar a carne)

Para os legumes e os acompanhamentos

400 g de brotos de espinafre
1 colher (chá) de óleo de gergelim
1 colher (chá) de semente de gergelim
1 dente de alho picado
1 pitada de sal
500 g de brotos de soja
250 g de shitake
2 colheres (sopa) de óleo vegetal
250 g de cenoura
8 ovos
1 folha de alga nori
8 porções de arroz branco à maneira asiática (pág. 404)

Para o molho bibimbap

4 colheres (sopa) de molho de gochujang
3 colheres (sopa) de óleo de gergelim
1 colher (chá) de açúcar refinado
3 colheres (sopa) de água
2 colheres (sopa) de semente de gergelim
1 colher (chá) de vinagre de maçã
1 colher (chá) de alho picado

Prepare a carne e a marinada: retire as aparas da carne e corte em bastões pequenos. Misture-a com todos os ingredientes e deixe marinar por 30 minutos. Refogue rapidamente a carne, por 4 minutos, na wok com com o óleo vegetal. Reserve.

Prepare os legumes e os acompanhamentos: escalde os brotos de espinafre por 30 segundos em água temperada com sal. Deixe esfriar e esprema. Pique o espinafre grosseiramente e adicione um pouco de óleo de gergelim, as sementes de gergelim, o alho picado e o sal. Reserve. Branqueie os brotos de soja por 30 segundos. Tempere-os da mesma maneira que o espinafre e reserve. Lave os cogumelos shitake, fatie e refogue na wok com metade do óleo vegetal. Reserve. Corte as cenouras em julienne grossa, refogue na wok com o óleo restante e reserve.

Separe as gemas das claras e bata-as ligeiramente. Cozinhe em uma frigideira antiaderente, sem deixar corar, como uma crepe espessa. Deixe esfriar e corte em palitos regulares.

Corte a alga nori seca em tiras finas.

Prepare o molho bibimbap: misture os ingredientes.

Montagem: divida o arroz nas tigelas. Quando tudo esfriar, disponha a carne e a guarnição harmoniosamente sobre o arroz. Coloque as tigelas sobre um fogareiro a gás por aproximadamente 5 minutos, para aquecer e caramelizar o arroz. Sirva com o molho bibimbap.

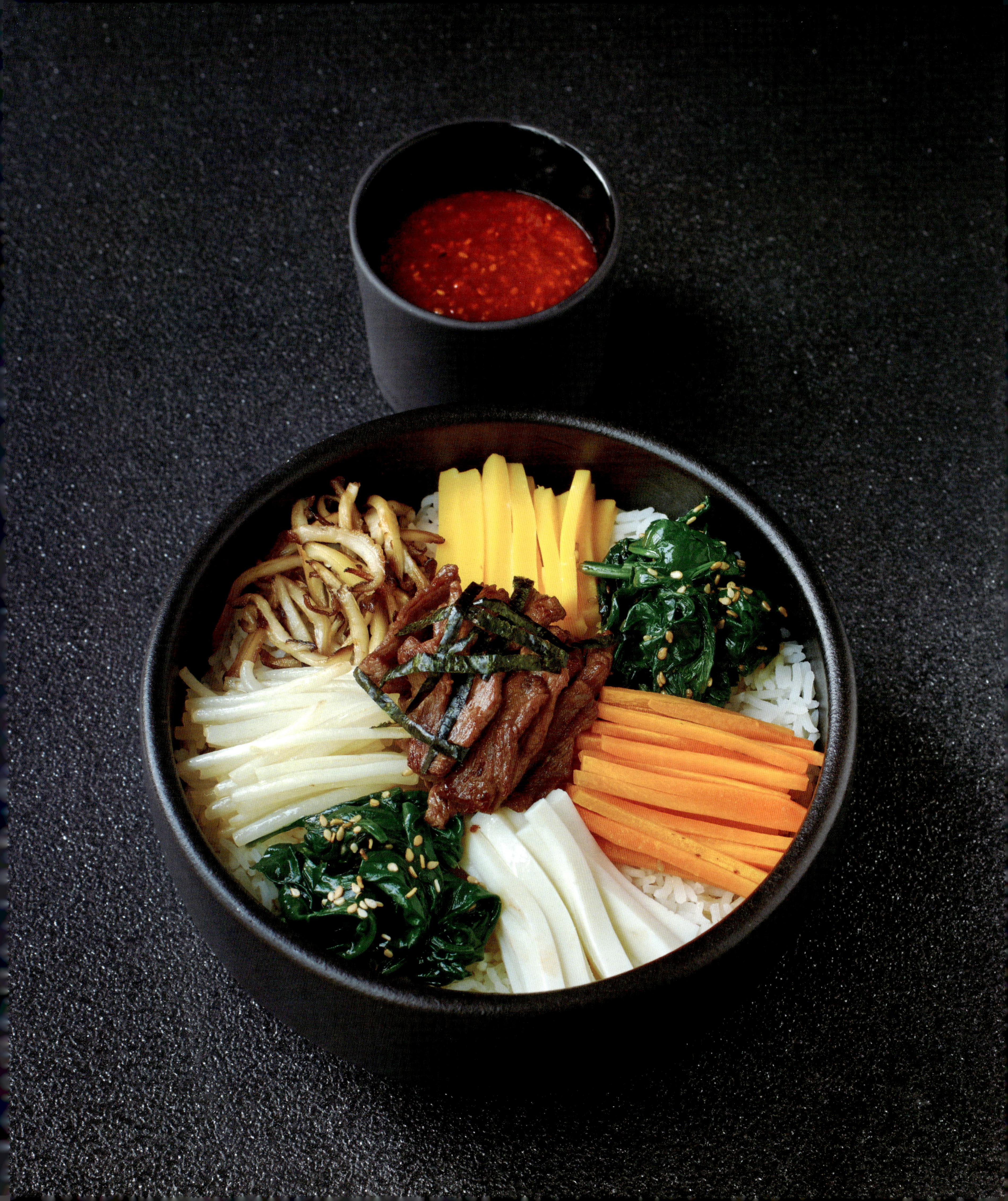

nível 1
Cozinha do mundo – China

Wok de frango
COM CASTANHA-DE-CAJU E COENTRO

RENDIMENTO: 8 PORÇÕES

PREPARO: 30 MIN – MARINADA: 30 MIN – COZIMENTO: 10 MIN

600 g de peito de frango (pág. 218)
5 colheres (sopa) de óleo de amendoim

Para a marinada
1 colher (chá) de bicarbonato de sódio
1 colher (sopa) de fécula de batata
1 colher (sopa) de vinho de arroz

Para a guarnição
200 g de aipo
300 g de pimentão verde
100 g de cebola
30 g de gengibre

Para o molho
1 colher (sopa) de molho de ostra
4 colheres (sopa) de molho de soja
4 colheres (sopa) de água
1 colher (chá) de açúcar refinado
2 colheres (sopa) de vinho de arroz
1 colher (sopa) de óleo de gergelim

Para a decoração
150 g de castanha-de-caju
¼ de maço de coentro fresco
8 porções de arroz branco à maneira asiática (pág. 404)

Deixe marinar o frango: corte os filés de frango em cubos de aproximadamente 1,5 cm e deixe-os marinar por 15 minutos em bicarbonato de sódio. Lave os pedaços de frango, seque-os e deixe-os marinar novamente, por 15 minutos, desta vez na fécula de batata com o vinho de arroz.

Prepare a guarnição: pique o aipo, o pimentão verde e a cebola em cubos. Depois corte o gengibre em julienne. Reserve.

Prepare o molho: misture todos os ingredientes e reserve.

Torre as castanhas-de-caju e reserve.

Cozinhe em uma wok: aqueça a wok e coloque 3 colheres (sopa) de óleo de amendoim. Assim que o óleo estiver bem quente, salteie os pedaços de frango marinados por 3 minutos. Em seguida, coloque-os em uma peneira. Adicione o restante do óleo de amendoim na wok e refogue os legumes por 2 minutos, em fogo alto. Reincorpore o frango e o molho. Cozinhe por 2 minutos, envolvendo bem todos os ingredientes.

Arrume: divida o preparo em tigelas ou pratos fundos. Adicione a castanha-de-caju e o coentro fresco. Sirva quente, com arroz branco.

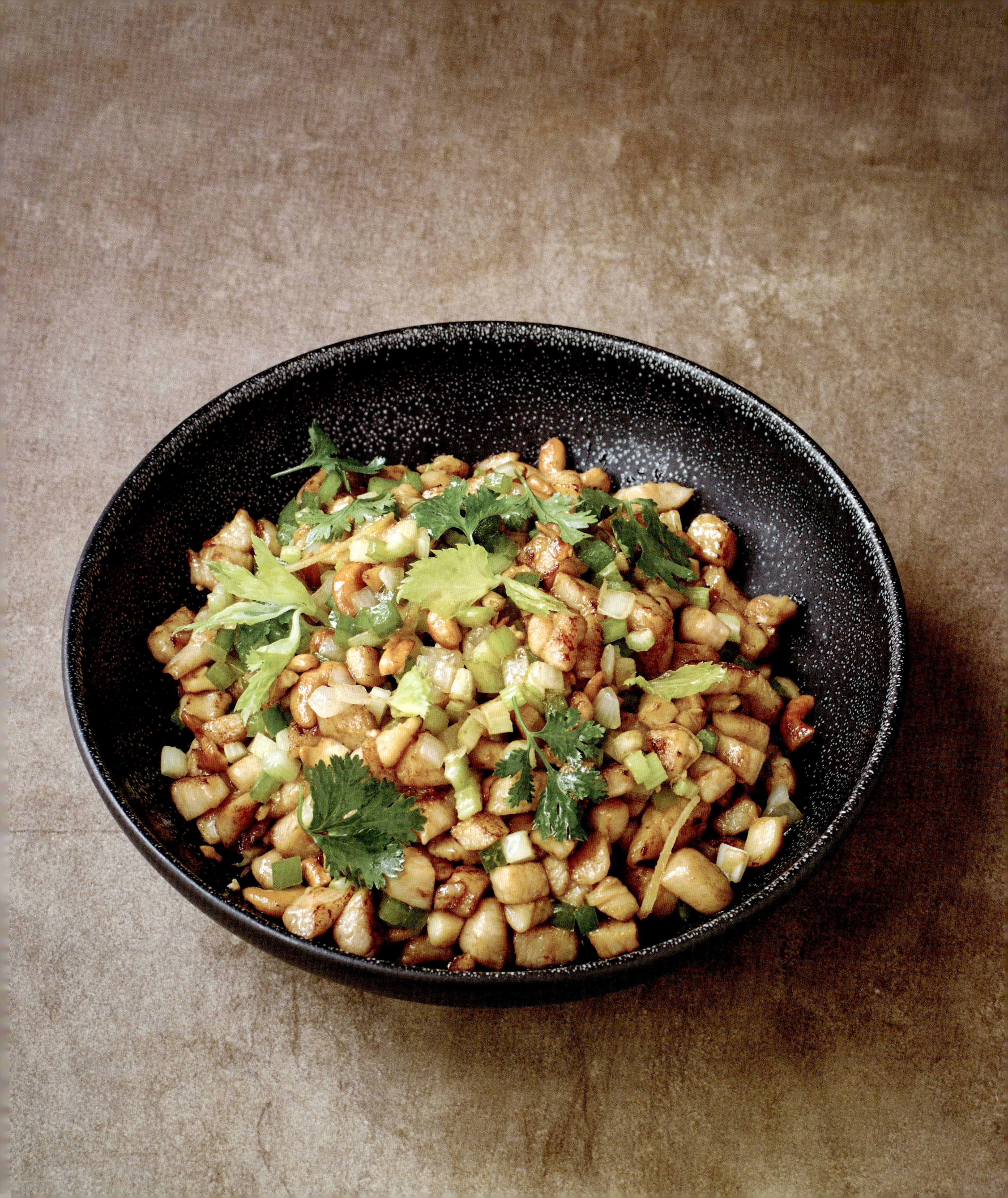

nível 1

Cozinha do mundo – Tailândia

Tom yum goong
(SOPA PICANTE DE CAMARÃO)

RENDIMENTO: 8 PORÇÕES

2 talos de erva-cidreira
30 g de galanga ou gengibre
2 litros de caldo de ave (pág. 74)
½ colher (chá) de pimenta em pó
150 g de cebolas
250 g de tomate
250 g de cogumelo
450 g de camarão 26/30
3 limões
6 colheres (sopa) de nam pla (molho de peixe)
40 g de manjericão tailandês
40 g de coentro fresco
sal e pimenta-do-reino moída na hora

PREPARO: 30 MIN – COZIMENTO: 12 MIN

Corte a parte inferior dos talos de erva-cidreira e da galanga, depois cozinhe no caldo de ave, com a pimenta em pó.

Retire a pele dos tomates e limpe os cogumelos. Em seguida, corte em quartos. Após 10 minutos de cozimento do caldo, adicione as cebolas picadas, os tomates, os cogumelos e os camarões descascados. Cozinhe por mais 2 minutos.

Retire do fogo e tempere com o suco de limão e o nam pla.

Adicione ramos de manjericão tailandês e coentro. Corrija o tempero e a acidez. Em seguida, coloque em tigelas para servir.

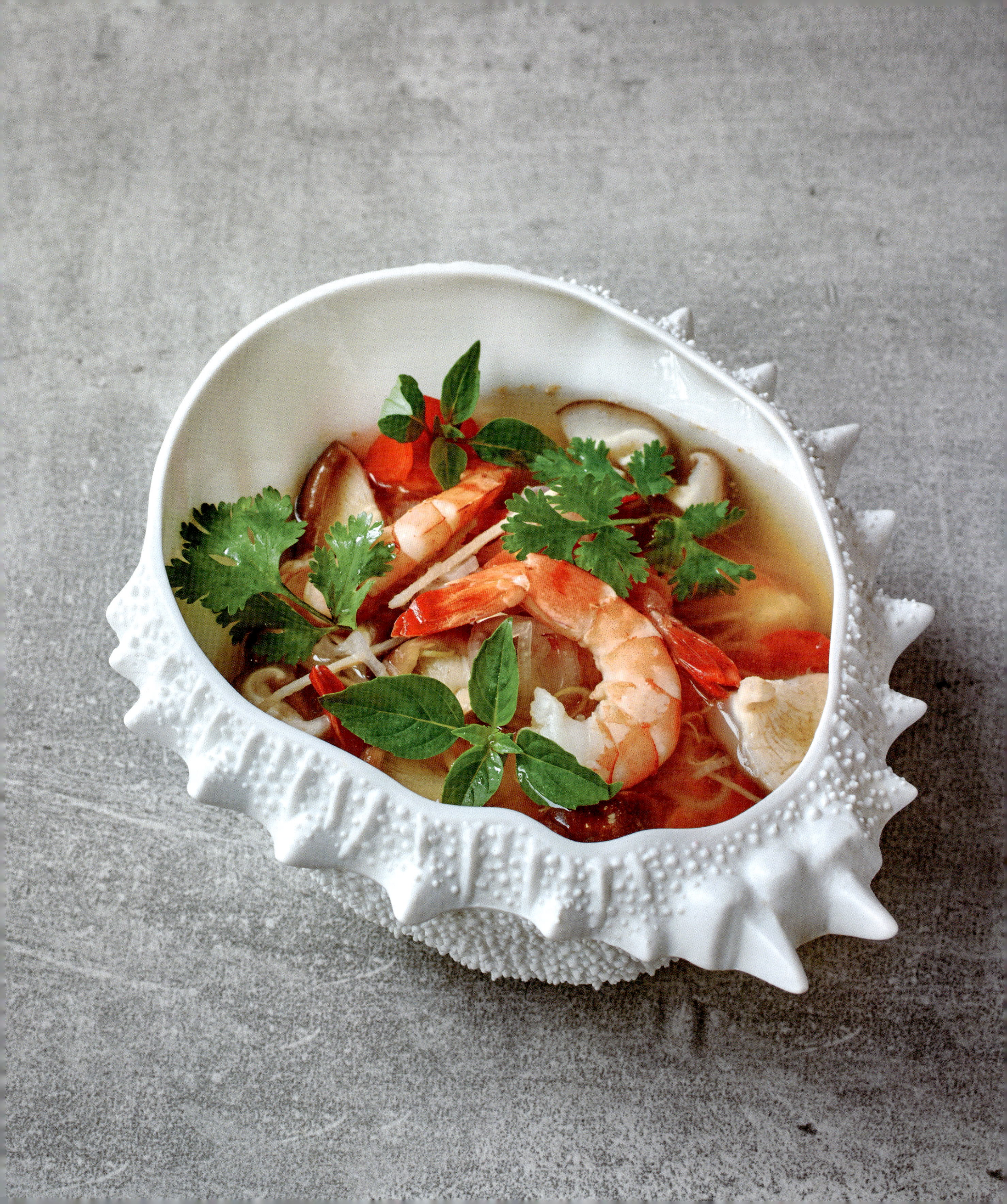

nível 2

Cozinha do mundo – Bali, Indonésia

Bebek betutu
(PATO MARINADO, NA FOLHA DE BANANEIRA)

RENDIMENTO: 8 PORÇÕES

PREPARO: 30 MIN – MARINADA: 12 H – COZIMENTO: 2 H 30

2 patos de 1,3 kg cada
4 folhas de bananeira ou papel-alumínio

Para a marinada
7 dentes de alho
6 cebolas pequenas
5 talos de erva-cidreira
80 g de gengibre
40 g de cúrcuma
60 g de galanga
½ colher (chá) de pimenta-do-reino triturada
8 pimentas-malagueta
½ colher (chá) de coentro em grão
1 colher (chá) de sal
suco de 3 limões
8 folhas de limão kaffir

Para a montagem
arroz branco
bolinhos de camarão (opcional)

Prepare a carne dos patos para cozimento (pág. 208) e reserve.

Na véspera, amasse no pilão todos os ingredientes da marinada, exceto as folhas de kaffir. Cubra e envolva o pato nessa marinada, por fora e por dentro, usando luvas. Deixe marinar por uma noite.

Aqueça as folhas de bananeira, por 1 minuto sobre uma chapa ou em uma assadeira para amolecê-las. Coloque as folhas de limão kaffir sobre os patos e envolva com várias camadas de folha de bananeira. Prenda as folhas com palito de dente.

Cozinhe os patos por 2 horas e meia, no forno a vapor a 100 °C ou em uma panela de vapor. Em seguida, cozinhe por mais 30 minutos a 150 °C, abrindo as folhas de bananeira.

Para a montagem: sirva com arroz branco e, opcionalmente, bolinhos de camarão.

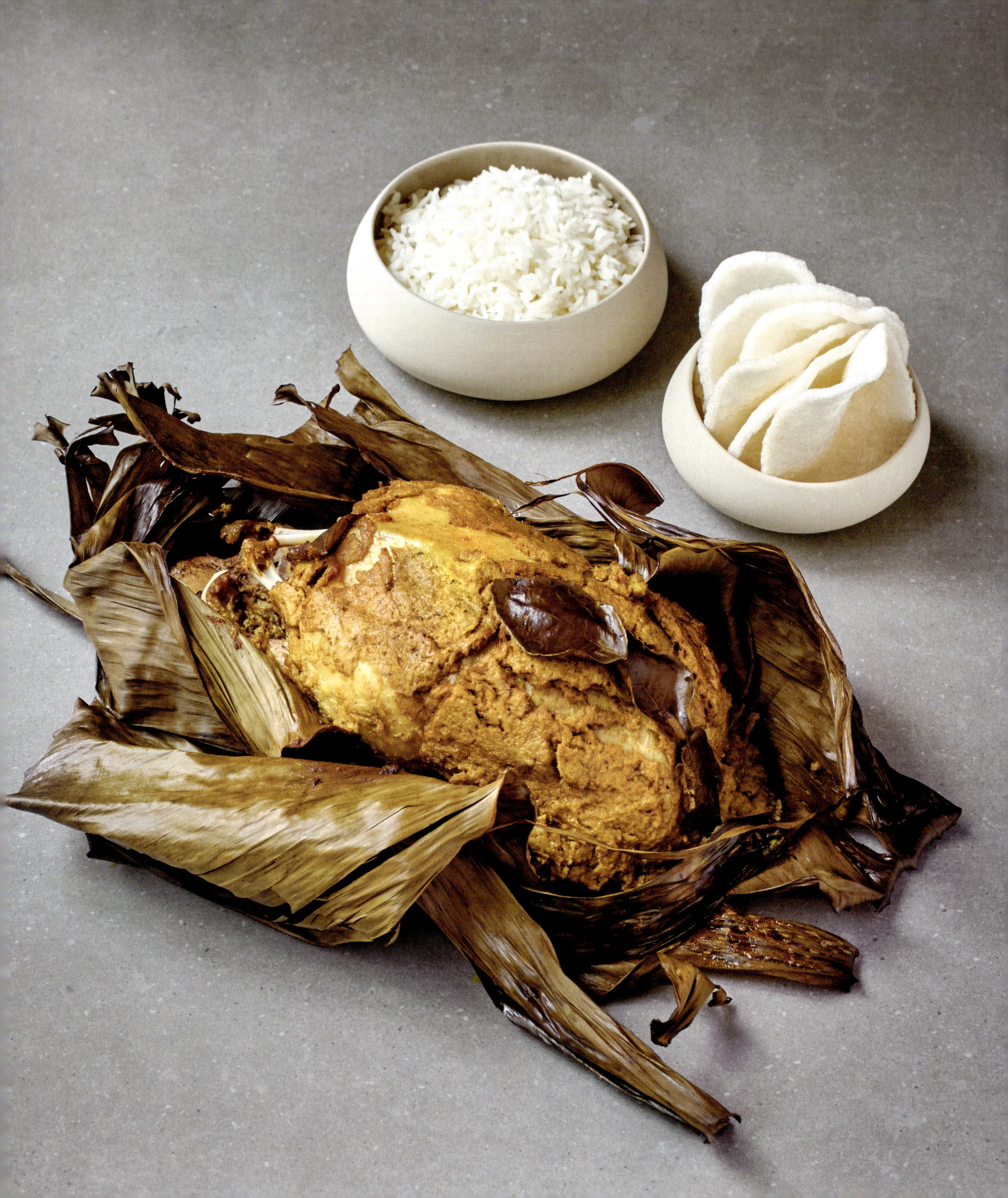

Nível 2

Cozinha do mundo – Marrocos

Pastilla de pombo
(TORTA DE MASSA FOLHADA COM RECHEIO DE AVE)

RENDIMENTO: 8 PORÇÕES

PREPARO: 45 MIN – COZIMENTO: 30 MIN

4 pombos inteiros
500 g de cebola
40 g de gengibre
9 dentes de alho
3 paus de canela
½ maço de coentro fresco
½ maço de salsa
5 g de açafrão
4 g de ras el hanout
4 colheres (sopa) de azeite
1 pitada de sal
4 ovos inteiros

Para as amêndoas caramelizadas
100 g de açúcar refinado
300 g de amêndoas inteiras

Para a montagem
16 folhas de massa brick
30 g de canela em pó
30 g de açúcar de confeiteiro

Eviscere e prepare os pombos para cozimento (pág. 208), descasque e corte a cebola, o gengibre e o alho. Coloque tudo em uma panela, em fogo baixo, com os paus de canela, o coentro e a salsa. Cubra com água, adicione o açafrão, o ras el hanout e o azeite. Tempere levemente com sal e deixe ferver por aproximadamente 15 minutos, até que a carne dos pombos solte facilmente dos ossos. Remova os pombos e deixe reduzir o líquido do cozimento com as guarnições, até que tenha quase evaporado. Retire do fogo e adicione 2 ovos batidos. Recoloque sobre o fogo, aumente ligeiramente a temperatura e cozinhe até que recheio engrosse. Espere esfriar e reserve.

Desosse os pombos, retirando a pele. Reserve os filés inteiros.

Prepare as amêndoas caramelizadas: aqueça o açúcar, em uma frigideira, a seco em fogo baixo. Em seguida, adicione as amêndoas e torre-as. Junte o caramelo sobre uma superfície previamente untada e espere endurecer. Quebre e triture com uma faca. Reserve.

Preaqueça o forno a 180 °C. Coloque uma folha de massa brick sobre a superfície de trabalho. Com um pincel de cozinha, pincele com azeite ou manteiga clarificada. Cubra com outra folha de massa brick Coloque, em camadas, as amêndoas caramelizadas trituradas, o recheio, a carne da coxa desfiada, um filé de pombo levemente achatado e novamente o recheio. Feche, dobrando para cima as bordas da massa. Vire a pastilla e pincele novamente com azeite. Asse por 15 minutos.

Salpique canela e açúcar de confeiteiro, decorando antes de servir.

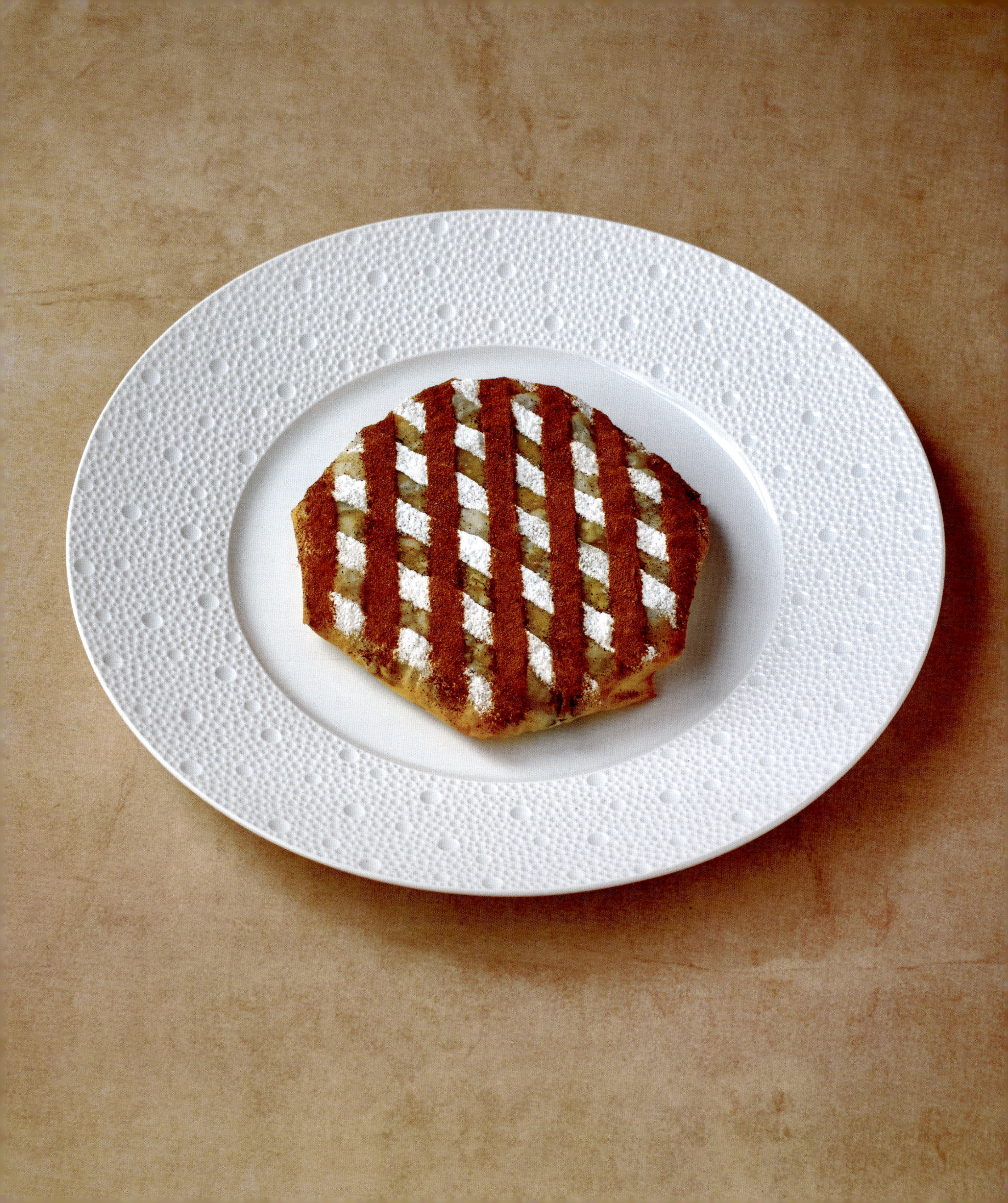

nível 2
Cozinha do mundo – Japão

Sushi e SOPA DE MISSÔ

RENDIMENTO: 8 PORÇÕES

PREPARO: 2 H – COZIMENTO: 1 H

Para o preparo do arroz
400 g de arroz
480 ml de água

Para o xarope de vinagre
60 g de vinagre de arroz
10 g de sal
60 g de açúcar refinado

Para o sushi
1 salmão de 1,2 kg
1 kg de dourado
1 kg de robalo
1 filé de atum de 500 g
1 kg de rodovalho ou pregado
1 camarão
molho teriyaki
30 g de wasabi
4 folhas de nori
100 g de ovas de salmão

Para o molho de sushi de salmão
1 cebola
1 maçã
100 ml de molho de yuzu

Para a sopa de missô
1 litro de água
katsuobushi (bonito desidratado) ralado
1 alga kombu seca (10 x 10 cm)
80 g de missô (pasta de soja)

Para a montagem
16 flores comestíveis
50 ml de molho de soja
40 g de wasabi
80 g de gengibre em conserva (gari)

Prepare o arroz e o xarope de vinagre: lave o arroz até que a água fique clara e o escorra.

Deixe repousar um pouco para que o arroz absorva a umidade. Dessa forma ele terá uma textura melhor.

Enquanto isso, prepare o xarope de vinagre: em uma panela, aqueça o vinagre, o sal e o açúcar, sem deixar ferver, até que o açúcar esteja completamente dissolvido. Deixe esfriar.

Cozinhe o arroz em 1,2 vez seu volume de água, por 10 minutos, em fogo alto. Depois cozinhe por 15 minutos, em fogo médio, até evaporar. Cozinhe por mais 5 a 10 minutos em fogo baixo.

Em seguida, coloque o arroz em um recipiente não metálico (de madeira ou bambu, de preferência). Mexa o arroz, com uma espátula ou com uma colher de pau, incorporando aos poucos 70 a 80 ml de xarope de vinagre. Tenha cuidado para não quebrar os grãos. Revolva o arroz, ventilando-o durante a operação, para que ele não fique empapado e para lhe dar certo brilho. Em aproximadamente 10 minutos, mexendo, o arroz estará à temperatura ambiente.

Prepare os peixes: prepare o salmão, o dourado e o robalo (pág. 316). Corte delicadamente os filés, retire as aparas e as espinhas (pág. 312), corte-os em fatias de 3 mm de espessura. Reserve os bastões, para a montagem dos sushis enrolados com o salmão. Para o filé de atum, retire a pele e corte em fatias da mesma espessura. Descasque o camarão, espete em um palito para não curvar e cozinhe por 1 a 2 minutos em água quente.

Prepare o molho para o sushi de salmão: misture a cebola finamente picada, a maçã ralada e o yuzu. Coloque um pouco dessa mistura sobre os sushis de salmão.

Monte os sushis: umedeça as mãos. Pegue com a mão não dominante uma fatia de peixe (11-12 g), e com a mão dominante, uma porção de arroz (7-8 g) com a qual você fará um bolinho alongado. Espalhe um pouco de wasabi com a sua mão dominante sobre o peixe e coloque a fatia do lado em que foi passado o wasabi sobre o bolinho de arroz.

Prepare e monte os sushis de rodovalho: com um maçarico, endureça, rapidamente, dando uma ligeira coloração à borda de carne. Deposite-o sobre o bolinho de arroz e cubra com o molho teriyaki.

Prepare os sushis enrolados de salmão: sobre uma esteira de bambu, coloque a folha de nori (com o lado maior virado para você). Molhe os dedos e espalhe uma fina camada de arroz sobre a folha, deixando uma faixa de 1 ou 2 cm nas bordas (superior e inferior).

Coloque um bastão de salmão no centro da folha e enrole-a. A borda de nori sem arroz permite vedar o rolo. Corte, em seguida, oito porções. Faça a mesma coisa com o restante das folhas de nori.

Monte os sushi com as ovas de salmão: faça pequenos bolinhos com 5 g de arroz e achate-os, para formar a base. Circunde-os com uma tira de nori e guarneça-os, usando 1 colher (chá) de ovas de salmão.

Prepare a sopa de missô: em uma panela, misture a água com o katsuobushi e pedaços de alga kombu. Quando a água ferver, desligue o fogo e deixe em infusão por 10 minutos. Passe o caldo no chinois e adicione a pasta de missô. Leve à ebulição e desligue o fogo.

Para a decoração: disponha os sushis em um prato, adicione as flores e sirva com o molho de soja, o wasabi, o gengibre em conserva e a sopa de missô.

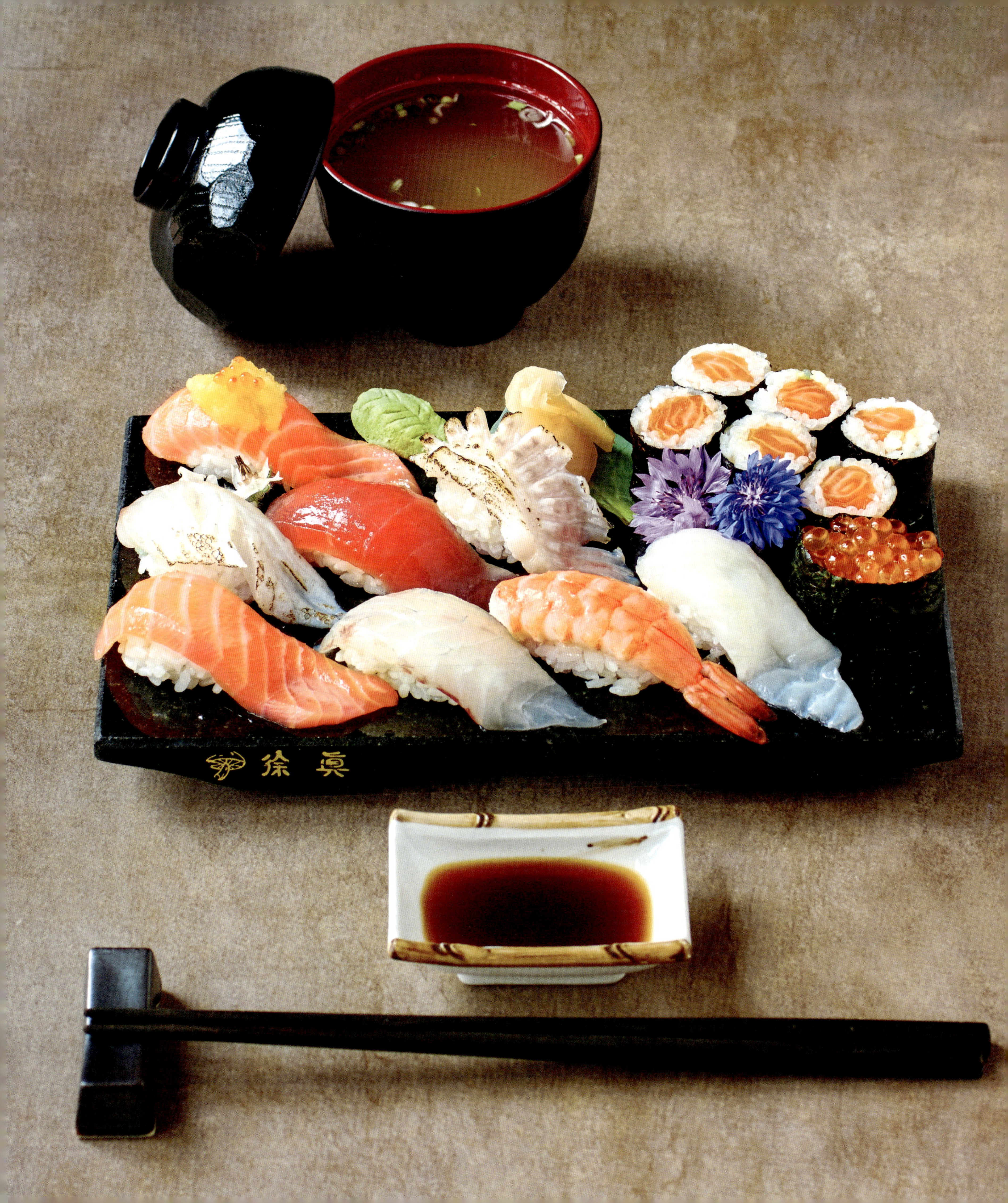
徐真

A Harmonização de Pratos e Vinhos

Sumário

A harmonização de pratos e vinhos, uma combinação importante — **664**

A adega ideal existe — **667**

ABRIR UMA GARRAFA DE VINHO — **670**

SERVIR UMA TAÇA COM A GARRAFA — **672**

AERAR UM VINHO — **673**

ABRIR E SERVIR UMA GARRAFA DE VINHO NA CESTA — **674**

DECANTAR UM VINHO NA VELA — **676**

ABRIR UMA GARRAFA DE VINHO ESPUMANTE — **678**

A harmonização de pratos e vinhos
UMA COMBINAÇÃO IMPORTANTE

O destaque que os vinhos ocupam na cultura francesa é acompanhado pelo lugar que lhes reservamos à mesa e pela forma como concebemos os momentos festivos, as comemorações, as confraternizações etc. Escolhê-los para acompanhar uma boa refeição é ainda mais delicado quando não é possível prová-los antes de servir. Essa escolha é tão complexa quanto entusiasmante. Na verdade, o vinho que servimos deve, naturalmente, corresponder aos pratos que serão servidos, mas não somente. Também é importante inseri-los no ambiente, levando em conta o motivo do evento, a estação do ano, a atmosfera e assim por diante.

Assim como a escolha dos pratos deve sempre respeitar a sazonalidade dos produtos para nos beneficiarmos de todas as suas qualidades, é aconselhável escolher um vinho de acordo com a estação do ano. Se o inverno, com suas refeições aconchegantes, parece inseparável do vinho, o verão, por outro lado, evoca com mais facilidade os sucos de frutas e bebidas leves e refrescantes.

a saber

A PROVA DOS TRÊS

Podemos ser ousados ao elaborar uma combinação, equilibrando-a de três maneiras: a forma de cocção, o tempero e a guarnição. Podemos, assim, harmonizar pratos e vinhos de maneira variada e inédita, sem precedentes. Claro que "erros" acontecem, mas estes serão ricos em ensinamentos.

Há inclusive vinhos "solares", para o verão, e vinhos "terrosos", para os invernos rigorosos. A gama de denominações francesas é suficientemente ampla para trazer um toque de sedução para cada estação.

O BRANCO É UMA COR VERDADEIRA

Os vinhos brancos podem ser secos, meio secos, suaves, espumantes etc. Eles expressam uma diversidade tão formidável quanto delicada.

Costumam acompanhar frutos do mar. Certamente esse grande clássico merece toda nossa atenção, como a combinação de ostras com um muscadet. Contudo, o consumo desse tipo de vinho é mais invernal. Alguns brancos feitos com uvas aromáticas e expressivas, no entanto, são particularmente adequados para o verão.

É o caso, por exemplo, dos moscatéis secos da Alsácia. Agradáveis à boca e ao nariz, são perfeitos como aperitivo, oferecendo uma riqueza aromática sem entorpecer pelo açúcar, cuja presença permanece discreta e delicada.

Durante as refeições, eles acompanham alegremente os peixes grelhados, em especial os peixes de rio, como a truta. Enfim, tomar esse tipo de vinho durante toda a refeição evita, com sabedoria, multiplicar as misturas.

A maneira como um vinho é cultivado obviamente impacta sua complexidade gustativa. Isso é particularmente interessante de explorar, a fim de determinar novas combinações. Dessa forma, os borgonhas envelhecidos sobre a borra, em barris de carvalho, são enriquecidos por uma extensa gama aromática que multiplica suas possibilidades de harmonização.

Os vinhos brancos da Borgonha e do Vale do Ródano são de tal complexidade que valorizam a sutileza das carnes brancas (vitela e ave) e dos crustáceos, e também sabores mais fortes, como o lavagante e a lagosta.

a saber

O ENVELHECIMENTO FEITO SOBRE AS BORRAS FINAS

As borras finas são sedimentos que ficam no fundo de um barril. Durante o envelhecimento, o vinho é revolvido para colocá-las em suspensão. Essa operação proporciona muito sabor aos vinhos.

Esses produtos serão mais facilmente combinados com vinhos elaborados de forma mais clássica, deixando-se exprimir perfeitamente a variedade da uva e o terroir.

OS ROSÉS: FRESCOR E LEVEZA

Os vinhos rosés (rosados) – menos complexos e mais frutados – são sinônimos de noites de verão. Consumidos ainda jovens, são frequentemente menos complexos. Servidos frescos, adaptam-se perfeitamente aos delicados sabores do verão. Ainda que sejam agradáveis e descomplicados, não são vinhos comuns. Existem vinhos rosés de alta qualidade.

a saber

UM VINHO PARA MATAR A SEDE?

A expressão não é pejorativa. Indica um vinho muito fresco, leve, de taninos suaves e sabor frutado.

Sua recente explosão favoreceu, em primeiro lugar, os rosés de Provence. No entanto, alguns dos vinhos rosés menos conhecidos e mais distintos, como os de Bandol ou os de Tavel, também merecem atenção. Tavel é, aliás, uma denominação francesa que desenvolve apenas vinhos rosés.

Há também rosés de Beaujolais, da variedade de uva gamay. Eles apresentam um excepcional perfil organoléptico, fresco e frutado, com grande identidade entre o terroir e a variedade da uva.

Entre os rosés, ainda temos com prazer os espumantes, como a denominação Cerdon, elaborada segundo o método ancestral, perfeita para um "vinho de matar a sede" no aperitivo ou como sobremesa. Seu método de vinificação propicia vinhos frescos e frutados. As bolhas são pequenas, o teor de álcool é baixo, o vinho é levemente adocicado, sem nenhum peso nem corpo.

O Cerdon deve ser servido geralmente entre 7 e 8 °C, embora essa temperatura varie um pouco. Em geral, quanto mais jovem for o vinho, mais ele se adapta às temperaturas baixas, ao contrário dos vinhos ligeiramente mais maduros.

A COMPLEXIDADE E A SUTILEZA DOS VINHOS TINTOS

Os vinhos tintos são tão diversos quanto as combinações que eles permitem. Os vinhos jovens expressam um caráter um pouco cru, se não primário, e simplicidade. Alguns deles devem ser consumidos rapidamente, dentro de 3 anos após o engarrafamento. Outros precisam de um pouco mais de tempo para se expressar, tornando-se mais complexos com a idade. Quando um vinho de guarda atinge cerca de 10 ou 15 anos, suas notas não são mais primárias, mas evoluem para sabores terciários: menos acessíveis e mais complexas. Por exemplo, a fruta fresca não é mais tão aparente, evoluindo para sabor de fruta seca, brandy, compota etc. Os taninos se desestruturam. Eles ainda são detectáveis, mas já estão desgastados pelo tempo. É preciso arejar esse tipo de vinho para descobrir seu tesouro. É um novo universo olfativo que intriga, instiga e convida o degustador a descobrir, com sutileza, novas sensações.

A capacidade de um vinho tinto para envelhecer bem depende de fatores naturais e humanos durante sua elaboração.

Os fatores humanos são determinados pelo próprio vinicultor, que define a identidade de seus vinhos, elaborando-os de uma forma ou de outra. Por exemplo, uma maceração curta extrai menos material das uvas. Neste caso, os vinhos são melhores quando jovens. Um fator natural indispensável é a dupla terroir-uva, que, quando destacada, pode expressar uma grande diversidade.

Assim, a uva gamay resulta em vinhos leves e frutados, a serem consumidos jovens, no sul de Beaujolais (região das pedras douradas e do Beaujolais novo), em solos e subsolos de calcário e argila. Por outro lado, mais ao norte produzem-se vinhos mais densos e complexos, com um potencial de guarda médio a longo, devido à influência de um solo mais variado, indo do calcário às antigas rochas vulcânicas. Outro elemento importante é o clima. Suas variações (temperatura, precipitação etc.) influenciarão a qualidade de cada safra. Um verão quente e seco dará vinhos mais concentrados.

Os vinhos tintos também podem acompanhar uma refeição de verão, de forma agradável, desde que sejam escolhidos mais jovens, mais frescos. As regiões mais propícias ao desenvolvimento do frescor e da fruta de um vinho são o Vale do Ródano – Côtes-du-Rhône e Beaujolais – e alguns vinhos do Vale do Loire.

Os pratos visualmente escuros, os mais terrosos, pedem vinhos mais profundos. A semelhança das cores é curiosamente observada com frequência nas combinações de sucesso mais conhecidas.

Por exemplo, o sabor de um vinho tinto jovem baseia-se muito na fruta, nas especiarias, com estrutura tânica e um fim de boca adstringente. Sua juventude estará em perfeita harmonia, por exemplo,

---

a saber

OS TANINOS ENVELHECEM PARA A NOSSA JUVENTUDE

Na juventude, os taninos da casca dos frutos aparecem nos vinhos tintos. À medida que o vinho evolui, os taninos o estruturam e lhe conferem equilíbrio. É o que determina a fluidez e o corpo do vinho.

Quando o vinho é envelhecido em barris de carvalho, seus taninos são enriquecidos com os da madeira. Durante o envelhecimento, os taninos da fruta e da madeira se polimerizam, trazendo um toque de boca sedoso, delicado. Para a saúde, os taninos são antioxidantes, retardando o envelhecimento das nossas células e preservando a juventude.

---

a saber

PLENITUDE

Segundo sua evolução, um vinho pode ter diferentes combinações por similaridade, oposição ou complementaridade. A combinação é feita pelo olfato e pelo paladar, bem como pelo visual. Uma combinação plena é expressa quando essas diferentes associações estão em harmonia.

com costela bovina grelhada com batata ratte. Esse vinho, mais encorpado, corresponde à mastigação sólida da carne grelhada. Rico em frescor, valoriza o aspecto rústico da carne apenas selada. Ficaria muito menos interessante, por exemplo, com um prato elaborado com caldo reduzido.

Um vinho de 10 ou 15 anos, ao contrário, combina maravilhosamente com uma carne lentamente cozida em fogo brando, como um ensopado, uma daube, cozida até desmanchar e dispensando uma mastigação prolongada. Esse tipo de carne combina perfeitamente com um vinho estruturado. A combinação é perfeita se a complexidade do vinho corresponde ao poder dos molhos e da carnes servidas.

A ADEGA IDEAL EXISTE

A adega ideal existe, e é a sua. A ideal é aquela que apreciamos, que criamos, que sonhamos e que sabemos, pacientemente, tornar real. No entanto, ela pode seguir alguns princípios, que misturam habilmente variedade de sabor e sensações subjetivas.

O SABOR DAS LEMBRANÇAS

Os comprados diretamente do produtor testemunham o prazer de um encontro com o viticultor, com a sua história, com um lugar e com aromas. A memória desse momento ressurge cada vez que se abre uma das garrafas assim adquiridas.

Isso se soma ao prazer sensorial do momento compartilhado, por relações ao redor de uma mesa. É evidente que escolhemos compartilhar esses vinhos emocionais com as pessoas que saberão apreciá-los.

UMA VALSA DE TRÊS TEMPOS

Quando se compõe uma adega, é interessante providenciar garrafas para consumo em momentos diferentes: é necessário reunir vinhos a serem bebidos jovens, aqueles para consumir depois de uns anos e os de guarda.

Os vinhos a serem bebidos logo são os mais consumidos. São vinhos do cotidiano, como o beaujolais nouveau, os rosés dos dias de festa, os muscadets com frutos do mar no inverno etc.

a saber

RÓTULOS CONSAGRADOS

Uma linda adega inclui rótulos clássicos, indicados por guias confiáveis e vendedores de vinho. Essas garrafas são historicamente reconhecidas e consagradas. Elas têm um preço alto, mas são praticamente inevitáveis para o principiante que vai, dessa maneira, começar a formação, descobrindo a degustação, seus prazeres e seu vocabulário.

Os vinhos com maturação média movimentam mais o estoque que os mais envelhecidos, geralmente com base em critérios de origem. Eles são elaborados para consumo em 4 ou 5 anos.

Os de guarda são reservados para as grandes ocasiões. Escolhidos para marcar eventos importantes, eles envelhecem conosco. São vinhos excepcionais, cuja personalidade única é o resultado da combinação perfeita entre fatores humanos, como a forma de produção de vinho, e fatores naturais, como o ano da colheita e o terroir.

A IMPORTÂNCIA DAS GARRAFAS

Entre os critérios determinantes de escolha, inclui-se o tamanho das garrafas. As magnum valorizam as mesas grandiosas e favorecem a conservação dos vinhos. Elas também são perfeitas para os champanhes. As meias garrafas são mais adequadas para os vinhos do cotidiano, a serem consumidos logo, ou para os vinhos doces, consumidos em quantidades menores.

A ATMOSFERA DA ADEGA

O armazenamento é essencial. Se não tivermos boas condições de estocagem, infelizmente não podemos ter uma adega.

Em primeiro lugar, a adega deve ter uma temperatura constante, sem grandes variações entre o verão e o inverno, isto é, entre 12 e 14 °C, no máximo. Se a temperatura ambiente atingir 15 °C, não é possível armazenar os vinhos de guarda.

Durante muito tempo, a umidade relativa recomendada foi 70%. Com a multiplicação das tampas de rosca (screwcap), que substituem gradualmente as rolhas de cortiça, a conservação da umidade é menos importante.

O ar úmido é especialmente importante para preservar a elasticidade da cortiça. Para manter a umidade da adega é melhor ter um solo natural, coberto com uma camada de cascalho, que retém a umidade.

Os vinhos são frágeis e delicados. Eles não devem ser conservados em lugares iluminados, precisando de um ambiente bem escuro. Os champanhes são os que mais "temem" a claridade. Diz-se que eles assumem um "gosto de luz" quando expostos à iluminação.

Além disso, os vinhos raros devem ser preservados longe das vibrações e de todo movimento. Armazenamos as garrafas deitadas, com os rótulos para cima, para podermos lê-los sem precisar mover a garrafa. A posição deitada também permite que os resíduos se depositem de forma apropriada, quando a garrafa for aberta e servida.

a saber

DA MENOR À MAIOR

Meia garrafa: 375 ml

Garrafa-padrão: 750 ml

Magnum: 1,5 litro

Jeroboão: 3 litros

Roboão: 4,5 litros

Matusalém: 6 litros

Salmanazar: 9 litros

Baltazar: 12 litros

Nabucodonosor: 15 litros

Melquior ou Salomão: 18 litros

Melquisedeque: 30 litros

Os vinhos brancos devem ser estocados nas prateleiras inferiores, onde a temperatura é mais fria. Os vinhos excepcionais e de guarda devem ficar no fundo, protegidos e prontos para suportar uma longa espera, antes de serem degustados. Por conveniência e praticidade, classificamos os vinhos por região, tentando ser mais precisos à medida que a adega cresce, se diversifica e enriquece.

Enfim, as garrafas de vinho não podem ser armazenadas em uma adega impregnada de cheiros. O buquê dos vinhos não tolera ambientes odoríferos. Quando não se dispõe de uma adega, é necessário investir em armários para vinhos, que encontramos atualmente em diferentes tamanhos, para preservá-los.

a saber

GOTEJAMENTO

Quando uma rolha de cortiça resseca, ela se retrai e deixa o vinho pingar da garrafa. Forma-se então um gotejamento de vinho que seca gradualmente sob a garrafa.

Abrir
UMA GARRAFA DE VINHO

Léxico

GUARDANAPO: para servir o vinho.

CÁPSULA: capa metálica que reveste a parte superior da rolha e o gargalo. Tem a função de proteger a rolha.

ESPELHO DA ROLHA: é a superfície da rolha em contato com o vinho, em uma garrafa.

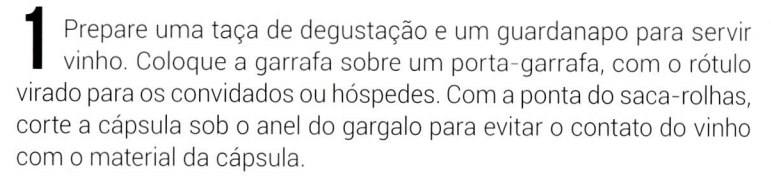

1 Prepare uma taça de degustação e um guardanapo para servir vinho. Coloque a garrafa sobre um porta-garrafa, com o rótulo virado para os convidados ou hóspedes. Com a ponta do saca-rolhas, corte a cápsula sob o anel do gargalo para evitar o contato do vinho com o material da cápsula.

2 Limpe o gargalo com o guardanapo para servir vinho.

3 Perfure o centro da rolha com a ponta do saca-rolhas. Pressione e gire o saca-rolhas até que toda a parte torcida entre, sem perfurar o espelho da rolha.

4 Retire delicadamente a rolha fazendo uma alavanca.

5 Termine de remover a rolha com os dedos, para controlar melhor o gesto e evitar produzir um som desagradável: a extração de uma rolha sempre deve ser feita em silêncio.

6 Cheire a rolha, para verificar se o vinho não está danificado, e limpe o gargalo da garrafa com o guardanapo.

Servir uma taça
COM A GARRAFA

1 Pegue a garrafa de vinho com a mão direita, sem cobrir o rótulo. Com a mão esquerda, segure o guardanapo. Fique à direita da pessoa a ser servida, para que o rótulo fique voltado para ela. Coloque o vinho até 1/3 da taça.

2 Gire ligeiramente a garrafa com um movimento do punho, para evitar que uma gota de vinho escorra.

3 Limpe suavemente o gargalo da garrafa com o guardanapo.

4 Apresente novamente o rótulo da garrafa para a pessoa servida.

Aerar
UM VINHO

A aeração é realizada em vinhos que não têm depósitos sólidos no fundo da garrafa, principalmente as safras jovens, tanto em vinhos brancos como em tintos. A aeração acelerada permite uma melhor degustação, tanto no olfato quanto no paladar.

1 Abra a garrafa de vinho na posição vertical, depois de separar um decânter (ou decantador), uma taça de degustação e um guardanapo.

2 Coloque um pouco de vinho na taça. Em seguida, faça a análise olfativa para sentir se ele não tem defeito.

3 Então, coloque o vinho da taça no decânter e agite-o, de forma que se espalhe internamente por toda a sua parede. Passe esse vinho para uma taça, a fim de descartá-lo. Isso se chama "avinhar" o decânter, tornando-o limpo e sem outros aromas, senão o do vinho.

4 Agite vigorosamente o vinho no decânter, para que o líquido flua pela parede interna e entre em contato com o ar.

Abrir e servir
UMA GARRAFA DE VINHO NA CESTA

▪ A abertura e o serviço na cesta (ou no suporte para garrafa de vinho) são reservados aos vinhos que têm um depósito de resíduos, devido ao envelhecimento na garrafa. O objetivo é não colocar o depósito em movimento ou em suspensão no líquido, para saborear um vinho límpido. Você nunca deve endireitar a garrafa: sempre pegue primeiro a cesta e deslize a garrafa para dentro dela, com o rótulo à mostra. ▪

1 A garrafa de vinho deve ser mantida deitada na adega com o rótulo para cima. Coloque-a numa cesta, sem girar ou endireitar, para que os resíduos não afetem o vinho. Corte a cápsula logo abaixo do gargalo.

2 Retire a cápsula. Em seguida, limpe o gargalo com o guardanapo.

3 Perfure o centro da rolha com a ponta do saca-rolhas e rosqueie o suficiente, sem perfurar o espelho da rolha.

4 Retire delicadamente a rolha com o saca-rolhas.

5 Termine de retirar a rolha com os dedos, deixando entrar ar por cima, para que o vinho não escape pelo gargalo.

6 Sirva o vinho delicadamente, mantendo a garrafa na cesta inclinada. Fique atento para não deixar a garrafa de pé em nenhum momento.

Decantar um vinho
NA VELA

A vela permite ver através do ombro da garrafa e identificar o depósito de resíduos, para não passá-los para o decânter. A decantação tem um propósito duplo de clarificação e de oxigenação suave.

Léxico

OMBRO DA GARRAFA: parte que corresponde à base do gargalo da garrafa.

1 Separe um decânter, um porta-garrafa, uma taça de degustação, uma vela e um guardanapo para servir vinho. Abra a garrafa de vinho na cesta e coloque a rolha sobre o porta-garrafa. Acenda a vela.

2 Cheire a cortiça e o conteúdo de uma taça de vinho, que você colocará em seguida dentro do decânter para avinhá-lo (pág. 673).

3 Coloque esse vinho (usado apenas para avinhar o decânter) numa taça que não será usada.

4 Retire a garrafa da cesta, mantendo-a deitada.

5 Posicione o ombro da garrafa sobre a vela e verta o vinho no decânter.

6 Interrompa a decantação assim que os resíduos chegarem ao ombro da garrafa.

Abrir uma garrafa
DE VINHO ESPUMANTE

Léxico

GAIOLA (MUSELET): fios de arame que seguram firmemente a rolha, contendo a pressão do espumante.

PLACA MUSELET: disco de metal colocado entre a gaiola e a rolha para evitar que a rolha sob pressão seja danificada pelos arames.

CAPA: folha metálica que cobre totalmente a rolha, a gaiola e a placa. Ela ajusta-se ao gargalo e é personalizada pelos diversos produtores. Para abrir a garrafa, ela é cortada antes de girar a argola da gaiola.

1 Seque a garrafa de espumante previamente colocada em um balde de gelo. Coloque-a sobre um suporte de garrafa, com o rótulo virado para os convidados ou hóspedes.

2 Retire a capa previamente cortada.

3 Segure a rolha e a garrafa com uma das mãos e gire a argola da gaiola, afrouxando-a. Retire-a em seguida, com a placa.

4 Incline a garrafa a 45°. Gire a rolha, com a mão sob a garrafa.

5 Segure a rolha até abri-la, suavemente.

6 Segure a garrafa pela parte de baixo, com o polegar no fundo, e sirva com uma mão só.

A ARTE de BEM SERVIR

Sumário

As artes da mesa, a seu dispor — 682

As artes da mesa desenham a hospitalidade — 682
Uma mesa acolhedora — 682
Preparar uma mesa clássica — 684
Preparar uma mesa de banquete — 685
O bom uso dos talheres — 687
As taças, o brilho necessário para os vinhos — 689
Serviços de pequeno e grande porte — 690
Criar uma emoção sensorial — 691

As artes da mesa

A SEU DISPOR

As artes da mesa são o modo específico de servir e apresentar os pratos que degustamos. Elas acompanham espontaneamente a comida, quando esta é enriquecida por um certo refinamento e não é mais somente o alimento necessário para nossa sobrevivência. Torna-se, assim, um tempo privilegiado de sociabilidade alegre ou formal, fazendo da refeição um momento de prazer, trocas e encontros.

As travessas magníficas de metais nobres, decoradas com pedras preciosas, apresentadas diante dos convivas nos grandes banquetes principescos mostravam poder e encantavam. Com toda sua magnificência, esses objetos pertencem, no entanto, às artes da mesa de uma época em que ainda se comia com os dedos, diretamente das travessas e das bandejas.

Foi nos séculos XVII e XVIII, quando a vida na corte foi organizada em torno de Luís XIV, que as artes da mesa foram estabelecidas de forma complexa, precisa e rigorosa. Herdamos essa tradição que expressa o espírito clássico da época e o desejo de organizar — se não de controlar — a vida dos cortesãos, que Luís XIV procurava disciplinar.

Depois do século XIX, quando atingiram o auge de seu rigor e sofisticação, as artes da mesa se tornaram muito mais flexíveis. Atualmente, preocupamo-nos sobretudo com o bem-estar dos convivas e com a valorização dos pratos propostos, mantendo-nos ligados aos valores do Classicismo.

dica

Ao escolher a decoração, tome cuidado para não colocar flores muito perfumadas à mesa, competindo com o aroma dos pratos.

AS ARTES DA MESA DESENHAM A HOSPITALIDADE

Limitamos, frequentemente, as artes da mesa ao uso de uma bela louça e de utensílios finos. Mas elas vão muito além. O serviço de mesa, os copos, as taças e os talheres evidentemente são tão importantes quanto a perfeição das toalhas de mesa, a escolha da iluminação, reforçados, por exemplo, pela discrição das velas. Tudo o que contribui para a criação de uma atmosfera específica conta: a decoração da mesa, a mobília, a música escolhida, as flores etc.

Para garantir o bem-estar de seus hóspedes ou convidados, o primeiro ponto essencial é ter o cuidado de recebê-los em um local harmonioso e em ordem. Um espaço organizado é necessário para que cada um possa encontrar seu lugar e inserir-se, sem ter a impressão ou o receio de atrapalhar.

Quando arrumamos uma mesa, independentemente do número de objetos que a ocupam (úteis ou decorativos), existem diretrizes que estruturam o espaço. Assim, as diferentes taças seguem uma diagonal determinada para que sua posição siga a das facas. Da mesma forma, a parte inferior ou superior dos talheres é alinhada virtualmente na tangente dos pratos ou seguindo as bordas da mesa, dependendo do layout escolhido: clássico ou banquete (ver págs. 684 e 685).

UMA MESA ACOLHEDORA

A TOALHA DE MESA

Para proteger a mesa, é aconselhável colocar um forro. Seu uso pode parecer obsoleto, mas ele também ajuda a preservar o conforto dos convivas, que não serão incomodados com a frieza e a dureza dos móveis. Além disso, o forro de mesa diminui o ruído dos talheres. Em seguida, cobrimos o forro com uma bela toalha de mesa, que oferece certa suavidade e por isso assume importância.

Quando as dobras da toalha de mesa ficam aparentes (de preferência em uma mesa quadrada ou retangular), elas devem estar orientadas apenas para uma direção. Para fazer isso, colocamos a toalha sobre a mesa, depois a passamos a ferro sobre a mesa, deixando as dobras todas na mesma direção, geralmente voltadas para o lado maior da sala ou para uma janela grande com uma bela vista.

UMA ARRUMAÇÃO CUIDADOSA

A arrumação das mesas é tão importante que pode e deve ser feita antes da chegada dos convidados. Quando a mesa se apresenta bem-disposta e bem-arrumada, revela a recepção calorosa reservada aos hóspedes, confirmando nossa atenção com a sua vinda.

Um layout clássico é sempre prerrogativa de distinção simples e elegante, enquanto uma disposição tipo banquete permite antecipar alguns pontos importantes do serviço, como a substituição de talheres, facilitando o trabalho do anfitrião.

Dispomos os vários elementos da louça com extremo rigor. Por exemplo, quando o pé das taças está decorado com uma marca ou logotipo, às vezes quase invisível e finamente gravado no cristal, sempre deve ficar virado para a pessoa que o usará. Esse conjunto de detalhes contribui para a impressão de ordem no ambiente. Ele enfatiza o cuidado delicado com que alguém arruma a mesa para o prazer de seus convidados. Em síntese, é fiel ao espírito clássico.

UMA LOUÇA IMPECÁVEL

Uma lavagem e uma secagem, mesmo a mais minuciosa, pode deixar marcas na louça. Para eliminá-las perfeitamente, é importante limpá-la mais uma vez antes de arrumar a mesa.

Os pratos, os talheres e as travessas devem ser esfregados com vinagre branco diluído em água.

Para os copos e as taças, a manobra é um pouco mais técnica: é necessário ferver uma panela de água e depois passar um a um, os copos e as taças, de cabeça para baixo, no vapor que sobe da panela para cobri-los com esse vapor. Um pano de prato impecavelmente limpo que não solte fiapos deverá ser usado para secá-los. Obviamente, arrumamos as mesas com luvas, para não deixar novos resquícios ou marcas.

Preparar uma mesa
CLÁSSICA

Preparar uma mesa é a arte de colocar em prática a sensorialidade a serviço dos convivas. A disposição clássica permite receber seus hóspedes com uma bela mesa bem-posta. A decoração e a mesa estarão, é claro, em harmonia com o menu e o tipo de refeição. No ambiente de restaurantes profissionais, isto é chamado de colocar as mesas "à la carte".

FACA DE PÃO
Ela é colocada como a faca de mesa, sobre a borda direita do prato de pão. Não é usada para cortar o pão, que deve ser partido, mas é útil se quisermos passar um pouco de manteiga, por exemplo.

COPO DE ÁGUA E TAÇA DE VINHO
Para uma mesa mais contemporânea, a taça de água é substituída por um copo.

PRATO DE PÃO
Ele fica na parte superior à esquerda, em uma linha que une a sua borda superior à parte superior do prato de apresentação e ao pé do copo de água, colocado à direita.

GUARDANAPO
O guardanapo de pano deve combinar com a toalha de mesa. É colocado à direita da faca, passado a ferro. Deve-se evitar, sempre que possível, dobrá-lo.

GARFO
À esquerda do prato, com os dentes voltados para baixo.

PRATO DE APRESENTAÇÃO
É um prato bastante grande, de 26 a 28 cm de diâmetro, em torno do qual se articulam todos os elementos do serviço. É colocado a uma distância de "um polegar dobrado" (comprimento que vai da ponta do polegar à falange) da borda da mesa.

FACA
À direita do prato, com a lâmina virada em direção ao prato.

Preparar uma mesa
DE BANQUETE

Essa disposição permite receber os hóspedes com uma bela apresentação, já tendo à mesa os diferentes talheres, copos e taças que serão utilizados, o que facilita o serviço durante a refeição.

Talheres de doces e de sobremesa

Eles são usados para a sobremesa. São colocados, inicialmente, acima do prato de apresentação. Depois, basta arrastá-los – a colher e a faca, pela direita, e o garfo, pela esquerda – de cada lado do espaço deixado pelo prato de apresentação, antes de servir a sobremesa.

Copos e taças

O copo para água, a taça de vinho branco e a de vinho tinto devem seguir uma linha diagonal que começa no cabo da faca de sobremesa.

Prato pequeno e faca de pão

O pão deve ficar sempre à esquerda de cada conviva. A faca pequena não é usada para cortar o pão, que deve ser partido, mas é útil para o conviva se servir, por exemplo, de manteiga.

Guardanapo

De tecido, passado a ferro, colocado sobre o prato de apresentação, combinando com a toalha de mesa. Costuma-se colocar o menu entre suas dobras.

Toalha de mesa

Arrumamos a mesa seguindo uma linha imaginária que parte da borda, permanecendo alinhada com a parte de cima dos talheres e do prato de apresentação: isso dá um arrojo à arrumação das mesas.

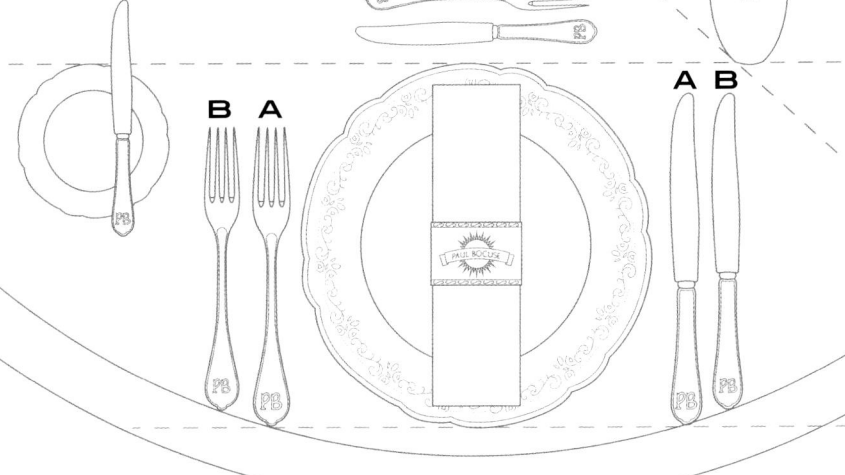

A – Faca e garfo para carne ou peixe

Estes são os talheres do prato principal; são colocados mais próximos do prato. Se o menu incluir mais pratos, é preciso dispor de outros talheres à medida que os demais pratos forem servidos, pois não se pode colocar mais de três talheres de cada lado do prato.

B – Faca e garfo de sobremesa

Eles são colocados na parte externa, em ambos os lados dos talheres de carne ou de peixe. Todos os talheres são alinhados em um arco de círculo, sempre um pouco acima do prato de apresentação.

Prato de apresentação

É um prato bastante grande, de 26 a 28 cm de diâmetro, em torno do qual se articulam todos os elementos do serviço. Ele é colocado a "um polegar dobrado" (comprimento que vai da ponta do polegar à falange) da borda da mesa. Este prato deve permanecer na mesa durante toda a refeição, desde o aperitivo até o queijo, e é retirado antes da sobremesa. Colocamos sobre este prato os diferentes pratos de serviço. É claro que deve combinar com a toalha da mesa e deve ser adaptado ao tipo de refeição proposta.

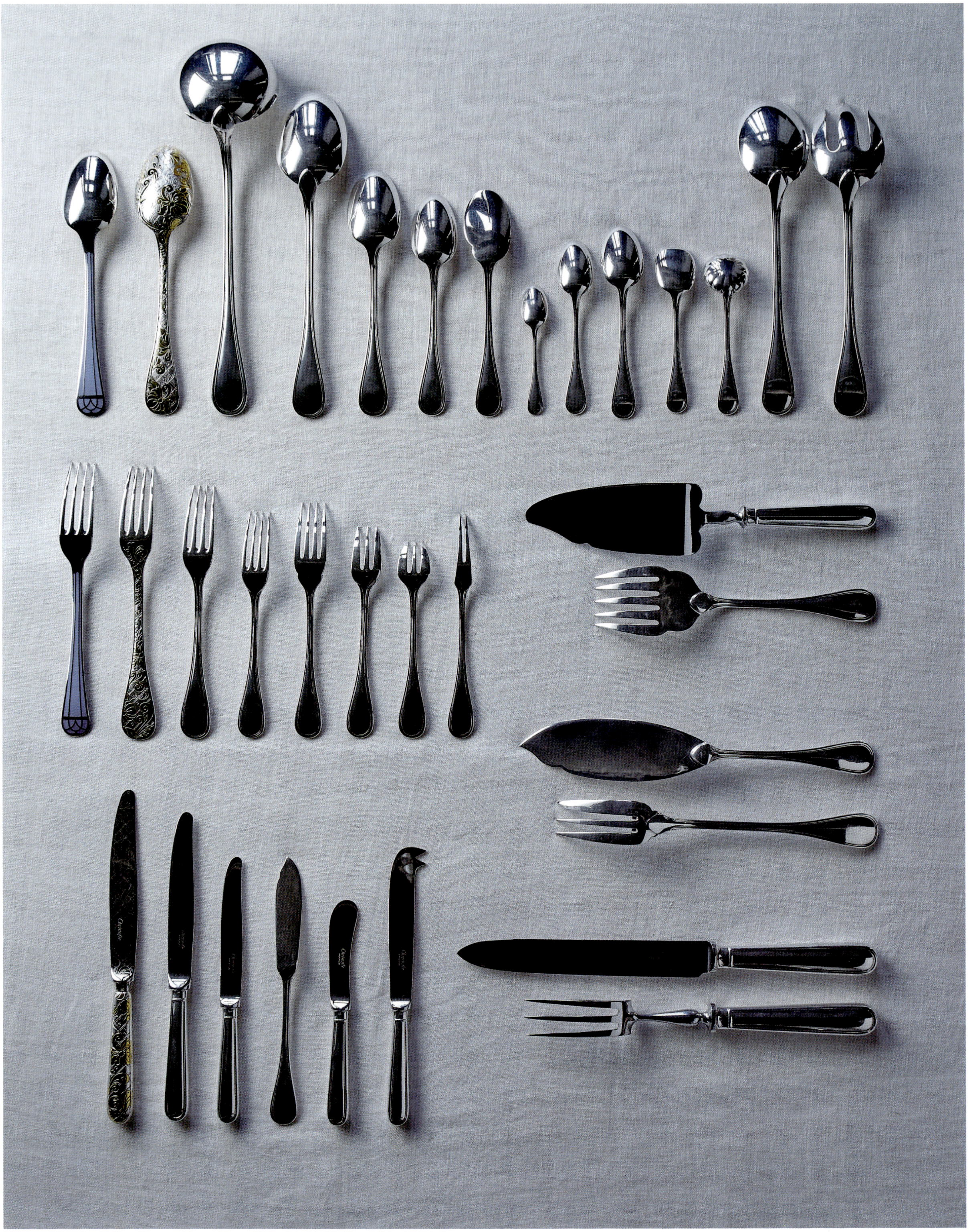

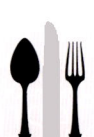

O BOM USO DOS TALHERES

Foi no século XVII que o uso de talheres se generalizou e que os serviços de mesa se desenvolveram.

Os talheres, os pratos, os copos e as taças apoiaram a indústria do luxo, na França, oferecendo à aristocracia marcas à altura de sua superioridade econômica. Esse luxo logo foi apropriado por um setor da burguesia que pretendia afirmar seu poder. Preciosa e prestigiosa, a bela louça fazia parte dos usos da alta sociedade, que impunha seus códigos e excluía aqueles que não os dominavam.

As artes da mesa se tornaram mais complexas no século XVIII, e a aristocracia se equipou com talheres cada vez mais precisos e específicos. Estima-se o valor dos talheres e louças de ouro e prata de Madame de Pompadour em aproximadamente 700 mil libras. Esse fenômeno é concomitante a uma multiplicação de temperos, condimentos e guarnições na culinária. No século XIX, mais do que nunca, as mansões estavam repletas de louças e de talheres, quase atingindo o absurdo. Essa tendência se prolongou, sendo necessário esperar até a segunda metade do século XX para que as artes da mesa se adaptassem melhor ao uso contemporâneo e encontrassem a essência exata de sua existência: simplificar o momento para que a refeição fosse uma situação de convívio.

Atualmente, as artes da mesa são auxiliares, mas necessárias aos anfitriões. São elementos suficientemente específicos para se adaptarem às diferentes tipicidades dos pratos que saboreamos, sem serem sobrecarregados por uma grande quantidade de itens que possam mais perturbar o hóspede do que deixá-lo à vontade.

Os faqueiros contemporâneos se apresentam sempre em um número múltiplo de seis, em garfos e colheres diferentes. As facas, antigamente feitas com cabos de madeira valiosa, madrepérola ou marfim, não faziam parte da prataria. Na vida diária, usamos principalmente colheres e garfos grandes. Estes, equipados com quatro dentes pungentes, servem para comer carne. Originalmente, eles tinham apenas dois dentes, o que não era suficiente para segurar e equilibrar os pedaços cortados. Os garfos e as colheres de sobremesa apresentam o mesmo formato de antigamente, mas agora são menores. São utilizados para comer também as entradas. De tamanho reduzido, eles se adaptam aos pratos de sobremesa, menores do que os utilizados para o prato principal.

As facas de mesa e de sobremesa também apresentam forma idêntica, e o tamanho corresponde ao das colheres e garfos. Os amantes de carne preferem facas pontudas e com lâmina serrilhada e afiada.

Os talheres de peixe consistem em um garfo e uma faca, aos quais se adiciona, cada vez com mais frequência, uma colher. O garfo tem formato arredondado. Seus dentes são menos pontudos, e por vezes, são apenas três. Achatados, eles oferecem mais estabilidade para a carne de peixe, que é pega sem ser espetada. A faca de peixe mais parece uma espátula. Assim como não espetamos o peixe, não o cortamos, mas separamos delicadamente os pedaços da carne. Como é uma faca bem larga, pode ser facilmente usada para cortar os filés de peixes pequenos, servidos inteiros. Os serviços de mesa propõem, cada vez com mais frequência, uma colher para peixe, sempre bem rasa. Ela permite provar os molhos que acompanham o peixe com facilidade.

Os talheres de sobremesa são menores. O ideal é dispor de uma colher, um garfo e uma faca pequenos. O manuseio nem sempre é simples, mas são talheres fundamentais para saborearmos confeitos e doces de diversas e variadas texturas: crocantes, cremosas, macias etc. A parte externa do dente, à direita do garfo, possui corte e permite cortar algumas sobremesas quando não dispomos de faca.

Outros formatos dão excelentes exemplos de adaptabilidade dos talheres, para os diferentes tipos de alimentos que consumimos. A colher de moca, usada para dissolver o açúcar no café, é extremamente pequena: serve apenas para mexer o líquido e nunca deve ser levada à boca. As colheres de chá, com as quais comemos o ovo mole na casca, são equipadas com um cabo longo o suficiente para chegar até o fundo da casca do ovo sem que nossos dedos se aproximem demais do alimento. Além disso, o leve arredondamento desse tipo de colher evita quebrar a casca. O formato da faca de manteiga é ideal para passá-la sobre um pedaço de pão. As facas de queijo possuem uma curvatura e uma extremidade que se separa em duas pontas pequenas. Essa forma extravagante é ideal para espetar o queijo após cortá-lo.

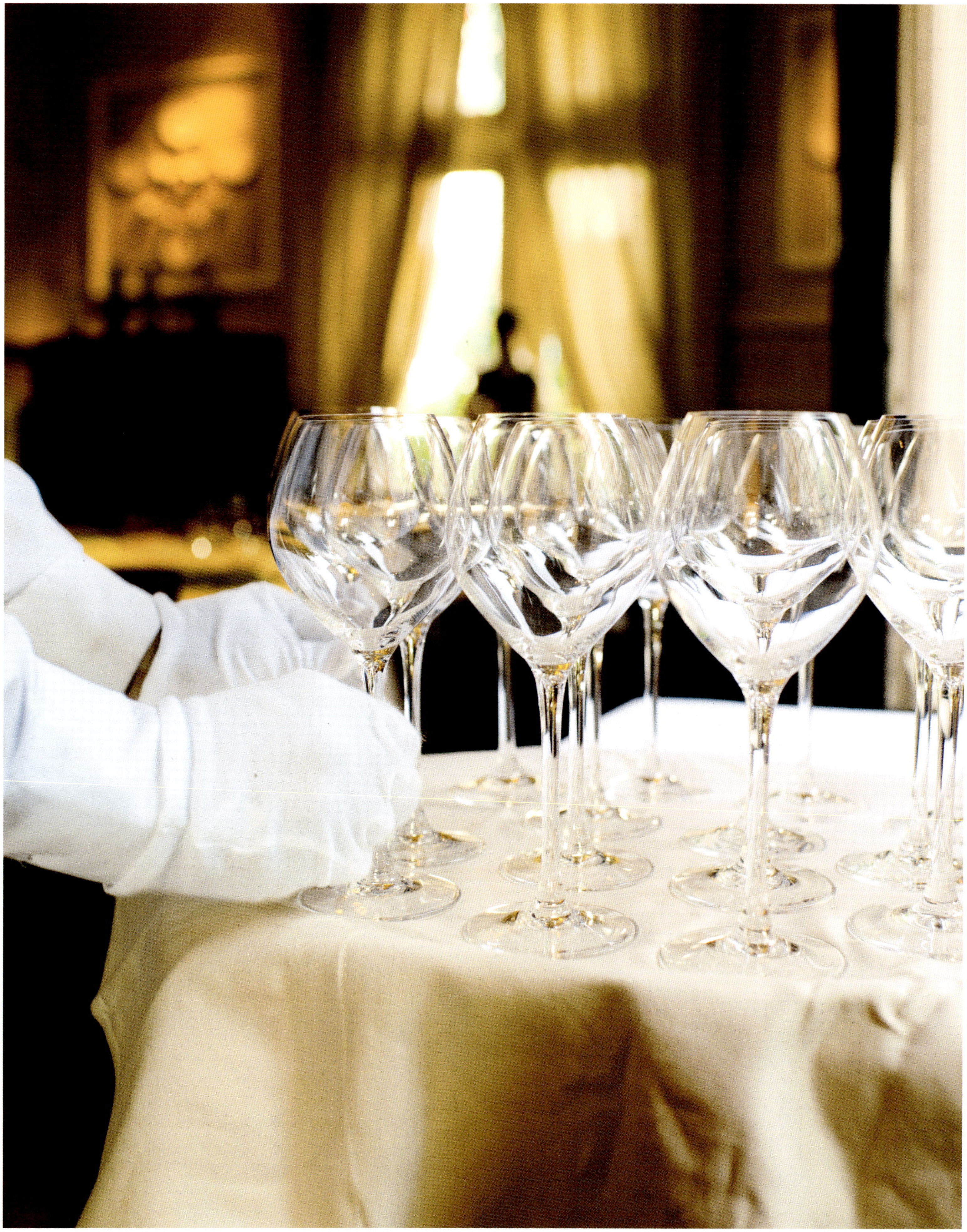

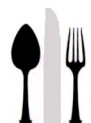

AS TAÇAS, O BRILHO NECESSÁRIO PARA OS VINHOS

Por muito tempo, as taças só compunham o brilho da mesa pela beleza de seu material – metal precioso ou cristal. Pouco a pouco, elas se definiram para oferecer a cada vinho as melhores condições de degustação.

DE QUE MATERIAL?

O material que as compõe é muito importante. As taças são feitas de cristal com cada vez menos frequência, por ser material ideal, porém frágil e caro. No entanto, atualmente encontramos taças de vidro de muito boa qualidade que associam à sua delicadeza uma transparência perfeita e uma robustez para o uso.

O PÉ DA TAÇA

A haste fina deve permitir segurar a taça, sem o risco de aquecê-la. Já o pé, propriamente, deve ser suficientemente largo para dar estabilidade. Estes são dois elementos importantes, que trazem elegância e arrojo às taças. Contudo, mais importante ainda são o bojo e a borda.

O BOJO

O bojo é a parte do copo que contém o líquido. Sua forma se adapta a cada vinho. Deve ser grande o suficiente para que possamos, depois de sentir pela primeira vez o aroma do vinho, arejá-lo na taça antes de sorvê-lo.

Os vinhos brancos não precisam ser tão arejados quanto os tintos, admitindo taças menores.

Entre as taças de vinho tinto, distinguimos as taças de vinho da Borgonha e do vinho de Bordeaux. As taças de vinho da Borgonha apresentam um bojo mais alargado, oferecendo aos aromas delicados a possibilidade de se concentrar.

A BORDA

A borda é a parte da taça em contato com a boca. Algumas taças mais contemporâneas oferecem variações no volume e apresentam uma pequena saliência no vidro que se interpõe entre o degustador e o vinho que ele descobre. É uma pena, já que uma borda fina, mas não excessivamente, valoriza mais a textura de um vinho, orientando o fluxo do líquido sem modificar sua fluidez natural.

SERVIÇOS DE PEQUENO E GRANDE PORTE

Na França, o uso admite três tipos de serviço: à francesa, à inglesa e empratado. Um quarto, o serviço no guéridon (apresentando os alimentos aos convidados pelo lado esquerdo) ou à russa, ainda é praticado excepcionalmente, mas podemos com tranquilidade e um pouco de prática realizá-lo em casa nas ocasiões especiais.

SERVIÇO À FRANCESA

Posicionado à esquerda do convidado, oferece-se a ele uma travessa e os talheres de serviço para que ele mesmo se sirva com mais facilidade, tendo mais amplitude com a mão direita, em um mundo regido pelos destros.

Esse serviço permite que cada um escolha a parte ou pedaço que melhor lhe convenha, mas é bastante demorado, pouco adequado a mesas grandes. Também requer espaço suficiente entre os convivas, para facilitar os movimentos de todos. Está reservado às pessoas familiarizadas a esse tipo de serviço ou que se sintam confortáveis o suficiente, porque pode ser embaraçoso se servir sem pressa enquanto os demais esperam a vez.

SERVIÇO À INGLESA

Agradável variante do anterior, em que o anfitrião serve seu convidado. Desde que o anfitrião tenha a habilidade suficiente para segurar a travessa com uma mão e servir com a outra, com os talheres em pinça. Este serviço, ao mesmo tempo cordial e amigável, coloca cada convidado no centro das atenções e permite que todos escolham o que lhes agrada mais. Naturalmente, é ainda mais indicado reservá-lo para um número pequeno de pessoas.

SERVIÇO EMPRATADO

Como em um restaurante, os pratos são preparados individualmente na cozinha, rapidamente colocados em frente aos convivas. Ele é ideal pela simplicidade e pela rapidez, desde que o trabalho na cozinha esteja suficientemente avançado e organizado para diminuir o tempo de espera entre as primeiras pessoas servidas e as últimas. Esse serviço é o mais frequentemente adotado em restaurantes. Ao servir no prato, você pode jogar com a descontração, aumentando o efeito surpresa com, por exemplo, pequenos cloches de metal, levantados todos ao mesmo tempo. O interesse principal deste serviço é, além da beleza da apresentação, permitir montar os pratos com antecedência, razão pela qual é especialmente interessante em entradas frias, que podem ser feitas antes da chegada dos convivas.

O SERVIÇO À RUSSA

Este serviço fez parte de inúmeros momentos dos serviços de luxo, no século XIX. Ele requer um determinado conhecimento, que atualmente está em desuso, exceto em estabelecimentos grandiosos. No entanto, com um pouco de treinamento podemos reproduzir os belos gestos em casa, com alguns pratos que são finalizados na frente dos convivas, como uma flambagem ou o corte de um assado: flambar um dourado no licor de anis, cortar um pato assado, uma costela de cordeiro em crosta etc. É chamado, às vezes, de "serviço no guéridon", porque pede a mesa pedestal, para se trabalhar na frente dos convidados.

CRIAR UMA EMOÇÃO SENSORIAL

A magia de um momento passado à mesa está baseada na sinergia do *savoir-faire* (a comida), do terroir (o vinho) e da história (o contexto). Essa emoção sensorial pode ser esquematicamente representada como:

O VINHO
Acidez • Maciez • Aroma

SAVOIR-FAIRE — HISTÓRIA

SINERGIA DO ACORDO

O CONTEXTO
Ambiente • Decoração • Serviço

A COZINHA
Domínio • Aroma • Gosto

TERROIR

O que pode parecer paradoxal com essa emoção sensorial é que, com a sua complexidade original, se conjuga igualmente uma forma de simplicidade e obviedade.

À medida que nos familiarizamos com as artes da mesa, as formas de servir, as combinações entre a comida e o vinho, esse conjunto de conhecimento se enriquece pela repetição das experiências, das lembranças de degustação, de tudo o que faz das artes culinárias um universo tão profundamente enraizado em nossas emoções e conhecimento.

Esses processos são válidos para as receitas de cozinha e os métodos de preparo. Apesar da dificuldade que muitas vezes os caracteriza, sua prática regular possibilita a familiarização com os métodos de trabalho. Isso nos permite ganhar confiança e tirar proveito das surpresas que nascem pelos erros e pelo acaso. Algumas dessas surpresas não são comestíveis, mas têm o mérito de nos fazer rir e construir divertidas lembranças guardadas em nossa memória. Outras, inesperadas, aromáticas e deliciosas, formarão a base de uma cozinha e de uma arte de receber bastante singular e pessoal. Nossas criações são, desta forma, o resultado de um *savoir-faire* de receitas e de técnicas, às quais são adicionadas uma pitada de imaginação e uma raspa de criatividade.

Os chefs
do Institut Paul Bocuse

(fileira de baixo, da esquerda para a direita)

ÉRIC CROS
CHRISTOPHE L'HOSPITALIER
ALAIN LE COSSEC
HERVÉ OGER
FLORENT BOIVIN

(fileira de cima, da esquerda para a direita)

PAUL BRENDLEN
SÉBASTIEN CHARRETIER
CYRIL BOSVIEL
CHAN HEO
JEAN PHILIPPON
JEAN-PAUL NAQUIN

A equipe Artes da mesa
do Institut Paul Bocuse

(fileira de baixo, da esquerda para a direita)
THIERRY GASPARIAN
PHILIPPE RISPAL
BERNARD RICOLLEAU

(fileira de cima, da esquerda para a direita)
ALAIN DAUVERGNE
PAUL DALRYMPLE
XAVIER LOIZEIL

APÊNDICES

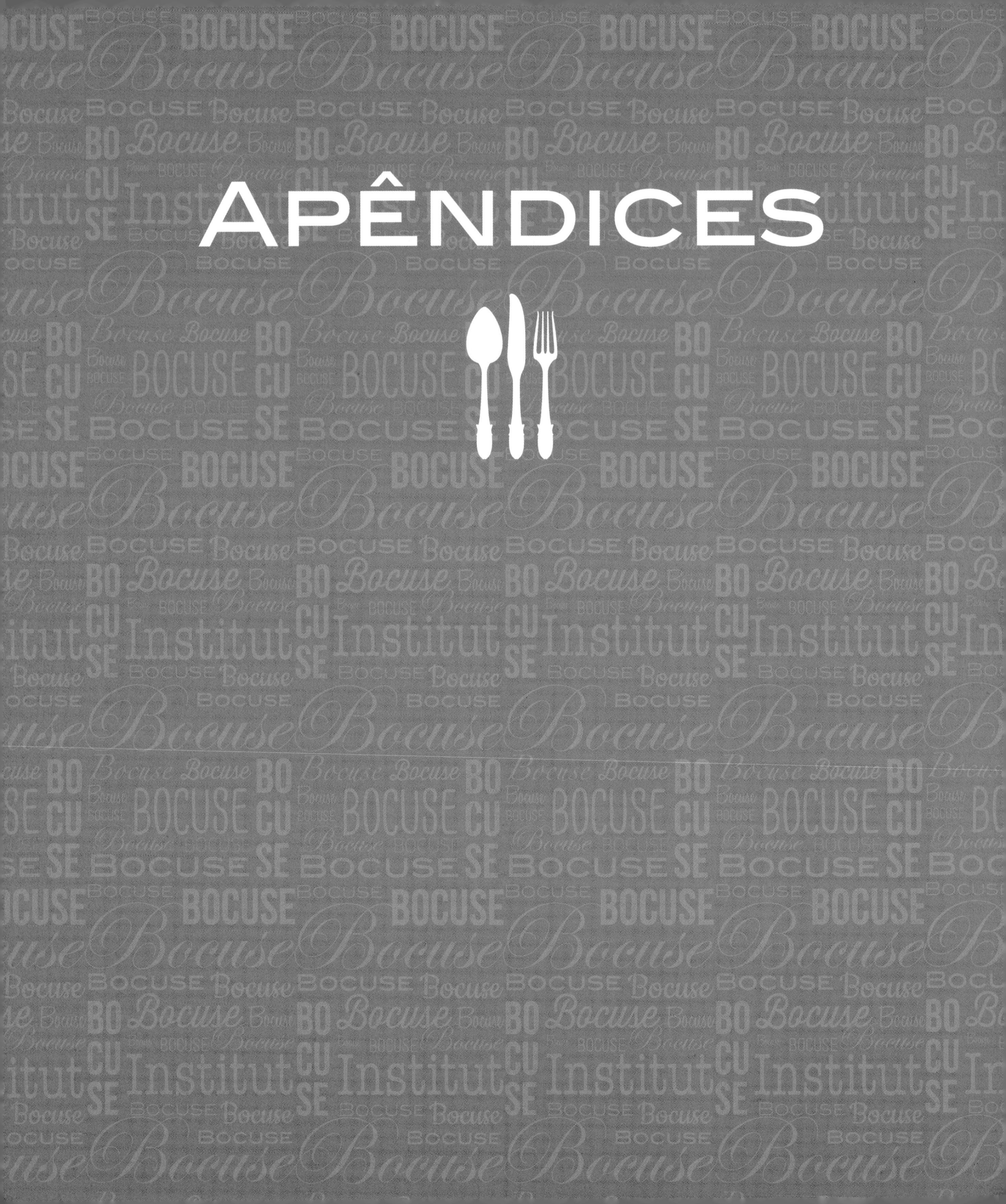

Sumário

Glossário	696
Índice das técnicas	701
Índice das receitas	703
Índice por ingrediente	705

Glossário

A

Abrir massa v – Espalhar um pedaço de massa crua até obter a espessura e a forma desejadas.

Alongar v – Adicionar um líquido a um caldo ou um molho para torná-lo fluido.

Amanteigar v – Adicionar manteiga a uma massa, creme ou aglutinante, para torná-lo mais untuoso.

Amarrar (para conter) v – Dobrar e apertar, prendendo as asas e as pernas de uma ave contra o corpo, usando uma agulha de costura. Esta operação permite que a ave mantenha a sua forma, durante o cozimento, sem que seus membros se afastem do corpo. Pode-se também "amarrar sem barbante ou sem costura", ou seja, prender as asas através de um corte na coxa.

Aparar v – Remover os itens desnecessários de um ingrediente ou de um produto, para garantir sua apresentação.

Aparar (nivelar) v – Cortar as folhas, as pontas e as raízes dos legumes.

Azeitar v – Depositar uma fina camada de óleo em uma fôrma ou em um mármore, para que as preparações possam descolar facilmente.

B

Banho-maria s m – Método de cocção muito suave, que consiste em colocar um recipiente cujo conteúdo deve ser cozido ou aquecido, sobre outro recipiente com água fervente, cuidando para que o fundo do recipiente superior não encoste na água. Pode ser realizado diretamente no fogo ou no forno.

Bardear v – envolver, antes de cozinhar, bacon ou toucinho em carne magra, para adicionar gordura e sabor.

Bater (com fouet) v – 1 Bater vigorosamente uma preparação, com o fouet, para incorporar ar. 2 Usar um batedor para misturar vigorosamente ou dar liga a uma preparação. Dependendo dos ingredientes, bater com o batedor manual concede brilho ao preparo.

Bater (manualmente) v – Trabalhar vigorosamente, normalmente com um fouet, as claras de ovos ou os cremes, por exemplo. Bater permite incorporar ar num líquido, para lhe dar volume e consistência.

Bater (para esfriar) v – Arrefecer com intensidade e bastante rapidez um líquido ou um sólido quente.

Beurre manié s f – Manteiga amolecida, em seguida misturada com farinha de trigo, que adicionamos a um molho bastante líquido para engrossá-lo.

Bouquet garni s m – Pequeno buquê composto de tomilho, louro, talos de salsa e aipo (salsão), amarrados em uma folha verde de alho-poró. Às vezes, uma fatia fina de toucinho (panceta) de porco também é adicionada. Este buquê acompanha a cozedura para aromatizar os pratos.

Branqueamento s m (ou Branquear v) – Primeiro cozimento de legumes ou carne, em água fervente ou em início de fervura. O branqueamento permite amaciar a substância e fixar a cor.

Brunoise s f – Legumes, de preferência de polpa firme, cortados, de forma regular, em cubos bem pequenos. Estes cubos devem ser cortados com 2 mm ou 3 mm de lado.

C

Caldo ou fundo s m – Suco que surge quando se cozinha carne, frango ou determinados legumes. Esse fundo (caldo) é precioso, pois contém a essência dos elementos aromáticos.

Caramelizar v – Prorrogar a cocção do caldo (suco) obtido pelo cozimento da carne, para obter o sabor mais intenso possível.

Carcaça s f – Conjunto de ossos que formam o esqueleto de um animal; útil para dar sabor aos caldos.

Chamuscar v – Colocar uma ave depenada perto de uma chama, para eliminar os resquícios de penas e penugens aderentes à sua pele.

Ciseler v – 1 Cortar finamente, em tiras ou em lâminas, os legumes ou as ervas aromáticas. 2 Fazer incisões ou talhos regulares no dorso de um peixe, para cortar apenas a pele e acelerar o cozimento.

Clarificar v – 1 Separar a parte nobre da manteiga de seus outros componentes, para torná-la clarificada. 2 Separar a clara da gema de um ovo cru que acabamos de retirar de sua casca. 3 Dar limpidez a um caldo, adicionando clara de ovo.

Coar v – Purificar uma preparação mais ou menos líquida passando-a por um pedaço de etamine ou um chinois.

Colorir (matizar) v – Adicionar um corante alimentar ou uma matéria-prima de cor natural para alterar a aparência de uma preparação.

Confitar v – Cozinhar o alimento durante longo período, em temperatura baixa, geralmente na própria gordura (no caso das carnes), em azeite (no caso dos legumes) ou em calda de açúcar (no caso de frutas).

CROUSTADE s f – Crosta ou massa de crosta de qualquer tipo. Geralmente é feita de massa folhada ou de massa podre.

D

DEBULHAR v – Retirar a vagem e a pele de leguminosas.

DECANTAR v – Deixar uma preparação líquida, com seus elementos sólidos, repousar de forma que eles possam ser separados com uma escumadeira ou derramando delicadamente o líquido em outro recipiente.

DEGLAÇAR v – Dissolver o suco (caldos) de cozimento caramelizado no fundo de uma panela, com um líquido mais ou menos ácido, ou simplesmente com água.

DEIXAR de molho ou dégorger v – 1 Mergulhar a carne vermelha ou a carne de peixe em água fria, por um certo período de tempo, para retirar o sangue, ou lavar em água corrente, se for o suficiente. 2 Eliminar o excesso de água de alguns legumes, salgando-os generosamente após tê-los picado.

DESCAMAR v – Remover as escamas de um peixe.

DESCARTAR v – Retirar de uma preparação um alimento cujo uso ou resíduo não seja comestível ou indicado para reutilização.

DESCASCAR v – 1 Preparar os legumes para sua utilização, removendo tudo o que não é comestível: a pele ou a casca, o cabo ou o caule, as sementes e o pedúnculo. 2 Tirar a casca de crustáceos ou de frutas secas.

DESCASCAR (com sal grosso) v – Técnica de retirar a pele extremamente fina de alguns legumes, esfregando-os com um pano de prato e sal grosso.

DESENGORDURAR v – 1 Retirar as partes gordurosas da carne. 2 Remover, com uma colher ou uma concha, o excesso de gordura que flutua acima de um líquido, no qual um produto gorduroso foi cozido.

DESFOLHAR v – Separar as folhas das plantas e das ervas aromáticas de seus caules.

DESIDRATAR v – 1 Trabalhar uma massa sobre o fogo, com uma espátula, sem parar. Ação feita, por exemplo, com a massa choux da qual se elabora o gougère (pão de queijo francês). 2 Colocar um ingrediente no forno morno, para remover o excesso de água ou de umidade.

DISPOR v – Arrumar, alinhar um pedaço ou a comida corretamente, no prato.

DOURAR v – Corar levemente os ingredientes, para que adquiram uma bela cor dourada.

DRENAR v – Escorrer água e líquidos de maneira geral.

DUXELLES v – Mistura de cogumelos cortados em cubos bem pequenos, cozidos com ervas aromáticas. É uma excelente base para recheios.

E

EBULIÇÃO (em ponto de) s f – Estado de fervura de um líquido. Sua superfície parece tremer.

EMBEBER v – Umedecer ou molhar uma preparação.

EMPANAR v – Cobrir algo, antes de cozinhar, mergulhando-o em ovo batido e, em seguida, em farinha de rosca.

ENFARINHAR v – 1 Depositar uma camada, muito fina, de farinha de trigo, por exemplo, sobre uma massa para evitar que ela grude. 2 Polvilhar uma camada bem fina de farinha de trigo em uma travessa ou uma fôrma, previamente untada com gordura, para evitar que as preparações grudem.

ENROLAR (uma massa) v – Trabalhar uma massa, girando-a com a palma da mão, para obter uma bola.

ENVOLVER ou enrolar v – Cobrir uma carne de ave caipira ou de caça com fatias de bacon ou de toucinho (panceta), antes de assar, para evitar o ressecamento. As fatias de bacon são presas por um barbante fino.

ESCALFAR v – Cozinhar um prato (uma preparação) em um líquido que deve permanecer muito quente, mas sem ferver.

ESCORRER v – Colocar um produto em um escorredor ou em um peneira, para retirar o líquido.

ESCUMAR v – Retirar a espuma que se forma na superfície de um líquido em cozimento.

ESPETAR v – Fixar um pedaço de carne em um espeto ou um espetinho para cozinhar.

ESPETO para grelhar s m – Haste de ferro ou de prata semelhante a um espeto em miniatura usado para decorar o prato.

ESPREMER v – Torcer ou apertar fortemente um alimento para extrair o máximo de líquido.

ESTERILIZAR v – Destruir os germes pelo calor.

ESVAZIAR v – Tirar o miolo dos legumes, antes de recheá-lo.

ETAMINE s f – Pedaço ou corte de tecido fino, através do qual líquidos (molhos ou caldos) são coados.

EVISCERAR v – Retirar tripas, vísceras.

F

Farinha de rosca s f – Material fino feito de pão torrado ou biscoitos que trituramos, antes de peneirar.

Fatiar v – Cortar, com muita precisão, carnes e legumes em fatias finas e uniformes.

Filezinho s m – Parte estreita e comprida que fica ao longo do miolo do peito do pato ou de outra ave; é a parte mais gordurosa do peito.

Fio (retirar o) s m – Retirar as bordas ou fibras (fios ou filigranas) dos legumes crus, particularmente fibrosos.

Fôrmas (adicionar) s f – Levar ao forno, uma ou duas assadeiras sob a forma guarnecida, para evitar que asse demais por baixo.

Forrar v – Colocar a massa em uma fôrma, cobrindo cuidadosamente o fundo e os lados.

Forrar (envolver) v – Colocar ou estender uma fina camada de pasta ou de geleia no interior de uma fôrma, sobre o fundo e as laterais, antes de encher a fôrma com um preparo. Após desenformar, obtém-se uma preparação coberta.

Fritar v – Mergulhar um alimento em óleo fervente para cozinhá-lo completamente.

Fumet (de peixe ou de carne de caça) s m – Caldo básico bastante encorpado, específico para peixe e para carne de caça.

G

Gelificar v – Deixar algumas preparações mais firmes, com a adição de gelatina ou ágar-ágar, que têm a capacidade de endurecer em temperatura ambiente ou na geladeira.

Germe (retirar o) s m – Cortar o dente de alho ao meio, no sentido do comprimento, para remover o germe e tornar sua digestão mais fácil.

Granulado adj – Preparação com aparência granulosa que forma grãos ou grumos.

Gratinar v – Colocar um prato (o conteúdo) previamente polvilhado com farinha de rosca, queijo ralado ou uma mistura de ambos sob o grill do forno ou a salamandra. Essa técnica lhe dará uma cor dourada e crocância.

Grelhar v – Cozinhar uma carne vermelha, um frango ou um peixe, expondo-a à brasa, usando uma grelha ou um grill.

Guisado s m – Ensopado de caça, principalmente de lebre, coelho, veado, cabrito ou bode, cujos pedaços marinados, antes de cozinhar, são refogados na gordura, regados com vinho tinto e temperados com cebolinha e cebola.

H

Homogeneizar v – Bater vigorosamente um molho ou um creme para obter uma consistência mais untuosa e acetinada.

I

Incisão s f – Corte, bastante superficial, na pele espessa de certos peixes e de certas aves para facilitar o cozimento.

Incorporar v – Misturar, introduzir, associar um elemento a uma preparação.

Infusão s f – Maceração de ingredientes aromáticos em um líquido, geralmente em ebulição.

J

Julienne s f – Técnica específica de corte de legumes em forma de palitos muito finos.

L

Lardear v – Introduzir, nas carnes magras, pedaços ou tiras de algum tipo de gordura, como toucinho, panceta, presunto, bacon etc., para lhes dar mais sabor e gordura.

Ligar v – Dar corpo e untuosidade a um molho ou uma sopa, adicionando gema de ovo.

M

Macedônia s f – Denominação de uma técnica de corte de legumes, em pequenos cubos, com aproximadamente 1 cm de tamanho.

Manchonner v – Retirar, raspando ou empurrando, a carne de algum osso, para melhorar a apresentação de diferentes pedaços de carne e facilitar sua degustação, cobrindo este osso com um papillote ou um pedaço de papel-alumínio.

Manteiga clarificada s f – Manteiga derretida em fogo muito baixo ou em banho-maria, depois decantada. A caseína, a água e os resíduos do soro são separados do resto. A manteiga fica mais pura, delicada e fácil de digerir.

Manteiga em ponto de pomada s f – Manteiga amolecida à temperatura ambiente, trabalhada e levada à consistência de creme, para facilitar sua incorporação em massas ou outros preparos.

Manteiga trabalhada s f – Manteiga amolecida à mão, com a ponta dos dedos ou um garfo, antes de ser incorporada em uma massa.

Marcar ou selar v – Iniciar o cozimento de uma carne, em fogo alto.

Marinar v – Mergulhar uma carne ou um peixe em um líquido fortemente aromatizado, para amaciar e perfumar.

Maturar v – Deixar uma carne fresca "amadurecer" para amolecê-la.

Mignonnette (pimenta em) s f – Processo de picar grosseiramente a pimenta-do-reino para liberar seu aroma.

Miúdos s m – Nome específico dado às vísceras de aves, de porco, de boi etc.: fígado, moela, pés, orelha, crista e assim por diante.

Modelar v – Dar forma com as mãos, com uma fôrma ou um cortador de biscoitos.

Molhar (ou regar) v – Adicionar água ou leite em uma preparação, enquanto estiver cozinhando, para torná-la mais líquida.

N

Nacarar (dar brilho) v – Primeira fase do cozimento do arroz pilaf, que consiste em refogar os grãos em gordura. Eles se tornam, desta forma, perolados.

Napé (ponto) s m – Ponto atingido em um preparo, quando cobre uma espátula, envolvendo-a como uma toalha cobre uma mesa. Ao desenhar uma linha na espátula com o dedo, ela deverá permanecer bem visível.

P

Papillote s f – Pequeno "envelope", feito preferencialmente com uma folha vegetal comestível ou papel-manteiga, onde colocamos preparos delicados para cozinhar. É uma forma saudável e *gourmet* de cozinhar.

Passar por v – Coar uma preparação líquida, por chinois, para extrair o máximo de seu conteúdo.

Pelar v – Retirar a pele de alguns legumes, após mergulhá-los por um momento em água fervente, para que a casca fina se solte da polpa.

Peneirar v – Passar uma preparação pela peneira ou pelo chinois, para garantir que fique bem fina e livrá-la de qualquer componente mais espesso.

Perfurar v – Fazer pequenos furos em uma massa folhada esticada ou no fundo de tortas, para evitar a formação de bolhas ao assar, ou que encolha.

Perfurar (a massa) v – Fazer pequenas incisões, com uma faca, em geral na borda da massa folhada, antes de assá-la para que ela cresça de forma mais regular.

Peritônio s m – Tipo de membrana gordurosa usada para embrulhar alimentos, para contê-los, durante o cozimento.

Picar v – Cortar um ingrediente sólido em pedaços muito pequenos, de preferência com uma faca.

Pinçar v – Fazer, com os dedos, pequenas dobras nas bordas de uma torta. No forno, essas pequenas cristas irão corar e endurecer rapidamente.

Polvilhar (com farinha) v – Salpicar levemente com farinha de trigo.

Posta s f – Fatia de 2 ou 3 centímetros de espessura, cortada no sentido da largura de um peixe grande, cujo corpo seja cilíndrico.

Preparar (para o cozimento) v – Esviscerar, chamuscar ou descamar, cortar e retirar os miúdos etc.

Preparo ou Preparação s m – Mistura homogênea, mais ou menos líquida, de vários ingredientes, incorporada, muitas vezes, numa composição antes de cozinhar.

R

Rechear v – Introduzir uma preparação em uma ave, peixe ou legume, antes do cozimento.

Reduzir v – 1 Deixar evaporar a água de uma preparação por ebulição, a fim de concentrar o sabor e o aroma ou adicionando ervas que atuam como intensificadores de sabor. 2 Tornar mais intenso o sabor de um prato por redução (evaporação).

Regar v – Cobrir, durante a cozedura, um produto com o seu molho de cozimento ou com um ingrediente gorduroso, para evitar que resseque.

Requentar (ou esquentar novamente) v – Restaurar a temperatura, de consumo, de alimentos ou de pratos preparados com antecedência, e refrigerados ou congelados, sem modificar nem a aparência, nem o sabor.

Retalhar (a massa) v – Cortar a massa aberta com um cortador de biscoitos ou com uma faca, para ter vários pedaços ou peças exatamente do mesmo tamanho.

Roux s m – Mistura espessante composta de farinha de trigo com manteiga, em partes iguais, base de vários molhos cozidos.

S

Singer v – Adicionar farinha de trigo, cobrindo um alimento, geralmente carne, para dar liga a um molho.

Sovar (ou amassar) v – Trabalhar os ingredientes para obter uma massa homogênea e lisa.

Suar v – Refogar, durante a primeira cozedura, de forma lenta, sem dourar.

T

Temperar v – Adicionar os condimentos usuais, em geral sal e pimenta, a uma preparação, para realçar seu sabor e seu aroma.

Tempero s m – Substância vegetal (erva, planta ou raiz) capaz de dar um sabor forte e um aroma profundo, ambos facilmente reconhecíveis, a uma preparação ou um produto.

Tornear v – Dar aos legumes uma forma regular, com a lâmina de uma faca de cozinha.

Triturar v – Esmagar e depois amassar ingredientes sólidos, reduzindo-os em pedaços ou pedacinhos reduzidos, para fazer uma farinha ou mesmo uma massa.

U

Untar v – Cobrir ou pincelar um recipiente com manteiga ou outro tipo de gordura, antes de assar algo, para evitar que grude nas bordas.

V

Vapor s m – Vapor produzido durante o cozimento pela evaporação de um líquido. Quando se forma no forno, fica mais difícil remover a travessa ou a fôrma e regar o que está sendo cozido, pois o calor queima mais depressa.

Z

Zester s m – Ralador específico para frutas cítricas.

Índice das técnicas

A

Abrir e limpar vieiras 358
Abrir e servir uma garrafa de
 vinho na cesta 674
Abrir mexilhões crus................... 365
Abrir ostras 368
Abrir uma garrafa de vinho 670
Abrir uma garrafa de vinho espumante 678
Aerar um vinho 673
Assar um pernil de cordeiro e preparar
 seu molho 182
Assar uma pata jovem 246

B

Batatas fritas em duas etapas 484
Beurre blond ou noisette 57

C

Caramelizar legumes 473
Cobrir um molde de torta 104
Confit de coxas de pato 236
Consomê (caldo clarificado) 78
Cortar a cebola em rodelas 463
Cortar a massa 387
Cortar alcachofras pequenas do tipo
 poivrade ou roxas 456
Cortar batatas com a faca 477
Cortar batatas no mandolin 476
Cortar cenouras à camponesa 439
Cortar cenouras em rodelas ou
 na diagonal 438
Cortar cogumelos grandes 459
Cortar cogumelos Paris 458
Cortar escalopes 164
Cortar filés de linguado à meunière 502
Cortar filés de peixes redondos 342
Cortar filés de rodovalho 504
Cortar filés de rodovalho ou pregado 332
Cortar filés e fazer medalhões
 de tamboril 344
Cortar legumes em brunoise 443
Cortar legumes em julienne 442
Cortar legumes em macedônia 441
Cortar legumes em mirepoix 440
Cortar o alho 465
Cortar um carré de cordeiro
 em crosta de ervas finas 494
Cortar um coelho 258
Cortar um fundo de alcachofra 454
Cortar um pato assado 492
Cortar um pato gordo 230
Cortar um pernil de cordeiro 496
Cortar um robalo em crosta ao
 molho Choron 500
Cortar um rodovalho (ou pregado)
 em postas 334
Cortar um salmão defumado 499
Cortar uma ave assada dentro
 de uma bexiga de porco 512
Cortar uma costela bovina 498
Cortar uma lagosta
 (ou lavagante) 355
Cortar uma lagosta (ou lavagante)
 ao meio para grelhar 356
Cortar uma pata jovem 248
Corte e desossa: coxas e peito 216
Corte sem desossa 220
Costurar uma ave 214
Cozinhar arroz à maneira asiática 404
Cozinhar arroz pilaf 402
Cozinhar bulgur (triguilho) 400
Cozinhar ervilhas no vapor 474
Cozinhar feijão-branco 412
Cozinhar legumes à blanc 470
Cozinhar massa fresca recheada 395
Cozinhar molejas de vitela 278
Cozinhar ovos na casca 124
Cozinhar quinoa 401
Cozinhar rim em sua própria gordura 274

D

Decantar o vinho na vela 676
Descascar e cortar tomates 460
Desossar e enrolar uma paleta
 de cordeiro 184
Desossar e enrolar uma sela de cordeiro . 190
Desossar e rechear uma sela de coelho... 262
Dourar batatas 480

E

Empanar badejo à moda inglesa 328
Escalfar as postas no
 court-bouillon 335

F

Fazer bolinhas de legumes 461
Fazer um purê de batata 483
Fazer uma omelete 126
Filetar um linguado grande 322
Flambar um dourado com anis 508
Forrar com massa uma fôrma
 de patê en croûte 108
Frisar e cortar um pepino.............. 447
Frisar e cortar uma abobrinha.......... 445
Fritar batatas chips 485
Fundo claro de ave 66
Fundo escuro de vitela 68

G

Galeto à americana................... 228
Galeto à crapaudine 226
Glacear cebola pérola 472
Glacear cenouras 471
Glacear um carré de vitela 170
Gordura de pato...................... 234
Grelhar salmonetes 349
Grelhar uma costela bovina 150
Grelhar uma posta de peixe............ 348

L

Legumes cozidos à
 moda inglesa 469
Limpar e cortar filés de salmão 312
Limpar e cozinhar miolos 282
Limpar mexilhões 364
Limpar um linguado.................. 320
Limpar um peixe redondo 336
Limpar um rodovalho................. 331
Limpar um salmão 316
Limpar uma ave e seus miúdos 208
Limpar, eviscerar e porcionar um
 bacalhau grande 310

M

Manteiga clarificada 56
Massa folhada com três voltas duplas 102
Massa (pâte à foncer).................... 100

O

Ovos mexidos 130
Ovos pochês 132

P

Picar a cebola 462
Picar a cebolinha 467
Picar a chalota 464
Picar a salsa 466
Picar ervas aromáticas 468
Picar o funcho (erva-doce) 444
Picar um pepino 446
Polenta grelhada 411
Polpettones........................... 174
Preparar alho-poró 448
Preparar carne de pombo em dois cozimentos 250
Preparar e descascar aspargos 450
Preparar espinafre 452
Preparar filés e cortar noisettes de cordeiro 194
Preparar foie gras com framboesas 256
Preparar lagostins 352
Preparar lula ou sépias pequenas 362
Preparar massa fresca 386
Preparar massa fresca colorida 388
Preparar molejas (timo) de vitela 276
Preparar o aipo (salsão) 449
Preparar ovos cocotte 128
Preparar peito de pato 240
Preparar polenta 410
Preparar rins de vitela e salteá-los ... 272
Preparar tournedos (medalhões de filé-mignon) **152**
Preparar tournedos (medalhões de filé-mignon) com molho madeira 154
Preparar um assado de vitela 166
Preparar um bife 144
Preparar um carré de cordeiro à francesa .. 186
Preparar um carré de vitela (ou de porco) .. 168
Preparar um chiffonnade de alface 453
Preparar um filé-mignon 146
Preparar um pernil de cordeiro 180
Preparar um pernil de cordeiro temperado com alho 181
Preparar um risoto 406
Preparar um risoto de espelta 408
Preparar um tamboril 346
Preparar uma costela bovina 148
Preparar uma mesa clássica 684
Preparar uma mesa de banquete 685
Preparar uma paleta com bacon 156
Preparar uma paleta com vinho tinto ... 158
Preparar uma pata jovem 242
Presunto de pato 238

R

Rechear e costurar uma pata jovem 244
Retirar a espinha de um peixe redondo pelo dorso 338
Retirar as veias do foie gras e cozinhá-lo em terrina 252
Retirar o intestino de lagostins 354

S

Saltear batatas cruas 478
Servir uma taça com a garrafa 672

T

Tornear batatas 75

Índice das receitas

A

Alcachofras roxas e medalhões
   de lavagante azul 548
Atum brûlée com creme de avocado
   e citronete 544
Ave caipira ao creme 224

B

Bacon com joelho de porco, costelinha
   e orelha na lentilha 592
Badejo, manjericão e nhoque 628
Batatas à duquesa 486
Batatas à sarladaise 479
Batatas Anna 481
Batatas assadas 482
Batatas dauphine 488
Bebek betutu (pato marinado,
   na folha de bananeira) 656
Beurre blanc 52
Beurre blanc de Nantes 53
Bibimbap (arroz misto) 650
Blanquette de frango de Bresse com
   legumes cozidos 594
Bolinhas verdes de rã, alho e salsa 578
Bulgur com frutas secas, cenoura
   e cominho 640

C

Caldo de carne 76
Caldo de galinha 74
Caldo de legumes 79
Canhão de carne
   de cordeiro e cafta 588
Caranguejo transparente 560
Carne de pombo sobre folhas verdes,
   mistura de miúdos e bacon de foie gras . . 604
Carpaccio de vieiras ao azeite com
   folhas de espinafre e ervas frescas . . . 530
Carré de cordeiro com
   curry e berinjela 590
Caviar de escargot com wafer
   de tartar de escargot 538
Coelho a caçador 264
Composição floral 536
Court-bouillon para peixe 86
Creme de agrião e ovo escalfado, tiras de
   pão torrado com cubos de salmão . . . 570
Croquetes de batata 487

D

Demi-glace e glace 70
Dorso e barriga de dourado com pilaf
   de quinoa e caldo de peixe 612

E

Escalope de vitela à inglesa 172
Esferas de foie gras, chutney de cereja e
   biscoito de avelã 554
Espetinho de legumes, tofu e
   caldo de algas 644

F

Filé de féra com moluscos e
   legumes glaceados 614
Filé de linguado ao molho bonne femme . . . 326
Filé de robalo com escamas de
   tomate seco e abobrinha 632
Filé de salmonete à moda de Nice com
   torradas e aroma do sol 618
Flambar filé de carne no conhaque
   ao molho de pimenta 506
Foie gras cozido inteiro no vinho tinto
   com especiarias 542
Foie gras de pato laqueado na geleia
   de sangria e especiarias 552
Frango de Bresse com lagostim,
   macarrão gratinado 600
Frutos do mar gratinados e julienne
   de legumes 636
Fumet de crustáceos 90
Fumet de peixe 88
Fundo claro de ave 66
Fundo escuro de vitela 68

G

Gota atum-chocolate 558
Gravlax 318

L

Lagostim assado e risoto de
   cogumelos silvestres 634
Lentilhas beluga na espuma defumada . . 642
Linguado à meunière 324
Linguado à moda de Grenoble 626
Linguado grelhado com
   molho béarnaise 610
Linguiça branca de ave com cogumelos
   fritos e molho espumoso trufado 602
Lula recheada com minirratatouille
   e chouriço, com molho ao azeite 568

M

Magret rosê laqueado no mel com
   molho sangria 598
Maionese 31
Manteiga de lagostim 96
Manteiga de vinho tinto 54
Marinada para filé de peixe grelhado . . . 115
Marinada para frango grelhado 114
Marinada para guisado provençal ou
   para carne de caça 290
Massa para pâté en croûte 106
Medalhão de vitela ao creme de
   cogumelos morilles 584
Mexilhões à marinara 366
Mezzalune de ricota com espinafre 389
Miolo à meunière 284
Miolo de timo de vitela com legumes glaceados
   e molho picante com baunilha 608
Molho à bordalesa 62
Molho à glacer 47
Molho americano 98
Molho béarnaise 48
Molho bechamel 38
Molho bigarade 58
Molho Choron 50
Molho concentrado de ave 72
Molho de mostarda 29
Molho de pimentão 80
Molho de raiz-forte 35
Molho de tomate 81
Molho de vinho branco 46
Molho diable 82
Molho Foyot 51
Molho gribiche 34
Molho holandês 42
Molho madeira (ou molho de vinho do Porto) 84
Molho maltês 45
Molho Mornay 39
Molho mousseline 44
Molho Nantua 92

Molho Périgueux 85
Molho poivre 64
Molho ravigote.......................... 30
Molho reduzido
 (veja Demi-glace e glace) 70
Molho Soubise 40
Molho supremo 60
Molho tártaro 32
Molho verde 36

N

Navarin de cordeiro 196
Navarin de pernil de cordeiro 586
Nhoque de batata 398

O

O tomate em todos os seus estados 646
Ostras com kiwi e rum de cacau 532
Ovo e ilusão 576
Ovo perfeito, molho de rúcula e wasabi e
 biscoito de parmesão 520
Ovos mexidos com trufas, folhado salgado
 com pimenta de Espelette e queijo comté . 564

P

Panacota de aspargos crocantes, fatias
 de pata negra e parmesão............ 534
Pastilla de pombo (torta de massa
 folhada com recheio de ave) 658
Pâté en croûte (terrine com crosta) 110
Peito de pato com especiarias e
 pêssegos assados 596
Pepitas de foie gras e alcachofra-
 -de-jerusalém desfolhada 574

Pernil de cervo (ou corça) 292
Pombo laqueado, panisses e azeitonas ... 606
Posta de bacalhau com chouriço e
 mousseline de feijão-branco 616
Prato branco 528
Preparar um tartar de carne 510

Q

Quenelle de merluza com lagostim e
 molho holandês 624
Quenelles de merluza 350
Quiche lorraine líquida 572

R

Ragu de cervo (ou corça) 294
Ravióli de rabada e de lavagante 580
Ravióli de vieiras (primeiro método) 392
Recheio de mousseline com vieiras 360
Rillette de pato 540
Risoto de espelta, aspargo
 verde cozido e cru 638
Robalo com milho e
 cogumelos morilles 630
Rodovalho assado com batatas, cogumelos,
 sépia e legumes no manjericão 622
Rolinhos de salmão defumado, espinafre e
 creme de endro 518

S

Salada asiática de lentilha 414
Salada de lagostim com legumes jovens
 crocantes marinados no vinagrete 546
Salada de legumes crus
 com água aromatizada 550

Salmão frio, pera com pimentão
 amarelo e maionese 524
Sépia à moda de Sète recriada 562
Sushi e sopa de missô 660

T

Tamboril assado com legumes
 novos no creme 620
Tartar de salmão 317
Tataki de atum com ervas e papoula,
 morangos e balsâmico 516
Tempurá de goujonnettes de linguado ... 330
Tom yum goong (sopa picante
 de camarão) 654
Torta fina de salmonete com salada de
 erva-doce marinada com ervas 522
Tortinha quente de timo de vitela com
 molho de vinho do Porto 566
Tournedos com tutano, molho
 bourguignon e purê com ervas finas ... 582
Triângulos e tortellini 390
Truta cozida no caldo com
 molho Barigoule 526
Truta salmonada e
 beterrabas variadas 556

V

Variações do avocado 648
Vinagrete 28

W

Wok de frango com castanha-de-caju
 e coentro 652

Índice por ingrediente

ABÓBORA-BRANCA

Composição floral 536
Salada de legumes crus com
   água aromatizada 550

ABOBRINHA

Bolinhas verdes de rã, alho e salsa 578
Composição floral 536
Fazer bolinhas de legumes 461
Filé de robalo com escamas de
   tomate seco e abobrinha 632
Frisar e cortar uma abobrinha 445
Lula recheada com minirratatouille
   e chouriço, com molho ao azeite 568
Rodovalho assado com batatas, cogumelos,
   sépia e legumes no manjericão 622
Salada de legumes crus com
   água aromatizada 550
Tamboril assado com legumes novos
   no creme 620

ÁGAR-ÁGAR

Composição floral 536
Truta salmonada e
   beterrabas variadas 556

AGRIÃO

Creme de agrião e ovo escalfado, tiras de
   pão torrado com cubos de salmão 570

AIPO

Bacon com joelho de porco, costelinha
   e orelha na lentilha 592
Bolinhas verdes de rã,
   alho e salsa 578
Caldo de carne 76
Caldo de galinha 74
Caldo de legumes 79
Court-bouillon para peixe 86
Cozinhar molejas de vitela 278
Espetinho de legumes, tofu e
   caldo de algas 644
Frango de Bresse com lagostim,
   macarrão gratinado 600
Frutos do mar gratinados e
   julienne de legumes 636
Fumet de crustáceos 90
Fundo escuro de vitela 68
Gota atum-chocolate 558
Marinada para guisado provençal
   ou para carne de caça 290
Miolo de timo de vitela com legumes
   glaceados e molho picante com baunilha . 608
Molho poivre 64
Molho Nantua 92
Polpettones 174
Pombo laqueado,
   panisses e azeitonas 606
Preparar o aipo (salsão) 449
Preparar uma paleta com vinho tinto 158
Quenelle de merluza com lagostim e
   molho holandês 624
Ravióli de rabada e de lavagante 580
Salada de lagostim com legumes jovens
   crocantes marinados no vinagrete 546
Sépia à moda de Sète recriada 562
Rodovalho assado com batatas, cogumelos,
   sépia e legumes no manjericão 622
Tamboril assado com legumes novos
   no creme 620
Tartar de salmão 317
Tournedos com tutano, molho bourguignon
   e purê com ervas finas 582
Wok de frango com castanha-de-caju
   e coentro 652

ALCACHOFRA

Alcachofras roxas e medalhões
   de lavagante azul 548
Badejo, manjericão e nhoque 628
Cortar alcachofras pequenas
   do tipo poivrade ou roxas 456
Cortar um fundo de alcachofra 454
Espetinho de legumes, tofu e
   caldo de algas 644
Salada de lagostim com legumes jovens
   crocantes marinados no vinagrete 546

ALFACE

Preparar um chiffonnade de alface 453

ALGA KOMBU

Espetinho de legumes, tofu e
   caldo de algas 644
Sushi e sopa de missô 660

ALHO

Cortar o alho 465
Preparar um pernil de cordeiro
   temperado com alho 181

ALHO-PORÓ

Blanquette de frango de Bresse com
   legumes cozidos 594
Caldo de carne 76
Caldo de galinha 74
Caldo de legumes 79
Composição floral 536
Court-bouillon para peixe 86
Filé de féra com moluscos e
   legumes glaceados 614
Frutos do mar gratinados
   e julienne de legumes 636
Fumet de peixe 88
Fundo claro de ave 66
Gota atum-chocolate 558
Miolo de timo de vitela com legumes glaceados
   e molho picante com baunilha 608
Prato branco 528
Preparar alho-poró 448
Ravióli de rabada e de lavagante 580
Salada de legumes crus com
   água aromatizada 550

AMÊNDOA

Bulgur com frutas secas,
   cenoura e cominho 640
Caviar de escargot com wafer
   de tartar de escargot 538
Pastilla de pombo (torta de massa
   folhada com recheio de ave) 658

AMENDOIM

Salada asiática de lentilha 414

AMORA

Magret rosê laqueado no mel com molho sangria 598

ANCHOVA

Caranguejo transparente 560
Filé de salmonete à moda de Nice com torradas e aroma do sol 618

ARROZ

Bebek betutu (pato marinado, na folha de bananeira) 656
Bibimbap (arroz misto) 650
Cozinhar arroz à maneira asiática 404
Cozinhar arroz pilaf 402
Espetinho de legumes, tofu e caldo de algas 644
Lagostim assado e risoto de cogumelos silvestres 634
Preparar um risoto 406
Sushi e sopa de missô 660
Wok de frango com castanha-de-caju e coentro 652

ASPARGOS

Composição floral 536
Panacota de aspargos crocantes, fatias de pata negra e parmesão 534
Preparar e descascar aspargos 450
Ravióli de rabada e de lavagante 580
Risoto de espelta, aspargo verde cozido e cru 638
Salada de lagostim com legumes jovens crocantes marinados no vinagrete 546
Tamboril assado com legumes novos no creme 620

ATUM

Atum brûlée com creme de avocado e citronete 544
Gota atum-chocolate 558
Grelhar uma posta de peixe 348
Sushi e sopa de missô 660
Tataki de atum com ervas e papoula, morangos e balsâmico 516

ATUM-BONITO

Sushi e sopa de missô 660

AVELÃ

Bulgur com frutas secas, cenoura e cominho 640
Composição floral 536
Esferas de foie gras, chutney de cereja e biscoito de avelã 554
Pepitas de foie gras e alcachofra-de-jerusalém desfolhada 574
Pombo laqueado, panisses e azeitonas 606

AVES CAIPIRAS

Ave caipira ao creme 224
Cortar uma ave assada dentro de uma bexiga de porco 512
Corte e desossa: coxas e peito 216
Corte sem desossa 220
Costurar uma ave 214
Frango de Bresse com lagostim, macarrão gratinado 600
Fundo claro de ave 66
Limpar uma ave e seus miúdos 208
Linguiça branca de ave com cogumelos fritos e molho espumoso trufado 602
Tortinha quente de timo de vitela com molho de vinho do Porto 566

AVOCADO

Atum brûlée com creme de avocado e citronete 544
Caranguejo transparente 560
Variações de avocado 648

BACALHAU

Limpar, eviscerar e porcionar um bacalhau grande 310
Posta de bacalhau com chouriço e mousseline de feijão-branco 616

BACON

Bacon com joelho de porco, costelinha e orelha na lentilha 592
Preparar uma paleta com bacon 156
Quiche lorraine líquida 572
Ragu de cervo (ou corça) 294
Tortinha quente de timo de vitela com molho de vinho do Porto 566
Tournedos com tutano, molho bourguignon e purê com ervas finas 582

BADEJO

Badejo, manjericão e nhoque 628
Empanar badejo à moda inglesa 328
Limpar um peixe redondo 336
Retirar a espinha de um peixe redondo pelo dorso 338

BATATA

Batatas à duquesa 486
Batatas à sarladaise 479
Batatas Anna 481
Batatas assadas 482
Batatas dauphine 488
Batatas fritas em duas etapas 484
Cortar batatas com a faca 477
Cortar batatas no mandolin 476
Croquetes de batata 487
Dourar batatas 480
Fazer bolinhas de legumes 461
Fazer um purê de batata 483
Foie gras de pato laqueado na geleia de sangria e especiarias 552
Fritar batata chips 485
Linguado à moda de Grenoble 626
Navarin de cordeiro 196
Nhoque de batata 398
Ovo e ilusão 576
Pepitas de foie gras e alcachofra-de-jerusalém desfolhada 574
Rodovalho assado com batatas, cogumelos, sépia e legumes no manjericão 622
Saltear batatas cruas 478
Tornear batatas 475

Tournedos com tutano, molho bourguignon e purê com ervas finas 582

BAUNILHA

Foie gras de pato laqueado na geleia de sangria e especiarias 552

Magret rosê laqueado no mel com molho sangria 598

Miolo de timo de vitela com legumes glaceados e molho picante com baunilha 608

BERINJELA

Carré de cordeiro com curry e berinjela..... 590

Filé de salmonete à moda de Nice com torradas e aroma do sol 618

Lula recheada com minirratatouille e chouriço, com molho ao azeite 568

Torta fina de salmonete, com salada de erva-doce marinada com ervas 522

BETERRABA

Atum brûlée com creme de avocado e citronete 544

Composição floral 536

Espetinho de legumes, tofu e caldo de algas 644

Gota atum-chocolate 558

Salada de legumes crus com água aromatizada 550

Salmão frio, pera com pimentão amarelo e maionese 524

Truta salmonada e beterrabas variadas 556

BRÓCOLIS

Composição floral 536

Miolo de timo de vitela com legumes glaceados e molho picante com baunilha 608

Preparar couve-flor ou brócolis 451

BROTO DE SOJA

Bibimbap (arroz misto) 650

Prato branco.......................... 528

BULGUR

Bulgur com frutas secas, cenoura e cominho 640

Cozinhar bulgur (triguilho) 400

CACAU

Ostras com kiwi e rum de cacau 532

CAMARÃO

Tom yum goong (sopa picante de camarão) 654

CARANGUEJO

Caranguejo transparente 560

CARNE

Bibimbap (arroz misto) 650

Caldo de carne 76

Consomê (caldo clarificado) 78

Cortar uma costela bovina 498

Flambar filé de carne no conhaque ao molho de pimenta 506

Grelhar uma costela bovina 150

Preparar tournedos (medalhões de filé-mignon) 152

Preparar tournedos (medalhões de filé-mignon) com molho madeira 154

Preparar um bife 144

Preparar um filé-mignon 146

Preparar um tartar de carne 510

Preparar uma costela bovina 148

Preparar uma paleta com bacon 156

Preparar uma paleta com vinho tinto 158

Ravióli de rabada e de lavagante 580

Tournedos com tutano, molho bourguignon e purê com ervas finas 582

CARNE DE PORCO

Bacon com joelho de porco, costelinha e orelha na lentilha 592

Limpar e cozinhar miolos 282

Linguiça branca de ave com cogumelos fritos e molho espumoso trufado........ 602

Miolo à meunière 284

Pâté en croûte (terrine com crosta) 110

Preparar um carré de vitela (ou de porco) 168

Tortinha quente de timo de vitela com molho de vinho do Porto 566

CASTANHA-DE-CAJU

Wok de frango com castanha-de-caju e coentro 652

CEBOLA

Cortar a cebola em rodelas 463

Cortar legumes em mirepoix 440

Glacear cebola pérola 472

Picar a cebola 462

CEBOLINHA

Salada de lagostim com legumes jovens crocantes marinados no vinagrete 546

CENOURA

Atum brûlée com creme de avocado e citronete 544

Bacon com joelho de porco, costelinha e orelha na lentilha 592

Bibimbap (arroz misto) 650

Blanquette de frango de Bresse com legumes cozidos 594

Bolinhas verdes de rã, alho e salsa 578

Bulgur com frutas secas, cenoura e cominho 640

Caldo de carne 76

Caldo de galinha 74

Caldo de legumes 79

Coelho a caçador 264

Composição floral 536

Cortar cenouras à camponesa 439

Cortar cenouras em rodelas ou na diagonal 438

Cortar legumes em brunoise 443

Cortar legumes em julienne 442

Cortar legumes em macedônia 441

Cortar legumes em mirepoix 440

Court-bouillon para peixe 86
Cozinhar molejas de vitela 278
Espetinho de legumes, tofu e
   caldo de algas 644
Fazer bolinhas de legumes 461
Filé de féra com moluscos
   e legumes glaceados 614
Frango de Bresse com lagostim,
   macarrão gratinado 600
Frutos do mar gratinados
   e julienne de legumes 636
Fundo claro de ave 66
Fundo escuro de vitela 68
Glacear cenouras 471
Gota atum-chocolate 558
Lentilhas beluga na espuma defumada 642
Linguiça branca de ave com cogumelos
   fritos e molho espumoso trufado 602
Marinada para guisado provençal ou
   para carne de caça 290
Miolo de timo de vitela com legumes glaceados
   e molho picante com baunilha 608
Molho americano 98
Molho concentrado de ave 72
Molho Nantua 92
Molho poivre 64
Navarin de cordeiro 196
Navarin de pernil de cordeiro 586
Pernil de cervo (ou corça) 292
Polpettones 174
Preparar um carré de vitela
   (ou de porco) 168
Preparar uma paleta
   com vinho tinto 158
Quenelle de merluza com lagostim e
   molho holandês 624
Ravióli de rabada e de lavagante 580
Salada de lagostim com legumes jovens
   crocantes marinados no vinagrete 546
Salada de legumes crus com
   água aromatizada 550
Tamboril assado com legumes
   novos no creme 20
Tataki de atum com ervas e papoula,
   morangos e balsâmico 516
Tournedos com tutano, molho bourguignon e
   purê com ervas finas 582
Truta cozida no caldo com molho barigoule 526

CEREJA

Esferas de foie gras, chutney de cereja e
   biscoito de avelã 554

CHALOTA

Picar a chalota 464

CHOCOLATE

Gota atum-chocolate 558

CHOURIÇO

Lula recheada com minirratatouille e
   chouriço, com molho ao azeite 568
Posta de bacalhau com chouriço e
   mousseline de feijão-branco 616

COCO

Prato branco 528

COELHO

Coelho a caçador 264
Cortar um coelho 258
Desossar e rechear uma sela de coelho . . . 262

COGUMELO

Blanquette de frango de Bresse com
   legumes cozidos 594
Coelho a caçador 264
Composição floral 536
Cortar cogumelos grandes 459
Cortar cogumelos Paris 458
Cozinhar molejas de vitela 278
Dorso e barriga de dourado com pilaf
   de quinoa e caldo de peixe 612
Filé de linguado ao molho bonne femme . . 326
Fumet de peixe 88
Lagostim assado e risoto de
   cogumelos silvestres 634
Linguiça branca de ave com cogumelos
   fritos e molho espumoso trufado 602
Molho madeira
   (ou molho de vinho do Porto) 84
Molho Périgueux 85

Navarin de cordeiro 196
Navarin de pernil de cordeiro 586
Polpettones 174
Ragu de cervo (ou corça) 294
Salada de legumes crus com
   água aromatizada 550
Tom yum goong
   (sopa picante de camarão) 654
Veja também Cantarelo, Morilles, Shitake

COGUMELOS CANTARELO

Lagostim assado e risoto de
   cogumelos silvestres 634
Ovo e ilusão 576
Rodovalho assado com batatas, cogumelos,
   sépia e legumes no manjericão 622

COGUMELOS MORILLES

Linguiça branca de ave com cogumelos
   fritos e molho espumoso trufado 602
Medalhão de vitela ao creme de
   cogumelos morilles 584
Robalo com milho e cogumelos morilles . . . 630

COGUMELOS PORCINI

Lagostim assado e risoto de
   cogumelos silvestres 634
Preparar massa fresca colorida 388
Ravióli quadrado de cogumelo 396

CONHAQUE

Carne de pombo sobre folhas verdes,
   mistura de miúdos e bacon de foie gras . 604
Coelho a caçador 264
Flambar filé de carne no conhaque
   ao molho de pimenta 506
Frango de Bresse com lagostim,
   macarrão gratinado 600
Molho americano 98
Molho Nantua 92
Quenelle de merluza com lagostim e
   molho holandês 624
Ragu de cervo (ou corça) 294
Sépia à moda de Sète recriada 562
Tortinha quente de timo de vitela com
   molho de vinho do Porto 566

CONSOMÊ DE CARNE

Manteiga de vinho tinto 54

CORÇA

Pernil de cervo (ou corça) 292
Ragu de cervo (ou corça) 294

CORDEIRO

Assar um pernil de cordeiro
   e preparar seu molho 182
Canhão de carne de cordeiro e cafta 588
Carré de cordeiro com
   curry e berinjela 590
Cortar um carré de cordeiro em
   crosta de ervas finas 494
Cortar um pernil de cordeiro 496
Desossar e enrolar uma
   paleta de cordeiro.................... 184
Desossar e enrolar uma
   sela de cordeiro 190
Limpar e cozinhar miolos 282
Linguiça branca de ave com cogumelos
   fritos e molho espumoso trufado 602
Miolo à meunière 284
Navarin de cordeiro 196
Navarin de pernil de cordeiro 586
Preparar filés e cortar noisettes de cordeiro 194
Preparar um carré de cordeiro à francesa . 186
Preparar um pernil de cordeiro 180
Preparar um pernil de cordeiro
   temperado com alho 181

COUVE-DE-BRUXELAS

Composição floral 536

COUVE-FLOR

Composição floral 536
Prato branco 528
Preparar couve-flor ou brócolis 451
Salada de legumes crus com
   água aromatizada 550
Tataki de atum com ervas e papoula,
   morangos e balsâmico 516

CRUSTÁCEOS

Fumet de crustáceos 90
Molho americano 98

DAMASCO

Bulgur com frutas secas, cenoura
   e cominho 640

DOURADO

Dorso e barriga de dourado com pilaf
   de quinoa e caldo de peixe 612
Flambar um dourado com anis 508
Sushi e sopa de missô 660

EDAMAME

Sépia à moda de Sète recriada 562
Truta salmonada e beterrabas variadas ... 556

EMMENTHAL

Quiche lorraine líquida 572

ENDÍVIA

Atum brûlée com creme de avocado
   e citronete 544
Composição floral 536
Magret rosê laqueado no mel com
   molho sangria 598
Salada de legumes crus com
   água aromatizada 550

ERVA-CIDREIRA

Bebek betutu (pato marinado,
   na folha de bananeira) 656
Tom yum goong (sopa picante
   de camarão) 654

ERVA-DOCE

Composição floral 536
Filé de féra com moluscos e
   legumes glaceados 614
Fumet de crustáceos 90
Picar o funcho (erva-doce) 444
Salada de lagostim com legumes jovens
   crocantes marinados no vinagrete 546
Salada de legumes crus com
   água aromatizada 550
Tamboril assado com legumes
   novos no creme 620
Tataki de atum com ervas e papoula,
   morangos e balsâmico 516
Torta fina de salmonete com salada
   de erva-doce marinada com ervas 522
Truta cozida no caldo com molho barigoule 526

ERVILHA

Cozinhar ervilhas no vapor 474
Miolo de timo de vitela com legumes
   glaceados e molho picante com baunilha . 608
Tamboril assado com legumes
   novos no creme 620

ESCARGOT

Caviar de escargot com wafer
   de tartar de escargot 538

ESPELTA

Preparar um risoto de espelta 408
Risoto de espelta, aspargo
   verde cozido e cru 638

ESPINAFRE

Badejo, manjericão e nhoque 628
Bolinhas verdes de rã, alho e salsa 578
Carpaccio de vieiras ao azeite com
   folhas de espinafre e ervas frescas 530
Mezzalune de ricota com espinafre 389
Ovo e ilusão 576
Preparar espinafre 452
Preparar massa fresca 386
Rolinhos de salmão defumado, espinafre
   e creme de endro.................... 518

FAVAS

Salada de lagostim com legumes jovens
   crocantes marinados no vinagrete 546
Tamboril assado com legumes
   novos no creme 620

FEIJÃO-BRANCO

Cozinhar feijão-branco 412
Posta de bacalhau com chouriço e mousseline de feijão-branco 616

FÉRA

Filé de féra com moluscos e legumes glaceados 614
Limpar um peixe redondo 336

FIGO

Foie gras cozido inteiro no vinho tinto com especiarias 542

FOIE GRAS

Carne de pombo sobre folhas verdes, mistura de miúdos e bacon de foie gras . 604
Esferas de foie gras, chutney de cereja e biscoito de avelã 554
Foie gras de pato laqueado na geleia de sangria e especiarias 552
Foie gras cozido inteiro no vinho tinto com especiarias 542
Pâté en croûte (terrine com crosta) 110
Pepitas de foie gras e alcachofra--de-jerusalém desfolhada 574
Preparar foie gras com framboesas 256
Retirar as veias do foie gras e cozinhá-lo em terrina 252
Salada asiática de lentilha 414

FOLHA DE ARROZ

Gota atum-chocolate 558

FOLHA DE BANANEIRA

Bebek betutu (pato marinado, na folha de bananeira) 656

FOLHA DE MASSA BRICK

Caranguejo transparente 560
Pastilla de pombo (torta de massa folhada com recheio de ave) 658

FOLHA DE NORI

Bibimbap (arroz misto) 650
Sushi e sopa de missô 660

FRAMBOESA

Magret rosê laqueado no mel com molho sangria 598
Preparar foie gras com framboesas 256

FRANGO

Blanquette de frango de Bresse com legumes cozidos 594
Molho concentrado de ave 72
Wok de frango com castanha-de-caju e coentro 652

FUNDOS E MOLHOS

CALDO DE AVES

Assar uma pata jovem 246
Batatas assadas 482
Caldo de galinha 74
Gota atum-chocolate 558
Lagostim assado e risoto de cogumelos silvestres 634
Linguiça branca de ave com cogumelos fritos e molho espumoso trufado 602
Molho supremo 60
Posta de bacalhau com chouriço e mousseline de feijão-branco 616
Preparar um risoto 406
Tom yum goong (sopa picante de camarão) 654

CALDO DE LEGUMES

Bulgur com frutas secas, cenoura e cominho 640
Espetinho de legumes, tofu e caldo de algas 644
Lentilhas beluga na espuma defumada ... 642
Navarin de cordeiro 196
Pernil de cervo (ou corça) 292
Preparar um risoto 406
Preparar um risoto de espelta 408
Risoto de espelta, aspargo verde cozido e cru 638
Variações de avocado 648

COURT-BOUILLON

Alcachofras roxas e medalhões de lavagante azul 548
Frango de Bresse com lagostim, macarrão gratinado. 600

FUMET

Filé de linguado ao molho bonne femme 326
Filé de robalo com escamas de tomate seco e abobrinha 632
Fumet de crustáceaos 90
Fumet de peixe 88
Frango de Bresse com lagostim, macarrão gratinado 600
Molho americano 98
Molho de vinho branco 46
Molho Nantua 92
Preparar um risoto 406
Quenelle de merluza com lagostim e molho holandês 624
Tamboril assado com legumes novos no creme 620

FUNDO DE AVE

Alcachofras roxas e medalhões de lavagante azul 548
Ave caipira ao creme 224
Bacon com joelho de porco, costelinha e orelha na lentilha 592
Bolinhas verdes de rã, alho e salsa 578
Creme de agrião e ovo escalfado, tiras de pão torrado com cubos de salmão ... 570
Dorso e barriga de dourado com pilaf de quinoa e caldo de peixe 612
Esferas de foie gras, chutney de cereja e biscoito de avelã 554
Miolo de timo de vitela com legumes glaceados e molho picante com baunilha 608
Molho bigarade 58
Molho concentrado de ave 72
Peito de pato com especiarias e pêssegos assados 596
Pombo laqueado, panisses e azeitonas 606
Preparar foie gras com framboesas 256
Rillette de pato 540
Robalo com milho e cogumelos morilles 630
Salada de legumes crus com água aromatizada 550

FUNDO DE CARNE DE CERVO

Pernil de corça (ou corça) 292

FUNDO DE CORDEIRO

Navarin de cordeiro 196

FUNDO DE VITELA

Coelho a caçador 264
Cozinhar molejas de vitela 278
Demi-glace e glace 70
Flambar filé de carne no conhaque
  ao molho de pimenta 506
Magret rosê laqueado no mel com
  molho sangria 598
Medalhão de vitela ao creme de
  cogumelos morilles 584
Navarin de pernil de cordeiro 586
Polpettones 174
Preparar um carré de vitela
  (ou de porco) 168
Preparar uma paleta com vinho tinto 158
Tournedos com tutano, molho
  bourguignon e purê com ervas finas ... 582

GALETO

Galeto à americana 228
Galeto à crapaudine 226

GENGIBRE TAILANDÊS

Bebek betutu (pato marinado,
  na folha de bananeira) 656
Tom yum goong (sopa picante
  de camarão) 654

GRÃO-DE-BICO

Canhão de carne de cordeiro e cafta 588
Pombo laqueado, panisses
  e azeitonas 606

GROSELHA NEGRA

Magret rosê laqueado no mel com
  molho sangria 598

GRUYÈRE

Molho Mornay 39

KIWI

Ostras com kiwi e rum de cacau 532

LAGOSTIM

Fumet de crustáceos 90
Lagostim assado e risoto de
  cogumelos silvestres 634
Preparar lagostins 352
Retirar o intestino de lagostins 354
Salada de lagostim com legumes jovens
  crocantes marinados no vinagrete 546

LARANJA

Foie gras cozido inteiro no vinho tinto
  com especiarias 542
Foie gras de pato laqueado na geleia
  de sangria e especiarias 552
Magret rosê laqueado no mel com
  molho sangria 598
Molho bigarade 58
Molho maltês 45
Salada de lagostim com legumes jovens
  crocantes marinados no vinagrete 546

LAVAGANTE OU LAGOSTA

Alcachofras roxas e medalhões
  de lavagante azul 548
Cortar uma lagosta (ou lavagante) 355
Cortar uma lagosta (ou lavagante)
  ao meio para grelhar 356
Quenelle de merluza com lagostim e
  molho holandês 624
Ravióli de rabada e de lavagante 580

LEITE DE COCO

Prato branco 528
Variações de avocado 648

LENTILHAS

Bacon com joelho de porco, costelinha
  e orelha na lentilha 592
Lentilhas beluga na
  espuma defumada 642
Salada asiática de lentilha 414

LIMÃO

Marinada para filé de peixe grelhado ... 115
Marinada para frango grelhado 114
Vinagrete 28

LIMÃO COMBAVA

Ostras com kiwi e rum de cacau 532

LINGUADO

Cortar filés de linguado à meunière 502
Filé de linguado ao molho
  bonne femme 326
Filetar um linguado grande 322
Limpar um linguado 320
Linguado à meunière 324
Linguado à moda de Grenoble 626
Linguado grelhado e
  molho béarnaise 610
Tempurá de goujonnettes
  de linguado 330

LULA

Lula recheada com minirratatouille e
  chouriço, com molho ao azeite 568
Preparar lula ou sépias pequenas 362

MAÇÃ

Magret rosê laqueado no mel com
  molho sangria 598

MACARRÃO

Frango de Bresse com lagostim,
  macarrão gratinado 600

MADEIRA (VINHO DA)

Molho madeira
  (ou molho de vinho do Porto) 84
Molho Périgueux 85
Pâté en croûte
  (terrine com crosta) 110
Preparar tournedos (medalhões de filé-mignon)
  com molho madeira 154

MANGA

Atum brûlée com creme de avocado
e citronete 544
Salada de lagostim com legumes jovens
crocantes marinados no vinagrete 546
Tataki de atum com ervas e papoula,
morangos e balsâmico 516

MANTEIGA

Beurre blanc 52
Beurre blanc de Nantes 53
Beurre blond ou noisette 57
Fazer um purê de batata 483
Fumet de peixe 88
Linguado à meunière 324
Manteiga clarificada 56
Manteiga de lagostim 96
Manteiga de vinho tinto 54
Massa folhada com três voltas duplas ... 102
Massa (pâte à foncer) 100
Molho à bordalesa 62
Molho à glacer 47
Molho béarnaise 48
Molho bechamel 38
Molho bigarade 58
Molho Choron 50
Molho de vinho branco 46
Molho diable 82
Molho Foyot 51
Molho holandês 42
Molho madeira (ou molho de vinho do Porto) .. 84
Molho maltês 45
Molho Mornay 39
Molho mousseline 44
Molho Nantua 92
Molho Périgueux 85
Molho poivre 64
Molho Soubise 40
Molho supremo 60
Ovos mexidos 130

MARACUJÁ

Salada de lagostim com legumes jovens
crocantes marinados no vinagrete 546

MASSA FILO

Caviar de escargot com wafer de
tartar de escargot 538
Pastilla de pombo (torta de massa
folhada com recheio de ave) 658
Rolinhos de salmão defumado, espinafre e
creme de endro 518

MASSA FOLHADA

Ovos mexidos com trufas, folhado salgado com
pimenta de Espelette e queijo comté ... 564
Torta fina de salmonete com salada de
erva-doce marinada com ervas 522
Tortinha quente de timo de vitela com
molho de vinho do Porto 566

MEL

Canhão de carne de cordeiro e cafta 588
Carré de cordeiro com curry e berinjela ... 590
Esferas de foie gras, chutney
de cereja e biscoito de avelã 554
Magret rosê laqueado no mel com
molho sangria 598
Peito de pato com especiarias e
pêssegos assados 596
Robalo com milho e cogumelos morilles ... 630
Tataki de atum com ervas e papoula,
morangos e balsâmico 516
Truta salmonada e beterrabas variadas ... 556

MELANCIA

Salmão frio, pera com pimentão
amarelo e maionese 524
Tataki de atum com ervas e papoula,
morangos e balsâmico 516

MERLUZA

Quenelle de merluza com lagostim e
molho holandês 624
Quenelles de merluza 350

MEXILHÃO

Abrir mexilhões crus 365
Filé de féra com moluscos e
legumes glaceados 614

Frutos do mar gratinados e
julienne de legumes 636
Limpar mexilhões 364
Mexilhões à marinara 366

MILHO

Caviar de escargot com wafer
de tartar de escargot 538
Robalo com milho e cogumelos morilles ... 630

MIRTILO

Magret rosê laqueado no mel com
molho sangria 598

MISSÔ

Sushi e sopa de missô 660

MOLHO ROUILLE (MOLHO PROVENÇAL)

Sépia à moda de Sète recriada 562

MOLUSCOS

Filé de féra com moluscos
e legumes glaceados 614
Gratinado de frutos do mar
e julienne de legumes 636

MORANGO

Magret rosê laqueado no mel com
molho sangria 598
Ostras com kiwi e rum de cacau 532
Tataki de atum com ervas e papoula,
morangos e balsâmico 516

NABO

Composição floral 536
Espetinho de legumes, tofu e
caldo de algas 644
Filé de féra com moluscos e
legumes glaceados 614
Gota atum-chocolate 558
Miolo de timo de vitela com legumes glaceados
e molho picante com baunilha 608
Navarin de cordeiro 196
Navarin de pernil de cordeiro 586

Salada de legumes crus com
   água aromatizada 550
Tamboril assado com legumes
   novos no creme 620

NHOQUE

Badejo, manjericão e nhoque 628

NORI, VEJA FOLHA DE NORI

OSTRA

Abrir ostras 368
Ostras com kiwi e rum de cacau 532

OVO

Cozinhar ovos na casca 124
Creme de agrião e ovo escalfado, tiras
   de pão torrado com cubos de salmão.... 570
Fazer uma omelete 126
Maionese 31
Massa (pâte à foncer) 100
Mezzalune de ricota com espinafre 389
Ovo e ilusão 576
Ovo perfeito, molho de rúcula e wasabi e
   biscoito de parmesão 520
Ovos mexidos 130
Ovos mexidos com trufas, folhado salgado
   com pimenta de Espelette e queijo comté . 564
Ovos pochês 132
Preparar massa fresca 386
Preparar massa fresca colorida 388
Preparar ovos cocotte 128
Ravióli de vieiras (primeiro método) .. 392
Ravióli de vieiras (segundo método) ... 394
Ravióli quadrado de cogumelo 396
Triângulos e tortellini 390

PÃO

Bolinhas verdes de rã, alho e salsa 578
Carne de pombo sobre folhas verdes,
   mistura de miúdos e bacon de foie gras . 604
Carré de cordeiro com curry e berinjela 590
Caviar de escargot com wafer
   de tartar de escargot................. 538

Composição floral 536
Creme de agrião e ovo escalfado, tiras
   de pão torrado com cubos de salmão ... 570
Filé de salmonete à moda de Nice com
   torradas e aroma de sol 618
Foie gras de pato laqueado na geleia
   de sangria e especiarias 552
Linguado à moda de Grenoble 626
Rillette de pato 540
Salada de legumes crus com
   água aromatizada 550
Salmão frio, pera com pimentão
   amarelo e maionese 524
Sépia à moda de Sète recriada 562

PARMESÃO

Composição floral 536
Frango de Bresse com lagostim,
   macarrão gratinado 600
Lagostim assado e risoto de
   cogumelos silvestres 634
Ovo e ilusão 576
Ovo perfeito, molho de rúcula e wasabi e
   biscoito de parmesão 520
Panacota de aspargos crocantes,
   fatias de pata negra e parmesão 534
Pombo laqueado,
   panisses e azeitonas 606
Prato branco 528
Preparar um risoto 406
Quiche lorraine líquida 572
Ravióli de rabada
   e de lavagante 580
Risoto de espelta, aspargo
   verde cozido e cru 638
Salada de legumes crus com
   água aromatizada 550

PASSAS

Bulgur com frutas secas, cenoura
   e cominho 640
Foie gras cozido inteiro no vinho tinto
   com especiarias 542

PATA NEGRA

Panacota de aspargos crocantes,
   fatias de pata negra e parmesão 534

PATO

Assar uma pata jovem 246
Bebek betutu (pato marinado,
   na folha de bananeira) 656
Confit de coxas de pato 236
Cortar um pato assado 492
Cortar um pato gordo 230
Cortar uma pata jovem 248
Gordura de pato 234
Magret rosê laqueado no mel com
   molho de sangria 598
Pâté en croûte
   (terrine com crosta) 110
Peito de pato com especiarias
   e pêssegos assados 596
Preparar peito de pato 240
Preparar uma pata jovem 242
Presunto de pato 238
Rechear e costurar uma pata jovem 244
Rillette de pato 540

PEITO

Molho poivre 64
Tamboril assado com legumes
   novos no creme 620

PEIXE-ESPADA

Grelhar uma posta de peixe 348

PEPINO

Frisar e cortar um pepino 447
Picar um pepino 446
Rodovalho assado com batatas, cogumelos,
   sépia e legumes no manjericão 622

PERA

Salmão frio, pera com pimentão
   amarelo e maionese 524

PERITÔNIO

Canhão de carne de cordeiro e cafta 588
Tamboril assado com legumes
   novos no creme 620
Polpettones 174

PÊSSEGO

Magret rosê laqueado no mel com
   molho sangria 598
Peito de pato com especiarias e
   pêssegos assados 596

PIMENTÃO

Canhão de carne de cordeiro e cafta 588
Dorso e barriga de dourado com pilaf
   de quinoa e caldo de peixe............. 612
Lula recheada com minirratatouille
   e chouriço, com molho ao azeite 568
Molho de pimentão.................... 80
Salmão frio, pera com pimentão
   amarelo e maionese 524
Truta cozida no caldo,
   molho barigoule 526
Wok de frango com castanha-de-caju
   e coentro 652

POLENTA

Polenta grelhada 411
Preparar polenta 410

POMBO

Carne de pombo sobre folhas verdes,
   mistura de miúdos e bacon de foie gras .. 604
Pastilla de pombo (torta de massa
   folhada com recheio de ave) 658
Pombo laqueado, panisses e azeitonas 606
Preparar carne de pombo em
   dois cozimentos 250

PRAIRE

Frutos do mar gratinados e
   julienne de legumes 636

PRESUNTO CRU

Canhão de carne de cordeiro e cafta 588
Lula recheada com minirratatouille
   e chouriço, com molho ao azeite 568

QUEIJO BRANCO

Caranguejo transparente 560

QUEIJO COMTÉ

Ovos mexidos com trufas, folhado salgado com
   pimenta de Espelette e queijo comté 564

QUEIJO DE CABRA

Triângulos e tortellini 390

QUINOA

Cozinhar quinoa 401
Dorso e barriga de dourado com pilaf de
   quinoa e caldo de peixe 612

RÃ

Bolinhas verdes de rã,
   alho e salsa 578

RABANETE

Atum brûlée com creme de avocado
   e citronete 544
Composição floral 536
Espetinho de legumes, tofu e
   caldo de algas 644
Prato branco 528
Rolinhos de salmão defumado,
   espinafre e creme de endro 518
Salada de lagostim com legumes jovens
   crocantes marinados no vinagrete 546
Salada de legumes crus com
   água aromatizada 550
Torta fina de salmonete com salada de
   erva-doce marinada com ervas 522
Truta cozida no caldo,
   molho barigoule 526

RAIZ-FORTE

Molho de raiz-forte 35

REPOLHO

Composição floral 536

RICOTA

Mezzalune de ricota com espinafre 389

ROBALO

Cortar filés de peixes redondos 342
Cortar um robalo em crosta ao
   Molho Choron 500
Filé de robalo com escamas de
   tomate seco e abobrinha 632
Limpar um peixe redondo 336
Retirar a espinha de um peixe redondo
   pelo dorso 338
Robalo com milho
   e cogumelos morilles 630
Sushi e sopa de missô 660

RODOVALHO

Cortar filés de rodovalho 504
Cortar filés de rodovalho ou um pregado ... 332
Cortar um rodovalho
   (ou um pregado) em postas 334
Escalfar as postas no court-bouillon 335
Limpar um rodovalho 331
Rodovalho assado com batatas, cogumelos,
   sépia e legumes no manjericão 622
Sushi e sopa de missô 660

RÚCULA

Ostras com kiwi e rum de cacau 532
Ovo perfeito, molho de rúcula e wasabi e
   biscoito de parmesão 520
Panacota de aspargos crocantes, fatias
   de pata negra e parmesão 534

SALMÃO

Cortar um salmão defumado 499
Creme de agrião e ovo escalfado, tiras
   de pão torrado com cubos de salmão ... 570
Gravlax 318
Limpar e cortar filés de salmão 312
Limpar um salmão 316
Rolinhos de salmão defumado,
   espinafre e creme de endro 518
Salmão frio, pera com pimentão
   amarelo e maionese 524
Sushi e sopa de missô 660
Tartar de salmão 317

SALMONETE

Filé de salmonete à moda de Nice com
  torradas e aroma de sol 618
Grelhar salmonetes..................... 349
Limpar um peixe redondo 336
Torta fina de salmonete com salada de
  erva-doce marinada com ervas 522

SÊMOLA DE TRIGO DURO

Preparar massa fresca.................. 386
Preparar massa fresca colorida 388

SÉPIA

Preparar lula ou sépias pequenas 362
Rodovalho assado com batatas, cogumelos,
  sépia e legumes no manjericão 622
Sépia à moda de Sète recriada 562

SHITAKE

Bibimbap (arroz misto) 650

TAMBORIL

Cortar filés e fazer medalhões de tamboril . 344
Preparar um tamboril 346
Tamboril assado com legumes
  novos no creme 620

TINTA DE SÉPIA

Composição floral 536
Ovo perfeito, molho de rúcula e wasabi e
  biscoito de parmesão 520
Preparar massa fresca 386
Ravióli de vieiras (primeiro método) 392
Ravióli de vieiras (segundo método) 394

TOFU

Espetinho de legumes, tofu e
  caldo de algas 644

TOMATE

Alcachofras roxas e medalhões
  de lavagante azul 548

Bulgur com frutas secas,
  cenoura e cominho 640
Caldo de legumes 79
Canhão de carne de
  cordeiro e cafta 588
Caranguejo transparente 560
Carré de cordeiro com curry e berinjela ... 590
Composição floral 536
Descascar e cortar tomates 460
Filé de robalo com escamas de tomate
  seco e abobrinha 632
Filé de salmonete à moda de Nice com
  torradas e aroma de sol 618
Fumet de crustáceos 90
Linguado à moda de Grenoble 626
Lula recheada com minirratatouille e
  chouriço, com molho ao azeite 568
Miolo de timo de vitela com legumes glaceados
  e molho picante com baunilha 608
Molho americano 98
Molho de pimentão 80
Molho de tomate 81
Molho diable 82
Molho Nantua 92
Navarin de cordeiro 196
O tomate em todos
  os seus estados 646
Ovo perfeito, molho de rúcula e wasabi e
  biscoito de parmesão 520
Posta de bacalhau com chouriço e
  mousseline de feijão-branco 616
Preparar um carré de vitela
  (ou de porco) 168
Quenelle de merluza com lagostim e
  molho holandês 624
Ravióli de rabada e de lavagante 580
Rodovalho assado com batatas, cogumelos,
  sépia e legumes no manjericão 622
Salada de lagostim com legumes jovens
  crocantes marinados no vinagrete 546
Sépia à moda de Sète recriada 562
Tamboril assado com legumes
  novos no creme 620
Tom yum goong (sopa picante
  de camarão) 654
Torta fina de salmonete com salada de
  erva-doce marinada com ervas 522
Triângulos e tortellini 390

TORANJA

Atum brûlée com creme de avocado
  e citronete 544
Salada de lagostim com legumes jovens
  crocantes marinados no vinagrete 546

TOUCINHO

Polpettones 174

TRUFA

Composição floral 536
Linguiça branca de ave com cogumelos
  fritos e molho espumoso trufado....... 602
Molho Périgueux 85
Ovos mexidos com trufas, folhado salgado
  com pimenta de Espelette e queijo comté .. 564

TRUTA

Retirar a espinha de um peixe
  redondo pelo dorso 338
Truta cozida no caldo,
  molho barigoule 526
Truta salmonada e
  beterrabas variadas 556

TUPINAMBO

Pepitas de foie gras e
  alcachofra-de-jerusalém desfolhada ... 574

TUTANO

Molho à bordalesa 62

VAGEM

Navarin de cordeiro 196
Tamboril assado com legumes
  novos no creme 620

VIEIRAS

Abrir e limpar vieiras 358
Carpaccio de vieiras ao azeite com folhas
  de espinafre e ervas frescas 530
Prato branco 528
Ravióli de vieiras (primeiro método) 392

Ravióli de vieiras (segundo método) 394
Recheio de mousseline com vieiras 360

VINHO

Abrir e servir uma garrafa de
   vinho na cesta 674
Abrir uma garrafa de vinho 670
Abrir uma garrafa
   de vinho espumante 678
Aerar um vinho 673
Coelho a caçador 264
Decantar um vinho na vela 676
Foie gras cozido inteiro no vinho
   tinto com especiarias 542
Foie gras de pato laqueado na geleia
   de sangria e especiarias 552
Magret rosê laqueado no mel com
   molho sangria 598
Manteiga de vinho tinto 54
Marinada para guisado provençal
   ou para carne de caça 290
Mexilhões à marinara 366
Molho à bordalesa 62
Molho à glacer 47
Molho americano 98
Molho de vinho branco 46
Molho diable 82
Molho Nantua 92
Pernil de cervo (ou corça) 292
Preparar uma paleta com vinho tinto 158
Servir uma taça com uma garrafa 672
Tortinha quente de timo de vitela com
   molho de vinho do Porto 566
Tournedos com tutano, molho bourguignon e
   purê com ervas finas 582

VINHO DO PORTO

Cozinhar molejas de vitela 278
Esferas de foie gras, chutney de cereja e
   biscoito de avelã 554
Foie gras de pato laqueado na geleia
   de sangria e especiarias 552
Molho madeira
   (ou molho de vinho do Porto) 84
Molho Périgueux 85
Tortinha quente de timo de vitela com
   molho de vinho do Porto 566

VITELA

Cortar escalopes 164
Cozinhar molejas de vitela 278
Cozinhar rim em sua própria gordura 274
Escalope de vitela à inglesa 172
Fundo escuro de vitela 68
Glacear um carré de vitela 170
Limpar e cozinhar miolos 282
Medalhão de vitela ao creme
   de cogumelos morilles 584
Miolo à meunière 284
Miolo de timo de vitela com legumes glaceados
   e molho picante com baunilha 608
Polpettones 174
Preparar molejas (timo) de vitela 276
Preparar rins de vitela e salteá-los 272
Preparar um assado de vitela 166
Preparar um carré de vitela
   (ou de porco) 168
Tortinha quente de timo de vitela com
   molho de vinho do Porto 566

YUZU

Sushi e sopa de missô 660
Variações de avocado 648

CAPACIDADES E CONTEÚDOS		
Capacidades		**Pesos**
1 colher de chá	5 ml	3 g de amido / 5 g de sal ou de açúcar refinado
1 colher de sobremesa	10 ml	
1 colher (sopa)	15 ml	5 g de queijo ralado / 8 g de cacau em pó, café ou farinha de rosca /12 g de farinha de trigo, de farinha de arroz, de sêmola, de creme de leite fresco ou de óleo /15 g de sal, de açúcar refinado ou de manteiga
1 xícara de café	100 ml	
1 xícara de chá	de 120 a 150 ml	
1 bowl (tigela)	350 ml	225 g de farinha de trigo / 260 g de cacau em pó ou uva passa / 300 g de arroz / 320 g de açúcar refinado
1 taça de licor	de 25 a 30 ml	
1 taça de vinho	de 100 a 120 ml	
1 copo de água grande	250 ml	150 g de farinha de trigo/ 170 g de cacau em pó / 190 g de sêmola / 200 g de arroz / 220 g de açúcar refinado
1 garrafa de vinho	750 ml	

O Institut Paul Bocuse deseja agradecer a todos os seus parceiros

Bernardaud; Chef e Sommelier; Christofle; De Buye; Guy Degrenne; Havilland; Jars; Revol; Schott Zwiesel; Staub; Sylvie Coquet; Villeroy & Boch; Zwilling Pro; PSP Peugeot.

Direção de publicação: Isabelle Jeuge-Maynart e Ghislaine Stora
Direção Editorial: Agnès Busière
Edição: Émilie Franc
Colaboração Editorial: Edições Celadon
Design gráfico: Émilie Laudrin
Layout: Valérie Roland e Lucile Jouret
Capa: Claire Morel-Fatio
Fabricação: Donia Faiz

Crédito das fotos

Fotografia da capa: © François Fleury

Fotografias pág. 9: © Gil Lebois, pág. 11: © Institut Paul Bocuse,
pág. 12 (acima à esquerda): © Institut Paul Bocuse, pág. 12 (centro à direita): © François Fleury,
pág. 13 (acima à direita): © Institut Paul Bocuse, pág. 13 (centro à direita): © François Fleury,
pág. 13 (abaixo à direita): © Fabrice Rambert, pág. 688: © François Fleury

Estilo das imagens e das composições de natureza-morta: Marie Bel
Ilustrações: Clémence Daniel

Toda e qualquer reprodução ou representação completa ou parcial, por qualquer processo ou meio, do texto e / ou da nomenclatura contidos neste livro, e que são de propriedade do editor, é estritamente proibida.